강대국 외교사와 논리

또는 무정부 상태, 보이지 않는 손 그리고 리바이어던

강대국 외교사와 논리

무정부 상태,
보이지 않는 손
그리고 리바이어던

이태로 지음

INTERNATIONAL ANARCHY, INVISIBLE HAND, AND LEVIATHAN
IN GREAT POWER POLITICS

한울
아카데미

차례

제4부 집단안보 체제들

08. 베르사유 체제 180

09. 얄타 체제 249

제5부 새로운 국제질서를 향하여

TO

THE MAKERS OF THE COMING PEACE

미래의 평화를 추구하는 이들에게

한 외교관이 외교사와 국제정치를 해석하다

"Die Eule der Minerva beginnt erst mit
der einbrechenden Dämmerung ihren Flug"
미네르바의 부엉이는 황혼이 되어야 날개를 편다
Georg Wilhelm Friedrich Hegel

헤겔은 『법철학 강요(Grumdinien der Philosophie des Rechts)』(1820) 서문에서 지혜를 의미하는 미네르바와 부엉이를 동원하여 '한 시대의 풍상을 겪고 난 후에 시대를 종합하는 지혜가 얻어 진다'고 역설했다. 안타깝지만, 지혜는 반드시 한 시대가 끝날 무렵이 되어서야 얻어지는 속성을 가지고 있다는 것이다.

이 책도 같은 과정을 통해 출판되었다. 필자는 국제정치학을 공부하는 학도로서 유달리 외교사에 관심이 많았다. 그리고 포스트냉전 시대에는 상승하는 국력을 밑천으로 30여 년간 외교 현장을 직접 경험해 볼 수 있는 행운도 누렸다. 그 후 대학교에서 외교 현장에서 얻고, 체험한 경험(practice)과 지식(theory)으로 후학을 자극할 수 있었던 시간도 가졌다. 그리고 한 시대가 저물 때쯤에 경험과 지식을 결합한 나름의 외교사와 국제정치의 논리를 정리해 보고 싶은 생각이 들었다.

헤겔의 이야기를 더 들어 보자.

> "세계가 어떻게 나아가야 하는가에 대해 가르치려 하는 것에 대해 한마디 덧붙인다면, 그렇게 하기에는 철학이 언제나 너무 늦게 도착한다는 것이다. 철학이 세계에 대한 사상이기 때문에 현실이 그 형성과정을 완료하여 자기를 완성한 뒤에야 비로소 철학은 시간 속에 나타난다."

한 시대의 본질과 의미는 오직 그 시대가 완성된 다음에야 인간에게 인식되어 철학이란 지혜로 나타날 수 있어, 철학(지혜)은 그 시대가 완성되기 전에 세계가 나가는 방향을 예측하거나 방향을 제시하는 것은 불가능하다고 언명했다. 그러나 카를 마르크스(Karl Marx)는 헤겔의 주장이 인간의 정신능력과 주체성을 과소평가한 관념론에 불과하다고 비판하고, 인간의 이성과 의지로 철학(지혜)이 새로운 세계를 개척해 나갈 수 있다고 주장했다. 이 책은 마르크스가 희망한 것처럼 외교와 국제정치의 미래를 제시할 수는 없지만, 독자들에게 외교사와 국제정치에 대한 관심과 통찰력(insight)을 제공하기를 기대한다. 이 책의 두 번째 목표이다. 그래서 헌정구(獻呈句)를 영국의 외교관이자 저명한 역사학자였던 E. H. 카(E. H. Carr)가 저서 『20년의 위기(The Twenty Years' Crisis, 1919-1939)』에서 사용했던 '미래의 평화를 추구하는 이들에게(To the makers of the coming peace)'를 빌려 왔다.

인간의 역사도 그렇지만 외교사도 전쟁과 평화의 역사이다. 이성적인 인간들은 항상 평화를 갈망했고, 평화를 발명했다. 영국의 저명한 역사학자인 마이클 하워드(Michael Howard)는 19세기 영국의 법률가인 헨리 메인 경(Sir Henry Main)의 언명을 인용하여, "전쟁은 인류와 같이 오래전에 나타났지만, 평화는 근대에 발명되었다(War appears to be as old as mankind, but peace is a modern invention)"[1]라고 평화를 향한 인간의 갈망과 노력을 표현했다.

이 책의 주제도 평화를 향한 인간과 국가들의 갈망과 노력이다. 구체적으로는, 무정부 상태(international anarchy)라는 국제질서의 구조적 결함을 극복하려는 강대국들의 외교와 그들의 논리이다. 이 책에서 필자는 주권국가 질서라는 무정부 상태에서 국가들이 채택했던 자율적인 기능(Invisible Hand)인 세력균형(balancer of power)과 절대적인 권위(Leviathan)에 의존한 집단안보(collective security)라는 두 가지 평화 메커니즘과 이들을 각각 지지하는 현실주의(Realism)와 자유주의(Liberalism)라는 두 가지 사고의 틀을 통해 외교사와 국제정치를 해석하였다. 그리고 마지막 부분에서는 세계국가(world state)라는 최후의 리바이어던(The Last Leviathan)을 향한 희망에서, 주권국가 질서의 변화와 영구평화로의 전진 가능성도 생각해 보았다.[2]

우리는 17세기 중반에 형성된 베스트팔렌 질서라고도 불리는 주권국가 질서(the sovereign state order) 속에 살고 있다. 주권국가 질서를 지배하는 규범인 주권의 절대성은 국제사회를 무정부 상태(international anarchy)로 만들었고, 그 속에서 국가들은 생존전략에 골몰하고 있다. 국가들이 선택한 최초의 생존전략은 자연법칙이거나 마치 '보이지 않는 손(Invisible Hand)'에 의해 인간 역사에 등장한 세력균형이었고, 일시적일지라도 평화를 제공할 수 있었다. 세력균형이 지배한 시대는 유럽이 국제질서의 중심에 서 있었던 제1차 세계대전(이하 1차 대전) 이전의 시기였다. 그러나 세력균형의 불완전성에 대한 우려는 영구평화를 갈망하는 욕구로 표출되어, 국가들은 상위의 권위체(authority)인 리바이어던(Leviathan)을 만들어 세력균형을 대신할 집단안보라는 인위적 메커니즘을 발명했다. 집단안보는 유럽에서 아이디어로 나타났지만 1919년 이후 국제질서의 중심된 미국 자유주의에 의해 국제연맹이라는 리바이어던으로 태어났다. 현재까지도 국제연맹을 대체한 국제연합이 지배적인 평화 메커니즘으로서 역할을 하고 있다.

세력균형과 집단안보라는 평화 메커니즘이 현재까지 작동되고 있는 것은 이론가들에 의해 현실주의와 자유주의로 이론화되어 생명력을 가지게 되었기 때문이기도 하다. 세력균형은 인간과 국가의 이기적이고 권력을 추구하는 본성을 전제로 힘의 역할을 중시하는 현실주의라는 시각에 기초하고 있지만, 집단안보는 이성을 강조한 계몽주의 철학을 기초로 하여 국가 주권의 양보와 국가 간의 협력 가능성에 무게를 두는 자유주의에 기초하고 있다.

베스트팔렌 조약 이후 주권국가와 무정부 상태라는 기본적인 특징을 유지한 채로, 주권국가 질서는 서로 다른 규범이 지배하는 연속적인 5개의 체제로 구성되어 왔다. 체제의 변화는 대부분 모든 강대국 간의 대전쟁이나, 강대국 간 세력균형의 대변동이 생겼을 때 발생했다. 대전쟁과 세력균형의 대변동은 대부분 주권국가 질서의 본질적인 요소인 민족주의(nationalism)가 동력이 되어 발생하는 경우가 많았다. 구체제를 딛고 일어선 새로운 체제를 지배할 규범은 체제 주도국(leading state)이 규정하는 것이 상식이 되었고, 이때 항상 외교철학을 갖춘 위대한 질서 설계자들(architects)이 나타났다. 프랑스 대혁명과 나폴레옹 전쟁이 최초 체제 변동의 동력이 되어, 빈 체제(Vienna System)를 구축했다. 오스트리아와 영국이 주도국이었고 메테르니히(Metternich)와 캐슬레이(Castlereagh)가 설계를 맡았고, 이들은 세력균형에 의존한 평화를 생각했다. 독일 통일이라는 현격한 세력균형의 변동은 독일과 비스마르크(Bismarck)라는 주도국과 설계자를 탄생시키고 비스마르크 체제(Bismarck System)라는 이름이 붙여졌다. 비스마르크는 철저하게 세력균형에 의존했다. 이때까지 세력균형은 오스트리아, 영국, 독일이 체제를 주도해 나가는 논리였다. 20세기 초반의 유럽 각국의 민족주의 열기는 1차 대전이라는 전대미문의 대재앙을 불러와 국제질서의 주도권을 유럽에서 미국으로 옮겨주었다. 베르사유 체제(Versailles System)를 주도한 미국은 비도덕적인 유럽식 세력균형이 대재앙의 원인이라고 판단했다. 도덕적 자유주의로 무장한 설계자 우드로 윌슨(Woodrow Wilson) 미국 대통령은 국제연맹 창설을 통해 집단안보를 제시했다. 1929년 대공황은 베르사유 체제의 결함을 동시에 노출시켜 모든 강대국을 민족주의로 무장시켰고 결국 제2차 세계대전(이하 2차 대전)으로 전진하도록 했다. 2차 대전 종전 과정에 미국은 더 강력한 강대국의 지위에서 얄타 체제(Yalta System)를 설계했다. 이번 설계자는 프랭클린 루스벨트(Franklin Roosevelt) 대통령으로, 자신의 베르사유 체제 참여 경험을 반면교사로 삼아 더욱 강력한 집단안보체제를 국제연합을 통해 구축했다. 그러나 예상치 못한 냉전과 핵무기라는 변수는 집단안보 기능을 마비시킨 대신에 역설적으로 미·소 양 진영 간의 공포의 균형(balance of terror)을 창조하여 불안 속에서도 장기간의 평화를 가져다주었다. 그러나 불안한 평화 속에 소련은 과대 팽창으로 무너지고 있었고, 공산 진영과 소련 내부의 민족주의 압력으로 소련은 냉전 종식을 선언하고 스스로 붕괴되었다. 소련 붕괴는 미국을 유일한 초강대국으로 등장시킨 포스트냉전 체제(Post-Cold War System)을 탄생시켰다. 주도국은 유일한 초강대국인 미국이었고, 설계자는 자유주의자들 중에서도 미국 예외주의(American Exceptionalism)에 대한 신념으로 가득 찬 자유주의 패권론자(Liberal Hegemony)들이 맡았다. 미국은 기존의 국제연합 집단안보 기능에 여전히 의존하면서 직접 미국의 가치인 민주주의와 시장경제를 확산시키려는 노력에 나섰다. 그러나 군사력에 의존한 미국의 지나친 일방주의는 세계 도처에서 민족주의라는 도전자를 양산하여 미국은 국내외로부터 새로운 외교정책으로의 전환을 요구받고 있다. 이처럼 집단안보는 1차 대전 이후 지금까지 미국이 국제체제를 주도해 온 논리였다.

주권의 절대성을 제1 법칙으로 하는 주권국가 질서 속에도 이마누엘 칸트(Immanuel Kant) 같은 선각자들이 영구평화의 종착역으로 갈망했던 세계국가라는 최후의 리바이어던으로 향하려는 노력은 지속되고 있다. 유럽국가를 목표로 하고 있는 유럽연합(EU: European Union)이 대표적이다. 유럽연합은 유럽이라는 제한된 범위에서 이루어졌지만 세계국가를 향한 작은 전진으로서 큰 의미를 지닌다. 그러나 영국의 브렉시트(Brexit), 미국의 유럽 이탈에 따른 독일과 프랑스 관계 변화 가능성 같은 것들을 생각할 때, 영구평화를 향한 밝은 EU의 미래보다 주권국가 질서의 변화에 대한 저항이 훨씬 무게감 있게 느껴진다. 그뿐만 아니라 중국, 러시아 같은 도전자들의 민족주의 반격은 이 책 마지막 부분에서 제기한 영구평화를 향한 '새로운 국제질서가 가능한가?'라는 질문을 공허하게 들리게 만든다.

다음으로 이 책에서 추구하는 것은 국제정치의 논리를 이해하기 위해 외교사와 국제정치 이론을 결합하려는 노력이다. 국제정치 이론이 시대의 반영일 뿐만 아니라 외교 사례의 축적을 통해 얻어졌고, 다시 외교정책에 적용되는 순환과정을 거치고 있기 때문이다. 국제정치 이론은 1차 대전 이후 본격적으로 발전했고, 2차 대전 후에는 시대적 요구로 이론과 외교 현장이 상호작용하여 발전해 오고 있다. 1차 대전 후 미국 대통령 우드로 윌슨은 이상주의와 국제연맹이라는 평화의 시제품(試製品)을 만들어냈고, 아이러니하게 시제품의 흠결이 국제정치 이론을 탄생시킨 계기가 되었다. 윌슨의 시제품에 대한 비판은 30년 전쟁 후 정책결정자들의 사고를 지배해 왔던 준이론(pre-theory) 수준이었던 세력균형론, 영구평화론, 고전 지정학 등을 넘어서 국제정치 이론(현실주의)으로 발전했고, 2차 대전 후에는 냉전, 데탕트, 포스트냉전이라는 시대적 요구로 국제정치 이론(신현실주의, 신자유주의, 구성주의 등)이 폭발적으로 발전했다. 그리고 2차 대전 후 국제정치의 본산이 된 미국에서는 국제정치학자가 외교 현장에 참여하여 이론을 정책에 반영하는 사례가 비일비재하게 일어나고 있다. 그리고 반대로 외교·안보 현장에서의 경험을 학문의 영역으로 확장시킨 인사들도 많이 나타났다. 이러한 현상은 외교사와 국제정치 이론의 결합을 촉진했다. 하버드대학교 교수로서 미국 외교 현장에 참여했던 조지프 나이(Joseph Nye)는 이론을 '외교라는 길을 안내하는 지도'에 비유했다.[3] 반대로 웨스트포인트 출신으로서 안보 현장을 경험하고 시카고대학교 교수를 역임한 존 미어샤이머도 최근 저서(『How States Think』)에서 정책 결정자가 정보 부족으로 인한 불확실성 때문에 신뢰할 수 있는 이론에 의존할 수밖에 없다고 주장하고[4] 외교정책에서 이론을 '캄캄한 방을 비추는 강력한 플래시 라이트'에 비유했다.[5]

이 책에서도 주제인 '보이지 않는 손(세력균형)'과 '리바이어던(집단안보)', 그리고 이들을 평화에 대한 처방전으로 제시한 국제정치 이론의 양대 산맥인 현실주의와 자유주의를 통해 강대국 외교사와 논리를 해석할 것이다.

사려 깊은 독자들은 이 책을 읽고 난 후, 어떤 씁쓸함과 착잡함을 느낄 수도 있다. 이 책 제목인 '강대국 외교사와 논리'가 말해 주듯, 외교사와 국제정치 이론 어디에도 한국과 같은 비(非)강대국의 존재를 만날 수 없기 때문이다. 외교사와 국제정치 이론은 강대국의 외교사이고 논리이다. 현대 국제정치학의 태두로 평가받고 있는 케네스 왈츠(Kenneth Waltz)가 그 이유를 명확히 설명했다.

> "국제정치 이론은 한 시대의 강대국의 관점에서 서술된다. 이것은 역사가들뿐만 아니라 정치학자들에게도 일종의 관습이다. 그러나 관습은 그러한 습성 이면에 놓여 있는 이유를 드러내지 않는다. 국제정치 영역과 같은 무정부체계에서는 가장 강력한 힘을 보유하고 있는 국가들이 자기 자신들뿐만 아니라 다른 국가들도 지켜야 하는 국제적 규범 체계를 만들기 때문이다."[6]

강대국만이 국제사회를 지배하는 규범 체계를 창조할 수 있기 때문이다.

한국은 2000년이 넘는 긴 역사를 가진 나라지만, 국제사회를 지배하는 규범 체계를 만드는 지위와는 인연이 없었다. 그러나 현재 한국인은 2000년 한민족 역사상 가장 강력한 국가를 만들었다. 2025년 초 한국 언론에 따르면, 경제 전문지 《포브스(Forbes, 인도판)》가 발표한 2025년도 세계에서 '강력한 국가(powerful countries)' 리스트에서는 한국은 미국, 중국, 러시아, 영국, 독일에 이어 6위로, 7위의 프랑스와 8위의 일본보다도 높은 순위에 올라 있다. 평가 기준은 리더십, 경제적 영향력, 정치적 힘, 국제 동맹, 군사력 등 다섯 가지로, 한국은 세계 10위의 경제 대국, 반도체로 대변되는 기술 강국, 한미동맹을 기반으로 한 강력한 군사력이 순위를 견인했다. 포브스 평가 이외에도 많은 평가가 존재한다. 평가 방법에 따라 결과가 다를 수 있지만, 분명한 것은 한국이 경제력, 군사력, 문화력 등 모든 면에서 세계 10위를 전후한 위치에 있다는 사실이다. 존 미어샤이머(John Mearsheimer)의 분류에 의하면, 한국은 강대국(great power)과 약소국(minor power) 사이에 위치하면서 강대국 지위에 가까이 다가간 메이저 파워(major power)이다. 강대국이 국제체제의 규범을 만드는 국가군이라면, 메이저 파워는 강대국들의 규범 형성에 영향을 줄 수 있는 국가로 구분할 수 있다.

한국 외교는 이제 메이저 파워라는 지위를 기반으로 해야 한다. 먼저 메이저 파워로서, 자신감과 정체성, 그리고 역할에 대한 인식을 확고히 해야 한다. 외교의 중심을 강대국을 상대로 한 '강대국 외교'에 두고, 규범 체계가 형성되는 과정에 적극적으로 참여하는 외교에 집중해야 한다. 그런 의미에서 강대국 외교사와 논리를 이해하고, 통찰력(insight)을 얻는 것이 강대국 외교를 향한 첫걸음이다. 사려 깊은 독자들(makers of coming peace)에게 강대국 외교에 필요한 이해와 통찰력을 제공하는 것이 이 책의 역할이기도 하다.

사족 같지만, 이 책이 제공하고자 하는 이해와 통찰력은 세력균형을 준비하고, 국제제도를 활용하라는 교훈과 조언이다.

먼저 동북아는 전통적인 강대국인 4개국이 남북으로 분단된 한반도를 둘러싸고 있어, 세력균형이 작동될 수 있는 지정학(Geopolitics)적 특성을 갖춘 지역으로 평가되고 있다. 실제 미국의 많은 현실주의 학자들도 동북아에서 미국이 역외균형자(offshore balancer)의 위치에서 세력균형정책을 작동시킬 것을 미국 행정부에게 지속적으로 압박하고 있다. 2000년대 중반 한국 정치계에서도 균형자(balancer)론이 유행하기도 했다. 한국이 미국, 중국, 일본 사이에서 영국이 유럽에서 했던 것처럼 균형자 역할을 하자라는 과도한 기대가 한국민을 지배했다. 세력균형의 본질과 외교사를 잘 이해하지 못한 아이디어였다. 현실과 역사교훈으로부터 괴리된 아이디어가 실제 외교정책에 적용되지도 못하고 설왕설래로 끝났던 기억이 있다. 당연한 결과이다. 1950년대 국제정치학계의 거물인 한스 모겐소(Hans Morgenthau)가 이미 그 답을 제시한 적이 있다. 그는 균형자의 역할은 19세기 이전의 역사에서 보듯이, 영국 같은 최강대국이 맡아야 성공할 수 있다고 단언했다.[7)] 균형자 역할을 한국이 할 수 없는 이유가 명백해 졌다.

그럼 동북아 세력균형 속에 한국이 추구해야 하는 역할은 무엇인가?

강대국 외교사와 논리를 이해한 독자들은 세력균형이 약소국의 희생에 의해 이루어져 왔던 역사를 기억할 것이다. 약소국들은 강대국들이 세력균형을 조정하기 위해 주고받는 거래대상(quid pro quo)에 불과했다. 1940년대 미국의 저명한 지정학자인 니컬러스 스파이크먼(Nicholas Spykman)이 "세력균형정책이 강대국을 위한 정책임이 분명하고, 약소국은 누구도 그 나라의 영토를 원하지 않거나, 혹은 그 나라를 완충국이나, 세력균형의 무게추(weight in the balance of power)로서 관심을 받을 때만 살아남을 수 있다"[8)]라고 일찍이 한국이 목표로 삼아야 하는 역할을 간접적으로 제시한 바 있다. 세력균형이라는 강대국 게임에서 한국은 세력균형을 설계하고, 구축하는 균형자 역할에는 어려움이 있지만 메이저 파워로서 세력균형에 영향을 줄 수 있는 무게 추(weight)로서의 역할은 충분히 할 수 있다. 무게 추 역할에 필요한 능력(power)은 평가기관들의 발표에서 보듯이 이미 증명되었다. 그러나 이러한 한국의 역할을 주변 강대국들이 존중해 주어야만 무게 추 역할이 제대로 작동될 수 있다. 여기에 한국 외교의 당면과제가 제시된다. 우리는 지난 10여 년 전부터 중국의 공격적이고 이기적이면서 시대착오적인 외교를 경험해 오고 있다. 중국은 한국을 동북아 세력균형에서 무게 추로 인정하기보다는 중국 세력권의 일부로 흡수하려는 외교에 몰두하고 있다. 시진핑 체제는 이미 사망 선고를 받은 지 130여 년이 지난 중국적 세계질서(Chinese World Order)를 부활시키려는 노력의 일부로 한국을 보고 있다.* 포브스가 제시하고 있는 한국의 능력을 부인하고, 세력균형의 무게 추 역할을 거부하고 있다. 2017년 시진핑이 트럼프와의 회담에서 '한국은 사실상 중국의 일부였다'라고, 한국의 역할 자체를 부정한 발언이 이를 증명한다. 이제 중국이 가지고 있는 시대착오적인 인식을 교정하여 중국에 대한 외교 레버리지를 확보하는 것이 세력균형을 준비하는 한국 외교의 당면 과제이다. 중국의 인식 변화 없이는 우리의 세력균형에서 무게 추 역할이 항상 제한적일 수밖에 없기 때문이다. 그리고 중국에 대한 우리 외교 레버리지를 확보하는 것은 미국과 일본에 대한 외교 레버리지를 확장시킬 수 있는 선순환 외교의 시작점이 될 수 있다는 사실도 잊지 말아야 한다. 그리고 우리는 그간의 경험을 통해 중국에 대한 외교는 분명함, 냉정함과 인내심을 갖춘 점진적 빌트 업 외교(built-up diplomacy)가 절대적으로 필요하다는 사실을 알고 있다.

중국에 대한 외교 과제는 분명히 미래 평화를 꿈꾸고 준비하고 있는 독자에게로도 이어져야 할 것이고, 그러한 과제에 대한 책임감을 자극하는 것이 이 책을 쓰는 필자의 의도 중 하나이다. 이 책에서 중국에 관해 비교적 많은

* 1992년 어느 날 故 노재원(盧載源) 초대 주중 대사가 중국 외교를 열정과 희망으로 막 시작하려는 필자를 포함한 대사관 후배 외교관들에게 중국 외교에 대한 훌륭한 가르침을 주었다. "개가 뭘 보고 있는지 알려면, 현란하게 흔드는 개 꼬리를 봐서는 안 되고, 개 머리를 봐야 한다." 황혼이 되니, 중국 지도자들이 입에 달고 다니는 주권 존중, 상호 존중, 호혜 평등, 내정불간섭 같은 미사여구는 현란하게 움직이는 개 꼬리였고, 개 머리가 응시하고 있는 것은 '중국적 세계질서'였다는 것이 선명해졌다.

지면을 할애한 이유이기도 하다.

현재의 국제질서에서는 국제연합뿐만 아니라 다양한 국제제도들도 규범 형성에서 중요한 역할을 하고 있다. 국제제도도 강대국에 대한 우리의 영향력을 확대하고 동북아 세력균형에서 무게 추 역할을 성공시킬 수 있는 외교의 장이 될 수 있다.

저명한 자유주의론자인 스탠리 호프만(Stanley Hoffmann)과 조지프 나이는 국제제도를 적극적으로 활용할 것을 조언한다. "비 강대국도 다자제도를 통해 양자 관계에서 강대국이 가진 압도적인 협상력을 제한할 수 있다."[9] 일반적인 국제제도에 대한 다자외교도 소홀히 할 수 없지만, 외교의 중심은 국제질서 규범 형성에 중심적인 역할을 하고 있는 국제제도에 두어야 한다. 국제연합 안보리, G7 그룹과 EU 등이 대표적이다. 국제제도에 대한 외교는 이들의 규범과 가치를 우리 국가이익 내로 수용함으로써 시작된다. 다행히 국제제도들의 규범과 가치는 자유, 인권, 민주주의, 평화와 같이 이미 대부분 우리 이익의 일부가 되었거나, 쉽게 수용할 수 있는 가치들이다.

결국, 한국 외교는 가슴으로는 국제제도(international institution)와 같은 뜨거운 자유주의를 느끼고, 머리로는 세력균형(balance of power)이라는 차가운 현실주의를 생각하는 길밖에 없다. 그리고 스파이크먼이 조언했던 강대국들을 다루는 '매우 능숙하고, 두꺼운 벨벳 장갑같이 부드러운'[10] 세심한 손(외교)도 잊지 말아야 한다.

2025년 7월

이 태 로

제1부

국제질서의 등장과 평화를 향한 갈망

01

국제질서의 등장: 주권국가 질서와 무정부 상태

전쟁은 인류와 같이 오래전에 나타났지만,
평화는 이성에 의해 근대에 발명되었다.

베스트팔렌 조약 체결, 1648년

우리가 살고 있는 주권국가들(sovereign states)로 구성된 주권국가 질서(sovereign state order)는 17세기 종교전쟁이자 영토전쟁이었던 30년전쟁을 끝내기 위해 체결된 베스트팔렌 조약(Peace of Westphalia)으로 생겨난 국제질서이다. 학계에서는 주권국가체제 또는 베스트팔렌 체제라고도 한다. 17세기에 유럽에서 나타난 주권국가 질서는 19세기 제국주의를 통해 전 세계로 확장되어 현재의 보편적 국제질서가 되었다.

주권국가 질서는 유일한 행위자였던 주권국가가 역사에 등장하면서 시작되었다. 시기적으로는 중세에서 근대로 이전되던 시기와 맞물려 진행되었다. 중세에서 근대로의 전환은 '종교'에서 '이성'으로의 발전으로 설명되고 있다. 그런 면에서 주권국가는 인간 이성의 발명품인 셈이다.

신의 섭리로부터 독립한 이성: 종교개혁, 주권

종교가 지배했던 중세는 서로마제국이 게르만족에 의해 붕괴된 5세기부터 시작되었다. 종교적으로는 신의 대리인인 로마 교황이 지배하고, 정치적으로는 로마 교황이 신을 대리하여 임명한 신성로마제국 황제가 지배했다. 교황이 종교적·정치적 권력을 모두 가지고 있던 동로마제국 황제와의 경쟁 구도에서 프랑크왕국과 그 후신인 동프랑크왕국의 왕에게 두 차례 황관을 씌워주면서 신성로마제국이 시작되었다. 황관은 이들 왕들이 각각 롬바르족 침략과 로마 귀족의 위협으로부터 교황을 보호해 준 데 대한 답례품이기도 했다. 첫 번째는 800년 프랑크왕국 샤를마뉴 대제(카롤루스 대제)에 대한 교황 레오 3세의 대관식이, 그리고 두 번째는 962년 동프랑크 오도 1세에 대한 교황 요한 12세의 대관식이었다. 두 차례의 대관식을 통해 서로마제국이 역사의 전면에 나타나고, 교황과 황제의 권력이 결탁한 중세의 정치지형을 만들었다. 오토 대제에 대한 대관식으로부터 독일 역사에서 제1제국이 시작되었고, 초기에는 서로마제국이었으나 이후 신성로마제국이라 불렸다.

교황은 신성로마제국을 탄생시켜 경쟁 관계에 있던 동로마제국 황제와 대등한 지위를 확보하게 되었다.

이후 유럽은 로마 교황과 신성로마제국의 황제가 공동으로 지배하는 모습이었으나 '하늘 아래 2명의 권력자가 없듯이' 성직자 임명권을 두고 양측은 갈등을 겪었다. 갈등의 절정은 1077년 카노사 굴욕 사건으로 황제가 굴욕적으로 패배하면서 교황의 우위가 유지되었다. 그러나 11세기 예루살렘에 대한 이슬람의 통제에 반발하여 교황 우르반 1세가 '신이 그것을 원하신다(Deus lo Vult)'라는 한마디로 무모한 200년간의 십자군 전쟁을 선동했다. 종교적인 목적과 거리가 먼 전쟁의 실패로 교황권이 실추되어, 1309년에는 신성로마제국 황제에 의해 교황이 로마를 떠나 프랑스 남부 아비뇽으로 이전되는 '아비뇽 유수'를 당하고, 급기야는 로마, 아비뇽에서 교황 3명이 병립하는 시기도 있었다. 교황의 권위와 영향력이 오토 대제에게 황관을 대관했던 때와는 완전히 다른 쇠락한 세력으로 전락해 갔다. 그러나 기독교가 유럽인들의 정신세계를 지배하고 있는 한, 교황은 기독교의 수장으로서 신성로마제국의 황제와 함께 중세 유럽을 공동으로 지배하는 존재였다. 그러나 종교의 권력은 가톨릭을 세속화시켜 부패를 만연시켜 나갔다.

신성로마제국 황제도 교황과의 권력투쟁 과정을 거치면서 확고한 권력을 구축하지 못하고, 제후들에 의해 선거로 선출되거나, 아예 황제가 없었던 대공위 시대도 거쳤다. 그러나 15세기 합스부르크가가 실질적으로 세습하면서 신성로마제국 황제의 안정적인 권위가 유지되었다. 이러한 모습을 프랑스 철학자 볼테르(Voltaire)는 신성로마제국을 "신성하지도 않고, 로마도 아니며, 제국은 더욱 아니다"라고 비판했다. 그러나 교황과 황제의 취약한 지위에도 불구하고, 유럽은 17세기 초까지 신성로마제국과 로마 교황의 권위 아래에서 수백 개의 제후국과 프랑스, 영국과 같은 소왕국들이 위계질서를 이루고 있었다. 신성로마제국 황제와 교황이 소왕국과 제후국의 상위에 군림하는 질서였다.

15세기 이탈리아에서 시작된 르네상스는 신으로부터 인간을 독립시키려는 원동력으로 작용했고, 이러한 원동력은 교황과 신성로마제국 황제로부터 독립하려는 왕과 제후들의 노력으로 발전되어 갔다. 왕의 권력이 신의 대리인인 교황으로부터 대관식과 같은 의식을 통해서 주어지는 것이 아니라 신으로부터 직접 주어졌다는 왕권신수설(王權神授說)이 정치철학으로 등장했다. 왕권신수설은 주권 개념을 기초로 했다. 16세기 프랑스 정치철학자 장 보댕(Jean Bodin)은 『주권론(Six Livres de la République)』에서 '주권은 왕의 권력'이라고 선언하고, '절대적이며, 분할될 수 없는 권력'이라고 규정했다. 이러한 왕권신수설과 주권 개념은 교황과 황제 권력으로부터 왕권의 독립을 넘어서 17세기 루이 14세와 같은 절대왕정 시대를 여는 기초가 되었다. 주권 개념의 등장으로 유럽의 교황·황제 - 왕·제후 간의 위계질서에 대해 변화를 요구하는 압력이 더욱 강하게 나타났다. 결국, 중세 위계질서는 종교개혁과 주권 개념의 각축장이 된 합스부르크가(신성로마제국, 독일) -프랑스 간의 지정학적인 갈등에 의해 종말을 맞게 되었다.

로마 교황과 가톨릭교회는 십자군 전쟁의 후유증으로 영향력이 많이 축소되었지만, 유럽인들의 신앙심에 기대어 여전히 군림하는 위치에 있었다. 그러나 교황 권위에 도전하는 왕권신수설뿐만 아니라 르네상스 여파로 인간중심 사고인 인문주의가 퍼지면서, 신의 뜻을 독점적으로 해석할 수 있는 사제들의 권능 대신에 성서에 권능을 부여하자는 복음주의가 나타나 가톨릭의 권위를 위협했다. 결정적으로 가톨릭교회의 도덕적 해이가 큰 문제가 되었다. 교황을 비롯한 사제들의 문란한 개인 생활뿐만 아니라 교회의 탐욕이 도를 넘어서고 있었다. 교황들도 축재를 위해 성직매매를 당연시했다. 특히 메디치 가문 출신인 레오 10세의 사치와 부패는 그 정점이었다. 사치로 교회 재정의 파탄에 직면한 교황 레오 10세는 성 바티칸 대성당 증축 자금을 마련하기 위해 면벌부(Indulgentia)를 팔기 시작했다. 면벌부가 죽은 사람이 연옥에서 받아야 하는 벌을 감해주거나 면제해 주어 바로 천당에 갈 수 있다고 선전했다. 면벌부는 이미 십자군 전쟁 때 참전자의 성스러운 참전을 독려하기 위해 발급한 적이 있지만, 이번 면벌부 판매는 가톨릭교회 부패의 상징이 되었다. 이탈리아에서 시작된 면벌부 판매는 독일 지역으로 확대되어 더욱 기승을 부리게 되었다. 독일의 요한 테첼이라는 수도사는 지금의 보험 판매처럼 가가호호를 방문하여 살아 있는 사람뿐만 아니라 이미 죽은 사람에 대한 대리 면벌부도 팔아 판매왕이 되었다. 그는 "면벌부를 사는 동전 소리와 함께 천당으로 간다"라고 선전했다.

면벌부 문제가 확대되자 1517년 비텐베르크대학교 신학 교수였던 마르틴 루터(Martin Luther)가 '95개 조 반박문'을 제시하면서 가톨릭교회의 개혁을 요구했다. 루터의 요구는 인쇄술의 발전에 힘입어 삽시간에 전 유럽으로 확산되었다. 결국, 루터를 지지하는 유럽 내 왕들과 제후들이 나타나면서, 유럽은 교황과 황제 중심의 가톨릭파와 루터를 지지하는 신교파 사이에 종교적 갈등이 발생했다. 1555년 황제 카를 5세가 아우크스부르크 종교회의를 개최하여 '영주의 신앙이 영내를 지배한다(Cujus regio, ejus religio)'라고 루터파 제후의 신앙을 인정하는 부분적인 종교의 자유가 이루어졌다. 그러나 신민 개개인의 신앙과 루터보다 과격한 칼뱅파 신앙은 인정하지 않았다. 아우크스부르크 화의(The Peace of Augsburg)는 미봉책에 불과하여 가톨릭파와 신교파의 갈등은 더욱 악화되어 결국 1618년 보헤미아에서 개신교 왕을 선출하면서 유럽의 역사를 바꾸는 30년전쟁이 발발했다.

주권 개념이 자리 잡으면서, 신성로마제국으로 표현된 독일 지역과 프랑스의 지정학적 대결 구도도 유럽의 새로운 질서를 재촉했다. 신성로마제국 황제는 유럽의 여러 왕가 가문에서 배출되어 왔다가 1438년 알브레히트 2세부터 합스부르크가가 형식적인 선출과정을 거쳐 사실상 세습하게 되었다. 1519년 합스부르크가의 카를 5세(Karl V)가 신성로마제국 황제의 자리에 오르는 것이 당연한 순리처럼 보였다. 그는 할아버지 막시밀리안 1세가 결혼정책으로 획득하여 물려준 스페인을 포함한 유럽의 거의 모든 지역을 통치하는 대제국의 야망을 품고 있었다. 그러나 그의 야망은 교황을 비롯한 많은 선제후들로부터 반대를 받고 있었다. 이때 프랑스의 프랑수아 1세(Francois I)는 프랑스가 신성로마제국의 일원이 아니었음에도 불구하고 신성로마제국 황제 자리에 도전했다. 이 도전은 카를 5세의 뇌물 공세에 밀려 실패로 끝나고, 카를 5세의 황제 등극과 함께 신성로마제국과 프랑스의 갈등 구도가 유럽사에 선명하게 나타났다.

카를 5세는 스페인, 네덜란드, 이탈리아 북부, 헝가리 등 전 유럽을 지배하면서 프랑스를 고립시켰다. 이러한 갈등 속에서 프랑수아 1세는 카를 5세에 대응하기 위해 오스만제국의 술레이만 1세와 영국의 헨리 8세에게 동맹을 요청했지만 모두 실패했다. 심지어 1525년 이탈리아 지배권을 두고 벌린 합스부르크가와의 전쟁에서 프랑수아 1세는 카를 5세에게 포로가 되는 수모도 겪었다. 이러한 독일과 프랑스의 대결 구도는 이후 500년 동안 유럽외교사에서 중요한 부분이 되고 있다.

30년전쟁, 베스트팔렌 조약과 주권국가 질서의 등장

30년전쟁

1618년 보헤미아 지역에서 발생한 가톨릭과 개신교의 갈등이 확장되어 30년전쟁이라는 전 유럽 왕국과 제후국이 참전하는 유럽 최초의 국제전쟁으로 발전되었다. 30년전쟁은 4차례의 큰 전쟁들로 구성되었으며, 가톨릭과 신교의 대결, 영토 획득을 위한 전쟁, 그리고 독일(신성로마제국)과 프랑스의 패권 다툼 등으로 복잡한 성격을 띠었다. 그러나 가장 중요한 것은 30년전쟁 결과로 주권국가 질서(sovereign state order)라는 국제질서가 탄생한 사실이다.

신성로마제국 황제 페르디난트 2세는 강력한 가톨릭 단일질서체제를 희망하며 그의 권력을 확고히 하고자 했다. 그러나 그의 꿈은 쉽게 이루어지지 않았다. 신교 국가들뿐만 아니라 가톨릭 국가인 프랑스도 이러한 황제의 희망에 반발했다. 보헤미아 지역에서 뒤에 신성로마제국 황제가 되는 보헤미아 왕 페르디난트 2세가 신교를 탄압하기 시작하자 신교 귀족들을 중심으로 반발이 시작되었다. 1618년 보헤미아의 신교 귀족들은 왕의 최측근 인사를 추락사시켰을 뿐만 아니라 신교도인 팔츠 선제후(프리드리히 5세)를 보헤미아의 왕으로 추대하여 신성로마제국 황제와의 대결을 선포했다. 황제 페르디난트 2세는 반란에 대응하여 가톨릭 제후들로 구성된 '구교 연맹'을 결성하여 신교 반란을 진압했다(보헤미아-팔츠 전쟁). 보헤미아-팔츠 전쟁 결과 팔츠 선제후령은 가톨릭 세력인 바이에른 공국에 합병되고, 가톨릭과 신교의 접경지역이었던 알자스 지역도 가톨릭 국가인 스페인에 복속되었다. 스페인은 합스부르크가의 카를 5세의 아들인 필리페 2세가 지배하고 있었다. 스페인의 알자스 지역 확보는 '구교 연맹'의 기세를 더욱 강화시켜 네덜란드, 덴마크 등 북유럽 신교지역을 압박했다. 당시 북해의 강자로 떠오르던 신교 국가 덴마크는 이러한 구교 연맹의 압박에 대응하여 참전했다(덴마크 전쟁). 그러나 가톨릭 연합군이 계속 승리하자 전선은 발트해를 넘어 신교 국가인 스웨덴까지 확대되었다. 스웨덴의 참전으로 전세를 역전하여 신교 측이 승리하는 듯했으나, 스웨덴 국왕(구스타프 2세)의 전사로 신교 군이 동력을 잃게 되었다(스웨덴 전쟁). 30년전쟁 이전부터 신성로마제국과 대립각을 세워왔던 프랑스는 30년전쟁 초기부터 신교국들에게 재정적인 지원을 해오고 있다. 그러나 스페인의 강대화에 따르는 압박과 합스부르크가(스페인-신성로마제국-이탈리아)에 의해 지정학적으로 포위된 상황을 타개하기 위해 프랑스가 가톨릭 국가임에도 불구하고 '국가 이성'을 외치는 재상인 리슐리외(Richelieu) 주도로 신교 진영 편에서 참전하여 스페인과 전쟁을 시작했다(프랑스-스페인 전쟁). 리슐리외는 참전을 위해 철저히 준비했다. 신교국인 스웨덴, 네덜란드와 동맹을 맺고, 작센 제후를 영토 보상으로 매수하고, 라이벌인 스페인을 약화시키기 위해 스페인 내 여론을 조작하고, 스페인에 대한 반란세력인 포르투갈과 네덜란드를 지원했다. 프랑스의 참전은 신성로마제국(독일)이 이미 초토화되었고, 프랑스 국왕이 신성로마제국 황제보다 더 강력해지기 시작한 시점으로,[1] 30년전쟁이 시작된 지 17년이나 지난 1635년이었다. 전쟁은 스페인-프랑스 전쟁과 신성로마제국-스웨덴 간의 전쟁으로 구체화되었고, 결국 신성로마제국 황제가 프라하에서 빈으로 도피하면서 종료되었다. 승자는 프랑스와 스웨덴이 되었다. 결국, 30년이라는 긴 기간 동안 800만 명이라는 전대미문의 사망자를 낸 대전쟁 끝에 1648년 베스트팔렌 조약(Peace of Westphalia)이 체결되며 대혼란은 종료되었다.

베스트팔렌 조약과 주권국가 질서

역사상 가장 중요한 조약 중 하나인 베스트팔렌 조약을 체결하는 데는 3년이라는 긴 협상 기간을 거쳤다. 조약에는 신성로마제국과 66개의 제후국, 그리고 프랑스, 스웨덴, 스페인, 네덜란드, 스위스 등 전 유럽 왕국들이 참여했다. 베스트팔렌 조약은 뮌스터(Münster)와 오스나브뤼크(Osnabrück)라는 두 도시에서 각각 체결된 2개의 조약을 합친 명칭이다. 뮌스터 조약은 신성로마제국과 스페인이 프랑스를 상대로 체결한 조약이고, 오스나브뤼크 조약은 신성로마제국과 스페인이 신교 국가들을 상대로 합의한 조약이었다.

베스트팔렌 조약의 주요 내용은 영토, 독립, 종교, 그리고 주권에 관한 것이었다. 프랑스, 스웨덴, 그리고 신교 제후들은 자신들의 영토를 확장하는 데 성공했고, 스위스와 네덜란드는 독립을 공식적으로 인정받았다. 또한, 완전한 신앙의 자유가 인정되어 아우크스부르크 종교 화의 때는 인정되지 않았던 칼뱅파와 개인의 종교 자유가 인정되었다. 그러나 베스트팔렌 조약에서 가장 중요한 것은 제후국들의 주권, 동맹권, 외교권이 인정되어 주권국가들이 등장한 것이다. 뮌스터 조약의 제65조에서는 "제국의 모든 공국은 자체적으로 법률을 만들고 해석할 권한, 전쟁을 선포할 권한, 세금을 부과할 권한, 그리고 병력을 징집할 권한이 있다"라는 주권국가의 원칙을 명시했다. 이는 제후국들이 자국의 안전과 보전을 위한 권한을 보유한 주권국가임을 선언한 것이다. 베스트팔렌 조약은 동등한 주권국가들로 구성된 주권국가 질서와 이를 뒷받침하는 국제정치 개념과 정책들을 탄생시켰다.

주권국가 질서는 이전의 봉건질서와 큰 차이를 보인다. 봉건질서에서는 교황·황제 - 왕·제후 - 영주 - 신민의 위계관계로 신민은 직상(直上)의 지배자인 지방 영주뿐만 아니라 제후, 왕, 황제에게까지도 중복된 충성을 바치며 지배를 받는 중복된 충성과 중복된 지배(관할권)가 특징이었다. 그리고 중복된 충성과 지배가 영토의 범위를 넘어서 발생하는 비(非)영토적인 특징도 가지고 있다. 중세 봉건적 질서에서는 행위자(actor)는 교황과 황제, 그리고 일부 왕국에 한정되었다. 반면 주권국가 질서에서는 제후국들도 주권국가로서 황제와 왕국과 대등한 행위자 지위를 차지하게 되면서, 국제사회에는 교황과 신성로마제국 황제와 같은 상위의 권력체가 존재하지 않는 무정부의 구조가 되었다. 국민도 소속 국가에만 충성을 바치고 지배를 받는 단일 충성과 지배가 이루어졌으며, 국가는 영토 범위에 한정되는 영토 국가의 성격을 띠게 되었다. 조지프 나이는 중세 질서를 봉건질서(feudal system)로, 주권국가 질서를 무정부 국가 질서(anarchic system of states)로 구별했다.[2)]

아울러 30년전쟁과 베스트팔렌 조약은 주권국가 질서 속에서 중요한 역할을 하게 되는 많은 국제정치의 개념과 정책들을 구체화시켰다. 우선 주권국가, 국가이성 그리고 세력균형 개념이 대표적이다. 주권 개념은 국민이 주권의 주체인 국민국가(nation state)의 기초가 되었고, 국가이성(raison d'état)은 국가이익(national interest)으로 정착되었고, 세력균형은 단순한 국가 간 힘의 분포 상태와 국가외교정책을 넘어 이전 황제와 교황의 역할을 대신하는 평화 유지 메커니즘의 역할을 하게 되었다.

이외에도 다른 국제정치의 중요한 요소들도 나타났다. 황제, 왕국뿐만 아니라 66개 제후국의 대표가 참석하여 '회의 외교'가 처음으로 이루어져, 이후 빈 회의와 같은 회의 외교의 기틀을 마련했다. 그리고 세력균형과 함께 평화를 유지하는 방안으로 집단안보(collective security) 개념이 초보적이지만 등장했다. 뮌스터 조약 제123-124조에서 "누군가 이 조약을 어기는 일이 발생하여 … 3년간 조정 기간을 거쳐도 피해보상이 되지 않는다면, 이 조약에 서명한 당사자들은 모두 힘을 합쳐 피해자 편에 서서 가해자에게 보복해야 한다"라고 규정하고 있는 것이 그것이다. 현대 국제정치에서 살아 움직이는 많은 것들이 30년전쟁과 베스트팔렌 조약으로부터 유래했다.

그러나 역사학계에서 베스트팔렌 조약이 국제질서의 주춧돌이라는 혁명성이 과대평가되었다는 반론도 존재한다. 이런 반론의 근거는 주권 개념과 제후국의 독립성(제후국의 동맹권 행위 등)은 부분적이지만 베스트팔렌 조약 이전에 이미 존재했던 만큼, 베스트팔렌 조약은 당시의 국제정치의 현실을 확인하고 반영한 것뿐이라는 것이다. 그리고 베스트팔렌 조약 이후에도 신성로마제국이 제후국들에게 여전히 영향력을 행사한 사례들도 있었다는 것이 논거였다.[3] 그러나 베스트팔렌 조약을 통해 주권국가 질서가 명확해졌고, 국제정치에서 현재까지도 작동되고 있는 많은 원칙과 이론들이 명확히 나타난 계기가 된 점을 볼 때, 30년전쟁과 베스트팔렌 조약이 역사에서 혁명적인 분기점이 되었다는 일반론은 설득력이 충분하다.[4]

베스트팔렌 조약의 산파들: 그로티우스와 리슐리외

새로운 질서의 탄생에는 중요한 역할을 한 인물이 나타나기 마련이다. 주권국가 질서의 탄생에도 중요한 역할을 한 사상가와 정치가가 존재했다. 그로티우스와 리슐리외가 바로 그들이었다. 영국학자 헤들리 불(Hedley Bull)은 "리슐리외가 베스트팔렌 조약의 정치적 토대에 기여했다면, 그로티우스는 지적 산파 역할을 담당했다"[5]고 평가했다.

휴고 그로티우스(Hugo Grotius)는 통상 '베스트팔렌의 사상가', '국제법의 아버지'로 알려져 있다. 그는 독립 전 네덜란드 출신으로 네덜란드가 스페인으로부터 독립을 위해 전쟁하던 기간에 법철학자와 외교관으로 활동했다. 프랑스 주재 스웨덴 대사로서 국가 간의 관계를 외교 현장에서 경험했다. 그로티우스는 외교 경험을 바탕으로 장 보댕의 군주 주권 개념을 국가 간에 적용해 국가 주권 개념으로 발전시켰다. 그로티우스가 제시한 주권 개념에는 절대성과 독립성이라는 핵심적인 주권원칙이 포함되어 있다. 이러한 그로티우스의 주권 개념이 베스트팔렌 조약에 적용되었다. 나아가 그는 주권원칙하에 국가가 상호 동의와 협의를 통해 규범적 틀(normative framework)인 국제법을 만들어 국가 관계를 규제하고 갈등을 예방해야 한다고 주장했다. 그는 저작인 '전쟁과 평화에 관한 법(正戰論)', 그리고 '해양에 대한 국제법(해양자유론)'에서 이런 논리를 전개했다.

아르망 리슐리외(Amand Richelieu)는 30년전쟁 기간인 프랑스 루이13세 때 외교장관과 재상을 역임했다. 그는 가톨릭에서 교황 다음으로 높은 성직자인 추기경이었다. 그는 국내적으로는 프랑스 왕권 강화 과정에 선두에 서서 중상주의자인 콜베르(Colbert)와 함께 루이 14세의 절대왕정 시대를 열어주었다. 국제적으로는 30년전쟁의 과정에서 국가이성의 관점에서 외교를 전개하여 신성로마제국(합스부르크가)과의 세력균형 구축에 큰 업적을 남겼다. 리슐리외의 정책 목표는 두 가지로 요약되었다. 프랑스의 중앙집권화를 통한 왕권 강화와 합스부르크가의 약화를 통한 국제적 세력균형 달성이었다. 국내에서의 프랑스 왕권 강화를 위해서 대외적으로 합스부르크가의 약화를 통한 세력균형 구축이 필요하다고 생각했다("종교가 뭐든지간에 독일어권이 하나로 뭉치면 큰일난다"). 그는 국내적으로는 프랑스 신교도인 위그노 반란을 진압(1620년)하여, 프랑스의 내부 안정을 통해 왕권을 강화했다. 프랑스가 가톨릭 국가이고 그가 추기경이라는 사실에 부합되는 당연한 선택이었다. 그러나 국제관계에서는 전혀 다른 선택을 했다. 리슐리외의 세계에서는 국가들은 더 이상 도덕이라는 허울에 구속되지 않았다.[6] 30년전쟁 과정에서 리슐리외는 지정학적 라이벌인 합스부르크가와 스페인을 약화시키기 위해 초기에는 신교국인 스웨덴, 영국, 네덜란드에 전쟁 자금을 지원하다가 결국 1635년에 프랑스가 직접 신교 편에 서서 참전하는 결단을 내렸다. 리슐리외는 '국가의 행동은 개인의 이성이 아니라 국가이성(raison d'état)에 따라 이루어진다'고 결단의 근거를 제시했다. 국가 행동의 목표로 국가이성이라는 개념을 공식적으로 사용했다. 국가이성이라는 개념은 15세기 이탈리아가 5개 권력으로 분열되어 있을 때 마키아벨리가 『군주론』에서 제시한 피렌체 공화국의 생존전략으로 나타났다. 국가이성은 프랑스 대혁명 이후 국가이익(national interest)으로 발전되어 국제정치와 외교에서 마법 같은 도구로 현재까지 사용되고 있다. 리슐리외는 두 가지 국가 행동의 준칙을 제시했다. 국가이성(국가이익)과 세력균형 원칙이었다. 헤들리 불(Hadly Bull)로부터 베스트팔렌 질서의 정치적 산파라는 평가를 받을 만했다.

리슐리외 생존 당시에도 국가이성과 세력균형에 기반한 그의 결단에 대해 갑론을박이 존재했다. 일부는 그를 '강철의 발톱을 가진 이리'로 명명하면서 그의 결단을 마키아벨리적이라고 비판했다. 다른 일부는 그의 결단이 프랑스의 안전과 가톨릭을 보호하는 길이라고 높게 평가하고 정당화했다. 그가 죽은 후 교황 우르바노 8세(Pope Urbano VIII)는 가톨릭 추기경이었던 그에 대해, "하나님이 존재한다면 벌을 많이 받을 것이오. 하나님이 존재하지 않는다면 … 그는 성공한 삶을 산 셈이오"[7]라고 함축적으로 평가했다.

리슐리외의 정책은 30년전쟁 후 유럽의 질서에 큰 영향을 미쳤다. 신성로마제국(독일)은 인구의 절반이 감소하고 전 국토가 초토화되었을 뿐만 아니라 300개 이상의 작은 주권국가들로 분할되어 사소한 분쟁에 쉽게 휘말리는 내부지향적인 정치지형이 형성되어 비스마르크가 통일할 때까지 분열과 무기력은 계속되었다. 그리고 통일 이후에도 독일은 지방분권적인 정치지형의 영향으로 국가이익을 제대로 규정하지 못해 1차 대전이라는 대재앙을 초래했다.[8] 반면 프랑스는 리슐리외의 국가이성으로 유럽대륙에서 우위를 확보하여 100여 년 전 프랑수아 1세와 카를 5세 간의 세력 관계와 정반대 상황을 만들었다. 이후 프랑스는 국가이성을 과도하게 확장시킨 루이 14세에 의해 균형파괴 세력이 되어 도리어 유럽 국가들의 세력균형정책의 대상이 되었다. 루이 14세 프랑스에 대항한 유럽 국가들의 세력균형 작동은 외교사에서 세력균형이 정착되는 계기가 되었다.[9)]

주권국가 질서의 특징: 주권국가와 무정부 상태

주권국가 질서의 가장 핵심적인 특징은 ① 유일한 행위자(actor)인 주권국가들(sovereign states)로 이루어져 있고, ② 주권 국가들의 관계는 동등하고, 독립적이며, 주권국가들의 상위에 존재하는 권위체(authority)가 없는 무정부 상태(international anarchy)라는 두 가지 요소다.

주권(sovereignty)은 인간 권력이 신으로부터 독립하는 과정에서 형성되었다. 주권은 국가의 의사를 최종적으로 결정하는 권력을 의미한다. 주권은 절대성, 동등성, 불가침성, 영토성이라는 몇 가지 특징을 가지고 있다. 절대성은 국가의 결정과 행동은 다른 국가들에 의해 무시되거나 변경될 수 없는 것을 의미한다. 동등성은 국가들은 상대적으로 동등한 지위를 가지며, 상위와 하위의 관계는 존재하지 않는 지위를 말한다. 불가침성(不可侵性)은 국가의 내부 문제에 대해 다른 국가가 무단으로 개입하거나 침해할 수 없는 상태를 의미한다. 그리고 영토성으로, 주권은 행사 범위가 주권국가의 영토 범위 내로 한정된다. 통상 주권의 특징들은 대내적으로는 절대성으로, 대외적으로는 독립성으로 표현된다.

그러나 현실정치에서는 주권의 독립성이 훼손되는 상황이 종종 발생해왔다. 제국주의 시대에서 식민지가 대표적인 현상으로 주권 제한은 물론이고 주권이 전혀 인정되지 않은 경우도 많았다. 이들 식민지는 물리적으로 존재하지만, 주권국가가 아니기 때문에 국제질서의 일원으로 인정받지 못하였다. 19세기 후반 동아시아에서 서양 제국주의는 동아시아국가들을 압박하여, 불평등조약을 체결하고, 동아시아국가들의 주권을 제한했다. 주권 제한은 외교 관행에서 나타났다. 외교관으로 최고의 직급인 대사(ambassador)를 상호 파견한 것은 빈 회의(1815년) 이후 정착된 관행이었다. 그러나 19세기 서구와 동아시아 국가(중국, 한국, 일본) 사이에서는 직급이 낮은 공사(minister)를 교환하는 것이 관행이 되었다. 이는 서구 국가들이 동아시아 국가와 체결한 불평등조약을 근거로 동아시아 국가를 동등한 주권국가로 인정하지 않았기 때문이다. 일본도 20세기 초반에 서구와의 모든 불평등조약을 개정하고, 서구 세력이었던 러시아와의 전쟁에서 승리한 후에야 주영국 공사를 대사로 승격시킬 수 있었다.[10] 중국도 장제스(將介石) 국민당 정부에서 주권국가로 인정받기 위해서 조약개정 외교가 가장 긴급한 외교 임무로 지정되었다. 서구가 만든 주권국가 질서에서 주권이 국제관계에서 얼마나 중요한 요소인지 보여주는 역사의 단면이다.

두 번째 특징은 국제질서가 무정부 상태(international anarchy)라는 점이다. 절대성과 독립성이라는 주권의 본질에서 파생된 결과이다. 무정부 상태는 현실주의 국제정치학의 개척자인 케네스 왈츠(Kenneth Waltz)가 『인간, 국가 그리고 전쟁(Man, the State, and War)』(1959)에서 국제정치 이론의 기초로 제시한 용어이다. 왈츠는 해박한 정치철학을 바탕으로 홉스, 로크, 루소 등 사회계약론자(Social Contract Theory)들의 '자연 상태(nature of state)' 개념을 빌려서 국제적 무정부 상태라는 개념을 제시했다. 사회계약론자들에 의하면, 인간의 존재가 처음 등장했을 때 인간은 동등한 존재로 상위의 권위체가 존재하지 않은 자연 상태 상태에서 생활했다. 그러나 정치철학자들이 가정했던 자연 상태의 본질들은 상이한 것이있다. 가장 일찍 토머스 홉스(Thomas Hobbes)는 자연 상태를 생존을 위한 '만인 내 만인의 투쟁(war of all against all)' 상태로 정의하고, 생존을 위해 계약을 통해 절대 권력자인 리바이어던(Leviathan)에게 권리를 양도한다고 설명했다. 권리 양도는 취소할 수 없고 리바이어던은 절대적이었다. 리바이어던이 바로 절대적인 국가(절대왕정)였다. 반면 이후 존 로크(John Locke)는 자연 상태는 어느 정도 인간에게 만족스러운 상태지만, 여전히 안전에 대해 불안한 상태이기 때문에, 인간들은 완전한 상태를 얻기 위해 국가와 계약하고, 권리의 일부를 국가에게 이전한다는 것이다. 권리 이전은 취소될 수 있어 로크의 국가는 약한 상위의 권위체(입헌 군주제)였다. 프랑스 철학자 장 자크 루소(Jean-Jacques Rousseau)는 자연 상태는 완벽한 상태였으나 인간 문명(사유재산) 때문에 불평등이 발생하여 이를 해소하기 위해 인간(인민)들이 상호계약을 통해 공통의 일반의사(general will)를 추출해서 국가(공화정)를 만든다는 것이다. 국가가 바로 인민들의 일반의지의 표현인 것이다. 이렇듯 철학자마다 가정하는 자연 상태도 다르고, 해결책으로 제시된 국가의 성격(절대 군주정, 입헌군주정, 공화정)도 다르지만, 공통된 것은 인간 위에 존재하는 상위의 권위체가 존재하지 않는 문제점에 대한 해결책을 제시했다는 것이다. 사회계약론자들의 자연 상태와 국가 형성에 대한 이론은 왈츠와 같은 현실주의 학자뿐만 아니라 칸트와 같은 이상주의자에게도 영향을 주었다.

왈츠는 국제적 무정부 상태 개념을 국제정치에 도입하여 국제정치학을 과학에 반열에 올려놓았다. 정치학자 찰스 립슨(Charles Lipson)은 국제적 무정부 상태를 국제정치학에서의 '로제타스톤(Rosetta Stone)'[11]이라고 높이 평가했다. 국제정치학에서 미지의 영역을 해석할 수 있는 중요한 돌파구를 연 기념비적인 개념으로 평가한 것이다.

왈츠는 무정부 상태가 구조적으로 '주권국가들 위에 상위의 권위체가 없는 상태'로만 정의하고, 무정부 상태에 대한 실질적인 모습에 관해서는 규정하지 않았다. 단지 국가 간의 협력과 평화의 가능성은 열어놓았다. 이후 국제적 무정부 상태의 본질에 대한 다양한 주장은 국제정치학자들이 상의한 정책 처방을 제시하는 결과를 가져왔다. 사회계약론자들도 대부분 정도 차이지만, 자연 상태가 안전하지 못한 상태임을 가정했고, 칸트도 자연 상태를 전쟁 상태라고 표현했다.[12] 왈츠의 뒤를 이은 존 미어샤이머(John Mearsheimer)와 같은 현실주의 정치학자들은 국가들의 생존 본능 때문에 대단히 위험한 상태라고 구체화했다. 칸트의 뒤를 이은 자유주의자들도 무정부 상태가 안전하지 못한 상태라는 점에 동의하고, 무정부 상태에서의 국가 간 협력을 구축하는 방안에 초점을 두고 있다. 제3의 시각이라 불리는 1990년대 구성주의(Constructivism)는 무정부 상태에 대해 좀 더 정교한 이론을 제시했다. 대표적인 학자인 알렉산더 웬트(Alexander Wendt)는 「무정부 상태는 국가가 만든 것(Anarchy is What States Make of It)」(1992), 『국제정치의 사회적 이론(Social Theory of International Politics)』(1999)에서 무정부 상태는 하나가 아닌 세 개의 문화(culture of anarchy)에 의해 지배되며, 구성원인 국가들이 상호 인식 작용을 통해 각각 다른 문화가 지배하는 무정부 상태를 형성한다고 주장했다. 구체적으로 홉스적 문화(Hobbesian Culture)는 상대를 적으로 인식하고 적대감(enmity)이 지배하는 적자생존 관계로 본다. 현실주의자들이 상정하는 무정부 상태의 맥락이다. 칸트적 문화(Kantian Culture)는 상대를 친구로 인식하고 우정(friendship)을 바탕으로 관계를 영구평화로 설정한다. 자유주의자들이 추구하는 역사의 종착역(end of history)에 가깝다. 마지막으로, 로크적 문화(Lockean Culture)는 상대를 경쟁자(rivalry)로 인식하고, 경쟁을 통해 공생공존의 관계를 형성한다. 이는 베스트팔렌 조약 이후 400년 가까운 기간 현실정치를 지배해 온 무정부 상태라고 설명했다. 그리고 웬트는 무정부 상태의 문화가 국가들의 노력에 의해 홉스 문화에서 로크 문화로, 최종적으로는 칸트 문화로 진화할 수 있다고 주장했다.[13]

무정부 상태가 내포하고 있는 또 하나의 중요한 쟁점은 '무정부 상태에서 국가 간 협력이 가능한가'이다. 이 문제에 대한 상이한 입장은 전쟁을 방지하고 평화를 유지하려는 상이한 노력으로 나타났다. 하나의 입장은 단기간 협력은 가능하지만 홉스적 무정부 상태의 본질 때문에 상호 신뢰 형성이 어려워 장기적인 협력은 불가능하다는 입장이다. 그러므로 국가는 자신의 안전을 위해 자조(self-help) 행위에 의존해야 하고, 세력균형이 최선이라고 주장한다. 반면 다른 입장은 국가 간에 공동이익이 존재하고, 공동이익을 제도(institution)화 하여 국가 간 협력을 유인할 수 있어 장기적 협력뿐만 아니라 평화 정착도 가능하다고 주장한다. 이런 상이한 입장은 2차 대전 이후 각각 신현실주의 이론과 신자유주의 이론으로 발전되어 미국 외교에 지속해서 영향을 미치고 있다.

02

세력균형, 영구평화를 향한 갈망과 집단안보

평화를 향한 갈망은 애덤 스미스의 '보이지 않는 손'과
토머스 홉스의 '리바이어던'을 소환했다.

애덤 스미스의 '보이지 않는 손'

토머스 홉스의 '리바이어던'

세력균형의 정착

30년전쟁을 통해 형성된 세력균형은 베스트팔렌 조약 이후 이어진 전쟁들을 통해 주권국가 질서에서 중요한 원칙으로 정착되었다. 17세기 강대국으로 등장한 프랑스 루이 14세의 팽창 추구가 원인이 되었다. 리슐리외와 그 후임인 마자랭(Mazarin)이 신성로마제국을 분열시키고, 콜베르(Colbert)가 중상주의 정책으로 프랑스를 강대국으로 만들었다. 1661년 루이 14세는 재상 마자랭의 섭정이 끝나자, 국내에서는 귀족들의 권력을 약화시켜 절대왕정을 확립하고, 대외적으로는 영토 획득을 목적으로 팽창정책을 추진했다. 루이 14세는 54년간의 실질적 재위 기간(1661~1715년) 중에 37년간 전쟁을 치르며 유럽의 안보를 위협하는 존재가 되었다. 그 결과 유럽 국가들은 연합하여 루이 14세의 팽창정책을 저지하기 위해 세력균형을 작동시켰다.

루이 14세는 자신의 왕비가 스페인 공주임을 근거로 스페인 왕위계승권을 주장했다. 그는 왕위계승권을 포기하는 대신 영토를 할양받기로 했으나 약속이 이루어지지 않자, 1667년 스페인의 약속 위반을 구실로 스페인령 네덜란드를 점령했다. 그리고 이를 방해한 네덜란드 공화국과의 7년간 전쟁(1672~1678년)을 통해 영토를 확장하자 유럽 국가들은 프랑스를 경계하기 시작했다. 그리고 1684년 루이 14세가 다시 네덜란드 등 저지대를 침공하자 네덜란드 공화국 총독 윌리엄 3세는 신성로마제국 황제 레오폴트 1세와 아우크스부르크 연맹(League of Augusburg)을 창설하여 루이 14세를 견제했다. 뒤에 총독 윌리엄 3세가 명예혁명으로 영국 국왕 윌리엄 3세가 되면서, 영국, 네덜란드, 신성로마제국(오스트리아)뿐만 아니라 스페인, 사보이 공국, 스웨덴까지 포함하여 프랑스에 대항하는 '대동맹(Grand Alliance)'을 발족시켰다. 프랑스-대동맹 갈등 구도는 결국 신성로마제국 내 팔츠 공작령 상속문제가 도화선이 되어 아우크스부르크 동맹 전쟁(1689~1697년)으로 발전되었다. 전쟁 결과 리스윅 조약(Treaty of Ryswick, 1697)을 체결했지만,

양측 모두 상당한 피해를 감수해야 했다.

그러나 루이 14세의 패권과 영토 확장에 대한 욕심은 지속되었다. 합스부르크가인 스페인 왕이 후손 없이 사망함에 따라 왕위계승권을 가진 프랑스 루이 14세(부르봉 왕가)가 다시 왕위계승을 요구하자, 신성로마제국의 합스부르크가가 반발하면서 프랑스와 신성로마제국(오스트리아) 간에 '스페인 왕위계승 전쟁(War of the Spanish Succession, 1702~1713년)'이 발발했다. 대동맹은 오스트리아 편에 서서 프랑스에 대항했고 결국 1713년 위트레흐트 조약(Treaty of Utrecht)으로 종결되었다. 프랑스는 스페인과 합병할 수 없다는 조건으로 스페인 왕위계승에는 성공했지만, 막대한 국력을 소모하고 영토 확장에는 실패했다. 반면, 영국은 아메리카 대륙에서 프랑스 식민지를 획득했다. 오스트리아도 이탈리아와 네덜란드에서 스페인이 가지고 있는 영토를 모두 얻어 프랑스를 견제했다.

위트레흐트 조약 결과, 유럽에서는 프랑스 패권 추구는 종식되고 세력균형이라는 질서가 정착되었다. 루이 14세 자신도 2년 뒤인 1715년에 사망했다. 유럽의 국가들이 힘을 합쳐 루이 14세의 야망을 저지함으로써 세력균형이 작동되었다. 베스트팔렌 조약으로 등장한 세력균형이 위트레흐트 조약을 통해 주권국가 질서에서 중요한 하나의 원칙으로 정착되었다.

세력균형은 이어 18세기의 두 차례 전쟁을 거치면서 보편적인 원칙이 되었다. 1740년 신성로마제국 황제이며 오스트리아 왕인 카를 6세가 사망하자 오스트리아 왕위를 계승하려는 오스트리아 합스부르크가의 마리아 테레지아와 왕위계승 우선권을 주장하는 바이에른 선제후를 앞세운 프로이센 간의 '오스트리아 왕위계승 전쟁(War of the Austrian Succession, 1740~1748년)'이 발발했다. 왕위계승 문제 때문에 발생한 전쟁이지만, 경제적 가치가 큰 슐레지엔 지역을 획득하기 위한 프로이센의 프리드리히 2세의 야심이 배경이었다. 당시 프로이센은 프리드리히 빌헬름 1세가 중상주의 정책을 적극적으로 추진하여 국내 산업을 육성하여 프로이센의 국력을 강화했고, 유업을 이은 그의 아들 프리드리히 2세에게는 철강산업의 발전을 위해서 슐레지엔은 반드시 필요한 영토였다. 유럽 각국은 세력균형의 원리에 따라 두 편으로 나누어졌다. 프랑스는 전통적인 원수지간인 오스트리아 견제를 위해 프로이센 편에서 참전했다. 영국도 전통적으로 취해 왔던 프랑스 견제 정책뿐만 아니라 해외 식민지(북아메리카, 인도 등)에서의 갈등 상황을 고려하여, 프랑스의 적인 오스트리아 편에 참전했다. 그리고 프로이센의 국력이 급성장하는 것을 견제하기 위해 러시아, 네덜란드, 하노버 선제후국, 작센 등이 오스트리아 편에 섰고, 스페인은 프랑스와 함께 프로이센 편에 섰다. 결국, 마리아 테레지아의 왕위가 인정되고, 프로이센이 슐레지엔을 획득하는 아헨 조약(Treaty of Aachen, 1748)이 체결되었다. 오스트리아와 프로이센이 왕위와 영토를 서로 주고받았다. 오스트리아 왕위계승 전쟁에서는 스페인 왕위계승 전쟁 때와는 달리 적대 관계였던 프랑스와 프로이센이 동맹 관계로 전환하였다.

이후 오스트리아의 마리아 테레지아가 프로이센에 빼앗긴 슐레지엔을 회복하고, 오스트리아에 도전하는 프로이센을 타도[1]하기 위해서 외교전을 전개했다. 먼저 러시아와 동맹을 맺고, 적대 관계인 프랑스와의 동맹을 추진했다. 이러한 움직임에 위기의식을 느낀 프리드리히 2세는 영국과 동맹을 맺었다. 영국은 동군연합 상태에 있는 하노버 선제후국(영국 조지 3세가 군주)의 안전을 위해서 오스트리아 대신 군사력이 우위에 있다고 판단한 프로이센과의 동맹을 선택했다. 프로이센과 영국의 동맹은 프랑스가 전통적으로 적대 관계였던 오스트리아와 동맹을 맺게 하여 '동맹의 역전(Reversal of Alliances)'이 이루어졌다. 프리드리히 2세는 오스트리아, 프랑스, 러시아의 포위 압박 속에서 예방전쟁 차원에서 작센을 공격했고, 7년전쟁(Seven Years' War, 1756~1763년)이 시작되었다. 프리드리히 2세 군대의 패퇴가 이어지던 중 러시아 엘리자베타 여제의 사망으로 러시아군이 철군한 '브란덴부르크가의 기적(Das Mirakel des Hauses Brandenburg)'이 일어나 프로이센이 기사회생으로 승리했다. 그 결과 후베르투스부르크 조약(Treaty of Hubertusbrug, 1763)을 통해 슐레지엔에 대한 영유권 분쟁은 종식되었다. 7년전쟁은 영국과 프랑스 간의 식민지 전쟁으로도 확전되어 파리 조약(1763년)이 체결되었다. 7년전쟁의 결과, 이어 벌어진 미국 독립전쟁(1775~1783년)에서 프랑스가 영국에 대항하여 미국을 지원하게 되었고, 미국에 대한 지원은 프랑스 재정 압박으로 이어져 프랑스 대혁명 발발의 한 원인이 되었다.

7년전쟁에서도 동맹 관계가 참여국들의 국가이익과 세력균형에 따라, 불과 8년 전인 오스트리아 왕위계승 전쟁 때의 오스트리아·영국·러시아 vs. 프로이센·프랑스가 오스트리아·프랑스·러시아 vs. 프로이센·영국으로 변화하였다. 특히 16세기 이후 적대 관계였던 오스트리아와 프랑스가 동맹을 맺는 '동맹의 역전'이라는 역사적인 사건이 이루어졌고, 동맹의 역전이 세력균형을 작동시키는 결정적인 역할을 하였다.

1700년대 위트레흐트 조약에서 세력균형이 명확한 국제정치의 중요한 원칙으로 자리를 잡았고, 이후 두 차례의 전쟁에서 동맹 관계의 변화가 보편적인 원리가 되었고, 오랜 적대 관계였던 오스트리아와 프랑스가 동맹을 결성하는 파격적인 '동맹 역전'까지 발생되어 유연한 동맹 관계를 전제로 하는 세력균형이 성공적으로 정착, 작동되고 있음이 확인되었다. 그러나 영국은 시종일관 유럽대륙의 강대국인 프랑스의 반대편에서 대륙의 안정을 확보하는 균형자로서의 역할을 했다. 윌리엄 3세 치하의 윌리엄 피트(William Pitt) 내각 이후 균형자의 역할이 영국 외교의 중요한 원칙으로 자리 잡았다.[2)] 그리고 러시아도 프로이센의 부상을 저지하기 위해 반프로이센 편에서 세력균형을 작동시켰다. 이제 유럽에서는 프랑스, 영국, 오스트리아, 프로이센, 러시아 등 5개국에 의한 세력균형 질서가 형성되었다.

세력균형이 3차례 전쟁을 통해 정책으로 자리 잡고 있을 때, 당시의 유럽의 사상가와 외교관들도 안정과 평화를 위한 최선의 방안이 세력균형이라는 데 합의된 모습을 보였다. 이러한 분위기를 1940년대 세력균형 예찬론자인 스파이크먼은 30년전쟁으로 상실된 교황과 신성로마제국 황제의 질서 통합 기능을 대신한 것이 세력균형 원칙이고, 당시 유럽 철학자들 사이에 가장 인기 있는 고찰의 주제였다고 기술했다. 당시 철학자들은 자연 법칙에 따라 천체들이 조화를 이루는 것처럼 균형은 본질적으로 아름다울 뿐만 아니라 실용적이고 윤리적이라고 생각했다.[3] 독일의 철학자 라이프니츠(Gottfried W. Leibniz)는 평화의 방안으로 신성로마제국(합스부르크가)과 프랑스(부르봉 왕조) 간의 세력균형을 주장했다. 1690년대 대동맹이 내세웠던 구호인 '유럽의 자유'도 평화가 아닌 프랑스와의 세력균형을 의미했다. 심지어 유럽 국가들의 세력균형이라는 저항을 야기한 루이 14세의 왕실 교사였던 프랑수아 드 페늘롱(Francois de Fenelon)도 세력균형이 완벽한 체제인 만큼, 세력균형을 깨는 스페인 왕위에 대한 욕심을 버릴 것을 루이 14세에게 상소했다.[4] 동시대 스코틀랜드 철학자 데이비드 흄(David Hume)도 『세력균형에 대하여(On the Balance of Power)』라는 저작에서 세력균형을 사려 깊은 지도자의 작품("사려 깊은 정치가의 지속적인 지배에 의해 세력균형이 보장된다")이라고 찬양했다.[5] 1793년 영국 헨리 존(Henry S. John) 국무대신도 프랑스와 위트레흐트 조약을 협상하는 과정에서 세력균형이 영국의 대외정책 목표라고 확언했다.

'보이지 않는 손'이 만든 세력균형

세력균형은 국가들 사이의 힘이 균형을 이루는 상태나 정책을 말한다. 케네스 왈츠는 세력균형을 "국가들이 행동을 사전에 조율하지 않았을 때 나타나는 국제적 결과"로 정의하고, 18세기 경제학자 애덤 스미스(Adam Smith)가 1776년에 출판한 『국부론(The Wealth of Nations)』에서 시장경제의 자유적인 기능을 의미했던 '보이지 않는 손(invisible hand)'을 소환했다. '보이지 않는 손'은 무정부 상태에서의 자율적인 조정 기능이며, 세력균형을 의미했다. 세력균형은 균형이라는 용어가 없었던 시대부터 인류의 역사 속에 자율적으로 작동되어 온 메커니즘이었다. 국가의 정책결정자들이 세력균형(균형상태로 상황 유지: *tener le cose in equale stato*)이라는 개념을 인식하고 사용하기 시작한 시점은 서양에서는 16세기경이었다. 한스 모겐소에 의하면, 1553년 헝가리의 메리 여왕이 영국 주재 자국 대사에게 보낸 서한에서 합스부르크가(신성로마제국 카를 5세)와 프랑스(프랑수아 1세) 간에 어느 쪽도 치우치지 않은 베네치아의 외교를 설명하면서 세력균형의 개념을 처음으로 사용했다.[6] 합스부르크가와 프랑스의 갈등 속에서 30년전쟁을 거치며 리슐리외가 구체화했다. 그리고 이후 루이 14세의 패권추구에 대항하여 스페인 왕위계승 전쟁에서 명확히 작동하면서 세력균형은 중세의 신성로마제국 황제와 교황의 역할을 대신하여 평화를 구축하는 방안으로 외교사에 정착되었다.

세력균형은 19세기 이후 국제질서 차원의 평화 메커니즘으로 발전했다. 프랑스 대혁명과 나폴레옹 전쟁을 수습한 빈 체제와 독일 통일로 탄생한 비스마르크 체제에서 핵심적인 평화 메커니즘으로 사용되었다. 그리고 많은 학자들도 세력균형을 국가 정책이나 새로운 질서의 기초로 제시했다. 1940년대 지정학자 니컬러스 스파이크먼(Nicholas Spykman)은 주변지(Rimland) 이론을 통해 세력균형정책을 제안했다. 스파이크먼은 윌슨의 자유주의를 비판하고 미국 외교가 지정학에 따라 유라시아 주변 지역을 장악하여 유럽의 심장부(heartland)를 장악하는 세력과 세력균형을 이루어야 한다는 이론을 제시했다. 스파이크먼의 이론은 1950년대 미국의 봉쇄정책의 이론적 기초가 되었다. 이후 이론화는 한스 모겐소에 의해 이루어졌다. 모겐소는 평화유지 수단으로 세력균형을 지지하면서 문제점도 아울러 지적했다. 그는 모든 국가는 권력의 우위를 차지하기 위해 권력투쟁에 참여하며, 내립과 경쟁을 통해 세력균형을 달성하게 된다는 것이다. 그러나 세력균형은 불확실성(uncertainty), 비현실성(unreality), 부적합성(inadequacy)이라는 세 가지 문제점을 가지고 있어 조심스럽게 접근할 것을 주문했다. 불확실성은 세력균형의 핵심요소인 국력을 평가하기 어렵기 때문에 나타난다. 비현실성은 국가들의 안보추구가 도리어 세력 불균형을 초래하는 경우가 많고, 세력균형이 이데올로기로 이용되어 왜곡된 상황도 있기 때문이다. 마지막으로, 부적합성은 세력균형의 기초로 전제되었던 지적, 도덕적 일체감이 상실된 상황에서는 세력균형이 작동될 수 없음을 의미한다.[7] 이후 현대 국제정치학의 거두인 케네스 왈츠가 세력균형을 이론화하면서 그 의미와 기능이 구체화되었다. 왈츠는 이전의 국제정치학자들이 세력균형에 대한 의미를 8개(Ernst Hass), 9개(Martin wight), 4개(한스 모겐소) 등 매우 혼란스럽게 사용했다고 비판했다. 그리고 그는 그동안 세력균형을 자연법이거나, 말장난이거나, 제국주의 은폐 수단 등으로 치부했고, 기능에 대해서도 세계평화 보장책이라 칭송하거나, 전쟁의 원흉이라고 비난하는 극단적인 평가들로 나누어졌다고 종합했다.[8] 그는 세력균형이 역사 속에서 망상이 아니라 인과관계에 따라서 기원전 5세기 투키디데스 시대부터 존재해 온 역사적 사실이며, 마치 경제학의 '보이지 않는 손(invisible hand)'에 의해 형성된 결과이며 자연법칙과 같은 것으로 보았다.[9] 왈츠는 구조주의 관점에서 세력균형은 정책 결정자들이 선택한 것이 아니라 무정부 상태에서 국가가 직면한 조건이라고 규정하고, 모든 국가가 세력균형을 추구하는 과정을 설명했다. ① 세력균형은 지속적으로 형성되며, 성공적인 세력균형정책은 타국도 모방한다. ② 국가가 선택할 수 있는 정책은 균형 추구(balancing) 또는 무임승차(band-wagoning)이나, 균형 추구를 선택할 수밖에 없다. 무임승차는 강대국에 복속될 가능성이 있어 위험한 선택이기 때문이다. ③ 모든 국가는 안보 추구자인 만큼 세력균형을 추구할 수밖에 없다. 왈츠에 의하면, 세력균형은 국가들이 무정부 상태에서 생존하기 위해 공통으로 추구할 수밖에 없는 자연법칙이며, 보이지 않는 손에 의해 이루어진 결과이다. 그는 세력균형 형태 중에도 냉전 시대의 양극체제가 가장 안정(평화)된 체제라고 선언했다.[10]

세력균형을 현실정치에 적용하려고 노력했던 헨리 키신저(Henry Kissinger) 전 국무장관은 『외교(Diplomacy)』(1994)에서 미국의 외교가 윌슨식 자유주의를 명분으로 내세우고 있지만, 실제는 유럽식 세력균형정책에 기반해서 작동되어 왔다고 주장했다. 그는 세력균형이 역사 속에 균형자(balancer)와 정직한 중재자(honest broker)라는 두 가지 형태로 존재해 왔으며, '정직한 중재자' 형태가 미국 외교에 더욱 적합하다고 추천했다.[11)]

균형자는 영국의 고립주의를 상징하는 소극적인 균형정책이다. 영국이 유럽대륙으로부터 격리된 지정학 요소를 활용하여, 유럽대륙에서 세력균형이 달성될 수 있도록 역외 입장에서 유연하게 적과 친구를 결정해 온 정책을 의미한다. 영국 수상 파머스톤(Palmerston)의 '영원한 적도 없고 영원한 친구도 없다'라는 한마디에 모든 것이 함축되어 있다. 균형자 정책은 나폴레옹 전쟁을 수습한 빈 체제에서 정부 문서화되어 '영광스러운 고립(Splendid Isolation)'이라는 이름으로 20세기 초까지도 유럽 문제에 대한 영국 외교정책의 기초로 작동했다.[12)] 영국의 균형자 정책이 지속성을 가질 수 있었던 것은 유럽대륙과 격리된 영국의 지리적 위치와 해군력 덕분이었다.

'정직한 중재자(honest broker)'는 적극적인 균형정책이다. 19세기 후반 유럽 외교를 좌지우지한 비스마르크는 당시 제국주의 시대인데도 불구하고, 다른 유럽의 강대국들과 달리 유럽에서의 안정을 위해 독일의 팽창정책을 자제하고 있었다. 발칸 문제를 두고 러시아와 오스트리아·영국 간에 갈등이 발생하자 비스마르크는 자신이 발칸에 이익이 없는 정직한 중재자임을 내세워 베를린 회의(1878년)를 개최했다. 이는 독일의 권위와 국력을 바탕으로 적극적으로 갈등에 개입하여 균형을 달성하도록 조정하는 정책이었다. 필요시에만 개입하는 소극적인 영국의 균형자 정책과 구별된다. 그러나 균형자 정책이나 정직한 중재자 정책이나 모두 영국과 독일의 국력에 기반한 것이었다. 두 나라가 모두 국제질서에 영향을 줄 수 있는 강대국(great power)들이었기 때문에 가능했다. 특히 한스 모겐소는 영국을 예로 들면서

균형자는 최강대국이어야 한다고 주장했다.[13]

포스트냉전 시대에 미국의 패권에 의존한 자유주의 패권정책이 한계에 이르자, 현실주의자들은 세력균형을 대안으로 제시했다. 역외균형자(off-shore balancer)와 역내균형자(onshore balancer)가 제시되었다. 역외균형자는 영국식 세력균형자(balancer)로, 미국의 소극적 역할을 주문한 것으로, 미국의 현실주의자들에 의해 지지를 받고 있다. 반면 역내균형자는 '정직한 중재자'와 비슷한 역할로 미국이 직접 역내균형에 참가하는 역할로 그동안 미국이 취해 온 외교정책과 가깝다.

세력균형은 동맹조약을 통해 작동되었다. 집단안보를 주장하는 자유주의자들로부터 가장 심하게 비난받는 부분이다. 동맹조약은 가상의 적국을 설정하고, 체약국 일방이 전쟁에 참전할 경우에 나머지 체약국도 자동으로 참전한다는 자동참전조항(casus foederis, case for alliance)을 통상적으로 포함하고 있었다. 체약국이 다른 동맹국의 전쟁에 연루될 가능성이 컸다. 그리고 조약 내용이 안보와 관련되는 만큼, 협상, 체결, 내용이 모두 비밀에 부쳐진 비밀외교로 이루어졌다. 제1차 대전은 독일과 러시아가 오스트리아와 세르비아에게 각각 보장한 비밀동맹조약에 의해 오스트리아-세르비아 간 전쟁이 세계 대전으로 확전되었다. 비밀외교는 칸트 이후 이상주의자들이 세력균형정책이 비도덕적이라고 비판하는 하나의 중요한 근거이다.

세력균형과 패권의 안정성 논쟁

세력균형을 형성하는 강대국 수에 따른 안정성에 대한 논쟁이 국제정치학자들 간에 전개되었다. 세력균형 체제를 크게 양극체제(bipolar system)와 다극체제(multipolar system)로 나눌 수 있다. 양극체제는 두 개의 주요 강대국으로 구성된 균형체제를 의미한다. 왈츠는 경험적으로 냉전 시대에 미국과 소련의 양극체제가 긴 평화(the long peace)를 경험했던 사례를 들어 양극체제가 가장 안정적이었다고 평가했다. 근거로 분쟁이 된 이슈와 분쟁 당사국이 명확하기 때문에 오산에 의한 전쟁 가능성이 작고, 양 강대국이 여타 국가에 비해 월등한 국력을 보유하고 있기 때문에 국제문제 관리(통제)가 용이하다는 점을 내세웠다. 특히 1차 대전에서 독일과 러시아의 오스트리아-세르비아 전쟁에 대한 연루(entrapment)와 2차 대전 직전에 뮌헨협정에서 프랑스와 소련의 체코슬로바키아에 대한 방기(abandonment)와 같은 것들이 발생하지 않아 강대국의 정책 결정에 부담이 되지 않는다고 주장한다.

반면, 3개 이상의 주요 강대국으로 구성된 다극체제의 안정성을 지지하는 학자들은 상호 복잡한 관계들로 인해 국가들은 과격한 행동을 할 수 없고, 상호 관심도가 낮아져, 전쟁 발발 가능성이 작다고 주장한다. 다극체제의 안정성을 지지하는 학자들은 카를 도이치(Karl Deutch), 데이비드 싱어(David Singer), 모턴 캐플런(Morton Kaplan), 스탠리 호프만(Stanly Hoffmann), 헨리 키신저, 조지프 나이 등이다.[14] 다극체제 지지자 중에서도 강대국 숫자의 증가에 비례해서 안정성이 증대되는지 여부에는 입장이 상이하다. 호프만은 부정적이지만 도이치와 싱어는 강대국 숫자 증가가 평화와 안정에 긍정적이라고 보았다. 도이치와 싱어는 3개 강대국 체제를 매우 불안한 체제로 보았다. 3개국 중 2개국이 상호 타협하여 양극체제로 변화할 수 있기 때문이다. 키신저는 5대 강대국으로 작동되었던 빈 체제가 가장 안정적이었다고 평가했다. 다극체제의 안정성을 뒷받침하는 또 다른 요소가 영국과 같은 균형자의 존재이다. 균형자는 강대국 간의 세력균형 유지에 큰 역할을 해왔다.

종합하면, 양극체제에서는 상호 관심도가 높아 전쟁 발발 빈도수는 낮지만, 전쟁이 발발하면 규모가 큰 대전쟁인 반면, 다극체제에서는 행위자가 많아 전쟁 발발 빈도수는 높지만, 전쟁의 규모는 작은 제한 전쟁일 가능성이 크다.

리처드 로즈크런스(Richard Rosecrance)는 이러한 양극, 다극체제의 문제점들을 지적하고 절충안을 제시했다. 양극체제는 제로섬 게임(zero-sum game)이 지배하여 전쟁 발발 가능성이 크고, 양극체제가 안정적이라는 가정도 양극체제를 긴장 완화로 혼동하기 때문에 발생한다고 지적했다. 다극체제에서도 전쟁의 발발 빈도와 우발적 전쟁(accidental war) 발발 가능성이 증대되는 문제점을 지적했다. 그는 대안으로 양극체제 속에 다극체제가 생성되는 양-다극체제(bi-multi polarity)를 제시했다. 그는 양-다극체제가 양극과 다극의 장점은 강화하고 단점을 배제할 수 있다고 주장한다. 전쟁 발발의 빈도와 전쟁의 규모는 양극체제와 다극체제의 중간이 된다는 것이다.[15] 그러나 양-다극체제는 양극체제와 다극체제처럼 현실정치에 존재하는 것이 아니라 바람직하다고 가정한 이상적인 체제이다. 현실적으로 어떻게 양극체제 속에 다극체제를 유도해야 하는지 제시하지 못하는 문제점을 가지고 있다.

세력균형 체제가 안정적이라는 주장과 반대로 패권체제가 안정적이라는 패권안정론(Hegemonic Stability Theory)을 주장하는 학자들도 나타났다. 패권안정론은 시대적 배경을 가지고 있었다. 2차 대전 후 자유주의 경제질서가 유지된 것은 미국이라는 패권국이 공공재(collective goods)를 제공해왔기 때문에 가능했다. 그러나 1970년대에 미국의 패권이 약해지면서 자유무역의 쇠퇴와 브레턴우즈 체제의 붕괴와 같은 무역, 금융 질서의 혼란과 서독, 일본 같은 경제 강대국이 대두되는 불안정한 상황이 국제질서에 나타났다. 안정된 국제질서에로의 복귀라는 희망의 수요 때문에 국제질서가 안정될 수 있는 조건을 정치·경제적 측면에서 분석하는 패권안정론이 대두되었다. 국제질서가 안정되기 위해서는 안보와 자유주의 경제질서라는 공공재를 제공할 수 있는 패권국의 존재가 필요하다는 논리이다. 대표적인 학자로는 저명한 경제사학자인 찰스 킨들버그(Charles Kindleberger)를 필두로 로버트 길핀(Robert Gilpin), 스티븐 크래스너(Stephen Krasner) 등이다. 그리고 이들의 이론을 로버트 코헤인(Robert Keohane)이 '패권안정론'이라고 이

름을 붙였다.[16]

찰스 킨들버그(Charles Kindleberger)는 패권국의 경제력을 중시하고, 패권국이 다른 국가들에 대해 이타적으로 질서유지라는 공공재를 공급함으로써 패권 지위를 유지한다고 주장한다. 1930년대 대공황의 원인을 패권 국가의 부재에서 찾았다. 1930년대는 패권 교체기로 영국은 더 이상 공공재를 제공할 능력이 없었던 반면, 새롭게 패권국으로 등장하던 미국은 먼로주의로 지도력을 발휘하지 못한 상태였기 때문에 세계는 대공황을 피할 수 없었다고 분석했다. 경제적 패권을 국제정치 안정에 요체로 보았다.[17] 로버트 길핀(Robert Gilpin)은 강대국은 경제적 동기로 패권을 추구하고 패권국은 '이기주의'에 의해 공공재를 공급하여 국제질서를 유지한다고 주장했다. 그리고 패권의 전이 가능성도 제시했다. 패권국은 초기에는 자국에 유리하게 설계한 국제질서에 의해 이익을 얻지만, 공공재를 공급하기 위해 지속적으로 비용을 부담하면서 패권의 한계효용이 감소하게 된다. 반면 패권 도전국은 질서에 무임승차하여 무비용으로 국력을 증대시킬 수 있어, 종국에는 패권국과 도전국 간에 패권이 전이되는 현상도 발생할 수 있다고 주장했다.[18] 미국이 패권을 상실할 수 있다는 의미도 포함하고 있어, 코헤인으로부터 비판을 받았다. 코헤인은 『헤게모니 이후(After hegemony)』(1984)에서 미국의 패권이 무너진 무정부의 국제질서 속에서도 미국은 국제기구와 같은 국제레짐(international regime)을 통해 미국의 우위를 유지할 수 있다고 주장했다. 마지막으로, 스티븐 크래스너(Stephen Krasner)는 신현실주의 입장에서 무역질서를 국제체제의 힘의 배분(distribution of power)으로 설명했다. 즉 힘의 배분이 집중된 패권국이 존재하면 개방적 무역질서로 국제체제가 안정적이며, 패권이 약화되면 보호무역주의가 강화되면서 국제체제가 불안정하게 된다고 주장했다.[19]

'리바이어던'이 만든 집단안보

세력균형은 전쟁을 전제로 한 국가 간의 균형을 의미하여, 세력균형은 전쟁을 통해 붕괴되고 다시 회복되는 반복적인 과정을 겪게 되었다. 세력균형이 작동되기 시작한 위트레흐트 조약 이후 50년 동안에도 모든 유럽 국가들이 참전하는 전쟁이 두 차례나 발발했다. 평화(peace)는 안정(stability)과 구별되어야 한다는 생각들이 나타나기 시작했다.[20] 세력균형은 영구적인 평화가 아닌 안정과 일시적인 평화에 불과했다. 세력균형은 진정한 평화를 구축하는 방안이 될 수 없고 심지어 전쟁의 원인을 제공하기도 했다. 이러한 생각들은 영국의 저명한 학자인 마이클 하워드(Micheal Howard)가 제시한 '평화는 계몽주의가 만든 인류의 발명품'이라는 언명에 함축되어 있다. 그의 『평화의 발명(Invention of Peace)』(2000)에 의하면, 평화는 인간의 역사와 함께 시작된 전쟁을 극복하기 위해 발명된 근대의 발명품이었다. 그러나 평화는 역사 속에서 30년전쟁, 프랑스 혁명, 1, 2차 대전과 같은 전쟁을 통해서 변화하고 수정되어 온 깨지기 쉽고 불안전한 발명품이기 때문에 합리적인 인간의 도덕성으로 보완해야 한다고 주장한다. 평화가 인간의 합리적 판단과 도덕적 실천으로 이루어질 수 있는 근대 계몽주의의 산물이라는 칸트의 주장을 적극적으로 수용한 것이다.[21] 이러한 생각들은 영구평화에 대한 갈망으로 나타났다.

영구평화를 갈망하는 사상가들은 17세기 유럽에서 유행했던 토머스 홉스(Thomas Hobbes)의 사회계약론에 관심을 두었다. 홉스는 1651년에 발표한 『리바이어던(Leviathan)』에서 인간이 만인 대 만인의 투쟁 상태인 '자연 상태'의 위험으로부터 벗어나기 위해 상위의 권위체인 리바이어던(국가)과 계약을 통해 자연권을 이전, 양도하고, 리바이어던은 개인의 안전을 보장해 준다고 주장했다. 영구평화를 갈망하는 사상가들은 세력균형과 개별 안보가 아니라 리바이어던에 의해 이루어지는 집단안보를 꿈꾸었다. 리바이어던은

18세기 국가연합체 형태로 유럽 사상가들에 의해 발명되었다가 20세기에는 미국의 정치인들에 의해 국제연맹과 국제연합이라는 국제제도로 현실정치에 나타났다.

1713년 위트레흐트 조약 협상이 한창이던 때, 프랑스 출신의 가톨릭 신부인 아베 드 생피에르(Abbé de Saint-Pierre)가 스페인 왕위계승 전쟁의 경험을 바탕으로 『유럽 영구평화를 위한 제언』을 출판하면서 유럽 사회에서 영구평화에 대한 갈망이 시작되었다. 생피에르는 카를 5세 이후 유럽에서 패권 국가가 등장하는 것을 성공적으로 방지했던 세력균형의 역할을 높게 평가하고, 세력균형이 그동안 유럽의 정책결정자들이 취한 가장 현명한 정책이라는 세간의 평가에도 동의했다. 그러나 세력균형이 영구평화를 보장할 수 있는 방안이 될 수 없다고 생각했다. 그는 세력균형과 평화조약을 통한 평화는 오래 지속된 적이 한 번도 없다는 사실에 주목했다. 구체적으로 세력균형 체제를 조약 이행에 대한 어떠한 보장도, 충분한 안전장치도 없이 오직 무력에만 의존하는 분열과 전쟁의 체제라고 비판하고, 통합과 평화의 체제로 나아가야 한다고 주장했다.22)

구체적으로 그는 다음과 같이 주장했다. ① 홉스의 사회계약론을 빌려 자연 상태는 '만인 대 만인'이 투쟁하는 전쟁상태이고, 이를 벗어나기 위해 홉스의 리바이어던에 비유되는 국가연합(체)을 형성해야 한다. ② 국가연합체는 이성이 작동하는 계몽군주국들로 구성되어야 한다. 구체적으로 정회원국으로 프랑스, 스페인 그리고 대동맹국에 속한 영국, 네덜란드, 신성로마제국 내 인구 120만 명 이상의 24개 국가들을 상정한다. ③ 네덜란드 공화국 내에 소재한 위트레흐트를 자유도시로 지정하고 국가연합체 의회를 설치한다. 그리고 의회가 의결 정족수 2/3를 통해 분쟁을 중재한다. ④ 국가연합체의 헌법에 집단안보(collective security) 기능도 포함한다. 의회가 적으로 규정한 국가에 대해 회원국 군대에 의한 공동 조치(군사행동)를 규정한다. ⑤ 상업이 정치에 종속된 중상주의는 전쟁 상태로 국가를 몰아가는 반면, 국가연합체는 자유무역(상업의 번성)을 지지함으로써 평화를 확보할 수 있다.[23] 생피에르는 리바이어던인 계몽군주국들로 구성된 국가연합체와 자유무역을 영구평화의 열쇠로 제시한 것이다.

생피에르의 영구평화론은 많은 사상가와 외교관계자들로부터 맹비난을 받았다. 한마디로 비현실적이며 몽상이라는 것이었다. 세력균형을 적극 지지해 온 라이프니츠는 '황금시대에 대한 회상'에 불과하다고 혹평했다. 이후 생피에르의 유고를 정리했던 루소도 『생피에르 영구평화안 발췌』(1761)와 『생피에르 영구평화안 비판』(1782)을 통해 생피에르의 영구평화론을 요약하고 비판했다. 루소는 생피에르가 영구평화 방안을 제시한 자체는 높이 평가하지만, 생피에르의 생각이 너무 이성에 집착하고 있어 영구평화안은 추상적이고 실현 불가능하다고 총평했다. 그리고 루소는 국가연합체의 구성원으로, 생피에르의 계몽군주국 대신에 인민주권에 기반을 둔 공화국을 제시했다. 루소 당시에 이미 유럽에서는 생피에르와 달리 계몽 군주(제)에 의한 평화 달성은 어렵다는 생각이 퍼져 있었다. 프랑스 철학자 볼테르(Voltaire)도 『영구평화에 대하여』(1769)에서 군주 간의 평화는 결코 있을 수 없다고 전제[24]하고 생피에르의 영구평화안은 '공상소설'에 불과하다고 비판했다. 그러나 유럽 의회에 대해서는 공평한 중재 기능이 이루어진다면 바람직할 뿐만 아니라 실현 가능성이 있다고 평가했다. 생피에르의 유럽국가연합체는 350년이 지나 유럽연합(EU)으로 실현되고 있다.

생피에르의 영구평화론은 프랑스 혁명전쟁 기간인 1795년에 프로이센과 프랑스 간에 체결된 평화조약(바젤 조약)을 보고 격분한 칸트에게 이어졌다. 칸트는 『영구평화론: 철학적 구상(Zum ewigen Frieden: Ein Philosophischer Entwurf)』(1795)을 제시했다. 칸트는 바젤 협정에 평화를 위협하는 비밀조항(프랑스의 프로이센 영토 점령과 프로이센의 배상금 지급 조항)이 포함된 것을 비판하고, 일시적인 평화조약을 대신해서 인류가 전쟁 없는 영구평화로 갈 수 있는 방안을 제시했다. 칸트는 영구평화 구축방안을 평화조약문과 같은 형식으로 제시했다. 칸트는 제1장에서 영구평화로 가기 위한 사전 조건인 예비조항(기본조건)으로 비밀조항 폐지, 영토 보장, 상비군 폐지, 전쟁을 위한 국채발행 금지, 주권불가침, 상호 신뢰 유지 등 6개 항을 제시했다. 제2장 확정조항(필수조건)에서는 영구평화를 실현하기 위한 필수적인 방안으로 단일 세계국가인 세계공화국 건설을 제안했다. 그러나 세계공화국은 주권원칙에 기초한 국제법이 지배하고 있던 당시 현실에서는 실현되기 어려운 만큼, 차선으로 민주국가(공화정)들로 구성된 국가연합체를 결성하는 방안을 제시했다.[25] 칸트는 민주적 공화정을 영구평화의 필수조건으로 제시한 근거로, 민주적 공화정에서 최종 결정자인 국민이 전쟁을 거부하기 때문이라고 설명했다. 그리고 추가로 칸트는 영구평화를 향한 제1 보충조항에서 협력과 교류를 동반하는 무역을 평화로운 관계 형성에 필요한 보충적 요소로 제안했다.[26] 평화의 요소로 부역을 중시한 것은 계몽주의 영향이 컸다. 당시 계몽주의자들은 '무역은 야만적인 풍습을 누그러뜨린다'라고 생각하고 있었다. 몽테스키외도 무역이 우호적인 정치 관계를 형성하여 국가들이 서로 전쟁하지 않게 만든다고 말했다. 칸트의 영구평화 방안은 리바이어던인 공화정 국가연합체와 무역이었다.

영구평화를 달성하기 위해 국가연합체를 만들자는 생피에르와 칸트의 주장은 1차 대전 후 미국 대통령 우드로 윌슨에 의해 국제연맹(League of Nations)이라는 국제제도로 현실화했다. 윌슨은 세력균형을 전쟁의 원흉이라고 비판하면서 (영구)평화를 위해 국제연맹을 창설했다. 국제연맹은 회원국들이 공동으로 평화를 교란하는 국가에게 대항하는 집단안보(collective security) 기능을 채택했다. 이후 2차 대전 후 루스벨트 대통령은 국제연맹의 경험을 바탕으로 더욱 강력한 집단안보 기능을 갖춘 국제연합(United Nation)을 창설했다. 국제연맹(LN)과 국제연합(UN)은 영구평화를 목표로 공동의 징벌 조치인 집단안보를 집행하는 리바이어던이었다.

집단안보가 세력균형보다 더 높은 수준의 도덕성과 평화를 추구하는 이상형이지만, 국제연맹과 국제연합 같은 국제제도는 국가들의 합의를 전제로 한다는 한계성을 가지고 있다. 그러나 집단안보는 평화에 대한 열정으로 제도적인 결함을 보완하면서 발전해 오고 있다. 국가들의 합의는 국제연맹과 국제연합의 규약과 헌장에 반영되었다. 그러나 규약과 헌장도 완벽한 집단안보 기능을 보장하는 데 실패했다. 국제연맹 규약은 전체가 26개 조에 불과해서, 매우 빈약했고, 가장 중요한 군사적 조치를 포함하지 않은 미완성의 제도였기 때문에 2차 대전을 방지하기에는 역부족이었다. 그러나 국제연맹은 상설 국제사법재판소를 설치하고 군축회의를 주도하여, 집단안보 기능을 보완하려고 노력했다. 국제연합의 헌장에서도 좀 더 완벽한 집단안보를 추구했지만, 강대국인 안전보장이사회 상임이사국의 거부권(Veto권)이라는 제도 때문에 냉전 기간은 물론이고 지금까지도 집단안보 기능의 마비를 경험해야 했다. 그러나 국제연합에서도 집단안보 기능의 한계를 극복하려는 노력은 계속되고 있다. 국제연합 헌장은 군사적 제재를 포함해 국제연맹 규약보다 발전했고, 국제연합 자체도 헌장상 집단안보 기능의 한계를 보완하기 위해 여러 가지 노력을 하고 있다. 국제연합은 '평화유지활동(Peace Keeping Operation: PKO)'과 안전보장이사회에 '제재위원회(Sanction Committee)를 설치하여 군사적 제재보다 부담이 적은 경찰 임무와 경제제재를 논의했다. 그리고 성과는 없지만, 상임이사국의 거부권 문제를 개혁하려는 노력도 시도하고 있다.

그리고 국제연맹과 국제연합은 집단안보 기능의 효율성을 높이기 위해 규약과 헌장은 '지역주의(regionalism)'를 채택했다. 국제연맹과 국제연합과 같은 전 세계차원이 아닌 지역 차원의 집단방어 메커니즘을 규약과 헌장에 명시하여 인정했다. 지역 집단방어(collective defense) 메커니즘은 집단안보와 동맹의 중간적 성격으로 집단안보 기능을 보완하는 역할을 해왔다. 1920년대 로카르노체제, 1940~1950년대 창설된 북대서양조약기구

(NATO), 바르샤바조약기구(WTO) 등이다.

세력균형 vs. 집단안보

세력균형이 자연법칙이나 '보이지 않는 손'과 같은 자연적인 메커니즘인 반면, 집단안보는 세력균형의 대안으로 제시된 '리바이어던'이라는 인위적 메커니즘이라는 차이점 외에도 많은 면에서 상이하다. 세력균형은 유럽의 현실주의를 바탕으로 하는 반면, 집단안보는 미국의 도덕적 자유주의에 기초하고 있다. 이러한 차이는 국제정치학자들의 이론에서도 반영되어 세력균형은 현실주의자들, 집단안보는 자유주의자들에 의해 지지를 받고 있다. 세력균형은 안정을 목표로 하고 동맹이란 수단에 의존한다. 반면, 집단안보는 영구평화를 목표로 하고, 제도(국제기구)를 수단으로 하고 있다. 그리고 세력균형은 대상국을 특정하고, 특정국의 힘(power)에 관심을 두고 있는 반면, 집단안보는 대상국을 특정하지 않거나 할 수 없고, 불특정국 정책의 호전성에 관심을 둔다. 국가들은 세력균형하에서는 중립을 유지할 수 있으나, 집단안보에서는 모든 국가가 참여하는 국제기구의 행위이므로 중립 유지가 불가능하다. 세력균형과 집단안보의 차이를 도표화 하면 〈표 1〉과 같다.

그리고 국제연합 헌장 속의 지역주의에 의해 인정되고 있는 NATO 같은 지역적 집단안보는 집단방어(collective defense)로 국제연합의 집단안보와 구별하기도 한다. 집단안보는 전 세계적 범위를 지향하여 집단안보 발동 대상이 불특정이지만, 집단방어는 지역적 범위이며 발동 대상이 명시적이지 않더라도 특정(NATO의 경우에는 소련과 공산권 국가들)되어 있는 것이 일반적이다. 그러나 개별 동맹을 기반으로 하는 세력균형과는 명확히 구분된다.

세력균형과 집단안보는 대립 개념으로 탄생한 평화 메커니즘이지만, 역사 속 현실정치에서는 상호 보완하는 기능으로 전쟁 방지와 평화유지에 공동의 역할을 해오고 있다. 1차 대전 이전 시기는 전쟁 방지 메커니즘으로 세

〈표 1〉 세력균형과 집단안보의 차이

	세력균형	집단안보
목표와 수단	안정, 동맹	평화, 국제기구
형성 메커니즘	국가 본능적(자연법칙, 보이지 않는 손)	인위적 (리바이어던)
사상적 배경	유럽 현실주의	미국 도덕적 자유주의
특정국 유무	특정국 존재	불특정(특정국 부재)
감시·관심 대상	특정국의 힘	불특정국 정책의 호전성
국가의 중립 가능 여부	중립 가능	중립 불가

력균형이 주로 역할을 담당했던 반면, 1차 대전 이후에는 집단안보가 평화유지기능을 주로 맡아 왔다. 세력균형하에서도 강대국들이 협의하고, 공동대응하는 유럽협조체제(Concert of Europe)가 1820년대에 작동되었다. 집단안보체제 아래에서도 인위적인 집단안보의 불완전성으로 세력균형 성격과 집단방어 성격의 보완책들이 작동되었다. 국제연맹하에서 독일 서부국경안보를 합의한 로카르노 체제(1925년), 아시아 태평양지역에서 미국과 일본의 세력균형을 목표로 한 워싱턴 체제(1922년)가 그것이다. 냉전기 국제연합하에서도 나토와 바르샤바조약기구와 같은 지역적 집단방어뿐만 아니라 핵무기로 균형을 이룬 미국과 소련의 양극체제가 국제연합의 집단안보 기능을 보완했다.

세력균형과 집단안보의 이론적 뿌리: 현실주의와 자유주의

국가들이 세력균형과 집단안보라는 두 가지 평화 메커니즘을 만들었다. 세력균형과 집단안보는 전혀 다른 두 가지 시각과 이론에 각각 뿌리를 두고 탄생했다. 세력균형이라는 안정을 평화로 상정하는 현실적인 시각을 현실주의(Realism)라 한다. 반면 영구평화를 갈망하여 집단안보에 집착하는 시각을 이상주의(Idealism) 또는 자유주의(Liberalism)라 한다. 두 가지 시각 간의 경쟁은 인간이 전쟁을 인식하면서부터 시작된 오랜 역사를 가지고 있다.

현실주의와 자유주의는 많은 면에서 대비된다. 먼저 고전 국제정치 이론의 주체인 인간의 본성에 대해서 현실주의는 공격적이고, 이기적인 면을 강조한 반면, 자유주의는 이성적이고 계몽주의(Enlightenment)적인 인간성을 중시한다. 인간 역사에 대해서도 현실주의는 '역사는 동일한 패턴으로 반복(History repeats itself)된다'는 토인비(Arnold Toynbee)류의 역사관에 가깝다. 반면 자유주의는 18세기 계몽주의에 기초하여 헤겔과 칸트와 같이 역사신보(History is marching)에 대한 신념으로 더 완벽한 국제사회로 발전해 나갈 수 있다고 믿는다. 그리고 도덕에 대해서는 현실주의는 도덕과 가치로부터 국가의 행동이 자유로워야 한다는 도덕·가치중립을 철칙으로 제시한다. 현실주의 시각의 뿌리가 지속적인 크고 작은 전쟁 속에서 생존만이 최고의 목표였던 유럽대륙의 경험에서 도출되었다는 사실을 생각하면 당연한 결과이다. 현실주의는 지극히 유럽적인 역사적 배경을 가지고 있다. 반면 자유주의는 역사가 진보하기 위해서는 국가의 행동을 도덕과 가치가 지배해야 한다고 주장한다. 도덕·가치 지향적이다. 1차 대전 후 세계질서 주도국으로 등장한 미국의 도덕주의의 영향이 크다.

그리고 국제정치의 행위자인 국가에 대해서 현실주의는 국가가 유일한 행위자로 보고, 국가는 힘과 국가이익에 따라 행동하며, 국가의 목표인 안전을 확보하기 위해 세력균형에 집착한다. 반면, 자유주의는 국가가 중요한 행위자이지만 유일하지 않으며, 국제제도와 같은 비국가 행위자의 존재도 중시한다. 국가는 장기적인 평화를 구축하기 위해 국가 간 합의를 통해 마련된 국제제도의 집단안보 기능에 집착한다. 현실주의와 자유주의의 차이를 정리하면 〈표 2〉와 같다.

〈표 2〉 현실주의와 자유주의의 차이

	현실주의	자유주의
인간 본성	이기적, 공격적	이성적, 계몽주의적
역사관	역사는 반복	역사는 진보
도덕·가치에 대한 입장	도덕·가치 중립	도덕·가치 지향
행위자	국가	국가, 국제제도
주요 수단	힘, 국가이익	법, 제도
국가 추구 목표	안정, 단기적 평화	영구평화
평화 구축방안	세력균형	집단안보

현실주의는 1차 대전까지 지배적인 시각이었다. 현실주의 뿌리는 서양에서는 펠로폰네소스 전쟁사를 쓴 기원전 5세기의 투키디데스까지 거슬러 올라간다. 투키디데스는 스파르타와 아테네의 전쟁 원인을 무정부 상태에서 아테네의 부상(rise)과 스파르타의 두려움(fear)이 결합된 결과물이라 설명했다. 근대 현실주의 시조인 15세기 마키아벨리는 5개 세력으로 분열된 적자생존의 이탈리아 상황에서 피렌체 공화국이 살아남는 탈도덕적인 전략을 통치자에게 제시했다. 17세기에 리슐리외는 프랑스를 위해서 국가이성(국가이익)과 세력균형이라는 현실주의의 지주 개념을 외교에 적용했다. 같은 시기에 영국의 토머스 홉스(Thomas Hobbes)가 만인 대 만인의 투쟁 상태인 '자연 상태(무정부 상태)'라는 개념을 제공했다. 19세기에는 독일의 비스마르크(Bismarck) 총리가 도덕 중립성에 기초하여 매우 복잡한 세력균형을 실제 외교에 적용하는 모습을 보여주었다. 도덕주의와 자유주의가 주류인 미국에서도 현실주의 외교가 나타났다. 20세기 시어도어 루스벨트(Theodore Roosevelt) 대통령은 앨프리드 머핸(Mahan)의 해양력 이론(seapower theory)을 실

천하고 유럽식 세력균형 정치를 미국 외교에 적용(포츠머스 조약 중재 등)해서 미국을 서반구 변방국에서 강대국 반열로 끌어 올렸다. 또 불개입의 대명사였던 먼로주의(Monroe Doctrine)를 루스벨트의 추론(Roosevelt's Corollary)이라는 이름으로 재해석하여 서반구에 대한 미국의 영향력(간섭권)을 확보했다.

1차 대전이란 대재앙에 대한 반성으로 윌슨의 미국적 자유주의가 1920년대를 지배했지만, 1930년대 유럽에서의 전쟁위기로 현실주의가 부활하여 냉전 시대에서는 전성기를 맞이했다. 1차 대전 후 영국의 외교관이며 정치학자인 에드워드 카(Edward H. Carr)는 현실주의(realism) 용어를 처음으로 사용하면서, 1920~1930년대 지배 논리였던 국제연맹의 집단안보 기능의 실패를 '20년의 위기'라는 용어로 비판했다. 위기의 원인을 윌슨 대통령의 어설픈 이상주의(utopianism)에 기인한다고 진단했다. 니컬러스 스파이크먼은 지정학에 세력균형을 적용하여 미국의 현실주의 외교정책 방향을 제시했다. 2차 대전 후 조지 케넌(George Kennan)은 미국 외교에서 법적, 도덕적 접근의 실패를 지적하고 소련에 대항하여 봉쇄정책을 제안했다. 또 한스 모겐소는 국제정치는 권력정치로 규정하고, 구체적으로 국력, 국가이익, 도덕 중립성 등의 용어가 포함된 현실주의 6개 원칙을 제시하면서 현실주의의 방향을 제시했다. 1950년대 후반부터는 현실주의가 과학화되고 정책 지향적인 신현실주의로 발전했다.

반면, 자유주의는 그리스 시대에도 플라톤(Plato)의 철인정치에 대한 갈망의 형태로 존재했다. 자유주의는 대재앙에 대한 반성과 18세기 유럽의 계몽주의를 발판으로 발전했다. 17세기에 그로티우스는 스페인에 대한 네덜란드의 독립전쟁과 전 유럽에 대재난을 불러온 30년전쟁의 혼란을 목도하면서, 전쟁의 참화를 줄이기 위해 전쟁에 적용되어야 하는 최소한의 규칙인 '정의로운 전쟁(正戰)조건'을 제시했다. 18세기 초 프랑스 신부인 생피에르는 전 유럽 국가가 참여한 스페인 왕위계승 전쟁을 종결한 위트레흐트 조약을 의심에 찬 눈으로 보고, 당시 지성계의 조롱과 무시 속에서 유럽연합 구성을 통한 영구평화를 주창했다. 18세기에는 계몽주의가 유럽 지성계를 장악하면서 자유주의는 힘을 얻게 되었다. 존 로크, 장 자크 루소, 몽테스키외(Montesquieu), 애덤 스미스(Adam Smith), 존 스튜어트 밀(John Stuart Mill) 등이 자유주의 확장에 앞장섰다. 자유주의의 전매특허가 된 영구평화론은 18세기 말 이마누엘 칸트에 의해 구체화되었다. 칸트도 프랑스 혁명 전쟁을 보고 허구인 평화협정이 아니라 공화국으로 구성된 국가연합을 통해 영구평화를 구축해 나갈 것을 주장했다. 그리고 칸트는 국가 간의 무역도 국가연합 형성에 보충적인 역할을 한다고 부연했다. 그 당시 애덤 스미스, 리처드 곱든(Richard Cobden)과 같은 학자들이 가지고 있었던 자본주의 시장과 자유무역이 평화 질서 유지 능력을 지니고 있다는 생각과 궤를 같이했다. 칸트가 제시한 세 가지 영구평화의 조건인 민주주의(공화정), 국제제도(국가연합체), 경제적 상호의존(통상) 등은 1970년대 이후 등장한 신자유주의(Neo-liberalism)의 기초가 되었다. 현실주의가 세력균형 정치를 통해 국제정치에서 작동된 것처럼, 자유주의도 1919년 윌슨 대통령에 의해 국제연맹이라는 집단안보체제를 통해 구체화되었다. 윌슨은 미국적 도덕주의에 기반한 자유주의 신봉자였다. 그는 1차 대전이라는 대재앙이 세력균형이라는 현실주의 외교 때문이라고 생각하고 대안으로 국제연맹과 집단안보라는 자유주의 방안을 채택했다. 윌슨의 국제연맹이 무기력 때문에 2차 대전을 예방하지 못했음에도 불구하고, 윌슨주의자인 루스벨트 대통령은 더욱 강력한 집단안보 기능을 가진 국제연합을 창설했다. 냉전 시대에 소련과의 대결이 격해지자 자유주의는 위축되었다가 1970년대 미·소 간의 데탕트와 경제 이슈의 부각에 힘입어 신자유주의로 부활했다. 그리고 포스트냉전 시대에서는 자유주의 패권(Liberal Hegomony)이라는 이름으로 진화되었다.

현실주의와 자유주의는 현재까지도 국제정치를 이해하고 설명하는 중요한 양대 시각이며 이론이다.

03

또 다른 국제질서: 중국적 세계질서

중국적 세계질서는 130년 전에 폐기되어 박물관에 전시되어 있는 유물이 아니라 지금도 중국 지도자를 선도하는 펄럭이는 깃발이다.

《이코노미스트》 2013년 5월 표지. 청 건륭제의 복장을 한 시진핑 주석

중국 이해의 열쇠: 중국적 세계질서

베스트팔렌 조약 이후 세계는 주권국가 질서의 지배를 받고 있다. 그러나 2010년대 이후 국제사회를 주권국가 질서와 다른 형태의 질서로 변화시키려는 강력한 수정주의자(revisionist power)가 등장했다. 수정주의자는 주권국가 질서의 기본 전제인 동등한 주권국가들로 구성된 국제질서 대신에 자신을 중심으로 한 위계적인 국제질서를 꿈꾸고 있다. 수정주의자는 중국이다. 2024년에 출간된 자서전 『자유(Feiheit)』(2024)에서 전 독일 총리 앙겔라 메르켈(Angela Merkel)은 시진핑(習近平) 중국 국가주석의 주장을 의미 있게 회고했다.

> "시진핑의 꿈은 중국 위상의 재조정이었다. 우리의 만남에서 그는 지난 2000년 동안의 인류 역사에 대해 자주 이야기했는데, 20번의 세기 중에서 18번의 세기 동안 중국이 세계 경제와 문화의 중심지였다는 사실을 강조했다."[1)]

중국이 미국에 대항할 만큼 강대국 지위에 올랐다는 데는 국제사회가 대체로 동의하는 분위기다. 중국이 생각하고 있는 국제질서에 대한 이해가 필요한 이유이다.

헨리 키신저는 저서 『세계질서(World Order)』(2014)에서 유럽, 미국, 이슬람 그리고 아시아의 세계질서를 분석했다. 유럽과 미국의 세계질서 차이는 질서의 기초에 유럽은 힘, 미국은 도덕을 전제로 한 차이이지만, 기본적으로 주권국가 질서를 공통으로 하고 있다. 그러나 유럽과 미국의 경우와 달리, 이슬람에서는 국가는 종교의 팽창을 수행하는 수단에 불과했고, 아시아는 너무 많은 다양성 때문에 하나의 질서를 형성할 수 없었다. 그러나 아시아 질서의 대표 격인 중국의 세계질서는 천하(세계)가 중국의 속국이라는 세계관에 기초하고 있어 유럽과 미국의 주권국가 질서에 기초한 세계관과는 근본적으로 다른 형태라고 설명했다.[2] 조지프 나이가 주권국가 질서(anarchic system of states)와 구별하여 제시했던 세계제국 질서(world imperial system)가 중국이 추구하고 있는 세계질서와 유사한 느낌이 든다. 세계제국 질서는 하나의 정부가 그와 접촉한 대부분의 세계를 지배한 형태로 과거 로마제국 같은 질서를 의미한다.

중국은 19세기 유럽의 주권국가 질서에 통합되기 전까지는 다른 형태의 세계질서관을 가지고 있다. 중국의 세계질서관에 대한 이해는 중국이 추구하는 세계의 모습을 추측하게 해줄 수 있다는 점에서 매우 의미가 크다. 역대 중국의 정치지도자들은 중국 역사와 문화의 유구함, 풍부함, 우월성에 대한 자부심으로 무장하고, 중국 역사를 '고인(故人)의 교훈'이라는 이름으로 현실정치에 반영했다. 존 킹 페어뱅크(John K. Fairbank), 키신저 같은 서구의 중국 전문가들도 특유의 역사와 문화로 채색된 중국의 세계관이 현재 중국에서 살아 움직인다는 걸 인정하고 있다.[3]

중국이 긴 역사와 찬란한 문화를 통해 형성한 세계관을 미국 중국학의 태두인 페어뱅크에 의해 '중국적 세계질서(Chinese World Order)'로 명명되었다. 현재 많이 통용되고 있는 '중화질서(中華秩序)', 화이질서(華夷秩序)와 같은 의미이지만, 중국적 세계질서가 보다 중립적인 용어인 만큼, 여기서는 중국적 세계질서를 사용한다.

1965년에는 하버드대학교 동아시아연구소가 주최한 '중화주의(Sino-centrism)'라는 표제하에 국제 세미나가 개최되었고, 이 행사의 결과물로 『중국적 세계질서(The Chinese World Order)』라는 단행본이 발간되었다.[4] 냉전기에 공산주의의 한 축으로서 국제정치에서 영향력을 확대해 가던 중국(중화인민공화국) 외교에 대한 의구심에서 연구가 시작되었다. 중국이 프롤레타리아 연대를 강조한 국제공산주의보다는 전통적인 요소에 기초한 현실주의 외교를 구사하고 있다는 사실을 미국 외교계와 학계가 발견했다. 중국 외교를 이해하기 위해 중국의 세계관에 관한 연구가 필요했다. 이러한 목적의

식에서 시작된 1965년 하버드대학교 세미나 이후 대만, 홍콩, 싱가포르, 중국 등의 중화권 학자들도 중국적 세계질서 논쟁에 참여하면서, 중국적 세계질서가 중국을 이해하는 하나의 열쇠가 되었다.

중국적 세계질서의 기초: 우월성과 통일성

중국적 세계질서는 중국 역사와 문화의 독특함에 기초하고 있다. 페어뱅크는 중국의 역사와 문화의 핵심을 '우월성(superiority)과 통일성(unity)'으로 규정했다.[5] 우월성이 정체성 강화시키고, 정체성을 통해 통일성이 강화되고, 통일성이 다시 우월감을 고취시키는 상호작용을 해왔다.

우월성

중국의 우월성에 대한 신념은 주변 민족을 '야만인'으로 규정하여 중국인과 구분하는 화이관(華夷觀)에서 명백히 나타난다. 중국의 고전 『예기(禮記)』에서 주변의 야만인을 중국인(人)과 구별하여 짐승, 벌레, 무기에 비유하여, 북적(北狄, 개), 남만(南蠻, 벌레), 동이(東夷, 활), 서융(西戎, 창)으로 불렀다. 우리를 동이족이라 부른 이유이다.

우월성은 어디서 오는 것일까? 중국은 찬란한 독자적인 황하 문명을 이루었다. 그러나 주변이 바다, 사막, 산맥, 정글 등으로 다른 문명으로부터 격리된 독특한 지리적 환경 때문에 로마와 같은 동급의 다른 문명과의 간헐적인 접촉만 가능하여 중국 문명의 우월성에 대한 도전이 없었다. 그뿐만 아니라 주기적으로 발생한 서북쪽 야만인들의 침략은 중국의 우월성을 재확인하는 계기가 되었다. 이들은 금나라, 원나라, 청나라와 같이 짧은 기간 중국을 지배하고는 중국문화에 동화되어 흔적도 없이 사라졌다.

중국의 우월성은 오랜 시간 동안 중국 정치지도자들의 신념이 되었고, 지나쳐 맹신으로 나타났다. 대표적인 사례로 18세기 말 영국과의 접촉에서 발견할 수 있다. 이미 산업화를 시작하여 유럽의 최고 문명국이었던 영국의 국왕 조지 3세는 1793년 중국과 교역을 하기 위해 조지 매카트니(George Macatney) 백작을 사절단으로 보냈다. 매카트니는 영국을 하대(下待)하는 굴욕적인 의례절차(조공국 사신이 중국 황제를 알현할 때 행했던 '세 번 무릎을 꿇고 아홉 번 머리를 조아리'는 三跪九叩頭禮) 요구에 불응하여 청 정부와 한 차례에 격돌한 끝에 왼쪽 다리는 굽히는 예로 대체하여 건륭제를 알현하고, 교역을 제안하는 영국 왕의 서신을 우여곡절 끝에 제출했다. 그러나 영국 조지 3세의 서신에 대한 건륭제의 답신에서는 영국을 야만인(오랑캐) 취급하는 우월감으로 넘쳐났다.

> "오 왕이여 그대는 멀리서 우리의 권위와 문명을 찬양하고 우리 문화를 열렬히 동경하여 조공 사신을 보내왔다. … 그대의 존경심과 복종심을 인정하여 사신이 황제를 알현할 수 있도록 베풀었다. … 천조(중국)는 물자가 풍부하므로 결코 오랑캐와 교역할 필요가 없다"[6)]

중국 지도자들의 우월감은 현대에도 그대로 재현되고 있다. 미국 국무장관을 지낸 딘 러스크(Dean Rusk)의 회고록 『As I saw It』(1990)에 따르면, 1979년 중국의 최고지도자 덩샤오핑(鄧小平)이 미국을 방문하여 애틀랜타 연설에서 중국인과 야만인을 구별하여 미국인들을 야만인으로 규정했다.

> "당신네 미국인들은 중국은 여전히 중화제국(Middle Kingdom)이라는 사실을 항상 기억해야 합니다. 세상에는 중국인과 야만인이 있습니다. … 여러분(미국)은 바로 야만인입니다."[7)]

덩샤오핑의 발언은 지난 10년간의 문화대혁명으로 폐허가 된 1979년 당시의 중국 현실과는 전혀 부합되지 않는 내용이었다. 당시 중국이 넘볼 수 없었던 수준의 문명국가였던 미국을 야만인이라고 규정하는 언사는 중국적 우월감이 중국 지도자들에게 신념을 넘어서 맹신이 되어 있다는 증거이기도 하다. 중국이 강대국 반열에 오른 2000년대 이후에는 중국 지도자들은 우월감을 더욱 노골적으로 표현하고 있다. 앞에서 기술된 메르켈 독일 총리가 소개한 시진핑 국가주석의 언급도 그중 하나이다.

그뿐만 아니라 중국의 우월성은 중국 국내 정치용으로도 흔히 사용되어 왔다. 쑨원(孫文)은 제국주의를 극복하기 위해 중국의 수준 높은 고유문화에 의존해야 한다고 강조했다. 장제스(將介石)도 외래 사상인 마르크스-레닌주의를 극복하기 위해 중국 고유문화를 존중하는 신생활운동을 주창했고, 마오쩌둥(毛澤東)은 문화대혁명을 세계에 전파하면서 미국을 종이호랑이와 진흙 거인으로 조롱했다. 현재 시진핑 체제에서는 '중화민족의 위대한 부흥'과 '중국몽(中國夢)'이 중국의 우월성을 상징하는 키워드로 사용되고 있다.

통일성

통일에 대한 중국의 열망은 주(周)나라 말기 춘추전국시대라는 500년간의 대혼란 시대를 통해 나타났다. 대혼란을 마감하고 처음으로 통일을 이룬 인물이 진나라의 진시황(秦始皇)이다. 이후 통일은 정치지도자들에게 부여된 '보편적 사명(universal mission)'으로 발전되었다. 실제 긴 중국 역사에서 볼 때, 통일에 대한 추동력은 대단했다. 중국은 진시황 이후 분열이 주기적으로 나타났지만, 항상 통일로 복귀했다. 동아시아에서 가장 인기 있는 소설인 삼국지연의(三國志演義)의 첫 문장인 '天下大勢, 分久必合, 合久必分(천하대세를 말하자면, 나누어졌다가 반드시 통합되고, 통합되었다가는 머지않아 반드시 나누어진다)'가 통일을 향한 중국의 복원력을 잘 설명해 준다. 중국에서는 분열과 통일은 세상사의 단순한 이치일 뿐만 아니라, 통일은 선(善)이고 분열은 악(惡)이라는 도덕적 판단이 내재된 용어가 되었다.

유럽과 비슷한 면적의 중국이 유럽이 30여 개의 국가로 나누어진 반면 중국은 하나의 국가로 통일을 이룰 수 있었던 데에는 여러 가지 통일에 유리한 요인을 가지고 있기 때문이다. 지리적으로, 중국은 산맥과 바다로 격리되어 있어 외부로부터의 침입이 어려워 외침에 의한 분열 가능성이 비교적 낮았다. 중국은 거대한 인구가 특정 지역에 집중되어 있어 농업을 기반으로 한 중앙집권제가 발달했다. 중앙집권적 정치제도는 통일에 유리한 조건이 되었다. 유럽이 봉건제의 여파로 수많은 국가로 분열된 것과도 비교된다. 제도와 사상의 통일도 중요한 역할을 했다. 진시황은 국가 제도와 문자를 통일했고, 한나라 때 동중서(董仲舒) 같은 학자들은 유교 사상을 국가 지도 사상으로 통일시켰다.

중국 고대 철학인 '대일통사상(大一統思想)'도 통일의 이데올로기적 기반이 되었다. 대일통사상은 문자 그대로, '천하(大)'가 하나의(一) 질서 아래 통일(統)되어야 한다는 정치 지침이었다. 이는 중국 고대 철학서 주례(周禮)에서 "하늘에는 두 개의 태양이 없고, 땅에는 두 명의 왕이 있을 수 없다"라는 말에서 찾아볼 수 있다. 하늘의 이치로 지상 권력(왕국)의 통일에 대한 정당성을 부여한 것이다. 하나의 왕에 의한 통일론은 이후 마오쩌둥이 애독한 『자치통감(資治通鑑)』이라는 명나라 때 정치지침서에서도 강조되고 있다. 마오쩌둥이 이를 실천한 지도자 중 한 명이 된 것이다. 이후 중요한 철학자 맹자(孟子)의 "하나로 통일되어야 천하가 안정된다"라는 주장은 통일의 지향점을 명확히 해주었다. 통일되어야 천하가 안정되고, 황권이 안정해진다는 통치술로 발전되었다.

대일통사상은 권력(황권)의 안전을 확보하기 위해 통일을 이루어야 한다는 논리로 확장되어, 중국의 정치지도자들은 이를 자신들의 안보 선택으로 사용하고, 맹신하게 되었다. 그리고 통일이 정치지도자가 지향해야 할 덕목이면서 의무로 인식되었다. 대만에 대한 중국 공산당 정권의 집착에서도 잘 나타나고 있다.

정치지도자들은 통일을 체제안정을 위한 국민 선동용으로 사용했다. 통일은 선이고, 분열은 악이기 때문에 통일을 위한 무력 사용과 같은 어떤 행위도 정당화될 수 있고, 분열을 피하기 위해 기존 권력(체제)에 순종할 것을 요구하는 형태로 나타났다. 1998년에 중국 정부의 지원으로 제작된 장이머우(張藝謀) 감독의 〈영웅(英雄)〉이라는 영화에서 통일은 참혹한 무력을 사용하더라도 반드시 쟁취해야 하는 정치지도자의 사명이며, 중국인 모두가 이러한 사명 달성에 협력해야 한다는 메시지를 담고 있다. 영화는 사마천 『사기(史記)』의 자객 열전 중 형가(荊軻)편에 기술된 진왕(秦王) 영정(瀛政, 후에 진시황이 됨)의 암살 미수 사건을 모티브로 하고 있다. 주인공은 전쟁광인 진왕 영정을 암살하고 싶어 하는 무림의 고수들이 스스로 목숨을 버리는 도움을 받아, 영정을 암살할 수 있는 기회를 잡는다. 그러나 주인공은 결국 영정의 통일이라는 전쟁 대의에 공감하여 암살을 포기하고 죽음을 선택한다는 내용이다. 주인공은 암살을 포기한 이유를 '天下(천하를 위하여)'라고 설명했다. 백성들을 전쟁의 도탄에서 구하는 방법은 역설적이지만 영정(진시황)이 신속히 통일 전쟁을 완성하는 길밖에 없다는 통일 전쟁의 대의를 이해하고 동의한다는 뜻이었다. 분열은 전쟁을 치르더라도 종식해야 하는 악이라는 것이다. 그리고 분열을 종식시키는 전쟁과 같은 행위도 선이 되는 것이다.

선악 논리는 현재 중국 공산당 정권의 안정성을 판단하는 근거로 많이 사용되고 있다. 국민이 분열(악)을 피하기 위해 공산 정권에 순종하기 때문에 중국 내부로부터의 정권 리스크는 매우 낮다는 논리다. 중국의 근대 지도자들은 쑨원 이래로 (국가위기보다는) 정권위기 때에 국민 단결을 외쳤던 사실을 볼 때, 통일 선악론은 중국 정권 안보에 중요한 도구가 되고 있음을 알 수 있다.

중국적 세계질서의 메커니즘

학자들은 중국인들이 생각하는 중국적 세계질서를 동심원 구조로 형상화했다. 중국을 중심(상위)에 두고 일정한 기준에 의해 분류된 주변 지역의 국

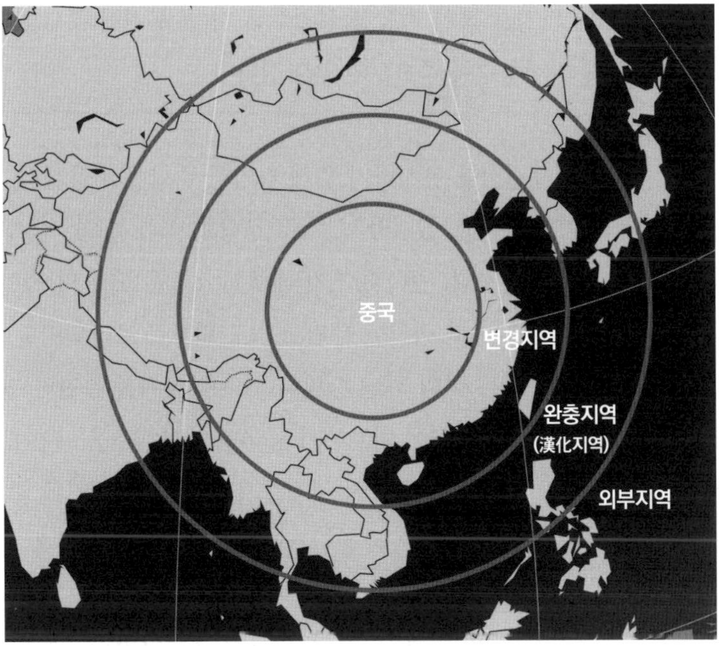

〈그림 1〉 중국적 세계질서의 구조

가(주권국가라 할 수 없는 정치체)들이 여러 겹의 원형 구역(zone)에 각기 배치되어 있는 구조이다(〈그림 1〉). 이런 구조는 두 가지 의미를 포함하고 있다. 중국 중심성(centrality)으로 중국이 이 질서의 중심에 있고, 중국이 상위에서 주변 국가들과의 위계관계를 형성하고 있다. 다음은 층차성(層次性)으로 구역 간에도 중국과 친밀도와 중요도에 따라 구별되었고, 중국(중심)과 가까울수록 중국과 친밀도와 중요도가 높음을 의미한다. 이러한 구조는 중국 고대 철학인 복사론(服事論)에 이론적 근거를 두고 있다. 복사(服事)에서 복(服)은 계층을 의미하고, 사(事)는 봉사를 의미하여 '층에 따른 봉사'의 의미이다. 복사론은 중국 주나라(BC1046~BC256) 봉건제에서 나타났다. 고전 『주례(周禮)』에 따르면, 천하를 원형으로 5복(5개 계층), 9복(9개 계층)으로 지역을 나누어 백성들이 각 복에 배정된 봉사(역할)를 천자(황제)에게 제공하도록 규정되어 있다. 황제에 가까운 복에 속한 백성일수록 더 큰 봉사를 부담했다. 다른 말로 황제에게 가까울수록 중요도가 높아졌다.

중국은 중국적 세계질서를 유지하기 위해 다양한 수단을 사용했다. 공식적으로는 황제의 덕(德)을 천명했지만, 실제로 무력(군사력), 문화, 경제적 이익 등 다양한 요인에 의존했다. 중국 황제가 베푸는 것들은 모두 덕으로 간주되어, 경제적 이익뿐만 아니라 심지어 무력(武力)도 덕으로 포장되기도 했다. 요즘 개념으로 보면 중국은 이미 하드 파워와 소프트 파워를 적절히 결합한 스마트 파워(smart power) 전략에 의존해서 중국적 세계질서를 운용했다.

중국은 다층 구역으로 구성된 중국적 세계질서 속에서 각 구역에 대해 차별화된 정책을 시행했다. 일반적으로 중심으로부터 바깥쪽으로 4개 정도로 구역을 구분한다. 중국(China Proper) - 변경지역(Frontier Zone) - 완충지역(Buffer Zone) - 외부지역(Outer Zone)으로 나눈다.[8] 중국(China Proper)은 중국 본토를 의미하며, 중국 왕조가 직접 통치하는 지역으로 중국 역사에서 계속 확장되어 왔다. 중국 왕조들이 지속적으로 통일을 유지하려고 노력한 핵심지역이다. 변경지역(Frontier Zone)은 첫 번째 외곽지역으로 지금의 만주, 몽골, 신장(新疆), 티베트, 그리고 베트남, 미안마 등과의 남부 국경 지역으로, 역사상 항상 중국을 위협한 지역이다. 중국 안전에 가장 중요한 지역으로, 항상 복속(통합)을 추진했다. 이들 지역에 대해서는 무력과 경제적 이익을 수단으로 통제(control)하는 정책을 지속적으로 사용해 왔다. 이 지역은 19세기 이후에 모두 중국에 통합되었다. 다음 외피는 완충지역(Buffer Zone)으로 외부세력으로부터 중국을 보호하는 방역 지역이다. 중국안보에 중요한 지역으로, 다행히 중국문화를 공유하는 특징을 가지고 있는 우호적인 한화(漢化) 지역(Sinic Zone)이기도 하다. 한국, 베트남, 류큐(오키나와), 일본(清朝에서는 이탈) 등과 같은 유교문화권 국가들로 이루어졌다. 이들 국가는 중국문화에 동화된 모범생들로 주로 중국의 문화적 유인(cultural attraction)에 의해 통제되었다. 이 지역이 19세기 말부터 이탈하면서 중국적 세계질서는 붕괴되었다. 마지막 외피는 외부지역(Outer Zone)으로 중국과 부정기적으로 접촉하는 국가들로 구성되어 있다. 청조(淸朝) 때 일본, 러시아, 포르투갈, 네덜란드 등이다. 이들에 대해서는 경제적 이익을 매개로 한 조정(manipulation)에 의존했다.

청조에 와서는 중국적 세계질서가 중국 - 완충·외부 지역과의 관계로 정착이 되면서, 질서 유지 수단으로 일정한 규칙과 규범을 가진 '조공제도(朝貢制度, Tribute System)'가 정착되었다. 조공제도는 주대(周代)에 왕과 제후와의 관계에서 생성되었지만, 청대에 와서 체계적으로 운영되었다. 주변 국가들이 중국 황제의 권위를 인정(황제 권위를 인정하는 의식이 큰 비중을 차지)하고 중국 연호를 사용하는 대신에 정기적 또는 부정기적으로 사신을 파견하여 황제의 하사품을 받고 무역행위를 하는 방식이었다. 중국은 정치적 권위를 주변국으로부터 인정받고, 대신에 군사적, 문화적, 경제적 이익을 제공하는 방식이다. 냉전 시대에 미국과 소련이 각기 자신의 진영에서 영향력을 행사하는 대신 안보와 경제와 같은 공공재(public goods)를 제공했던 것과 비슷하다. 조공제도에 있어서 점차 정치의식보다 상업적 행위가 더욱 중요해 졌다. 마크 망칼(Mark Mancall) 같은 학자는 조공제도를 '적절한 의식을 갖춘 상업행위'이라고도 규정했다. 양측의 접촉이 이루어지는 조공 횟수에 따라 중국과의 친밀도를 알 수 있다. 친밀도는 중국 안전에 대한 중요도를 반영하기도 한다. 청조 기간인 1662년부터 1911년간에 조공사절을 조선 223회, 류큐 122회, 월남 50회, 태국 49회, 미안마 17회, 네덜란드 4회를 중국에 파견했다. 조선이 압도적이다. 일본(외부지역)의 침략인 임진왜란과 같은 지정학적 요인이 반영되었을 가능성도 있다. 현재까지 중국이 한반도 문제에 민감하게 반응하는 이유를 설명할 수 있다.

중국적 세계질서의 붕괴

영국 사신에게 중국의 우월함을 설파한 지 50년도 못 되어 중국 지도층이 우려한 '수천 년 만의 강적(數千年來强敵)'이라는 서구 제국주의의 위협에 중국은 직면했다. 유럽 제국주의는 15세기부터 시작된 식민지 개척과 산업혁명을 통해 군사력을 강화하여, 19세기에 제국주의의 모습을 갖추고 동아시아로의 팽창정책을 추진했다. 중국과 동아시아의 중국적 세계질서가 목표가 되었다.

1840년 아편전쟁으로부터 시작된 무력충돌에 패배한 중국은 서구 제국주의와의 불평등조약을 통해 주권이 제약받는 반식민지 상태로 서서히 전락했다. 그러나 중국은 서구의 침략 속에서도 중국적 세계질서를 지키기 위해 고군분투했다. 중국은 서구와 동등함을 거부하기 위해 외교사절이 베이징에 상주하는 것을 강력히 반대하다가 결국 외교사절뿐만 아니라 서구 군대까지 주둔할 수 있는 주병권까지 허락했다. 또 외교업무기관을 이분화하여 서구에 대해서는 총리기무아문(總理機務衙門)이라는 신식 외교기관을 신설하면서도, 조공국에 대한 외교업무는 종래처럼 이번원(理藩院)에서 처리하도록 했다. 중국은 자신이 반식민지 상태로 전락해 가면서도 중국적 세계질서 유지에 안간힘을 쓰는 시대착오적인 모습을 보여주었다. 압도적인 서구 군사력 앞에 중국적 세계질서에 속해 있었던 조선과 같은 주변 국가들은 명목적으로 당분간 독립국가의 지위를 획득했지만, 제국주의의 식민지로 전락했다. 1879년 일본 병합으로 류큐왕국이, 1884년 청불전쟁으로 월남이, 1895년 청일전쟁으로 조선이 중국적 세계질서에서 이탈했다.

중국적 세계질서의 붕괴와 함께 서양 제국주의는 강제적으로 중국을 포함한 동아시아 국가들을 유럽의 주권국가 질서에 편입시켰다. 19세기에 유럽의 주권국가 질서는 동아시아뿐만 아니라 전 세계로 확장되어 주권국가 질서가 보편적인 국제질서가 되었다. 그러나 새롭게 편입된 국가들을 주권

국가 질서의 기본 조건인 주권의 절대성에 제한을 받은 상태로 편입되는 아이러니가 발생했다.

주권국가 질서 vs. 중국적 세계질서

유럽의 주권국가 질서와 중국적 세계질서는 많은 점에서 차이가 있다.

주권국가 질서에서는 행위자인 국가는 영토 내 주권을 타국으로부터 인정받는 동등한 관계이며, 국가안보를 최고의 목표로 세력균형에 의존하고 있다. 그리고 상위의 권위체가 없는 무정부 상태에서 서로 합의한 조약과 같은 국제법에 의해 어느 정도 질서를 제도화했다. 산업화에 의한 군사력 강화는 국가이익 극대화를 추구하는 제국주의 시대를 열어 주권국가 질서가 세계 범위로 확장토록 했다. 반면, 중국적 세계질서에서는 중국만이 주권국가이며, 주변국들은 중국에 복속되어 주권이 제한된 정치체에 불과하고, 중국과의 관계는 위계적 관계였다. 국가들의 목표는 중국(황제)의 안전을 위해 봉사하는 것으로 규정되어 있었다. 질서는 명목적으로 중국 황제의 덕(德)에 의해 유지된다고 주장하지만, 실제 중국의 군사력, 경제적 이익, 문화와 같은 공공재(public goods)를 제공함으로써 유지될 수 있었다. 또 질서의 목표가

〈표 3〉 주권국가 질서 vs. 중국적 세계질서

	주권국가 질서	중국적 세계질서
국가 간 관계	동등, 수평적	중국 중심, 위계적
국가의 목표	개별 국가의 안전	중국(황제)의 안전
주권의 범위	개별 국가의 지리적 영토	천하(중국이 인지하는 영역)
질서 유지 방법	세력균형, 집단안보	황제의 덕(실제로는 군사력, 이익, 문화 등)
질서 운용 제도	국제법	조공제도
질서 확장성	확장적(외부 팽창적)	내부지향적

중국(황제)안전 보장이기 때문에 내부지향적인 성격으로 질서의 확장성은 매우 약했다. 명대 정화(鄭和)의 남해원정을 제외하고는 역사에서 중국 대륙을 벗어난 확장성을 보여준 적이 없다. 사실 일시적이었던 정화의 원정도 처음부터 해외 원정이 목표가 아니라 폐위된 전 황제의 시신을 찾기 위한 시도에서 시작되었다는 견해[9]에서 보면 중국적 세계질서의 확장성은 더욱 부정적이다. 주권국가 질서와 중국적 세계질서를 비교하면 〈표 3〉과 같다.

현재에도 살아 작동하는 중국적 세계질서

중국 지도자들이 유구하고 찬란한 중국 역사에 큰 영향을 받고 있다고 서구 학자들도 인정하고 있다. 중국 지도자들도 '고인(故人)의 교훈'을 현실정치의 교본으로 사용하고 있다.[10] 중국적 세계질서는 21세기 중국의 부상(浮上)과 함께 중국 지도자들의 세계관의 일부로 여전히 작동되고 있다.

중국은 역사적으로 천하를 세력권(sphere of influence)으로 보는 경향이 뚜렷하다. 서구 학자들이 중국의 세계관과 유럽의 세계관을 비교하기 위해 흔히 인용하는 것이 바둑과 체스, 그리고 손자병법과 클라우제비츠(Von Clausewitz)의 전쟁론이다. 체스는 개별 전투와 전략을 중시하지만, 바둑은 세력권(勢)을 중시하고, 클라우제비츠는 전투에서 이기는 방법 자체에 관심 있지만, 손자병법은 전쟁하지 않고 이기는 방법을 강조한다.[11] 세력권을 중시하는 중국의 사고가 '신형대국관계(新型大國關係)'라는 제안으로 시진핑 주석에 의해 나타났다. 2013년 미·중 정상회담에서 공식적으로 제시된 신형대국관계는 '미국과 중국이 서로 존중하여, 충돌하지 말고 윈-윈하자(不衝突不對抗, 相互尊重, 合作共贏)'는 내용이었다. 이에 대해 외교 담당 국무위원 양제츠(杨洁篪)가 '핵심이익과 중대 관심사를 존중하는 관계'라고 부연 설명한 것과 같이, 이는 중국의 이익을 존중하고, 중국의 세력권을 인정해 달라는 요구였다. 중국의 세력권 요구는 중국적 세계질서 회복의 요구를 의미한다.

중국적 세계질서로의 복귀의 한 축은 중국의 통일이다. 1949년 중국 공산당이 대륙을 장악한 이후에도 중국은 사실상 여전히 분열 상태이다. 대만이라는 존재 때문이다. 대만이 군사력, 경제력 등 모든 면에서 중국에 비교 대상이 되지 않는다는 점을 생각할 때, 대만에 대한 중국의 집착은 비이성적이다. 국제사회서 대만을 추방한 것을 넘어 WHO와 같은 범세계적인 인도주의 협력기구에 대해서도 대만의 참여를 반대하고 있다. 그리고 대만 문제를 중국의 국가이익으로 규정했고, 시진핑 등장 후 대만 통일에 대해 무력 사용 가능성도 공언하고 있다.[12] 대만 문제를 단순한 통일의 문제를 넘어서 공산당 권력의 정당성 차원에서 다루고 있기 때문이다.[13] 중국의 통일은 정치지도자의 보편적 의무이다. 특히 정당성에서 취약한 권력의 경우에는 보편적 의무는 정권의 명운과도 연결되는 매우 중요한 요소이다. 마오쩌둥은 권력의 정당성을 중국 해방에서 얻었고, 덩샤오핑은 경제 발전에서 얻었다. 시진핑은 중국몽과 함께 대만 통일에서 찾으려 하고 있다. 대만 문제는 동아시아뿐만 아니라 세계안정과 연결된 문제로 미국, 일본, 한국과 같은 주변국뿐만 아니라 국제사회의 우려 대상이 되고 있다.

현대 중국도 동심원의 세계질서관에서 주변 국가에 대한 상이한 국가이익을 규정하고 각기 다른 외교전략을 구사하고 있다. 변방지역은 핵심이익 대상 지역으로, 만주, 신장, 티베트, 내몽골, 홍콩, 마카오는 이미 중국의 일부로 흡수되었지만, 불안한 요인이 많은 만큼, 무력과 강압적인 통제로 강경한 통합정책을 사용하고 있다. 아직도 흡수되지 않고 남아 있는 대만은 지도자의 보편적 의무 대상이 되었다. 완충지역은 여전히 중국의 안보에 필요한 방역선이다. 이 지역에 대한 영향력 확보에 주력하고 있다. 한국전 참전, 중-월 전쟁, 중-인도 충돌, 남중국해에서의 구단선(九段線, Nine dash line) 영해 주장 등과 같이 영향력과 세력권을 확보하려는 확고한 입장을 견지하고 있다. 외부지역에 대해서는 중국이익에 대한 경쟁자로 생각하고, 협력과 갈등을 오가는 외교를 하고 있다. 미국에 대해서는 국제질서 차원의 경쟁자로,

일본에 대해서도 동북아 패권의 경쟁자로 갈등하고 있다.

중국적 세계질서는 130년 전에 폐기되어 박물관에 전시되어 있는 유물이 아니라 지금도 중국 지도자를 선도하는 펄럭이는 깃발이다. 그리고 시진핑 체제가 제시한 중국몽이다.

제2부
국가, 전쟁과 국제체제의 변화

04. 국가 행동의 근원과 전쟁
05. 국제체제, 설계자들과 변화

베스트팔렌 조약으로 형성된 국제질서인 주권국가 질서는 현재까지 400년 가까이 유지되어 오고 있다. 주권국가의 본질인 주권국가와 국제적 무정부 상태에는 변화가 없다. 그리고 내용 면에서 보면 주권국가 질서는 상이 한 5개의 체제가 연속적으로 이어져 있다. 통상적으로 질서(order)와 체제(system)는 구별 없이 혼용되고 있지만, 여기서는 '주권국가 질서(order) 속에서 설계자에 의해 만들어진 규범과 제도를 체제(system)'이라는 의미로 사용한다. 5개의 서로 다른 규범과 제도로 이루어진 체제는 빈 체제, 비스마르크 체제, 베르사유 체제, 얄타 체제, 포스트냉전 체제이다. 각 체제는 서로 다른 정당성(legitimacy)과 안정성(stability)을 통해 유지되었고, 정당성과 안정성의 붕괴는 다른 체제로의 전환으로 이어졌다. 새로운 체제에서는 주도국가(leading state)와 설계자(architect)가 체제를 설계하고 구축했다. 체제의 전환의 모멘텀은 모든 강대국들이 참여한 전쟁이나 현격한 세력균형의 변화에 의해 이루어졌다. 전쟁의 주체는 강대국인 주권국가이고, 국가의 행동을 지배하는 동인(動因)은 국제질서 변화의 유인이 되었다. 그 동인은 국력(national power), 국가이익(national interest), 민족주의(nationalism) 등 이었다.

04

국가 행동의 근원과 전쟁

주권(국민)국가는 민족주의·전쟁과 쌍생아이다.

국민국가와 민족주의

베스트팔렌 질서 속에서 국가는 국제기구, 다국적기업과 같은 비 국가행위자(non governmental actor)로부터 도전을 받고 있지만, 여전히 주권국가(sovereign state) 형태로 대체 불가의 중요한 행위자의 지위에 있다. 그리고 프랑스 대혁명을 통해 네이션(nation)의 개념이 추가되어 주권국가가 국민국가(nation state)라는 정체성을 갖게 되었다. 동시에 네이션 개념은 국민국가를 결속시키는 이데올로기이면서 동력인 민족주의(nationalism)를 등장시켰다.

네이션 개념과 국민국가의 등장 과정을 보자. 먼저 네이션의 번역문제를 정리할 필요가 있다. 영어와 프랑스어에서 네이션이 19세기 말에 일본에 의해 소개되면서 민족과 국민이란 두 가지 용어로 번역되었다. 네이션이 포함하고 있는 종족적 공동체 의미를 민족이라 번역한 반면, 사회계약적(법, 제도적) 공동체의 의미를 국민이라 번역했다. 원래 발상지인 프랑스에서도 네이션은 종족적 개념이었으나, 루소의 사회계약설 영향으로 사회 계약적 의미가 공존하게 되었다. 그러나 현재는 통상적으로는 민족, 국민을 구별 없이 혼용하고 있다.

프랑스에서는 이미 1770년대에 루소의 사회계약설의 영향으로 어렴풋이 네이션(nation)이란 개념이 생겨났다. 사회계약설에서 인민(people)의 자발적 선택으로 형성된 구성체를 네이션이란 개념으로 인식하기 시작했다. 이후 프랑스 대혁명 전개 과정에서 부르주아가 중심이 된 제3신분이 구심점이 된 공동체가 네이션으로 구체화되었다. 당시 유행했던 『제3신분이란 무엇인가』라는 에마뉘엘 시에예스(Emmanuel Sieyes) 신부의 소책자에서 "제3신분 대표는 … 네이션의 진실한 대표"라고 주장한 데서 잘 나타나고 있다. 그리고 대혁명 성공으로 네이션이 주권의 주체로 명문화되었다. 당시 네이션 개념은 귀족계급을 배제하고, 종족적이고, 프랑스어 사용을 조건으로 하는 제한된 배타적인 민족 개념에 가까웠다. 이후 네이션의 범위에 귀족을 포함한 사회 전 구성원으로 확장되고 법과 제도와 같은 사회 계약적 요소에 의해 정의되는 국민(nation)이라는 정체성이 확립되고, 국민국가(nation state)가 등장했다.[1] 국민국가의 사전적 용어 정의는 '국가와 국민이 일치하는 형태의 국가'이다. 즉, 국민국가는 정치적 경계 내에서 민족이나 문화 집단이 자기 자신을 국민으로 인식하고, 이러한 국민이 한 정치적 단위를 구성하는 국가를 의미한다. 국민국가는 프랑스에서 생성되어 이후 유럽과 미국으로 전파되고, 19세기 말에는 아시아지역으로, 2차 대전 후에는 전 세계적으로 보편적인 국가형태가 되었다. 프랑스 혁명을 통해 등장한 국민국가는 이전의 왕조 국가와는 다른 특징을 가지고 있다. 미어샤이머는 국민국가의 중요 특징으로 일체감, 문화의 공유, 우월의식의 공유, 역사적 위대성의 공유, 영토에 대한 애착, 그리고 주권(자결)에 대한 집착 등을 제시했다.[2]

국민국가의 등장은 자연스럽게 민족주의(nationalism)를 태동시켰다. 민족주의는 '국민국가(nation states)의 이익을 확대하려는 이데올로기나 원동력'으로 정의된다. 민족주의도 민족/국민 개념과 함께 프랑스 혁명 과정에서 프랑스민족의 정체성을 부여하여 국민을 통합하는 역할을 하면서 나타났다. 미어샤이머도 국가는 국민에게 안전을 제공하고, 국민은 이러한 안전을 위해 국가에 충성을 바치는 과정에서 국가와 국민을 결합하는 민족주의가 형성되었다고 설명했다. 프랑스 혁명전쟁이 나폴레옹의 정복 전쟁으로 변질되면서 유럽에서는 이에 대응하는 민족주의가 통일과 독립을 향한 원동력으로 나타났다. 이러한 민족주의 간 갈등이 19세기와 20세기의 민족주의 시대를 열었다.

20세기 초반 독일 학자 한스 콘(Hans Kohn)은 민족주의를 두 가지 형태로 구별했다. 발칸과 동유럽에서 나타난 혈연, 언어, 문화 공동체 개념인 종족적 민족주의(ethnic nationalism)와 서유럽에서 나타난 정치적, 법적 공동체 개념의 시민 민족주의(civic nationalism)이다. 한스 콘의 분류를 빌리면, 프랑스에서 생성된 민족주의가 처음에는 종족, 언어에 기초한 종족적 민주주의에서 점차 법적, 정치적 요소가 중심이 된 시민 민족주의로 보편화 되었다. 현대에 와서는 민족주의는 법적, 정치적 단위인 국민국가를 범위로 나타나고 있다. 다민족국가이지만 법적, 정치적 단위인 미국, 중국, 러시아에서도 민족주의라는 원동력이 발생할 수 있는 이유이다. 시진핑의 중화제국, 푸틴의 러시아제국, 트럼프의 미국 우선주의(America First) 등이 민족주의 구호라 할 수 있다.

민족주의는 국제체제 변화의 원동력이 되었다. 19세기에는 그리스 독립과 이탈리아, 독일의 통일이 빈 체제를 붕괴시켰고, 20세기 초반에는 제국주의로 변모한 유럽 국가들의 민족주의가 1차 대전을 일으켰다.[3)] 그리고 20세기 중반에는 강대국들의 민족주의가 팽창주의로 전이되면서 허약한 베르사유 체제를 파괴했고, 20세기 말에는 미국과 소련의 대결 속에서 소련제국을 구성하던 위성국과 소련 연방국에서의 민족주의 부흥은 결정적으로 소련제국을 붕괴시켜 냉전체제를 종식시켰다. 그리고 2010년대 후반에는 패권국인 미국에 반발하고 있는 중국, 러시아, 중동의 민족주의뿐만 아니라 미국 내부에서도 자유주의에 반발하여 미국 우선주의와 같은 미국적 민족주의가 득세하고 있다.[4)]

주권국가 질서에서 국민국가(nation state)는 가장 중요한 행위자이고, 국민국가의 행동이 민족주의로부터 영향을 받을 수밖에 없는 구조적인 특성을 생각할 때, 민족주의는 외교에서 항상 나타날 수 있는 상수(常數)이다.

국력과 강대국

국력(national power)은 국가 행동의 중요 수단이다. power는 권력, 국력, 세력, 힘 등 경우와 맥락에 따라 다양하게 번역된다. 정치학에서는 통상 권력으로 번역하고, 국제정치에서는 국력, 세력, 힘으로 사용되는 경우가 많다. 이 책에서도 맥락에 따른 기존의 번역을 존중하여 다양하게 사용할 예정이다. 권력은 경제학에서의 돈과 같은 역할을 하는 정치의 핵심적인 개념이다. 정치학자 로버트 달(Robert Dahl)은 권력을 "그것이 아니면 하지 않을 것을 상대방이 하게 만드는 능력"이라는 가장 권위 있는 정의를 내놓았다. 이는 권력이 상대방의 행동을 결정하거나 제어하는 능력을 의미한다. 국제정치 영역에서도 power를 한스 모겐소는 '다른 국가의 행동을 지배하는 능력', 케네스 왈츠도 '특정 결과를 가져오는 수단으로서의 능력', 조지프 나이도 '원하는 결과를 얻기 위해 다른 국가들의 행동에 영향을 미치는 능력'이라고 각각 비슷하게 정의했다. 종합하면, 국제정치에서 국력(national power)은 '국가가 의도적으로 다른 국가의 정책이나 행동에 영향을 미치거나 지배할 수 있는 능력'을 의미한다. 여기에는 군사력, 경제력, 정치적 영향력, 문화적 영향력 등 여러 가지 요소가 포함된다.

국력과 힘은 현실정치에서 중요한 지표지만 여러 가지 문제점을 내포하고 있다. 국력을 정량화(quantification)하는 것은 매우 어렵다는 점이다. 그리고 국력은 동태적이며 변동성이 있어 정확한 측정이 어려운 점도 있다. 여기에 더해 국력은 상대적인 개념으로, 한 국가의 국력은 다른 국가의 국력에 따라 위치가 상대적으로 변할 수 있다. 힘의 상대성을 감안하여 왈츠가 힘(power)이란 개념 대신에 '힘의 배분(distribution of power)'이라는 개념을 사용한 이유이다.

힘이 국제정치의 중심 개념인 만큼, 힘이 내포하고 있는 문제점을 해소하기 위해 학자들은 여러 가지 노력을 하고 있다. 첫 번째 노력은 행태주의(Behavioralism)의 영향으로 정량화에서 이루어졌다. 카를 도이치(Karl Deutch)는 권력을 세 가지 조작적 정의를 통해 정량화를 시도했다. 권력 적용에 영향을 받는 범위(인구, 영토 등)인 '권력의 정의역(domain of power)', 한 국가가 가할 수 있는 최고의 보상과 최악의 징벌 간의 차이를 의미하는 '권력의 치역(range of power), 그리고 권력에 종속되는 행위관계 범위를 의미하는 '권력의 권역(scope of power) 등으로 분류하여 권력을 계량화하려고 노력했다. 단순한 힘(power)이라는 개념보다 좀 더 측정이 용이하게 되었다. 이런 계량화 노력은 주로 물질적인 힘인 군사력에 의존하는 현실주의자에게 필요한 작업이었다. 통상적으로, 1960년대까지 국력은 군사력과 제철능력을 통해 측정되었고, 이후에는 제철 능력이 GDP로 대체되었다. 군사력도 지상군의 중요성을 강조하기도 하고, 항공모함을 통한 장거리 군사투사능력(long-rage projection power)을 비중 있게 다루기도 했다.

두 번째 노력은 현실정치에 대한 설명력을 높이기 위해 권력/힘을 더 포괄적으로 정의하면서 나타났다. 자유주의 이론가인 조지프 나이가 대표적이다. 그는 로버트 코헤인과 공동저서에서 관계 개념을 사용하여 상호의존(interdependence)을 제시했다. 상호의존 관계에서 외부 충격에 대한 반응을 나타내는 민감성(sensitivity)과 외부 충격에 대응하기 위한 비용을 나타내는 취약성(vulnerability)을 측정하여 권력 관계를 파악했다. 상호의존 관계에 있어서도 민감성과 취약성이 높은 국가가 열위에 있다. 그 후 나이는 소프트 파워(soft power)라는 개념을 제시하면서 권력 개념의 적실성을 한 단계 높였다. 소프트 파워를 '바람직한 결과를 끌어내기 위해 의제 구성, 설득, 유인과 같은 포섭수단을 통해 다른 사람에게 영향을 미치는 능력'이라고 정의하고, 강압, 위협, 보상과 같은 강제성(coercive)에 기반한 군사력, 경제력과 같은 전통적인 요소 중심의 하드 파워(hard power)와 구분했다. 소프트 파워는 비강제적이며 공동선택(cooptive)의 성격을 가지고 있으며, 문화적, 추상적 영향력과 같은 비전통적인 요소에 의존하고 있다고 설명했다.[5] 그리고 그는 힘을 극대화하기 위해 하드 파워와 소프트 파워를 효과적으로 결합하여 사용하는 스마트 파워(smart power) 전략을 구사할 것을 제안했다.[6] 역사상 강대국들은 이미 스마트 파워를 통해 지위를 얻고 유지했다. 16세기 스페인은 금괴, 식민지 무역, 용병, 그리고 합스부르크가의 혈통으로 강대국 지위를 유지했다. 17세기 네덜란드는 무역, 금융과 해군으로, 18세기 프랑스는 인구와 군대의 수적 우위, 그리고 문화를, 19세기 영국은 산업화, 정치적 단결, 금융과 신용의 세계적 지위, 강력한 해군, 자유주의 규범, 그리고 섬나라의 이점에 의존했다. 20세기 미국은 경제 규모, 과학적·기술적 리더십, 지리적 위치, 군사력과 동맹, 보편적 문화와 자유적이고 국제적인 제도(regime)가 힘의 기초였다. 21세기 미국은 기술 주도, 강력한 군사력, 경제 규모, 그리고 초국가적인 커뮤니케이션 허브의 역할을 통해 강대국의 권력을 행사하고 있다.[7]

조지프 나이에 의하면, 21세기에서는 권력(power)의 성격도 '강제'에서 '공조'로 변화 중이다. 21세기는 세계화(globalization)와 정보혁명(information revolution)을 통해 환경, 테러와 같은 초국가적 문제의 다발로 비국가 행위자의 영향력이 확대되고, 국가 간의 협력이 필수인 상황이 되어, 권력이 강제하는 권력보다는 '공조하는 권력'으로 성격이 변하고 있다고 주장했다. 그리고 권력을 '다른 사람들과 협력을 필요로 하는 목표를 달성하기 위한 힘'으로 새롭게 정의했다.[8] 1990년대 등장한 구성주의자들도 국가 행동의 지표로 '물리적인 힘' 대신에 이념, 문화, 역사 같은 관념(idea)을 제시하고 있다. 권력 개념이 현실 설명력을 높이기 위해 포괄적 개념으로 발전한 것이다.

정보화 시대에 나타난 현상 중 하나는 국력 개념의 중심인 군사력이 차지하는 비중이 약화되고 있다는 사실이다. 그 원인은 비국가 행위자들이 군사력 이외의 다른 수단에 의존하는 권력 분산 현상뿐만 아니라 군사력 자체가 내포하고 있는 한계점 때문이기도 하다. 군사력의 정점인 핵무기는 핵 억지력 때문에 유효한 군사적 수단으로 의심을 받고 있고, 중동문제에서 보듯이 군사력 사용이 도덕적 문제와 저항을 야기하여, 수단으로서의 유용성에 한계가 드러나고 있다.[9] 그러나 많은 논란에도 불구하고 현실주의자들이 굳건히 지지하듯이 군사력, 경제력 같은 전통적인 요소에 의존하고 있는 국력/힘이 여전히 국가 행동의 수단을 설명하는 중요한 개념이다.

국력의 주체는 국가이고, 외교사와 국제정치의 중심은 강대국이다. 국력(힘)을 기준으로 국가를 강대국(great power), 중요국가(major power), 약소국(minor power)으로 나누는 경향이 있다. 그러나 국제질서를 주도하는 주요 행위자는 강대국이다. 케네스 왈츠도 국제정치는 강대국 간의 게임(소수 체계로 표현)이며, 그것을 인정하는 것이 정치학자들 간에도 일종의 관습이라고 표현했다. 외교사와 국제정치 이론이 강대국 논리를 중심으로 전개되고 있는 이유이다.[10]

강대국을 국력에 의해 규정하지만 국력을 수치화할 수 없기 때문에 공식적인 기준은 당연히 없다. 케네스 왈츠는 국제질서를 지배하는 규범 체계를 만들 수 있는 국가를 강대국으로 정의했다. 잭 레비(Jack Levy)는 강대국의 다섯 가지 특징을 통해 좀 더 정교하게 강대국을 정의했다. ① 상대적으로

〈표 4〉 1945년 이후 강대국 현황

	1700	1800	1875	1910	1935	1945	1991	2024
터키	○							
스웨덴	○							
네덜란드	○							
스페인	○							
오스트리아	○	○	○	○				
프랑스	○	○	○	○	○			
영국	○	○	○	○	○			○
독일		○	○	○	○			
러시아/소련		○	○	○	○	◎		○
이탈리아			○	○	○			
일본				○	○			△
미국				○	○	◎	◎	◎
중국								○
EU								○

◎: 초강대국, ○: 강대국, △: 준 강대국

막강한 군사력 보유, ② 광범위(세계적, 대륙적)한 국가이익 보유, ③ 다양한 국가 행동(수단) 보유, ④ 다른 나라로부터 강대국으로 인정, ⑤ 국제사회에서 공식적으로 정한 강대국(UN 안보리 이사국 등) 등 다섯 가지 범주이다. 잭 레비는 이러한 특징에 부합되는 강대국 지위를 1495~1975년 사이에 누렸던 국가는 총 13개국이며, 1975년 시점에도 미국, 소련, 프랑스, 영국, 독일(서독), 중국, 일본 등 7개국이 강대국 지위를 유지하고 있다고 분석했다.[11] 왈츠도 1700~1945년간 등장한 강대국을 13개국으로 정리했다.[12]

이 책에서 냉전체제 이후 강대국을 규정하기 위해 잭 레비가 제시한 강대국 특징을 이용해 보자. 잭 레비의 5번째 특징을 이용하는 경우에는 비교적 쉽게 강대국 범위에 대한 동의가 이루어질 수 있다. 1945년 이후 강대국으로는 규범 체계를 만들고 있는 국제연합 안전보장이사회 상임이사국과 G7 국가를 들 수 있다. 그리고 냉전 시대에는 동·서 진영을 각각 주도했던 미국과 소련은 종래의 강대국과 차별된 초강대국(superpower)으로서 냉전체제를 주도했다. 포스트냉전 체제에서는 유일한 초강대국인 미국과 수 개의 강대국으로 구성되었다. 초강대국은 규범 체계 구축뿐만 아니라 공공재(public goods)를 제공할 능력도 보유한 강대국을 의미한다. 월츠가 인용한 분류를 기초로 1945년 이후 강대국 현황을 추가하면 〈표 4〉과 같다.[13]

〈표 4〉에서 보듯이 강대국들도 흥망성쇠를 거치면서 많은 변화를 경험해 오고 있다. 강대국의 변화에 대한 폴 케네디(Paul Kennedy)의 분석은 주목할 만하다. 폴 케네디는 저서 『강대국의 흥망(The Rise and Fall of the Great Powers』(1987)에서 1500~1980년간의 분석에서 강대국의 흥망을 '국가의 부와 군사력 확장 간의 상관관계'에서 파악했다. 강대국들은 처음에 부를 추구하고, 부가 축적되면 경쟁국으로부터 부를 지키기 위해 군사력 확장에 부를 사용하고, 급기야 군사력에 대한 지출이 국가 경제가 부담할 수 있는 선을 넘어서는 과잉 확장이 발생하면서 몰락하게 된다는 분석 틀을 역사적 자료를 통해 복원했다. 21세기 정치지형에 대해서도 미국을 비롯한 소련, 서유럽의 쇠퇴와 반대로 중국, 일본의 부상을 예견했다. 1987년 출판 당시 미국인들의 큰 관심을 끈 것은 최강대국인 미국도 같은 운명이 될 것이라는 추론 때문이었다. 냉전 말기에 레이건 행정부는 소련과 경쟁을 위해 실현 가능성이 모호한 전략방위구상(SDI: Strategic Defense Initiative)에 막대한 지출을 선언한 상태였다. 과잉 군비 지출이 몰락을 의미하는 케네디의 연구 결과는 미국인들에게는 충격이었다. 그러나 현재까지 미국의 몰락은 나타나지 않고, SDI는 도리어 소련을 붕괴시키는 원인이 되었다.

국가이익

국가이익(national interest)은 국가 행동의 목표이다. 국가이익은 국가가 생존과 발전을 위해 추구하는 주요 목표와 가치를 의미한다. 국가이익은 국가의 외교정책과 국제관계의 기초로 가장 흔하게 사용되는 개념으로, 좁게는 국가 생존을 의미하는 국가안보(national security)를 의미하기도 한다.

국가이익이라는 개념은 신으로부터 군주의 독립을 모색하던 시기에 마키아벨리와 리슐리외와 같은 정치 사상가들이 의존했던 국가이성에 뿌리를 두고 있다. 마키아벨리는 직접 국가이성이라는 용어를 사용하지는 않았지만, 15세기 혼란한 이탈리아 상황에서 피렌체 공화국이 의존해야 할 생존전략으로 제시했다. 마키아벨리의 전략적 사고는 18세기 리슐리외의 국가이성으로 구체화되었다. 리슐리외는 개인의 이성을 넘어서는 국가이성의 존재를 주장하며, 30년전쟁에서 구교국가인 프랑스가 신교 편에 참전하면서 현실정치에 적용했다. 이후 프랑스 혁명을 거치면서 네이션의 개념이 정착됨에 따라, 국가이익으로 발전되었다. 20세기에 들어서면서 미국이 국가이익을 외교정책에서 주요한 개념으로 채용하면서, 국제정치와 외교정책에서 핵심적 개념이 되었다. 국가이익을 외교정책에서 가장 핵심적 개념으로 자리 잡게 한 것은 한스 모겐소였다. 한스 모겐소는 외교정책의 목표가 국가이익에 의해 정의돼야 한다고 단언하고, 도덕과는 결별을 선언했다.[14] 그는 국가이익은 국가를 안내하는 하나의 별이며, 사고(思考)를 위한 하나의 표준(standard)이며, 행위를 위한 하나의 규칙(rule)이라고 정의했다.[15] 그리고 국가이익을 구현하기 위해서는 인간 본성과 추상적인 도덕 원칙이 아니라 국가이익에 기초한 세력균형에 의존할 수밖에 없다고 현실주의를 주창했다.

그러나 구체적으로 국가이익이 무엇인가에 대해서 학자들의 의견이 분분하다. 이것은 국가이익 개념이 모호하기 때문이다. 특히 국가이익 개념이 정책 결정자의 정치적 판단과 밀접하게 연관되어 있기 때문에 혼란스러운 개념이 되었다. 국제정치학자 사이에 국가이익 개념에 대해 객관적 실체가 존재한다는 입장과 주관적 개념일 뿐이라는 상반된 주장이 존재하게 되었다. 먼저, 객관적 실체가 존재한다는 입장에서, 모겐소는 국가이익을 객관적인 힘의 관점에서 정의할 수 있는 객관적 실체로 주장하고, 항구성 여부에 따라 항구적인 1차적 국가이익과 상황에 따라 변하는 2차적인 국가이익으로 구분할 것을 제안했다. 그러나 리처드 스나이더(Richard Snyder)는 국가이익은 국민의 필요와 희망에 따라 변하는 주관적 선호의 다원적 조합으로, 정책 결정자에 따라 변하기 때문에, 객관적 실체는 존재하지 않는 주관적 개념에 불과하다는 견해를 취했다. 심지어 레몽 아롱(Rymond Aron)과 제임스 로즈노(James Rosenau) 같은 학자들은 국가이익에 개념이 현실적이지 않거나 중요하지 않다는 근거로 무용론(無用論)을 제시하기도 했다. 또 올라비 홀스티(Olavi Holsti)는 국가이익 개념의 대안으로 목적(objectives)이라는 개념을 제시하기도 했다.

결국 국가이익 개념의 적실성을 높이기 위해 중도적인 입장에서 국가이익을 항구적인 사활적인 핵심이익(vital core interest)과 정책 결정자의 따라 변하는 부차적 이익(secondary interest)으로 구분하려는 경향이 지배적이다.

현실정치에서 국가이익이 정치지도자의 정치적 필요성에 의해 더욱 모호해지거나 왜곡되어 사용되는 경우도 많다. 대표적인 예가 중국이다. 중국이 사용하고 있는 국가이익 개념은 모호하고 혼란스럽다. 이러한 모호함과 혼란이 국제사회 갈등의 원인이 되기도 한다. 먼저, 중국이 주장하는 국가이익이 공산당 정권이익과 구별이 되지 않거나, 공산당 정권이익이 국가이익으로 포장되는 경우도 있다. 미국에서 박사학위를 받고 중국 국제정치학계에서 현실주의자로 통하는 옌쉐퉁(閻學通)은 『중국 국가이익의 분석(中國國家利益分析)』(1996)에서 국가이익을 '국민국가 모든 구성원의 물질적·정신적 필요를 만족시키는 것'으로 매우 광범위하고 모호하게 정의하고, 서구적인 국가이익 체계에 의해 중국 외교를 이해해야 한다고 주장했다. 그에 따르면, 중국에서도 국가이익의 모호성으로 이익의 주체에 따라 왕조 이익(왕조시대), 정권 이익(국공내전 시대), 국제 프롤레타리아 이익(사회주의 외교 시대) 등이 사용되어 진정한 국가이익을 호도하는 매국적 외교도 나타났다. 그러나 1982년 제12차 공산당대회에서 덩샤오핑이 개혁개방을 위해 국가이익이 외교의 출발점이 되어야 한다는 의견을 제시함에 따라 국가이익의 개념이 중국 외교의 기초가 되었다. 그리고 국가이익은 국력에 따라 변화하고, 국가이익의 가장 밑바닥에는 국가생존(안보)이 있다고 주장했다.[16] 그러나 옌쉐퉁의 주장과는 달리 현재 중국에서는 여전히 스탈린의 당-국가체제(Party-State System) 이론[17]이 지배하고 있어, 공산당이 바로 국가가 되어, 공산당 정권이익이 국가이익 역할을 하고 있다. 미국의 저명한 정치학자 루시안 파이(Lucian Pye)가 중국은 국가를 가장한 문명이라고 정의한 적이 있다. 현재는 중국은 국가를 가장한 공산당인 것이다. 국가이익과 정권이익이 충돌하는 경우에는 정권이익이 우선한다는 것을 의미하고, 중국 최고의 국가이익은 공산당 정권의 안전이 된다.[18]

그리고 중국은 현실정치에서 국가이익이라는 용어보다는 핵심이익(core interest)이라는 용어를 주로 사용하고 있다. 중국은 2000년대 초부터 미국을 이해시키려는 목적으로 '핵심이익'이란 개념을 사용했다. 그러나 문제는 미국으로부터 지키고 싶은 이익이 많아지면서 핵심이익의 범위가 계속 확장되어 간 점이다. 2011년 발간된 국무원 판공실의 『중국평화발전백서(中國和平發展白書)』를 보면, ① 국가 주권 ② 국가 안전 ③ 영토보전 ④ 국가 통일 ⑤ 중국 헌법에 정해진 국가 제도와 사회의 안정 ⑥ 경제·사회의 지속적인 발전 보장 등이 모두 핵심이익으로, 너무 광범위하게 규정되어 있다. 또, 중국이 제시하는 핵심이익은 중요 인사의 발언이나 공식 언론을 통해 일관성 없이 다양하고 광범위하게 제시되고 있어 핵심이익의 사활성을 희석시키고 핵심이익의 진정성을 의심하게 한다. 그뿐만 아니라, 너무 광범위한 핵심이익은 관련국들과 갈등을 일으킬 가능성이 크다. 주중국 일본 대사를 역임했던 미야모토 유지(宮本雄二)는 중국의 핵심이익 범위 확대가 관련국과의 외교 갈등을 야기시켜 중국 외교정책을 파탄시켰다고 평가했다.[19]

국가이익 개념의 유용성에 대한 논란은 국가이익이 가지고 있는 모호성과 정치적 목적에 이용될 가능성 때문에 발생한 것이다. 그러나 국가이익 개념의 문제점을 극복할 수 있는 대체 개념이 없을 뿐만 아니라 특정 개인이나 소그룹의 이익에 우선하는 '객관적인 집합적 이익'이 명백히 존재하는 현실을 고려할 때, 국가이익 개념의 유용성은 여전히 존재한다고 평가하고 있다. 지금도 현실정치와 학계에서 국가이익 개념에 의존하고 있는 이유이다. 논란에도 불구하고, 국가안보(national security)가 절대 양보할 수 없는 국가이익(사활적 핵심이익)이라는 데는 모든 국가가 동의하고 있다. 한국의 경우에도, 명시적으로 국가이익을 선언한 적은 없지만, 헌법상 대통령의 의무를 통해 보면, 다른 국가들과 같이 국가안보(national security)라는 사활적 이익뿐만 아니라 국가 번영(prosperity)과 분단 상황을 반영한 평화통일(peaceful unification)도 국가이익에 포함하고 있다.

국가는 합리적 행위자?

국가는 항상 합리적으로 행동하는가? 국가는 전쟁과 같은 중요한 결정을 할 때는 통상적으로 합리적인 결정을 할 것으로 기대된다. 국가가 합리적인 행위자(rational actor)라는 가정이다. 이러한 가정은 통상적으로 쉽게 수용되어 정책 결정 이론에서 '합리적 행위자모델(Rational Actor Model)'로 알려져 있다. 합리적 행위자모델이 주류 모델로 쉽게 자리를 잡은 데에는 1950년대부터 유행한 행태주의와 게임이론(Game Theory)의 영향이 컸다. 행태주의와 게임이론이 합리성에 기초하고 있기 때문이다.

그러나 국가가 합리적인 결정을 한다는 가정은 영국 역사학자 크리스토퍼 클라크(Christopher Clark)가 1차 대전의 중대한 원인을 제공했던 독일, 오스트리아, 러시아의 세 황제를 포함한 핵심 정책 결정자를 지칭하는 '몽유병자(sleep walkers)'의 비합리적인 결정 행위와는 전혀 부합되지 않는다.[20] 외교사 속에서 합리적인 결정과 거리가 있다고 의심받는 많은 사례들이 있다. 나폴레옹 3세의 보불전쟁, 빌헬름 2세의 모로코 위기, 일본 군부 내각의 진주만 침공으로의 전진, 소련의 아프가니스탄 침공, 부시 행정부(43대)의 이라크 침공 등을 꼽을 수 있다. 감성적인 최고결정자가 독단으로 결정하는 왕정/권위주의 체제와 과도한 민족주의 열기에 휩쓸리는 경우에 비합리적인 결정이 나타났다. 미어샤이머가 최근 푸틴의 우크라이나 침공에 대해 비합리적인 결정이라는 세간의 평가를 검증하기 위해 『국가는 어떻게 생각하는가(How States Think)』(2024)를 출간했다. 그에 의하면, 정책결정자는 항상 정보 부족으로 불확실성(uncertainty)에 직면하고, 그 탈출구를 현실주의와 자유주의 같은 신뢰성 있는 이론(credible theory)과 내부 심사숙고 과정(deliberation)에서 찾게 된다. 그러므로 결정의 합리성 여부는 정책의 결과가 아니라 이론과 심사숙고라는 두 개의 조건을 충족시켰는가를 판단해야 한다. 이런 기준에서 보면 푸틴의 결정뿐만 아니라 비합리적일 거라고 의심받고 있는 많은 결정들이 합리적이었다고 주장했다. 그러나 미어샤이머도 외교사에서 두 가지 조건을 충족하지 못한 대표적인 사례로 네 가지 결정을 제시했다. 1차 대전을 촉발한 독일의 해군 강화 결정, 네빌 체임벌린 수상이 보여준 무기력한 영국군의 유럽 배치 결정, 1960년대 미국 케네디 대통령의 쿠바침공작전(피그만 사건) 결정, 부시 행정부의 이라크 침공 결정 등이다.[21]

그러나 합리적 행위자모델이 국가들의 행동을 설명하는 데 불충분한 것은 사실이다. 국가가 합리적으로 결정한다는 가정에 반기를 들고 복합적인 접근이 필요하다는 주장이 일찍이 그레이엄 앨리슨(Graham Allison)으로부터 제기되었다. 앨리슨은 합리적 행위자모델이 영향력 있는 이유를 분석의 데이터가 충분하지 않을 때도 쓸 만한 근사치를 제공하여, 그 유용성이 증명되었기 때문이라고 설명했다.

앨리슨은 『결정의 본질(Essence of Decision)』(1971)에서 13일간의 쿠바 미사일 위기를 정책결정론 측면에서 분석했다. 그는 미국과 소련의 행동 결정을 분석하기 위해 '합리적 행위자모델', '조직과정모델(Organizational Process Model)', '관료정치모델(Bureaucratic Politics Model)' 등 세 가지 모델을 사용했다. 합리적 행위자모델은 국가를 합목적성을 가진 하나의 주체(개인)로 간주하여, 국가의 행위를 이해득실 측면에서 설명했다. 이 모델은 국가는 합리적으로 판단하는 개인과 같다는 유추를 전제로 하고 있다. 그러나 엘리슨은 개인과 달리 국가는 복잡한 구성요소를 가지고 있다는 사실에 주목했다. 국가를 구성하고 있는 요소들에 대해 초점을 맞추어 '조직과정모델'과 '관료정치모델'을 제시했다. '조직과정모델은 조직들을 결정의 주체로 상정했다. 국가가 합리적인 단일 결정체가 아니라 여러 조직으로 구성된 기계장치이고, 정책 결정은 조직들의 문화, 운영절차와 같은 조직적 요소를 통해 이루어진다고 생각한다. 정책 결정을 조직단위에서 분석한 것이다. 관료정치모델에서는 조직보다 더 하위 주체인, 정책 결정에 참여한 개인이 결정의 주체가 된다. 정책 결정은 정책 결정에 참여하는 개인들의 정치적 행위에 의해 이루어지는 결과(부산물)라는 입장이다.[22)]

엘리슨은 소련이 쿠바에서 핵무기를 철수한 이유를 합리적 행위자모델이 제시한 '핵무기의 '상호확증파괴(MAD)' 때문이라는 분석은 불충분하다고 지적했다. 그리고 보완하여, 조직과정모델이 밝혀낸 '미국의 봉쇄에 대한 소련(관련 기관)의 대응계획 부재(不在)라는 사실'과 관료정치모델이 분석한 '미국 법무장관이었던 로버트 케네디의 협상안이 다른 미국 정책 결정 참여자들의 의견을 압도한 사실'도 소련의 미사일 철수 결정에 영향을 주었다고 분석했다.

학자들에 의해 국가의 정책 결정을 설명하는 다양한 이론들이 소개되었다. 정책 결정자의 동기를 가장 중요시하는 '정책결정모델(Decision Making Model, Synder)', 국내정치의 영향을 강조하는 '연계모델(Linkage Model, Rosenau)', 국가의 국제적 지위에 따르는 영향력을 중시하는 '적응모델(Adaptive Model, Lovell) 등이 있다. 이런 다양한 모델들은 주류인 합리적 행위자모델의 한계를 극복하기 위한 보완적 성격이 크다. 외교사에서 이루어진 중요한 결정들은 하나의 모델로 설명할 수 없는 경우가 대부분이다. 통상 가장 설명력이 강한 합리적 행위자모델에 의존하면서 다른 부수적인 접근방법으로 보완하는 것이 일반적이다.

미어샤이머가 『국가는 어떻게 생각하는가(How States Think)』에서 현실주의자답게 외교정책에서 합리적 결정이 일반적이며, 합리성이 지배해야 비극적인 상황(전쟁)을 피할 수 있다고 주장하지만, 현실정치에서는 비합리적인 국가의 행동/결정을 항상 염두에 두어야 한다.

전쟁의 원인

베스트팔렌 조약 이후의 370여 년간 총 119번의 전쟁(4년마다 1번씩)이 발생했으며, 그중 10번은 강대국 간의 전쟁이었다. 헨리 메인 경(Sir Henry Main)이 단언한 것처럼 인류의 역사는 전쟁과 같이했다고 볼 수 있는 통계이다.

강대국들이 참전한 대규모 전쟁은 국제체제를 변화시킨 주요 원인이 되었다. 전쟁의 원인은 인간이 자연 상태에 살면서부터 생겨난 오래된 난제였다. 역사상 수많은 사상가가 관심을 표명하고 다양한 이론을 제시했다. 서구 사상계에서는 투키디데스의 펠로폰네소스 전쟁사를 국제정치의 고전으로 취급한다. 기원전 5세기 페르시아를 격퇴한 그리스에서는 패자인 스파르타를 중심으로 한 펠로폰네소스동맹과 떠오르는 강국인 아테네를 중심으로 한 델로스동맹이 대치하고 있었다. 에피담노스라는 작은 국가에서 내분이 일어나 옛 식민 지배국에게 지원을 요청하자 양측 동맹의 일원인 델로스의 케르키라와 펠로폰네소스의 코린트가 대결하게 되고, 여기에 아테네가 동맹국인 케르키라를 위해 개입하게 되었다. 아테네 개입으로 퇴각한 코린트는 스파르타를 뒷배경으로 믿고 포티다에아라는 작은 국가에서의 반란을 이용하여 아테네와 전쟁을 개시하고, 여기에 스파르타가 참전함으로써 그리스 전체의 전쟁이 되었다. 투키디데스는 전쟁 원인을 '아테네의 부상(rise)과 스파르타의 우려(fear)'로 요약했다.[23] 그러나 아테네와 스파르타가 전쟁으로 향하는 길목에는 국제정치의 다양한 요인들이 존재했다. 전쟁이 주변부에서 시작하여 통제될 수 없는 무정부 상태에서 동맹 관계에 의한 연루(entrapment)를 통해 강대국 간 전쟁으로 확전되는 모델이다. 1차 대전도 비슷한 과정을 거쳤고, 강대국들이 동맹을 통해 진영체제를 갖추고 있는 국제체제에서는 발생할 가능성이 큰 시나리오이다.

투키디데스 이후에 사상가들은 먼저 이기적이고 투쟁적인 인간의 본성을 전쟁의 원인으로 제시했다. 토머스 홉스의 '만인 대 만인의 투쟁'으로 요약된다. 그리고 18세기 계몽주의 시대에서는 군주제가 전쟁의 원인이 되고 있다는 생각이 퍼져 있었다. 영구평화 구축을 위해 군주제가 아닌 공화정을 추천한 루소와 칸트가 대표적이다. 모겐소도 인간의 권력의지(will to power)가 전쟁으로 유도한다고 주장했다. 모두 투쟁적인 인간 본성과 군주제 같은 정치제도에서 전쟁의 원인을 찾았다.

1959년에 케네스 왈츠에 의해 전쟁 원인이 체계적으로 분석되었다. 왈츠는 박사학위 논문을 출판한 『인간, 국가, 그리고 전쟁(Man, the State and War)』에서 기념비적인 분석을 남겼다. 왈츠는 전쟁의 원인으로 인간, 국가, 국제적 무정부 상태라는 세 가지 이미지를 제시했다(〈표 5〉).

첫 번째 이미지는 전쟁의 근본적인 원인으로 인간의 공격적이고 적대적인 본성을 강조한다. 인간의 본성은 평화보다는 충돌과 경쟁을 기반으로 하므로, 이러한 본성이 변하지 않는 한 평화는 불가능하다고 본다. 이러한 관

〈표 5〉 왈츠의 전쟁의 원인

	전쟁 원인	주창자
첫 번째 이미지	인간 본성	아우구스티누스, 홉스, 스피노자, 모겐소
두 번째 이미지	국가 체제	칸트, 윌슨, 레닌
세 번째 이미지	국제적 무정부 상태	투키디데스, 루소

이근우, 『왈츠 이후』(2009), 29쪽 인용.

점은 아우구스티누스, 홉스, 스피노자, 모겐소와 같은 사상가들에 의해 지지를 받았다.

두 번째 이미지는 국가의 내부 정치체제와 경제체제가 전쟁의 원인이 될 수 있다고 주장한다. 민주주의를 지지하는 사상가들인 칸트와 윌슨은 국내 정치체제가 민주적이면 전쟁 발생 가능성이 낮아진다고 생각했다. 그들은 민주주의의 확산이 평화를 증진할 수 있다고 주장했다. 반면, 블라디미르 레닌(Vladimir Lenin)은 자본주의 경제체제가 전쟁의 원인이 될 수 있어 '제국주의는 자본주의의 최종단계'라고 주장했다. 자본주의 경제체제는 해외 시장에 대해 잉여 생산품 판매, 자본 투자, 천연자원 확보와 같은 제국주의 정책을 취하기 때문에 전쟁을 필연적으로 촉발한다는 것이다. 그러나 냉전기에는 미국, 일본, 유럽 국가들과 같은 자본주의 국가 간 전쟁은 없었던 반면, 소련, 중국, 베트남과 같은 공산주의 국가 간에 군사적 충돌과 전쟁이 발생했다. 전쟁이 자본주의 체제의 전유물이라는 레닌의 주장과 배치된다.

왈츠의 분석에 추가하여, 민주주의 평화론(Democratic Peace Theory)과 연계이론(Linkage Theory)도 국가의 정치체제가 전쟁의 원인이 될 수 있음을 설명한다. 민주주의 평화론은 칸트와 윌슨의 생각을 체계화시켜 민주주의 체제는 권력 분립, 여론의 압박과 같은 체제의 특성 때문에 전쟁할 가능성이 비민주주의 체제에 비해 낮다고 주장한다. 연계이론은 1960년대 제임스 로즈노(James N. Rosenau)에 의해 제시된 이론으로 국내정치(체제)와 외교가 밀접하게 연계되어 있다는 이론이다. 즉 연계(linkage)는 국내정치에서 발생한 행위가 외교에 영향을 미치는 현상을 의미한다. 로즈노는 국내 정치와 외교 간에 상관관계가 존재하며 상관관계는 국내정치 체제의 영향을 받는다고 주장했다.[24] 1970년대 조너선 윌켄펠트(Jonathan Wilkenfelt) 같은 학자도 국가 체제가 민주주의 체제일 때보다 전체주의 체제일 경우가 전쟁을 포함한 강경한 대외정책과 상관관계가 더 크다는 연구 결과를 제시했다. 그에 따르면, 전체주의 체제하에서는 독재자가 정권위기를 극복하기 위해 전쟁과 같은 외부충격을 이용하여 국민을 호도하는 사례가 많이 나타나고 있다. 1960년대 후반 중국 마오쩌둥의 문화대혁명이 대표적 사례이다.[25] 마오쩌둥은 대약진운동의 실패로 실권 위기를 극복하기 위해 문화대혁명을 발동하고, 이를 혁명외교라는 이름으로 외교에 투영하면서 많은 국가와 외교적 갈등을 빚었고, 심지어 단교까지 당했다.[26] 나아가 공산 진영의 보스인 소련과의 군사충돌(진먼다오/다만스키섬 충돌, 1969)도 감행했다.

세 번째 이미지는 국제체제에서는 국가보다 더 높은 상위의 권위체가 존재하지 않는 국제적 무정부 상태가 전쟁의 원인이 된다는 주장이다. 왈츠는 무정부 상태에서 국가는 스스로 안보를 도모하는 자조(self-help)에 의존하게 되고, 자조를 위한 군사력 증가는 안보 딜레마(security dilemma)를 야기해 전쟁으로 발전될 수 있다고 설명한다. 로버트 저비스(Robert Jervis)는 안보 딜레마를 '국가가 자신의 안전을 확보하기 위한 행동이 다른 국가의 안보를 저해하는 결과를 초래할 수 있는 상황'이라고 설명한다. 국제적 무정부 상태라는 구조적 특성 때문에 안보 딜레마가 충돌과 전쟁으로 발전될 가능성이 있음을 설명한다.

왈츠는 무정부 상태에 의한 전쟁의 사례로 투키디데스의 '펠로폰네소스 전쟁사'를 거론한다. 투키디데스는 무정부 상태에서 형성되는 '서로에 대한 두려움'이 전쟁의 원인으로, 구체적으로는 통제되지 못한 아테네의 부상(rise)과 스파르타의 두려움(fear)을 지적했다. 최근에는 무정부 상태에서 국가들의 '부상 - 두려움'이라는 갈등 상황을 '투키디데스의 함정(Thucydides Trap)'이라고 부른다. 왈츠는 다른 예로 루소의 사슴 사냥을 든다. 무인도에서 구성원 모두 생존이 보장되는 사슴사냥을 합의했으나, 구성원 중 한명이 자신의 생존만 보장되는 토끼 사냥에 몰두하여 사슴 사냥이 실패한다는 이야기이다. 이는 합의를 강제할 수 없는 무정부 상태에서 발생될 수 있는 갈등을 설명한다.27)

왈츠의 분석에 추가해서 통제되지 못한 패권국 - 도전국의 갈등이 전쟁으로 비화한다는 '힘의 전이 이론(Power Transition Theory)'도 있다. 1960년대의 오간스키(A.F.K. Organski)가 대표적이다. 오간스키는 『세계 정치(World Politics)』(1968)에서 보불전쟁, 러일전쟁, 1차 대전, 2차 대전을 사례 분석했다. 사례분석 결과에 따르면, 현상에 불만을 가지고 있는 신흥 강대국(도전국)이 패권국과의 힘의 균형으로 근접하는 국력의 변동을 경험하면서 패권국에 대해 선제적으로 전쟁을 도발한다는 이론이다. 힘의 전이 이론은 힘의 균형이 전쟁을 방지한다는 세력균형이론과 달리 세력균형에 가까워지면서 전쟁이 발생한다는 다른 입장을 취하고 있다. 비슷한 맥락에서 할 브렌즈와 마이클 베클리(Hal Brands & Michael Beckley)도 최근에 출판된 『중국은 어떻게 실패하는가(Danger Zone)』(2022)에서 1차 대전 때 독일, 2차 대전 때 일본의 경우에서 보듯이, 새로운 세계질서를 향한 야망(ambition)은 있지만 자국의 국력이 더 이상 성장할 수 없다는 절박함(desperation)을 느낄 때 전쟁을 감행한다고 분석했다. 이러한 이론 모두가 국가 간 갈등을 조절, 통제할 수 있는 상위의 권위체가 존재하지 않는 무정부 상태에서 전쟁이 발생하는 원인들을 설명하고 있다.

이후 왈츠는 전쟁의 세 가지 원인 중에 인간의 본성과 국가들의 국내 체제는 쉽게 변할 수 없는 상수이기 때문에 분석에서 제외하고, 국제적 무정부 상태만을 국제정치 이론의 주 분석 대상으로 삼았다.

05

국제체제, 설계자들과 변화

자신의 가치에 따라 국제체제를 형성하려는
주도국가가 마치 자연의 법칙처럼 나타난다.
그리고 주도국가의 설계자는
확고한 자신만의 외교철학으로 무장한 인물이다.

5개의 국제체제와 유지/변화 조건

주권국가 질서는 본질 면에서는 베스트팔렌 조약 이후 400년 가까이 유지되어 오면서 내용 면에서는 평화를 향한 상이한 제도와 규범으로 이루어진 5개 체제가 연속적으로 생성, 붕괴, 생성되는 과정을 거치고 있다. 베스트팔렌 조약 이후 외교사를 빈 체제, 비스마르크 체제, 베르사유 체제, 얄타 체제, 포스트냉전 체제로 나눌 수 있다. 새로운 체제의 등장은 대부분 강대국 간의 대규모 전쟁인 프랑스 혁명 전쟁과 나폴레옹 전쟁, 1차 대전, 2차 대전의 결과였다. 대전쟁은 아니지만 독일 통일(1871년)과 소련 붕괴(1991년)도 국제체제에 본질적인 변화를 가져다주었다. 독일 통일은 영국 수상 벤저민 디즈레일리(Benjamin Disraeli)가 프랑스 혁명보다 더 혁명적이라고 평가했을 정도로 유럽의 세력균형에 중대한 영향을 주었다. 1991년의 소련 붕괴도 양극체제에서 미국 패권체제로 전환시킨 큰 변혁이라 할 수 있다.

국제체제의 생존조건은 그 체제가 가지고 있는 정당성(legitimacy)과 안정성(stability)에 의존하고 있다. 키신저는 여러 저작(『Restored World』, 『Diplomacy』, 『World Order』)에서 국제체제의 생존조건으로 나폴레옹 전쟁 후 유럽 질서(빈 체제)에서 추출된 정당성(legitimacy)과 세력균형을 제시했다. 아이켄베리(Ikenberry)는 『승리 이후(After Victory)』에서 나폴레옹 전쟁, 1차 대전, 2차 대전 후 새로운 질서는 주도국들(영국, 미국)의 제도 구축(institution)과 힘의 절제(restraints)를 통해 이루어졌다고 분석했다.

체제의 정당성(legitimacy)은 구성 국가들의 합의와 동의를 통해 이루어진다. 정당성은 체제에 따라 다른 내용과 형태로 나타났다. 빈 체제에서는 왕정복고를 의미하는 정통주의, 비스마르크 체제에서는 유럽에서의 안정과 평화가 합의된 정당성이었다. 베르사유 체제 이후 3개 체제에서는 국제기구(국제연맹과 국제연합)에 대한 신뢰를 표시(가입)함으로써 체제에 정당성을 부여했다. 안정성(stability)은 체제의 안보 메커니즘이 제대로 작동되는 것을 지표로 한다. 빈 체제와 비스마르크 체제는 안보 메커니즘으로 세력균형을 채택했고, 베르사유 체제 이후 3개 체제는 모두 집단안보 방식을 고수하고 있다. 체제 변화는 변화를 요구하는 압력이 체제를 지탱하는 정당성에 대한 합의를 붕괴시키고, 안정성을 보장하는 안보 메커니즘(세력균형과 집단안보)이 제대로 작동하지 못하게 되면서 발생하게 된다. 이 과정에 국민국가의 동력인 민족주의가 개입한 경우가 많았고, 결국 모든 강대국이 참여한 전쟁과 현격한 세력균형의 변화가 발생하여 구체제는 붕괴하고 새로운 체제가 나타나게 되었다.

국제체제 주도국, 평화 설계자들과 그들의 논리

새로운 국제체제에서는 새로운 제도와 규범을 요구하게 된다. 여기에 새로운 제도와 규범을 설계하여 평화를 구축하려는 주도국과 평화 설계자들이 등장한다. 키신저는 체제 주도국의 등장을 설명했다. "마치 자연의 법칙이라도 따르기나 한 듯, 모든 세기마다 권력과 의지와 지적·도덕적 추진력을 갖추고 국제체제 전체를 자신의 가치에 따라 형성하려는 국가가 등장했다."[1] 키신저는 새로운 질서를 창출하는 주도국이 마치 자연법칙에 의한 것처럼 나타난다고 했다. 새로운 질서 주도국은 당연히 강대국이거나 초강대국이고 자신들이 원하는 제도와 규범을 형성하여 국제질서를 만들었다. 설계자들은 당연히 주도국의 최고의 외교 책임자인 경우가 대부분이었다. 또한 그들은 자신의 경험과 신념을 통해 자신의 외교 철학을 완성한 인물들이었다.

근대 주권국가 질서의 문을 연 주도국은 프랑스라 할 수 있다. 프랑스는 제후국들을 독립시켜 신성로마제국을 무력화하고 유럽에서의 세력균형을 프랑스 쪽으로 유리하게 가져와 루이 14세의 팽창정책을 가능하게 만들었다. 프랑스가 원하는 국제질서를 만든 인물은 리슐리외였다. 리슐리외는 세력균형정책을 통해 신성로마제국을 무력화했다. 프랑스 대혁명과 나폴레옹 전쟁을 수습하고 탄생한 빈 체제에서는 오스트리아와 영국이 주도국이었다. 나폴레옹을 패퇴시킨 러시아도 강대국으로 등장했지만, 알렉산드르 1세의 종교 심취와 열강들의 불신으로 주도국 역할을 하기에는 많은 제한이 있었다. 오스트리아는 메테르니히라는 설계자에 의해 움직였다. 오스트리아는 신성로마제국의 승계자라는 후광과 러시아와 프랑스를 견제하기 위해 오스트리아를 강화하려는 영국의 후원으로 빈 체제를 주도했다. 그리고 메테르니히는 다민족국가인 오스트리아를 보전하기 위해 당시 혁명적이었던 자유주의와 민족주의를 억압하는 정통주의와 세력균형에 의존했다. 영국은 유럽대륙 밖의 식민지에 이익의 중심을 두고 유럽에서의 안정을 위해 세력균형을 최우선으로 했다. 외교장관 캐슬레이는 유럽에서 메테르니히와의 협력을 통한 세력균형 유지를 추구했다. 메테르니히와 캐슬레이는 유럽에서의 세력균형 추구라는 점에서 공동 목표를 가지고 있었다. 빈 체제가 작동하는 과정에서 러시아의 적극적 간섭주의를 둘러싼 러시아와 영국 간의 갈등에서 메테르니히는 절묘한 중재를 통해 설계자의 입지를 굳혔다. 이런 의미에서 빈 체제를 메테르니히 체제라고도 한다. 반면 캐슬레이는 유럽에서의 세력균형 달성을 위해 간섭을 요구한 보수주의 국가들과 불가피하게 타협하는 외교의 유연성도 보였다. 그러나 그 타협은 영국 내 비판의 대상이 되었고, 결국 그를 자살로 내몰았다.

비스마르크 체제에서는 독일이 외교의 주도권을 잡고 있었다. 영국은 유럽대륙이 비스마르크에 의해 세력균형을 이루고 있는 데 만족하고 식민지 개척에만 관심을 가지고 있었다. 다른 강대국인 러시아는 비스마르크의 저글링의 공이 되어 비스마르크 손에서 벗어날 수 없었다. 설계자인 비스마르크는 독일을 중심에 두고 '프랑스 고립과 러시아 중립'을 목표로 두고 작동되는 복잡하고 동적인 세력균형을 설계했다. 비스마르크 체제는 후임자들이 더 이상 비스마르크의 세력균형 시스템을 운용할 수 없다고 고백할 정도로 비스마르크 개인 역량에 의존한 작품이었다.

이상의 프랑스, 오스트리아, 영국, 독일의 리슐리외, 메테르니히, 캐슬레이, 비스마르크가 공통적으로 설계한 평화유지 메커니즘은 세력균형이었다. 세력균형이 체제 주도국들이 추구한 국제정치 논리였다. 세력균형은 무정부 상태에서 국가들이 생존하기 위해 자동으로 선택하는 자연법칙이나 보이지 않는 손과 같은 것이었다. 그러나 세력균형은 강제력 없는 선택에 의해 이루어지기 때문에 쉽게 붕괴되었다. 그 결과 세력균형이 추구하는 것은 영구적인 평화가 아니라 단순한 안정과 단기적인 평화가 되어버렸다.

세력균형이 쉽게 붕괴되는 불안전한 무정부 상태에서 새로운 체제를 구축하려는 주도국과 설계자는 리바이어던과 같은 상위의 권위체에 관심을 가질 수밖에 없었다. 1차 대전 이후 새로운 체제를 주도한 미국과 설계자인 윌슨 대통령은 종래 유럽 전통과는 전혀 다른 국가이고 설계자였다. 미국은 자유민주주의 체제에 대한 우월감을 바탕으로 종래의 유럽 질서를 부도덕하고 시대착오적인 존재로 치부했다. 윌슨은 세력균형을 전쟁의 원인으로 간주하여 베르사유 체제에서는 국제연맹이라는 리바이어던을 창설하고 십난안보라는 평화유지 기능을 부여했다. 전 세계 국가들을 회원국으로 참여시켜, 베르사유 체제의 정당성을 확보하려 했다. 그러나 국내 반대로 미국의 가입이 좌절되고 독일과 소련 같은 잠재적 강대국도 배제되면서 베르사유 체제는 출범과 함께 정당성과 안정성에 타격을 받았다. 그러나 윌슨의 집단안보 구상은 획기적인 새로운 안보체제로 이후 새로운 체제 설계자들에게 큰 유산을 남겼다. 2차 대전 후 미국은 초강대국이 되어 새로운 체제 창설을 주도했다. 소련은 냉전 시대 미국에 대항할 수 있었던 유일한 강대국이었지만, 새로운 체제인 얄타 체제 형성과정에는 역할 없이 세력균형의 관점에서 유럽 영토 확장에만 관심을 두었을 뿐이었다. 얄타 체제의 설계자는 루스벨트였다. 그는 윌슨주의자였고, 윌슨의 집단안보 기능을 더욱 강화하기로 했다. 5대 강대국들에 의해 움직이는 국제연합을 창설했다. 국제연맹의 실패 경험으로, 강대국 간의 협력 없이는 집단안보 기능이 작동할 수 없다고 확신했다. 강대국들을 국제연합 속에 묶어 놓고 '책임 있는 강대국'으로서의 역할을 강제할 생각이었다. 그러나 냉전으로 소련과의 협력이 어려워져 설계된 체제가 계획대로 작동되지 못했다. 이후 소련의 붕괴로 얄타 체제의 변화가 필요했다. 미국이 유일한 초강대국으로서 얄타 체제를 부분 수정한 포스트냉전 체제를 구축하려고 노력했다. 새로운 체제의 설계자는 미국의 자유주의 패권(Liberal Hegemony)론자들이었다. 소극적으로 평화유지는 여전히 국제연합의 집단안보 기능에 맡기고, 적극적으로 민주주의를 확장하고, 국제기구를 활성화하고, 국제사회에 경제적 상호의존을 확대시켜 칸트의 영구평화를 현실화하겠다는 야심 찬 정책을 추진했다. 그러나 미국의 야심 찬 정책은 중동, 러시아, 중국에서 민족주의의 도전에 어려움을 겪고 있다.

미국의 윌슨, 루스벨트, 자유주의 패권론자들은 국제연합의 집단안보 기능을 통해 새로운 체제를 유지하려고 설계했다. 나아가 더 완벽한 영구평화를 구축하기 위해 주권국가 질서의 근간인 주권국가의 정치체제까지 민주주의 체제로 바꾸려는 야심 찬 전략을 추진했다. 도덕적 자유민주주의가 정치철학의 기초인 미국의 설계자들에게만 가능한 구상이다. 영구평화론은 유럽에서 태어났지만, 미국 도덕주의와 결합되어 미국의 체제 설계자들에 의해 현실화하고 있다. 집단안보는 지금까지 영원한 체제 주도국인 미국의 국제정치 논리였다.

국제체제의 변화 개관

국제질서를 구성해 온 5개 국제체제를 상세해 검토하기 전에 간략한 개관을 통해 국제체제의 변화과정을 요약해 보면 다음(〈표 6〉)과 같다.

빈 체제

프랑스 대혁명과 나폴레옹 전쟁을 수습하기 위해 오스트리아, 영국 등 5개 강대국은 빈 의정서(1815년)을 통해 빈 체제(Vienna System)를 형성했다. 오스트리아의 메테르니히와 영국의 캐슬레이가 설계자 역할을 했다. 두 설계자는 유럽에서의 세력균형 구축이라는 데 의견이 일치되었다. 메테르니히는 다민족국가인 오스트리아의 보전을 위해서 세력균형이 필요했고, 캐슬레이는 영국의 유럽 밖에서의 식민지 행보를 위해서는 유럽의 안정(세력균형)이 필요했다. 세력균형을 유지하는 수단으로 유럽 강대국이 협의하는 유럽협조체제(Concert of Europe)를 창설했다. 유럽협조체제는 신성동맹과 5국동맹을 두 축으로 작동되었다. 강대국들은 유럽의 질서를 1792년 이전으로 복귀시키는 정통주의에 합의하여 빈 체제의 정당성을 확보하고, 체제의 안정성을 보장하기 위해 세력균형을 채택했다. 세력균형은 러시아의 팽창을 막기 위해 전범국인 프랑스를 징벌 없이 협력체제에 복귀시키고, 동시에 러시아와 프랑스를 견제하기 위해 오스트리아와 프로이센에 힘을 실어주었다. 세력균형은 영토를 주고받는 보상(quid pro quo) 형식으로 이루어졌다. 빈 체제에 대한 도전은 독립과 통일을 요구하는 유럽 민족주의로부터 나타

〈표 6〉

	빈 체제	비스마르크 체제	베르사유 체제	얄타 체제	포스트냉전 체제
형성 계기	나폴레옹 전쟁(1815)	독일 통일(1871)	1차 대전(1919)	2차 대전(1945)	소련 붕괴(1991)
근거 조약/선언	빈 의정서(1815)	독일 통일 선언(1871)	베르사유조약(1919)	얄타협정(1943)	냉전 종식 선언(1988)과 소련 해체(1991)
주도국(설계자)	오스트리아(메테르니히), 영국(캐슬레이)	독일(비스마르크)	미국(우드로 윌슨)	미국(F.D.루스벨트)	미국(자유주의 패권론자)
행위자(강대국)	오스트리아, 영국, 러시아, 프랑스, 프로이센(5개국)	오스트리아, 영국, 러시아, 프랑스, 독일, 이탈리아(6개국)	미국, 영국, 소련, 프랑스, 독일, 이탈리아, 일본(7개국)	미국, 소련 (초강대국, 2개국)	미국(초강대국), 중국, 러시아, EU, (일본) 등
체제 성격(평화 유지 메커니즘)	세력균형	세력균형	집단안보	집단안보	집단안보
체제 정당성/ 안정성의 근거	정통주의/ 세력균형	유럽의 현상 유지/ 세력균형	국제연맹 신뢰(가입)/ 집단안보	국제연합 신뢰(가입)/ 집단안보	국제연합 신뢰 유지/ 집단안보
체제 도전 요소	유럽 민족주의 (독립과 통일)	비스마르크 퇴장(독일 민족주의)과 빌헬름 2세의 확장정책, 유럽 민족주의	1930년대 각국의 민족주의 정책(대공항 여파), 히틀러의 팽창주의	소련 붕괴(경제 퇴조, 과잉 팽창, 러시아 민족주의)와 동구 공산권 민족주의	수정주의 세력(중국, 러시아 등)
체제 위기를 알리는 주요 사건	그리스 독립(1823) 메테르니히 퇴진(1848) 크림전쟁(1853)	비스마르크 퇴진과 독러재보장조약 파기(1890), 러불동맹(1894)	대공항(1929) 일본·독일·이탈리아의 국제연맹 탈퇴 (1933~1937), 뮌헨협정(1938)	냉전 종식 선언(1989) 소련 해체(1991)	세계금융위기(2008), 시진핑 등장(2012), 러시아의 크림반도 합병(2014)과 우크라이나 침공(2022)

났고, 민족주의 대한 대응을 두고 러시아의 간섭주의와 영국의 불간섭주의가 충돌하면서 체제의 정당성과 안정성에 균열이 발생했다. 그 후 그리스 독립(1823년)을 필두로 메테르니히 실각과 망명(1848년), 그리고 크림전쟁(1853년)에서는 5국 동맹국 간의 전쟁으로 발전하면서 빈 체제는 완전히 붕괴되었다. 그리고 빈 체제를 변경하려는 나폴레옹 3세의 허세 외교도 빈 체제의 수명을 단축시켰다. 빈 체제는 자유주의와 민족주의라는 시대정신(zeitgeist)[2]을 외면한 시대착오적인 체제였다.

비스마르크 체제

비스마르크 체제(Bismarck System)는 프랑스와의 전쟁에서 승리한 프로이센이 독일 통일을 선언(1871년)함으로써 형성되었다. 독일 통일이 강대국 간의 전쟁과 같은 세력균형의 변화를 가져다주었다. 비스마르크 체제에서 설계자는 독일의 비스마르크 총리였다. 프로이센은 2차 산업혁명의 성공을 바탕으로 비스마르크 주도하에 덴마크, 오스트리아, 프랑스와의 전쟁을 통해 독일 통일을 완수했다. 비스마르크는 국내 안정을 위해 유럽대륙의 안정이 필요했고, 그 방법으로 복잡한 세력균형정책을 수행했다. 목표는 프랑스의 고립과 러시아의 중립 확보였다. 비스마르크는 프랑스를 제외한 4개국을 독일과 오스트리아 동맹을 기반으로, 한편에는 러시아(삼제협상, 재보장조약), 다른 한편에는 이탈리아와 동맹(삼국동맹)을 맺고, 영국은 이탈리아를 통해 간접적으로 연결(지중해협정)해, 삼제협상·재보장조약과 삼국동맹·지중해협정을 양 날개로 상호 견제시키는 구조를 완성했다. 구조를 완성하는 과정에서 이탈하려는 러시아를 저글링 공처럼 다루었다. 비스마르크의 복잡한 세력균형이 형성, 유지될 수 있었던 것은 프랑스를 포함한 전 강대국들이 유럽에서의 안정에 동의하여 비스마르크 체제에 대해 정당성을 부여했고, 세력균형이 효율적으로 작동되어 안정성까지 확보할 수 있었기 때문이다. 비스마르크 체제의 붕괴는 제국주의를 요구하는 독일 민족주의와 빌헬름 2세의 압력으로 비스마르크가 퇴장(1890년)하면서 시작되었다. 비스마르크 없는 비스마르크 체제는 러시아가 세력균형에서 이탈(1890년)하고 러불동맹(1894년)이 결성되면서 사실상 붕괴되었다. 비스마르크의 세력균형에 대한 유럽 강대국의 동의도 무너졌고, 세력균형의 안정성도 상실되었다. 19세기 말과 20세기 초 유럽에서의 민족주의 광풍은 비스마르크를 퇴진시켰을 뿐만 아니라 빌헬름 2세의 확장정책을 부추겨 1차 대전으로 가는 길을 열었다. 비스마르크 체제는 독일의, 비스마르크 개인 역량에 의한, 유럽 안정을 위한 체제(system of Germany, by Bismarck himself, for the stability of Europe)였다. 그리고 비스마르크와 함께 안개처럼 사라졌다.

베르사유 체제

베르사유 체제(Versallues System)는 1차 대전을 종결하기 위해 체결한 베르사유 조약(1919년)에 기초하여 형성되었다. 1차 대전 이후 새로운 국제질서의 주도권은 미국으로 넘어가고, 정치학자이면서 미국의 도덕적 자유주의를 신봉하는 우드로 윌슨 대통령이 설계자가 되었다. 윌슨은 세력균형이 전쟁을 유발한 비도덕적인 구시대 유럽의 유물이기 때문에 새로운 질서(베르사유 체제)에서 퇴출시키고, 그 자리에 국제연맹을 통한 집단안보를 채택했다. 윌슨은 베르사유 체제의 정당성을 국제연맹 발족에서, 그리고 안정성은 국제연맹의 집단안보 기능에서 찾으려 했다. 국제연맹이 전범국을 제외하고 모든 국가로부터 지지(가입)를 받아 베르사유 체제의 정당성을 확보하려 했다. 그러나 미국이 상원의 반대로 국제연맹 가입에 좌절되고, 잠재적 강대국이었던 독일과 소련이 국제연맹에 배제되면서 베르사유 체제는 발족부터 정당성과 안정성에 흠결을 가지고 시작했다. 1934년에는 63개국으로 가장 많은 국가가 가입(당시 70여 개 국가가 존재)하면서 정당성을 확보했다. 집단안보에 의한 체제의 안정성도 첫 10년간(1920년대)은 나름대로 작동되었다. 그러나 민족주의로 무장한 1930년대 현상타파 국가들의 팽창주의 앞에서는 무기력하게 무너졌다. 베르사유 체제에서는 국제연맹의 집단안보 기능을 보완하는 노력이 강대국들의 합의에 의해 나타났다. 유럽지역집단안보 기능인 로카르노 체제와 태평양과 극동에서의 세력균형을 추구하는 워싱턴 체제가 그것이었다. 베르사유 체제는 1930년대에 베르사유 체제 타파를 외치는 독일 민족주의를 등에 업은 히틀러에 의해 점차 붕괴되어 갔다. 체코슬로바키아를 분해한 뮌헨협정(1938년)은 베르사유 체제를 지키려는 영국과 프랑스의 마지막 노력이면서 독일의 베르사유 체제 타파의 완결이었다. 베르사유 체제의 중요 원칙인 민족자결주의가 뮌헨협정의 구실이 되었다는 사실은 베르사유 체제의 아이러니이다. 베르사유 체제는 영구평화를 향한 큰 걸음이었으나 당시에 너무나 이상적이어서 실현될 수 없는 체제였다. 그리고 독일은 분노했고, 프랑스는 불안해했고, 영국은 무기력했고, 미국은 무책임했다.

얄타 체제

얄타 체제(Yalta system)는 2차 대전 후 새로운 세계질서에 대해 미국, 소련, 영국 간에 합의된 얄타 협정(1945년)을 기초로 하고 있다. 2차 대전으로 유럽이 완전히 붕괴한 가운데 미국이 더욱 강력한 강대국으로서 얄타 체제를 설계했다. 철저한 윌슨주의자였던 프랭클린 루스벨트 대통령이 설계자로 나섰다. 그는 집단안보의 기능을 더욱 강화한 국제연합을 설계하고, 국제연맹의 실패 경험을 반면교사로 삼아 국제연합에서는 5대 강대국이 모두 참여하는 안전보장이사회를 만들어 집단안보 의무를 부여했다. 국제연합에는 거의 모든 국가가 국제연합에 가입하면서 얄타 체제에 정당성을 부여했다. 안보리 상임이사국들의 거부권 행사로 집단안보 기능이 마비되었지만, 집단안보의 기능을 보완하는 평화유지활동(PKO)을 개발하여 강대국 간의 전쟁 없이 체제의 안정성을 유지했다. 그러나 아이러니하게도 얄타 체제가 안정성을 유지할 수 있었던 데에는 집단안보의 기능보다는 핵무기로 무장한 냉전의 역할이 더 큰 것으로 평가되고 있다. 얄타 체제는 소련이 정치적·경제적 한계뿐만 아니라 공산 진영의 리더로서의 한계에 직면하면서 이완되기 시작했다. 결국, 미국과 소련이 공식적으로 냉전의 종식을 선언(1989년)하고, 소련이 해체(1991년)되면서 포스트냉전 체제로 전환되었다. 공산 진영과 소련의 해체에는 여러 요인이 있지만, 공산 블록에서의 민족주의와 소련 내에서의 민족주의의 압력도 한 원인이 되었다. 얄타 체제는 핵무기와 냉전이라는 예기치 못한 변수 덕분에 긴 평화라는 우연한 행운(serendipity)을 누렸던 체제였다.

포스트냉전 체제

포스트냉전 체제(Post-Cold War System)는 얄타 체제의 연장이다. 주도국은 여전히 미국이며 설계자는 미국 자유민주주의에 대한 확고한 신념으로 민주주의 확산을 강력히 추진하는 자유주의 패권론자(Liberal Hegemony)이었다. 소련 해체로 미국이 유일한 초강대국인 미국의 패권 시대가 되었다. 국제연합의 집단안보 기능에 세계의 평화가 여전히 의존하고 있고, 주요 강대국을 포함한 모든 국가가 국제연합에 대한 신뢰(2024년 국가 수 195개국 중 회원국이 193개국)를 통해 포스트냉전 체제에 대한 정당성을 확인해 주고 있다. 그리고 주변부에서 발생하는 갈등과 분쟁 해결에도 강대국 간 협력이 비교적 잘 이루어져 체제의 안정성을 유지해 왔다. 그러나 포스트냉전 체제를 위협하는 불안정은 미국의 자유주의 패권정책으로부터 시작되고 있다. 유일 초강대국이 된 미국은 도덕적 자유주의에 기반하여 국제질서를 민주주의 국가 질서로 개편하는 작업을 군사력에 의존하여 추진했다. 미국의 자유주의 패권정책은 중동, 러시아, 중국에서 민족주의의 저항에 직면하여 실패하고 있다. 우크라이나를 침공하면서 옛 소련으로 회귀하려는 푸틴의 민족주의도 중대한 도전이다. 특히 시진핑 체제 등장과 함께 '중화민족의 위대한 부활'을 외치는 중국의 민족주의는 미국 외교의 중심과제가 되고 있다. 미국

내 현실주의자들은 자유주의 패권정책을 폐기하고, 중국의 부상에 대응할 것을 조언하고 있다. 미국과 중국의 갈등이 포스트냉전 체제의 존속과 직결될 것으로 전망된다. 포스트냉전 체제는 평화를 확장하려는 선한 의도였으나 주권의 절대성을 경시한 잘못으로 수정주의자들을 양산하여 국제질서에서 무정부성만 확장시키고 있다.

제3부
세력균형 체제들

06. 빈 체제

07. 비스마르크 체제

06

빈 체제

빈 체제는 자유주의와 민족주의라는
시대정신을 외면한 시대착오적인 체제였다.

빈 회의, 1815년

프랑스 대혁명과 대(對)프랑스 동맹

프랑스 대혁명은 프랑스가 루이 14세의 절대왕정을 거치면서 축적된 구제도(ancient regime)에 대한 반발과 루소의 인민주권론과 같은 혁명적인 사상의 영향으로 발생했다. 1789년 루이 16세가 미국독립전쟁 지원의 부작용으로 발생한 재정위기를 타파하기 위해 오랜만에 의회격인 삼부회를 소집하면서 프랑스 내부의 갈등이 터져 나왔다. 프랑스는 이미 시작된 산업화로 자산계층인 부르주아 계급이 성장하여 삼부회에서 제3신분을 대표했다. 삼부회 내부에서 제3신분의 결정권을 약화시키려는 왕과 성직자 그리고 귀족으로 구성된 제1, 2신분과의 갈등이 첨예화되자, 제3신분은 독자적으로 국민의회를 만들어 새로운 헌법제정을 선언(테니스코트의 선언)했다. 루이 16세가 군대를 동원하여 국민의회를 해산시키려 하자 파리시민들이 바스티유 감옥을 공격하면서 프랑스 대혁명이 시작되었다. 루이 16세는 국민의회에게 양보하는 듯했으나, 왕족과 귀족들의 반발에 직면하자 국민의회와 귀족들 사이에서 우왕좌왕했다. 그동안 소외되어 있었던 농민들이 바스티유 감옥 습격에 고무되어 봉기하자 국민의회는 농노제 폐지를 선언하여 농민을 혁명세력 내로 흡수하여, 전 국민이 참여하는 대혁명이 되었다. 그리고 국민의회는 인권선언을 작성하여 루이 16세에게 농노제 폐지와 함께 재가할 것을 요구했다. 루이 16세가 국민의회의 요구를 재가하면서도 혁명세력을 두려워한 나머지 처가인 오스트리아로 도망가려다 체포되는 사건이 발생했다. 이후 1793년 프랑스는 급진화된 혁명세력이 의회인 국민공회를 장악하여 혁명 성과를 공고히 하기 위해 루이 16세 부부를 처형했다.

프랑스의 혁명사상 전파를 우려한 오스트리아와 프로이센이 대프랑스 동맹(1792년 2월)을 결성하자 프랑스 혁명정부는 루이 16세를 압박하여 오스트리아에 선전포고를 했다. 프로이센군이 프랑스로 진격하자 프랑스 국민이 단합하는 프랑스 민족주의가 작동되었다. 이후 루이 16세 부부의 처형으로 충격 받은 유럽 왕국들은 나폴레옹 전쟁 기간까지 포함하여 20년간 5차례의 대프랑스 동맹을 결성했다.

1차 대프랑스 동맹(1793년)은 루이 16세 부부 처형 직후 충격 속에서 영국 주도로 오스트리아, 프로이센 등 11개국이 참여하여 결성되었다. 영국이 주도한 이유는 프랑스가 직전에 영국의 아킬레스건인 벨기에를 합병한 데에 대한 대응조치였다. 2차 동맹(1797년)은 나폴레옹이 등장하여 이집트를 침공하자, 이집트와 오스만제국에 이익이 있던 영국과 러시아가 중심이 되고 오스트리아 등이 참여했다. 3차 동맹(1805년)은 나폴레옹이 황제에 오르면서 영국을 중심으로 러시아, 오스트리아, 프로이센이 참여했고, 4차 동맹(1813년)은 나폴레옹이 러시아 원정을 실패하고 파리로 귀환하자 프로이센과 러시아가 중심이 되고 영국과 오스트리아가 참여하여 결성되었다. 4차 대프랑스 동맹 기간에는 메테르니히와 나폴레옹 간에 협상이 진행되었다. 먼저 나폴레옹이 친분 있는 메테르니히와의 담판을 제의하여 드레스덴 담판(1813년 6월)이 이루어졌다. 여기서 메테르니히는 프랑스가 점령한 영토를 반환하는 대신 나폴레옹의 황제 자리를 인정하는 협상안을 나폴레옹에 제시했다. 메테르니히는 황제 퇴위로 발생되는 혼란이 세력균형을 파괴할 수 있다고 생각하여, 황제의 권한만 축소하려는 의도였다. 그러나 나폴레옹이 영토 반환 의사가 없음을 명확히 하면서 협상이 결렬되었다. 그러나 메테르니히는 재차 프랑크푸르트 제안(1813년 11월)을 통해 '프랑스 국경을 라인강으로 제한하고 황제 자리는 보장한다'라는 제안을 했다. 그러나 군사적 패배가 날씨라는 불운 탓이라고 생각했던 나폴레옹은 이에 응하지 않았다.[1)]

나폴레옹이 협상안을 거절하자 영국은 나폴레옹에 의해 붕괴된 유럽의 세력균형을 복원하기 위해 대프랑스 협의체를 제안하고, 오스트리아, 러시아, 프로이센이 참여하여 이후 빈 체제의 기초가 되는 쇼몽 조약(1814년 3월)을 체결했다. 쇼몽 조약(Treaty of Chaumont)은 프랑스가 대오스트리아 전쟁을 선포한 1792년 이전의 국경으로 돌아가고, 만약 프랑스가 다시 유럽 국가들을 공격한다면 협의를 통해 연합하여 대항한다는 내용을 포함하고 있다. 여기에 중요한 새로운 질서의 원칙이 모두 포함되어 있다. 프랑스의 1792년 이전 국경 복귀는 프랑스 혁명 이전의 왕정 시대의 세력균형으로 돌아가자는 정통주의 원칙이고, 프랑스 공격에 대해 협의하여 연합한다는 내용은 집단안보 성격의 유럽협조체제(Concert of Europe) 형성을 요구한 것이다. 또 유럽의 평화유지는 정당한 세력균형에 의해서만 이루어진다고 선언하여, 세력균형을 확보하기 위한 수단으로 유럽협조체제를 채택했다. 윌슨식 집단안보와의 차이는 윌슨식은 국제기구에 기초한 집단안보 자체가 목표인 반면, 쇼몽 조약은 세력균형을 확보하기 위한 수단으로 집단안보를 상정한 것이다. 쇼몽 조약은 영국 외교장관 캐슬레이가 설계하고 오스트리아 외교장관 메테르니히가 조약으로 만들었다. 캐슬레이의 쇼몽 조약 설계도 영국 윌리엄 피트 수상의 평화구상에 기초하고 있었다. 쇼몽 조약 결과, 프랑스에 대항하는 협조체제로 오스트리아, 영국, 프로이센, 러시아로 구성된 4국 동맹이 결성되었다.

빈 회의

연합국이 파리를 점령한 후, 프랑스와 제1차 파리평화조약(1814년 5월)을 체결했다. 평화조약에서는 쇼몽 조약에서 합의된 1792년 프랑스 국경으로의 복귀를 다시 확인했다. 아울러 네덜란드, 스위스 독립을 인정하고, 이탈리아도 여러 개의 국가로 분리, 독립하는 것을 확인했다. 유럽에 많은 소국이 독립하자 새로운 국제체제를 형성하기 위해 오스트리아 메테르니히 주재로 빈 회의(The Congress of Vienna)가 개최되었다. 여기에는 90개 왕국, 53개 공국의 대표들이 참석하여 근대 회의 외교의 시작을 알렸다. 그러나 너무 많은 국가가 참석하고, 연회 위주의 진행은 성과 도출 없이 많은 시간을 낭비하고 있었다. 이런 모습을 오스트리아 장군 샤를 조세프 리뉴(Charls

Joseph Ligne)이 "회의는 춤춘다. 그러나 나가지 않는다"라는 은유적 표현을 남겼다. 회의 주최국 오스트리아는 막대한 경비를 부담하여 제국의 위용을 과시한 대신 재정적인 손실을 떠안게 되었다. 프랑스 대표 탈레랑(Talleyrand)은 고급 프랑스 요리와 보르도 와인으로 열세인 입지를 회복해 보려는 연회 외교를 펼쳤다.[2] 러시아 알렉산드르 1세는 직접 대규모 대표단을 이끌고 참석하여 나폴레옹을 패퇴시킨 러시아의 영향력 확장을 꿈꾸었다.

지지부진하던 회의에 돌파구가 된 것은 아이러니하게 유배된 나폴레옹의 엘바섬 탈출이었다. 연합국들은 다시 나폴레옹군과 싸우기 위해 서둘러 빈 회의를 종료하고 최종의정서에 서명(1815년 6월)했다. 빈 의정서는 연합국 4개국과 프랑스로 이루어진 5개국 위원회가 주도하여 121개 조항으로 작성했다. 회의 과정에 프랑스 탈레랑은 프랑스의 손실을 최소화하기 위해 유럽 질서를 나폴레옹 전쟁 이전의 왕정체제로 복귀시키자는 정통주의를 주장했다.[3] 이는 이미 쇼몽 조약에서 4개국 간의 합의된 사항을 구체화한 것으로 5개국 간에 쉽게 합의되었다. 유럽의 새로운 질서로 '전쟁 이전의 현상 유지(status quo ante bellum)'로 복귀하는 정통주의(legitimacy)에 합의한 것이다. 정통주의는 빈 의정서의 기초가 되었다.

빈 의정서의 다른 중요한 부분은 영토문제였다. 영토문제는 나폴레옹이 침략으로 획득한 영토를 처리하는 현실적인 문제였다. 영토는 세력균형의 원칙에 따라 획정되었다. 최대 쟁점은 폴란드와 작센의 처리문제였다. 최대의 승전국인 러시아는 역할에 대한 합당한 보상으로 폴란드 전체를 강하게 요구했다. 러시아의 요구에 대해 접경한 오스트리아가 안보 위협을 느끼고 반대하자, 유럽에서 러시아의 확장을 세력균형 차원에서 반대한 영국도 오스트리아에 동조했다. 결국, 메테르니히의 중재로 폴란드 대부분을 러시아가 차지하고, 일부를 오스트리아와 프로이센이 나누는 것으로 합의했다. 작센 문제는 프로이센이 사활적 이익으로 간주하고 강하게 요구했다. 오스트리아는 프로이센이 강대해지는 것을 반대했고, 영국도 프로이센의 확장은 세력균형에 도움이 되지 않는다는 입장에서 메테르니히에 동조했다. 그리고 프랑스의 탈레랑은 영토문제로 4개국이 갈등하는 틈을 이용하기 위해 오스트리아와 영국을 지지했다. 결국, 프로이센은 작센 일부만 차지하고 작센 공국은 유지되었다. 반면, 오스트리아는 이탈리아에서 영토를 획득하고, 영국은 네덜란드 동쪽의 하노버에서 특권을 획득하고 몰타, 세이셸 군도, 모리셔스 등 전략적 요충지를 식민지로 획득했다. 빈 회의에서 영토문제 처리는 유럽 강대국 간의 세력균형을 달성하는 중요한 거래대상(chip)이었다. 또 프랑스도 폴란드, 작센 영토 분할과정에 영국과 오스트리아를 지지하여, 이후 강대국 그룹인 5국동맹의 일원이 되는 기틀을 만들었다.

중유럽의 질서도 새롭게 구축했다. 나폴레옹에 의해 1806년 해체된 신성로마제국[4]을 대신해서 독일어권에 느슨한 연방체인 '독일연방(Deutscher Bund)'이 구성되었다. 오스트리아와 프로이센은 중앙집권적인 연방을 주장한 반면, 바이에른, 빔베르크 같은 중간 규모의 국가들은 주권침해를 우려하여 이를 반대했다. 결국, 메테르니히가 중재하여 연방으로 하되 느슨한 형태로 합의하여, 1815년에 37개 군주국과 4개 자유시가 포함된 독일연방이 출범했다. 연방의회는 프랑크푸르트에 두고, 의장국은 오스트리아가 맡았다. 이후 독일연방 내에서 오스트리아와 프로이센의 패권 다툼이 독일 통일을 넘어서 유럽 질서를 변화시키게 되었다.

나폴레옹의 복귀로 서둘러 빈 의정서에 서명한 연합국은 다시 제5차 대프랑스 동맹을 결성하여 나폴레옹을 워털루에서 패퇴시켰다. 최종적으로 프랑스에 대한 징계를 목적으로 한 회의를 파리에서 개최하고 제2차 파리평화조약(1815년 9월)을 체결했다. 강경한 징계를 주장하는 프로이센과 유럽 질서 유지를 위해 강경한 징계를 반대한 영국·러시아의 의견 차이를 메테르니히가 조율하여 프랑스 혁명정부 외교장관인 탈레랑과 조약을 체결했다. 조약 내용은 프랑스 국경을 1792년 국경선에서 네덜란드, 스위스 국경 지역 일부와 제네바 지역이 배제된 1790년 국경선으로 더욱 후퇴시키고, 배상금

7억 프랑을 프랑스에 부과했다.

쇼몽 조약, 제1차 파리평화조약, 빈 의정서, 제2차 파리평화조약을 거치면서 빈 체제에 대한 5대 강대국 간에 합의가 완성되었다. 그 합의는 왕정체제로의 복귀를 의미하는 정통주의와 세력균형이었다. 정통주의와 세력균형을 유지하기 위해 이후 유럽협조체제가 작동되었다.

빈 체제의 설계자들과 조연들

영국 케임브리지 대학 브랜든 심즈(Brentton Simms)는 “메테르니히가 오케스트라 지휘자였다면, 캐슬레이는 제1 바이올린 주자(악장)이었다”라고 빈 체제에 대한 두 인물의 역할을 평가했다. 오케스트라 전체 음을 조율하는 제1 바이올린 주자가 있어야 지휘자가 제대로 역할을 할 수 있었다.[5] 메테르니히와 캐슬레이는 철저한 보수주의자로 유럽 특유의 현실주의 관점에서 유럽 질서를 보았다. 세력균형이 핵심이라는 데 둘 다 같은 입장이었다. 그러나 메테르니히는 왕정체제를 유지(정통주의)할 수 있는 수단으로서 세력균형을 본 반면, 캐슬레이는 유럽대륙의 안정에 필요한 조건으로 세력균형을 보았다. 체제안정을 위협하는 민족주의에 대해서는 메테르니히는 왕정체제 유지를 위해 현상타파 세력인 민족주의를 진압해야 한다는 간섭주의 입장이었다. 반면 캐슬레이는 영국의 해외 식민지 정책에 영향을 줄 수 있는 유럽에서의 충돌과 전쟁을 최소화하기 위해 유럽의 안정 유지에 외교목표를 두었다. 그 결과 유럽뿐만 아니라 유럽 밖 식민지에 대해서도 불간섭주의를 주장했다. 영국의 불간섭주의는 산업화를 시작한 영국의 국가이익을 극대화하려는 선택이기도 했다. 영국은 유럽대륙에 비해 산업화에서 앞서 있어, 아직 봉건 상태인 유럽대륙에서의 현상 유지는 영국에게 유리하게 작용했다. 특히 스페인 식민지로 있던 중남미국가들의 독립이 영국에게 새로운 기회를 줄 것으로 기대하여 유럽세력의 중남미 간섭을 반대하는 불간섭 입장을 천명했다. 이 과정에서 유럽세력의 서반구 개입을 반대하는 미국의 먼로 독트린(Monroe Doctrine)도 나타났다.

메테르니히와 케슬레이

클레멘스 폰 메테르니히(Clemens Von Metternich)는 오스트리아의 귀족 출신으로, 외교관이었던 부친의 영향을 받아 스트라스부르와 마인츠에서 법학을 공부하고 오스트리아 외교에 투신했다. 그는 주프로이센 대사와 주프랑스 대사를 역임했다. 특히 프랑스 대사 시절에는 나폴레옹과 가까이 지냈고, 프랑스의 노회한 외교장관인 탈레랑으로부터 외교 수업도 받은 것으로 알려졌다. 오스트리아가 나폴레옹과 전쟁을 시작했을 당시 메테르니히는 주프랑스 대사 신분으로 프랑스에 의해 억류되었다. 그러나 1809년 나폴레옹이 빈을 점령하자 메테르니히는 풀려나 오스트리아로 돌아와 외교장관에 취임했다. 그가 외교장관에 취임할 수 있었던 것은 나폴레옹과의 친분이 큰 역할을 했다. 그리고 메테르니히는 외교장관 취임 직후 나폴레옹과 오스트리아 황제 프란츠 1세의 딸 마리 루이즈의 결혼을 성사시켜 오스트리아의 안전을 확보하고 프랑스와의 세력균형을 달성하려고 노력했다. 그리고 유럽의 새로운 강대국으로 부상한 러시아의 알렉산드르 1세와도 두터운 신뢰를 쌓아 왕정체제를 유지하려는 보수주의의 중심축으로서 공동역할을 수행했다. 메테르니히는 국제적인 인적 네트워크를 바탕으로 1809년을 시작으로 하여 외교장관으로서 12년, 그리고 1821년부터 총리로 27년 등 총 39년간 오스트리아 외교를 지휘하고 빈 체제를 설계하고 운영했다. 그는 철저한 보수주의자이며 왕정체제 옹호자로서 오스트리아가 처해 있는 상황을 명확히 인식하고 새로운 유럽 질서를 오스트리아의 이익에 부합되도록 조정해 나갔다. 그의 최고의 관심사는 다민족으로 구성된 오스트리아의 왕정을 보호하기 위해 제국 내 혁명세력을 억제하는 것이었다. 제국의 안전을 위해 유럽이 왕정체제로 복귀하기를 희망했고, 그 수단으로 세력균형에 의존했다.

메테르니히는 정통주의와 세력균형 원칙을 바탕으로 러시아, 영국, 프로이센, 프랑스의 입장을 절묘하게 조율하여 유럽 평화의 조율사라는 별명을 얻었다. 빈 체제를 메테르니히 체제라고도 부르는 이유이기도 하다. 그러나 프랑스에서의 추가 혁명(7월, 2월 혁명)과 그 여파로 유럽 내에서 자유주의, 민족주의 소요사태가 지속적으로 발생했다. 1848년 프랑스의 2월 혁명의 영향으로 빈에서도 자유주의와 민족주의의 압력이 거세져 보수주의의 대부격인 메테르니히를 처벌하라는 구호('엄벌에 처하라', 'kruezigt ihn!')가 나타나자 합스부르크 황가는 메테르니히를 희생양으로 퇴임시켰다.[6] 메테르니히는 심지어 목숨에 위협을 받으면서 영국으로 망명했다. 영국에서 많은 영국 정치지도자들을 만나면서 빈과 유럽 정세를 관찰했다. 3년간의 런던 생활 후 메테르니히는 빈으로 복귀하는 길에 라인 지방에 머물렀다. 이 시기에 많은 유럽 정치인들이 메테르니히를 찾아와 외교자문을 구했는데, 그중 한 명이 당시 주독일연방 프로이센 대사였던 비스마르크였다. 두 사람은 독일어권에 대해 많은 대화를 나누었고, 메테르니히는 비스마르크의 출중함을 인정하여 후에 주독일연방 오스트리아 대사에게 비스마르크와 잘 지낼 것을 권유하기도 했다. 그러나 메테르니히와 비스마르크는 독일어권 설계에 대한 명백한 인식의 차이가 있었다. 메테르니히는 다민족으로 구성된 오스트리아제국(독일인이 21%에 불과)을 유지하기 위해서 독일 통일보다는 오스트리아의 주도권이 유지되는 느슨한 독일연방을 희망했다. 반면 비스마르크는 오스트리아를 제외하더라도 독일의 통일을 통해 독일제국의 위상을 높여야 한다는 생각을 가지고 있었다. 소위 독일 통일 논쟁에서 소독일주의 입장으로 오스트리아, 프랑스와의 전쟁도 불사해야 한다는 생각이었다. 메테르니히는 1851년 프란츠 요제프 1세 황제와 시민의 환호성 속에 빈으로 돌아왔으나, 더 이상 혁명 시기에 부합될 수 없는 보수주의자였기 때문에 외교자문의 역할도 매우 제한적이었다. 비스마르크(프로이센)의 독일 통일 움직임이 본격적으로 진행되기 직전인 1859년에 사망했다. 메테르니히는 빈 체제 설계자였지만, 다민족국가인 오스트리아 유지에 집중한 나머지 자유주의와 민족주의의 대세를 읽지 못했고, 독일 통일이라는 더 큰 그림을 비스마르크에게 양보해야 하는 현실주의자로서의 한계도 보였다.[7]

메테르니히의 협력자이자 라이벌이었던 로버트 스튜어트, 캐슬레이(Robert Stewart, Castlereagh)는 영국의 귀족이자 정치인으로, 철저한 보수주의자였다. 그는 아일랜드에서 태어나 영국 공직을 맡았다. 아일랜드 폭동 진압과 노예제에 대한 찬성으로 그는 보수주의자로서의 정치적 입지를 확립했다. 그는 인도부 장관, 전쟁 장관을 역임하고 나폴레옹이 내리막길로 가고 있던 1812년에 외교장관으로 등용되었다. 그는 외향적인 메테르니히와 달리 내성적인 성격이었지만, 메테르니히와는 보수주의자이며 현실주의자라는 공통점이 있었다. 그리고 무엇보다도 둘 다 유럽에서의 세력균형을 신봉한다는 공통점은 빈 체제에서 협력을 가능하게 했다. 그는 빈 체제가 형성되는 과정에서 새로운 질서를 제시했다. 그의 새로운 질서에 대한 구상은 그의 스승이라 할 수 있는 영국 수상 윌리엄 피트의 영향이 컸다. 1804년 피트는 나폴레옹이 유럽을 제패하고 있을 때 평화방안을 구상했다. '첫째, 프랑스가 정복한 나라들을 해방시켜, 프랑스 국경을 과거로 복귀시키고, 둘째 프랑스 지배로부터 해방된 나라에 대해 프랑스의 침략이 재현되지 않도록 효과적 수단을 마련하고, 마지막으로 유럽 국가들이 상호 안보를 보장하고, 유럽에 보편적 공법체계를 구축하기 위한 일반적 합의를 마련한다'라는 내용이었다.[8] 피트의 평화구상은 캐슬레이가 1812년 외교장관을 맡으면서 쇼몽 조약(Treaty of Chaumont, 1814)에서 실현되었다. 캐슬레이는 쇼몽 조약에 1792년 국경선과 유럽협의체 구성을 포함시켜 빈 체제의 기초를 마련했다. 영국은 윌리엄 3세 이후 전통적으로 유럽에서의 안정을 위해 세력균형을 추구하고, 안정을 위협할 수 있는 개입을 최소화하는 불간섭주의를 기본 정책으로 설정하고 있었다. 이 원칙은 빈 체제에서도 적용되었고, 캐슬레이도 충실한 불간섭주의자였다. 그러나 빈 체제에서 세력균형이라는 높은 목표를 달성하기 위해서는 다른 유럽 강대국들과의 타협이 필요했다. 캐슬레이가 추구하는 새로운 유럽의 질서는 유럽에서의 세력균형을 목표로 프랑스의 부활과 러시아의 부상을 방지하기 위해 이중장벽의 역할을 할 수 있는 중유럽(오스트리아, 프로이센)을 강화하는 것이었다. 이러한 목표를 달성하기 위해 간섭을 주장하는 오스트리아, 프로이센과 협력할 수밖에 없어 불간섭주의에 대한 태도가 부분적으로 완화되었다. 캐슬레이의 불간섭주의 입장 완화는 영국 내에서 많은 비판을 받았다. 조지 바이런과 토머스 모어와 같은 영국의 여론 지도층뿐만 아니라 영국 내각의 동료들로부터도 비판을 받았다. '자유주의를 해치는 괴물'이라는 평판도 나돌았다.[9)] 결국, 캐슬레이는 1822년 우울증에 시달리다가 자살했다. 그는 자신의 신념(불간섭주의)과 현실(협조를 통한 유럽 안정) 간의 갈등에 대한 고뇌를 자살 직전에 영국 왕 조지 4세에게 이렇게 말했다. "이제 유럽에 작별을 고할 필요가 있습니다. 저와 전하만이 유럽을 알고 유럽을 구했습니다. 이후 그 누구도 대륙의 문제를 이해하지 못하고 있습니다."[10)] 그러나 그는 간섭주의에 동조했다는 비난을 받았지만, 외교장관 역임 당시(1820년 5월)에 유럽대륙에 대한 불간섭 원칙을 명기한 정부 문서를 의회 승인받아, 영국의 고립정책(Splendid Isolation)의 법적 근거를 마련했다. 영국의 고립정책은 후임인 조지 캐닝(George Canning)부터 20세기 초 영불협상(1904년)이 이루어질 때까지 영국의 공식적인 외교 독트린이 되었고, 현재까지도 살아 있는 영국의 외교정책이다.

조연들

러시아 황제 알렉산드르 1세(Tsar Alexander Ⅰ)는 빈 체제에서 조역이지만 비중 있는 역할을 맡았다. 그는 나폴레옹의 공세를 막아 내면서 자신을 동로마제국의 계승자이자 기독교 정교의 수호자로 선언하며, 유럽의 신흥 강자로 부상했다. 빈 체제 형성과정에서 그는 기독교에 의한 유럽의 새로운 질서와 평화유지를 희망했고, 패전국이면서 침략국인 프랑스를 기독교를 통해 재건해야 한다고도 생각했다. 그의 종교적 신념은 빈 회의에서 유럽 군주들에게 형제애라는 기독교 원칙을 바탕으로 평화와 정의를 추구할 것을 촉구하며 '신성동맹(Holy Alliance)'을 창설하게 했다. 그러나 주요 강대국인 영국은 신성동맹에 참여하지 않았다. 키신저는 빈 회의의 큰 과제는 '세력균형과 알렉산드르의 세계주의를 조화시키는 것'이라고 평가하면서 다가오는 러시아와 영국의 갈등 원인을 설명했다. 알렉산드르 1세의 위치는 체제의 설계자라기보다는 훼방꾼 같은 역할이었다. 그러나 신성동맹은 정신적 동맹으로 시작되었지만, 이후 오스트리아, 러시아, 프로이센 등 동구 3개 군주국에 의해 민족주의와 자유주의를 탄압하는 주요 수단으로 사용되었다. 알렉산드르 1세는 빈 회의에서 전통적인 러시아의 팽창 의지도 확인시켜 주었다. 폴란드 분할 논의에서 폴란드 영토 전체를 요구하여 오스트리아와 영국의 의구심과 반발을 샀고, 결국 러시아를 견제하기 위해 프랑스를 5국 동맹에 가입시키는 세력균형이 작동되도록 했다. 이전 표트르 대제, 예카테리나 여제 등으로부터 진행된 러시아의 팽창주의는 발칸, 지중해, 북태평양에서 나타났으며, 이들 지역은 1차 대전까지 영국, 오스트리아와의 갈등 대상이었다. 알렉산드르 1세는 빈 체제의 조역이지만 설계자인 메테르니히와의 협력을 통해 정통주의에 입각한 빈 체제가 유지될 수 있도록 노력했다. 알렉산드르 1세에 대해, 메테르니히는 "남성적인 미덕과 여성적인 취약함이 기괴하게 결합되어 있다. 진정한 야심을 갖기에는 너무 취약하고, 순수한 허영심을 갖기에는 너무 단호하다"11)고 평가했다.

빈 체제는 메테르니히와 캐슬레이가 주도했지만, 패전국의 이익을 최대로 확보하려는 노회한 만년 외교장관인 프랑스의 탈레랑페리고르(Talley-rand-Périgord, 통칭 탈레랑)도 체제 설계자는 분명 아니지만 주목받을 만하다. 탈레랑은 리슐리외와 같이 가톨릭 성직자였으나, 프랑스 대혁명에 가담하여 혁명 투사, 나폴레옹의 외교장관, 그리고 나폴레옹 몰락 후 혁명정부의 외교장관, 그리고 나폴레옹 3세 하에서도 여전히 외교장관을 역임했다. 징권의 변화와 관계없이 항상 외교장관 자리를 유지했던 탁월한 기회주의 외교관으로 평가된다. 그는 빈 회의에서 유럽 왕정국가들과 이익이 일치한 정통주의를 주장하여, 프랑스의 이익과 빈 체제의 원칙을 일치시켰다. 또 빈 회의에서 자신의 경제적 부를 활용하는 문화외교를 선보였다. 당시 저명한 프랑스 요리사(앙토냉 카렘)를 빈에 대동하고, 자신이 소유하고 있었던 유명한 와인 농장(샤토 오 브리옹)에서 생산된 최고급 보르도 와인을 제공하는 연회를 통해 프랑스의 침략국 이미지를 희석시키는 외교를 펼쳤다. 그는 간섭주의와 불간섭주의, 러시아 팽창주의와 중유럽의 이중장벽 등과 같은 4국 간의 갈등을 잘 이용하여 결국 엑스라샤펠 회의(Congress of Aix-la-Chapelle)에서 프랑스를 프랑스 혁명전쟁 이전의 강대국 지위로 복귀시켰다.

프로이센은 하르덴베르크(Hardenberg) 총리가 빈 회의에 참석했지만, 다른 강대국에 비해 상대적으로 영향력이 뒤떨어져, 역할에 명확한 한계가 있었다. 체제 설계자와는 거리가 먼 빈 체제의 작은 수혜자에 불과했다. 빈 의정서에 따라 폴란드, 작센, 라인지역에서 약간의 영토를 획득하는 데 만족해야 했고, 특히 작센 문제에서는 오스트리아 압박에 좌절했다. 이후 독일연방 내에서도 오스트리아에 대항하는 것도 난제가 되었다. 그러나 프로이센은 빈 체제하에서 오스트리아, 러시아와 함께 낙후한 왕정체제를 유지하기 위해 자유주의와 민족주의에 대한 적극적인 간섭주의를 공유했다. 이러한 노력은 프로이센 부상의 밑거름이 되어, 이후 불과 50년 만에 프로이센은 독일 통일을 이루고 최강국으로 변신했다.

유럽협조체제의 등장과 무기력화

유럽협조는 이미 쇼몽 조약에서 연합국이 '협의한다'라는 대원칙에 합의한 바 있고, 이후 빈 의정서를 통해 정착된 하나의 원칙이 되었다. 유럽협조를 위한 구체적 방안으로 나폴레옹 문제가 완전히 정리된 제2차 파리평화회의 이후 2개의 동맹을 통해 작동되었다. 이를 유럽협조체제(Concert of Europe)라 부른다.

먼저 신성동맹(Holy Alliance)이다. 신성동맹 조약은 성서 말씀에 따라 형제와 같은 우애를 지키면서 서로 지원하자는 내용이 골자이다. 신성동맹은 기독교 정교의 수호자로 자부하는 러시아 알렉산드르 1세가 주창했다(1815년 9월). 알렉산드르 1세는 나폴레옹 군에 의해 모스크바가 잿더미가 되자 러시아 정교에 귀의하여 기독교의 수호자를 자임했다. 그는 빈 회의에서 기독교에 의한 유럽의 새로운 질서와 평화유지를 희망했다. 빈 회의 말미에 신성동맹을 주창한 배경에는 알렉산드르 1세의 종교적 사명감을 현실화시킨 그의 개인 참모의 역할이 컸다. 그 참모는 주덴마크 러시아 대사 부인이었던 크뤼데너(Kruedener)였다. 그녀가 작성한 신성동맹 초안에는 '구세주의 성스러운 종교가 가르치는'과 같은 종교색이 너무 강한 용어들이 포함되어 있어서 메테르니히가 외교문서의 냄새가 나도록 수정까지 한 것으로 알려졌다. 알렉산드르 1세가 제시한 전례 없는 외교문서를 우여곡절 끝에 오스트리아, 프로이센 황제들이 서명했다. 메테르니히도 신성동맹을 '공허하고 요란한 유물'이라고 표현하면서 부정적인 반응을 보였다. 그러나 새로운 질서를 위해서는 나폴레옹 전쟁에서 승리 지분을 가진 러시아와 협력이 필요했다. 프로이센도 폴란드에서 지분을 차지하기 위해서는 러시아와의 협력이 필요했다. 알렉산드르 1세는 영국과 미국에게도 신성동맹 조약안을 제시했다. 영국의 캐슬레이는 신성동맹을 "한 조각의 신비주의와 난센스"라고 비하하면서도 동구 세 황제들과의 협력이 필요하다는 입장을 당시 섭정 중인 조지 4세에게 제시했다. 결국, 영국은 섭정왕이 조약을 체결한 사례가 없다는 이유로 거절했다. 미국도 존 퀸시 애덤스(John Quincy Adams) 국무장관이 미국독립 이후 유럽 문제에 개입하지 않는 것이 미국의 기본 정책(후에 먼로주의로 선언)이라는 이유로 신성동맹을 거절했다. 교황도 제안을 받았지만 거절했다. 기독교의 주도권을 잡으려는 알렉산드르 1세의 제안에 반대하는 것은 당연했다. 그리고 알렉산드르 1세는 오스만제국에는 이슬람국가임을 감안하여 제안하지 않았다. 그 대신 신성동맹이 비기독교 국가에 대한 적개심을 포함하고 있지 않다는 해명 서한을 오스만제국 술탄에게 보냈다. 신성동맹 결성에 대한 알렉산드르 1세의 진심과 열정이 느껴지는 대목이다. 신성동맹은 그 후 독일의 소국들뿐만 아니라 중립국인 스위스도 참가하여 전 유럽 범위의 조약이 되었다.[12)]

'성서에 의한 평화'를 내세운 신성동맹 조약은 기괴한 정신적 외교문서였지만, 빈 체제에서 보수적인 동구 3제국이 기독교의 이름 아래에서 자유주의와 민족주의를 탄압하는 역할을 했다. 이후에도 신성동맹은 동구 3제국 간의 협력 정신으로 승화되어 비스마르크 외교에서 제1차 삼제협상으로 다시 살아났다. 이후 신성동맹은 보수주의의 대명사로 사용되어 카를 마르크스가 공산주의를 탄압하는 보수주의를 신성동맹이라고 지칭하기도 했다.

두 번째 축은 5국 동맹(Quintuple Alliance)이었다. 나폴레옹 전쟁 기간에 프랑스에 대항하기 위해 오스트리아, 러시아, 프로이센, 러시아의 4국 동맹은 이미 결성된 바 있다. 4개국은 전후 새로운 체제 구축을 위해 쇼몽 조약 제4조에 명시된 '상호협의' 규정에 근거하여, 제2차 파리평화조약 내용을 준수할 목적으로 4국 동맹을 다시 결성(1815년 11월)했다. 이후 1818년에는 엑스라샤펠 회의를 통해 프랑스가 이 동맹에 참여하게 되면서 동맹은 5국으로 확대되었다. 모든 강대국이 참여하는 동맹이 되었다.

프랑스 대혁명과 나폴레옹 전쟁으로 파급된 자유주의와 민족주의는 빈 체제의 안정성을 위협하는 요소로 나타났다. 5개국은 빈 체제 형성 이후 1818~1822년간 4차례의 협의체를 운영하여 유럽의 안정(status quo)을 위협하는 요소에 대응하는 방안을 협의했다. 이 협의들에서 간섭주의와 불간섭주의가 명확히 대립하면서, 유럽협조체제의 한계를 드러내게 되었다. 러시아의 주동으로 동구 3개국은 간섭주의 입장을 취했다. 이들 국가의 간섭주의는 왕정체제를 보호하려는 보수적인 이데올로기가 기초 역할을 했다. 반면 영국은 유럽의 안정과 해외 식민지에서의 권익 보호라는 자국의 이익을 바탕으로 불간섭 입장을 굽히지 않았다. 캐슬레이는 1820년 4개국에 전달한 서한에서 "유럽의 동맹체제는 세계지배와 타국 내정간섭을 목적으로 해서는 안 된다"라고 불간섭 입장을 명확히 했다.[13] 프랑스는 4개국 간의 갈등 속에서 중립적 입장을 유지하면서, 사안 별로 국가이익이 확대되는 선택을 했다. 결국, 러시아의 간섭주의와 영국의 불간섭주의 간의 충돌은 협의체의 한계를 노출시켜 급기야 협의체가 4차례만 개최된 채 종료되었다. 반면, 메테르니히는 비교적 유연한 입장에서 러시아와 영국의 입장을 조율해 나가는 외교적 역량을 발휘하여 유럽 평화의 조율사로 각광을 받았다.

먼저, 엑스라샤펠 회의(1818년)에서는 4국 동맹에 프랑스 참여 여부가 협의되었다. 러시아는 폴란드 문제에서 러시아를 어렵게 만든 영국과 오스트리아를 견제하기 위해 프랑스의 가입을 지지했다. 반면 영국은 러시아와 프랑스의 접근 가능성을 염두에 두고 반대했다. 각국은 철저하게 세력균형을 반영한 입장을 보였다. 결국, 메테르니히가 양측을 중재하여, 협조체제 유지에 프랑스 참여가 필요하다는 입장으로 정리했다.[14] 메테르니히는 중재 성과를 통해 협의체 내에서 주도권을 장악하게 되었다. 반면 영국은 프랑스 참여에 항의하여 이후 트로파우(Troppau) 회의부터 외교장관인 캐슬레이 대신 그의 이복동생인 찰스 스튜어트(Charles Stewart)가 업저버로 참석했다. 실질적으로 영국은 협의체에서 철수한 것이었다. 빈 체제를 작동하는 협의체가 강대국들이 기대했던 것보다 훨씬 수명이 짧아 보였다.

두 번째, 세 번째 협의체 작동은 나폴리왕국에서 발생한 반란에 대응하기 위해 개최되었다. 오스트리아의 영향 아래에 있던 나폴리왕국에서 자유주의 비밀 결사 단체인 카르보나리가 나폴리 왕을 압박하여 입헌군주제로 전환하려는 사태가 발생했다. 먼저, 트로파우 회의(Troppau, 1820년 10월)에서 오스트리아를 중심으로 한 동구 3국은 나폴리왕국 내 반란에 대해 간섭을 선언하는 의정서에 서명했다. 반면 영국과 프랑스는 업저버만 회의에 참석시켰다. 다음 해에 트로파우 의정서를 실천하기 위해 라이바흐 회의(Laibach, 1821년 1월)를 개최했다. 동구 3국의 군사 동원에 대해 영국은 간섭을 반대하고, 프랑스는 중립을 표방했다. 결국, 이탈리아에 이해관계가 많은 오스트리아군 단독으로 나폴리 반란을 진압하면서, 간섭주의를 재천명했다.

마지막 협의체로, 스페인에서 혁명으로 스페인 왕이 폐위되자, 이에 대응하기 위해 베로나 회의(Verona, 1822년 1월)가 개최되었다. 여기에서도 러시아의 간섭주의와 영국의 불간섭주의가 충돌했다. 영국은 신성동맹의 간섭주의가 스페인 식민지인 중남미로 확장되는 것을 두려워했다. 반면 그동안 중립적 입장을 견지하던 프랑스는 인접국이면서 프랑스계 브르봉 왕가가 지배하고 있던 스페인의 소요를 우려하여 간섭주의를 표방했다. 캐슬레이는 서한을 통해 불간섭주의 입장을 다시 한번 4개국에 전달했다. 4개국이 참여하는 공동 진압은 이루어지지 않았지만, 프랑스가 단독으로 군대를 동원하여 반란을 진압했다. 베로나 회의를 통해 러시아와 영국의 간극은 더욱 벌어졌고, 이후 메테르니히와 친분을 유지해 왔던 알렉산드르 1세가 사망(1825년)함에 따라 유럽협조체제는 사실상 동력을 상실했다.

유럽협조체제에서의 집단안보 기능은 5개국 공동으로 이루진 것이 아니라, 반란과 혁명의 발생지인 이탈리아, 스페인과 각각 이해관계가 깊은 오스트리아와 프랑스의 단독 군사행동에 의해 이루어졌다. 그리고 협의 과정에서도 합의가 이루어지지 않았다. 집단안보 기능을 규정했지만, 희망대로 작동되지 않았다.

빈 체제에서의 불협화음은 서반구에도 발생되었다. 1800년대 초반에 스페인 지배하의 식민지들이 독립하면서 문제가 발생했다. 빈 체제가 서반구에도 적용되어야 한다는 동구 3개국은 신성동맹을 이용하여 적극적으로 간섭할 것을 주장하고 나섰다. 반면, 영국은 중남미국가의 독립이 영국의 새로운 시장 개척에 도움이 될 것으로 판단하고 독립을 적극 지지하고 유럽에 대해 불간섭을 요구했다. 양측 간의 갈등은 미국의 우려를 낳았다. 1776년에 독립 선언한 신생국 미국은 당시까지 유럽 강대국에 대항할 수준의 군사력을 갖추지 못한 상태였기 때문에 뒷마당인 서반구에 대한 빈 체제의 간섭에 대한 우려는 매우 컸다. 그러나 서반구에 대한 불간섭을 주장하는 영국과 이해관계가 일치했다. 미국은 영국과의 공동 이익을 바탕으로, 영국의 해군력에 의존해서 동구 3국의 간섭주의에 대항하려고 했다. 그 결과 1823년 제임스 먼로(James Monroe) 대통령이 연두교서에서 먼로 독트린을 발표했다. "미국은 유럽 열강 문제에 개입하지 않으며, … 유럽 열강이 미주대륙의 어떠한 나라라도 간섭한다면, 이는 미국에 대한 적대행위로 간주할 것이다"가 주 내용이다. 먼로 선언은 미국이 유럽에 간섭하지 않는 대신, 유럽도 서반구에 간섭하지 말라는 내용이다. 먼로주의는 미국 외교에서 불개입 외교의 대명사가 되었다. 먼로 선언에 대해 유럽 강대국들은 미국의 군사력이 보잘것없었기 때문에 아무 실행력이 없는 공허한 선언에 불과하다고 우습게 넘겼다. 메테르니히는 '가장 존경을 받을 가치가 있는 유럽의 제도를 책망하고 비웃는 야비한 선언'이라고 비난했다.

유럽협조체제는 유럽의 현상 유지를 목표로 했으나, 5개국이 자국의 국가이익을 바탕으로 각자의 방식으로 현상 유지를 해석하면서 결국 4년간 4차례 개최되는 단명으로 끝났다. 그러나 빈 체제는 협의를 통한 협조라는 수단은 상실했지만 5개국 간의 세력균형에 의존해서 민족주의가 더욱 확대될 때까지 명목적으로는 유지되었다.

빈 체제의 붕괴와 민족주의

프랑스 대혁명과 나폴레옹 전쟁의 여파로 유럽에 파급된 자유주의와 민족주의는 빈 체제 속에서도 대세의 이데올로기이자 시대정신이었다. 보수적인 동구 3개국과 유럽에서의 안정이 국익에 도움이 되는 영국, 그리고 강대국으로의 복귀가 가장 절실한 프랑스는 각각의 국가이익에 기초하여 왕정시대로 복귀하는 정통주의에 합의했다. 대세의 이데올로기와 반대되는 결정이 시대착오로 밝혀지는 데는 오랜 시간이 걸리지 않았다.

빈 체제를 붕괴시키는 동력은 자유주의와 민족주의로부터 왔다. 그 동력은 다시 프랑스에서 시작되었다. 왕정체제의 불합리성에 대항하여 발생한 프랑스 대혁명의 성과는 빈 체제에서 정통주의에 의해 다시 부르봉 왕가가 복귀하는 역전현상으로 무산되었다. 대혁명의 성과는 흐지부지되고 국민의 불만은 증폭되어 갔다. 국민이 국정에 참여할 수 있는 선거권은 여전히 제한적이어서 국민은 보통 선거권을 요구하기 시작했다. 그 결과 프랑스 7월 혁명(1830년)이 발생하여, 부르봉 왕가가 퇴출당하고 공화정이 등장했다. 간섭주의를 표방했던 동구 3개국은 프랑스 7월 혁명에 대해 오스트리아는 재정적 이유, 프로이센은 부르봉 왕조에 대한 비호감, 러시아는 단독 간섭을 주저하면서, 결국 간섭을 포기했다. 프랑스에서 공화정의 등장은 빈 체제의 중요한 한 축인 정통주의의 붕괴를 의미했다. 체제 정당성에 흠결이 생기기 시작했다. 그리고 빈 의정서에 포함되지 않았던 벨기에의 독립(네덜란드로부터)은 빈 의정서를 수정해야 하는 상황을 발생시켰다.

프랑스의 7월 혁명은 전 유럽으로 파급되어 독일, 이탈리아, 폴란드, 헝가리에서 통일과 독립을 외치는 소요사태(1830~1831년)가 발생했다. 1832년 이탈리아에서 자유주의 결사체인 카르보나르 당이 민족주의 구심체로 발전하여 독립운동을 전개했다. 이탈리아에 영향력을 유지하고 있던 메테르니히는 유럽협의체를 통하지 않고 독자적으로 군사를 파견하여 진압해 버렸다. 카르보나르에게 동정적이었던 프랑스는 개입하지 않았다. 7월 혁명의 충격 속에서도 빈 체제는 유지되었다.

또 한 차례의 강력한 충격이 프랑스 2월 혁명(1848년)으로부터 나타났다. 완성되지 못한 프랑스 혁명의 열기는 루이 필립 공화정의 무능과 부패로부터 촉발되었다. 공화정이 무너지고 사회주의 임시정부가 잠시 등장했다가 나폴레옹의 조카인 루이 나폴레옹의 제2공화정(뒤에 나폴레옹 3세로 왕정 복귀)이 들어섰다. 프랑스 2월 혁명의 여파는 프로이센, 오스트리아, 이탈리아, 헝가리, 보헤미아(체코) 등에서 통일운동과 독립운동으로 나타났다. 심지어 영국에도 노동계급이 선거권을 요구하는 차티스트운동(Chartist Movement)이 일어났다. 빈에서의 폭동으로 빈 체제의 설계자인 메테르니히가 실각하고, 영국으로 망명했다. 설계자가 없는 빈 체제는 붕괴를 향해 나아갔다.

유럽 전체가 통일과 독립을 주장하는 폭동과 소요사태에도 불구하고 유럽협조체제는 작동되지 않았다. 현상변경에 대한 간섭주의와 불간섭주의의 갈등으로 유럽협조체제가 더 이상 작동될 수 없었기 때문이다.

빈 체제를 붕괴시키는 민족주의의 결정적인 승리는 그리스 독립(1830년)으로부터 왔다. 300여 년간 오스만제국의 지배하에 있었던 그리스는 민족주의 열기의 최전선이 되었다. 그리스는 완전히 이질적인 문화로부터 지배되고 있어서 독립 국가 창설에 대한 열망이 매우 컸다. 결국, 영국, 러시아, 프랑스가 그리스의 독립운동을 지지하여 오스만제국과의 전쟁에 참전하면서 그리스의 독립은 성취되었다. 그리스 독립전쟁에서는 유럽의 현상 유지를 내세워 독립운동을 적극적으로 간섭하던 러시아도 민족주의 편에 섰다. 러시아는 발칸으로의 진출을 위해 오스만제국의 약화가 필요했기 때문이다. 러시아에게는 발칸으로의 진출이 유럽 현상 유지라는 기존원칙보다 우선한 것이다. 그리스 독립은 발칸에서 슬라브 민족주의를 자극하여 러시아의 희망대로 러시아가 발칸으로 진출하는 좋은 토양을 마련해 주었다.

'유럽의 병자'로 불린 오스만제국의 약화는 발칸에서 힘의 공백을 가져와 소위 동방문제(Eastern Question)이라는 유럽 강대국 간의 경쟁을 유발했다. 러시아는 슬라브 민족주의에 힘입어 발칸과 흑해를 걸쳐 지중해로 팽창하려는 야심을 보였다. 이에 대응하여 베네치아를 지배하고 있던 오스트리아도 발칸으로의 팽창을 추진하고 있어, 신성동맹의 일원이었던 오스트리아와 러시아는 대립 관계에 놓이게 되었다. 그리고 러시아의 흑해와 지중해 진출 시도는 인도와 이집트에 큰 이익을 가지고 있던 영국의 이익과도 충돌했다. 영국은 발칸에서의 러시아 저지에 오스트리아와 이익을 같이했다.

결국, 양측 간의 갈등은 크림전쟁(1853~1856년)에서 폭발했다. 크림전쟁은 그나마 남아 있던 빈 체제의 잔상을 완전히 지워버리는 결과를 가져왔다. 빈 체제 5국 동맹 간에 전쟁이 발생한 것이다. 1850년대 초반 팔레스타인에 거주하는 기독교인에 대한 관할권을 얻기 위해 러시아와 프랑스가 경쟁적으로 오스만제국을 압박했다. 프랑스의 오스만제국 압박을 우려한 러시아가 선제적으로 발칸 지역의 다뉴브 공국을 점령하고 오스만제국을 압박했다. 영국과 프랑스가 오스만제국을 지원했다. 신성동맹의 일원이었지만 발칸에서 러시아와 경쟁하던 오스트리아는 초기에는 중재 노력을 하다가 결국 러시아에게 선전포고하고 오스만제국 편에 섰다. 결국, 러시아가 패배하면서 프랑스 나폴레옹 3세의 주선으로 파리 조약(1856년)으로 종결되었다. 빈 체제 5국 동맹이 양편으로 나누어 전쟁했을 뿐만 아니라 보수주의로 결합되었던 오스트리아와 러시아의 분열이 드러나면서 빈 체제는 완전히 붕괴되었다. 파리 조약으로 러시아의 발칸 진출은 일시적으로 중단되었지만, 이후 발칸에서 러시아와 오스트리아 간의 갈등이 증폭되는 시발점이 되었다. 오스트리아는 초기에 선전포고는 했지만, 끝까지 병력을 동원하지 않고 최소한의 신성동맹의 의미를 지키려고 노력했다. 그러나 러시아는 신성동맹의 일원인 오스트리아가 반대편에 참여했다는 데 큰 충격을 받았고, 그 충격은 이후 오스트리아에 대한 외교에서 큰 트라우마로 작용했다.

빈 체제를 완전히 종식시킨 다른 하나의 원인을 나폴레옹 3세의 빈 체제 타파 외교에서 찾아볼 수 있다. 나폴레옹 3세는 프랑스 제2공화정 대통령으로 등장했다가 1852년에 쿠데타로 황제로 등극했다. 그는 나폴레옹 1세의 조카였지만, 유럽 황가 출신이 아니었기 때문에 황제로서의 정통성에 대한 열등감을 느꼈고, 공화정 대통령의 경험으로 국민 여론에 민감하게 반응했다. 이러한 개인적인 특성이 외교에 반영되어 허세와 변덕스러운 외교로 강대국들로부터 신뢰를 받지 못했다. 나폴레옹 3세는 빈 체제가 프랑스를 포위하고 있다고 생각하고 빈 체제 타파를 희망[15]했고, 그 연장선상에서 유럽 민족주의 움직임에 동정적이었다. 그는 빈 체제에서의 영토를 재조정하기 위해 팽창정책을 추진하고, 민족주의를 동정하는 입장에서 이탈리아와 폴란드 문제에 적극적으로 개입했다. 초기에는 크림전쟁 중재로 외교적 성과를 거두었다. 그러나 이탈리아 통일과정에 과도하게 개입하여 이탈리아-오스트리아 전쟁(1859년)에 참전하여 오스트리아와 불편한 관계가 되었고, 폴란드 반란에 동정을 표하면서 러시아의 반감을 샀다. 그뿐만 아니라 프랑스의 팽창을 우려하는 영국의 견제 대상이 되면서 모든 유럽 강대국들 공동의 적이 되었다. 또 강대국으로서 역할을 해야 할 순간에는 방관하는 모습을 보여 프랑스의 신뢰를 추락시켰다. 덴마크-프로이센·오스트리아 전쟁(1864년)에서 방관하여 프로이센의 득세를 용인하고, 프로이센-오스트리아 전쟁(1866년)에서는 비스마르크의 중재 요청 전략에 속아 방관만 하는 어리석은 외교를 보였다. 결국, 프로이센과의 전쟁(보불전쟁)에서 주변 국가의 도움도 받지 못한 채, 전장에서 포로 신세가 되었다. 나폴레옹 3세의 허세 외교는 파편화되어 있던 독일이 통일로 갈 수 있도록 자극했고, 정작 자신이 목표했던 빈 체제 타파는 외교적인 고립만 초래했다. 비스마르크는 나폴레옹 3세를 다음과 같이 평가했다. "그의 지성은 그의 감상적 측면을 무시한 채 과대평가되어 있다."[16]

빈 체제가 붕괴되고 새로운 체제로 전환되어 가는 과정에 민족주의라는 동력은 이탈리아 통일(1861년)과 독일 통일(1871년)을 만들어냈다. 이탈리아 통일은 서로마제국이 게르만족의 침입으로 붕괴한 지 1400여 년 만에 달성되었다. 르네상스 시대 이탈리아는 나폴리왕국, 로마교황령, 피렌체 공화국, 밀라노 공국, 베네치아 공화국 등 5개의 주요 세력의 각축장이 되어 마키아벨리 군주론의 무대가 되었다. 그 후 빈 의정서에서 개별 국가로 독립했으나, 여전히 북부는 오스트리아가 지배하고 있었고, 서부지역은 프랑스 나폴레옹 3세 야욕의 대상이 되고 있었다. 이탈리아 통일은 서북지역으로부터 시작한 사르데냐왕국과 남부지역 시칠리아로부터 북상한 가리발디의 합작으로 무혈 달성되었다. 통일 과정에 사르데냐왕국 수상 카보우르(Conte di Cavour)의 역할이 돋보였다. 카보우르는 통일의 최대 방해 세력인 오스트리아를 제압하기 위해 나폴레옹 3세와 밀약을 맺고 프랑스의 군사적 지원을 확보했다. 오스트리아와의 전쟁(1859년)에서 나폴레옹 3세가 프로이센의 참전 가능성을 우려하여, 전선을 중도 이탈했음에도 밀약에 따라 니스와 사보이를 프랑스에 할양했다. 이탈리아는 오스트리아로부터 북부 이탈리아 지역을 회복하여 통일을 선언(1861년)했다. 통일 후에도 이탈리아의 미회수지 회수 노력은 이탈리아 외교의 중요한 축이 되었다. 이탈리아는 독일 통일 과정인 보오전쟁(1866년)에서는 베네치아를, 보불전쟁(1870년)을 통해서는 로마교황령을 합병했다. 마지막 미회수지는 오스트리아와 인접한 발칸의 초입인 트리에스테 지역으로 1차 대전 과정에 동맹국에서 연합국으로 변신하는 노력 끝에 회수했다. 그러나 1차 대전 후에도 국제도시로 지정된 트리에스테의 남쪽에 위치한 피우메(Fiume)항을 회수하기 위해 국제연맹과 갈등을 빚었다. 이탈리아의 통일은 비스마르크의 독일 통일 추진에 큰 자극이 되었다.

07

비스마르크 체제

비스마르크 체제는 독일의, 비스마르크 개인 역량 의한,
유럽 안정을 위한 체제였다. 그러나 비스마르크와 함께 안개처럼 사라졌다.

베르사유 궁에서의 독일 제2제국 선언, 1871년

독일 통일

유럽을 정복한 민족주의 열기는 독일어권에서는 통일 독일에 대한 움직임으로 나타났다. 독일지역에서 신성로마제국이 30년전쟁으로 수백 개의 주권국가들로 분열되었고, 나폴레옹 전쟁 패배로 받은 굴욕에 대한 각성은 통일 독일을 갈망하는 민족주의로 표출되었다. 독일 철학자 요한 고틀리프 피히테(Johann Gottlieb Fichte)의 「독일 국민에게 고함」이라는 강연과 저술이 당시의 독일 민족주의 각성을 잘 설명해 주었다. 빈 체제에서는 신성로마제국을 대체한 35개 군주국과 4개 자유시로 구성된 느슨한 형태의 독일연방이 출현했고, 연방 내에서 오스트리아와 프로이센이 주도권 경쟁을 벌이고 있었다. 양국 간 주도권 경쟁은 결국 독일 통일 방안과 연결되었다. 1848년 프랑스 2월 혁명의 영향으로 베를린과 빈에서 폭동이 일어났고, 이어 프랑크푸르트에서 국민의회(1848년 5월)가 개최되어, 독일 통일 방식에 대한 논의가 이루어졌다. 오스트리아를 중심으로 한 대독일주의와 오스트리아를 제외한 프로이센 중심의 소독일주의 사이에서 의견이 분분하여 합의에 실패했다.

통일 방안 논의와 함께 연방의회 내에서 오스트리아와 프로이센의 주도권 경쟁도 벌어졌다. 오스트리아가 연방의장국 자리를 장악하여 연방 내 주도권을 행사했다. 이에 프로이센은 반발했다. 1834년 프로이센은 연방 내 영향력을 확대하기 위해 관세동맹을 구성했다. 관세동맹에 18개국이 참여했으나 오스트리아는 제외되었다. 관세동맹을 통해 프로이센의 지위는 독일연방 내에서 더욱 강화되었다. 1848년 독일의 통일보다는 독일연방을 선호하여 통일의 장애물이었던 메테르니히가 실각하면서, 독일 통일에 대한 열망은 한층 더 고조되었고, 프로이센의 도전은 더욱 노골화되었다. 1851년 비스마르크가 주독일연방 프로이센 대사로 부임하면서 독일연방 의회가 주도권 경쟁의 싸움장이 되었다. 비스마르크는 의회에서 공공연히 '프로이센과 오스트리아는 동등하다'라는 주장을 펼쳤다. 그리고 그동안 오스트리아 주도권 아래에서 형성된 관행에 도전하는 비스마르크의 행동으로 프로이센과 오스트리아의 주도권 경쟁은 심화되었다.

프로이센의 통일 외교는 1862년 비스마르크의 총리 취임과 함께 본격적으로 진행되었다. 총리로 취임한 비스마르크는 의회 연설에서 독일의 당면한 문제 해결에 대한 정책을 명확히 했다. 그는 "독일의 당면한 문제는 언론과 다수결이 아니라 오로지 철과 피로만 해결할 수 있다"라며 철혈정책을 선포했다. 비스마르크는 군비 증강과 국민의 헌신을 요구했다. 군비 증강은 황제인 빌헬름 1세의 주요 정책이면서, 황제가 비스마르크를 총리로 중용한 이유였다. 비스마르크는 의회가 군제개혁을 반대하자 황제와 의회 사이에 균열(의견 불일치)이 생기면 황제의 의견에 따라 결정된다는 '균열이론(lücketheorie)'을 만들어 의회의 동의 없이 군제개혁을 밀어붙였다. 독일의 군사력은 급속히 강화되었다. 동시에 비스마르크의 독일 통일 외교도 시작되었다.

유럽은 좁은 영역 내에서 수많은 전쟁이 발생하고, 영토를 세력균형의 수단으로 사용한 역사 때문에 민족과 소속 국가가 상이 한 경우가 많이 발생했고, 그것이 해당국 간에 갈등의 원인이 되곤 했다. 프로이센과 덴마크 사이에 위치한 홀슈타인과 슐레스비히도 이런 경우였다. 두 공국은 빈 의정서에 의해 독립적 지위를 누렸다. 그러나 덴마크가 영국의 지지를 업고 두 공국을 합병하려는 시도를 2차례나 감행했다. 첫 번째는 1848년 혁명 여파를 이용하여 영국과 프랑스의 지지하에 추진되었으나 프로이센과의 전쟁으로 발전되었고, 결국 영국의 중재로 두 공국의 독립적 지위가 인정되는 것으로 전쟁은 종결되었다. 1864년 덴마크가 다시 합병을 선포하자 프로이센과 오스트리아가 연합하여 덴마크와의 전쟁을 선포했다. 이번에는 덴마크 후원국인 영국은 러시아, 프랑스와 연합하여 개입하는 방안을 모색했으나 실패하고, 중재에 나섰지만, 덴마크의 반대로 중재도 포기했다. 러시아는 폴란드 봉기에서 비스마르크가 러시아를 지지해 준 데 대한 보답으로 중립을 유지했다. 프랑스 나폴레옹 3세는 영국이 수용할 수 없는 자르지역 할양을 개입의 대가로 요구했다. 결국, 영국, 러시아, 프랑스가 덴마크 지원을 포기하는 사이에 프로이센과 오스트리아의 승리로 끝났다. 양국은 전리품 배분 문제로 오랜 논쟁과 갈등 끝에 가슈타인 협정(Gastein Convention, 1865년)으로 해결했다. 슐레스비히는 프로이센이, 홀슈타인은 오스트리아가 관리하기로 했다. 그러나 오스트리아가 관리하기로 한 홀슈타인이 프로이센 내부에 위치해 있기 때문에 양국 간 갈등의 불씨로 남아 있게 되었다.

독일 통일을 위한 다음 단계로 오스트리아와 일전이 필요했다. 먼저 1866년 오스트리아를 연방에서 배제하는 연방개편안을 독일연방의회에 제출했다. 독일연방을 양분하여 프로이센 중심의 북독일연방(Norddeutscher Bund)과 바이에른 중심의 남독일연방(Süddeutscher Bund)을 구성하고 오스트리아를 독일연방에서 제외시켰다. 오스트리아는 반발했다. 그때 오스트리아가 장악한 홀슈타인의회에서 자신들의 미래에 대한 논의를 시작하자 프로이센은 홀슈타인을 돌연 점령했다. 오스트리아는 프로이센 징계안을 연방의회에 통과시키면서 대응했다. 전쟁은 필연이 되었다. 그러나 현대화된 프로이센 군대는 단 7주 만에 구식의 오스트리아군을 굴복시켰다.

군사력 차이보다 더욱 중요한 것은 비스마르크가 오스트리아와의 전쟁에 대비해서 많은 외교적 준비를 한 사실이다. 그는 프랑스가 벨기에와 룩셈부르크 지역으로 영토를 확장하는 것을 반대하지 않는다는 애매모호한 보상을 제시하면서 나폴레옹 3세로부터는 확실한 프랑스의 중립 입장을 얻어냈다. 그리고 이탈리아와는 나폴레옹 3세의 중재를 통해 오스트리아가 차지하고 있던 베네치아를 주는 조건으로 이탈리아와 동맹을 체결했다. 비스마르크는 보오전쟁에서 오스트리아를 지원하여 개입할 가능성이 있는 프랑스와 이탈리아의 손발을 묶어놓았다. 오스트리아는 결국 단독으로 프로이센과 전쟁을 치르게 되었다. 보오전쟁에서 프랑스의 중립은 애매모호한 보상에 현혹되어 중립이라는 확실한 보장을 제공한 나폴레옹 3세 외교의 대표적인 실패사례로 평가되고 있다.[1] 나폴레옹 3세는 비스마르크에게 속아서 세력균형을 작동시켜야 할 때 그 책임을 방기한 것이다. 그러나 보오전쟁 과정에서도 비스마르크는 다음 단계의 외교를 생각하고 있었다. 오스트리아 주력군을 보헤미아에서 괴멸시키자 프로이센 군부는 빈까지 점령할 것을 주장했다. 그러나 비스마르크는 빈을 점령하는 경우에 나타날 오스트리아의 복수심을 우려하여 군부의 주장을 강력히 반대했다. 결국, 빌헬름 1세도 비스마르크의 주장을 수용하여 빈 점령 없이 독일연방에서 오스트리아만 퇴출시키는 프라하 조약으로 전쟁을 종결했다. 이러한 혜안은 이후 비스마르크 외교의 중요한 축인 독오동맹이 형성될 수 있는 기반을 형성해 주었다. 그러나 이후 비스마르크는 보불전쟁에서는 파리를 점령하는 정반대의 행보를 보여, 프랑스의 복수를 대비하는 복잡한 세력균형 체제를 운영하게 되었다.

프로이센은 오스트리아를 제외하고 북부 독일지역의 22개 군주국, 3개 자유시와 1제국령으로 구성된 북독일연방을 구성하여 프로이센 중심의 통일로 한 발짝 다가섰다. 반면, 독일어권에서 배제된 오스트리아는 다민족으로 구성된 제국의 붕괴 위기에 처했다. 오스트리아는 1867년 '대타협(Ausgleich)' 조치로 제국의 일부였던 헝가리를 동격으로 승격시켜, 오스트리아-헝가리제국을 형성하여 다민족제국을 유지하기 위해 노력했다.

통일 독일로 가는 마지막 장애물은 프랑스였다. 프랑스는 독일의 라인강 좌안의 안보를 위협하는 존재였고, 북독일연방에 빠져 있는 바이에른과 같은 남부 독일을 통합하기 위해서는 반드시 넘어야 할 장애물이었다.

비스마르크에게 기회는 오래지 않아 찾아왔다. 1869년 스페인 왕위 문제가 발생했다. 스페인 왕위는 루이 13세 때 위트레흐트 조약에 의해 프랑스 브루봉 왕가에서 계승해 왔다. 당시 무능한 스페인 여왕 이사벨 2세가 쿠데타에 의해 축출되고 새로운 국왕을 옹립하려는 사태가 스페인에서 발생했다. 새로운 국왕 후보로 프로이센 왕가인 호엔촐레른(Hohenzollern)가의 방계가문 출신인 레오폴트(Prince Loepold)가 급부상했다. 여기에 대해 프로이센은 환영했고 프랑스는 강력히 반대했다. 프랑스와 프로이센은 스페인과 레오폴트에게 각각 영향력을 행사하는 외교 경쟁에 돌입했다. 프랑스는 주프로이센 프랑스 대사에게 레오폴트를 반대하는 프랑스의 입장을 프로이센 빌헬름 1세에게 긴급 전달하라고 지시했다. 프랑스 대사는 파리의 지시 내용을 전달하기 위해 빌헬름 1세가 체류하고 있는 라인 강변 휴양지 엠스(Ems)까지 달려갔다. 그리고 산책하고 있는 빌헬름 1세에게 프랑스 입장을 전달하고 황제의 확약을 요구했다. 빌헬름 1세도 프랑스 대사의 무례함에 불쾌감을 느끼고 요구를 거절했다. 엠스로부터 빌헬름 1세와 프랑스 대사의 조우 상황을 전문으로 보고 받은 베를린의 비스마르크는 프랑스 국민과 독일 국민을 자극하기 위해 프랑스 대사의 무례와 모욕을 증폭시킨 내용을 전문으로 재작성하여 프랑스와 독일의 언론에 흘렸다. 독일 언론에서는 프랑스 대사의 무례한 행동을 지적하여 프로이센 국민들을 격분시켰다. 프랑스 언론에서는 번역과정에서의 오역까지 겹쳐져 프랑스 대사의 정당한 업무 수행에 대해 빌헬름 1세가 하급관리를 통해 모욕을 주었다고 보도하면서, 프랑스 국민들 사이에 '프로이센 타도'라는 요구가 터져 나왔다. 그것이 보불전쟁의 원인이 된 비스마르크의 엠스 전보 조작사건이다. 조작된 언론 보도는 특히 프랑스에서 국민감정을 자극하여 즉흥적인 나폴레옹 3세가 전쟁을 유발하도록 유도했다. 보불전쟁이 시작되었고, 프랑스와의 전쟁을 잘 준비해 왔던 프로이센군은 세당 전투에서 나폴레옹 3세를 포로로 잡으면서 전쟁을 종결지었다.[2] 비스마르크는 프랑스와의 전쟁에서 승리가 확실해지자, 1870년 11월까지 독일의 모든 국가와 통일 조약을 체결했다. 1871년 1월 프랑스의 베르사유 궁전 거울방에서 프로이센은 독일 제2제국의 성립을 선포했다. 이후 프랑스와 프랑크푸르트 협정을 체결했다. 프랑스는 독일에게 50억 프랑의 배상금을 지불하고, 양국 간에 경쟁 대상이었던 알자스와 로렌 지방을 독일에게 할양했다. 그리고 독일은 배상금 지불을 보장받기 위해 프랑스 주요 요새에 독일군을 주둔시켰다.

프랑스는 프로이센군에게 점령당한 베르사유 궁이 독일 통일의 선포 장이 되는 굴욕적인 상황에 직면했을 뿐만 아니라 250년 전 리슐리외가 우려했던 통일된 독일의 등장이라는 수세적인 상황에 처하게 되었다. 이후 프랑스 외교는 독일을 어떻게 약화 또는 분열시킬 것인가에 초점이 맞추어졌다. 비스마르크도 프랑스의 보복을 최고의 우려 대상에 올려놓아야 했다.

독일 제2제국은 독일어권에서 오스트리아를 제외하고, 4개의 왕국, 5개의 대공국, 13개의 공국, 그리고 3개의 자유시로 구성되었으며, 비스마르크가 제국의 총리로 선임되었다. 뒤에 영국의 총리가 되었던 벤저민 디즈레일리(Benjamin Dissraeli)는 당시 독일의 통일을 '프랑스 혁명보다 더 큰 변화'라고 평가하고, 이를 '독일혁명'으로까지 명명했다.[3] 독일의 통일과정에 전 유럽 국가들이 참여하는 대규모 전쟁이 없었지만, 주요 강대국인 독일과 프랑스 간의 세력균형이 현격히 변화되어 새로운 체제로 전환되는 결정적 분수령이 되었다.

비스마르크 체제의 설계자: 비스마르크

비스마르크 체제는 비스마르크 개인의 역량에 크게 의존한 체제였다. 오토 폰 비스마르크(Otto von Bismarck)는 프로이센 북동부 토지 귀족인 융커 가문 출신으로 철저한 왕정 옹호자로, 그의 사상은 보수주의와 군국주의에 뿌리를 두고 있었다. 그는 대학 시절을 자유주의가 활발했던 괴팅겐과 베를린 대학에서 법학을 전공하며 보냈지만, 오히려 대학 시절의 경험은 자유주의를 혐오하는 그의 생각만 강화해 주었다. 그는 대학 시절에도 학업보다는 술로 방탕한 생활을 했고, 대학 졸업 후 외교관시험에 합격하여 하급 외교관 생활을 시작했으나 무절제한 생활로 공직에서 퇴출당했다. 그 후 낙향하여 영지를 경영했다. 1848년 당시에 불어닥친 자유주의 폭동을 적극적으로 비판했다. 심지어 자신의 농민들을 베를린에 보내어 자유주의 시위를 진압하려고도 했다. 그리고 베를린으로 와서는 자유주의 분위기를 옹호하는 의회를 해산해야 한다는 강경한 주장을 펼쳤다. 이러한 적극적인 보수주의 태도는 당시 국왕이었던 프리드리히 빌헬름 4세의 눈에 들어 1851년 주독일연방 프로이센 대사로 발탁되었다. 비스마르크의 발탁에는 많은 반대가 있었다. 술고래 대학생, 타락한 융커, 포멜론(영지)의 돼지치기 등이 그를 비난하는 단어였다. 그의 발탁은 당시에도 그만큼 파격적인 것이었다.

비스마르크는 주독일연방 대사로서 프로이센을 오스트리아와 동등한 위치에 올려놓기 위해 분투했다. 유명한 일화가 있다. 당시 의회 회의장에서 오스트리아 대사만 담배를 피울 수 있는 관행이 존재했다. 이에 반발하여 비스마르크는 오스트리아 대사와 동등하다는 의미에서 자신도 담배를 피우기 시작하면서 다른 모든 군주국 대사들이 담배를 피우는 새로운 관행을 만들었다. 연방의회에서 형식적으로 오스트리아와 동등한 위치를 획득했다. 비스마르크는 주독일연방 대사 시절(1851년)에 '유럽외교의 전설'인 메테르니히를 찾아가 만났다. 비스마르크는 영국 망명에서 귀국하던 메테르니히를 만난 것이다. 비스마르크는 메테르니히의 세력균형 철학과 경험을 청취했다. 둘은 프랑스와 러시아를 견제하여 세력균형을 이루고, 이를 위해서는 프로이센이 더 강해져야 한다는 데에 의견이 일치했다. 메테르니히와의 만남은 훗날 비스마르크 외교의 자양분이 되었다.

연방의회에서의 비스마르크 행동은 오스트리아의 반발을 불러왔고, 급기야 오스트리아는 비스마르크의 무례한 행동을 구실로 프로이센에게 해임을 요구했다. 결국 1859년 1월 비스마르크는 주독일연방 대사직에서 물러났다. 크림전쟁(1853~1856년)이 발발했을 때 영국, 프랑스, 심지어 오스트리아도 러시아와 반대편에 섰다. 그러나 비스마르크는 프로이센의 중립을 주장하여 러시아 황제 알렉산드르 2세의 호감을 얻었다. 실직 직후 1859년 3월 비스마르크는 러시아의 호감 덕분에 알렉산드르 2세의 환영 속에 주러시아 대사로 부임했다. 비스마르크는 대사 시절 형성된 알렉산드르 2세와의 친분과 경험이 바탕이 되어 러시아와의 협력 중요성에 집착하는 다소 친러적인 성향을 가지게 되었다. 또 비스마르크는 이 시기에 유럽의 세력균형에 눈을 뜨게 되었다. 독일 통일 과정에 러시아와 오스트리아가 변수라는 사실도 확인했다. 독일 통일을 위해서 오스트리아와 충돌이 필연적이기 때문에 러시아와의 우호 관계 유지가 중요하다는 생각을 갖게 되었다. 그리고 1860년 4월 비스마르크는 다시 주프랑스 대사로 이동했다. 나폴레옹 3세도 급성장하고 있는 프로이센에 많은 관심을 가지고 있어서, 프랑스어에 능숙한 비스마르크와 개인적인 만남까지 가지는 절친한 사이가 되었다. 나폴레옹 3세는 국내적으로 자유주의를 탄압하고, 국내 인기를 얻기 위해 외교 문제를 이용하는 정책을 구사했다. 이러한 나폴레옹 3세의 선례는 비스마르크가 국내 문제와 외교 문제를 다루는 방식에 영향을 주었다.[4] 파리 생활은 나폴레옹 3세의 외교를 이해할 수 있는 기회를 제공한 것 이외에도 비스마르크의 외교 시각을 더욱 확대시켜 주는 계기가 되었다. 영국 수상을 지낸 팔머스톤(Palmerston) 자작, 벤저민 디즈레일리 등과 파리에서 교류하며 영국 외교를 접하게 되었다. 비스마르크는 주러시아 대사로서 러시아에 대해, 그리고 주프랑스 대사로서 프랑스와 영국에 대한 이해도를 높였다. 이때의 경험이 비스마르크의 복잡한 세력균형 외교가 가능토록 했다.

비스마르크가 총리로 등용된 것도 그의 철저한 보수주의와 군국주의 성향 때문이었다. 당시 빌헬름 1세도 군국주의자였다. 그는 상비군 확대와 국방예산 증액을 골자로 하는 '군제개편'을 추진하려 했지만, 의회의 반대가 심했기 때문에 이를 관철할 과단성이 있는 총리가 필요했다. 1862년 9월 빌헬름 1세는 비스마르크를 군제개편에 공감하는 과단성 있는 군국주의자로 인정하여 총리로 기용했다. 비스마르크는 외교장관도 겸직했다. 비스마르크는 국방과 외교를 유기적으로 결합하여 신속히 통일의 발판을 마련할 수 있었다.

비스마르크가 총리로서 의회 첫 연설에서 '철혈정책'을 국가정책 방향으로 제시했다. 군비 증가와 국민 헌신을 요구한 것으로 독일의 강력한 국가건설을 위한 중요한 첫걸음이었다. 그러나 비스마르크의 국내정치 생활은 순탄하지 못했다. 주로 의회와의 지속적인 갈등에 빠져 있었다. 통일 전에는 군비 확장 문제로 의회와 충돌했고, 통일 후에는 신교와 가톨릭교 간의 갈등, 그리고 사회주의 세력과의 대립으로 어려움 겪었다. 당시 프로이센은 제2차 산업혁명에 성공하여 급속한 산업화를 이루었지만, 부작용도 나타났다. 노동자 문제가 부각되었다. 노동자들의 인권과 투표권을 요구하는 사회주의 세력이 확장되어 갔다. 그뿐만 아니라 유럽에서 농업의 쇠퇴와 공산품의 공급 과잉이 발생하여 장기간의 대불황(1873~1896년)이 불어닥쳐, 독일 국내가 매우 불안정했다. 여기에 신교와 가톨릭의 갈등은 사회를 더욱 불안정하게 만들었다. 비스마르크는 독일 국내 갈등을 해결하기 위해 사회주의 탄압법과 동시에 사회복지제도를 도입하는 양면 정책을 사용했지만, 사회주의와의 갈등은 결국 해임(1890년)당하는 빌미가 되었다.

반면 외교에서는 엄청난 성과를 거두었다. 국내에서의 성공과 외교에서의 실패로 요약되는 나폴레옹 3세와 반대 평가를 받았다. 당시 독일의 국내 안정이 비스마르크의 최대 관심 사안이었고, 국내 문제를 해결하기 위해 외교 업적을 이용한 나폴레옹 3세의 교훈을 실천했다. 비스마르크의 외교는 국내 문제 해결을 위해서는 대외적으로 유럽 안정이 필수적이라는 판단에서 시작되었다. 그리고 유럽의 안정을 확보하기 위해서는 복수를 꿈꾸는 프랑스를 고립시키는 외교가 필요했다. 통일을 위해 비스마르크는 기존 세력균형을 바꾸는 현상 타파 정책(revisionist)을 사용했지만, 통일 후에는 유럽의 안정을 목표로 한 현상 유지 정책으로 전환했다. 비스마르크 체제 구축이 그의 외교목표였다.

비스마르크 외교의 전략적 사고

국내 문제 해결에 외교를 이용한다는 아이디어는 비스마르크가 나폴레옹 3세로부터 얻은 교훈이라면, 비스마르크 세력균형 외교에서 러시아의 중요성을 인식하고 외교의 핵심과제로 삼은 것은 주러시아 대사 시절에 얻었던 교훈이었다.

비스마르크는 프랑스를 철저히 고립시키길 원했다. 프랑스는 유럽대륙에서 라이벌 관계에 있었고, 독일 통일과정에도 오스트리아와는 달리 치욕을 당했기 때문에 비스마르크는 프랑스의 보복 가능성을 항상 염두에 두어야 했다. 또 프랑스 고립을 성공시키기 위해서는 프랑스와의 접근 가능성이 큰 러시아의 중립을 확보해야 했다. 비스마르크 외교목표는 프랑스 고립과 러시아의 중립 확보였다.

비스마르크는 외교목표를 달성하기 위해 ① 5개 강대국의 이익 관계를 교묘히 이용하고, ② 비도덕적인 비밀외교를 활용하고, ③ 유럽 밖 식민지를 강대국들과의 협상용으로 적극적으로 활용하는 외교를 수행했다.

먼저 비스마르크 외교는 당시 유럽의 강대국인 러시아, 오스트리아, 프랑스, 영국, 이탈리아 등 5개국의 상호 이익 관계를 철저히 분석하는 데서 시작되었다. 5개국 간의 복잡한 이익 충돌을 잘 이용하는 것이 필요했다. 러시아는 발칸과 폴란드에서의 이익이 오스트리아와 충돌했고, 지중해로의 진출은 영국, 이탈리아와 충돌했다. 오스트리아의 이익은 폴란드와 발칸에서 러시아와 충돌하고, 이탈리아 북부와 트리에스테 지역에서는 이탈리아와 충돌했다. 이탈리아는 트리에스테와 같은 미회수지 문제에서 오스트리아와 충돌하고, 지중해에서 러시아를 저지해야 했다. 또 서북지역에 대한 프랑스의 압력을 견뎌내야 했다. 영국은 유럽대륙에서의 충돌에 한 발짝 물러서 지중해에서 러시아의 팽창을 저지하고, 해외 식민지(이집트 등)에서 프랑스와 경쟁했다. 프랑스는 독일에 대한 복수와 유럽에서의 포위망 탈출이 유럽에서의 목표이고, 해외 식민지 확장에서 영국과 경쟁했다. 비스마르크는 5개국 간의 이익 관계를 교묘히 이용하여 다층적인 동맹 관계를 구축했다. 비스마르크는 동맹을 구축하기 위해 다양한 방법을 사용했다. 영토 주고받기와 같은 보상(quid pro quo) 방법과 5개국 간 상호 견제 심리를 이용하거나, 고립에 대한 상대국의 두려움을 이용하는 심리적 수단도 섞어 사용했다.

그리고 비스마르크는 조약체결에 비밀외교를 적극적으로 활용했다. 비밀외교는 당시에는 보편적인 외교방식이기도 했다. 비밀외교를 통해 체결된 조약은 내용이 제대로 공개되지 않는 특징을 가지고 있어, 상호 충돌하는 내용이 포함된 조약들을 체결할 수 있었다. 발칸에서 경쟁 관계에 있던 오스트리아와 러시아를 독일에 묶어두기 위해 사용되었다. 비스마르크는 독러재보장 조약을 성사시키기 위해 러시아를 목표로 하는 독오동맹 조약 내용을 러시아에게 제공하는 비도덕적인 행위도 서슴지 않았다.[5] 독오동맹 조약과 독러재보장 조약의 상충은 결국 비스마르크 체제가 붕괴되는 구실을 제공했다. 또 이 시기 동맹조약들은 제3국의 침략을 받을 경우 자동적으로 전쟁에 참전/지원한다는 '자동참전 조항'이 포함되는 경우가 많았다. 자동참전 조항의 특성상 비밀외교가 필수적이며, 전쟁을 동맹집단 간의 대전쟁으로 확전시킬 가능성을 내포하고 있었다. 1차 대전이 이런 과정을 통해 발발했다. 1차 대전 후 비밀외교에 의한 동맹정책은 윌슨과 같은 이상주의자로부터 비도덕적이라는 맹비난을 받게 되었다.

비스마르크는 해외 식민지를 비스마르크 체제안정을 위한 수단으로 사용했다. 19세기 후반 유럽의 다른 강대국들이 세계경영에 열 올리면서 식민지 개척에 몰두할 때, 비스마르크는 식민지 개척보다 유럽 안정을 독일 외교의 우선순위에 두었다. 그는 "나는 식민지를 소유하지 않을 것이다. 독일이 식민지를 가지는 것은 마치 셔츠가 필요한 가난한 폴란드 귀족이 셔츠가 아니라 담비 코트를 사는 것과 같다"라고 식민지 확장정책에 부정적이었다.[6] 비스마르크는 프랑스와 영국의 관심을 유럽에서 해외 식민지로 돌리기 위해,

식민지 카드를 사용하여 영국과 프랑스의 식민지 정책을 적극 지지했다. 비스마르크는 러시아와 오스트리아 간 충돌 지점인 발칸에서도 영토 욕심이 없음을 선언하고 양국 간 충돌을 중재하는 '정직한 중재자(honest broker)'로서의 이미지를 부각시켜, 비스마르크 체제에 대한 신뢰를 높이려고 노력했다. 발칸과 아프리카 식민지 문제에 대한 비스마르크의 중재자 역할은 2차례 베를린 회의를 통해 이루어졌다. 발칸에서의 러시아와 오스트리아·영국 간의 갈등을 중재한 1878년 베를린 회의와 벨기에 왕의 콩고 소유로 촉발된 아프리카 식민지 대한 국경선 획정을 합의하여 제국주의 시대 문을 연 1882년 베를린 회의였다. 1878년 베를린 회의 결과, 러시아의 반발로 러시아와의 제1차 삼제협상이 파기되는 타격을 입었지만, 비스마르크는 영국의 신뢰를 얻어 평화 중재자의 이미지를 강화할 수 있었다. 1882년도 베를린 회의는 영국과 프랑스가 해외 식민지 개척에 몰두하도록 유도하는 성과를 거두었다. 식민지를 활용한 비스마르크의 유럽 현상 유지정책은 성공적으로 이루어졌다. 그러나 비스마르크의 반식민지 정책은 후일 적극적인 팽창을 요구하는 독일 민족주의에 의해 총리직에서 해임되는 한 원인을 제공하기도 했다.

비스마르크 체제의 구축과 작동

비스마르크 체제는 한편으로 구축되면서 한편으로는 작동되는 매우 동적인 체제였다. 그만큼 설계자이면서 운영자인 비스마르크 개인의 역량에 의존하는 바가 컸다. 비스마르크의 이런 능력을 곡예사의 공 곡예(juggling)에 비유하는 평가들이 당시에도 존재했다. 조지프 나이도 다음과 같이 평가했다.

> "독일은 세력균형 체제의 중심에 있고, 비스마르크는 몇 개의 공을 동시에 하늘로 던지는 곡예사와 같았다. 곡예사는 공이 하나 떨어져도 다른 공들

이 떨어지지 않도록 하면서 몸을 굽혀 떨어진 공을 주울 수 있다. 체제의 복잡성은 약점이기도 했다. 미숙한 후계자들이 비스마르크를 계승했을 때 동맹체제는 더 이상 유지될 수 없었다."[7]

비스마르크의 동맹체제는 유연성과 복잡성이 동시에 중요한 특징이고, 독일은 세력균형 체제의 중심에서 여러 동맹 관계를 유지하며 각 국가들의 이익을 균형 있게 조정하려고 노력했다. 그러나 이러한 체제의 복잡성을 이해하지 못하는 후계자들의 외교에서는 작동될 수 없는 약점을 가지고 있었다. 비스마르크의 퇴장과 함께 비스마르크 체제가 순식간에 붕괴되었던 이유이다. 비스마르크 후임자였던 레오 폰 카프리비(Leo von Caprivi) 총리는 자신은 비스마르크처럼 저글링을 할 수 없다고 고백 같은 선언을 했다.[8]

비스마르크 체제가 형성되고 작동되는 과정은 매우 복잡하고 다면적이었다. 비스마르크 체제에서는 러시아에 대한 복잡한 외교가 핵심을 차지했고, 그 목표는 러시아의 중립 확보였다. 그것은 러시아가 프랑스와 접근할 가능성이 가장 큰 국가이면서 지정학적으로도 독일 안보에 중요한 위치에 있었기 때문이었다.

독일 통일 후 본격적으로 비스마르크의 외교가 시작되었다. 1872년 독일 빌헬름 1세는 러시아의 알렉산드르 2세와 오스트리아 프란츠 요제프 황제를 베를린으로 초청하여 1815년의 신성동맹의 복원을 협의했다. 1871년에 등장한 프랑스의 파리코뮌에 대항하기 위해서였다. 그러나 구체적인 합의에 이러지 못했다. 그러나 1873년 알렉산드르 2세가 오스트리아를 방문하여 쇤브룬 협정이 체결되고, 이어 독일이 추가 가입하여 '제1차 삼제협상(League of the Three Emperors)'이 형성되었다. 독일, 오스트리아, 러시아 세 국가는 보수주의를 바탕으로 혁명적인 프랑스에 대한 경계심을 공유했다. 제1차 삼제협상은 군사동맹은 아니었지만 프랑스 견제를 목표로 '주요 문제는 서로 협의한다'라는 협력원칙을 포함하고 있었다.

그러나 1878년 비스마르크가 정직한 중재자로서 개최한 베를린 회의는 제1차 삼제협상을 파탄으로 몰아넣었다. 베를린 회의는 동유럽의 질서를 재조정하기 위한 국제회의였다. 발칸에서의 반란에 대해 오스만제국이 잔혹한 방법으로 진압하자 동구 3국이 오스만제국의 잔혹한 행위를 경고하는 '베를린 각서(Berlin Menorandum)'를 제안하고, 영국도 '런던 의정서'를 통해 오스만제국에게 경고했다. 그러나 오스만제국은 디즈레일리 영국 수상이 실질적으로 오스만제국을 지지한다고 생각하고 거부했다. 러시아가 오스만제국의 거부를 구실로 러터전쟁을 일으켜 오스만제국과 산스테파노 조약(Treaty of San Stefano)을 체결했다. 산스테파노 조약을 통해 러시아는 친러 대불가리아왕국을 건설하여 발칸으로 팽창했고, 흑해의 서부지역을 획득하여 흑해와 지중해 접근이 가능해졌다. 그러나 이 조약에 대해 영국과 오스트리아가 반대하면서 비스마르크에게 중재를 요청했다. 비스마르크 중재로 베를린 회의(1878년)가 개최되었고, 비스마르크는 독일이 발칸에서 이해관계가 없음을 강조하여 정직한 중재자(honest broker)의 역할을 강조했다. 비스마르크는 회의 발언 첫머리는 항상 "동방문제에 어떤 종류의 직접적인 이해관계가 없는 독일은 …"이라는 발언으로 시작했다. 회의 결과, 러시아는 흑해 서부지역의 영토를 오스만제국에 반환하면서 흑해와 지중해 진출이 좌절되었고, 친러 불가리아도 축소되어 산스테파노 조약에서 후퇴하게 되었다. 반면, 영국은 키프로스섬을, 오스트리아는 보스니아-헤르체고비나의 행정권을 획득했다. 러시아는 책임을 비스마르크에 돌리고 분격했다. 러시아의 비난은 비스마르크에게 억울한 측면도 있었다. 회의 이전에 이미 영국과 러시아 사이에 양해된 사항을 베를린 회의에서 설정했을 뿐인데 속죄양으로 러시아 언론과 여론이 비스마르크를 비난했다.[9] 그러나 베를린 회의로 인해 제1차 삼제협상이 종료되었다. 여기서 결정된 오스트리아의 보스니아-헤르체고비나 진출은 1차 대전의 먼 원인이 되었다.

비스마르크는 러시아 이탈로 제1차 삼제협상이 붕괴되자, 러시아를 견제하기 위해 오스트리아와의 관계를 더욱 확고히 했다. 오스트리아도 발칸에서의 슬라브 민족주의에 대항하기 위해서는 독일의 지원이 절대 필요했고, 외교장관이었던 헝가리 출신 언드라시 줄러(Andrassy Gyula)도 친 비스마르크 성향이었다. 1879년 독일과 오스트리아는 러시아를 견제하기 위해 '독오동맹(Dual Alliance)'을 체결했다. 이 비밀협정은 러시아의 발칸 지역 팽창을 견제하는 것을 목표로 했으며, 러시아의 침략에 대해 공동으로 대응하기로 했다. 프랑스가 독일을 공격할 경우에는 오스트리아가 중립을 유지하고, 이탈리아가 오스트리아를 공격할 경우에도 독일이 중립을 유지한다는 내용도 포함되어 있었다. 독오동맹은 역설적으로 고립을 우려한 러시아가 독일에 접근하는 계기를 만들었다.

러시아와의 관계회복은 1881년 '제2차 삼제협상'으로 이루어졌다. 러시아는 팽창정책으로 세계 곳곳에서 영국과 충돌했고, 프랑스에 대해서는 프랑스 공화정체제로부터 오는 이질감을 느끼고 있었다. 마침 러시아 외교장관으로 독일에 우호적인 니컬러이 폰 기어스(Nikolai von Giers)가 취임함에 따라 독일과의 관계회복이 급물살을 타게 되었다. 독일도 호응하여 친러 국가인 불가리아를 강화하는 데 동의했다. 철저한 현실주의자들의 결합이었다. 러시아는 초기에 러·독 양자조약으로 추진하기를 희망했으나, 비스마르크의 설득으로 삼제협상의 형식이 되었다. 조약 내용은 3국 중 일국이 전쟁에 참여할 경우 다른 체약국들은 호의적 중립을 유지하기로 했다. 그러나 제2차 삼제협상에는 발칸에서의 러시아-오스트리아 간 갈등이라는 시한폭탄을 장착하고 있었다.

비스마르크는 제2차 삼제협상이 성사되자, 다시 러시아를 견제하는 체제를 보강하기로 했다. 기존의 독오동맹에 이탈리아를 추가하여 1882년에 '삼국동맹(Triple Alliance)'을 형성했다. 이탈리아가 동맹에 참여한 것은 튀니지를 두고 프랑스와 갈등상태에 있었을 뿐만 아니라 지중해를 두고 러시아와 잠재적인 갈등상태였기 때문이었다. 독일도 이탈리아가 프랑스와 접근하는 것을 우려하고 있었다. 이 동맹은 1차적으로 프랑스를 대상으로 한 것이나 러시아를 견제하는 보강책이기도 했다. 동맹 협정에서 프랑스가 공격할 경우 세 나라는 서로를 지원하고, 러시아의 공격에 대해서는 중립을 유지하기로 했다. 삼국동맹은 오스트리아와 이탈리아 간의 갈등에도 불구하고 독일의 노력으로 6차례의 갱신을 통해 1차 대전 발발 때까지 유지되었다. 삼국동맹이 형성되어 독일은 한쪽으로 삼제협상, 다른 한쪽으로 삼국동맹을 구축하여 독일이 양쪽을 상호 견제시키는 동적인 외교체제를 완성했다.

그러나 제2차 삼제협상은 러시아의 의구심으로 갱신되지 못하고 1887년에 종료되었다. 당시 러시아 언론에서는 발칸에서의 오스트리아와의 갈등 배후에는 독일이 있다는 비판이 난무했다. 이런 분위기 속에 러시아 내부에서는 제2차 삼제협상의 종료 시점이 다가오자, 프랑스와의 관계 개선과 독일과의 삼제협상 갱신이라는 2개의 선택지를 두고 격론이 벌어졌다. 결국, 독일에 우호적인 기어스 외교장관의 중재안인 '삼제협상은 종료시키고 독일하고만 협정을 체결한다'가 채택되어 제2차 삼제협상을 종료시키고, 독러재보장조약(Reassurance Treaty)을 추진하게 되었다.

비스마르크는 러시아보다 더 다급해졌다. 제2차 삼제협상이 종료되자 러시아를 묶어놓을 틀이 필요했다. 러시아와의 갈등 원인이 된 오스트리아를 제외하고 러시아의 중립을 확보하려는 방안이 독일-러시아 간 재보장조약이었다. 비스마르크는 재보장조약을 성사시키기 위해 비밀조약인 독오동맹 조약 문서를 러시아에 보여주는 비도덕적인 행태까지 감행했다. 그뿐만 아니라, 러시아에 발칸에서의 우위와 러시아의 흑해·지중해 접근을 용인한다고 약속까지 했다. 재보장조약을 성사시키기 위한 비스마르크의 파격적인 양보였다. 이는 비스마르크 체제에서 러시아가 얼마나 중요한 것인지를 설명해 주는 증거이다. 1887년에 체결된 독러재보장조약의 핵심은 '두 나라 중 1국이 전쟁에 들어가는 경우, 타 체약국은 우호적 중립을 유지한다'였다. 비스마르크가 원하는 러시아의 중립이 확보되었다. 그러나 재보장조약이 내포하고 있는 독오동맹 조약과의 충돌이 1890년에 재보장조약이 갱신될 수 없는 이유가 되었고, 재보장조약의 갱신 실패는 비스마르크 체제의 붕괴로 이어졌다. 재보장조약 체결 과정에서 비스마르크가 보여준 상호 충돌하는 내용의 조약을 성사시키는 비밀외교는 이후 미국 이상주의자들로부터 부도덕의 대명사로 비판받았다. 그렇지만 비스마르크는 독러재보장조약을 통해 러시아를 다시 묶어놓을 수가 있었다.

다시 비스마르크는 독러재보장조약이 체결되자마자, 러시아를 견제하기 위한 보강책을 마련했다. 비스마르크는 지중해 회의를 주도했다. 러시아의 흑해와 지중해로의 팽창을 우려하는 이탈리아, 영국, 오스트리아, 스페인이 참가하여 1887년 지중해협정(Mediterranean Agreements)을 체결했다. 협정을 통해 흑해와 지중해에서의 현상 유지와 오스만제국의 독립 유지를 확인했다. 흑해와 지중해로 진출하려는 러시아를 견제하기 위한 목적이라는 것을 명확히 했다. 비스마르크는 회의는 주도했지만, 협정에 서명하지는 않았다. 직전에 서명한 독러재보장조약을 감안한 행보였다. 비도덕적이지만 치밀한 비스마르크의 외교 단면을 다시 한번 보여주었다. 지중해협정에 영국이 참여함으로 간접적이지만 비스마르크 체제의 일원이 되었다. 이제 프랑스를 제외한 모든 국가가 독일과 직접, 간접으로 연결되는 비스마르크 체제가 완성되었다.

요약해 보면, 비스마르크는 러시아의 중립 확보라는 목표하에 먼저 가장 밀접한 국가인 오스트리아와의 협력관계를 바탕으로 러시아와 관계(1차 삼제협상)를 구축하고, 러시아와의 관계가 파기되자 러시아 견제를 위해 오스트리아와의 관계를 강화(독오동맹)했다. 다른 한편으로 러시아와의 협력관계를 복원(2차 삼제협상)했다. 러시아와의 관계를 복원하자마자 이탈리아를 끌어들여 러시아를 견제하는 새로운 체제(삼국동맹)를 구축했다. 다시 삼제협상 체제가 종료되자 러시아와 단독으로 양국 관계(재보장조약)를 구축하고, 한편으로는 러시아를 견제하기 위해 영국까지 끌어들이는 체제(지중해협정)

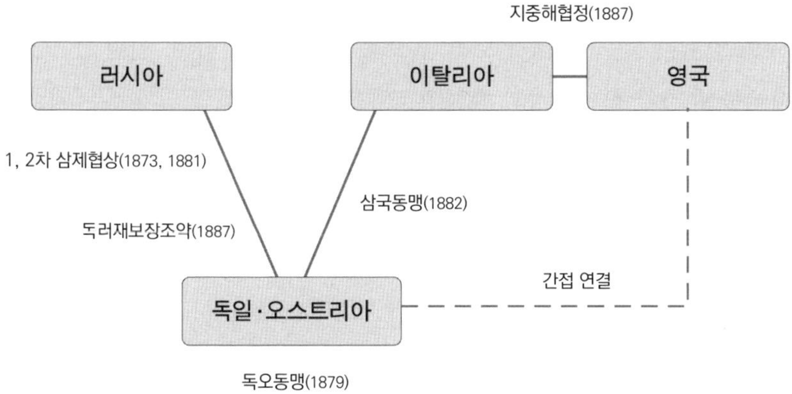

〈그림 2〉

〈표 7〉 비스마르크 체제의 구축과 작동 과정

협정	주요 내용
제1차 삼제협상(1873)	독일, 러시아, 오스트리아 참여(보수주의 공통점)
베를린 회의(1878)	러시아 반발, 제1차 삼제협상 파기
독오동맹(1879)	삼제협상 파기에 대한 보완책, 러시아 견제
제2차 삼제협상(1881)	삼제협상 복원(러시아-오스트리아 충돌 가능성 내재)
삼국동맹(1882)	독일, 오스트리아, 이탈리아로 구성 이탈리아를 참여시켜 프랑스와 러시아 견제
독러재보장조약 (1887)	오스트리아 제외하고 독일-러시아 간 체결 2차 삼제협상 종료(1887)에 대한 보완책
지중해협정 주선 (1887)	이탈리아, 영국, 오스트리아, 스페인 등 참가(영국이 간접적으로 독일과 연결), 지중해에서 러시아 견제, 독일(비스마르크)은 주선만 하고 러시아를 의식하여 불참
독러재보장조약 연장 여부(1890)	비스마르크 체제 존속과 직결

를 주도했다. 결국, 러시아라는 공을 손에서 떨어지지 않게 하려고 현란한 공 곡예를 했다. 큰 구조에서 보면, 독오동맹을 기초로 하여, 한편 날개에는 러시아를 추가한 삼제협상과 재보장조약을, 다른 한편의 날개에는 이탈리아를 추가한 삼국동맹과 지중해협정을 구축하여, 독일의 의도대로 양 날개가 상호 견제할 수 있는 구조를 만들었다. 비스마르크 체제의 구조도는 〈그림 2〉와 같다.

비스마르크 체제는 1873~1890년간 매우 복잡하면서도 역동적인 모습으로 구축되면서, 동시에 작동되어 나갔다. 비스마르크의 개인 능력에 전적으로 의존하는 메커니즘이라는 한계점을 가지고 있었다. 1890년 독러재보장조약의 연장 여부가 비스마르크 체제의 수명을 결정하는 중요한 갈림길이 되었다. 그러나 더 큰 변수는 독일 국내정치의 변화에서 다가왔다. 복잡한 비스마르크 체제의 구축과 작동 과정을 표로 정리하면 〈표 7〉과 같다.

비스마르크의 퇴진과 독일의 정책 전환

외교에서 현란한 모습과는 달리 비스마르크는 국내 문제에서는 사회주의와 가톨릭 세력과 끝없이 싸워야 했다. 비스마르크를 지지해 준 빌헬름 1세가 서거하고, 손자인 어린 빌헬름 2세가 등극하면서 상황은 더욱 악화되기 시작했다.

빌헬름 2세는 허세가 심하고 감정적으로 극도로 허약하여 일관성이나 노련함이 없이 위험한 정책을 실행했던 인물이었다는 평가가 대세였다. 빌헬름 2세가 태어나면서부터 비정상적인 한쪽 팔에 대한 콤플렉스가 보상심리 형태로 그의 태도에 영향을 미쳤다는 평가도 있다. 비스마르크가 자신의 딸에게 '빌헬름 2세는 황제이지만 여전히 어리석은 젊은이'라고 언급한 적이 있었고, 영국 국왕 에드워드(Edward) 7세에게도 '역사 속에서 확인되는 가장 훌륭한 실패자'라고도 평가한 적이 있었다.[10] 빌헬름 2세 밑에서 외교장관과 총리를 역임했던 베른하르트 폰 뷜로(Bernhard von Bülow)의 평가는 더 직설적이다.

> "빌헬름 2세는 결정적인 상황에 중압감을 견디지 못하기 때문에 사실 전쟁을 원하지 않았다. 위험한 순간에 정신이 불안정해져 절대로 전쟁을 수행할 수 없다. 그는 자신이 신경쇠약이라는 것을 잘 알고 있다. 그의 위협적이고 강경한 연설들은 외국인들에게 그가 또 한 명의 프리드리히 대왕이나 나폴레옹이라는 인상을 심어주기 위한 것에 불과하다."[11]

윈스턴 처칠(Winston Churchill)도 빌헬름 2세를 이렇게 평가했다. "행세와 술수가 평범하고 공허하지만, 자신을 제2의 프리드리히 대왕처럼 보이고 싶어 한다. 그러나 선한 의도를 가진 사람이었다."[12] 빌헬름 2세의 충동적이고 즉흥적인 성향이 독일 외교에도 반영되었다.

빌헬름 2세의 등극은 필연적으로 비스마르크와의 갈등으로 이어졌다. 둘 사이에 국내와 외교에서 중요한 정책에 대한 견해 차이가 명확했다. 비스마르크는 보수주의자로서 국내 사회주의 세력과 끝없이 갈등 관계에 있었다. 역설적이지만, 사회주의자들과 싸우면서 비스마르크가 세계 최초로 사회보장제도를 만들기도 했다. 그리고 유럽의 현상 유지를 희망하여 해외 식민지 개척을 주저했다. 반면, 빌헬름 2세는 사회주의 정당과의 제휴하여 친사회주의 정책을 옹호하고, 외교에서는 적극적인 대외 확장정책을 주장했다.

비스마르크와 빌헬름 2세의 갈등 속에서 독일 민족주의는 빌헬름 2세를 지지하는 쪽으로 움직였다. 피히테가 나폴레옹의 침략에 자극받아 외쳤던 독일 민족주의는 통일의 원동력으로 작용했고, 비스마르크 역시 민족주의를 활용했다. 통일 이후에도 학교에서는 민족주의 교육이 강화되었다. 당시에는 유럽 전체에 제국주의와 함께 민족주의 정서가 고조되고 있었다. 이런 시대 흐름에는 현상 유지정책보다는 확장정책이 더욱 독일 국민들의 구미에 맞는 정책이었다. 독일 언론들은 이미 이런 분위기를 반영했다. 보수언론인 ≪신프로이센신문(Neue Preußische Zeitung)≫(1890년 3월)도 '총리는 이미 과단성을 잃었다. 그는 주저하기 시작했다. 젊고 기력이 왕성한 황제는 갈수록 통치자로서의 면모를 보이고 있다'라는 평가를 내놓았다.

결국, 1890년의 선거에서 비스마르크 지지파가 패배하고 빌헬름 2세를 지지하는 사회주의 세력이 승리함으로써 빌헬름 2세는 비스마르크를 해임했다. 비스마르크의 퇴진은 민족주의 열기 속에서 영토적 팽창을 외치는 당시 독일 내 분위기에 부합되는 면도 있었다.

그러나 비스마르크 체제 속에서 평화를 누렸던 유럽 제국들에게는 비스마르크 퇴진이 평화가 위협받는 위기로 느껴졌다. 1890년 3월 29일 자 영국의 ≪펀치(Punch)≫지는 "수로 안내인이 배를 떠나고 있다"라는 유명한 삽화를 내놓았다. 방향 잃은 유럽의 평화를 우려하는 내용이었다. 또 그동안 비스마르크 체제 덕분에 유럽이 평화를 누렸다는 것을 반증한 것이다. 빌헬름 2세 입장에서는 비스마르크의 해임은 비스마르크에 대한 열등감의 표현일 뿐만 아니라 비스마르크의 그늘을 벗어나려는 노력의 성과이기도 했다. 빌헬름 2세 자신도 오스트리아 요제프 황제에게 보낸 서신에서, "비스마르크가 제국의 모든 사안을 독단적으로 처리하고 황제인 자신과 전혀 논의하지 않았다"라고 해임 이유를 간접적으로 설명하기도 했다.[13] 사실 이후 많은 역사학자들도 비스마르크를 해임한 것을 비스마르크라는 거대한 인물을 벗어나려는 빌헬름 2세의 발버둥으로 평가했다.[14]

비스마르크 체제의 존속 여부는 1890년에 만료되는 독러재보장조약의 연장 여부에 달려 있었다. 러시아의 차르는 3년 연장을 희망하고 있었다. 그러나 독일 쪽은 복잡했다. 먼저, 비스마르크는 황제에게 보낸 자신의 사직서에서 '황제와 외교정책에서 상반된 견해가 있다고 지적하면서, 러시아와의 관계 개선이 우선적으로 이루어져야 한다'고 강조했다. 비스마르크는 총리직을 떠나면서도 독러재보장조약 연장을 강력히 조언했다.[15] 독일 내부에서 연장 여부에 대한 논쟁이 벌어졌다. 그러나 비스마르크 퇴진 후 외교에 미숙한 레오 폰 카프리비(Leo von Caprivi) 총리를 대신하여 외교 전권을 장악한 외무성 고문 프리드리히 폰 홀슈타인(Friedrich von Holstein)은 재보장조약을 폐기하자는 주장을 제시했다. 그는 독러재보장조약이 독오동맹 조약에 위배되고, 독일이 프랑스와 전쟁에 돌입할 때 러시아가 중립을 유지할지를 믿을 수 없고(러시아의 조약 준수에 대한 신뢰가 부족), 만약 재보장조약이 공개될 경우 영국과의 관계를 훼손시킬 것이라는 주장의 근거를 제시했다. 이는 독러재보장조약이 가지고 있는 문제점을 정확하게 지적한 것은 분명했다. 그러나 비스마르크와 독일의 국가이익을 보는 관점이 달랐다. 비스마르크도 이러한 문제점을 알고 있었지만, 유럽의 안정 파괴라는 최악을 피하고자 많은 문제점을 가지고 있는 재보장조약을 차악(次惡)으로 선택해야 한다는 생각이었다. 그러나 빌헬름 2세는 홀슈타인의 의견을 수용했다.[16] 이러한 결정은 러시아를 불신하고 영국을 신뢰하는 빌헬름 2세의 개인적인 선호가 반영되기도 한 것이었다. 빌헬름 2세는 영국 빅토리아 여왕의 장녀인 어머니의 영향을 받았다. 또 비스마르크 체제는 너무 복잡하여 비스마르크조차도 운영에 힘겨웠을 가능성도 있었다. 후임 총리인 카프리비(Caprivi)는 자신은 비스마르크처럼 8개 공을 저글링할 수 없다고 고백했다.[17] 그리고 영향력을 확대하고 있던 독일 여론도 복잡하고 비밀스러운 비스마르크 체제를 압박했다.

비스마르크 후임자들은 프랑스를 고립시키는 비스마르크 체제의 기본 틀 속에서 러시아를 영국으로 교체하는 작업을 추진했다. 독일은 러시아와의 재보장조약을 연장하지 않은 대신, 이후 10년간 3차례에 걸쳐 영국과 동맹을 구체적으로 추진했다. 독일은 자국의 해군력 증강을 시연하는 조선으로 독불전쟁(프랑스가 독일 침공 시) 시 영국이 중립을 지켜줄 것을 제안했다. 영국은 빌헬름 2세의 충동성과 의도를 의심하고 독일의 제안을 신뢰하지 않았다. 독일에 대한 영국의 불신은 영국 외교장관을 역임(1904~1916년)한 에드워드 그레이(Edward Grey)가 1890년대 독일인들의 갑작스럽고 거친 독단성이 영국의 독일 정책을 우호적이 아닌 것으로 만들었다고 회고한 데서 잘 나타나고 있다.[18] 또 협력 형태에 대해서도 양국 간에 견해차가 컸다. 독일은 동맹(alliance)을 희망하고, 영국은 우호적 협상(entente cordiale) 수준인 관계를 선호했다. 통상 '협상(entente)'은 특정 지역이나 특정 사안에 대한 정책에 대한 양해를 의미하며, 체약국 간의 결합도가 동맹보다는 훨씬 낮은 단계였다. 균형자 역할을 외교의 기초로 삼고 있었던 영국에게는 협상(entente cordiale) 관계도 파격적이었다. 결국, 영국에게 무리하게 동맹을 요구한 것은 영국을 이해하지 못한 독일 정책 결정자들의 미숙함과 조급함의 표현이었다.[19]

독일과 영국의 접촉은 결과물을 만들지 못하고, 협상 과정에서 상호 불신만 축적되었다. 결국, 빌헬름 2세는 비스마르크 체제를 버리고 전면적인 확장정책으로 선회하게 되었다. 러시아가 없고, 러시아의 자리를 영국으로도 대체되지 않은 비스마르크 체제는 존속할 수 없었다.

빌헬름 2세의 확장정책

빌헬름 2세의 확장정책은 그의 세계정책(Weltpolitik)과 영국과의 제해권 경쟁으로 나타났다.

식민지에 대한 견해 차이는 비스마르크와 빌헬름 2세 간 하나의 쟁점이었다. 유럽이 식민지 제국주의 시대에 돌입했지만, 비스마르크는 유럽의 안정을 위해 식민지 확보에 소극적인 태도로 일관했다. 심지어 식민지와 제국주의에 무관심한 모습을 2차례 베를린 회의를 통해 증명하려 했다. 사실 '정직한 중재자'에 대한 비난에 자극되어 1884년부터 비스마르크도 뒤늦게나마 아프리카에 진출하여 토고, 케냐, 카메룬 등의 일부 지역을 획득했다.[20] 그러나 독일 국민들은 영국과 프랑스처럼 아프리카, 중동, 아시아로 적극적으로 팽창하기를 희망하고 있었다. 이것도 빌헬름 2세가 비스마르크를 해임한 하나의 이유가 되었다.

빌헬름 2세가 친정체제를 구축되면서 본격적으로 세계정책이라는 확장정책이 추진되었다. 외교장관(1897년)과 총리(1900년)를 맡는 베른하르트 폰 뷜로가 앞장섰다. 1897년 12월 뷜로 외교장관은 독일의회에서 비스마르크 정책을 벗어나 세계정책으로의 전환 필요성을 강조했다.

> "땅과 바다는 이웃에 맡기고, 하늘만 독일에게 맡겼던 순수한 독트린이 지배하던 시대는 지나갔습니다. 한마디로 하자면, 우리는 아무도 음지로 던져지는 것을 원하지 않습니다. 단지 우리는 양지에 우리의 자리를 요구할 뿐입니다."

뷜로는 비스마르크식 외교로 독일은 공허한 수사만 손에 쥐게 되었기 때문에 세계정책을 통해 다른 강대국과 같이 '양지 자리(Platz an der Sonne)'를 차지하기 위해 확장정책으로 전환을 주장한 것이다.

뷜로의 확장정책은 태평양, 중국, 중동에서 시작되었다. 독일은 태평양에서 영국, 미국과 경쟁하면서 사모아제도와 독일령 뉴기니를 확보했다. 중국에서는 청일전쟁에서 승리한 일본을 견제하는 3국 간섭에 참여하여 산둥반도의 자오저우만을 차지하고, 베이징 입구인 톈진에 조계지를 획득했다. 동시에 중동에서는 철도 부설을 통해 확장을 시도했다. 1899년 빌헬름 2세가 직접 협상에 참여하여 이스탄불(비잔티움)과 바그다드를 잇는 바그다드 철도 부설권을 획득하기도 했다. 이로써 기존의 이스탄불(비잔티움) - 베오그라드 - 부다페스트 - 비엔나 철도와 계획 중인 베를린 - 부다페스트 철도와 연결하면 최종적으로 베를린과 바그다드를 연결할 수 있었다. 이것이 독일의 3B 정책이었다. 베를린 - 바그다드를 연결하는 3B 철도를 통해 독일은 중동에 영향력을 확장할 수 있었고, 산업에 필수품인 중동의 석유를 효과적으로 수입할 수 있었다. 독일의 3B 정책(베를린 - 비잔티움 - 바그다드)은 영국의 아프리카 - 중동 - 인도를 잇는 3C 정책(케이프타운 - 카이로 - 캘커타)과 충돌했다. 독일이 바그다드와 인접한 항구인 바스라를 통해 아라비아해와 인도양으로 진출하여 영국의 최대 식민지인 인도를 위협할 수 있었다. 이러한 독일의 우회 전략은 대서양을 지배하고 있는 영국의 해군력을 피할 수 있는 절묘한 전략이기도 했다. 영국도 수에즈 운하가 있는 이집트를 보호국화하여 영국과 최대 식민지인 인도를 연결했다. 그러나 독일의 3B 정책은 명백히 인도에 대한 위협으로 영국에 다가왔다.

또 다른 독일의 확장정책은 북아프리카에서 2차례에 걸친 모로코 위기(Moroccan Crisis)로 나타났다. 빌헬름 2세가 직접 나섰다. 프랑스는 일찍이 1830년대부터 알제리와 튀니지를 식민지화하고 모로코까지 경제적 지원을 바탕으로 종속해 나가고 있었다. 1905년 빌헬름 2세가 모로코를 직접 방문하여, 모로코의 독립 보장과 문호 개방을 주장하면서 프랑스와의 갈등을 유발했다(1차 모로코 위기). 갈등 해소를 위해서 개최된 알헤시라스 회의에서 프랑스는 영국과 미국의 적극적인 지지를 받은 반면, 독일은 동맹국인 오스트리아로부터도 확고한 지지를 얻어내지 못하여 위신에 상처만 입었다. 회의는 독일의 의도와는 달리 프랑스에게 모로코 합병의 길을 열어주었다. 1911년에 2차 모로코 위기가 찾아왔다. 모로코에서 베르베르족의 반란이 일어나자, 프랑스가 진압하기 위해 출병했고, 독일도 자국민 보호 구실로 군함(판터호)을 파견하여 아가디르 해상에서 무력시위를 했다. 양국의 대치상황은 전쟁 일보 직전까지 가게 되었다. 영국이 주식시장이 폭락하는 경제적 영향을 받게 되면서 공개적으로 프랑스를 지지하고 나서자, 독불 양국은 협상으로 문제를 해결하기로 했다. 결국, 독일은 모로코에 대한 프랑스의 권리를 인정하고, 아프리카 콩고의 일부를 프랑스로부터 할양받기로 했다. 이후 모로코는 프랑스의 보호국이 되었다. 2차례의 모로코 위기 조성을 통해 독일은 국제사회에서 신뢰만 상실하고, 빈손으로 끝났다. 그리고 더 치명적인 것은 영국과 프랑스의 결속력을 더욱 강화해 주는 결과만 가져온 것이다. 2차례 위기에서 영국은 모두 독일에 대항하여 프랑스를 지지했다. 1차 모로코 위기는 영불협상이 성사된 직후에 벌어져, 영불협상의 협력 강도를 독일에게 확인해 준 계기가 되었다. 모로코 위기는 충동적인 빌헬름 2세의 대표적인 허세 외교 사례였다.

독일이 세계정책을 추진하기 위해서는 해군력 증강이 필수였다. 비스마르크 시대에는 프랑스가 목표였기 때문에 육군을 중시한 반면, 해군력 강화에는 필요성을 느끼지 못했다. 빌헬름 2세는 1890년에 출간된 미국 앨프리드 머핸 제독의 『해양력이 역사에 미치는 영향(The Influence of Seapower upon History)』에 깊은 감명을 받고 열렬한 해군주의자가 되었다. 그의 해군력 증강 정책은 1897년 알프레트 폰 티르피츠(Alfred von Tirpitz)를 해군 상관에 임명하면서 구체화되었다. 티르피츠는 1898년에 함대법을 제정하여 해군력 증강의 방침을 만들었다. 함대법은 이후 4차례 갱신(1900, 1906, 1908, 1912년)을 거치면서 해외 공격용 함대 증강이 이루어지고 함대 규모도 확대되어, 영국과 '영독 해군력 경쟁'에 돌입했다. 영국도 '2개국 표준주의(two power standard)'를 채택하여 해군력 2위 국가(독일)와 3위 국가(프랑스)가 보유한 해군력을 합친 것보다 더 많은 해군력을 보유하도록 규정하고 있어, 독일의 해군력 증강은 무한 경쟁을 의미하게 되었다. 1906년 영국이 고가인 장거리포 위주의 드레드노트급 함선을 도입하고, 독일도 여기에 대항하는 장거리포 함선을 개발하여 출혈 경쟁이 되었다. 결국, 출혈경쟁은 독일의 재정을 압박하여 1909년 뷜로 후임인 테오발트 폰 베트만-홀베크(Theobald von Bethmann-Hollweg) 독일 총리는 영국과 해군 군비감축 협상을 추진하려 했으나 독일 내 강경파의 득세로 실패했다.

삼국협상의 형성과 삼국동맹 vs. 삼국협상

독러재보장조약의 연장이 불발되면서 비스마르크 체제에서 삼국동맹만 남게 되었다. 그러나 오스트리아와 이탈리아의 잠재된 갈등을 고려하면, 실질적으로 독오동맹만 남게 된 셈이었다. 결국, 1902년에 이탈리아가 프랑스와 밀약을 통해 독불전쟁 시 중립을 약속하면서 독일과 오스트리아의 고립이 현실화되었다. 그러나 삼국동맹은 형식적으로는 1차 대전 발발 직후에 이탈리아가 런던 조약(1914년)으로 이탈할 때까지 유지되었다.

독러재보장조약 종료로 대프랑스 포위망이 풀리자 프랑스와 러시아는 급속히 접근하는 모습을 보였다. 양국은 독일에 대한 공포심을 공유하고 있었다. 비스마르크 퇴진 직후인 1891년에 양국 관계는 벌써 협상(entente) 수준에 이르렀고, 1894년에는 군사 목적인 러불동맹(Franco-Russian Alliance)으로 급속히 발전되었다. 이제 삼국동맹과 러불동맹의 대결 구조가 형성된 것이다. 러불동맹은 한 나라가 공격을 받을 경우에 다른 체약국은 신속하게 공동으로 대응할 것을 규정하는 자동참전조항(casus foederis)이 포함된 결합도가 높은 동맹조약이었다. 러불동맹이 체결되자 영국은 전통적인 균형자 입장을 유지하면서도 삼국동맹과는 거리를 두는 모습을 취했다. 조지 케넌(George Kennan)은 저작 『치명적인 동맹(The Fateful Alliance)』(1984)에서 프랑스와 러시아 양국 군부가 주동이 되어 3국 동맹에 대항하기 위해 군사동맹을 체결하는 과정을 분석하고, 러불협상(1891)과 러불동맹을 합쳐 '치명적인 동맹(The Fateful Alliance)'이라는 이름을 붙여 역사적 의미를 부여했다.[21] 이후 군사적 대결 구도는 삼국동맹 vs. 러불동맹이 되었고, 이것이 1차 대전으로 가는 시발점이 되었다는 것이다.

영국은 1890년대에 독일과의 동맹협상과 독일의 확장정책을 동시에 경험하게 되었다. 결국, 독일에 대한 불신으로 독일과의 협상이 성과 없이 부진해지자, 독일의 해군력 증강과 세계정책에 대응하기 위한 정책 전환의 필요성을 느끼기 시작했다. '영광스러운 고립주의'는 1820년 캐슬레이가 선포하고 이후 조지 캐닝(George Canning) 때부터 공식적으로 영국 외교의 기초가 되었다. 대부분의 영국 정치가들은 세력균형의 수단으로서 고립주의를 신봉했다. 반면 극소수지만, 윌리엄 글래드스턴(William Gladstone) 수상 같은 정치인은 유럽대륙의 세력균형을 부도덕하다고 생각했기 때문에 유럽과 거리를 두는 입장에서 고립주의에 집착했다. 심지어 그는 세력균형의 화신인 비스마르크를 악마로 표현하기도 했다.[22] 이제 영국에서는 독일의 확장정책에 직면해서 영광스러운 고립주의의 한계를 느끼고 수정이 필요하다는 인식이 보편화되었다. 영국 외교 정책자들은 외교의 기본인 균형자 정책에 유연성 부여하기로 했다. 동맹보다 낮은 수준의 협력관계인 협상(entente)이 대안이었다. 프랑스도 러불동맹으로 독일의 포위망을 탈출했지만, 독일의 확장정책으로부터 계속 압박을 받고 있었다. 그간 영국과 프랑스는 해외 식민지에서 자주 충돌해 왔다. 그러나 식민지 문제는 유럽대륙에서의 갈등과 달리 타협이 가능한 문제였다. 1904년에 영국과 프랑스는 영불협상(Anglo-French Entente)을 체결했다. 영불협상은 우호 협상의 성격으로, 모로코와 이집트에 대한 상호 지배권 인정에 합의하는 내용이었다. 영불은 이미 파쇼다사건(1898년)에서 협력을 통해 아프리카 식민지 문제를 해결했던 경험이 있었다. 이 경험이 영불협상의 기초가 되었다. 이후 영불협상은 빌헬름 2세가 저지른 무모한 1차와 2차 모로코 위기(1905년, 1911년)를 통해 생명력이 증명되고 더욱 강화되었다. 키신저는 영불협상이 형식은 식민지 협상이지만, 대립하는 두 동맹체 중 한편에 영국이 가입하는 결과를 도출했기 때문에, 영국이 전통적인 '영광스러운 고립'을 실질적으로 포기하는 계기가 되었다고 평가했다.

1907년 영국은 독일의 제해권 도전이 격화되자 대응방안을 검토하게 되었다. 외무성 분석관인 에어 크로우(Ayre Crowe)가 탁월한 보고서인 크로우 메모란덤(The Crowe Memorandum)을 제출했다.[23] 그는 먼저 독일이 유럽 차원뿐만 아니라 세계 차원의 패권을 추구하고 있고, 나폴레옹이 했던 것과 같이 유럽에서의 세력균형을 위협하고 있다고 진단했다. 그리고 프랑스는 목표가 명백하지만, 독일은 충동적인 외교에 의존하고 있어 목표가 명백하지 않을 뿐만 아니라 독일의 세계정책과 제해권 추구는 영국의 존립과 양립할 수 없다고 평가했다. 그러므로 독일과의 타협은 불가능하므로 유일한 선택은 프랑스와의 협상을 지키는 것이라고 결론을 내렸다. 그리고 영국은 1907년 독일의 제해권에 대한 도전에 대응하여 러시아와 영러협상(Anglo-Russian Entente)을 체결했다. 영국은 독일과 러시아의 접근 가능성을 우려했고, 러시아 역시 프랑스와의 동맹 관계를 유지하기 위해서는 영국과의 협력이 필요한 상황이었다. 또 극동에서 러일전쟁(1904년)으로 러시아의 팽창이 영국의 희망대로 저지된 것도 양국 간 협력을 가능하게 한 중요한 요인이 되었다. 영러협상도 페르시아, 아프가니스탄, 티베트 등 식민지 주요 분쟁지역에 대한 합의였다. 이를 통해 영국과 러시아 사이의 전통적인 대립 관계가 협력관계로 전환되었다.

러불동맹, 영불협상, 영러협상은 각각의 개별적인 협력체이지만 공통적으로 독일에 대항하는 협력체이므로 통합하여 삼국협상(Triple Entente)으로 불린다.

영국이 프랑스, 러시아와 체결한 협상(entente)은 '특정 지역, 특정 사안에 대한 상대국 정책에 대한 양해'를 의미하지만, 이를 발판으로 동맹 관계로 발전될 수 있는 가능성을 제공했다. 실제 1차 대전이 발발하자 영국, 프랑스, 러시아 3국은 런던 조약(1914년 9월)을 체결하고 협력을 더욱 강화(독일과 단독 강화를 배제)했다.

이제 유럽은 비스마르크 체제에서 삼국동맹과 삼국협상의 대결 구도로 전환되었다. '삼국동맹'과 '삼국협상'의 대립은 비스마르크의 세력균형 체제와 같은 유연성을 상실하고, 경직된 양 진영체제로 유럽의 안정을 본질적으로 파괴하는 요인으로 작동되었다.

민족주의의 충돌과 1차 대전으로의 전진

유럽의 화약고인 발칸에서 주역은 오스만제국, 러시아, 오스트리아 등 3개의 제국이었다. 발칸을 300여 년간 지배했던 오스만제국이 '유럽의 병자' 신세가 되자, 러시아와 오스트리아가 세력 확장을 위해 발칸에서 충돌했다.

러시아의 팽창주의는 두 개의 기둥에 기초하고 있다. 하나는 종교적 성격으로, 차르는 동로마제국과 기독교 교의의 계승자라는 자부심을 가지고 있었다. 팽창을 메시아적 사명감으로 무장했다. 이러한 종교적 성격은 소련 시대 공산혁명 확산을 소명으로 한 소비에트 외교에서도 격세유전처럼 나타났다. 다른 하나는 러시아의 지정학적 약점으로, 몽골제국을 필두로 수많은 외침을 동쪽과 서쪽으로부터 겪으면서 항상 안보 불안에 시달렸다. 메시아적 소명감과 안보 불안이 결합되어 자신을 방어하기 위해 팽창해야 한다는 '방어적 팽창' 욕구가 러시아를 지배했다. 유럽은 러시아의 팽창에 대응하여 메테르니히처럼 포용하거나, 비스마르크처럼 통제와 견제로 대응해 왔다. 현대에 와서는 미국의 조지 케넌도 '소련외교의 근원을 팽창주의'로 지목하고, 봉쇄정책을 제시했다.

러시아의 팽창주의가 19세기에 향한 곳이 발칸이었다. 발칸은 유럽의 병자 오스만제국이 남겨 놓은 유산으로 생긴 힘의 공백이었다. 러시아는 표트르 대제 이후 흑해와 지중해로 진출하기 위해서 발칸에서의 세력 확대를 지속적으로 추구했다. 그 결과 성공과 좌절을 거듭했다. 그리스독립전쟁(1829년)과 러터전쟁(1878년)에서는 성공했고, 크림전쟁(1856년)과 베를린 회의(1878년)에서는 좌절되었다. 러시아의 발칸과 흑해, 지중해로의 진출은 오스트리아와 영국의 반발을 불러일으켰다. 오스트리아와의 갈등은 러시아 지지를 받는 범슬라브주의와 오스트리아와 독일의 지지를 받는 범게르만주의 간의 대결로 구체화되었다. 영국도 러시아의 흑해, 지중해에로의 팽창이 영국의 해상 우위에 대한 도전이며, 최대 식민지인 인도와 이집트를 위협한다고 인식했다.

독일은 비스마르크 시대에는 발칸에 대한 이해관계가 없었다. 베를린 회의에서 비스마르크가 '정직한 중재자'라고 자임한 근거이다. 그러나 러시아와의 재보장조약을 폐기한 후, 독일은 발칸에 대한 비스마르크 정책을 수정하여 오스트리아를 적극 지지하기 시작했다.[24] 이제 발칸을 두고 러시아와 오스트리아 사이에서 고민할 필요가 없어졌다. 그리고 러시아의 팽창에 위기감을 느낀 오스만제국도 독일과 오스트리아에게로 접근했다. 또 불가리아, 세르비아, 루마니아, 알바니아, 그리스 등 많은 신생독립 소국들도 영토 확장을 노리고 서로 갈등상태에 있어, 발칸은 '유럽의 화약고'가 되었다. 1911년 이탈리아가 리비아를 얻기 위해 오스만제국을 공격하면서 서막이 올랐다. 여기에 자극되어 1912년에 세르비아, 불가리아 등은 발칸동맹을 결성하여 오스만제국을 공격하여 1차 발칸전쟁이 발발했다. 세르비아를 앞세워 러시아가 뒤에서 조정했다. 여기에 러시아의 팽창을 우려하는 오스트리아가 개입했다. 러시아와 오스트리아가 전쟁할 경우 독일의 참전이 예상되었다. 이를 우려한 영국이 중재(런던 조약)하여 세르비아의 확장을 일정 부분 저지했다. 그러나 1913년에는 발칸동맹 내에서 전리품 싸움으로 2차 발칸전쟁이 발발하여, 세르비아는 약진한 반면 불가리아는 많은 것을 잃었다. 2차례 전쟁 결과 러시아가 지지하는 세르비아는 약진하고 오스트리아는 후퇴했다. 이제 발칸에서 오스트리아를 축출하는 것이 발칸 슬라브주의의 목표가 되었다.

발칸에서 오스트리아와 러시아의 충돌 가능성은 1908년 보스니아 위기에서 나타났다. 오스트리아는 베를린 회의(1878년)에서 보스니아-헤르체고비나에 대한 행정권을 획득했다. 1908년 오스트리아는 보스니아-헤르체고비나를 두고 러시아와 협상을 벌이다가, 돌연 합병을 선언했다. 세르비아와 러시아가 강력히 반발했으나, 러시아는 오스트리아에 대한 독일의 확고한 지지를 확인하고는 군사적 개입을 포기했다. 그러나 6년 뒤 사라예보 사건 때는 러시아가 다른 선택을 했다. 합병한 사라예보를 1914년에 방문한 오스트리아 황태자 부처가 암살당했을 때 독일은 여전히 오스트리아를 적극적으로 지지했다. 오스트리아와 세르비아 간에 전쟁이 발발하자 러시아도 6년 전과는 달리 세르비아 편에 참전하여 1차 대전으로 전진하였다.

1914년 6월 30일 발생한 사라예보 암살사건에서 1차 대전으로 발전되는 과정에 강대국들의 외교가 치열하게 진행되었지만, 결국 정책 결정자들의 몽유병에 시달리는 듯한 비이성적인 결정으로 대재앙의 문을 열게 되었다.

암살사건은 슬라브 민족주의가 실행했지만, 오스트리아와 갈등 관계에 있던 세르비아가 개입했다는 명확한 증거는 없었다. 오스트리아는 이 기회에 세르비아를 굴복시키고 싶었다. 그리고 세르비아 수도인 베오그라드가 베를린-바그다드 철도의 통과 지점이었기 때문에 세르비아에 대한 영향력 확보가 절실했다. 오스트리아는 독일에게 전쟁 수행에 필요한 독일의 전폭적인 지원을 보장하는 백지수표(carte blanche)를 원했다. 이에 호응하여 암살사건 직후(7월 5~6일) 빌헬름 2세와 베트만-홀베크 총리는 각각 오스트리아 대사에게 오스트리아 행동에 대한 백지수표를 확인해 주었다.[25] 베트만-홀베크 총리는 오스트리아 대사에게 이렇게 말했다.

> "오스트리아는 세르비아와의 관계를 해결하기 위해 무엇을 해야 할지 판단해야 할 것입니다. 하지만 오스트리아가 어떤 결정을 내리던 독일이 동맹국으로서 오스트리아 뒤에 있을 것이라고 확실히 기대해도 좋습니다."[26]

그러나 오스트리아는 바로 세르비아를 응징하지 못했다. 전쟁 준비가 되어 있지 않았을 뿐만 아니라 전쟁에 소극적인 헝가리 총리를 설득하는 내부적 절차로 1개월을 머뭇거렸다. 이 애매한 상황을 '7월 위기'라 불렀다. 오스트리아의 머뭇거림은 황태자 부처의 암살에 대한 동정심과 응징에 대한 도덕적 정당성을 희석시켜 도리어 전쟁의 가능성을 높여주는 결과를 가져왔다.

7월 위기 기간에 오스트리아가 세르비아와 전쟁할 것이 명백한 상황에서 러시아는 참전 여부를 검토했다. 러시아 내각에는 크림전쟁 이래로 오스트리아는 러시아의 발칸 진출에 방해꾼이었으며, 만약 세르비아가 무너지면 발칸에서 러시아가 축출되는 상황에 직면할 것이라는 복수심과 두려움이 혼재했다. 차르는 독일이 1908년 보스니아 위기 때처럼 오스트리아를 명백히 지지하고 있기 때문에 망설였지만, 결국 강경파에게 설득되어 전쟁을 무릅쓰더라도 세르비아를 지지하기로 결정했다. 오스트리아는 독일을 믿고 반오스트리아 활동단체 해체, 사건 가담자들에 대한 세르비아 재판에 개입 등 세르비아가 수용할 수 없는 요구를 조건으로 최후통첩(7월 24일)을 전달했다. 세르비아가 일부를 거부하자, 오스트리아가 기다렸다는 듯이 선전포고(7월 28일)하면서 순식간에 전쟁으로 발전되었다. 이에 대항하여 러시아는 전면동원령(7월 30일)을 발령했다. 이에 독일은 러시아의 동원령 중단을 요구하고, 요구가 거부되자 러시아에게 선전포고했다(7월 31일). 황태자 암살사건과는 전혀 관계가 없는 독일과 러시아 간의 전쟁으로 발전된 것이다.

1차 대전으로 발전되기 직전에 러시아와 독일은 프랑스와 영국을 상대로 지지나 중립을 확보하기 위해 외교를 치열하게 전개했다. 프랑스는 러불동맹 조약에 의해 러시아에 대한 지원 의무가 있었다. 1912년 프랑스 레몽 푸앵카레(Raymond Poincare) 대통령은 러시아 대사에게 "만약 러시아가 전쟁을 한다면, 이 문제(발칸)에서 독일이 오스트리아 배후에 있다는 것을 알기 때문에 프랑스도 동참하겠다"[27]라고 일찍부터 확인해 주었다. 7월 위기 때도 러시아에 대한 무조건 지지를 약속하면서 타협하지 말 것을 부추겼다. 그리고 전쟁 발발 후에도 독일이 프랑스의 중립 가능성을 타진(8월 1일)해 오자, 국익에 따라 행동하겠다는 애매한 입장으로 대응하면서 러시아를 지지했다. 독일은 프랑스에 대해 먼저 전쟁을 선포했다(8월 3일). 독일은 러시아,

프랑스와 양면에서 전쟁을 수행하게 되었다. 독일은 나름대로 슐리펜계획(Schlieffen Plan)을 마련하여 먼저 프랑스 전선에 집중하여 승리하고, 나중에 군사 동원이 늦은 러시아 전선에 집중한다는 전략을 추진했다. 독일은 프랑스로의 진격 통로에 있는 벨기에를 침공했다. 영국은 안보에 필수적인 저지대(네덜란드, 벨기에 등)가 침공당하자 즉각 독일에 선전포고했다(8월 4일).

영국의 저지대에 대한 집착은 지정학적으로 저지대가 영국 섬에 접근하기 가장 좋은 항구적 여건을 가지고 있기 때문이었다. 이미 18세기에 네덜란드 출신인 오렌지 공이 영국으로 와서 영국 왕 윌리엄 3세로 등극하면서 저지대 확보는 영국 외교의 기초가 되었다. 1차 대전 당시 영국은 러시아와 프랑스 편에 설 아무런 법적, 도덕적 의무는 없었다. 이런 입장은 오스트리아 황태자 부부 암살사건 발생 직전에 영국 에드워드 그레이 외교장관이 확인했다. “만약 유럽 강대국 간에 전쟁이 발발한다면, 영국이 전쟁에 참여해야 할지 여부를 결정할 것이다. … 비공개 합의는 전혀 없다.” 7월 위기가 전개되면서 영국과 독일 간에 협상이 진행되었다. 독일 베트만-홀베르크 총리는 영국이 중립을 지켜준다면, 프랑스 상대로 독일 해군력을 사용하지 않겠다는 제안을 했다. 그러나 해군력을 내용으로 한 독일과의 협상 실패를 영국은 이미 경험해 봤기 때문에 독일을 신뢰하지 않았다. 또, 프랑스가 무너지면 영국이 위험해진다는 것을 알고 있었다.[28] 그레이는 독일의 제안을 거절했다. 영국은 국제회의를 통한 해결이라는 전통적인 방법이 있었지만, 당시 영국 내각은 무기력에 빠져 시도조차 하지 못했다. 결국, 사활적 이익이 걸린 저지대가 침공당하자 중립을 버리고 전쟁에 참전했다.

학자들은 1차 대전을 ‘이상한 전쟁’으로 규정하기도 한다. 통상 전쟁은 조약 파기를 이유로 발생하기 마련인데, 1차 대전은 동맹조약을 너무 잘 준수했기 때문에 발생한 것이다. 동맹조약 준수 뒤에는 유럽의 민족주의 열기가 있었다. 발칸에서 시작된 민족주의 간의 갈등이 전 유럽 범위로 확산되어,

오스트리아와 세르비아 간의 갈등을 2000만 명이 사망하는 대재앙으로 바꾸어버렸다. 1913년 당시 독일 총리였던 베트만-홀베크는 독일 외교가 비이성적인 민족주의 여론에 떠밀려 가고 있다고 우려했다. "이유를 들자면, 이렇다 할 목적 없이 위신을 좀 떨치려 했고, 모든 여론의 흐름에 전전긍긍했기 때문이다."[29] 윈스턴 처칠도 이렇게 당시 상황을 묘사했다. "그 당시 분위기는 이상했다. … 민족적 열정이 지나친 찬양을 받으며, 온 세상 표면 아래에서 잠복한 채 활활 타오르고 있었다(『The World in Crisis』)." 1차 대전을 다룬 에리히 마리아 레마르크(E. M. Remarque)의 체험소설 『서부전선 이상 없다(Im Westen nichts Neues)』의 첫머리에서도 독일 학생들이 선생의 왜곡된 선동으로 민족주의에 도취되어 전쟁이라는 지옥으로 즐겁게 뛰어드는 모습이 묘사되어 있다. 키신저도 1차 대전이 유럽 왕실 간의 전쟁으로 시작되었지만 유럽 각국 수도에서 환호하는 군중들로 인해 국민들 간의 투쟁으로 변했다[30]고 민족주의 분위기를 설명했다.

1차 대전에서 강대국 내에서 민족주의가 들끓고 있는 상황에서 정치지도자들의 무책임하고 편협한 결정이 결정적 뇌관이 되었다. 2014년 1차 대전 100주년을 기념하기 위해 발간한 저작 『몽유병자(Sleep Walkers)』(2014)에서 영국 역사학자 크리스토퍼 클라크(Christopher Clark)는 당시 정치지도자들을 몽유병자(sleep walker)라고 평가했다. "1914년 주역들은 눈을 부릅뜨고도 보지 못하고 꿈에 사로잡힌 채 자신들이 곧 세상에 불러올 공포의 실체를 깨닫지 못한 몽유병자들이었다."[31] 사라예보 사건이 1차 대전으로 발전되는 과정은 민족주의라는 불길 속에 동맹정책이 내포하고 있는 '연루'라는 위험성을 고스란히 보여주고 있다.

세력균형을 넘어서: 지정학의 등장

19세기 말 이후 비스마르크의 세력균형 체제가 붕괴되면서 유럽 강대국 간의 갈등이 증폭되었다. 서반구에서도 미국이 강대국 반열로 발돋움하고 있었다. 그리고 증기기관과 같은 2차 산업혁명의 성과물이 국제질서에 큰 영향을 미쳤다. 증기 군함의 등장으로 해양이 전장이 되었고, 증기기관차의 발전은 유라시아 대륙뿐만 아니라 세계를 하나로 묶는 역할을 했다. 강대국 간의 경쟁이 치열해지고 세계가 하나로 연결되면서, 각 지역의 지리적 특성이 강대국 관계에 영향을 미친다는 인식이 생겨나게 되었다. 이제 강대국들은 국가이익을 확보하기 위해서 '보이지 않는 손'과 같은 세력균형에만 의존하기에는 너무나 불안해졌다. 세력균형 정치를 넘어서는 보다 복합적인 전략적 사고가 필요하게 되었다. 복합적인 전략적 사고를 지리적 요소에서 찾으려는 노력이 지정학(Geopolitics)이란 이름으로 국제정치에 등장했다. 지정학은 복잡해진 상황에 처한 강대국들의 외교정책이 의존할 수 있는 새로운 전략의 틀이었다.

지정학의 역사는 현실주의 이론의 역사보다 오래된 19세기 후반부터 시작되었다. 1915년 스웨덴 학자 루돌프 셸렌(Rudolf Kjellen)이 '지리적 영토에 의해 발생하는 국가적 상황과 문제'라는 의미로 '지정학(Geopolitik)'이라는 용어를 처음 사용했다. 그리고 셸렌은 지정학이 필연적이라는 점을 강조하여 '하나의 정치적 지상 명제'라고 불렀다.32) 지정학의 대표 학자 중 한 명인 니컬러스 스파이크먼은 지정학을 '지리적 입지의 관점에서 국가의 정책과 행위를 설명하고 예측하는 학문'이라고 정의했다. 그리고 지리적 입지를 단순한 지리적 위치뿐만 아니라 영토의 크기와 특성, 인구 규모, 천연자원, 생산력, 군사력 등을 포괄하는 의미로 사용했다. 스파이크먼은 지리적 입지가 국가의 잠재적 국력과 안보 전략에 영향을 미치기 때문에 지정학이 외교정책에서 필수요소라고 강조했다.

"지리는 영속적이기 때문에 국가의 외교정책에서 가장 근본적인 요소이다. 장관들은 바뀌고, 심지어 독재자들도 죽지만, 산들은 동요 없이 그대로 존재한다."[33]

일찍부터 외교 현장에서도 지정학이 적용되었다. 1907년 영국 외교정책의 방향을 분석한 '크로우 메모란덤'의 서두도 이렇게 시작되었다. "영국 외교의 일반적 성격은 그 지리적 위치라는 변할 수 없는 조건에 의해 결정된다."[34]

앨프리드 머핸(Alfred Mahan), 헬퍼드 매킨더(Halford Mackinder), 니컬러스 스파이크먼, 그리고 카를 하우스호퍼(Karl Haushofer) 등이 19세기 말과 20세기 중반까지 지정학을 발전시켰다. 이들 4명의 고전 지정학자들은 공통점과 상이점을 가지고 있다. 모두 세계질서를 대륙세력과 해양세력으로 구분하는 관점에서 보았다. 머핸은 해양세력에 대해 이론을 전개한 반면, 나머지 3인은 대륙세력에 대한 이론을 제시했다. 그리고 대륙 세력이론 3인들 중에도 맥킨더와 스파이크먼은 세력균형을 목표로 한 전략을 제시한 반면, 하우스호퍼는 현상타파를 목표로 하는 수정주의자(revisionist)의 이론적 기초를 제시했다.[35]

지정학 논쟁의 시발점은 대영제국의 발전에 대해 역사적으로 분석한 머핸에서부터 시작되었다. 머핸은 미국 해군제독으로서 1890년 『해양력이 역사에 미치는 영향(The Influence of Sea Power Upon History)』이라는 저서에서 해군력의 중요성을 강조하기 위해 '해양력(Sea Power) 이론'을 제시했다. 그는 단순한 해군력에 더해 해상물류 수호 능력을 포함한 해양력의 개념을 사용했다. 그는 영국의 세계를 제패할 수 있었던 이유가 바로 영국이 해양력을 확보하고 있었기 때문이었고, 반면 프랑스는 육군에 집중하여 세계 제패에 실패했다고 분석했다. 그는 미국이 해양을 제패하기 위한 전략으로 네 가지를 제안했다. ① 원양해(遠洋海)에서 작전 수행이 기능한 대양해군 양성, ② 물자와 원료 공급의 유연성 확보를 위한 해외 해군기지 설치, ③ 해군력의 신속한 이동을 위해 대서양과 태평양을 잇는 파나마 운하 건설, ④ 하와이 확보 등이다. 머핸의 해양력 이론은 20세기 초 시어도어 루스벨트 대통령에게 영향을 주어 태평양 진출의 이론적 기초가 되었고[36] 아직까지도 미국의 해양전략의 기초로서 영향력을 행사하고 있다. 머핸의 이론은 독일과 일본의 팽창주의에도 영향을 주었다. 특히 독일의 빌헬름 2세는 머핸의 이론에 심취하여 적극적으로 독일 해군 건설을 추진했고, 결국 영국과 충돌로 1차 대전의 원인이 되기도 했다.

반면 철도 출현으로 1904년 영국 지정학자 매킨더는 「역사의 지리학적 중심(Geographical Pivot of History)」[37]에서 해양 대신 유라시아 대륙 중심부의 중요성을 강조하여 '심장부(Heartland) 이론'을 제시했다. 그는 철도의 발달로 육상전력이 해상전력을 능가할 것으로 전망하고, 철도로 접근할 수 있는 유라시아의 광활한 대륙 지배에 초점을 두었다. 유라시아 심장 지대(Eurasian Heartland)는 역사적으로 동쪽 유목민족의 유럽 침략 루트인 스텝 지대로, 많은 제국들의 흥망성쇠가 결정된 핵심적인 지역이었다. 그러므로 심장부 지배가 세계제국의 필수조건이고, 동유럽이 심장부를 지배할 수 있는 지리적 위치에 있다고 주장했다. 그는 유명한 명제를 제시했다. '동유럽을 지배하는 자가 유라시아 심장부를 지배하고, 심장부를 지배하는 자가 유라시아와 아프리카로 구성된 세계섬(World-Island)을 지배하고, 세계의 섬을 지배하는 자가 종국에 세계를 지배할 것이다(Who rules East Europe commands Heartland: Who rules the Heartland commands the World-Island: Who rules the World-Island commands the World).' 그러므로 그는 동유럽에 위치한 독일과 러시아의 연합을 방지해야 하고, 독일과 러시아가 심장부를 지배할 수 없도록 하기 위해 영국은 독일을 통해 러시아를, 러시아를 통해 독일을 통제해야 한다는 전략을 제시했다. 역사상 독일과 러시아 간에 조약(브레스트-리토프스크 조약, 라팔로 조약, 독소 불가침조약, 빌리 브란트의 동방정책, 최근에는 노르드스트림 프로젝트 등)이 체결될 때마다 세계가 긴장했던 이유였다. 냉전 기간에는 소련이 중·동유럽과 유라시아 심장부를 장악하여 초강대국의 지위에 올라설 수 있었다. 소련의 무모한 침략행위인 아프가니스탄 침공도 지정학적 맥락에서 설명될 수 있다. 그리고 벨라루스, 우크라이나(2022년 침공), 조지아(2008년 침공)를 잇는 세력권을 형성하려는 푸틴의 시도도 심장부 이론으로 설명이 가능하다. 유라시아의 중요성을 지정학적으로 보는 시각은 1980년대 즈비그뉴 브레진스키(Zbigniew Brzezinski)에 의해 다시 나타났다(브레진스키의 지정학은 10. 포스트냉전 체제 '지정학의 귀환' 참조).

미국 학자 스파이크먼은 1930년대부터 지정학에 대해 발표한 여러 논문들과 1942년 『강대국 지정학: 세력균형을 통한 미국의 세계 전략(America's Strategy in World Politics)』을 통해 매킨더의 심장부 이론에 대항하여 주변부(Rimland) 이론을 제시했다. 그는 맥킨더가 제시한 중심부의 중요성을 인정하고, 중심부를 통제할 수 있는 전략을 제시했다. 중심부를 둘러싸고 있는 해안지역의 전략적 중요성을 강조했다. 서유럽, 중동, 동아시아를 연결하는 초승달 모양의 유라시아의 주변부 지역은 자원 이동과 해상무역을 통제할 수 있는 전략적 중요성을 가지고 있기 때문에 주변부 장악을 통해 중심부를 견제, 통제할 수 있다고 보았다. 스파이크먼은 주변부 장악을 통해 매킨더의 심장부와 세력균형을 이룰 수 있는 전략을 제시했다. 이는 냉전 시대 동유럽과 유라시아를 장악한 소련에 대항하는 봉쇄정책(containment policy)에 대한 이론적 근거를 제공했다.

독일 지정학은 19세기의 독일 통일과 제국주의 팽창을 정당화하기 위해 출현했다.[38] 20세기 초 사회 진화론의 영향을 받은 지리학자들인 프리드리히 라첼(Friedrich Ratzel)과 그의 스웨덴인 제자 루돌프 셸렌(Rudolf Kjellen)에 의해 시작되었다. 라첼은 서식지라는 인문지리학 개념인 레벤스라움(Lebensraum, 생존공간)을 사용하여 인구 과잉된 독일 현실을 해결하기 위한 대책으로 지정학을 연구했다. 그는 셸렌과 함께 국가 유기체론을 지정학에 접목시켜 레벤스라움 이론을 전개했다. 그들은 유기체인 국가가 생성, 발전, 소멸 단계를 거친다고 보고, 독일이 발전하기 위해서는 과잉 상태의 독일인들을 수용할 수 있는 동쪽 지역으로의 영토 확장이 필요하다고 주장했다. 당시에도 이미 레벤스라움은 '독일인의 동쪽 이주'를 의미했다. 생존공간 주장은 나치 시대에 와서 극적으로 발전하게 되었다. 히틀러의 『나의 투쟁(Mein Kampf)』에도 생존공간의 필요성이 적시되었다. 히틀러의 생존공간 정책에 영향을 준 것은 카를 하우스호퍼였다. 독일제국군 소장 출신이며, 뮌헨대학 교수였던 하우스호퍼는 생존공간 추구가 국가의 의무라고 히틀러를 부추겼다.[39] 그는 국가가 자급자족(autarky)을 보장받는 자연국경을 추구할 권리를 가지고 있기 때문에, 독일인의 생존을 위해 동쪽으로 생존공간을 확장해 나가는 것이 독일국가의 의무라고 주장했다. 또 '범지역(Pan Region)' 개념을 사용하여 세계질서를 과도기적으로 독일이 지배하는 유라시아 중심부, 이탈리아가 지배하는 북아프리카와 지중해, 일본이 지배하는 아시아지역, 미국이 지배하는 범아메리카 지역으로 나누고, 종국에는 유라시아 중심부를 지배하는 독일이 최후의 승자가 될 것으로 전망했다. 그리고 매킨더의 심장부 이론을 적극적으로 수용[40]하여, 나치의 외교정책으로 심장부 국가인 소련과 동맹을, 또 소련을 견제하기 위해 이탈리아, 일본과 동맹을 추진할 것을 제안했다. 히틀러도 1937년 나치 지도부 회의에서 레벤스라움 이론을 근거로 독일이 체코슬로바키아를 시작으로 동쪽으로 팽창해야 한다고 주장했다.

독일의 지정학은 나치 정권에서 독일 민족주의자들에 의해 영토문제뿐만 아니라 인종 문제도 포함된 정치철학으로 변질되었다. 당시 독일 사회에서는 우생학이 인기를 끌면서 게르만족이 동부의 슬라브족보다 우월하다는 인종주의가 널리 퍼져 있었다. 독일이 인종적으로 열등한 동부지역으로 생존공간을 확장하는 것은 정당한 것이 되었다. 히틀러는 『나의 투쟁』에서 동부로의 팽창을 독일의 인구 과잉을 해결하고, 천연자원을 획득하고, 독일 민족의 우월성을 증명하는 '불가피한 팽창'으로 정당화했다. 독일 민족주의자들은 생존공간 정책이 영국과 프랑스의 식민지 정책과 서부로의 팽창을 운명과 의무라는 미국의 명백한 운명(Manifest Destiny)과 같은 것이라고도 주장했다. 생존공간 이론은 독일뿐만 아니라 일본의 '대동아 공영' 구상, 무솔리니의 에티오피아 침공에도 영향을 주었다.

지정학은 한스 모겐소로부터 '사이비 과학(pseudo science)'이라고 비판을 받았고,[41] 케네스 왈츠로부터도 이론이 아니라 국제 현상을 관찰하거나 서술하는 수준에 불과하다는 평가[42]를 받았다. 그러나 지정학은 19세기까지 국제정치를 이해하는 지배적인 분석 틀(analysis framework)이었던 세력균형을 넘어서 인과관계를 통한 국제정치를 설명하려는 시도로, 국제정치의 이론화로 가는 중요한 기점이 되었다. 지정학이란 이름으로 지금까지도 국제정치에서 유용한 분석 틀로서 생명력을 유지하고 있다. 특히 2010년대 중반부터 미국과 도전 세력인 중국·러시아와의 갈등을 분석하는 하나의 이론적 틀로서 귀환(return of geopolitics)하기도 했다. 심지어 현재는 모든 국제정치 문제가 '지정학적 문제'로 지칭되는 보편성까지 갖추었다.[43]

제4부
집단안보 체제들

08. 베르사유 체제

09. 얄타 체제

08

베르사유 체제

베르사유 체제는 영구평화를 향한 큰 걸음이었지만
당시에 너무나 이상적이어서 실현될 수 없는 체제였다.
그리고 독일은 분노했고, 프랑스는 불안해했고,
영국은 무기력했고, 미국은 무책임했다.

파리평화회의, 1919년

1차 대전의 변수와 종결

마치 폭죽같이 연쇄적으로 강대국들이 참전한 1차 대전은 모든 정치지도자의 예상과는 달리 참혹한 장기전이 되었다. 4년간의 긴 전쟁 속에 전쟁의 결과뿐만 아니라 이후 국제질서에 영향을 미칠 두 개의 변수가 발생했다. 전쟁 초기 중립을 유지했던 미국이 연합국 측에 참전한 것과 연합국 측에서 전쟁 발발의 중요한 원인을 제공했던 러시아가 볼셰비키 혁명의 여파로 전선에서 이탈한 것이다.

첫 번째 변수는 미국의 참전이었다. 유럽대륙 문제에 미국이 개입한 것은 처음이었다. 미국은 전쟁 초기부터 참전한 것은 아니었다. 전쟁 발발 3년 동안 갈등 속에서 중립을 지키다가 국내 여론이 참전 쪽으로 급격히 기울면서 1917년 4월에 참전하게 되었다. 1912년 미국에서는 이상주의자인 우드로 윌슨의 민주당 정부가 16년 만에 집권하여 부도덕하고 부패한 유럽에서의 전쟁과 거리를 두려는 모습을 보였다. 미국은 전쟁이 발발하자 바로 중립을 선언했다. 그러나 이미 미국의 국가이익이 서반구를 넘어 유럽대륙에까지 확장되어 있어, 미국인들은 유럽 정세에 큰 관심이 있었다. 미국은 영국과 프랑스뿐만 아니라 독일과도 무역 관계를 유지하고 있었고, 양쪽 모두에게 많은 채권을 가지고 있었다. 1914년 당시 영국과 프랑스에 합쳐서 15억 달러 정도의 채권을 가지고 있었고, 전쟁 개시후 급증했다. 막대한 채권 회수도 미국의 고려사항이었다. 윌슨 대통령은 퇴역 군인이며, 자신의 친구인 에드워드 하우스(Edward M. House) 대령을 유럽에 파견하여 정세를 상세히 관찰했다. 하우스 대령은 보고서에서 연합국이 승리할 경우 러시아가, 동맹국이 승리할 경우 독일이 유럽을 지배할 것이라고 우려했다.

미국의 중립 입장 유지에 대한 큰 도전은 해양에서의 전투였다. 미국 상선에는 치명적 요소였다. 영국이 우월한 해군력을 바탕으로 해양 봉쇄를 취하자 독일은 강경파 티르피츠 해군 장관이 주창한 '무경고 무제한' 잠수함 작전으로 맞섰다. 미국은 1916년 윌슨이 재선되면서 적극적인 중재를 시도했다. 협상 테이블을 마련하기 위해 양측에 전쟁 목적을 제시해 줄 것을 요구했다. 연합국 측은 원상회복을 제시했지만, 독일은 미국 개입을 반대하는 입장만 표시했다. 이런 분위기 속에 오스트리아의 새로운 황제 칼 1세가 프랑스와의 협상을 시도했다가 독일 강경파에게 저지되면서, 동맹국 측에서 강경파의 주도권만 강화되었다. 이제 미국의 중재는 불가능한 상황이 되었고, 중립 유지는 독일의 무제한 잠수함 작전과의 싸움이 되었다.

독일은 해상에서의 열세를 극복하기 위해 1915년 2월부터 영국의 전 해역을 작전구역으로 선포하고 무경고 무제한 잠수함 작전을 실시했다. 1915년 5월 영국의 대형 여객선 루시타니아호가 격침되어 미국인 124명이 사망하는 '루시타니아호 사건'이 발생했다. 미국에선 반독일 정서가 급격히 상승했고, 국무장관이 윌리엄 브라이언(William Bryan)에서 로버트 랜싱(Robert Lansing)으로 교체되기까지 했다. 미국의 강력한 항의에 대해 독일은 '특별한 사전주의'를 약속했지만 오래 가지 못하고, 1917년 무경고 무제한 작전을 다시 미국에게 통보했다.

미국이 독일의 잠수함 작전에 격분하고 있을 때, 1917년 1월 결정적인 사건인 '치머만 전보사건'이 발생했다. 독일 외교장관 아르투어 치머만(Arthur Zimmermann)이 주멕시코 독일 대사에게 '미국이 연합국에 참전할 것을 대비하여 미국의 뒷마당인 멕시코와 연합을 추진하라'고 지시하는 전문이 미국에 유출되었다. 멕시코가 미국과의 전쟁에 참전하면 멕시코가 미국에 빼앗겼던 애리조나, 뉴멕시코, 텍사스 등 3개 주를 멕시코에게 보상하겠다는 내용이었다.[1)] 미국 국민의 반발은 폭발적이었다.

독일의 무제한 잠수함 작전과 치머만 전문 사건은 미국 국민을 전쟁으로 몰아갔다. 미국의회는 결국 1917년 4월 압도적인 찬성으로 독일에 대해 선전 포고했다. 미국은 유럽에서 벌어지는 전쟁에 처음으로 참전하여 연합국의 승리를 견인했다. 그리고 미국은 1차 대전 후 새로운 국제질서를 구축하는 주도국으로 등장했다.

두 번째 변수는 러시아의 전선 이탈이었다. 러시아는 뒤에 조지 케넌이 단언한 것처럼 전제주의의 한계성으로 내부로부터 무너졌다. 오랜 차르 전제정치의 폭압에도 불구하고 러시아인들은 차르를 지지했다. 그러나 1905년 가혹한 현실을 차르에게 탄원하여 해결하려던 민중에 대해 차르 군이 발포한 '피의 일요일' 사건을 기점으로 차르의 전제정치는 내리막길을 걷기 시작했다. 1873년에 시행한 농민을 위한 농노해방은 역설적으로 농민을 농토에서 이탈시켜 막 시작된 산업화의 노동자로 전락시켰다. 마르크스가 제시한 공산주의 유토피아가 자본주의가 고도로 발전한 서구가 아니라 후진적인 러시아에서 체제 전복을 위한 이데올로기로 사용될 수 있는 토양이 되었다.

국내 사정을 무시한 알렉산드르 2세의 1차 대전 참전은 러시아 국민을 더욱 궁지로 몰아갔다. 국내 파업과 군대의 동조로 결국 전쟁이 한창 중이던 1917년 3월 러시아군 총사령관으로 전장을 직접 지휘하던 알렉산드르 2세가 상트페테르부르크로 귀환하다가 퇴위를 결정함으로써 300년의 로마노프 왕조가 끝나버렸다. 그러나 러시아는 알렉산드르 케렌스키(Alexander Kerensky)가 이끈 임시정부가 수립되어 전쟁을 계속 수행해 나갔다. 반면 레닌이 이끄는 공산주의자인 볼셰비키는 전선으로부터의 이탈을 주장했다. 결국, 러시아 국민들은 또 다른 형태의 전체주의인 볼셰비키 정권을 선택했다. 볼셰비키 정권은 10월 혁명으로 정권을 장악한 후 러시아인들이 원하는 종전을 독일과 추진했다. 볼셰비키 정권은 먼저 '평화에 관한 선언'을 발표하고, '무병합, 무배상 원칙'하에 종전할 것을 모든 국가에 제의했다. 볼셰비키 정권 제안에 대해 영국과 프랑스는 반대하고, 독일, 오스트리아와 미국은 동의했다. 1918년 3월 러시아와 독일·오스트리아 간에 브레스트-리토프스크(Brest-Litovsk) 조약이 체결되었다. 이 조약 결과 러시아는 자신의 유럽영토 3분의 1에 해당하는 서부의 영토를 상실하고, 전선에서 일방적으로 이탈할 수 있었지만, 연합국으로부터 신뢰를 상실했다. 그러나 볼셰비키 정권을 안정시킬 시간을 얻었다.

러시아의 전선 이탈은 연합국에는 충격과 배신감, 그리고 새로운 공산주의 정권에 대한 우려로 나타났다. 1918년부터 러시아 공산주의 파급을 우려하여 영국, 프랑스, 일본은 군대를 파견하여 볼셰비키군(적군)과 반혁명세력(백군) 간의 내전에 개입했다. 소련에 대한 불신과 공산주의에 대한 우려는 이후 새로운 유럽 질서에서 소련이 오랫동안 배척당하는 결과를 가져왔다. 소련의 완전한 국제사회 복귀는 베르사유 체제가 무너지기 시작한 1934년에서야 가능했다.

베르사유 체제의 설계자: 우드로 윌슨

1차 대전 후 최대의 강대국으로 부상한 미국의 정책 결정자는 우드로 윌슨 대통령이었다. 강대국 미국이 새로운 국제질서의 주도국이 되고, 윌슨 대통령이 설계자가 되었다. 다행히 새로운 설계자는 자신의 확고한 외교 철학으로 준비되어 있었다.

우드로 윌슨은 장로교회 목사의 아들로 태어나 한때 성직자가 되려 했을 만큼 도덕적이었다. 그는 미국의 자유민주주의에 대한 강한 확신을 갖고, 미국이 모범적인 역할을 해야 한다는 신념을 가지고 있었다. 1차 대전 후 그의 신념은 퇴락한 유럽의 질서가 아닌 새로운 도덕적 세계질서를 만들어야겠다는 사명감으로 나타났다. 그는 사상적으로는 도덕적 자유주의자였다.

그는 프린스턴대학교에서 정치철학을 공부하고, 법학대학원으로 진학하여 변호사 자격증도 얻었다. 그러나 정치학을 더 공부하겠다는 일념으로 존스홉킨스대학교에서 정치학으로 박사학위(1886년)를 받았다. 그는 박사학위 논문을 보완한 저작 『의회 정부(Congressional Government)』에서 '연방정부의 기능과 권한을 강화해야 한다'고 주장했다. 그는 개별 주(states)의 권한보다 연방의 통합성을 중시하는 미국 연방주의자들의 입장을 지지했다.

초기 미국에서는 정부 형태를 두고 연방정부의 역할과 질서를 중시하는 알렉산더 해밀턴(Alexander Hamilton) 중심의 연방주의자와 개별 주들의 자유를 강조하는 토머스 재퍼슨(Thomas Jefferson) 중심의 반연방주의자들이 대립했다. 질서와 연방 체제를 중시하는 윌슨의 연방주의 철학은 국제기구에 대한 아이디어와 확신으로 나타났다. 그리고 정치학자답게 질서를 구축하는 방법으로 구시대의 개별 조약이 아니라 국제기구와 국제법을 제시했다. 그는 방법론적으로는 제도주의자였다. 그 후 그는 프린스턴 대학의 법학 교수를 거쳐 총장이 되고 현실정치에 뛰어들어 뉴멕시코 주지사가 되었다. 그가 총장과 주지사로 일하면서 보여준 면모는 개혁가였다. 대학과 주 정부의 제도와 관행들을 혁신하여 좋은 평가를 받았다. 그런 평가는 그를 단번에 민주당 대선 후보로 올려놓았다. 그리고 행운도 따라 1912년 대통령 선거에서 공화당이 윌리엄 태프트(William Taft)와 시어도어 루스벨트로 분열되어 쉽게 당선되었다. 윌슨은 도덕적 자유주의자로서, 국제기구와 법이라는 제도에 의해 지배되는 새로운 국제질서를 꿈꾸는 제도주의자이며 개혁가였다. 이러한 그의 생각이 외교와 새로운 질서 구축에 대한 욕구로 반영되었다.

윌슨은 프린스턴대학교 교수 시절부터 제국주의와 식민지에 대한 반대 입장을 명확히 했다. 그리고 대통령이 되기 전부터 시어도어 루스벨트 대통령부터 시작된 공화당의 팽창주의 정책들을 반박하고 국가 행동에서 도덕과 명분의 중요성을 주장했다. 그는 루스벨트가 파나마가 콜롬비아로부터 독립하는 과정에 미국이 개입하여 파나마 운하 운영권을 획득(1903년)하고, 필리핀과 조선에 대한 지배권을 상호 인정한 가쓰라-태프트 조약(1905년)을 일본과 체결한 것을 비난했다. 대통령이 된 후에도 태프트 대통령이 강대국들과 함께 청을 압박하여 획득한 철도운영권을 가진 컨소시엄을 탈퇴(1913년)했다. 또 아시아에서 증대하는 일본을 견제하기 위해 도덕과 명분의 기치 아래 신속히 중국의 쑨원(孫文) 정권을 승인(1913년)하기도 했다. 그리고 중국 산둥반도에 대한 특권을 요구하는 일본의 21개 조 요구에 대해 반대를 명백히 밝혔다.

그러나 자유민주주의 확장이라는 큰 틀에서 중미 국가들의 혼란과 부도덕에 대해서는 미국의 개입을 지지했다. 이러한 입장은 이전에 시어도어 루스벨트가 중남미지역의 혼란을 방지하고 유럽 국가의 개입을 저지하기 위해 미국의 개입을 합법화한 '루스벨트 추론(Roosevelt's Corollary)'에 동조하는 입장이었다. 구체적으로 프린스턴 교수 시절에 미서전쟁(1898년)에서 미국이 필리핀을 점령하자 미국의 점령에 반대했다. 그러나 그 후 필리핀에서 민족주의 저항이 일어나 필리핀에서 혼란이 가중되고 독일과 러시아가 개입할 가능성이 거론되자 미국의 점령을 찬성하는 입장으로 돌아섰다. 대통령 재임 시절에는 아이티(1915년)와 도미니카(1917년)에서 부패, 기아, 정치적 혼란이 만연하자 미 해병대를 파견하여 개입했다. 또 멕시코(1921년)에서도 미군 파병이 멕시코 민족주의의 저항으로 실패로 끝났지만, 쿠데타와 같은 정치적 혼란이 계속되자 미국의 개입을 결정했다. 윌슨의 중미 국가에 대한 개입은 윌슨이 내세우는 반제국주의와는 상이한 이중적인 모습이기보다는, 자유민주주의 입장에서 기아, 혼란과 부도덕을 퇴출시키고, 민주주의를 확산시킨다는 십자군적인 신념에 기초한 결정이었다.

윌슨의 자유주의 외교에 대한 평가는 엇갈린다. E.H. 카를 필두로 1940년대의 현실주의자들이 윌슨의 이상주의(utopianism)를 비판했고, 심지어 2차 대전의 불씨가 되었다고 비난했다. 1990년대에 키신저도 윌슨의 도덕주의 유산이 미국 예외주의를 회복시켜 외교정책의 함정이 되었다고 평가했다. 그리고 도덕과 명분을 내세우는 윌슨의 도덕주의 외교가 미국 외교를 장악하여, 현실주의 외교를 추진하면서도 도덕주의로 포장하는 위선이 관행처럼 이루어지고 있다고 미국 외교의 이중성과 위선을 비판했다. 그러나 윌슨의 '미래에 대한 선견지명'은 미국 외교에 대한 유산과 무관하게 일부 현실주의자들로부터도 높이 평가받았다. 아서 링크(Arthur Link) 같은 역사학자는 1930년대 상황을 보면 베르사유 조약에서 보인 윌슨의 도덕주의는 영토에 집착했던 유럽 지도자인 로이드 조지(David Lloyd George)와 조르주 클레망소(Georges Clemenceau)보다 미래에 대한 비전에서 더 선견지명을 가진 '고차원 현실주의(higher realism)'라고 평가했다.[2] 현실주의자로 유명한 조지 케넌도 1991년에는 윌슨의 미래에 대한 비전은 그 시대 어떤 정치가보다 앞섰다고 평가하고 윌슨에 대한 평가를 수정해야 한다고 선언했다.[3]

윌슨에 대해서는 미국적 도덕주의로 무장한 자유주의 외교의 태두로서, 1945년 이후 미국의 자유주의 외교의 기초를 제공했을 뿐만 아니라, 처음으로 영구평화라는 관점에서 국제질서 구축을 시도했다는 평가가 합당하다. 윌슨의 역할을 폄하했던 키신저도 '국가의 역사적 흐름을 근본적으로 바꾸어놓은 보기 드문 사례'라고 윌슨의 큰 족적은 평가했다.[4]

윌슨의 전후 질서에 대한 인식과 국제연맹 창설 노력

낭만적인 분위기에서 시작된 1차 대전은 유럽 국가들의 들끓는 민족주의 열기와 무기 기술의 비약적 발전으로 인류가 상상할 수 없었던 대 재난을 가져다주고 종료되었다. 유럽의 대재난을 대서양 건너편에서 지켜본 미국의 윌슨 대통령은 전후 최강대국으로 부상한 미국의 지위를 바탕으로, 세계질서에 대한 자신의 꿈을 실현할 수 있는 기회로 인식했다. 윌슨은 구시대 유럽 질서와 외교방식을 혐오했다. 특히 유럽의 대재난이 세력균형이라는 질서와 비밀동맹 외교라는 비도덕적이고 한물간 외교 행태에서 시작되었다고 인식했다. 그리고 전쟁이 없는 새로운 질서는 법과 제도에 의해 구축되어야 한다고 생각했다. 법과 제도를 중시하는 것은 자유주의 정치학자에게는 당연한 신념이기도 했다. 윌슨의 자유주의는 다분히 미국이 유럽에 대해 가지고 있는 도덕적 우월감으로부터 영향을 받았다. 미국은 도덕적인 청교도가 부패하고 타락한 유럽을 떠나 건국한 민주주의 국가(city upon the hill)라는 자부심으로 무장하고, 미국 민주주의는 유럽을 비추는 등대가 되어야 한다는 의무감을 윌슨은 가지고 있었다.

윌슨의 개혁 목표는 세력균형이었다. 그는 1차 대전의 원인을 칸트가 일찍이 우려했던 비밀외교(조항)를 통해 이루어진 세력균형 때문이라 생각했다. 세력균형은 그에게는 반드시 폐기되어야 하고, 새로운 수단으로 대체되어야 할 사악한 정책이었다. 그는 다음과 같이 강조했다.

> "세력균형은 위대한 게임이지만 이제는 영원히 신뢰를 상실했다. 그것은 (1차 대전) 전쟁 이전에나 만연하던 사악한 구시대적 질서이다. 우리의 미래에는 세력균형이 없어질 것이다."[5)]

윌슨은 세력균형의 대체물로 집단안보를 제시했다. 그는 안보가 국제사회의 공동 책임이라는 인식을 가지고 있었다. 그는 공동의 책임이 단순히 강제력이 없는 협정이나 조약에 의해 보장될 수 없다고 생각하고, 국제기구에 의해서만 가능하다고 판단했다. 그는 국제기구가 국내의 입법부나 사법부처럼 강제력이 있어야 하고, 민주적 절차에 의해 작동되어야 한다고 믿었다. 그리고 국제기구가 도덕적 힘뿐만 아니라 군사력도 보유해야 한다고 생각했다. 주권국가 질서에서도 평화를 위해서라면 국가 주권이 국제기구에 의해 일정 부분 제한될 수 있다고 생각했다. 그의 인식은 국제연맹을 통해 구체화되었다.

윌슨은 1차 대전이 발발하자 중립을 선언하면서도 그의 비선조직 정치인인 에드워드 하우스 대령을 시켜 유럽 정세를 면밀히 검토했고, 미국의 중립 유지가 어려워졌던 1917년부터 전후 새로운 국제질서를 구상하기 시작했다. 윌슨은 1917년 1월 상원에서 '승리 없는 평화(peace without victory)'라는 주제의 연설을 통해 국제연맹의 필요성을 강조했다. 그는 "지속적인 평화는 민주국가들의 파트너십 없이는 불가능하다"라며, "명예로운 연맹과 자유의사에 따른 제휴가 필요하다"라고 역설했다. 그리고 같은 시점에 다른 연설에서 '세력 공동체(community of power)'가 세력균형을 대체해야 한다고 주장했다. "세력균형이 아니라 세력 공동체가 있어야 하며, 조직화된 경쟁이 아니라 조직화된 공동의 평화가 있어야 한다"라고도 주장했다. 명확하지는 않지만, 국가들의 공동 안보가 제시된 집단안보의 초기 구상이었다.[6]

미국이 참전을 결정한 후 그의 구상은 구체화되었다. 1917년 9월에는 국제문제 전문가를 총동원하여 국무부 산하에 '조사국(Board of Inquiry)'이라는 조직을 발족시켜 전후 질서를 구상했다. 그 결과 국제연맹 창설을 포함한 14개 조항(The Fourteen Points)이 구체화되었고, 이 14개 조항은 1918년 1월에 양원 합동 회의에서 발표되었다. 14개 조항에서 제1~5항은 외교 원칙에 관한 내용으로, 공개 외교, 공해상 항행 자유, 경제장벽 철거, 군비 축소, 식민지 요구에 대한 공평 조정 등이 포함되었고, 제6~13항은 전후 국경문제에 관한 조항으로, 다민족국가인 오스트리아와 오스만제국 내의 민족자결권 인정이 포함되었다. 제14항에서는 국제연맹 창설을 규정했다. 구체적으로, '강대국과 약소국 모두의 정치적 독립과 영토보존을 상호 보장하기 위해, 국가들의 일반적인 연합이 특정 협약하에 형성되어야 한다'가 제14항의 내용이다. 14개 조항은 파리평화회의의 핵심의제가 되었다.

윌슨은 1918년 9월 뉴욕 대중 앞에서 '국제연맹(League of Nations)'이라는 용어를 처음으로 사용했다. 그는 "유효한 협약에 따라 이루어진 필요불가결한 기구로 '국제연맹'의 수립은 그 자체로서 종전의 핵심이 될 것이다"라고 선언했다. 그가 준비해 온 국제기구는 '국제연맹'이고, 국제연맹이 평화를 유지하는 핵심적 역할을 하게 될 것을 미국 국민들에게 설명한 것이다. 1919년 4월 14개 조항을 기초로 한 26개 조항으로 구성된 국제연맹의 규약(Convention)이 파리에서 열린 평화회의 과정을 통해 마련되었다. 이 규약 작성에는 윌슨이 직접 자신이 사용하던 타자기를 미국으로부터 공수해 와서 사용했을 만큼 열성을 보였다. 윌슨이 하우스 대령과 협의하여 작성한

22페이지 규약은 법률보좌관이었던 데이비드 밀러(David Miller)의 검토를 거쳐 초안으로 마련되었다. 이후 영국 측 검토가 반영된 허스트(영)-밀러(미) 안으로 정리되어 파리평화회의의 국제연맹위원회에서 승인되었다. 더불어 이 규약은 베르사유 조약 일부로 포함되어 베르사유 체제에서 핵심적인 독트린이 되었다.

파리평화회의와 베르사유 조약

1918년 11월 독일이 무조건 항복함에 따라 휴전협정이 이루어졌다. 휴전협정 내용을 구체화하고 독일에 대한 처분을 결정하기 위해 1919년 1~6월간 파리평화회의(Paris Peace Conference)가 개최되었다. 패전국의 참석 없이 전승국과 중립국인 32개국만 참석했다. 빈 회의 이후의 최대 국제회의였고, 빈 회의 경험이 반면교사 형식으로 반영되었다. 먼저 회의 결정 과정에 패전국 독일의 참가를 불허했다. 빈 회의에서는 패전국인 프랑스가 세력균형의 명분하에 적극적인 역할을 할 수 있도록 허용했던 사례에 대한 반성으로, 독일 대표의 참석 없이 독일의 입장을 문서로만 제출하도록 했다. 독일이 자국의 운명을 결정하는 과정에서 배제된 것이다. 마치 이후에 체코슬로바키아가 자국의 운명을 결정하는 뮌헨회담(1938년)에 초청되지 못한 것과 같았다. 독일에게는 전승국 간에 최종적으로 합의된 문서에 대해 서명할 때만 참석의 기회가 주어졌다. 회의 결과에 대한 독일의 불만과 반발은 불 보듯 했다. 이후 독일에서는 베르사유 조약을 인정하지 않는 소극적 저항이 계속되다가 구스타프 슈트레제만(Gustav Stresemann) 총리가 소위 이행정책(fulfillment policy)을 추진하면서 겨우 형식적으로 베르사유 조약을 인정했다.

또 하나는 소규모 강대국 회의에서 모든 것을 결정했다. 참가국이 모두 참석했던 빈의 회의 외교가 효율적이지 못했다는 평가하에 주요 5개국(미국,

영국, 프랑스, 이탈리아, 일본)으로 구성된 5개국 위원회(10인 회의, 5국 외교장관 회의 등)에서 결정했다. 그러나 더 핵심적인 빅 3(미국의 윌슨 대통령, 영국의 로이드 조지 수상, 프랑스의 조르주 클레망소 대통령)에 의해 좌지우지되었다. 빅 3인 이외에 이탈리아는 비토리오 오를란도(Vittorio Orlando) 총리, 일본은 사이온지 긴모치(西園寺 公望) 전 총리가 참석했다.

회의 과정에서 5개국의 입장들이 조정되어 갔다. 미국의 입장은 국제연맹 창설, 민족자결주의 지지, 반(反)징벌주의로 요약될 수 있다. 국제연맹 창설과 민족자결주의 지지는 14개 조항에 포함되어 있었다. 그리고 독일에 대한 징벌 반대는 이미 '승리 없는 평화'라는 슬로건으로 윌슨이 1차 대전 참전의 정당성으로 제시했다. 영국은 세력균형의 입장에서 독일 처리 문제를 보았다. 독일을 약화시켜야 하지만, 프랑스가 유럽에서 패권을 차지하고 러시아가 복귀해서는 안 된다는 조건에 구속되었다. 그리고 영국은 해외 식민지 유지에 관심을 두고 독일 해군의 극단적 축소를 강하게 주상했다. 프랑스는 독일이 재기하지 못할 정도의 가혹한 징벌을 주장했다. 그리고 독일 재기에 따른 안보 불안을 해소하기 위해 안전보장 장치를 요구하고, 알자스-로렌 회수, 자르지역과 라인란트 확보에 주력했다. 2류 강대국인 이탈리아와 일본은 영토 취득에 관심이 많았다. 이탈리아는 1차 대전 중 연합국에 합류하면서 체결한 런던 조약(1915년)에서 보장한 티롤 지역과 트리에스테 지역을 확보하기를 희망했다. 이탈리아의 요구가 윌슨의 민족자결주의 원칙과 충돌하여 이탈리아가 회의장에서 일시 이탈하는 사태도 나타났다. 결과적으로 트리에스테 남쪽의 피우메항이 이탈리아에 귀속되지 못하자 국제연맹에 대해 반감을 갖기 시작했다. 일본은 중국 산둥반도에서의 독일 권리 승계와 태평양 적도 이북의 독일 식민지를 요구했다. 이탈리아 이탈 사건으로 일본의 요구는 미국과 중국의 반대에도 불구하고 관철되었다.

파리평화회의의 과제는 미국의 도덕적 이상주의가 영국과 프랑스의 현실주의 전통과 어떻게 타협할 것인가였다. 패전국(독일, 오스트리아, 터키)들에 대한 징벌 문제와 프랑스의 안보 불안, 그리고 전통적인 영토 욕심이 복잡하게 엉키면서 윌슨의 이상과 다른 4개국의 현실은 타협할 수밖에 없었다.

먼저 국제연맹 창설은 윌슨의 최고의 관심 사항이었다. 윌슨은 회의 벽두부터 국제연맹 창설을 핵심의제로 제시하고, 분야별 협의를 위해 설치한 5개 위원회 중에 국제연맹위원회를 포함시켰다. 국제연맹 창설에 대해 영국과 프랑스는 처음에는 유럽의 전통과 다른 집단안보 기능에 무관심하거나, 주권을 침해할 가능성을 우려하여 주저하는 소극적인 반응을 보였다. 그러나 윌슨의 적극적인 태도를 보면서 국제연맹을 유럽 안보에 미국을 묶어놓을 수 있는 메커니즘으로 인식하면서 찬성으로 입장을 바꾸었다. 영국과 프랑스는 미국이 절대적인 힘의 우위로 유럽을 지배하는 것도 두려웠지만, 미국이 유럽을 포기하는 것을 더 두려워했다. 프랑스는 국제연맹을 지지하는 대가로 미·영·프 3국 간 안전보장조약도 제의했다.

민족자결주의 원칙도 윌슨이 유럽외교의 비도덕성과 전쟁을 방지하기 위해 중점적으로 추진했다. 결국, 유럽에서 민족자결주의가 합의되어, 폴란드, 체코슬로바키아와 같은 신생국들이 등장했다. 민족자결주의는 영토문제와 연결되어 베르사유 체제의 아킬레스건으로 남게 되었다. 1차 대전 후 조약에 의해 등장한 유럽의 신생국들은 다민족으로 구성된 경우가 많아, 히틀러와 무솔리니 같은 현상타파 세력의 침략 구실이 되었다. 무솔리니의 이탈리아는 국제시가 되어 버린 피우메항을 두고 국제연맹과 갈등을 빚다가 결국 에티오피아를 침공하면서 탈퇴했다. 민족자결주의의 최대 모순은 히틀러의 체코슬로바키아 주데텐 지역(Sudetenland) 요구에서 나타났다. 신생국인 체코슬로바키아는 체코슬로바키아인 이외에도 독일인, 폴란드인, 헝가리인, 우크라이나인 등을 포함한 다민족국가로 탄생했다. 히틀러가 민족자결주의 원칙을 근거로 독일인이 거주하고 있는 주데텐 지역을 뮌헨협정을 통해 합병하고 체코슬로바키아, 폴란드, 소련 침공의 발판을 마련했다. 베르사유 체제의 민족자결주의가 유럽을 또 다른 전쟁으로 몰아넣은 하나의 원인이 되었다.

독일에 대한 징벌 문제도 윌슨과 프랑스가 갈등한 중요 부분이었다. 윌슨은 이미 승리 없는 평화를 주장하여 징벌주의에 반대했다. 그러나 프랑스는 독일이 재기할 수 없을 정도로 징벌할 것을 요구했다. 영국도 유럽의 세력균형이 유지되는 범위 내에서의 징벌에는 동조했다. 결국, 국제연맹 창설에 대한 대가로 베르사유 조약에 독일에 대한 징벌주의가 채택되었다. 베르사유 조약 제231조에 "모든 전쟁의 책임은 독일과 동맹국에 있다"라는 '전쟁책임조항(the war guilt clause)'을 규정했다. 이 조항은 1차 대전에 대한 독일 책임을 명확히 하고, 독일에 대한 징벌을 정당화했다.[7] 징벌로, 알자스-로렌 지역을 프랑스에 반환하고, 프랑스와 국경 지역인 라인란트에는 비무장 지대 설정하여 15년간 연합국이 점령하도록 했다. 그리고 독일은 해군과 공군은 폐기하고 군대를 10만 이하로 제한하고, 뒤에 배상위원회에서 결정되었지만, 배상금 1320억 마르크를 부담하도록 되었다. 전쟁책임조항은 독일 국민들에게는 치욕이었고, 베르사유 체제의 안정을 위협하는 독일인의 분노를 야기했다. 베르사유 체제를 부정하는 것은 독일인에게는 당연한 것이었다.

1919년 6월 파리평화회의 결과에 따라 총 15편 440조를 내용으로 하는 베르사유 조약이 체결되었다. 주요 쟁점인 국제연맹규약은 조약의 제1편에 포함되었고, 영토할양은 제2편, 식민지 해방은 제3편, 군비 제한은 제5편, 배상 의무는 제8편, 라인란트 보장 점령은 제14편에 규정하였다. 이후 독일과의 베르사유 조약 체결을 시작으로 다른 패전국과의 평화협정이 체결되었다. 오스트리아와 생제르맹 조약(1919년 9월), 불가리아와 뇌이 조약(1919년 10월), 헝가리와 트리아농 조약(1920년 6월), 터키와 세브르 조약(1920년 8월) 등이다. 베르사유 조약과 4개 조약을 합쳐 통상 베르사유 체제라고 부른다. 국제연맹 규약은 5개 조약 모두에 포함되어 있어, 베르사유 체제의 법적 기초가 되었다.

파리평화회의에서 배제된 두 잠재적 강대국인 독일과 소련 관계도 정리가 되었다. 전시 독일과 러시아 볼셰비키 정권이 체결했던 브레스트-리토브스크 조약은 베르사유조약에 의해 폐기되었고, 1922년 4월 새롭게 양국 관계 정상화와 상호 채권(독일의 러시아제국 채권과 소련의 독일에 대한 배상금 권리) 포기를 골자로 하는 라팔로 조약(Treaty of Rapallo)이 체결되었다. 라팔로 조약은 아이러니하게 영국의 로이드 조지 수상이 제안하여 유럽 경제재건, 금본위제 복귀 그리고 소련과의 관계 재정립을 협의하기 위해 국제연맹 주관으로 개최된 제노바 회의(1922년 4월)에서 별도로 개최된 독·소 간 장외협상(pull-aside)에서 이루어졌다. 라팔로 조약은 1921년부터 물밑 접촉이 있었던 상황에서 국제사회 복귀가 다급했던 소련의 게오르기 치체린(Georgy Chicherin) 외교장관이 적극적으로 제안하면서 성사되었다. 양국 간 합의가 쉽게 이루어진 데에는 양국이 공유한 소외감이 작용했다(양국은 심지어 제노바 회의에서도 소외당했다). 또 독일은 경제난 극복을 위해 소련의 신경제정책(NEP)에 따른 경제협력이 절실했다. 라팔로 조약을 뒤늦게 눈치챈 영국이 저지하기 위해 독일 발터 라테나우(Walter Rathenau) 외교장관을 압박했지만 실패했다.[8]

라팔로 조약을 통해 독·소 간에 강화절차가 완료되어 형식적으로도 1차 대전이 완전 종결되었다. 라팔로 조약은 새로운 국제질서 형성과정에 배제된 독일과 소련에는 외교적 공간을 확보할 수 있는 기회가 되었다. 독일은 영국과 프랑스에 대한 입지를 강화할 수 있었고, 소련에는 서구로부터 국가승인을 받는 계기가 되었다. 그러나 영국과 프랑스에는 큰 충격이었으며, 독일과 소련의 밀착에 대한 우려가 현실로 나타났다고 생각하게 되었다.

베르사유 조약은 많은 문제점을 내포하고 있었다. 먼저, 미국의 불참뿐만 아니라, 잠재적 강대국인 독일과 소련이 배제되었다. 강대국들의 불참은 국제연맹의 집단안보 체제의 정당성을 심각하게 훼손했다. 정당성 훼손은 국제연맹의 집단안보의 안정성에 대한 우려를 야기해 국제연맹 밖에서 지역집단안보체제를 추가로 구축해야 했다. 특히 프랑스는 극도의 안보 불안을 느끼고 있었다. 또 독일에 대한 과도한 징벌은 독일인들의 분노를 야기해 베르사유 체제의 정당성과 안정성을 위협했다. 프랑스의 안보 불안과 독일의 분노는 베르사유 체제를 위협하는 핵심요소가 되었다. 민족자결주의에 의해 독립한 신생 소국들은 역설적으로 독일, 프랑스, 소련 간의 갈등을 더욱 심화시키는 요인이 되었다. 새로운 국제질서에 대한 기대가 바로 실망으로 바뀌었다. 영국 외교관 해럴드 니콜슨(Harold Nicolson)은 "우리는 새로운 질서가 막 구축되리라 확신하며, 파리에 도착했다. 우리는 새로운 질서가 구질서를 망가트렸을 뿐이라는 확신만 얻고 파리를 떠났다[9]"라고 적절히 회고했다. 베르사유 조약은 윌슨의 숭고한 도덕적 이상주의가 유럽의 세력균형 정치에 의해 퇴색된 타협의 산물이 되었다. 베르사유 조약을 키신저는 이렇게 평가했다. "화해라고 하기에는 지나치게 징벌적이고, 독일의 회복을 막기에는 지나치게 관대했다."

미국의 국제연맹 불참과 먼로주의

미국 상원의 반대

베르사유 조약과 여타 패전국들과의 조약으로 바탕으로 베르사유 체제가 형성되었다. 베르사유 체제는 국제연맹의 집단안전보장 기능으로 평화를 유지하고 전쟁을 방지하도록 설계된 메커니즘이었다. 집단안보 장치가 작동도 하기 전에 큰 문제가 발생했다. 미국의 국제연맹 가입이 미국 상원에서 부결되었던 것이다. 1919년 4월에 베르사유 조약이 체결되면서, 각국은 국제연맹 가입 절차에 들어갔다. 윌슨도 미국 국내절차에 돌입했다. 그러나 1919년 11월 미국 상원에서 국제연맹 가입안이 부결되었다. 상원에서 논란이 된 쟁점은 연맹 규약 제10조에 있었다. "회원국은 외부 공격에 대항하여 모든 회원국의 영토보존과 기존 정치적 독립을 보존하고 존중해야 한다. 그러한 공격이 있거나 그러한 공격의 위협이나 위험이 있는 경우 이사회는 이 의무를 이행할 수단에 대해 조언해야 한다." 이 조항은 회원국들이 외부 공격을 받은 다른 회원국이 영토와 정치적 독립을 보장할 것을 약속하는 내용이다. 이는 미국이 원치 않는 전쟁에 개입될 가능성(연루, entrapment)을 내포하고 있었기 때문에 미국 내에서 반대가 일어났다. 특히, 강경한 반대파는 미국의 전통적인 먼로주의와 상충된다는 주장을 근거로 국제연맹 자체를 부인했다. 그러나 주류 여론은 국제연맹에는 찬성하지만, 규약 제10조에 의한 연루를 우려했다. 이런 주장은 유럽 문제에 개입을 우려하는 전통적인 미국 국민의 정서를 반영하기도 했다.10)

그뿐만 아니라 규약 제10조는 미국 헌법에 규정된 의회의 선전포고 권한을 무력화시킬 수 있어 미국의 법질서와 충돌할 가능성도 제기되었다. 그리고 여기에 윌슨 대통령과 정치적 라이벌 관계에 있던 공화당 출신의 상원 외교위원장인 헨리 로지(Henry Lodge)와의 타협 실패도 한몫했다. 로지 의원은 공화당 내에서 비교적 온건한 입장을 취하고 있었다. 로지는 파리에서 국제연맹 안이 논의되고 있을 때 이미 미국의 자동 전쟁 개입을 우려하여 동료 의원 37명의 서명을 모아 국제연맹 구상을 반대했다. 국제연맹 조약에 대해 미국 정계에서 논쟁이 촉발되자 소수지만 국제연맹 가입 자체를 거부하는 고립주의자들도 나타났다. 그러나 로지는 국제연맹 자체는 찬성하지만, 규약 제10조를 문제 삼았다. 로지는 침략이 발생했을 때 미국이 참여하는 범위를 미국의 상원에서 결정하도록 하는 유보조항을 둘 것을 제안했다. 즉, 미국의 참여 문제는 전적으로 미국 상원이 결정한다는 논리였다. 그러나 당시 윌슨은 국제연맹의 집단안보 장치를 만들면서 '미국은 유럽안보에 대해 책무를 이행해야 한다'라는 신념을 가지고 있었다. 로지의 유보 안은 미국이 책무를 지지 않겠다는 의미로 해석되어 윌슨에 의해 거부되었다. 결국, 상원에서 53 : 38로 국제연맹 가입안이 부결되었다.11)

국제연맹 가입이 부결된 데에는 로지와의 타협 실패에서 보듯이, 윌슨의 비타협적인 도덕적 자신감이 한 원인이었다. 연맹 가입은 우선 미국 내 지지를 확보해야 했다. 1918년 선거에서 상하원 모두 공화당이 승리하면서 윌슨은 야당인 공화당의 지지가 필요했다. 그러나 윌슨은 미국 정치계를 설득하는 노력을 소홀히 했다. 파리평화회의 미국 대표단에 공화당과 민주당의 중요인사를 포함하라는 조언을 무시하고 보좌관인 하우스 대령과 같은 실무진만 대동했다.

윌슨이 로지의 안에 타협하지 않고, 국내 정치계와 협력 없이 국제연맹문제를 독단적으로 처리한 데에는 나름의 신념과 자신감이 있었다. 먼저 윌슨은 국제연맹만이 평화를 보장할 수 있다는 신념을 가지고 있었다. 그리고 윌슨은 파리평화회의에서 유럽의 정치지도자를 설득했던 것처럼, 국내 정치권의 반대도 모두 설득할 수 있다는 자신감을 가지고 있었다. 윌슨은 평화회의 참석 길에 방문한 런던, 로마, 밀라노, 파리에서 열렬한 환영을 받았고, 유럽의 지도자들도 국제연맹에 찬성을 표했기 때문에 윌슨은 이러한 자신감을 갖게 되었다. 또 국내에서도 윌슨은 당시 미국의 32개 주 의회, 33인의 주지사 그리고 다수의 유력 신문편집 간부들의 폭넓은 지지를 받고 있었다. 그리고 그는 정치권에 압박을 가하기 위해 일반 미국 국민을 상대로 지지를 호소했다. 국제연맹 가입은 세계의 양심을 대변하는 것이고, 침략행위가 발생하더라도 경제제재와 같은 사전 조치가 있어 미국이 군사적으로 개입할 가능성이 없다거나, 서반구에서 멀리 떨어진 곳의 소규모 전쟁에 미국이 개입할 가능성이 없다는 논리로 미국 국민을 설득하려고 노력했다.[12] 그리고 국내 먼로주의를 설득하기 위해 국제연맹 규약 내 먼로주의를 포함시키려는 노력도 했다. 제21조의 '규약이 먼로 독트린과 같은 지역적 이해(regional understandings)를 구속하지 못한다'가 그것이었다. 그러나 제21조는 미국 내 먼로주의를 설득하는 데는 실패했지만, 이후 국제연맹의 집단안보 기능을 보완하는 로카르노 조약과 같은 지역주의의 근거가 되었다.

미국이 국제연맹에 불참했지만, 1920년 1월 윌슨은 국제연맹 창설의 공로를 인정받아 국제연맹 첫 번째 이사회를 주재했다. 그리고 퇴임 후에도 미국 국민을 상대로 국제연맹 가입을 설득하기 위해 연설 행보에 나섰다가 병사했다. 프랭클린 루스벨트와 같은 윌슨주의자도 1920년 미국 부통령 선거에서 민주당 후보로 국제연맹 가입을 정책으로 들고 출마했지만 실패했다.

먼로주의 전통

전통적으로 유럽 문제에 대한 개입을 반대해 온 먼로주의가 결국 미국의 국제연맹 가입을 가로막은 것이다. 먼로주의는 제임스 먼로(James Monroe) 대통령이 1823년 의회 연설에서 '먼로 독트린'을 발표하면서 미국 외교의 중요한 축이 되었다. 이 독트린은 '유럽과 서반구 간의 상호 불간섭을 요구하며, 유럽의 서반구 간섭을 미국에 대한 위협으로 간주한다'라는 내용으로, 유럽 문제에 대한 미국의 고립주의를 의미하게 되었다.

먼로 독트린은 당시 유럽의 정세와 크게 연관되어 있다. 유럽에서 나폴레옹 전쟁 후 민족주의가 확산되어 중남미국가들도 독립을 선언했다. 그러나 식민지 모국인 스페인과 포르투갈은 유럽의 정통주의에 입각하여 식민지 회복을 선언하고, 유럽의 신성동맹이 개입을 추진하자 미국의 위기감이 고조되었다. 이때 영국은 경제적 이익을 얻을 수 있었던 중남미국가들의 독립에 동정적이었다. 미국은 영국의 해군력에 의존하여 이 위기를 극복하려고 먼로 독트린을 발표했다. 미국과 영국이 공동으로 발표할 것을 생각했으나, 미국이 영국의 영향력 확대를 우려하여 독자적으로 선언했다. 그러나 미국의 군사력이 유럽 강대국과 경쟁할 만한 위치에 있지 못했기 때문에 유럽의 반응은 냉소적이었다.

먼로 독트린이 의미하는 미국의 고립주의는 건국 초기부터 시작되었다. 유럽의 정치적 갈등에 대해 미국이 중립을 유지하려는 의도에서 비롯되었다. 조지 워싱턴 대통령은 1796년의 이임 연설에서 미국이 유럽의 갈등에 휘말리지 말 것을 권고했다. 그는 당시 프랑스 혁명전쟁 시기에 영국에 대항하기 위해 프랑스가 미국의 지원을 요청하자, 워싱턴 대통령이 미국의 중립 유지를 권고한 것이었다. 권고는 '건국 아버지의 경고(founding father's injunction)'로 통용되었고, '유럽 문제에 휘말리지 말 것'이라는 원칙으로 구체화되었다. 불과 20여 년 전 미국 독립과정에 프랑스가 미국을 지원한 사실을 생각하면, 건국 아버지의 경고는 미국의 국력을 감안한 매우 현실주의적인 결정이었다. 먼로주의는 엄밀히 말해 유럽 문제로부터 고립주의를 의미했다.

그러나 서반구에 대해서는 먼로주의가 미국의 세력권을 형성하는 결과를 가져다주었다. 미국은 국력의 확장과 함께 유럽 열강들의 서반구에 대한 간섭에 적극적으로 대응해 나갔다. 베네수엘라에서 부패한 정부에 의해 혼란이 계속되자 1904년 시어도어 루스벨트 대통령이 먼로 독트린의 확장이론이라 할 수 있는 '루스벨트 추론(Roosevelt's Corollary)'을 제시했다. 베네수엘라가 채무문제로 경제적 혼란에 빠지고 채권국인 독일이 압력을 가하자, 이에 미국이 군사적으로 베네수엘라에 개입하면서 미국의 개입 행동을 정당화하기 위해 제시되었다. 루스벨트는 중미지역의 혼란을 묵과하지 않을 것이며, '만약 유럽이 중미지역 혼란에 개입한다면, 미국이 군사적으로 개입하겠다'라고 선언했다. 루스벨트 추론은 '라틴아메리카 국가에서 부패한 정부에 의한 혼란이 발생하면 미국은 내정에 개입할 수 있다'라는 내용으로 요약된다. 미국은 서반구 국가들에 대해 관리와 통제를 할 수 있는 근거를 마련한 것이다.

루스벨트 자신도 루스벨트 추론이 먼로주의를 파기하는 것이 아니라 시대변화를 반영하여 먼로주의를 지키는 방안이라고 설명했다. 이후 쿠바, 니카라과, 도미니카가 채권문제로 유럽 국가와 갈등을 일으키자 미국은 이들 국가에 대한 경제적·군사적 지원과 함께 유럽 국가들의 개입을 견제했다. 자유주의자인 윌슨도 같은 맥락에서 아이티, 도미니카 혼란(1917)에 대응해서 해병대를 파견했다.

유럽 문제로부터 고립주의를 의미하는 먼로주의는 미국이 강대국으로 등장한 1차 대전 이후에도 책임 있는 강대국 역할로부터 이탈하는 형태로 미국 외교에서 격세 유전처럼 나타났다. 국제연맹 가입을 좌절시키고, 1, 2차 대전 전간기(戰間期)에는 연합국에 대한 미국의 지원을 저지하는 힘으로 작동했다. 그리고 2차 대전 이후에도 미국의 지도력이 한계에 부딪힐 때 '세계 경찰 역할로부터 이탈'이라는 형태로 나타났다. 1970년을 전후한 닉슨 독트린/쇼크(Nixon Doctrine/Shock)와 2010년대 후반 트럼프 행정부의 '미국 우선주의(America First)'가 그것이다.

국제연맹의 집단안보 기능과 한계, 그리고 보조 장치

국제연맹의 집단안보 기능은 연맹 규약 제3조, 제5조, 제10조부터 제17조에 규정되어 있다. 26개 조로 구성된 연맹의 규약에서 집단안보 기능이 절대적인 비중을 차지하고 있다.

제3조는 총회가 세계평화에 영향을 주는 모든 문제를 다룰 수 있다고 규정하며, 집단안보 결정 주체가 총회임을 명시했다. 제5조에서는 총회와 이사회의 결정방법을 만장일치(절차적 사항은 과반수)로 규정했다. 제10조는 회원국들이 외부 침략으로부터 다른 회원국을 보호해야 한다는 약속을 규정하고 있다. 이는 집단안보 원칙을 반영하고 있다. 제11조는 회원국의 국내 정치적 또는 경제적 관심사가 무력에 의해 위협받을 경우, 이를 국제문제로 취급해야 함을 명시하고 있다. 이는 회원국의 국내 문제에 대해서도 무력이 행사되는 경우, 국제연맹이 개입할 수 있는 근거를 마련했다. 제12조부터 제15조까지는 분쟁을 중재와 사법재판을 통해서 해결하거나, 이사회보고서(의견이 만장일치된 경우에는 권고안을 포함) 공표를 통해 해결하도록 분쟁 해결 절차를 규정했다. 그리고 중재, 재판, 보고서 공표 등 조치 후 3개월 이내는 전쟁에 호소할 수 없다고 규정했다. 분쟁 해결 절차를 규정한 것으로 분쟁을

우선적으로 평화적인 조치를 통해 해결하고, 실패할 경우에도 일정기간 경과한 후에야 전쟁이 가능하도록 규정하고 있다. 제16조는 회원국이 국제연맹의 절차를 무시하고 전쟁을 시작할 경우, 그 전쟁을 국제연맹 회원국을 상대로 한 전쟁으로 간주하며, 즉각적인 경제제재를 시행하고, 이사회는 추가적인 군사적 수단을 권고할 수 있다고 규정했다. 또 규약을 위반하는 회원국을 제명하는 제재도 규정했다. 마지막으로, 제17조는 비회원국에 대해서도 집단 제재를 적용할 수 있음을 명시했다.

국제연맹의 집단안보 기능은 규약상 한계를 내포하고 있었다. 침략국에 대한 제재를 경제적 제재에 한정하고, 군사적 제재는 이사회의 권고사항에 불과해서 집단안보의 실효성 문제가 제기되었다. 이 문제점은 1930년대에 일본과 이탈리아에 대한 제재에서 나타났다. 다음은 제재 결정도 이사회의 권고안을 총회에서 만장일치로 통과시켜야 했기 때문에, 실질적인 결정에 시간이 오래 걸리거나 결정할 수 없을 수도 있었다. 또 본질적 한계는 규약이 비회원국에게도 적용된다고 규정하고 있어, 이론적으로는 비회원국인 미국에도 적용될 수 있지만, 최강대국인 미국의 지위와 군사력을 고려할 때 현실적으로 불가능할 뿐만 아니라 집단안보의 기능이 실효성이 없을 가능성이 컸다.

그러나 국제연맹 규약은 빈약한 집단안보 기능을 보완하기 위해 보조 장치를 도입했다. 첫째는 상설국제사법재판소(PCIJ, Permanent Court of International Justice)로 규약 제14조에 설립 근거가 있다. 1922년 1월 헤이그에 설립되었으며, 국제 분쟁을 사법 재판을 통해 해결하는 것을 목표로 했다. 구체적으로 규약 제14조에 국가 간 분쟁에 대한 사법 재판과 국제적 법률 이슈에 대한 권고적 의견 제시를 주요 기능으로 규정했다. 설립 초기에는 국가 간의 협조로 활발한 역할을 했으나, 국가분쟁이 격화된 1930년대에는 기능이 약화되었다. 1946년 국제사법재판소(ICJ, International Court of Justice)로 대체될 때까지(실제는 1939년까지) 37건을 재판하고, 28건에 대해 의견을 제시했다. 둘째는 규약 제8~9조에서 군비 축소를 의무화하고, 이를 추진할 상설위원회 설치를 규정했다. 군축은 집단안보와 쌍둥이였다. 군축이 이루어져야 집단안보가 효율성을 갖게 되고, 집단안보 체제가 완비되면 군축 참여에 대한 적극성이 커지기 때문이다. 1926년 국제연맹 이사회는 군축협상 준비위원회를 설치하고, 미국과 소련 등 비회원국도 참여할 것을 요청했다. 준비위원회가 마련한 군축협정안을 기초로 한 제네바 군축회의(World Disarmament Conference)가 1932년부터 개최되었다. 군축회의에서 ① 프랑스의 국제연맹 경찰군 설치안 ② 영국의 공격무기 전면 폐기안 ③ 미국의 현 보유 병기 및 병력 1/3 삭감안 등이 제시되었다. 특히 1932년 6월에 비회원국이지만 후버(Hoover) 대통령의 의지로 미국이 군축회의에 적극적으로 참여하여 제시한 군축방안은 군축회의에 새로운 바람을 불어 넣었지만, 정작 미국 상원이 이번에도 반대하여 추진력을 상실했다. 결국, 회의 전체를 지배했던 프랑스의 안전보장 요구·감축 반대와 독일의 군비평등권 요구가 충돌하던 와중에 1933년 10월 히틀러가 군축회의와 국제연맹 탈퇴를 선언하면서 1934년에 성과 없이 끝났다.

국제연맹 군축회의 실패는 미국과 영국 주도로 이루어진 해군 군축의 성공과 비교된다. 미국과 영국은 국제연맹 밖에서 세력균형 원칙에 기초하여 워싱턴 군축회의(1921~1922년)와 런던 군축회의(1930년)를 성공시켰다. 워싱턴과 런던의 해군 군축은 대상이 해군력과 5개국에 한정되어 있어 기술적으로 합의추진이 쉬웠다. 반면, 국제연맹의 일반 군축은 대상이 모든 군사력이고, 61개국이 참여하여 합의 도달이 어려웠다는 차이점에서 기인한 것이다. 군축 노력도 집단안보나 세력균형과 보조를 맞추지 못하면 성과를 얻을 수 없음이 드러났다. 워싱턴 회의는 단순한 해군 군축뿐만 아니라 태평양과 중국에서의 세력균형 문제도 같이 취급했기 때문에 성과를 얻을 수 있었다. 그러나 군비경쟁을 1차 대전의 원인으로 인식하고, 국제연맹이 집단안보의 보조 수단으로 군축을 추진했다는 데 큰 의미가 있다.

독일의 분노, 프랑스의 안보 불안과 루르 사태

베르사유 조약이 체결된 후 1920년대를 지배한 분위기는 독일의 분노와 프랑스의 안보 불안이었다. 독일은 전범국 지정에 모욕감과 과도한 징벌에 분노를 느끼면서 베르사유 조약 자체를 인정하려 하지 않았다. 자연스럽게 독일인들은 1914년 이전의 강대국 지위를 회복하려는 투쟁을 시작했다. 반면 프랑스는 국제연맹의 부실한 집단안보체제를 우려하면서 미국, 영국과 안전보장체제를 구축하려고 노력했지만 쉽지 않은 상황에 직면해 있었다. 스스로 안전을 확보하는 외교가 필요한 상황이 되었다. 그리고 이 시기에 영국은 무기력했고, 미국은 무책임했다.

독일의 분노

전쟁 막바지에 독일 제2제국이 붕괴되고 1918년 바이마르 공화국이 성립되었다. 그러나 파리평화회의에 독일 대표는 참석하지 못하고, 회의에서 결정된 굴욕적인 베르사유 조약에 서명하라는 강요만 받았다. 독일인들의 이를 '강제 명령(Diktat)'이라는 부정적인 용어로 규정하면서 저항했다. 특히 베르사유 조약의 전쟁책임조항은 독일국민을 분노케 했다. 전쟁책임조항에 근거해서 가해진 징벌 내용으로 독일은 정신적·경제적으로 혼란에 빠졌다. 극심한 인플레이션으로 바이마르 공화국을 마비시켜 버렸다. 독일이 선택한 정책은 '소극적 저항'이었다. 핵심은 베르사유 조약 불인정과 폐기 요구였다. 당시 독일인들은 바이마르 공화국 체제를 어색해하고 독일제국 시절로 돌아가기를 희망했다. 바이마르 공화국이 좌파 계열의 사회민주당과 유태인 정치인이 주도하고 있었던 것도 바이마르 체제에 대한 불신과 반감을 야기했다. 그리고 독일의 패전을 독일 책임으로 받아들이지 않았다. 바이마르공화국 군부도 독일이 전쟁에 패한 것이 아니라 유태인 정치인들의 음모로 패배했다는 음모론을 꾸준히 생산하였다. 그리고 연합국 음모설도 난무하였다. 후에 총리와 외교장관을 역임한 구스타프 슈트레제만(Gustav Stresemann)도 '시기심이 많은 영국이 자신의 우위를 너무나 유지하고 싶었기 때문에 독일을 유혹해서 전쟁에 빠져들게 했다'라고 확신할 정도였다.13)

독일은 베르사유 조약에 의해 강제된 군비제한과 배상금 이외에도 영토의 1/8과 인구의 1/10을 상실했다. 상실한 영토는 독일의 철과 석탄 생산량의 상당 부분을 차지하는 매우 중요한 지역이어서 더욱 충격이었다. 독일은 철과 석탄 생산량의 30%, 밀은 13%, 보리와 호밀은 18%, 감자는 20%를 상실했다. 독일에 대한 징벌조항이 독일 국민들의 일상생활에까지 엄청난 영향을 주면서 독일 내에서는 민족주의 정서가 확산되었다. 독일의 바이마르 정부도 국민들의 민족주의 정서에 편승하여 국민들에게 소극적 저항 형식으로 '시민 불복종 운동'을 요구했다.

과도한 징벌에 대한 우려는 연합국으로부터도 나왔다. 배상문제를 협의하는 과정에 영국 측 전문위원이었던 경제학자 존 메이너드 케인스(John Meynard Keynes)는 독일에 대한 배상금이 과도하다면서 위원직을 사임하기도 했다. 그 후 케인스는 파리평화회의 참석 경험을 바탕으로 파리평화회의의 불공정성과 과도한 배상금이 내포하고 있는 도덕적·현실적 문제점을 고발하는 『평화의 경제적 결과(The Economic Consequence of Peace)』(1920)를 출간하여 베스트셀러가 되었다. 그러나 그 책에서 케인스는 프린스턴대학교 총장을 역임한 윌슨 대통령을 '무지하고 교양 없는 인물'로 치부하는 편견도 보였다. 그런 편견은 미국에 대한 영국 지도층의 시기심으로부터 나타난 것으로 보인다. 1938년 뮌헨협정 때까지도 영국에서는 히틀러의 베르사유 조약 파기 움직임을 과도한 징벌에 대한 독일의 정당한 요구로 받아들이는 분위가 지배적이었다. 그 결과 영국은 독일의 분노와 프랑스의 안보 불안을 방관하는 무기력한 모습만 보였다.

1923년 1월 프랑스가 배상금 지불이 지연되는 것을 구실로 석탄 산지인 루르 지역을 점령하면서 독일의 분노와 프랑스의 안보 불안이 정면으로 충돌했다. 결국, 독일은 엄청난 인플레이션을 경험하면서 경제뿐만 아니라 사회적 혼란이 가속화되었다. 독일의 분노도 1923년 8월 슈트레제만이라는 중산층 출신이 총리 겸 외교장관이 되면서 현실정치와 타협하게 되었다. 슈트레제만도 철저한 민족주의자였다. 그도 베르사유 조약을 '역사상 최대의 사기'라고 비난했고, 배상금 액수가 너무 터무니없다는 일반 독일인들의 생각에 공감했다. 그리고 독일이 베르사유 조약을 파기하여 1914년 이전의 강대국 지위로 복귀해야 하고 미회복지인 오스트리아를 병합(anschluss)해야 한다는 독일 민족주의자들의 주장을 공유했다. 그러나 그는 외교 사령탑으로서 루르 사태를 보면서 전임자들의 게릴라식 소극적 저항보다는 연합국의 요구를 최소한 충족시켜 주면서, 배상금액을 탕감 받고, 치욕적인 라인란트에서의 외국군 철병을 조기에 종식하는 것이 독일 이익에 더 부합된다는 생각을 하게 되었다. 베르사유 조약의 굴레로부터 탈피하기 위해서는 영국과 프랑스의 협조가 필요하다고 생각하여 소극적 저항에서 이행정책(fulfill-ment policy)으로 전환했다. 이행정책의 효과는 배상금을 탕감한 도스(Dawes) 안과 독일의 강대국 지위 복귀·프랑스의 안보 불안 완화를 가져다 준 로카르노 조약(Locarno Pact)으로 나타났다.

프랑스의 안보 불안

프랑스는 파리평화회의 내내 안보 불안 문제를 제기하고, 독일로부터의 안전 보장책을 요구했다. 프랑스의 요구는 어느 정도 반영되어 전쟁책임조항에 근거해서 라인란트의 비무장화, 독일의 군비제한, 그리고 천문학적인 배상금이 확정되었다. 그러나 프랑스는 여전히 불안했다. 집단안보의 설계자인 미국이 국제연맹에 불참하자 불안감은 극도로 상승했다. 프랑스는 독일의 보복 전쟁 가능성을 크게 우려하고 있었다. 독일은 베르사유 조약에서 정한 규정을 벗어나 비밀리에 군사력을 증강하는 움직임을 보였고, 소련과 라팔로 조약을 체결하자 독소 간 군사적 협력 가능성도 우려되었다. 독일이 여전히 잠재적인 군사적 강대국으로 존재하고 있었기 때문이다.

프랑스는 국제연맹의 틀 밖에서 동맹체제를 통한 안보 틀을 구축하려 했다. 프랑스는 파리평화회의 기간에도 국제연맹 창설 지지에 대한 대가로 미국, 영국, 프랑스 3국의 안전보장 방안을 제시하기도 했다. 베르사유 조약체결 후, 1922년에는 먼저 프랑스는 영국과의 동맹을 추진했다. 그러나 영국은 동맹 관계가 이루어질 경우, 프랑스의 영향력이 과대 확장되고 프랑스와 동맹 관계에 있는 벨기에, 폴란드 같은 약소국 문제로 영국이 원치 않는 분쟁에 연루될 가능성을 우려하여 동맹 결성에 부정적이었다. 그리고 1922년 4월 독일과 소련 간에 기습적인 라팔로 조약이 체결되자 프랑스의 불안은 가중되었다. 프랑스는 독일 주변의 체코슬로바키아, 유고, 루마니아 등의 소협상국(Little Entente)과 동맹체제를 완성시켜 나가는 한편 국제연맹의 집단안보 기능을 보완하는 방안에도 적극적으로 참여했다. 1923년에는 영국이 제시한 '상호원조에 관한 보편적 조약'을 지지했다. 영국 안은 군축을 인정하는 피침국에 대한 지원과 회원국 간 방어협정 체결을 내용으로 했다. 그러나 독일, 미국 등의 반대로 실현되지 못했다. 또 1924년 9월 프랑스는 침략자에 대한 무력제재를 규정한 1924년 제네바의정서(Geneva Protocol of 1924) 채택을 적극적으로 추진했으나, 공동 발의국인 영국이 철회하여 실패했다. 제네바의정서는 무력제재를 포함하고 있지 않은 국제연맹의 집단안보 기능을 보완해 줄 수 있다는 희망에서 프랑스는 큰 기대를 걸었다. 이처럼 프랑스 안보에 대한 구상이 모두 실패한 것은 구상들이 주 협력 대상국인 '영국에게는 너무 과도했고, 프랑스에게는 너무 미흡'했기 때문이라고 헨리 키신저는 정리했다.[14)]

여러 가지 방안이 성과가 없자 프랑스는 독일과 직접 협상하는 방안을 모색해야 했다. 독일에서도 베르사유 조약 이행정책을 내세운 슈트레제만이 등장하면서 분위기가 무르익었다. 루르 사태를 계기로 1925년 독일과 협상을 통해 로카르노 조약을 체결하면서 일단 안보 불안으로부터 탈출구를 찾았다.

배상금 문제와 루르 사태

독일의 분노와 프랑스의 안보 불안은 충돌을 향해 달려가고 있었다. 그 충돌이 프랑스의 루르 점령으로 나타났다. 프랑스의 불안은 독일의 배상금 문제와 연결되어 터졌다. 독일의 전쟁 배상금은 베르사유 조약에서 배상위원회가 최종적으로 결정하도록 위임했다. 배상총액을 결정하는 과정에도 독일의 재기가 불가능하도록 철저하고 급속한 배상을 주장하는 프랑스와 독일의 경제력을 고려한 점진적 배상을 주장하는 영국이 맞섰다. 1921년 런던 회의에서 위원회는 배상금을 1320억 마르크로 확정했다. 배상금 배당 비율은 프랑스가 52%, 영국이 22%, 이탈리아가 10% 순이었다. 독일이 배상계획을 이행하기 위해서는 매년 20억 마르크와 수출의 25%를 배상금으로 지불해야 했다. 독일 경제가 감당할 수 없는 천문학적 금액이기 때문에 독일은 당연히 거부했다. 당시 독일은 영토 일부를 폴란드에 할양당하고, 군비도 제한된 상황에 민족주의 정서가 들끓고 있었다. 그리고 과도한 배상금 집행으로 1922년 말에 이미 디폴트(지불불능) 상태에 빠졌다. 1922년 1월 독일의 배상금 지불 이행이 지체되고 있던 상황에 프랑스에서는 강경파인 푸앵카레(Raymond Poincaré) 내각이 들어섰다. 1923년 1월 프랑스는 벨기에와 함께 독일의 배상금 이행이 지연되고 있다는 구실로 독일의 경제 핵심지인 루르를 점령하여 루르 사태를 일으켰다. 영국은 철군을 요구했고 미국도 항의 표시로 라인란트에 주둔한 미군을 철수시켰다. 바이마르 공화국도 루르 지역 노동자들에게 임금을 주면서 일하지 말라는 소극적 저항으로 대응했다. 독일 경제가 극도의 공황 상태에 빠지고, 사회주의자들과 파시스트들이 준동하는 심각한 사회적 혼란 상태가 되었다. 슈트레제만의 이행정책이 시행되면서 해결의 실마리를 찾았다. 그리고 미국이 독일과 프랑스 간에 배상금 중재 역할을 자임하고 나서면서 해결되었다. 1924년 5월에 미국이 개입하여 도스 안을 해결책으로 제시했다. 도스 안은 독일이 5년간 10~25억 마르크를 지불할 것을 규정하여 지불액을 삭감해 주었고, 독일 경제 회생을 위해 미국이 자본을 공급하기로 했다. 프랑스는 1925년 7월 루르에서 철수했다. 프랑스는 루르 점령이 빈손으로 끝났지만, 루르 점령을 통해 독일의 정책 전환을 압박할 수 있었다. 루르 사태는 독일의 분노와 프랑스의 안보 불안의 충돌 지점이지만, 위기가 해소되면서 프랑스와 독일이 배상금 문제를 타협하고 로카르노 조약을 체결할 수 있는 계기를 만들어주었다.

이후 배상금 문제는 1929년까지 독일이 배상을 이행함으로써 문제가 없었다. 1929년 8월 미국의 영(Young) 안이 채택되어 배상금 총액을 358억 마르크로 삭감하고 59년간에 걸쳐 지불하도록 결정했다. 그러나 1930년 대공황 여파로 독일 경제가 붕괴되자 1년간 배상금 지불을 유예하는 후버 모라토리엄(Hoover Moratorium)이 채택되었다. 1932년 다시 로잔 회의에서 배상금을 30억 마르크로 대폭 삭감했다. 가혹한 배상금은 독일 나치 정권의 등장만을 남겨놓고 용두사미로 끝났다. 현실적으로 불가능한 배상액을 책정한 결과였다. 배상금 문제는 케인스가 걱정한 대로 끝났을 뿐만 아니라 더 큰 재앙을 가져다주었다. 2차 대전이었다. 케인스는 파리평화회담에서 독일에 대한 배상금 축소뿐만 아니라 프랑스와 영국이 배상금에 집착하게 만들었던 원인인 미국에 대한 영·불 등의 전쟁 부채(112억 달러)를 완화해 줄 것을 제안했다. 그러나 케인스 제안은 거부되었다. 결과를 두고 후에 케인스 지지자들은 미국이 협조하지 않은 과도한 배상금이 대공황의 한 원인이 되었고, 결국 2차 대전이라는 대재앙을 불러왔다고 주장했다.

국제연맹 밖 지역집단안보: 로카르노 조약과 부전조약

독일의 분노와 프랑스의 안보 불안을 해소하기에는 국제연맹의 집단안보 기능이 한계를 가지고 있었다. 한계를 극복하려는 노력이 연맹 규약 21조의 지역주의(regionalism)를 활용하는 지역집단안보체제를 구축하는 방법이었다. 연맹규약 21조에 먼로주의와 같은 '지역 이해(regional understandings)'를 인정하고 있었다. 1920년대 중반 로카르노 조약(Locarno Pact)과 부전조약(不戰條約) 또는 켈로그-브리앙 조약(Kellogg-Briand Pact)으로 알려진 '전쟁포기 조약'이 체결되어 유럽 차원에서 지역집단안보체제가 형성되었다. 로카르노 조약도 국제연맹 규약 제21조에 근거함을 명확히 하여 국제연맹 집단안보의 보완적 기능임을 명시했다.

로카르노 조약

프랑스의 안보 불안을 완화해 준 방안이 아이러니하게도 독일로부터 제안되었다. 독일에는 라인란트에 상주한 외국군대 철병이 가장 큰 관심 사항이었다. 1922년 12월 독일 총리 빌헬름 쿠노(Wilhelm Cuno)는 미국이 보장국이 되는 '라인 문제에 대한 제안'을 제시했다. 이 제안은 국민 투표에 의해 승인되지 않는 한 30년간 영국, 프랑스, 벨기에, 독일은 전쟁하지 않는다는 내용이었다. 그러나 당시 프랑스는 루르 점령을 계획하고 있었기 때문에, 헌법 개정이 필요한 사안이라는 이유로 제안을 거절했다. 1925년이 접어들면서 독일의 슈트레제만 외교장관이 쿠노 안을 수정하여 다시 제안했다. 프랑스도 루르 문제가 해결단계에 있어 슈트레제만의 제안을 수용했다.

독일의 국제적 위상을 1914년 이전의 수준으로 회복시키기는 것이 슈트레제만의 외교 목표였다.[15] 그는 배상문제를 해결하고, 군사적으로는 프랑스와 영국과 동등한 위치를 확보하기 위해서 독일의 동부국경을 재조정하기를 희망했다. 동부국경에서 베르사유 조약에 의해 너무 많은 영토를 폴란드에게 할양했기 때문이다. 그리고 시급한 당면 과제는 독일 민족주의자들이 원하던 라인란트로부터의 연합군 철수였다. 당시 슈트레제만을 더욱 압박한 상황은 라인란트에서 독일의 비무장화가 제대로 준수되지 않았다는 평가에 따라 연합군이 예정되어 있던 1차 철수를 취소한 것이었다. 그뿐만 아니라 영국과 프랑스의 동맹 가능성도 제기되고 있어 적극적으로 신속히 라인란트 문제를 해결해야 하는 상황이 되었다.

1925년 10월에 조인된 로카르노 조약(Locarno Pact)은 세 가지 구성요소로 이루어져 있다. 흔히 라인란트 조약(협의의 로카르노 조약)은 독일 서부국경선에 대한 지역집단안보 장치였다. 독일, 프랑스, 벨기에, 영국, 이탈리아 등 5개국이 서명했다. 라인란트 조약에서 독일, 프랑스, 벨기에 국경에 대한 상호 불가침, 라인란트의 비무장화 그리고 독일의 국제연맹 이사국 가입을 내용으로 하고 있었다. 여기에 영국과 이탈리아가 조약 준수를 보장하도록 되어 있었다. 둘째 부분은 독일- 동유럽 국가(폴란드, 체코슬로바키아) 간 중재재판조약으로, 독일 동부국경선에 대한 분쟁은 중재재판을 통해서 해결한다는 내용이다. 독일이 동부국경선에 대해서 서부국경선과 같은 집단안보체제를 거부한 것은 동부국경선에 대한 베르사유 조약 내용을 인정하지 않겠다는 의사표시였다. 셋째 부분은 독일의 동부국경선 안전을 보완하기 위해서 프랑스가 폴란드, 체코슬로바키아와 각각 상호원조조약을 체결했다. 이들 상호원조조약들과 라인란트 조약, 중재재판 조약을 합쳐 통상 로카르노 조약, 로카르노 체제라고 부른다.

로카르노 조약은 독일의 분노와 프랑스의 안보 불안을 완화하는 역할을 했고, 이후 유럽 국가 간 협력을 상징하는 '로카르노 정신(The Spirit of Locarno)'이라는 용어가 유행하게 되었다.[16] 독일은 로카르노 조약을 통해 국제적 지위도 회복하고, 라인란트에서 연합군을 계획보다 5년이나 빠른 1928년에 철병시켜 국내 민족주의 압력도 완화시켰다. 그러나 훗날 결과를 보면, 로카르노 조약은 유럽에 평화를 가져다준 것이 아니라, 다음 전쟁터가 어디인가를 규정했을 따름이었다.[17] 결국 로카르노 체제는 1935년 히틀러가 로카르노 조약을 파기함으로써 붕괴되었다.

로카르노 조약에서 독일, 프랑스, 영국, 소련의 안보정책의 방향이 명백히 드러났다.

독일은 서부국경선은 인정하지만, 동부국경선은 인정할 수 없다는 입장이었다. 이후 히틀러가 동유럽 팽창정책을 추진할 수 있는 여지를 만들어주었다. 프랑스는 독일의 서부국경선에 대한 보장은 확보했지만, 독일 동부국경에 대한 불안은 독자적으로 해결해야 했다. 결국, 폴란드, 체코슬로바키아와 상호원조조약을 체결했지만, 동유럽 국가들의 분쟁에 연루되는 결과를 가져왔다. 2개의 상호원조조약에 모두 프랑스의 지원 조항이 포함되어 있어, 프랑스는 자신의 능력 범위를 넘어선 과도한 안보 책임을 새롭게 떠맡게 된 것이었다. 로카르노 조약으로도 프랑스의 안보 불안은 완전히 해소되지 않고 2차 대전 발발 때까지 프랑스 외교를 지배했다. 프랑스의 안전보장 확보 노력은 1930년대에도 지속되었다. 히틀러의 등장으로 독일 동부국경에 대한 우려가 커지자 프랑스는 소련과의 협력을 추진했다. 그러나 독일의 방해로 군사 차원의 협력단계에는 미치지 못한 정치적 협력인 프랑스-소련 합의(1935년)에 그쳤다. 또 프랑스는 독일의 오스트리아 합병에 대비하여 영국, 이탈리아와 함께 스트레사 전선(Stresa Front)을 결성(1935년 4월)하여 독일이 베르사유 조약을 변경하는 경우, 공동으로 대응할 것을 확인했다. 그러나 스트레사 전선의 합의도 무솔리니가 1937년 히틀러의 극진한 환영 속에 독일을 방문함으로써 종료되었다. 이러한 프랑스의 노력에 대한 평가는 좋지 못했다. 키신저는 '도움 되지 않는 소국들과 동맹하고, 소련과는 군사적 동맹에 이르지 못한 정치적 협력 수준에 만족해야 했고, 군사적 개입을 거부하는 영국에 의존하는 정책은 신경쇠약을 치료하기 위한 처방에 불과'하다고 혹평했다.[18]

영국은 전통적으로 저지대 지역에 대한 안보 이익만 고려했기 때문에 라인란트 조약에는 보장국으로 참여했지만, 독일의 동부문제에 대해서는 방임하고 프랑스와의 협력도 거절했다. 영국은 초기에 취했던 세력균형 외교보다는 점점 더 무기력한 국제연맹의 집단안보 기능에 의존하는 모습을 보였다. 또, 영국은 유럽에서 프랑스의 패권을 독일 부활보다 더욱 우려하여 독일에 대한 온건한 입장을 유지했다. 이러한 방임적 태도는 히틀러의 팽창정책에 대한 유화 정책으로 나타났다. 심지어 영국은 히틀러를 '자국을 유럽에서 동등한 위치로 복귀하려는 정상적인 국가 지도자'로 오인하기까지 했다.[19] 영국 외교는 무기력한 모습만 보여주었다.

소련은 로카르노 조약을 영국이 주도한 반소련 동맹조약으로 이해했다. 소련은 국내 언론을 통해 영국을 맹비난하는 한편, 친독반영 성향의 게오르기 치체린 외교장관(외무인민위원)이 베를린을 방문하여 슈트레제만에게 '영국의 꼬임'에 빠지지 말라고 설득했다.[20] 그러나 설득에 실패하고, 로카르노 조약에서 독일의 동부국경에 대한 안전보장이 빠지자 소련의 위기감은 고조되었다. 그동안 세계 공산주의 연대라는 이데올로기 외교에 집착하고 있던 소련이 다시 유럽식 세력균형 외교로 뛰어들게 된 계기가 되었다. 소련은 당시 국제적으로 고립된 상황에서 독일과 직접 문제를 해결해야 했다. 독일도 프랑스가 동부국경 국가들과 체결한 상호방위 조약에 대응할 필요성이 생겼다. 독일과 소련은 독소 중립조약(1926년)을 체결했다. 독소 중립조약에는 상대방이 공격받을 때 중립을 유지하고, 상대방을 대상으로 하는 정치적 압박, 경제적 보이콧에 동참하지 않는다는 내용을 포함했다. 독소 중립조약이 로카르노 조약의 여파로 체결되면서, 이제 주요 유럽 국가들이 전부 연관되는 집단안보체제가 완성되었다.

부전(不戰)조약

로카르노 조약으로 안보 불안에서 한숨 돌린 프랑스 아리스티드 브리앙(Aristide Briand) 외교장관은, 프랑스의 안보체제에 미국을 끌어들이는 방안을 추진했다. 1927년 6월 브리앙은 미국에게 프랑스-미국 부전조약을 제시했다. 미국의 프랭크 켈로그(Frank B. Kellogg) 국무장관은 쌍무적 조약이 아닌 개방된 다자 조약으로 전환할 것을 역제의했고, 영국, 독일, 일본, 이탈리아 등 주요국도 켈로그 장관의 제안에 동의하여 부전조약(Kellogg-Briand

Pact)을 체결했다. 켈로그 국무장관은 다자 조약이 그동안 프랑스와 논의했던 우호협정과 같은 맥락이고, 로카르노 참여국들에게는 이중으로 전쟁을 포기하는 효과를 볼 수 있다고 생각했다. '전쟁포기에 관한 조약'이라는 명칭의 부전조약은 단 3개 조항으로 구성되어 있고, 국가정책 수단으로서 전쟁을 포기하고, 모든 전쟁을 평화적 수단으로 해결한다고 규정했다. 미국이 먼로주의 때문에 국제연맹 참가가 좌절되었던 경험에서 볼 때, 부전조약은 미국의 자위적 방어권뿐만 아니라 먼로 독트린상 권리도 제약하지 않으며, 피침략국을 도와야 하는 의무도 없는 조약이기 때문에 미국에게 쉽게 수용되었다. 부전조약에 1928년에는 15개국, 1934년에는 63개국이 가입했다. 부전조약은 국제연맹 밖에 있던 미국과 소련도 참가하여 범세계적 조약이 되었고, 전쟁을 불법화해 국제연맹의 집단안보보다 한 단계 발전했다는 의미가 있다. 반면, 제재에 관한 규정이 없어 실효성이 없는 정신적 조약이라는 한계가 있었다. 정신적 조약이었기 때문에 많은 국가가 부담 없이 참가하여 국제협력의 대명사인 '로카르노 정신'의 실천 사례가 되었다. 미국 국무장관 헨리 스팀슨(Henry Stimson)도 부전조약이 시대정신에 부합한다고 설명했다. "켈로그-브리앙 조약은 … 여론의 제재에 의존합니다. … 이를 비웃는 비판자들은 1차 대전 후 세계 여론의 진화를 제대로 살펴보지 않았습니다."[21] 그리고 부전조약은 2차 대전 후 뉘른베르크 국제군사재판(Nuremberg Trial)과 극동 국제군사재판(Tokyo Trail)에서 전범들을 '평화에 반하는 죄(the crime against peace)'로 처벌하는 법원(法源, fons iuris)이 되었다.

워싱턴 체제: 태평양과 극동지역에서의 세력균형

베르사유 체제는 유럽에 대한 새로운 질서였다. 1차 대전 이후 새로운 전선이 된 태평양과 극동지역에서도 새로운 질서가 필요하게 되었다.

1차 대전을 거치면서 태평양과 극동에 많은 힘의 변화가 있었다. 구시대

세력이었던 독일, 러시아는 철수하고, 영국과 프랑스는 영향력이 축소됐지만, 신세력인 미국과 일본의 영향력은 급속히 확대되었다. 그리고 미국과 일본 간에도 1차 대전 중에 이미 건함 경쟁이 시작되었다. 미국은 1919년까지 군함 156척을 건조하는 계획을 가지고 있었고, 일본도 이에 대항하여 '88함대' 건설을 추진했다. 미국은 최강대국으로서 베르사유 체제에 이은 새로운 질서를 태평양과 극동에도 구축하기를 원했다. 미국의 새로운 질서는 태평양과 극동에서 일본의 팽창을 저지하는 장치이기도 했다. 일본도 급속한 중국 진출로 중국에서의 배일(排日) 운동이 일본에 대한 국제사회의 압박으로 작용하고 있고, 미국과의 무역에 많이 의존하고 있으므로 미국과의 타협이 필요했다.

1921~1922년간 미국 공화당 출신인 헨리 하딩(Henry Harding) 대통령은 태평양과 극동지역에 관련된 9개국을 초청하여 워싱턴회의를 개최했다. 미국의 목표는 과도한 군비경쟁에 제동을 걸고, 일본의 팽창을 저지하는 것이었다. 두 가지 목표를 위해 '해군군비제한 위원회'와 '태평양·극동문제 위원회'를 나누어 진행했다.

회의를 통해 3개의 협정이 마련되었다. 첫째로 '해군군축 조약(1922년 2월)'이 미국, 영국, 프랑스, 일본, 이탈리아 등 5개국에 의해 체결되었다. 군축협상에 대한 요구는 1차 대전이 군비경쟁의 결과라는 평가에 기초하여 국제연맹 규약(제1,8,9조)에도 규정되어 있었다. 군축이 집단안보와 같이 전쟁을 방지하는 방안으로 인식되고 있었다. 비교적 기술적으로 간단한 해군 군축이 워싱턴 회의의 대상이었다. 참가국의 주력함 보유 한도를 설정했다. 국가별 주력함 보유 비율은 영국과 미국이 각각 5, 일본 3, 프랑스와 이탈리아가 각각 1.67로 정해졌다. 미국은 영국과 같은 비율로 대등한 해군력을 보유할 수 있게 되었다. 일본은 당초 3.5를 요구했으나 자국 방어에 충분하다는 판단에 따라 3으로 축소된 안을 수용했다. 이 조약은 주력함에 한정된 것이어서 보조함에 대한 제한이 없었다. 그 결과 보조함 건조 경쟁을 유발시키는 역설적인 현상이 나타났다. 보조함 문제를 해소하기 위해 추가로 런던 군축조약(1930)을 체결하고, 보조함 보유 한도 비율을 영국 10, 미국 10, 일본 7로 정했다. 프랑스와 이탈리아는 보조함 제한에 반대하여 조약에 불참했다. 통상 런던 군축조약은 워싱턴 체제에 포함되지 않는다.

둘째로 태평양질서에 관한 '4개국 조약'(1921년 12월)으로, 미국, 영국, 일본, 프랑스가 참가했다. 이 조약에서 태평양지역의 비군사화와 세력권의 상호존중을 합의했다. 그리고 러시아를 대상으로 체결된 구시대 유물인 영일동맹을 폐기하기로 합의했다(1923년 8월 폐기). 미국이 이 조약을 추진한 목적은 1902년에 체결되어 20년간 연장되어 온 영일동맹을 폐기하는 것이었다. 영일동맹은 일본 세력 확장의 기초였지만, 이제는 미국과 영국 간의 협력에 장애 요소가 되었기 때문이다.

마지막으로 중국에 관한 '9개국 조약'(1922년 2월)이 체결되었다. 여기에는 기존 5대 강국 외에 벨기에, 네덜란드, 포르투갈, 중국 등이 추가로 참가했다. 조약 내용은 미국이 이미 윌슨 대통령 때 대중국 정책으로 선언한 문호개방정책을 구체화한 것이다. 중국의 주권 존중, 중국의 안정된 정권 수립, 중국에서의 경제기회 균등보장, 중국에서 특권이나 특수이익 배제 등 네 가지가 주요 내용이었다. 이에 따라 중국에 대한 일본의 특수권익을 폐기하도록 했다. 일본은 중국과 별도 교섭을 통해 산둥반도의 권익을 포기하고, 중국에 요구했던 21개조 중 일부도 철회했다. 그리고 1917년에 미국과 일본이 중국에서의 일본 특수이익을 미국이 인정하고, 일본은 미국이 요구하는 중국의 문호개방을 보장하기로 한 이시이-랜싱(Ishii-Lensing) 조약도 파기했다.

일본에게 불리한 조항이 많았고, 일본 해군의 반발이 컸다. 그러나 일본은 종합적인 국력과 국가이익 판단에 따라 조약을 수용하고 강대국 반열에 오르는 대가를 얻었다. 이후 일본은 미국통인 시데하라 가주로(幣原 喜重郎) 외교장관 주도로 시데하라 외교(Shidehara Diplomacy)로 알려진, 국제문제에서 미국, 영국과 협조하는 1920년대의 국제협조주의 외교시대를 열었다. 워싱턴 체제에 의해 형성된 미국과 일본의 세력균형은 1931년 일본이 만주를 침략을 통해 현상을 타파할 때까지 10년간 태평양과 극동지역 질서의 기초가 되었다.

1920년대 10년간 세계는 유럽의 베르사유 체제와 태평양·극동지역의 워싱턴 체제에 의해 평화를 유지했다.

대공황 발생, 민족주의의 부활과 집단안보 기능의 무력화

1920년대의 평화와 대공황 발생

1920년대에는 국제연맹의 집단안보 기능과 보조 장치들이 비교적 성공적으로 작동되면서 큰 충돌 없는 평화를 누렸다. 미국은 국제연맹 가입은 좌절되었지만, 독일 배상금 문제에 개입, 프랑스의 안보 위기감 해소 노력에 협조하고, 태평양과 중국에서의 일본 팽창을 저지하면서 강대국으로서의 역할을 수행했다. 자연스럽게 영국을 대신하는 강대국으로 부상했다. 하버드대학 연구에 의하면, 1618년 이후 16번의 강대국의 지위를 지키려는 강대국과 부상하는 신흥 강대국 간의 패권경쟁에서 단지 네 번만 평화롭게 위치가 바뀌었는데, 그중 하나가 미국과 영국의 패권 다툼이었다.[22] 그러나 미국은 1차 대전 후 유럽이 미국에 대해 걸었던 기대와는 거리가 있는 행보를 보였다.

영국은 미국의 우위를 수용하고 유럽대륙에서의 세력균형(실제는 방임 수준)과 영연방 규합을 통한 영국 세력권 형성에만 몰두했다. 프랑스는 징벌주의에 입각하여 독일의 재기를 사전에 봉쇄하고, 독일과 로카르노 조약, 독일 주변의 약소국들과 방위조약을 체결하여 스스로 안전장치를 마련했다. 이러한 프랑스의 노력은 소련과 중립조약(1932년 11월)으로도 이어졌다. 독일은 초기의 베르사유 체제 거부에서 이행정책으로 전환하여 국제연맹 이사국 지위를 획득하고, 배상금 탕감과 연합군의 조기 라인란트 철병(1928년)을 얻어내면서 강대국 지위를 회복해 나갔다. 소련은 내부적으로는 경제개발계획을 통해 신생 공산 정권을 안정시키고, 대외적으로는 1922년 독일과의 라팔로 조약에서 독일에 대한 배상금 권리를 포기하면서 국제적 고립으로부터 탈피하려고 노력했다. 1925년 로카르노 조약 이후 혁명 외교 대신에 국제사회 복귀 외교를 본격적으로 추진했다. 로카르노 조약에 대응하여 독일과 중립조약(1926년 4월)을 체결하여 독일과의 국경에 대한 우려를 일정 부분 해소했다.

일본은 미국과 영국 등 전승국과의 협조가 절실하다는 현실적 판단에서 워싱턴 체제에서 양보하고, 이를 바탕으로 국제협조 외교를 펼쳐나갔다. 그러나 중국에서의 반일운동과 협조 외교의 실효성에 대한 국내에서의 의문이 증폭되어 1927년부터 강경외교로 선회하기 시작했다. 이탈리아도 베르사유 체제하에서 정권 무능, 재정 파탄 등과 같은 국내 문제로 무솔리니의 파시스트 정권(1922년)이 들어서 이탈리아 민족주의의 목표인 피우메 합병과 같은 공격적인 외교로 나아갈 토대를 마련했다.

1929년에 시작된 대공황은 국제사회 분위기를 완전히 바꾸었다. 미국에서 시작된 대공황은 공급 과잉과 수요 부족, 즉 구매력의 약화로 인해 발생했다. 경제 위기는 각국에서 민족주의를 고취시켜 국제연맹의 집단안보 기능을 무력화시켰다. 미국은 국내 경제 회복정책에 집중하여 뉴딜 정책을 추진하고, 국제문제에서는 중립법을 마련하여 유럽문제와 거리를 유지하려고 노력했다. 영국과 프랑스는 식민지와 블록 경제를 활용하여 자국 경제 보호에 중점을 두고 외교 문제에 대해서는 소극적인 모습을 보였다.

대공황은 베르사유 체제에 대해 불만이 많았던 현상타파 세력인 독일, 이탈리아, 일본의 팽창정책을 유발했다. 팽창정책은 국제연맹 제재의 대상이 되었고, 이들은 국제연맹을 탈퇴해 버렸다. 이들의 팽창정책에 대응하는 과정에 국제연맹 집단안보 기능의 무기력함이 드러났다. 주요 강대국들의 국제연맹 탈퇴는 베르사유 체제가 정당성과 안정성을 모두 상실하여 붕괴되었음을 의미했다.

일본 군국주의 대두와 국제연맹 탈퇴

일본은 1920년대 워싱턴 체제에 참여함으로써 국제적인 지위가 향상되었고, 국내적으로도 자유주의 분위가 확장되었다. 그러나 중국에서 장제스의 북벌 성공과 같은 반일(反日) 통일 움직임이 확대되어 일본 이익이 손상되자, 일본 내에서는 워싱턴 체제에서 소외된 군부를 중심으로 강경한 대응을 요구하는 강경파들이 득세하기 시작했다. 1927년에는 시데하라(幣原)의 국제협조 외교에서 다나카 기이치(田中 義一) 총리가 주도하는 강경외교로 전환하여, 중국에 적극적인 군사개입을 추진하는 군국주의로 나아갔다. 1930년 런던 군축회의에서 일본의 요구가 거절되자, 군부 강경파에 의해 하마구치 오사치(濱口 雄幸) 수상이 암살되는 사건도 발생했다. 특히 만주에 주둔해 있던 관동군은 일본 정부의 통제를 벗어날 정도로 군국주의의 선봉이었다. 결국, 관동군은 장쭤린(張作霖) 폭사 사건, 민주 침략과 같은 현상타파적인 군사활동을 독단적으로 전개했다.

일본에서 군국주의 확장 배경에는 대공황의 영향이 컸다. 대공황의 영향으로 생사 수출이 어려워져 농촌 경제가 붕괴하면서 농촌 출신이 많았던 군부세력의 불만이 높아져 군국주의가 더욱 강화되었다. 일본은 경제 위기를 팽창주의로 타개하기로 하고, 목표를 만주와 몽골로 정했다. 국토가 작고, 자원이 부족한 일본이 메이지 유신 이후 지속해서 표출했던 대륙팽창 욕구의 연장이 있었다. 1931년 9월 일본 관동군은 만주철도를 파괴하는 자작극을 벌였다. 일본 관동군은 중국군이 만주철도를 파괴했고, 이에 대해 자위권 행사 차원에서 중국군과의 무장충돌이 발생하였다고 주장하여 만주사변을 연출했다. 이어서 1932년 3월 일본은 괴뢰국인 만주국을 건국하여 만주에서의 일본 기득권과 일본군의 주둔을 합법화(1932년 9월 일만의정서)했다. 중국은 만주사변과 만주국 건립을 일본의 침략행위로 규정하여, 연맹 규약 제11조(평화 위협 상황 발생 시 총회와 이사회에 보고)에 의거 국제연맹에 제소했다. 국제연맹은 영국인 리튼(Lytton) 백작을 단장으로 하는 리튼 조사단(Lytton Commission)을 파견하여 현지 조사하고 보고서를 작성했다. 리튼 보고서 내용에는 일본의 자위권 발동과 만주국 건립의 자발성을 모두 부인하는 중국의 주장도 포함되었지만, 중국의 혼란상을 거론하고 조약에 의한 일본의 특수권리가 인정되어야 한다고 지적하는 등 일본의 주장도 포함되어 있었다. 그리고 일본군의 침략행위에 대한 제재(제16조)는 포함되지도 않았다. 그러나 만주의 '중국적 특성'을 인정할 것을 일본에 요구했다. 이는 일본에게 만주는 중국의 영토라는 의미로 이해되었다. 결국, 보고서는 만주국 설립 이전으로의 회복도 요구하지 않고, 만주국 설립도 인정하지 않으면서 중일 양국이 협의할 것을 제안하는 애매한 결론을 내렸다. 보고서는 일본에게 '명분 대신 실익'을 제시했다고 평가할 수 있었다. 그러나 일본은 보고서가 작성 중일 때 만주국을 승인(1932년 9월)하는 강공책을 선택했다. 결국, 리튼 보고서는 일본의 반대에도 불구하고 국제연맹 총회에서 42 대 1(태국은 기권)이라는 압도적 찬성으로 통과되고, 만주에 대한 주권이 중국에 있음을 확인하자, 일본은 격분하여 국제연맹을 탈퇴(1933년 3월)했다. 일본 가토 요코(加藤陽子) 교수는 일본이 국제연맹의 제재를 두려워해서 국제연맹을 탈퇴했다고 주장했다. 가토 교수에 의하면, 리튼 보고서가 총회에 제출된 가운데, 일본 관동군이 만주국 열하성에 주둔해 있던 중국군을 소탕하기 위해 군사작전을 시행(1933년 2월)하자, 국제연맹은 중국 영토에 대한 새로운 전쟁으로 인식했다. 반면, 일본은 처음에는 군사작전을 단순한 치안 활동으로 가볍게 생각했다가 사태의 심각성을 재인식하면서 군사작전에 따른 경제제재와 제명 같은 국제연맹 제재를 우려하여 먼저 국제연맹을 탈퇴를 선택했다는 것이다. 당시 일본에서 군국주의 분위기가 득세하고 있어 국제연맹 탈퇴라는 강경 대응은 당연한 수순이었다. 또 당시 확산된 일본 민족주의도 연맹

탈퇴를 적극 지지했다.[23]

미국은 만주사변이 발생하자 일본의 침략행위는 부전조약과 문호개방을 명시한 9개국 조약에 위반되므로 관동군의 철수를 요구하는 '스팀슨 선언(Stimson Doctrine)'을 발표(1932년 1월)했고, 만주국 건국 이후에는 만주국을 불승인하는 선언으로 확장시켰다. 스팀슨 선언은 국제연맹에서도 채택되었다. 미국과 일본의 갈등 구도가 점점 선명해져 가고 있었다.

독일 민족주의와 히틀러의 베르사유 체제 타파

1차 대전에 대한 독일의 무조건 항복과 이어진 베르사유 조약의 전쟁책임 조항에 따른 가혹한 징벌주의는 도리어 독일국민이 민족주의로 뭉칠 수 있는 토양을 제공했다. 독일의 외교정책 목표는 베르사유 조약을 파기하고 1914년 이전의 강대국 지위를 회복하는 것이었다. 배상금 저항, 프랑스의 루르 점령에 대한 반발 등 소극적 저항정책이 베르사유 체제 초기 독일 외교의 모습이었다. 그러나 독일 민족의 자존심을 회복하는 시작점으로 라인란트로부터 외국군 철수를 설정한 현실주의자 슈트레제만이 외교 사령탑을 맡으면서 국제연맹에 협조하는 이행정책으로 전환했다. 독일은 이행정책을 통해 국제연맹 이사국 지위를 얻으면서 국제적 위상에 큰 변화를 가져왔다. 그러나 1920년대 후반 독일의 국내 사정은 외교에서의 성취와 달리 여전히 취약했다. 배상금 문제와 함께 국내 실업 문제는 공산주의의 팽창을 불러왔고, 반공산주의와 독일 민족주의를 내세운 나치당(NAZI, 국가사회주의 독일노동자당)도 세력을 확장해 나가고 있었다. 1933년 1월 나치당 당수 아돌프 히틀러(Adolf Hitler)가 총리로 지명되면서 나치당은 내부적으로 독일의회를 무력화시키고 독재의 기틀을 마련했다. 히틀러의 나치 정권이 독일을 장악할 수 있었던 것은 경제성과가 큰 역할을 했다. 1929년 발생한 대공황으로 독일 경제가 더욱 어려워져, 배상금 지급을 1년 유예하는 후버 모라토리엄의 혜택을 받았지만, 최대 600만 명으로 추산되는 실업인구의 폭발로 국내 경제가 매우 어려운 상황에서 히틀러가 총리로 정권을 장악했다. 히틀러는 나치 정권의 정당성이 걸린 심각한 실업 문제를 공공사업을 통한 경기부양책으로 1938년에는 실업자를 63만 명으로 격감시켰다. 히틀러는 집권하자마자 제1차 4개년 경제계획을 발표하고, 공공사업을 통한 실업 문제 해결을 최우선 순위를 두었다. 아우토반을 건설하여 실업 문제를 해결하고, 아우토반을 통해 국가 경제의 통합과 다가올 전쟁 수행에서 효율성을 확보했다. 아우토반 건설에 필요한 22억 마르크 중 16억 마르크는 국채 발행을 통해 해결했다. 히틀러는 금융전문가로서 바이마르 공화국의 초인플레이션 문제를 해결했던 얄마르 샤흐트(Hjalmar Schacht)를 제국은행 총재 겸 경제 장관으로 기용하여 강대국 중에 가장 먼저 대공황을 극복하는 업적을 남겼다.

히틀러의 외교정책은 1925년에 무력 쿠데타 혐의로 구속되어 감옥에서 집필한 『나의 투쟁』에 이미 명시되었다. 베르사유 조약 폐기, 반공주의, 그리고 독일의 생존공간 확보가 외교의 목표였다. 저명한 영국 역사학자인 A.J.P. 테일러(A.J.P. Tayler)에 따르면, 히틀러가 당시 강대국들에 대해 가지고 있었던 인상은 다음과 같았다. 영국과 프랑스는 증오에 사로잡힌 적대국들이었고, 소련은 볼셰비키가 종종 허세를 부리는 것처럼 유럽 문명을 전복하려는 음모를 꾸미고 있으며, 미국(루스벨트)은 유럽을 망치려하고 있다는 것이다.[24)]

히틀러는 집권하자마자 그동안 국제연맹 규약에 따라 진행되어 오던 일반 군축회의에서 철수하고 국제연맹으로부터도 탈퇴(1933년 10월)하면서 본격적으로 베르사유 조약을 폐기하는 현상타파정책을 시작했다. 히틀러는 국제연맹을 '독일이 수용할 수 없는 베르사유 조약의 연장'이라고 비난하면서, 국제연맹 탈퇴를 정당화했다. 한편으로는 현상타파에 대한 국제사회의 우려를 무마하기 위해 반공주의를 내세우면서 폴란드와 불가침조약(1934년 1월)을 체결했다. 폴란드와의 불가침조약은 프랑스의 대독일 포위망을 파괴하는 효과도 있었다. 1935년에는 자를란트(Saarland)를 주민투표를 통해 회복하고, 베르사유 조약 군비조항을 파기하고 재무장을 선언했다. 그러나 독일의 재무장선언은 프랑스-소련의 동맹조약을 불러오기도 했다. 1936년에도 히틀러의 베르사유 체제 파괴는 라인란트 재무장과 로카르노 조약 폐기로 이어졌다. 이후 독일은 베르사유 조약 파기에 이어 게르만족의 생존공간을 확보하기 위한 팽창정책으로 나아갔다. 히틀러는 하우스호퍼의 생존공간 이론을 수용하여 제3제국이 동쪽으로 팽창하는 것을 정당화했다. 1937년 히틀러는 비공개회의에서 외교정책의 목표로 생존공간 확보를 제시했고, 같은 해 주영국 독일 대사였던 요하임 폰 리벤트로프(Joachim von Ribbentrop)가 처칠과의 면담에서 독일은 인구 증가를 고려하여 동쪽으로 확장되어야 한다고 주장하여 독일의 외교정책으로 공식화되었다. 히틀러의 팽창정책은 오스트리아 합병, 체코슬로바키아 점령, 폴란드, 소련과의 전쟁으로 나아갔다.

히틀러는 동쪽으로의 팽창정책을 추진하면서, 비스마르크와 같이 세력균형에 의존하기도 했다. 프랑스에 대해서는 강온정책을 번갈아 사용하면서 프랑스를 견제했다. 반면 소련과 프랑스를 견제하기 위해 영국과는 원만한 관계를 유지하기 위해 노력했다. 공동의 파시즘 이데올로기를 가진 이탈리아를 독일 편으로 끌어들이기 위한 노력도 전개했다. 1935년에 무솔리니는 독일의 오스트리아 합병추진을 반대하여 영국, 프랑스와 안보체제인 스트레사 전선(Stresa Front)을 결성하여 독일에 대항했다. 그러나 히틀러는 무솔리니의 아비시니아(에티오피아) 침공을 국제사회에서 유일하게 지지해 줌으로써 이탈리아의 지지를 확보했다. 그리고 히틀러는 반공주의를 기반으로 1940년에는 이탈리아, 일본과 함께 반소동맹 성격의 삼국동맹을 결성했다.

무솔리니의 팽창정책과 국제연맹 탈퇴

이탈리아는 1차 대전 중에 독일, 오스트리아와 삼국동맹 관계에서 런던 조약으로 연합국으로 변신하여 승전국이 되었으나, 이탈리아가 런던 조약에서 약속받은 영토 회복이 이루어지지 않아 베르사유 체제에 대한 불만이 컸다.

1922년 베니토 무솔리니(Benito Mussolini)가 정권을 잡으면서, 로마제국을 재건하겠다는 꿈을 꾸면서 2류 국가임에도 불구하고, 반독일과 친독일과 사이를 왔다 갔다 하면서 팽창주의를 추진했다. 이탈리아의 숙원이었던 피우메항을 점령하고, 대공황의 경제 위기 속에서 일본의 만주 침략과 히틀러의 집권에 고무되어 발칸과 북아프리카로의 팽창을 모색했다. 이탈리아의 팽창정책은 아비시니아(에티오피아) 침략으로 나타났다. 아비시니아는 식민지화되지 않은 아프리카의 유일한 국가로, 이미 1900년대 초에 이탈리아가 진출을 추진했으나, 영국과 프랑스의 장벽에 막혀 영국, 프랑스와 세력범위를 나누어 가졌다. 그러나 이탈리아는 아비시니아에서 현상을 타파할 수 있는 구실을 찾고 있었다. 1934년 이탈리아군과 아비시니아 군이 충돌하는 왈왈(Walwal) 사태가 발생했고, 아비시니아는 국제연맹에 제소했다. 독일의 베르사유 조약 파기 선언으로 위기를 느낀 영국과 프랑스는 양국 간에 직접 해결하는 방안을 제시하고, 국제연맹 이사회도 중재재판을 통해 해결하라는 권고만 했다. 그 후 이탈리아가 아비시니아를 침공하자, 국제연맹 이사회는 이탈리아의 침략이 규약 제12조(권고 이후 3개월 이내 전쟁 불가)를 위반했다고 규정하고, 총회에서 이탈리아에 대한 경제제재안을 통과시켰다. 그러나 경제제재를 결정하는 과정에서도 이탈리아의 탈퇴를 우려한 영국과 프랑스의 소극적인 모습이 나타났다. 영국과 프랑스는 아비시니아의 일부 영토를 이탈리아에게 할양하는 호어-라발(Hoare-Laval) 안을 제시했다. 1937년 5월 무솔리니는 이탈리아에 대한 석유금수 조치는 전쟁 선언과 같다는 주장을 내세워 국제연맹을 탈퇴했다. 이후 이탈리아는 아비시니아 사태에서 이탈리아를 지지한 독일 쪽에 기울어져 무솔리니가 독일을 방문(1937년)하여 히틀러와의 결속을 과시했고 독일과 군사동맹조약인 강철 조약(Pact of Steel, 1939년)을 맺었다. 그러나 2차 대전이 발발하자 전쟁 준비가 되지 않았다는 이유로 중립을 선언했고, 독일이 승기를 잡은 것을 보고 독일, 일본과 삼국동맹(Tripartite Pact, 1940년 9월)을 결성하는 우왕좌왕하는 이기적인 행보를 보였다. 정치학자들은 무솔리니의 친독일로의 전환을 떠오르는 강대국에 편승하는 전형적인 편승(bandwagoning)으로 비판했다.

이탈리아의 아비시니아 침략 문제는 강대국의 침략행위에 대응하는 국제연맹의 집단안보 기능을 시험할 수 있는 중요한 사례였다. 이탈리아에 대해 군사적 제재가 없는 경제제재에 그쳤고, 그것마저도 후에 철회했다. 또 이탈리아의 탈퇴를 막기 위해 세력균형을 기초로 한 호어-라발 안을 제안하는 무기력을 보였다. 결국, 이탈리아가 탈퇴하면서 국제연맹의 평화유지 기능이 무기력한 모습을 노출했다. 테일러는 국제연맹의 집단안보는 호어-라발 안이 제시(1935년 12월)되면서 사실상 끝났다고 평가했다.[25]

히틀러의 팽창정책과 뮌헨협정

독일의 팽창정책은 베르사유 체제의 집단안보 기능이 무력화되면서 신속히 추진되었다. 히틀러가 팽창정책을 공식화한 것은 군사·외교 지도부들과 회합한 1937년 11월 5일 베를린 총통관저 회의에서였다. 당시 회의내용을 히틀러의 부관이었던 프리드리히 호스바흐(Friedrich Hossbach) 대령이 비망록 형태로 남겨 놓았다. 『호스바흐 비망록(Hossbach memorandum)』은 전후 뉘른베르크 국제군사재판에서 공개되었다. 호스바흐의 비망록에 의하면, 히틀러는 지정학 이론에 의거해서 독일이 인구 8500만 명이 넘는 과밀한 인종 공동체이므로 이를 해결하기 위해서는 무력으로 생존공간(Lebensraum)을 확장시켜야 하고, 생존공간 확장은 영국과 프랑스에 대한 독일의 우위가 사라지기 전인 5~6년 이내인 1943년까지는 추진할 것을 계획했다. 또 팽창의 대상으로 오스트리아와 체코슬로바키아를 거명했다. 심지어 히틀러는 자신이 사망했을 경우에도 팽창정책을 마지막 소원으로 간주해 달라고 요청했다.

그러나 호스바흐 비망록에 대한 다른 평가도 있다. 수정주의 입장인 영국의 테일러는 제2차 대전의 기원을 분석한 명저 『제2차 세계대전의 기원(The Origins of The Second World War)』(1991)을 통해 호스바흐 비망록이 나치 정부로부터도 공식문서로 인정받지 못한 점을 주목했다. 그는 학계에 일반적으로 수용되고 있는 2차 대전의 원인으로 히틀러의 악마설과 치밀한 전쟁 계획설을 모두 부정하고, 히틀러의 팽창은 치밀한 계획이 아니라 공허한 선언과 협박으로 이루어진 사기에 불과했지만, 이에 대항하는 국가들의 지도자들(오스트리아의 슈슈니크, 체코슬로바키아의 하하, 영국의 체임벌린, 프랑스의 달라디에 등)이 진지하게 받아들여 유화정책을 채택함으로써 독일의 팽창이 현실이 되었다고 주장했다. 그는 히틀러의 협박이 근거 없다는 증거로 독일이 대규모 전쟁을 할 준비가 되어 있지 않았다는 독일의 군비 통계자료를 제시했다. 그리고 팽창정책의 이데올로기인 생존공간 이론도 당시 독일 사회에서 유행하는 이론을 반복한 것에 불과하다고 평가하여 호스바흐 비망록이 히틀러의 치밀한 전쟁 도발 근거라는 주장에 이의를 제기했다.[26)]

그러나 호스바흐 비망록의 신빙성 여부를 떠나 히틀러의 팽창정책과 네빌 체임벌린(Neville Chamberlain)의 유화정책이 있었다는 것은 사실이다. 그리고 체임벌린이 너무나 평화를 갈망하여 평화구축에 동반되는 함정을 무시한 것도 사실이다.

오스트리아 병합에 대한 요구는 1차 대전 후 독일에서 터져 나왔다. 독일인들 사이에서는 오스트리아를 일종의 미회복지로 인식했다. 슈트레제만도 외교목표 중에 하나로 오스트리아 합병을 제시했다. 오스트리아 합병의 걸림돌은 오스트리아와 국경을 접하고 있었던 이탈리아였다. 히틀러는 이탈리아의 아비시니아(에티오피아) 점령을 지지하면서 이탈리아를 독일 쪽으로 돌려놓았다. 이후 오스트리아 내 친독일 세력의 쿠데타를 사주하여 독일-오스트리아 합병조약(1938년 3월)을 성사시켰다. 두 번째 목표는 체코슬로바키아였다. 윌슨이 새로운 질서를 위해 주창했던 '민족자결주의'가 히틀러에 의해 이용되는 아이러니가 발생했다.

주데텐 지역(sudetenland)은 독일과 접경한 보헤미아(체코) 지역으로, 체코슬로바키아가 오스트리아-헝가리제국으로부터 독립하면서 체코슬로바키아에 포함된 지역으로 주로 독일인이 거주하고 있었다. 당시 주데텐 지역에 거주한 독일인은 300만 명 정도로 체코슬로바키아 인구의 23%를 차지하고 있었고, 주데텐 지역은 공업지역이었다. 독립 당시부터 주데텐 지역의 독일인들과 체코슬로바키아 정부 간에는 갈등이 있었으나 권력을 어느 정도 공유하면서 평화를 유지했다. 그러나 대공황으로 공업지역인 주데텐 지역의 수출산업이 타격을 받으면서 친 독일계 정당 주도로 독일인들의 불만이 다시 표출되기 시작했다. 이때 체코슬로바키아 정부도 체코어 사용을 강요하기 시작하고, 히틀러가 오스트리아를 합병하면서 '하나의 독일'을 외치자, 주데텐 지역 독일인들도 호응하여 독일로의 통합을 강력히 요구하면서 소요를 일으켰다. 히틀러는 이런 상황을 이용했다.

1938년 히틀러는 체코슬로바키아 영토 내에 독일인들이 거주하는 주데텐 지역을 독일에게 할양해 줄 것을 요구하고, 체코슬로바키아가 거절하면서 히틀러가 총동원령을 발령하여 전쟁위기에 직면하게 되었다. 특히 프랑스와 소련은 동맹조약에 의해 체코슬로바키아를 군사적으로 지원할 의무를 지고 있었다. 체코슬로바키아도 프랑스와 소련에 지원을 요청했다. 프랑스는 지원을 약속했지만, 체코슬로바키아 지원에 대한 영국의 애매한 태도 때문에 망설였고, 스탈린은 체코슬로바키아 지원을 공언하면서, 소련이 참석한 회담을 통한 해결을 주장했다. 그러나 소련은 군대를 동원하려 해도 적국인 폴란드를 통과할 수 없어 사실 공치사가 될 가능성이 컸다. 그리고 미국, 이탈리아 등 강대국도 평화적인 해결을 종용했다.

영국의 체임벌린 수상이 수습을 위해 나섰다. 체임벌린은 1938년 9월 15

일 독일 바이에른의 별장에서 히틀러와 1차 회담을 갖고, 주데텐 지역을 양도하라는 히틀러의 요구를 프랑스와 같이 체코슬로바키아에 전달하면서, 히틀러의 요구를 수용할 것을 종용했다. 체코슬로바키아도 처음에는 거절하다가 영국과 프랑스의 지원을 기대할 수 없다는 판단에 따라 수용키로 결정했다. 9월 22일 체임벌린은 체코슬로바키아의 수용 사실을 전달하기 위해 히틀러와 바드 고데스베르크(Bad Godesberg)에서 2차 회담을 가졌다. 그러나 히틀러는 전쟁을 결심한 듯, 요구 수준을 높여 즉각적인 주데텐 지역 양도와 독일군의 주둔을 요구했다. 그리고 체코슬로바키아와 무관한 폴란드와 헝가리 문제도 거론하기 시작했다. 결국 체코슬로바키아뿐만 아니라 프랑스도 히틀러의 요구를 반대하여 체임벌린의 노력이 무산되었다. 결국 체코슬로바키아와 프랑스가 총동원령을 내렸고, 히틀러도 대규모 군사행동을 예고하여 일촉즉발의 위기로 치달았다.

이때 체임벌린이 히틀러와 가까운 사이인 무솔리니를 통해 다시 한번 뮌헨회담(9월 30일)을 시도했다. 뮌헨회담에서 독일 히틀러, 이탈리아 무솔리니, 영국 체임벌린과 프랑스 에두아르 달라디에(Édouard Daladier) 등 4개국 수뇌가 참석하여 뮌헨협정을 체결했다. 회담은 협상이라기보다는 히틀러가 바드 고데스베르크에서 제시한 요구를 그대로 수용하는 의례적인 절차가 되어, 독일이 10월 10일 주데텐 지역을 점령하기로 결정했다. 체임벌린과 달라디에는 더 이상의 영토 요구가 없을 것이라는 히틀러의 발언을 믿고 주데텐 지역을 독일에 양도하는 데 동의했다. 이들이 히틀러의 허언을 믿었다기보다는 평화가 너무 간절했기 때문에 히틀러를 믿기로 한 것이었다. 히틀러는 1939년 3월 체코를 압박하여 점령했고 체코슬로바키아는 분할되었다.

뮌헨협정은 외교사에서 '거짓된 평화'를 위해 취한 유화정책의 전형으로 비판을 받고 있다. 당사국인 체코슬로바키아 대표를 회담에 참석시키지도 않았고,[27] 약소국인 체코슬로바키아의 희생을 통해 강대국 간에 일시적인 평화를 얻었다는 비판이었다. 역사가들은 뮌헨협정을 수용한 체임벌린의 순진함을 비난하지만, 당시 영국은 군사적으로 전쟁 준비가 되어 있지 않았고, 경제적으로는 대공황 여파가 지배하고 있었다. 그리고 국내에서 '민족자결주의' 정신이 팽배하여 독일 요구가 정당하다는 분위기가 지배하고 있었다. 또 정치인인 체임벌린에게 가장 중요한 것은 1차 대전의 공포로부터 발생한 영국 국민들의 평화에 대한 맹목적 갈망을 충족시켜 주는 것이었다. 그는 뮌헨으로부터 귀국 후 총리관저 앞에서 뮌헨협정과 별도로 자신과 히틀러가 서명한 부전(不戰) 합의문[28]을 흔들면서 "영국 수상이 독일에서 명예로운 평화를 들고 왔습니다. 나는 이것이 우리 시대의 평화(peace of our time)라 믿습니다"라고 선언했고, 영국 국민들도 환호했다.[29] 당시에는 저명한 역사가이며 외교관이었던 E. H. 카(Carr)도 뮌헨협정을 '독일에 대한 베르사유 조약의 잘못을 되돌리는 정당하고 도덕적인 시도'라고 평가하고, 체임벌린의 유화정책을 옹호했다. 그러나 2차 대전이 발발한 후 E. H. 카는 자신의 주장을 철회하며 "확실히 나는 눈이 멀었다"라고 밝혔다.[30] 평화에 대한 영국민의 맹목적인 갈망이 유화정책을 채택하도록 압박했던 것이다.[31] 테일러도 "1938년 초 대부분의 영국 국민들이 독일의 불만에 공감하고 있었다"라고 당시 영국 분위기를 평가했다. 테일러는 뮌헨협정 결과를 두고 누구를 비난할 수 없다고 전제하면서, 회담에서 4명의 정상들이 각자의 꿍꿍이를 감추고 있었지만, 각자 다른 형태의 진실함을 보여주었다고 평가했다.[32] 뮌헨회담의 또 다른 피해자는 스탈린이었다. 이오시프 스탈린(Joseph Stalin)은 협상참석을 희망해 왔으나 뮌헨회담에 배제되자 격분했다. 그리고 독일의 동진을 대비해야 하는 절박함에 놓였다. 스탈린은 외교장관이었던 리트비노프를 뮌헨회담 책임을 물어 경질하고, 몰로토프를 기용하여 새로운 외교를 준비했다.

그리고 뮌헨협정에 대해 테일러는 전쟁 준비가 되어 있지도 않은 히틀러의 협박과 사기에 불과했는데, 체임벌린과 달라디에가 너무 진지하게 받아들인 결과라고 평가했다. 반면 뉘른베르크 재판에서는 독일이 전쟁 준비가 미흡

했던 것은 사실이지만 히틀러는 분명히 전쟁을 결심했다는 증언이 있었다. 히틀러 자신도 그 후 폴란드를 겁박하면서, 뮌헨협정을 상기하여 "지금 폴란드는 내가 원하는 곳에 있다. … 마지막 순간에 어떤 야비한 놈이나 다른 사람이 나에게 중재안을 내놓을까 두려울 뿐이다"라고 언급하기도 했다.[33]

또 일부 역사가들은 만약 뮌헨협정이 이루어지지 않고 바로 전쟁으로 돌입했으면, 히틀러의 야망이 일찍 무너졌을 것이라는 가정도 제시했다. 당시 국력 면에서 독일은 개별 국가 차원에서는 영국과 프랑스보다 각각 우위에 있었지만, 영국과 프랑스가 합칠 때에는 절대 열세였다. 그러나 분명한 것은 당시에 영국과 프랑스는 독일보다 전쟁 준비가 되어 있지 않았다는 사실이다. 뮌헨협정 체결 직후, 협정에서 배제된 소련이 안보 불안으로 영국, 프랑스와 동맹을 협의했을 때, 영국과 프랑스의 빈약한 전쟁 준비에 실망하여 바로 독일과 불가침조약을 체결했다는 사실에서 당시 상황을 알 수 있다.

뮌헨협정은 또 다른 면에서 베르사유 체제의 모순과 냉정한 국제정치의 현실을 보여주었다. 주데텐 지역이 독일에 병합되면서, 체코슬로바키아 영토 내에 다른 소수민족의 지역들도 폴란드, 헝가리에 병합되었다. 민족자결주의에 의해 건설되었던 다민족국가인 체코슬로바키아는 민족자결의 논리에 의해 공중 분해되는 아이러니를 겪었다. 민족자결주의로 수립된 신생국들 간에도 민족자결주의에 의해 분할과 합병이 이루지는 냉정한 국제정치 현실이 나타났다.

뮌헨협정의 실패를 통해 얻은 교훈도 있다. 국제사회가 히틀러의 팽창정책에 대해 명백히 경각심을 갖는 계기가 된 것이다. 이어서 발발한 독일의 폴란드 침공에 강경하게 대응할 수 있었던 이유가 되었다. 키신저는 뮌헨협정 실패가 영국 외교정책의 중요한 전환점이 되었다고 평가했다. "영국은 윌슨식 사고 때문에 히틀러에게 적절히 대응하지 못했지만, 수용 가능한 한계를 넘는 순간에는 윌슨식 도덕주의에 의해 더욱 강하게 대응했다."[34] 그리고 대서양 건너 미국의 루스벨트 대통령이 2차 대전 참전을 결심하는 하나의 계기가 되었다. 루스벨트는 뮌헨협정 직후 라디오 연설에서 독일이 국가정책으로 전쟁을 사용하고 있다고 비난했다.

그러나 뮌헨협정으로부터 얻은 가장 큰 교훈은 2차 대전 후 독일 영토 처리 과정에서 반면교사로 나타나 현재까지도 영향을 미치고 있다. 나치의 패망이 기정사실이 된 1945년 연합국은 얄타 회담과 포츠담 회담에서 소련과 폴란드의 국경을 커즌라인으로 하고, 폴란드와 독일의 국경을 오데르-나이세강으로 정하면서, 독일의 영토를 24%나 축소시켰다. 그리고 소련과 폴란드, 체코슬로바키아 등의 영토에 남아 있는 독일인 1200만 명을 동·서독으로 추방하면서 제2의 체코슬로바키아 위기를 예방조치하였다.* 그러나 문제는 유서 깊은 수도인 쾨니히스베르크(현 러시아 칼리닌그라드)를 중심으로 한 프로이센왕국의 대부분 영토가 소련과 폴란드의 영토가 되었다는 사실이다. 유럽 국가들이 독일의 통일과 독일의 강대화를 우려하는 눈으로 보고 있는 이유이다.

집단안보 기능의 작동과 한계, 붕괴

베르사유 체제는 국제연맹이라는 리바이어던에 의한 인위적인 집단안보 체제였다. 세력균형 체제처럼 국가들의 생존 본능에 의존하지 않고, 미리 국가들이 합의한 내용에 의해 평화를 유지하는 방식이었다. 국가들의 명백한 합의를 바탕으로 했고 그 근저에 도덕적인 요소가 포함되어 있었다. 마치 홉스, 로크, 루소와 같은 사회계약론자들이 상상 속에서 인간이 자연 상태에서

* 2017년 주슬로바키아 대사였던 필자는 당시 독일대사로부터 2차 대전 직후 체코슬로바키아에서 독일인들이 가방(suitcase) 2개씩만 소지가 허용된 채로 추방되어 독일로 돌아갔다는 이야기를 들었다. 독일대사의 설명에서 잠재된 독일인들의 분노를 느낄 수 있었다. 슬로바키아 수도인 브라티슬라바(Bratislava)는 19세기까지 프레스부르크(Pressburg)라는 지명의 독일어권 도시였다.

벗어나기 위해 리바이어던과 같은 국가를 형성했다고 설파한 선험(先驗)적인 이론이 국제연맹(집단안보)으로 실현된 것처럼 보였다.

국제연맹의 집단안보기능은 1920년대에는 몇 개의 분쟁과 갈등 처리에서 제대로 작동하는 모습을 보여주었다. 스웨덴과 핀란드 간 올란도 분쟁(1921년), 독일과 폴란드 간 실레시아 영토분쟁(1921년)을 평화적으로 처리했고, 알바니아와 유고 간의 전쟁 위기(1921년), 그리스와 불가리아 간 페트리치 사건으로 인한 전쟁 위기(1925년) 중재는 집단안보 기능의 대표적 성공 사례가 되었다. 반면, 폴란드의 리투아니아 영토 점령(1920년), 이탈리아의 그리스 코루프 점령(1923년)에 대해서는 무기력을 노출하기도 했다. 1920년대 집단안보 기능은 비교적 성공적이었다.

국제연맹의 집단안보 기능은 1920년대 성공적인 모습을 보였음에도 불구하고 본질적인 문제점을 안고 있었다. 먼저, 국제연맹이 모든 국가로부터 합의된 안보 매커니즘인가 하는 문제이다. 베르사유 체제의 정당성에 관한 문제이다. 70여 개 국가 중 63개국이라는 대부분의 국가들이 동의했지만, 국제사회에 중요한 국가인 미국, 독일, 소련은 동의하지 않았거나 동의할 수 없어 국제연맹의 밖에 존재했다. 미국은 상원에서 거부된 이후 국제연맹이 해산될 때까지도 국제연맹에 가입하지 않았다. 독일은 1926년 로카르노 정신에 따라 가입했지만, 히틀러의 베르사유 조약 폐기로 1933년에 탈퇴했다. 그리고 소련의 가입은 계속 거부되다가 1934년 어렵게 가입했지만, 1939년 소련이 핀란드를 침공하면서 제명되었다. 1930년대에 일본과 이탈리아 같은 이사국을 포함해서 16개국이 탈퇴했다. 창설 때부터 국가들의 동의 부족으로 정당성에 흠집이 있는 상태였다가, 1930년대 대규모 탈퇴로 정당성이 상실되었다. 국제연맹은 시작부터 정당성에 한계를 갖고 있었다.

둘째로는 집단안보 기능은 국제연맹의 규약에 따라 작동되었다. 그러나 규약 자체가 26개조에 불과하여 집단안보의 매뉴얼로서는 시작부터 한계를 안고 있었다. 매뉴얼에 많은 공백을 남겨둔 것은 집단안보 기능에 대한 설계자의 상상력이 부족했거나 국가 간 합의 도출의 어려움 때문이었다. 집단안보의 수단인 '군사적 제재'가 포함되지 않았고, 그나마 낮은 강제수준인 경제제재가 작동되기 위해서도 총회에서 만장일치의 동의를 얻어야 했다. 사실 모든 회원국에게 거부권(비토권)을 부여한 결과로, 제재 결정의 실효성에 의문을 남겨두었다.

셋째는 과도한 징벌주의가 국제연맹의 기능을 저해했다. 징벌주의와 국제사회 합의를 기초로 하는 국제연맹은 상충될 수밖에 없었다. 그래서 윌슨은 '승리 없는 평화'를 외치며 반(反)징벌주의를 주장했다. 그러나 현실주의에 기반한 영국과 프랑스는 독일에 대한 징벌주의를 채택했고, 프랑스의 과도한 징벌주의가 국제연맹을 장악하면서 국제연맹 기능의 실효성에 문제가 생겼을 뿐만 아니라 도덕적인 상처도 입었다. 과도한 배상을 주도했던 프랑스는 현실정치에서 배상금액이 급속도로 감소되는 것을 목격해야 했다. 배상금 문제는 독일 경제를 대혼란에 빠트려 독일 민족주의를 등에 업은 히틀러가 등장할 수 있는 토양이 되었다.

마지막으로, 국제연맹의 집단안보에 대한 의구심은 국제연맹 밖에서 지역집단안보와 세력균형을 추구하도록 했다. 프랑스는 안보 불안으로 영국과 동맹을 추진했고, 소련과는 정치적 협상을 추진했다. 그리고 미국을 안보체제에 끌어들이기 위해 부단히 노력하고, 독일의 동부국경의 안전을 위해 무기력한 동유럽의 약소국과의 동맹도 감행했다. 영국은 전통적인 균형자 외교로 복귀하면서, 유럽에서의 세력균형의 회복을 원하여, 지나친 독일 파괴를 반대하고, 심지어 독일 파괴를 주도하는 프랑스의 패권을 우려했다. 나중에는 균형자보다 국제연맹 기능에 의존하는 무기력한 모습을 보였다. 미국은 유럽에서의 역할이 상원에 의해 좌절된 기회를 태평양과 극동에서 일본의 부상을 억제하는 세력균형에서 보상받으려 했다. 이러한 미국의 모습은 미국의 역할에 기대했던 유럽에게는 무책임하게 보였다. 반면 독일은 독소 접근 가능성을 무기로 세력균형의 한 축으로의 복귀를 기대했다. 독일과 소련의 접근은 1차 대전을 종식시킨 브레스트-리토브스크 조약(1918년), 상호 청구권 포기와 외교 관계 회복을 명기한 라팔로 조약(1922년), 독일 동부 국경에 대한 독소 중립조약(1926년) 등이 실현되어, 영국과 프랑스의 우려를 자아냈다. 2차 대전 직전에는 독소 불가침조약(1938년)까지 체결되었다. 독일과 소련 모두 베르사유 체제에서 소외된 국가들이지만, 독일과 소련의 접근은 당시에 유행했던 매킨더 지정학의 '심장부(Heartland) 이론'에 따라 이들이 세계를 지배하려는 시도로도 비추어졌다.[35]

국제연맹의 집단안보 기능의 붕괴는 테일러의 평가대로 이탈리아의 아비시니아(에티오피아) 침공에서 시작되었다. 그는 "일본과 독일이 이미 국제연맹을 탈퇴했고, 이탈리아가 1937년 12월에 그 뒤를 따랐다. 국제연맹은 오로지 연맹을 둘러싸고 벌어지는 일에서 눈을 돌리기만 함으로서 그 존재를 유지했다"[36]라고 집단안보 기능의 빈사 상태를 표현했다. 국제연맹은 스페인 내전에서 스페인 정부의 호소에도 불구하고 유감 표명에 거쳤고, 체코슬로바키아 위기(1938년)에 대해서도 국제연맹 총회가 개최되었으나 위기가 발생했다는 고지조차 하지 못했다. 2차 대전 발발(1939년 9월 독일의 폴란드 침공) 때도 어떤 나라도 전쟁이 발발했다는 사실을 국제연맹에 통보하지도 않았다. 소련의 핀란드 침공(1939년 12월)에 대해 국제연맹은 소련을 제명했지만, 독일과 서유럽 국가 간의 전쟁에 대해서는 언급도 하지 않았다. 결국, 1945년 4월 국제연맹은 제21차 총회를 마지막으로 유산을 국제연합에 넘겼다.

전전기(前戰期) 집단안보의 공백과 세력균형 외교

독일이 체코슬로바키아를 점령한 후, 한동안 강대국 간에 외교전이 벌어졌다. 이 기간을 '가짜 전쟁(Proxy War)'기라 한다. 이 기간에 히틀러와 스탈린이 전쟁으로 전진하기 위한 준비 외교가 이루어졌다. 반공산주의를 천명한 히틀러와 공산주의 이데올로기를 내세우던 스탈린이 현실주의 세력균형 외교를 적극적으로 추진한 시기였다.

소련의 현실주의 외교는 막심 리트비노프(Maxim Litvinov) 외교장관이 주도했다. 세력균형 외교는 스탈린이 대내적으로 일인 지배체제를 확보하는 과정에 많은 군 수뇌부를 대거 숙청하여 전쟁 수행 능력에 많은 문제를 안고 있었던 상황이 반영된 결과이기도 했다. 1920년대부터 공산주의 이데올로기가 아닌 현실주의 외교를 주도했던 리트비노프가 소련 외교장관 격인 외무인민위원에 취임하면서 소련은 독일을 상대로 한 세력균형 구축에 몰입했다. 리트비노프는 소련 초기 영국과 미국 주재 대사를 역임하여 서방을 경험한 몇 안 되는 소련 외교관으로 친서방적인 성향을 가지고 있었다. 그는 외교차관 시절에 소련이 부전조약에 가입하는 데 주도적인 역할을 했고, 부전조약을 근거로 접경국가들과 군축도 추진한 적이 있었다. 소련이 배제된 뮌헨협정은 스탈린에게 충격이었다. 히틀러의 동진이 시작되었으며, 목표가 소련임이 명확해졌다. 주데텐 위기 시에 소련도 체코슬로바키아와 동맹 협정으로 군사지원 의무가 있지만, 앙숙인 폴란드가 소련군대의 통과를 허용하지 않아 속수무책이었다. 소련은 뮌헨협정 과정에 영국과 프랑스가 보여준 유화적인 태도에 실망하면서, 독일을 봉쇄하는 안보체제 구축에 조바심을 가지게 되었다. 리트비노프는 체코슬로바키아 위기 때 이미 영국, 프랑스, 폴란드로 연결되는 4국 안보체제라는 대독일 포위망을 구상하였다. 그러나 뮌헨협정으로 물거품이 되고, 히틀러가 다시 폴란드를 압박하자 스탈린은 1939년 5월 뮌헨협정의 책임을 물어 유태인인 리트비노프를 해임하고 뱌체슬라프 몰로토프(Vyacheslav Molotov)를 외교장관에 임명하여, 새롭게 안보체제 구축 외교를 추진했다. 영국과 프랑스에게 협상을 제의했으나 영국과 프랑스는 전통적으로 가지고 있었던 소련에 대한 불신과 공산주의 이데올로기에 대한 두려움 때문에 소련과의 협상에 소극적인 입장으로 일관했다. 소련은 협상 과정에 영국과 프랑스가 전혀 전쟁 준비가 되어 있지 않다는 사실만 확인했다. 스탈린은 독일과 직접 협상에 나서기로 했다.

독일도 전쟁 준비에 시간이 필요하고, 대독일 포위망을 탈피하기 위해 소련과의 관계 개선이 필요했다. 독일은 전쟁 준비를 위해 방금 점령한 체코 공업지역으로부터 전쟁물자를 생산하는 데 시간이 필요했다. 테일러에 의하면 독일은 1936년 봄까지 전혀 대규모 전쟁 준비가 되어 있지 않았다.[37] 그동안 독일과 소련은 이데올로기 전선에서 원수처럼 대립하고 있었다. 나치 독일의 외교 기둥 중 하나가 반공주의였다. 그런데도 독일은 독일·이탈리아 동맹에 소련을 추가하는 삼국동맹을 성사시키기 위해 노력했다. 이러한 독일의 적극적인 접근은 소련이 영국과 프랑스의 미온적인 태도에서부터 받는 실망감과 불안감을 해소할 수 있는 탈출구가 되었다. 소련도 독일과의 전쟁 준비를 위해서 시간이 필요했다. 독일과 소련의 일시적인 이익이 일치되었다. 1939년 8월 소련-영국·프랑스 간 협상이 지체되고 있는 가운데, 독일 외교장관 리벤트로프가 전격적으로 소련을 방문하여 독소불가침조약(Molotov-Ribbentrop Pact)을 체결했다. 영국과 프랑스에게는 대단한 충격일 뿐만 아니라 항상 우려하고 있던 독일과 소련의 밀착이 현실이 되었다. 공표된 내용은 중립 유지 조항뿐이었지만, 비밀조항에서는 전형적인 세력균형의 원리에 따라 폴란드, 핀란드, 발트 3국 등 주변국들에 대한 분할 양해가 주 내용으로 포함되어 있었다. 히틀러가 동유럽 분할을 미끼로 소련을 영국과 프랑스로부터 떼놓은 것이었다. 이후 소련은 일본과의 중립조약(1941년 4월)을 체결하여 독일과의 전쟁에 대비할 수 있는 기반도 만들었다.

1938년 독일은 체코슬로바키아 때와 같은 방식으로 폴란드를 압박했다. 독일은 베르사유조약에 의해 서프로이센이 폴란드에 할양되어 독일 본토와 동프로이센이 폴란드 영토(서프로이센)에 의해 격리된 기형이 되었다. 히틀러는 독일인이 다수인 단치히 회복과 독일 본토와 동프로이센을 연결시키는 폴란드회랑 접근권을 요구하고, 폴란드가 거절하면서, 긴장이 조성되었다. 영국이 폴란드에 대한 원조 의사를 밝히고, 영국·폴란드 동맹조약(1939년 4

월)을 체결했다. 독일도 이전에 체결했던 독일·폴란드 불가침협정(1934년 1월)과 영국과의 해군협정(1935년 6월)을 파기하면서 응수했다. 그리고 독일은 기습적으로 독일·이탈리아 동맹조약(1939년 5월)과 독소 불가침조약을 체결(1939년 8월)했다. 동시에 독일은 폴란드에서의 자유 통행권을 두고 영국과 협상을 벌였다. 영국이 폴란드 이익을 침해하지 않는 범위 내에서의 해결을 요구하면서 결렬되고 말았다. 독일은 폴란드에 직접교섭을 요구하고, 폴란드가 거절하자 1939년 9월 1일 전격 폴란드를 침공했다. 영국도 독일에 대해 선전포고했다. 9월 3일 선전포고하는 체임벌린의 연설에서 무기력한 영국 외교의 모습과 히틀러의 현상타파 외교의 모습이 대비되었다.

> "히틀러는 로카르노 조약을 지킬 것을 약속했으나 이를 어겼고, 오스트리아 병합을 원치 않는다고 했으면서도 이를 어겼고, 체코슬로바키아의 편입을 원치 않는다고 했으나 편입시켰고, 뮌헨협정 이후 더 이상의 영토적 요구가 없다고 했지만, 그 약속을 어겼다. 폴란드를 원치 않는다고 했으면서 지키지 않았고, 다년간 공산주의를 불구대천의 적이라고 공언했으면서도 동맹을 맺었다."

독일의 폴란드 침공이 개시되자, 소련도 동시에 독일과 약속된 폴란드 부분을 점령했다. 확전을 우려한 이탈리아를 중심으로 평화외교가 추진되었으나 모두 실패로 끝나고 유럽에서 2차 대전으로 확전되었다. 1940년 5월 독일이 네덜란드와 벨기에를 침공하면서 영국과 프랑스의 군대가 동원되는 전쟁이 시작되었다. 히틀러는 영국과의 전쟁을 고민 끝에 개시하고 마지막으로 소련을 반(反)영국 동맹으로 끌어들이는 외교적 노력을 시도했다. 1940년 11월 리벤트로프는 몰로토프를 베를린으로 초청하여, 소련이 반(反)영국 동맹에 참여하면 영국의 중동 식민지 영토를 소련에 넘겨주겠다는 제안을 했다. 그러나 이때는 이미 독일과 소련 사이에 핀란드와 루마니아를 두고 갈등의 조짐이 생겨나고 있었다. 소련이 핀란드와의 겨울 전쟁을 통해 영향력을 확보한 가운데, 독일이 핀란드와 상호 불가침조약을 체결하여 독일군을 주둔시켰고, 소련이 루마니아로 팽창하자 이를 저지하기 위해 루마니아가 독일군의 주둔을 허용하면서, 발트해와 발칸에서 독일과 소련 사이에 묘한 기류가 형성되고 있었다. 몰로토프는 반(反)영국 동맹 제의에 대해 소련의 관심(국가이익)이 중동에 있는 것이 아니라 발트해와 발칸에 있음을 명확히 하자, 결국 2차 리벤트로프-몰로토프 회담은 결렬되었다. 2차 대전을 저지할 수 있는 외교는 모두 끝나버렸다. 이후 바로 히틀러는 소련과의 전쟁계획을 진행하게 되었다. 그러나 아이러니는 스탈린이 독일이 침공할 것이라는 100여 건이 넘는 정보를 전부 무시했다는 사실이다. 심지어 주소련 독일 대사까지도 자신의 반(反)전쟁 신념에 따라 히틀러의 계획을 소련 측에 귀띔해 주었다. 1941년 6월에는 독일이 전격적으로 독소 불가침조약을 파기하고 소련을 공격했다.

히틀러가 2개 전선의 위험을 무릅쓰면서 소련과의 전쟁을 개시한 것은 그가 공언했던 레벤스라움뿐만 아니라 유대인과 공산주의를 동일시하여 소련을 공산주의 유대인 음모의 심장으로 보는 유대-볼셰비즘(Judeo-Bolshevism)이 히틀러의 가슴을 지배하고 있었기 때문이다. 그뿐만 아니라 히틀러는 미국도 자본주의 유대인의 심장으로 생각하고 일본이 진주만을 공격하자 기다렸다는 듯이 선제적으로 미국에 선전포고를 했다.

미국의 고립주의, 미일 충돌과 루스벨트의 참전 결정

고립주의자들의 저항과 루스벨트의 참선 결정

미국은 베르사유 체제와 워싱턴 체제의 설계자였지만 전통적인 고립주의가 발동되어 유럽 문제에서 한 발짝 물러섰다. 미국 국내 여론은 유럽 문제 개입에 대해 대단히 부정적이었다. 1929년 대공황이 발생하자 국내 경제문제 해결이 더욱 시급해지면서, 불개입주의는 더욱 힘을 얻었다. 1932년 대공황을 수습하기 위해 민주당 출신 프랭클린 루스벨트(Franklin Roosevelt)가 대통령에 당선되었다. 루스벨트도 2번째 임기까지는 뉴딜정책을 통한 국내경제 회생에 주력했다. 그러나 유럽에서 파시즘이 국제정세를 위기로 몰아넣고 있었다.

루스벨트 대통령은 유럽 상황이 악화되자 점점 참전 쪽으로 마음이 기울고 있었던 반면, 미국의 불개입을 주장하는 미국의 고립주의자들은 의회를 중심으로 강하게 버티고 있었다. 미국의 중립법 제정(1935년)부터 2차 대전 참전 결정(1941년)까지는 루스벨트와 의회 고립주의자들 간의 대결의 시간이었다. 그러나 일본의 진주만 공격이 양측 간의 대결을 순식간에 종식시켜 주었다.

1930년대 후반 유럽 상황이 급속히 악화되어 가고 있어도 미국민들은 유럽 문제에 불개입을 원했다. 1935년 이탈리아가 아비시니아를 침략하는 상황 속에서도 제럴드 나이(Gerald Nye) 같은 의회 내 고립주의자들의 주도로 '중립법(Neutrality Act)'을 제정했다. 1935년 제럴드 나이 상원의원은 상원 특별위원회 보고서를 통해 1차 대전에 미국이 참전한 이유를 듀퐁과 같은 미국 방산 업체의 압력, 영국과 프랑스에 대한 채권, 전쟁지역에 대한 미국인의 여행 때문이었다고 지적하고, 미국은 쓸데없는 국제분쟁에 말려들지 않도록 필요한 예방 조치를 해야 한다고 주장했다. 이는 미국이 1차 대전에 참전한 이유를 항구적인 평화보다도 부정, 음모, 배신 등으로 보는 당시 미국내 분위기를 반영한 것이었다.[38] 그 결과가 1935년 중립법 제정이었다. 1935년 중립법은 교전국들에 대한 군수품 매각과 수송을 불법으로 규정했다. 이후 중립법은 3차례 개정되면서 중립의 의미가 점점 희석되어 갔다. 유럽에서 격화되어 가고 있던 전쟁위기 상황을 반영한 것이었다. 1936년 중립법에서는 이탈리아의 아비시니아 침공을 반영하여 교전국들에 대한 차관 제공도 금지했다. 1937년 중립법에서는 스페인 내전을 겨냥해서 중립법을 전쟁뿐만 아니라 내전에도 적용하고, 교역은 현금조건으로만 허용했다. 1939년 중립법에서는 독일의 폴란드 침공과 영국, 프랑스의 참전 상황을 고려하여, 영불과 독일에 차별적으로 적용되도록 개정했다. 현금과 자체 운송을 전제로 영국과 프랑스에 무기를 판매할 수 있게 되었다. 해상 운송로를 영국이 장악하고 있어 현실적으로 독일이 구매하는 것은 불가능했다.

1937년 10월 중일전쟁 발발 후 루스벨트는 격리 연설(Quarantine Speech)을 했다. 호전적인 국가들이 야기한 불법 상황을 전염병으로 지칭하고, 사람들로부터 전염병을 격리하듯 이들 국가들도 격리시켜야 한다고 선언했다. 그리고 1938년 뮌헨협정 직후 그는 헤럴드트리뷴 라디오 연설에서도 국명을 거명하지 않았지만, 충분히 추측할 수 있는 용어로 '전쟁 위협을 국가정책의 수단으로 사용하고 있다'라고 독일을 비난했다. 반면, 1939년 2월 아서 반덴버그(Arthur Vandenberg) 상원의원은 고립주의자들의 주장을 대변했다. "지구상에서 벌어지고 있는 불법행위로 발생한 피해자들에 대한 자연스러운 동정심이 있습니다. 그러나 우리는 전 세계의 수호자나 경찰관이 아니며, 그렇게 될 수도 없습니다." 그러나 1940년 프랑스가 독일에 함락되면서 미국의 입장 변화가 공개적으로 나타나기 시작했다. 1941년 1월 3번째 임기를 시작한 루스벨트는 연두교서 연설에서 4개 자유를 주장했다. 여기에 '공포로부터의 자유'는 바로 '전쟁으로부터의 자유'를 의미하며, 유럽전쟁에 개입할 의사가 있음을 암시했다. 프랑스가 독일에 점령(1940년 6월)되자 루스벨트는 중립을 포기하고 군비 증강을 요구했다. 그러나 루스벨트가 요구한 국방예산 대폭 증액과 징병제는 참전 직전인 1941년 여름에서야 하원에서 1표 차이로 겨우 통과되었다. 여전히 의회 고립주의가 강하게 저항하고 있었다. 1941년 3월 루스벨트는 미국의 고립주의를 우회해서 연합국을 지원할 수 있는 '미국방어증진방안(Act to promote the Defense of the United States)', 즉 속칭 무기대여법(Lend -Lease Act)을 성사시켰다. 유럽에서 전쟁 상황이 악화되어 처칠이 루스벨트에게 지원을 요청하자, 루스벨트는 영국을 지원하는 방안으로 행정적 절차를 제거한 무기대여법을 창안했다. 미국 방위에 필요하다고 인정되는 특정 국가에게 군수물자를 공급해주고, 전쟁이 끝나면 현물로 회수하는 것이 주 내용이었다. 이 법을 통해 미국은 501억 달러를 영국, 소련, 프랑스 등 38개국에 제공했다. 미국은 루스벨트가 언급했던 '민주주의를 위한 병기창'이 되었다. 그러나 미국의 고립주의자들은 '무기대여법'을 비난했다. 반덴버그 상원의원은 "우리는 조지 워싱턴의 이임사를 쓰레기통에 집어던졌다. … 우리는 150년 전통의 미국 외교정책을 날려 버렸다"라고 반발했다. 그리고 무기대여법을 반대하기 위해 당시 저명인사들로 구성된 '미국 우선주의 위원회(America First Committee)'도 결성되었다.[39] 1941년 8월 루스벨트는 처칠과 함께 '대서양 헌장'을 발표함으로써, 영국과 전쟁에 대한 공동작전을 명확히 했다. 이제 참전은 시간문제였고, 최종적으로 국민을 설득할 명분이 필요했다. 그리고 명분은 빨리 나타났다. 1941년 12월 일본의 진주만 공격과 독일의 대미 선전포고가 루스벨트에게 참전의 명분을 제공했다. 고립주의의 대명사였던 반덴버그 의원도 진주만 공격을 당한 직후 "모든 고립주의자들은 진주만에서 죽었다"는 유명한 말을 남기고, 2차 대전과 냉전 시대에는 열렬한 개입주의자로 전향했다. 미국 사회의 분위기가 고립주의에서 개입주의로 급변했다.

미일 충돌과 전쟁으로의 전진

미국 참전의 결정적 명분은 일본의 진주만 기습 공격이었다. 미국과 일본의 불편한 관계는 미국이 러일전쟁을 종결하는 포츠머스 조약(Treaty of Portsmouth)을 중재하면서 나타났다. 일본은 전쟁에 승리하고서도 러시아로부터 기대했던 배상금을 전혀 받지 못한 채 조약에 서명한 것은 미국의 배신 때문이라고 생각했다. 베르사유 회의에서도 미국의 방해로 아시아- 태평양지역에서의 독일 이권 승계에 어려움을 겪었고, 야심 차게 제시한 인종차별 반대(Racial Equality)안을 연맹 규약에 포함시키는 데도 실패했다. 그리고 워싱턴 체제에서 일본의 해군력을 제한하고 중국에서의 이권을 포기하게 한 것도 미국이었다. 미국에 대한 불만은 커져만 갔다. 그러나 1920년대에는 일본도 미국과의 경제 관계, 국제사회의 고립 가능성을 고려하여 새로운 태평양 질서에 순응하는 것이 이익이 된다는 판단하에 국제협조주의 정책을 채택했다. 국내적으로도 자유민주주의에 대한 열망으로 1920년대에는 소위 '다이쇼(大正) 데모크라시' 시대를 열었다. 그러나 1930년대에는 대공황으로 일본의 산업기반과 농촌 경제가 붕괴되면서 국수주의가 부활하고, 군부의 총리암살과 쿠데타로 군부가 외교의 전면에 나서면서 군국주의 일변도로 나아갔다.

1928년에 군 출신 다나카 기이치(田中義一)가 총리가 되면서 만주와 몽골에 대해 강경한 입장으로 전환했다. 다나카 각서(Memorandum)에서 '워싱턴 체제가 중국과 만주에서의 일본 특수권익을 포기하게 만든 만큼, 미국과의 충돌은 불가피하고, 이를 대비해서 만주와 몽골을 섬령하는 것이 급선무다'라고 선언하며 만주와 몽골은 일본의 생명선이라는 일본의 신념을 다시 확인했다. 이후 국제협조주의를 주장하는 시데하라가 외교장관으로 잠시 복귀했지만, 1930년대에 일본의 군국주의가 유럽의 파시즘에 고무되어 다시 강경외교로 복귀했다. 군인 출신 총리가 배출되고, 군부의 영향력이 확장되어 정상적인 외교적 판단이 어렵게 되었다. 그뿐만 아니라, 만주와 몽골이 일본의 생명선이라는 확신으로 무장한 만주의 관동군은 정부의 통제를 벗어나 독자적인 군사행동을 하기 시작했다. 1931년 9월 만주사변이 그 시작이었다. 관동군은 직접 만주를 지배해야겠다는 욕심을 갖고 만주 지배자였던 봉천군벌 장쭤린(張作霖)을 폭사시키면서 만수사변을 일으켰다. 중국의 저항이 소극적이라고 판단한 일본 정부도 만주사변을 추인하고 1932년 3월에 만주국을 설립하고, 국제연맹에서 탈퇴하는 강경책을 선택했다. 1937년 일본은 중국의 혼란을 틈타 중국의 화북지역을 점령하기 위해 다시 중일전쟁을 도발했다. 이제 중국과 전면전이 되었고, 미국도 우려했다. 일본은 중국과의 전쟁을 위해 동남아의 자원이 필요했다. 일본은 세 가지 선택지를 목전에 두고 있었다. 첫째는 북진정책으로 만주와 몽골을 압박하고 있는 소련과 대결하는 것이고, 주로 관동군이 주장한 노선이었다. 둘째는 남진 정책으로, 동남아시아의 자원을 획득하려는 방안이었다. 마지막으로 동진 정책으로 아시아에서 일본의 패권을 간섭하는 미국과의 전쟁이었다. 미국과의 전쟁은 일본이 아시아 패권 국가가 되기 위해서는 피할 수 없는 사실이라는 것을 이미 일본 정치지도자들이 공유하고 있던 생각이었다.40)

일본은 유럽에서 독일이 승전하자 고무되어 두 번째 옵션인 남진정책을 채택하고, 이에 대한 미국의 반발로 미국과의 대결(동진정책)도 불가피하게 되었다. 그리고 첫 번째 옵션은 독일이 소련을 제어할 것이라는 기대 속에 일소 중립조약(The Japanese-Soviet Neutrality Pact, 1941년 4월)을 체결하면서 포기했다. 일본은 독일, 이탈리아와 삼국동맹(1940년 9월)을 체결하고, 프랑스의 식민지인 인도차이나를 점령(1940년 6월)했다. 1941년 미국도 이에 대항하여 일본에 대해 전략물자 수출을 금지하는 ABCD(미국, 영국, 중국, 네덜란드) 포위망을 구축했고, 자체적으로도 일본 자산 동결과 석유금수 조치를 시행했다. 석유금수 조치는 일본에 치명적이었다. 일본의 석유 보유량은 평시 사용량의 3년 치에 불과했다. 일본은 미국의 고립주의 여론을 과대평가하여 일본의 남방진출을 미국 여론이 기정사실로 받아들이게 되면, 미국과 회담을 통해 일본의 패권을 인정받으려 했다. 일본은 미국과 교섭을 시도했지만, 미일 양국은 접점을 찾을 수 없는 조건들을 상호 제시하는 답보 상황이 지속되었다. 일본은 미국이 일본의 남방진출을 기정사실로 수용해 주기를 원했고, 미국은 일본군의 철군을 요구했다. 결국, 양국 간 협상은 전쟁으로 가기 위한 의례적인 절차에 그치고, 1941년 12월 일본의 진주만 공격이 일어났다.

윌슨의 이상주의에 대한 비판과 현실주의 이론의 등장

윌슨의 새로운 국제질서 구상은 매우 혁명적이었다. 특히 보수적인 유럽 전통 속에서 국제문제를 보는 타성이 붙은 유럽 정치지도자들에게는 불편하게까지 보였다. 윌슨의 이상주의는 1920년대까지 유럽을 지배했으나, 1930년대부터 지배력을 상실하고 2차 대전 방지에 무기력했다. 윌슨의 이상주의가 지속될 수 없었던 이유는 유럽에서의 자유민주주의 확산에 대한 윌슨의 과신과 유럽 정치지도자의 보수주의 때문이었다.

윌슨도 전임 미국 대통령들과 같이 미국의 자유민주주의에 대해 신념과 우월감에 가득 차 있었다. 유럽이 1차 대전과 같은 대 참화를 경험하면서 자유민주주의에 대한 열망이 생기자 윌슨은 미국식 자유민주주의가 유럽에도 확장되어야 한다는 십자군 정신을 가지게 되었다. 그는 1차 대전은 유럽이 구시대에서 자유민주주의로 넘어가는 과정이라 생각했고, 전후 자유민주주의가 유럽을 지배하리라 생각했다. 1918년에 윌슨은 자신의 보좌관인 하우스 대령의 유럽 현지 조사를 통해 유럽이 자유민주주의에 대해 긍정적이라는 사실을 확인했다. 그리고 자신도 파리평화회의 참석 길에 방문한 런던, 로마, 밀라노, 파리에서 유럽인들의 폭발적인 환영뿐만 아니라 '구원의 신'이라는 칭송까지 얻게 되자, 유럽에서 자유민주주의 확산을 자신의 사명으로 받아들였다. 그러나 유럽인들의 칭송은 자유민주주의에 대한 열망이라기보다는 1차 대전을 종식시킨 미국의 힘과 소련 공산주의에 대한 두려움 때문이라는 사실이 오래지 않아 드러났다. 그리고 유럽의 지도자들은 종전을 위해 윌슨의 신념에 적극적으로 동조하는 모습을 보였지만, 새로운 국제질서가 구축되기 시작하자 전형적인 유럽 보수주의로 복귀했다. 윌슨이 당시 유럽의 보수적 정치지도자들을 설득할 수 있는 방법은 유럽에 경제적, 안보적 인센티브를 제공하는 것이었다. 그러나 윌슨은 자유민주주의라는 이데올로기 확산에만 의존했다. 미국의 역할이 기대에 못 미치자 자유민주주의에 대한 유럽의 열망도 식기 시작했다. 미국 상원에 의해 국제연맹 가입조차 거부되자, 유럽 정치지도자들은 더욱 보수화되어 유럽식 안보체제 구축에 골몰하게 되었다. 윌슨의 국제질서 구상에 정신적인 기초가 된 자유민주주의는 유럽에서 정체되기 시작했고, 결국 윌슨의 이상주의는 일시적인 환호로 끝났다.41)

윌슨의 이상주의에 대한 유럽에서의 실망은 1930년대 후반부터 윌슨의 이상주의를 비판하고 대안으로 현실주의를 제시하려는 움직임으로 나타났다. 영국 외교관 출신인 에드워드 카, 미국에게 지정학을 기초로 한 세력균형 외교를 조언한 니컬러스 스파이크먼, 나치를 경험한 미국 국제정치학의 태두인 한스 모겐소와 전후 미국 봉쇄정책의 기초를 제시한 조지 케넌 등이 대표적이었다. 그들은 유럽인이거나, 유럽 출신 또는 외교관으로 유럽에서 윌슨의 이상주의가 시들어가는 모습을 현장에서 체험한 공통점이 있었다. 유럽 출신들이 유럽대륙이라는 좁은 지역에서 많은 나라들이 수많은 전쟁을 치루면서 체득한 현실주의에 익숙한 것은 당연한 것이었다. 이들의 현실주의 시각이 냉전 초기 소련과의 대결이라는 미국의 과제에서 주류의 자리를 차지한 것도 자연스러운 현상이었다.

『역사란 무엇인가(What is History)』로 유명한 에드워드 카는 파리평화회의에 영국 대표단의 일원으로 참가한 경험을 바탕으로, 『20년간의 위기(Twenty Year's Crisis)』(1939)를 출간했다. 저작에서 1차와 2차 대전의 전간기(1919~1939년)를 '20년간의 위기'로 규정하고, 첫 10년간은 온갖 희망에 차 있다가 그다음 10년간은 엄청난 절망으로 급전직하했다고 20년을 요약했다. 즉, 현실을 무시한 이상에서 이상을 잃은 현실로 갑자기 떨어졌다고 평가했다. 1차 대전 후 세계를 지배한 유토피아적 이상주의(utopianism)는 18세기 개인주의(individualism)와 합리주의(rationalism)에 의해 완성되어 1차 대전 후 미국 대통령 윌슨에 의해 국제연맹과 집단안보라는 형태로 유럽에 수입되었다고 지적했다.[42] 그러나 '이익의 조화'를 전제로 한 이상주의는 일본의 만주 침략과 이탈리아의 아비시니아(에티오피아) 침략과 같은 현실에 대응하기에는 역부족이었으며, 이상주의가 내세운 민족자결주의, 정의, 자유, 집단안보 등과 같은 추상적인 원칙들도 현실정치에서는 국가이익을 포장하는 도구로 전락하는 치명적인 한계점을 갖고 있다고 주장했다. 그 결과 윌슨에 의해 주도된 국제연맹과 집단안보는 현실정치에서 무기력했으며, 미국과 영국 같은 강대국의 이익추구 수단으로 전락했다고 비판했다. 나아가 그는 이상주의를 비판하면서도 대안인 현실주의(Realism)도 한계가 있으므로 이상과 현실, 그리고 도덕과 권력이 조화되어야 한다고 주장했다.[43]

니컬러스 스파이크먼은 네덜란드 출신 미국 교수로서 히틀러의 레벤스라움 때문에 서구사회에서 지정학에 대한 반감이 싫었던 1930년대 후반부터 용감하게 지정학을 통해 미국 외교의 방향을 조언했다. 스파이크먼은 열렬한 윌슨주의자였지만 대공황과 유럽에서의 전쟁을 보면서 적극적인 현실주의 이론가로 변신했다. 그는 1938년 외교정책에서 지리가 차지하는 중요성을 설파한 두 편의 논문(「지리와 외교정책」)을 발표한데 이어 2차 대전이 한창이던 1942년 주요 저작인 『강대국 지정학(America's Strategy in World Politics)』(1942)을 발표하면서, 도덕주의를 배격하고 지정학에 근거한 힘에 의한 정치를 옹호했다. 그리고 미국이 고립주의를 벗어나 다른 대륙에 대한 개입주의로 전환할 것을 주장했다.[44] 구체적으로 자신의 주변지 이론을 바탕으로 세력균형정책을 옹호했다. 역사상 모든 국가는 안전을 위해 선의의 신인보다 세력균형에 의존해 왔고, 자국의 충분한 우위가 보장되는 세력균형을 행동의 목표로 삼았다고 주장했다. 그리고 해양세력과 대륙세력 간의 접점인 주변지를 장악함으로써 세력균형에서의 우위를 점할 수 있다는 논리를 폈다. 그리고 매우 탁월한 전후 세계에 대한 예견도 제시했다. 소련/러시아에 대항하기 위해 강한 독일을 남겨놓아야 하며, 아시아에서는 일본 패망 후에 중국과 소련이 각축을 벌이지만 결국 중국이 지배세력이 되리라 예측했다. 그의 활동 시점이 1940년대라는 점을 감안할 때 매우 탁월한 예측이었다. 그리고 주변지 이론은 냉전 시대에 소련을 봉쇄하는 이론적 근거가 되었고, 미국이 해양세력으로 남아 있는 한 중국과 같은 대륙세력을 견제할 수 있는 세력균형의 기초가 되고 있다.

독일 출신으로 1930년대 나치를 경험하고 미국에 이민 온 한스 모겐소는 독일에서부터 많은 연구 실적을 남기고, 미국으로 이주한 후에 『국가 간의 정치(Politics among Nations)』(1948)라는 명저를 통해 현실주의의 태두가 되었다. 그는 먼저 국제정치를 기존의 역사, 국제법, 국제제도로부터 구별하여 하나의 학문 분야로 승격시켰다.45) 방법론으로 자료의 모호성을 극복하기 위한 과학화 노력을 지지했다. 그는 먼저 미국 외교에 대한 평가로부터 이론을 전개했다. 전간기에서 미국 외교의 실패를 '도덕적 추상주의에의 도취(intoxication with moral abstraction)' 때문이라고 평가했다. 윌슨류의 이상주의, 법 만능주의뿐만 아니라 고립주의도 비판했다. 처방책으로 국가이익에 도덕적 권위(moral dignity of national interest)를 부여하여 국가이익에 따라 국가가 행동하는 현실주의(Realism)를 제시했다. 그는 국제정치의 본질을 '만인 대 만인의 투쟁'과 같은 관점에서, 국제정치를 국가 간의 '권력투쟁(struggle for power)'으로 정의했다. 권력투쟁은 권력을 추구(will to power)하는 인간 본성에 내재된 객관적 법칙에 의해 지배되고, 모든 국가가 추구하는 국가이익(national interest)도 권력으로 정의되어야 한다고 주장했다. 그는 이러한 자신의 입장을 현실주의(Realism)로 규정하고 현실주의 6개 원칙을 제시했다. ① 인간 본성에 내재한 객관적 법칙에 지배된다. ② 권력으로 정의된 국가이익이 존재한다. ③ 국가이익은 가변적이다. ④ 도덕의 중요성은 인정하나 도덕적 요구와 성공적인 정치 행위 간에는 불가피한 긴장관계가 존재한다. ⑤ 특정 국가의 도덕적 열망과 보편적 도덕적 법칙은 동일시될 수 없다. ⑥ 정치적 영역의 자율성이 존재한다. 모겐소는 현실주의의 핵심을 도덕적 가치/원칙과 국가이익과의 관계에서 찾았다. 국가는 도덕적 가치와 결별하고 국가이익에 의존해야 한다는 것이다.[46] 모겐소는 국가가 권력의 우위를 차지하기 위해 권력투쟁에 참여하며, 대립과 경쟁을 통해 세력균형을 달성하게 된다고 설명했다. 그리고 세력균형에서 유연성을 부여할 수 있는 영국과 같은 균형자(balancer)가 존재하는 다극 체제가 세력균형에서 안정적이라고 주장하고, 균형자는 (1차 대전 이전의 영국과 같이) 국력이 가장 강한 국가가 그 역할을 맡아야 한다고 생각했다.[47] 모겐소 이론은 냉전 시작과 함께 주목받는 현실주의 이론이 되었고, 그가 케네디, 존슨 대통령의 외교 안보 자문을 맡으면서 미국 외교정책에서 많은 역할을 했다.

마지막으로, '긴 전문(Long Telegram)'으로 유명한 조지 케넌은 2차 대전 외교 현장 경험을 바탕으로 미국 이상주의를 비판하고, 소련에 대해 현실주의 입장에서 봉쇄정책을 채택할 것을 제안했다. 그는 자신의 연설과 기고문을 편집한 『미국외교 1900-1950(American Diplomacy,1900-1950)』(1951) 등에서 지난 50년간의 미국 외교정책은 완전히 실패였다고 평가했다. 실패의 원인을 미국외교의 '법적 도덕적 접근(legalistic-moralistic approach)'에서 찾고, 국제연합에 전적으로 의존하는 다자주의의 위험성도 경고했다. 미국외교는 국가이익을 기초로 결정되어야 하며, 사려 깊은 세력균형을 추구할 것을 제시했다. 봉쇄정책도 소련 팽창주의에 대항하여 세력균형 회복을 목표로 하는 전략이라고 설명했다. 그 후 세력균형의 관점에서 한국전쟁, 베트남 전쟁, 이라크 전쟁을 미국의 제국주의적 개입이라는 이유로 반대했고, 냉전 붕괴 이후 나토의 동진 정책도 러시아를 자극한다는 이유로 반대했다.[48] 그는 냉전 초기(1947년) 주소련 대사대리로서 국무부에 보낸 보고서(Long Telegram)을 통해 소련 팽창주의 근원을 소련의 피침 역사, 공산주의 이네올로기, 전체주의체제라는 특성에서 찾고, 소련의 팽창주의에 대응하기 위해서는 소련과의 대결과 타협보다는 세력균형 차원에서 장기적인 봉쇄정책(containment policy)을 채택해야 한다고 건의했다.

이제 국제정치 이론은 윌슨의 이상주의에 대한 비판을 계기로 이전 시대의 세력균형론, 영구평화론, 고전 지정학과 같은 준 이론(pre-theory) 수준을 넘어선 현실주의 이론으로 발전하게 되었다. 이후 외교사례를 통해 이론들이 만들어지고, 이론들이 정책 결정자들에게도 영향을 주는 관계가 형성되기 시작했다. 특히 냉전 시대에는 국제정치 이론에 대한 수요가 급증하게 되면서 미국에서 크게 발전했다. 국제정치 이론 발전에는 규칙화, 과학화, 가치중립을 표방하는 '행태주의'와 같은 과학적인 방법의 도입과 '다른 학문과의 협력(Interdisplinary)'이 큰 역할을 했다. 국제정치 이론은 시대의 수요에 따라 냉전, 데탕트 그리고 포스트 냉전 시기를 거치면서 신현실주의(Neorealism)와 신자유주의(Neoliberalism)로 발전되었다.

09

얄타 체제

핵무기와 냉전이라는 예기치 못한 변수 덕분에
긴 평화라는 우연한 행운을 누린 체제였다.

얄타 회담, 1945년

새로운 국제질서에 대한 강대국들의 접근법

유럽에서의 전쟁이 격화되던 1941년부터 미국과 영국은 '대서양 헌장(Atlantic Charter)'을 선언하면서 전후 새로운 질서에 대해 논의하기 시작했다. 이후 소련이 독일을 스탈린그라드에서 격퇴하면서 새로운 강대국으로서 국제질서 논의에 참여하게 되었다.

루스벨트, 처칠, 스탈린은 새로운 질서에 대해 각기 다른 접근법을 가지고 있었다. 루스벨트는 4명의 경찰관(미국, 소련, 영국, 중국)이 이끄는 국제기구를 통해 세계질서를 구축하기를 희망했다. 잠재적인 침략국으로 독일을 상정하고, 국제적인 협력을 통해 전쟁을 예방하고 평화를 유지하려는 의지를 표명했다. 그러나 처칠은 전통적인 유럽의 세력균형으로 복귀하기를 희망했다. 이는 영국, 프랑스, 미국뿐만 아니라 전범국인 독일까지 재건하여 소련의 팽창에 대항하는 세력균형을 달성하고자 했다. 그리고 식민지와 연결된 영연방체제를 유지하기를 원했다. 반면, 스탈린은 러시아의 전통적인 팽창주의와 공산주의의 이데올로기하에 최대한의 영토를 확대하고 동유럽을 영향권 내에 두기를 원했다. 스탈린의 목표는 동유럽 완충지대를 확보하여 미래 독일의 침략으로부터 소련의 안보를 강화하고 세력권을 형성하는 것이었다.

새로운 질서에 대한 각기 다른 입장은 3국 간의 전시 외교에서 나타났다. 영국은 유럽에서 소련의 패권을 방지하기 위해 미국의 적극적인 개입을 요구했다. 그러나 미국은 유럽적인 세력균형에 반대하면서, 영국의 영연방체제 집착을 식민지 유지 의도로 의심했다. 특히, 루스벨트의 특사인 조지프 데이비스(Joseph E. Davies)는 "처칠은 유럽에서의 평화 유지보다는 영국의 위상에 더 관심이 있다"라고 평가하며 처칠을 의심했다. 양국 간의 기본 인식 차는 역사적 유물인 '식민지 문제'로 비화하여 양국 간에 성과 없는 논의만 지속되었다. 반면 루스벨트는 전후에 새로운 세계질서를 구축하기 위해 소련과의 협력이 필요하다는 판단을 내리고 소련에 호의적인 태도를 보였다. 스탈린은 전세가 유리하게 전개되자 루스벨트의 호의를 이용하여 영토에 대한 요구 강도를 증가시켰다. 특히 얄타 회담에서 폴란드와 동북아에서 많은 이권을 획득하면서 전후 양극질서의 기초를 만들었다. 스탈린은 루스벨트의 유화적 태도를 이용하여 영국 역할을 축소시켜 협상에서 처칠을 배제하고 루스벨트와 주도권을 공유하려고 했다. 루스벨트도 스탈린의 협조를 얻기 위해 처칠을 저지하는 분위기였다. 처칠은 고립감 속에서 대영제국의 몰락을 절감해야 했다.

얄타 체제의 설계자: 프랭클린 루스벨트

국제연합에 의한 집단안보체제인 얄타 체제는 프랭클린 D. 루스벨트(Franklin D. Roosevelt) 미국 대통령에 의해 이루어졌다. 루스벨트는 1933년부터 1945년 4월까지 유일무이하게 4차례 연임한 민주당 출신 대통령이었다. 20세기 초 공화당 출신의 대통령인 시어도어 루스벨트와는 인척간이었다. 그는 뉴욕의 부유한 가정에 태어나 기숙학교를 거쳐 하버드대학을 졸업했다. 콜롬비아대학 로스쿨을 거쳐 변호사로 일하기도 했다. 그 후 두 차례 뉴욕주 민주당 상원의원을 역임하고 1차 대전 기간에는 행정부에 들어가 해군 차관보로 일했다. 이때 파리 평화회의에 미국 대표단의 일원으로 유럽 외교를 경험했다. 윌슨이 추진한 국제연맹에 미국의 가입이 실패하자 1920년 선거에서는 민주당 부통령으로 입후보하여 국제연맹 가입을 역설했으나 선거에서 패배하기도 했다. 이후 소아마비 감염으로 하반신이 마비되었다. 그러나 불굴의 의지로 재활하여 1924년부터 정치 활동을 재개하여 1928년부터는 뉴욕주지사로서 능력을 보이기 시작했다. 주지사 재임 기간에 대공황이 발생하자 산업보험을 강화하고, 일자리를 창출하여 국민들의 지지를 얻었다. 라디오를 통해 난로 옆에서 연설한 노변성담(Fireside Chat)은 그를 유명하게 만들었다. 대부분의 사람들은 루스벨트의 장애를 몰랐다. 대통령 재임 시절에는 언론에서도 루스벨트를 배려하여 앉아 있는 사진을 내보내지 않았기 때문이다. 대공황의 여파가 한창이던 1932년에 현직 대통령이었던 공화당의 허버트 후버(Herbert Hoover)를 누르고 32대 대통령이 되었다. 1, 2차 대통령 임기 동안에는 대공황을 극복하기 위해 국내 뉴딜 정책(New Deal)에 몰두하여 경제를 회복시켰다. 1939년 2차 대전이 유럽에서 발발하자 그동안 유럽정세를 불안하게 보고 있었던 루스벨트는 미국의 전통적인 고립주의와 연합국에 대한 지원이라는 갈등 속에 빠졌다. 학자들은 루스벨트가 뮌헨협정을 보고 개입 쪽으로 마음을 정한 것으로 보고 있다. 이후에도 미국의 고립주의자들과의 대결 속에서 중립법을 개정하고, 무기대여법을 제정하여 연합국 쪽으로 다가갔다. 그가 1933년 대통령 취임연설에서 '우리가 두려워할 것은 두려움 자체'라고 자신의 신념을 밝혔고, 벗어나야 할 네 가지 공포 중에 죽음의 공포를 포함시켜 전쟁의 공포에 적극적으로 대항하겠다는 의지를 일찍부터 표출했다.

그가 가지고 있었던 전후 세계질서에 관한 생각은 파리평화회의 참석을 통해 형성되기 시작했다. 그는 우드로 윌슨을 지지하는 열렬한 윌슨주의자였다. 그는 국제연맹의 실패 경험으로부터 많은 것을 교훈으로 얻어 자신의 새로운 국제질서 설계에 응용했다. 그는 국제연맹의 실패를 반면교사로 삼아, ①독일과는 평화조약이 아닌 무조건 항복으로 종전해야 하고, ② 전쟁을 야기한 하나의 원인인 보호무역주의 대신에 자유무역체제를 도입해야 하고, ③ 미국이 고립주의를 탈피해야 하고, ④ 전쟁 방지를 위해서 국제연맹보다 더욱 강력한 집단안보체제를 구축해야 한다고 생각했다. 특히 국제연맹에서 집단안보 기능이 총회에 있었기 때문에 무기력하게 작동되었다고 판단하고, 국제연합에서는 국제경찰에 해당하는 소수 강대국으로 구성된 이사회가 맡아야 한다고 생각했다. 그러한 생각을 현실정치에 그대로 반영시켰다. 독일과 일본으로부터 무조건 항복을 받아냈고, 새로운 경제질서로 브레턴우즈(Bretton Woods) 체제를 출범시켰고, 국제연합을 창설하여 미국을 가입시켰다. 그리고 집단안보 기능을 담당할 안전보장이사회를 국제연합에 설치했다.

루스벨트의 소련에 대한 태도는 지금까지도 많은 논란을 낳고 있다. 특히 루스벨트 이후에 미국과 소련이 대결하는 냉전질서가 형성되면서 루스벨트의 소련관은 비난의 대상이 되었다. 루스벨트가 새로운 국세질서 구축에 대한 집착으로 스탈린에게 너무 많이 양보하는 유화정책을 취했고, 그로 인해 스탈린의 팽창욕이 자극되어 전후 냉전질서가 급속히 진전되었다는 평가 때문이었다. 1950년대 매카시 선풍으로 유명한 공화당의 조지프 메카시(Joseph McCarthy) 상원의원은 루스벨트와 그의 후임인 트루먼 행정부를 싸잡아 '반역의 20년 정권'이라고 비난했다

루스벨트는 새로운 국제질서를 구축해 가는 과정에 소련과의 협력이 매우 중요하다고 생각했다. 우선 루스벨트는 일순이 실패한 하나의 원인으로 소련과의 악화된 관계를 지목했다. 소련 공산정권 탄생으로 내전이 발발하자 미국은 일본 등과 함께 내전에 개입하기 위해 시베리아에 출병했다. 이러한 행동이 소련과의 관계 구축에 장애 요인이 되었다고 생각했다.

루스벨트는 대통령에 취임하면서 이전 공화당 정부의 소련 고립화 정책이 미국 이익에 도움이 되지 못했다고 판단하고, 1933년 11월 소련을 승인했다. 루스벨트가 소련을 승인한 데에는 소련에 대한 자신의 우호적인 인식도 긍정적인 역할을 했다. 당시 미국 내 보편적인 인식은 1차 대전의 원인은 유럽 열강의 지나친 식민지 요구 때문에 발생했고, 당시 유럽에서의 전쟁위기도 패전국인 독일에 대한 지나친 징벌주의 때문에 발생했다는 것이었다 이런 인식에 루스벨트도 공감하고 있었고, 더욱이 소련은 당시 전쟁위기 조성과 무관할 뿐만 아니라 혐오 대상인 차르(Tsar)의 전제정치도 이제는 종식되었다고 생각했다. 한 걸음 더 나아가 소련을 독일과 일본 같은 강대국들의 공격으로부터 취약한 국가로 인식했다.[1] 또 그는 대공황 시기에 소련 경제

발전 성과를 높이 평가했다. 당시 서구 국가들은 대공황으로 최악의 경제 상태였으나, 소련은 경제개발계획을 통해 괄목할 만한 성과를 거두고 있었다. 그러나 전체주의체제가 주도한 인위적인 경제개발의 부작용(우크라이나의 대기근)과 스탈린 개인 권력 집중을 위한 대숙청과 같은 부정적인 사실은 스탈린에 의해 통제되거나, 미국언론의 왜곡 보도 속에 묻혀 루스벨트의 인식 속에는 존재하지 못했다. 소련 승인에 대해 미국 국무부 소련 전문가들은 공산주의 팽창성을 우려하여 반대했다. 그러나 루스벨트는 개인의 우호적인 인식뿐만 아니라 소련을 통해 독일과 일본을 저지할 수 있다는 전략적 판단도 가미하여 소련 승인을 밀어붙였다.2)

소련에 대한 루스벨트의 우호적인 인식은 소련 지원 정책으로 발전되었다. 소련 지원 정책은 무기대여법 적용 대상에 소련을 포함시키면서 구체화되었다. 미국의 지원을 읍소하는 처칠을 돕기 위해 루스벨트는 무기대여법을 의회와 싸워 성사시켰다. 의회 반대에도 불구하고 친구이면서 친소파의 좌장인 해리 홉킨스(Harry Hopkins)를 무기대여청의 실질적인 권력자로 임명하여 소련에 대해 '무제한, 무조건' 지원했다. 루스벨트의 소련 지원에는 정책적 판단도 포함되어 있었다. 독일이 소련을 침공했을 초기에는 소련의 붕괴를 우려했고, 1943년 스탈린그라드 전투 승리 이후 소련의 팽창주의 가능성이 제기되었지만, 여전히 대독일 전선에서 소련의 이탈을 우려했다. 그리고 미국이 치르고 있는 대일전쟁에 소련의 참전을 유도하고, 국제연합 창설에 대한 스탈린의 지지가 필요했다. 정책적 판단을 고려하더라도 소련에 대한 지원은 선을 넘었다는 국무부 소련 전문가들의 우려를 무시하고 전쟁이 끝날 때까지 소련 지원은 유지되었다. 무기대여법에 따라 소련에 지원된 금액은 전체 38개국에 지원한 513억 달러의 1/5이 넘는 110억 달러로 영국에 대한 300억 달러 다음이었다. 그리고 영국에 대해서는 영국령의 군사기지 사용과 같은 조건이 대가로 붙었지만, 소련에게는 아무런 반대급부 없는, 무조건 지원이 이루어졌다. 미국 국무부의 소련 전문가들은 소련의 전통적인 팽창주의와 공산주의의 팽창성을 우려하여 격렬히 반대하면서, 최소한 기술적으로 반대급부를 요구하는 상호주의가 적용되어야 한다고 건의했다. 그러나 루스벨트의 생각을 바꿀 수 없었다. 소련 문제에서 루스벨트와 국무부의 소련 전문가는 항상 갈등 관계였다.[3]

이후 루스벨트가 스탈린과 직접 협상한 테헤란 회담과 얄타 회담에서는 스탈린 개인의 감정에 호소하는 개인 외교(personal diplomacy)를 전개하여 비판의 대상이 되었다. 우호 정책이 유화정책으로 변질되었다. 루스벨트는 사전에 스탈린과의 대화, 서신 등에서 자신의 속마음과 전략을 다 털어놓는 협상 방식을 보였다. 스탈린은 이러한 루스벨트의 협상 태도를 십분 이용해서 얄타 회담에서 주도권을 장악했다.[4] 역사가들에 의해 얄타 회담이 비난받는 이유이다. 루스벨트의 협상 방식은 미국 국내정치에서 루스벨트가 거둔 성공과 깊은 연관이 있다. 루스벨트는 거침없이 3선, 4선에 성공하고, 비판적인 의회를 자신의 의도대로 이끌어 나갔고, 몰락해 가는 대영제국의 처칠 수상으로부터도 전폭적인 지지를 받고 있어, 자신의 협상 방식에 자신감을 가지고 있었다. 개인 외교는 외교 채널을 통한 전통적인 외교가 담당했던 검증이라는 기능을 상실시켰다. 그러나 그의 협상 방식은 스탈린에 대한 이해 부족에서 기인한다. 스탈린과도 미국식 협상이 가능할 것으로 착각한 것이다. 스탈린은 유럽식 세력균형 정치를 공산주의 프리즘을 통해 실행하는 현실주의자이며 기회주의자였다. 조지프 나이의 표현을 빌리면, 루스벨트는 스탈린이 세상을 자신과 같은 방식으로 보고, 미국 국내정치를 이해한다고 믿었다. 그리고 차이점을 해소하기 위해 우정에 호소하는 미국적 정치기술이 스탈린을 상대할 때도 통할 것이라고 생각하는 오류를 범했다.[5]

루스벨트가 유화정책을 지속한 이유 중 하나가 국제연합이라는 새로운 집단안보체제를 구축하기 위해서는 소련의 협력이 필수라는 인식 때문이다. 그가 1942년부터 제시한 '4개국 경찰론(four policemen)'은 소련과 협력하여 세계평화를 유지하자는 것이었다. 4개국 경찰론은 미처 빈 체제를 유지하는 도구였던 '유럽협조체제'를 연상케 한다. 유럽협조체제는 전통주의와 세력균형이라는 가치공유가 존재했기 때문에 작동될 수 있었다. 그러나 4개국 경찰론은 가치공유가 존재하지 않았다. 공산주의와 자본주의 이데올로기의 분화뿐만 아니라 세력균형적인 유럽적 사고와 집단안보에 집착하는 미국의 도덕주의 간의 갈등은 쉽게 타협될 수 없는 것들이었다. 4개국 경찰론이 국제연합의 안전보장이사회(이후 안보리)로 구현되었지만, 결국 소련과 미국의 거부권 난발로 집단안보 기능이 마비되었다. 결과론이지만, 소련과의 협력을 전제로 한 국제연합의 집단안보체제는 미·소 간의 냉전으로 기능이 마비되었지만, 도리어 냉전으로 평화가 유지되는 아이러니가 나타났다. 루스벨트 계획의 부작용인 냉전이 케네스 왈츠가 주장하는 것처럼 장기간의 평화를 가져다주었다는 점에서, 냉전은 의도치 않은 루스벨트의 다른 공헌이 되었다.

결국, 루스벨트는 2차 대전 중에는 연합국을 돕기 위해 국내의 고립주의자들과의 싸움에 몰두하면서, 국제연합 창설을 위해서 스탈린의 협조를 얻어 내려는 어려운 곡예에 집착했다.

국제연합의 탄생과 얄타 회담

국제연합의 탄생 과정

국제연합(UN)은 연합국들이 전후 새로운 질서를 모색하는 전시 외교 과정에서 루스벨트의 주도로 탄생했다. 1941년이 되면서 정세가 급변하여 6월에 독일이 소련을 침공하고, 미국은 독일의 해군작전에 대항하여 독일 군함을 공격할 수 있도록 명령을 발령했다. 선전포고 없이 실질적으로 미국의 참전이 이루어졌다. 8월에는 루스벨트와 처칠이 대서양 함정 선상에서 '대서양 헌장(Atlantic Charter)'을 발표했다. 나치를 공동 퇴치할 것을 결의하고, 항구적이고 전반적인 안전보장체제 확립을 선언했다. 새로운 질서로서 집단안보체제를 합의한 것이다. 대서양 선언은 소련을 포함하여 33개국이 승인했다. 미국이 참전을 선언한 직후인 1942년 1월에는 추축국에 대항해서 싸우던 26개국 대표가 워싱턴에 모여 '연합국 선언(Declaration of United Nations)'을 채택했다. 연합국 선언에서는 대서양 헌장의 원칙에 따른 공동 행동을 재확인하고, 집단안전보장체제 창설을 위한 공동 노력을 천명했다. 또 루스벨트가 제안한 국제연합(United Nations)이라는 용어를 처음 사용했다. 이후 새로운 안전보장체제의 이름이 국제연합이 되었다. 대서양 헌장과 연합국 선언은 국제연합의 기초가 되었다.

이후 미국, 영국, 소련, 중국의 외교장관들이 참석한 모스크바 외교장관 회의(1943)에서는 새로운 국제기구인 국제연합을 조기에 설립하기로 하고, 국제연합 설립의 일반적인 원칙에 합의했다. 1943년 12월 테헤란 회의에서는 루스벨트, 처칠, 스탈린이 만났으나, 안보리 의결 방식에 대해 합의에 이르지 못했다. 그리고 소련이 영연방 국가들에게 개별 유엔 회원의석을 부여한 점을 빌미로 소련연방 국가들의 개별 회원의석을 요구하면서 성과 없이 끝났다. 1944년 8월 덤버턴 오크스 회의(Dumbarton Oaks Conference)에서는 중국 대표도 초청하여, 미국, 영국, 소련, 중국의 대표가 참석했다. 회의에서 '일반적 국제기구 설립에 관한 제안'이라는 총 12장의 UN 헌장의 초안이 마련되었다. 이 회의에서 국제연합 안보리를 중심으로 한 집단안보체제가 확정되었으나, 안보리의 의결 방식은 여전히 미결 상태로 남겼다.

1945년 2월 루스벨트, 처칠, 스탈린이 참석한 얄타 회의에서는 미결이었던 안보리의 의결 방식으로 상임이사국에 거부권(Veto)을 부여하고, 소련 연방국 소속 국가들의 국제연합 회원의석 문제도 소련 이에 우크라이나와 벨라루스에도 의석을 부여함으로써 동시에 해결되었다. 스탈린은 국제연합이 소련을 포위하는 새로운 체제로 인식하고, 국제연합 설립에 소극적인 태도로 무리한 요구를 해왔다. 그리고 스탈린그라드 전투에서 승리하면서 스탈린의 입장이 강하게 반영되어 안보리 거부권과 소련연방 3개 회원국으로 얄타 회담에서 타결되었다. 미결 사항이 모두 타결되자, 1945년 4월 샌프란시스코 회의에서 50개국의 대표가 참석한 '국제기구에 관한 연합국 회의'를 개최하여 국제연합헌장(12장 114조)을 채택했다. 국제연합은 공식적으로 1945년 10월 24일에 발족되었다. 서명 국가들의 과반수가 국내 절차에 따라 국제연합 헌장을 비준하여 발효되었다.6)

미국은 국제연합이라는 국제안보질서와 함께 국제경제질서인 브레턴우즈(Bretton Woods) 체제도 구축했다. 대공황으로 1930년대에 국제통화 질서의 기초가 되었던 금본위제가 붕괴했고, 보호무역주의가 팽배해지면서 세계경제질서가 붕괴했다. 그리고 경제질서 붕괴는 2차 대전의 한 원인을 제공했다. 미국은 전후 새로운 국제경제질서가 필요하고 생각했다. 새로운 경제질서의 필요성은 처칠과 '대서양 헌장'에서도 공유했다. 미국과 영국이 3년간 준비하여 1944년 7월 미국의 브레턴우즈에서 미국, 소련, 영국 등 44개국 대표들이 참석한 회의를 개최했다. 먼저 국제통화제도에 대해서, 영국의 케인스(Keynes)는 세계 통화로 인위적 화폐인 '방코르(Bancor)'를 제안했지만, 미국의 화이트(White) 안이 채택되었다. 달러를 기축 통화로 채택하되, 달러의 가치를 미국 정부가 보유하고 있는 금(당시 전 세계의 60% 보유)으로 보장하는 달러-금 태환제(금 1온스 = 35달러)를 도입했다. 금태환제는 미국이 베트남전쟁 참전 등으로 재정 상황이 악화되면서 1971년 닉슨 대통령에 의해 닉슨 쇼크(Nixon Shock)라는 이름으로 폐기되었다. 그 결과 브레턴우즈 체제의 근간이 무너졌다.

또 브레턴우즈 회의에서 세계경제질서를 확립하기 위해 국제기구들을 창설했다. 세계통화질서를 위해서는 국제통화기금(IMF)과 세계은행(World Bank)을, 세계경제부흥을 위해서는 국제부흥개발은행(International Bank for Reconstruction and Development)을 설치하기로 했다. 그리고 동시에 자유무역을 추진하기 위해 국제무역기구(International Trade Organization)를 추진했으나, 관세 주권을 침해한다고 미국 상원과 다수의 참가국들이 반대하여 무산되었다. 국제무역기구 창설안의 무역 부분만 채택하여 다자간 협정인 '관세와 무역에 관한 일반협정(GATT: General Agreement for Tariff and Trade)'을 체결했다. 그 후 1995년에 자유무역 확장 분위기 속에서 GATT가 세계무역기구(WTO: World Trade Organization)로 발전했다.

새로운 국제질서에서는 안보질서인 국제연합과 경제질서인 브레턴우즈 체제가 평화를 구축하는 양 기둥이 되었다.

얄타 회담

얄타 회담(Yalta Conference)은 국제연합 창설에 대한 루스벨트의 열정이 다시 한번 확인된 계기였다. 루스벨트는 악화된 건강상태에도 불구하고 국제연합 문제를 종결시키기 위해 얄타까지 달려갔다. 얄타 회담은 국제연합 문제를 종결시켰을 뿐만 아니라 냉전이라는 새로운 국제질서의 출발점이 되었다. 미국과 소련 간에 새로운 질서에 대한 이견이 명확해지기 시작했다. 이후 국제질서가 얄타 체제라 명명되었다.

얄타 회담은 1945년 2월 소련 영토인 크림반도에서 개최되었다. 당시 연합국은 서부전선에서는 독일군의 최후 저항이었던 벌지 전투로 군사적 타격을 입었던 반면, 소련은 동부전선에서 독일을 패퇴시키고 폴란드를 점령한 직후였다. 시기적으로 소련이 동유럽을 장악하기 시작한 시점으로, 당연히 소련이 협상의 주도권을 잡을 수 있었던 상황이었다. 스탈린은 병구를 이끌고 참석한 루스벨트에게 제정 러시아 황제의 여름 별궁이며 회담장인 라트비아(Latvia) 궁에 숙소를 배정하는 등 의전상 최고의 대접을 하면서도, 미국과 영국 대표단에 스파이를 투입하는 등 회담 주도권을 장악하려고 노력했다.

루스벨트, 처칠, 스탈린은 두 번째이자 마지막이 된 정상회담에 각기 다른 목표를 가지고 왔다. 루스벨트는 국제연합 창설과 신속한 대일 전쟁 종전이라는 목표를 가지고 왔다. 반면 처칠은 대영제국의 위상을 높이고, 유럽에서의 영향력을 확보하려 했다. 그리고 스탈린은 동유럽과 동북아에서 영향권을 구축하려는 목표를 가지고 있었다.

루스벨트는 두 가지 목표를 달성하기 위해서는 스탈린의 협조가 필요했고, 반면 유럽 문제를 부차적인 문제로 취급하여 처칠과 스탈린 사이에 중재자 역할을 맡으려 했다. 이러한 루스벨트의 행동에 대해 영국은 불만이 많았다. 처칠은 루스벨트와의 이견을 사전에 조율하기 위해 얄타로 향하는 중간 기착지인 몰타(Malta)에서 만났지만, 성과가 없었다. 당시 영국의 불만은 앤서니 이든(Anthony Eden) 영국 외교장관의 회고에서 잘 나타나고 있다.

> "루스벨트는 … 대영제국에 대한 미국인의 의구심에 동조하는 태도를 보였고, 미국이 영국과 합세하여 소련에 대항하지 않겠다고 늘 스탈린에게 전달했다. 이 결과는 소련에 이익만 가져다주었지만, 영미관계에는 혼란만 가져왔다."[7)]

실제 루스벨트는 영국의 식민주의를 혐오했고, 영국이 대영제국으로의 복귀를 추구하고 있다고 의심하고 있었다. 얄타 회담 직전인 1944년 10월 루스벨트가 대통령 선거전에 몰두하고 있던 시점에 처칠과 스탈린 사이에 소위 '퍼센트 협정(The Percentage Agreement)'이 체결되었다. 동유럽 국가를 영국과 소련이 세력권으로 나누는 협정이었다.[8)] 루스벨트는 처칠과 스탈린의 회담을 마지못해 승낙했지만, 자신이 참석하지 않은 회담에서 자신이 혐오하는 세력권(sphere of infuence) 나눔이 있었다는 것은 불편한 사실이었다.[9)] 이러한 사건들이 루스벨트가 처칠이 구시대에 집착한다고 인식할 수 있는 근거가 되었다.

얄타 회담의 주제는 크게 독일 문제, 폴란드 문제, 국제연합 문제, 일본 문제였다. 독일은 미국, 소련, 영국, 프랑스 4개국이 분할점령하기로 결정했다. 프랑스에 대해 소련의 반대가 있었지만, 미국이 철수할 것을 대비하여 영국이 강력히 주장하여 합의되었다. 반면 독일에 대한 배상금 문제는 모스크바에 배상위원회를 창설하고 소련이 원하는 방식으로 추진할 것을 합의하여 분할점령과 균형을 맞추었다.

폴란드 문제는 가장 골치 아픈 문제였다. 루스벨트는 처칠과 같이 런던에 있는 폴란드 망명정부를 임시정부로 인정하기를 원했으나, 소련이 점령지 폴란드에 세운 루블린 정부를 강하게 주장하여, 결국 중재자 입장으로 전환하여 망명정부와 루블린 정부가 모두 참여하여 자유투표로 결정하는 방안을 제시했다. 루스벨트의 중재안은 처칠과 스탈린 모두에게 거부되고 자유선거를 실시하는 것이 가능한지 여부를 우선 판단하기로 하고 미결 상태로 남겨졌다. 러시아-폴란드의 국경선을 커즌라인(Curzon Line)으로 획정했다. 커즌라인에 의하면, 소련은 폴란드의 동부지역을 획득했다. 이후 포츠담 회담에서 영토가 축소된 폴란드에는 보상(quid pro quo)으로 독일의 동부지역 일부를 할양하여 폴란드의 서부국경선을 오데르-나이세(Oder-Neisse) 선으로 정했다.

국제연합 문제는 덤버턴 오크스 회담에서 미결로 남은 안보리 의결 방식과 소련연방 공화국들의 별도 회원의석 배정 문제였다. 미국은 국제연맹의 무기력을 교훈 삼아 4개 경찰국의 테두리 속에 안보리 의결 방식을 만장일치제가 아닌 상임이사국 거부권제를 제시했다. 반면 소련은 만장일치를 고집하다가 처칠의 중재로 미국의 거부권제를 수용했다. 반면 회원국 문제에서는 처칠도 영연방 국가들(특히 인도)을 고려하여 소련 이외에 2~3개의 회원의석을 더 요구하는 스탈린에게 동조하여 루스벨트를 압박했다. 소련은 영연방 국가들이 6개의 회원국 의석을 가지고 있기 때문에 미국도 2개, 소련도 3개를 가져야 한다고 테헤란 회의에서부터 수상해 왔다. 결국, 루스벨트가 스탈린 요구를 수용하여 소련 이외에 우크라이나와 벨라루스에도 회원국 지위를 부여하기로 합의했다. 이로써 국제연합 창설에 대한 합의가 완결되었다.10)

마지막으로 일본에 대한 극동협정(Far Eastern Agreement)은 비밀로 처리되었다. 내용은 독일 항복 후 2~3개월 내 소련이 대일전에 참전하고, 그 대가로 제정 러시아가 러일전쟁으로 상실한 동북아에서의 권리를 소련이 회복한다는 것이었다. 미국과 소련이 대일전 참전과 동북아 권리회복을 맞교환한 것이었다. 실제 협상은 미국과 소련 간에만 이루어지고 처칠은 협상에 참여하지 않고 협정문에만 서명했다.

얄타 회담에서의 합의는 유럽과 동북아에서의 냉전 구조가 형성되는 기초가 되었다. 소련은 유럽에서 세력권의 기반을 마련하고, 그리고 동북아에서 중국 공산당이 중국 대륙을 장악할 수 있도록 지원하고, 1950년 2월 중소 동맹조약 체결을 통해 동북아로 영향력을 확장시킬 수 있었다.[11]

루스벨트의 얄타 외교에 대한 평가는 이중적이다. 먼저 비판자들은 루스벨트가 동유럽과 중국을 스탈린에게 팔아먹었다고 비판하고, 네빌 체임벌린의 유화정책에 비유하여 제2의 뮌헨협정이었다고 비판했다. 반면 옹호론자들은 당시 소련의 상승세를 반영한 결과이고, 만약 스탈린과 협정을 맺지 않았더라면 더 불행한 전후 세계가 전개되었을 것이라고 반론한다. 소련의 상승세를 인정한 차악책이었다는 것이다. 그리고 루스벨트의 과욕이 빚은 결과라는 평가도 있다. 대통령 선거에서 4선에 당선된 직후 건강도 매우 나쁜데도 불구하고 회담 준비도 미비한 상태로 회담을 강행했다. 친소파의 거두인 홉킨스조차도 '대부분의 미국 국민이 소련을 혐오하고 신뢰하지 않는데, 대통령이 왜 스탈린을 만나러 먼 길을 갔는지 이해되지 않는다'고 불평했다.[12] 얄타 회담을 수행한 보좌관도 루스벨트가 건강 때문에 회담 준비가 부족했다고 회고했다. 또 루스벨트의 지나친 권력 독점욕을 비판하기도 한다. 루스벨트는 부통령인 트루먼과도 얄타회담을 포함한 외교 현안을 공유하지 않아, 본인의 갑작스러운 사망으로 트루먼이 대통령직을 승계했을 때 전시 외교정책의 구체적인 사항이나 원폭계획(맨해튼 계획)에 대해서 전혀 알지 못하는 상태로 직무를 시작해야만 했다.[13] 결국, 얄타 회담 두 달 뒤 루스벨트는 뇌출혈로 사망했다. 그는 죽기 직전 스탈린에게 쓴 서신에서도 "쌍방에 불신이 있어서는 안 된다", "사소한 오해가 다시 일어나서는 안 된다"

라고 소련과의 협력에 집착했다.14) 그러나 루스벨트의 희망과는 반대로 미국과 소련의 관계는 더욱 악화되어 갔다.

집단안보 기능과 한계

국제연합의 집단안보 기능은 헌장 제7장 '평화에 대한 위협, 평화의 파괴 및 침략행위에 관한 행동'에 규정되어 있다. 보조적으로 헌장 제6장 '분쟁의 평화적 해결'에서 회원국 분쟁을 사법적으로 해결하는 '국제사법재판소(ICJ: International Court of Justice)' 설치를 명시했다.

구체적으로 헌장 제39조에서는 안보리가 평화에 대한 위협, 평화 파괴 및 침략행위에 대한 사실 결정과 행동 방향을 결정하고, 제40조에서는 안보리가 중간적이고 잠정적 조치를 취할 수 있음을 규정하고 있다. 제41조에서는 비군사적 조치(경제적·외교적 제재 등을 의미)를 명시하고, 제42조에서는 군사적 제재를 규정하고 있다. 제43조는 군사적 제재에 대비한 유엔 상비군 창설을 위해 특별 조약(Special Agreement)을 체결하도록 규정했다.

국제연합의 집단안보 기능은 총회가 최종결정권을 가졌던 국제연맹과 달리 안보리에게 1차적 책임을 부여했다. 헌장은 안보리가 무력 사용을 독점하며, 모든 회원국을 구속함을 명시했다. 헌장 제2조 4항은 안보리 사용 무력을 제외하고 무력 사용을 불법화하고, 제25조는 안보리의 결정을 모든 회원국이 이행해야 할 의무로 규정하고 있다. 안보리는 상임 5국(미국, 소련, 영국, 프랑스, 중국)과 비상임 10개국(2년 단위 교체)으로 구성되어 있으며, 안보리 의결(decision)은 2/3 찬성으로 이루어진다. 안보리 의결에 상임이사국의 거부권(헌장상 '거부권'이라는 표현은 없다)이 인정되어, 의결은 반드시 상임이사국 5개국이 모두 동의해야만 가능했다(제27조). 국제연맹의 집단안보 기능보다 진일보한 기능이었다. 가장 중요한 것은 군사적 제재를 명시하고 유엔군 창설의 근거인 특별 조약을 규정한 것이다.

그러나 집단안보가 헌장에 의거해서만 작동될 수 있는 인위적 메커니즘이므로, 헌장 규정이 미비하거나, 개념에 대한 합의가 부족한 경우에는 현실 적용에 문제가 발생할 수밖에 없다. 먼저 집단안보 기능의 작동 대상이 되는 '침략행위'에 대한 범위(정의)에 대한 합의 문제였다. 침략행위의 범위(정의)에 대해 헌장이 별도 규정하고 있지 않아 1950년대 말부터 논의를 시작하여, 15년간의 논의 끝에 1974년 총회에서 8개 조항으로 구성된 '침략행위' 규정을 결의했다(결의 3314). 결의 부속서 1조를 보면, '침략은 어느 국가가 다른 국가의 주권, 영토보존이나 정치적 독립에 거슬러 또는 유엔 헌장과 양립될 수 없는 방법으로 무력을 행사하는 것이다'라고 정의하고 있다. '침략행위' 규정은 너무 광범위하고 모호하기도 해서 현실 적용에 문제를 발생할 소지가 크다는 비판을 받고 있다. 또 총회의 결의가 권고적인 성격이기 때문에 안보리가 구속될 의무가 없다는 문제점도 내포하고 있다.

또한, 제43조에 규정된 집단안보를 가동할 실질적 수단인 국제연합군 창설문제다. 특별 협정 마련을 위한 협상은 1947년 상임이사국 참모위원회에서 시작되었으나, 현재까지도 상임이사국들의 의견 불일치로 특별 협정이 체결되지 않았고, 당연히 상비된 UN군은 존재하지 않는다. 협의 과정에서 미국은 강력한 UN군을 지지하는 반면 소련은 소규모 UN군을 선호하여 차이를 나타냈다.[15)]

집단안보 기능이 헌장에 의존하고 있는데, 헌장이 마련된 1945년 이후에 발생하여 당연히 헌장에 반영되지 못한 2개의 '예상치 못한 요인'들이 집단안보 기능을 저해했다. 첫째는 냉전의 등장이다. 안보리 거부권 제도에서 보듯이 국제연합은 상임이사국 5개국이 합의를 통해 평화를 유지하는 구조로 되어 있다. 그러나 전후 미국과 소련 간의 갈등인 냉전이 형성되면서 거부권을 남용하는 사례가 나타나 집단안보 기능을 마비시켰다. 둘째는 핵무기의 등장과 발전이다. 헌장이 채택된 시점은 핵무기의 개발이 완성되기 이전이기 때문에 헌장에 반영되지 못했다. 핵무기는 침략행위와 같이 헌장상 집단안보 작동에 영향을 줄 수 있는 요소였다. 그러나 이후 냉전 시대에 핵무기의 파괴력 발전으로 핵 억지력(deterrence)이 정책 결정에 중요한 요소로 등장했다. 구체적으로 핵전쟁 시 상호 치명적인 파괴가 가능한 상황을 의미하는 '상호확증파괴(MAD: Mutual Assured Destruction)'가 확립되어, 전쟁을 자제하는 '공포의 균형(balance of terror)'이 이루어져 평화가 유지될 수 있는 아이러니가 발생했다. 결국 미·소 간의 공포의 균형은 냉전과 결합되어 역설적으로 평화유지에 공헌했다. 케네스 왈츠는 MAD가 지배하는 양극 체제인 냉전 시대가 가장 안정적(평화)이었다고 평가했다.

그러나 집단안보의 기능의 치명적인 약점은 안보리 상임이사국의 거부권 남용이었다. 거부권은 냉전이라는 시대적 환경과 결합되어 국제연합의 집단안보 기능에 큰 영향을 미쳤다. 상임이사국들의 거부권 남용으로 집단안보 기능 작동에 대해 합의가 무산되면서 마비되었다. 특히 미국과 소련이 극한 대립하던 냉전 시기에는 소련이 방어적 측면에서 많이 사용했다. 유엔 안보리에서 소련 외교장관 몰로토프는 미스터 비토(Mr. Veto), 소련 대사는 미스터 노(Mr. Net)로 통했다. 국가별 거부권 남용 통계를 보면, 2022년 5월까지 소련/러시아가 120회, 미국이 82회, 영국이 29회, 중국과 프랑스가 각각 17회씩 사용한 것으로 기록되었다.[16)]

상임이사국들의 거부권 남용으로 인해 UN 제7장 제42조에 규정된 군사적 집단안보 기능은 단 두 차례밖에 적용되지 못했다. 한국전쟁(1950년)과 이라크의 쿠웨이트 침공에 대항한 1차 걸프 전쟁(1991년)뿐이었다. 한국전쟁 때는 소련이 중화민국의 안보리 대표권에 반발하여 궐석(불참)인 상태였기 때문에 통과가 가능했다. 그리고 1차 걸프 전쟁은 이미 냉전체제가 붕괴되었고, 소련/러시아가 국내 혼란으로 국제적 영향력을 행사할 수 없는 상황으로, 유일 초강대국이 된 미국에 추종할 수밖에 없었기 때문에 기능했다.

상임이사국들의 거부권은 제41조에 규정된 비군사적 조치인 경제제재(Economic Sanctions)에서도 영향력을 행사했다. 경제제재는 안전보장이사회에 설치된 제재위원회(Sanction Committee)를 통해서 이루어졌다. 제재위원회는 국제연합 헌장 29조(안보리에 보조기관 설치 가능)와 안보리 의사규칙 28조에 따라서, 1968년 로디지아(현 짐바브웨) 제재를 위해 처음으로 설치되었다. 그러나 안보리 제재위원회를 통한 제재도 냉전 기간에는 단 2건만 이루어졌다. 대다수인 흑인 국민에 대해 투표권을 부여하지 않는 로디지아의 소수 백인 정권에 대한 경제제재(1966년)와 남아공의 인종차별정책에 대한 경제제재(1977년)였다. 미국과 소련의 이익이 충돌하지 않았던 사안에만 적용될 수 있었다. 그리고 거부권을 우회/완화하기 위해 고안된 평화유지활동(PKO)도 거부권의 영향권을 벗어날 수 없었다. PKO가 냉전기에는 10차례만 이루어졌다. 이는 포스트냉전기에 폭증한 61차례와 비교하면 냉전 시대에 상임이사국의 거부권이 얼마나 집단안보 기능을 제한했는지 알 수 있다(PKO에 대한 상세는 09. 얄타 체제, '국제연합의 집단안보 기능 보완 노력' 참조).

냉전의 등장, 트루먼과 봉쇄정책

냉전의 기원과 책임 문제

얄타 체제의 설계자였던 루스벨트가 국제연합 헌장에 반영하지 못한 것 중 하나가 냉전이었다. 냉전은 얄타 체제의 안정성을 저해할 수 있는 요소였지만, 아이러니하게 얄타 체제의 붕괴를 막아주는 역할을 했다. 냉전이 양면성을 지니고 있었다.

냉전은 2차 대전 종전과 전후 새로운 질서 구축과정에서 미국과 소련이 상대국의 팽창주의를 의심하면서 시작되었다. 학자들은 1946년 2월 주소련 미국 대사대리였던 조지 케넌의 보고 전문인 「긴 전문」이 미국 측의 냉전 기원이라는 데 동의하고 있다. 워싱턴은 소련이 IMF(국제통화기금)와 세계은행의 창설에 대해 비협조적인 태도를 나타내자 소련의 의도에 대해 의구심을 갖게 되었다. 미 국무부는 소련의 비협조적인 태도에 대해 조사, 보고하라는 지시를 모스크바의 미국 대사관에 보냈다. 당시 대사대리였던 조지 케넌은 1946년 2월 국무장관 제임스 번즈(James F. Byrnes)에게 「긴 전문」이라고 알려진 장문의 보고서를 보냈다. 이 전문 내용은 이후 조지 케넌이 미국 정부의 허가하에 ≪포린어페어스(Foreign Affairs)≫(1947년 7월)에 'X'라는 필명으로 「소련 행동의 근원(The Source of Soviet Conducts)」이라는 제목으로 기고되어 세간에 알려졌다.[17] 조지 케넌은 1946년 2월에 스탈린이 소련 공산당 내에서 행한 '서방 제국주의와의 전쟁은 필연'이라는 호전적인 연설에 자극을 받았다. 케넌은 소련 행동의 근원을 다음과 같이 진단했다. ① 수많은 소련의 피침 역사는 도리어 팽창 욕구로 전환되었고, ② 소련의 공산주의 이데올로기는 자본주의에 대한 피해의식으로 형성되어 있어, 이로 인한 소련의 과민한 반응은 팽창으로 나타났고, ③ 소련의 전체주의 체제도 정통성 확보 차원에서 팽창을 추진하게 된다. 이러한 소련 팽창주의 속성 때문에 소련과의 타협은 어려운 반면, 소련 내부의 취약성으로 필연적으로 내부 붕괴가 일어날 수밖에 없기 때문에 소련과 타협보다는 장기적인 봉쇄를 제안했다.[18]

케넌의 보고서에 대한 검증이 미국 내에서 이루어졌다. 트루먼 대통령 보좌관인 클라크 클리퍼드(Clark Clifford)는 외교 전문가들과 케넌의 보고서를 검토한 결과 케넌의 판단이 옳고, 소련은 기회만 있으면 팽창을 시도할 것이라고 평가한 클리퍼드 보고서(1946년 12월)를 제출했다.[19] 이 보고서는 미국이 소련 팽창주의를 확신하는 계기가 되었다. 케넌 이전에도 소련을 의심하는 분위기가 미국 국무부를 지배했다. 특히 루스벨트의 소련에 대한 우호 정책에 반발한 소련 전문가 그룹이었다. 이들은 주소련 대사를 역임하거나 국무부 소련 데스크에서 소련 업무를 오랫동안 맡아온 직업 외교관들이었다. 그리고 케넌의 전문 보고 직전인 1946년 1월에도 미국 국무부 프리먼 매슈스(Freeman Matthews) 보고서에서도 소련의 현재 외교 노선이 재앙으로 이어질 것이므로, 군사력을 사용할 것을 제안했다. 미국 국무부 외교관의 주도로 이루어진 소련에 대한 분석들을 기초로 미국은 소련과의 협상 대신에 장기적인 봉쇄정책(Containment Policy)을 채택했다.

소련에서도 거의 같은 시점에 미국의 제국주의를 우려하는 시각이 지도부를 지배했다. 소련은 미국 행동의 근원을 레닌의 제국주의 이론에 근거해서 설명했다. 미국에 대한 현실적인 의심과 두려움을 레닌의 제국주의라는 이데올로기 틀로 포장했다. 현실적 판단을 도덕적 원칙이나 이데올로기 틀로 포장하는 소련의 방식은 전체주의를 팽창의 주범으로 내세우는 미국의 방식과 닮은 점이 있다. 소련의 미국 팽창주의에 대한 인식은, '전쟁은 불가피하다'라는 주제로 진행된 1946년 2월 스탈린 연설에서부터 나타나기 시작했다. 스탈린은 공산당 내 연설에서 공산주의 외교의 기본 틀인 레닌의 제국주의 이론을 인용했다. 제국주의를 자본주의의 최종단계로 정의하면서, ① 1, 2차 대전 모두 제국주의 전쟁이고, ② 세계공산주의 평화운동은 제국주의를 파괴해야만 가능하다. ③ 미국의 위성국이 된 영국, 서독, 프랑스, 일본이 멀지 않아 미국의 속박에 벗어나기 위해 자본주의 국가 간에 갈등이 발생하여, 이것이 소련으로 전이될 것이다. ④ 그러나 소련은 강력한 물리력을 확보하여 제국주의 전쟁의 전이를 막을 수 있다고 주장했다.[20] 이 연설은 그동안 스탈린 자신이 주장해 온 '자본주의의 불균등한 발전은 자본주의 국가 간 무력충돌로 이어지고, 전쟁은 자본주의 작동방식 때문에 발생 된다'라는 신념을 공개적으로 천명한 것이었다. 스탈린의 연설은 조지 케넌 분석의 기초가 되고, 미국에게 소련의 팽창성을 확신시켜 주는 충격이 되었다. 그러나 블라디슬라프 주보크(Vladislav M. Zubok) 런던전경대 교수 같은 학자들은 스탈린이 공산주의 이론을 설명한 것이지, 소련의 팽창주의를 선언한 것이 아니라고 연설을 의미를 평가절하하기도 했다. 그리고 주보크는 같은 맥락에서 스탈린은 기회주의자일 뿐이지 급진적 팽창주의자가 아니라고 평가했다. 이러한 상반된 평가는 냉전 책임론에서도 나타난다.[21]

스탈린이 공개적으로 언급한 이상, 자본주의와의 대결 불가피론은 모든 소련 정책 결정자들과 외교관들의 공식 입장이 되었다. 소련외교 현장에서도 1946년 주미국 소련 대사인 노비코프(Novikov)가 비슷한 내용의 보고서를 모스크바에 제출했다. 보고서도 레닌의 제국주의 이론을 기반으로 미국의 행동을 분석하고, 행동이 제국주의 팽창정책이라는 결론을 포함했다. 미국의 금융자본주의는 더 많은 이익을 창출하기 위해 금융을 해외에 수출하는 팽창주의를 통해 세계 식민지화를 추진하고 있다고 분석했다.[22] 그리고 외교장관 후에 주미 대사를 역임했던 리트비노프도 일찍이 '공산주의와 자본주의 세계의 충돌은 필연적'이라고 강조했다.

미국과 소련은 상대국의 행동을 서로 팽창주의로 규정하는 상충된 인식을 가지고 있었다. 이후 정치학자들이 냉전 시대 문건을 검토하여 냉전의 원인과 책임에 대한 다양한 평가를 제시했다. 먼저, 전통주의적 시각에서는 냉전의 원인은 소련의 팽창주의라고 규정한다. 이 시각은 조지 케넌류의 입장으로 소련의 역사적 팽창주의, 공산주의 이데올로기, 그리고 스탈린 개인의 팽창적인 성격을 강조한다. 반면, 수정주의적 시각에서는 미국의 과잉대응이 냉전의 원인 중 하나로 지적한다. 이 시각은 스탈린이 전후 직면한 내부 문제인 경제 피폐, 독재체제에 대한 국민 신뢰 상실 등에 대응하기 위해 내부통제에 최우선 관심을 두었기 때문에, 스탈린의 팽창 추구도 유럽에서의 세력권 형성에 중점을 두고 방어적이고 소극적이었다는 사실을 근거로 든다. 독일 전체에 대한 공산화를 갈망하는 독일 공산주의자들을 자제시켜 동독에 만족하게 하고, 1948년에야 체코슬로바키아가 공산 쿠데타로 공산화될 수 있었다는 사실은 스탈린의 소극적인 태도를 뒷받침했다. 그뿐만 아니라 세계 차원에서도 미국과의 대결에서 소극적인 모습을 보였다고 주장한다. 한국전쟁에 국제연합군 파견을 결정했던 국제연합 안보리에 소련이 불참(거부권을 행사하지 않은)한 이유를 스탈린이 클레멘트 고트발트(Klement Gottwald) 체코슬로바키아 대통령에게 '미국을 아시아에 묶어놓아 유럽에서의 공산주의를 보호하기 위해서'였다고 밝힌 적도 있고, 미국과의 대결을 피하기 위해 한국전쟁에 소련의 개입을 숨기려고 부단히 노력했던 사실도 스탈린의 소극성을 설명한다. 마지막으로, 탈수정주의적 시각에서는 냉전을 구질서의 붕괴 결과로 해석한다. 이 시각은 전간기의 7개국 다극체제가 붕괴되면서 힘의 공백이 미국과 소련의 양 진영으로 흡수되어 양극체제가 형성되어 냉전으로 나타났다고 주장한다. 이러한 시각은 냉전이 팽창주의란 단일 요인보다는 복잡한 원인을 전제로 미국과 소련의 책임을 분산시키는 데 중점을 두고 있었다.[23)]

봉쇄정책에 대한 논란과 트루먼의 봉쇄정책

미국은 냉전에 대해 봉쇄정책으로 대응했다. 봉쇄정책은 조지 케넌의 정책 제안에 기초했다. 케넌은 소련의 팽창 지향적 경향을 장기간 지속적으로, 그리고 확고하게 봉쇄해야 한다고 제언했다. 정책의 핵심은 소련과 협상 없이 소련을 장기적으로 고립시킨다는 것이다. 그리고 봉쇄정책은 1940년대 초반에 스파이크먼이 지정학 관점에서 제시한 주변부 이론과 맥을 같이 한다. 동유럽을 장악한 소련을 견제하기 위해서는 유라시아 대륙의 주변부를 연결하는 봉쇄정책이 필요했다.

봉쇄정책은 루스벨트 외교로부터 180도 방향 전환이면서도 그 연장이라는 평가도 있다. 존 루이스 개디스(John Lewis Gaddis)가 『미국의 봉쇄정책(Strategies of Containment)』(2005)에서, 루스벨트는 위험한 시기에 나치라는 악마에게 맞서기 위해 소련이라는 또 다른 악마와 거래한 것으로 평가했다. 루스벨트가 발칸 지역의 속담을 해석하여 '얘들아, 위험한 시기에는 다리를 건널 때까지 악마와 동행해도 된다"라는 말을 하곤 했던 사실을 볼 때, '봉쇄정책은 악마와 동행한 결과를 수습한 일련의 시도'라고 개디스는 평가했다.[24)] 그러나 정책의 대전환으로 받아들여지는 것이 일반적이다.

냉전 초기에는 봉쇄정책의 적실성에 대해 논란도 있었다. 봉쇄정책이 제시되었을 때, 당시 저명한 언론인이며 냉전(Cold War)이라는 용어를 창안한 월터 리프만(Walter Lippmann)은 장문의 기사를 통해 봉쇄정책을 비판했다. 그는 현실주의 입장에서 미국 이익에 중요하지 않은 주변부 갈등에 미국이 개입해서 에너지를 소모해서는 안 된다고 전제하고, 봉쇄정책은 장기적으로 미국의 자원뿐만 아니라 미국인들의 정신적·심리적 고갈을 가져다줄 뿐이라고 비판했다. 또 다른 현실주의적 비판은 전형적인 세력균형이라는 유럽식 사고를 보인 처칠에게서 찾아볼 수 있다. 처칠은 '갈등은 협상을 통해서 해결해야 하고, 협상은 우세한 입장(position of strength)일 때 해야 한다'는 원칙에서 볼 때, 봉쇄정책은 우세한 입장에서 협상할 수 있는 기회를 놓치는 결과를 가져온다고 평가했다. 또, 도덕주의 입장으로부터도 비판이 제기되었다. 헨리 월러스(Henry Wallace) 전 부통령은 소련도 미국과 도덕적으로 동등하므로, 소련의 세력권을 인정해야 하고 미국이 개입해서는 안 된다는 의견을 냉전 초기에 밝혔다. 이후 소련의 팽창이 강화되면서 도덕주의 입장은 미국민들의 지지를 상실하면서 자취를 감추었다. 강대국 외교사를 정리한 키신저는 『외교(Diplomacy)』에서 봉쇄정책의 공과 실을 구분하여, 미국의 궁극적 승리의 동인이 되었지만, 우세한 상황에서 협상할 기회를 상실하고, 장기적으로는 미국의 완벽한 도덕성을 수호하기 위해 국가 에너지를 낭비했다고 처칠과 같은 세력균형론 입장을 지지했다.[25)]

그러나 케넌의 예언대로 소련이 스스로 붕괴한 역사적 사실을 볼 때, 봉쇄정책의 적실성은 분명히 긍정적으로 평가받아야 한다.

미국의 봉쇄정책은 트루먼 독트린(Truman Doctrine)을 신호탄으로 한 정책의 대전환이었다. 그 중심에 루스벨트의 후임자인 해리 트루먼(Harry S. Truman)이 있었다. 루스벨트가 얄타 회담 후 뇌일혈로 갑자기 사망하자, 그동안 미국 정책 결정 과정에서 배제되었던 부통령 해리 트루먼이 외교정책의 최종 결정자로 등장했다. 루스벨트는 상세한 외교 문제뿐만 아니라 원사탄 개발 현황도 트루먼과 공유하지 않았다.[26] 트루먼은 대통령으로 취임하면서 느낀 심정과 책임감을 이렇게 표현했다. "달과 별, 그리고 모든 행성이 내게로 떨어지는 기분이다."[27]

트루먼은 화려한 루스벨트의 경력과는 전혀 다른 배경을 가지고 있었다. 미국 대통령들이 흔히 가지고 있던 로스쿨뿐만 아니라 대학교 졸업장도 없는 입지적인 인물이었다. 역사책에 몰두하여 군에 입대할 수 없을 정도로 시력이 나빴다는 사실을 볼 때, 그가 일본과의 종전, 냉전이라는 엄중한 시대에 미국의 이익뿐만 아니라 자유주의 세계를 지키는 결단을 발휘할 수 있는 에너지의 근원을 역사 교훈에서 얻었을 것이라는 추측만 할 수 있다.

트루먼은 1941년 6월 히틀러가 소련을 침공하자, "독일이 승기를 잡으면, 소련을 도와야 하고, 소련이 승기를 잡으면 독일을 도와야 한다. 그렇게 해서 서로 가능한 많은 전사자를 내게 해야 한다"라고 루스벨트와 다른 현실주의 입장을 제시한 적이 있지만, 당시 영향력이 없던 한 명의 상원의원에 불과했기 때문에 반향을 일으키지 못했다. 그가 미국 대통령이 되고 난 후 그의 이 발언은 뒤늦게나마 세간의 주목을 받았다.[28] 그리고 그는 소련의 팽창을 보면서 명확히 반소련 입장을 취했다. 그는 팽창하려는 소련을 '세계적인 깡패'로 간주하고 십자군 자세로 대항해야 한다는 신념을 가졌다. 그리고 깡패와의 타협과 협상은 비도덕적이라 생각했다. 소련에 대한 비타협, 불협상 입장은 봉쇄정책의 한 부분이 되어 초기 냉전 시대의 미국 외교의 한 축이 되었다. 그는 1945년 7월에 마지막 전시 외교 무대이며 자신에게는 데뷔 무대인 포츠담 회담에서 스탈린과 마주했다. 포츠담 회담에서 대일본 참전 대가로 소련의 영토적 팽창과 배상금에 집착하는 스탈린의 태도를 통해 소련의 팽창 야욕을 직접 경험했다. 포츠담 회담에는 트루먼, 스탈린, 영국의 새로운 수상 클레멘트 애틀리(Clement Attlee)가 참가하여 일본의 무조건 항복을 요구하고, 소련-폴란드-독일 국경을 확정했다. 일본과의 전쟁으로 회담에 참석하지 못한 장제스는 추후 포츠담선언에 대해 서명만 했다. 반면 형식적으로 일본과 불가침협정 상태였던 스탈린은 회담에 참석하고도 서명하지 않은 이상한 선언이 되었다. 포츠담 회담에서 스탈린은 폴란드와의 국경선을 커즌라인으로 확정하여 동폴란드 일부를 소련 영토로 편입시키고 폴란드에도 잃은 영토만큼 독일로부터 회복하는 보상(quid pro quo) 원칙을 적용해 주어 독일과 폴란드 국경을 오데르-나이세 선으로 확정하여 세력권을 확장시켰다.

종전 후 냉전 구조는 중·동유럽 국가에 대해 소련이 세력권을 구축하면서 구체화되었다. 처칠이 1946년 3월 미국 미주리주 풀턴의 웨스트민스터대학에서 행한 유명한 '철의 장막(iron curtain)' 연설이 당시 상황을 잘 설명해 준다.

> "발트해의 슈테틴(Stettin)에서 아드리아해의 트리에스테(Trieste)까지 철의 장막이 대륙을 가로질러 드리워져 있습니다. … 이 장막 뒤에는 중·동유럽의 옛 수도들이 놓여 있습니다. 바르샤바, 베를린, 프라하, 빈, 부다페스트, 베오그라드, 부쿠레슈티, 소피아 … 이 유명한 도시와 주민들은 소련의 세력권에 있으며, 소련의 영향뿐만 아니라 커져가는 소련의 통제를 받고 있습니다."[29]

트루먼은 종전 후 스탈린의 전쟁 불가피 연설(1946년 2월)에 대한 충격과 조지 케넌의 봉쇄정책 제안을 바탕으로, 1947년 3월 '트루먼 독트린(Truman Doctrine)'을 통해 봉쇄정책을 선언했다. 소련의 팽창이 동유럽을 위성국화하고 있을 뿐만 아니라 그리스 내전에도 개입하고 터키에도 압력을 행사했다. 소련이 흑해와 지중해의 통로를 확보하려는 전통적인 팽창을 다시 시도한 것이다. 그러나 이번 소련의 팽창은 전통적으로 남유럽과 지중해에 이해관계를 가진 영국의 대응능력을 벗어나는 상황이 되었다. 미국이 개입해야만 하는 상황이었다. 이런 위기 상황에서 트루먼 독트린이 미국 상하원 합동 회의에서 제시된 것이다. 연설의 요지는 '미국은 한 사람이 독재정치를 하는 공산 제국주의에 대항해 자유민주주의 제도와 영토보존을 위해 투쟁하는 세계의 모든 국민에게 원조를 제공할 것이다'라는 것이었다. 이는 미국 내에서 전폭적인 지지를 받았다. 미국 언론에서 미국의 전통적 고립주의인 먼로 독트린을 포기하는 의미에서 '트루먼 독트린'이라 이름을 붙이고 극찬했다. 미국 내 여론이 소련의 팽창을 얼마나 우려하고 있는지 보여주는 대목이었다.

그리고 트루먼은 유럽 국가들이 경제 부흥을 통해 공산주의의 팽창을 저지할 수 있다고 판단했다. 1947년 6월 트루먼 독트린의 후속 조치로 국무장관 조지 마셜(George Marshall)을 통해 미국 자본을 유럽에 제공하는 유럽부흥계획(European Recovery Program), 일명 마셜플렌(Marshall Plan)을 제안했다. 마셜플랜은 전쟁 피해를 본 서부 유럽 국가뿐만 아니라 소련과 위성국화 과정에 있었던 동유럽 국가들에게도 제안되었다. 그러나 소련은 수용할 수 없는 개방경제체제와 같은 조건이 부가되어 있다는 이유로 거부했다. 반대로 소련은 마셜플렌에 대항하여 위성국들과 '경제상호원조회의(COME-CON)를 창설했다. 그리고 나아가 미국을 위시한 서유럽의 반공산주의와 반소주의에 대항한다는 명분으로 동유럽 9개국 공산당이 참가하는 공산당·노동당 정보국(코민포름)을 결성했다. 유럽에서 냉전 구조가 형성되어 갔다.

소련은 동유럽을 세력권에 포함하기 위해 팽창을 지속했다. 서방국가들이 1948년 베를린 내의 서방국 관할지역과 서독 간의 경제통합을 추진하자 소련이 돌연히 서독과 서방 관할 베를린을 연결하는 운송수단을 차단하면서 베를린 봉쇄 위기가 발생되었다. 미국은 케넌의 조언에 따라 소련과 타협하는 대신 항공기를 이용한 무제한 공수로 맞서 결국 소련의 봉쇄는 실패로 끝났고, 소련 팽창에 대한 서방의 경계심만 강화되었다. 그러나 체코슬로바키아가 쿠데타로 공산화(1948년)되고, 중국이 공산화(1949년)되고, 소련이 핵무기를 보유(1949년)하게 되자, 미국은 정책 보고서로 '국가안전보장회의

68호(NSC-68)'를 채택했다. NSC-68에서는 '세계공산주의는 하나이고, 소련이 세계지배를 목표로 4~5년 이내에 공격할 것으로 예측하고, 미국 국방비를 대폭 증액해야 한다'는 내용을 골자로 하고 있다. 극동에서도 딘 애치슨(Dean Acheson) 국무장관이 미국의 방위선인 애치슨라인(Acheson Line)을 설정했다. 그러나 한반도가 애치슨라인에서 제외된 것을 북한이 이용하여 한국전쟁을 도발하자, 트루먼은 실수를 만회하듯이 즉각적으로 무력 대응했다. 트루먼의 신속한 결단은 한국전쟁의 방향을 바꾸는 결정적인 역할을 했다.

트루먼은 확고한 반소련 신념을 갖고 정책 대전환을 추진했다. 정책 대전환을 후일 처칠은 다음과 같이 높이 평가했다. "솔직히 나는 당신을 얕잡아 보았습니다. 그리고 루스벨트 대신에 당신이 대통령이 된 것을 싫어했습니다. 그러나 당신은 그 누구보다 서구 문명을 잘 지켜내었습니다."30)

진영 내 지역 집단방어체제의 구축: NATO vs. WTO

냉전이 구조화되면서 양 진영 내에 유럽지역에서의 집단안보체제가 각기 형성되었다. 북대서양조약기구(NATO: North Atlantic Treaty Organization)와 바르샤바조약기구(WTO: Warsaw Treaty Organization)이다. NATO(나토)와 WTO는 냉전의 산물이지만, 국제연합의 집단안보 기능을 보완하는 역할을 했다. 지역집단안보체제의 창설에 대한 근거가 국제연합 헌장에 명시되어 있다. 유엔 헌장 제51조에서 '개별 또는 집단적인 자위권 행사'를 인정하고, 제52조에서 지역주의(regionalism)를 수용하여 '지역적 약정과 지역적 기관의 존재를 인정'했다. 나토와 바르샤바조약 기구가 이 범주에 속하는 지역적 집단방어체제였다. 나토 헌장 제5조에서도 나토가 유엔 헌장 제51조에 근거하고 있음을 명시하고 있다.

나토는 냉전 초기에 소련의 군사적 위협에 대항하기 위해 집단방어의 필요성으로 창설되었다. 당시 소련은 동독에서 친소 공산 정권을 수립하고, 정치적·경제적으로도 서독과 분리작업을 진행하고 있다. 소련은 서방이 제시한 '민주적 총선에 의한 통일 독일 구상'을 반대하고, 베를린을 장악하기 위해 베를린 봉쇄를 감행했고, 서방은 무제한 공수로 대응했다. 그리고 그리스와 터키에서의 공산주의 전복 활동은 미국의 마셜플렌으로 이어져 냉전이 유럽에서 구조화되어 가고 있었다.

1948년 3월에 브뤼셀에서 영국, 프랑스, 베네룩스 3국이 집단방위 동맹 조약인 브뤼셀 조약을 체결했다. 그리고 같은 해 7월에는 워싱턴에서 미국, 캐나다와 브뤼셀 조약국들이 모여 북대서양 동맹을 형성하는 방안을 협의하고, 12월에 조약안(워싱턴 조약안)을 완성했다. 1949년 4월에 12개국이 참여하여 북대서양조약(North Atlantic Treaty)을 체결하고 북대서양조약기구를 발족시켰다.[31)]

1차 대전 후 서유럽의 안보 불안을 해소하기 위해 체결되었던 로카르노 조약, 부전조약과 비슷한 과정을 거쳐 성립되었다. 우선 공산 진영과의 대결 전선인 독일의 서부국경에 대한 안보를 확보하기 위해 관련 당사국인 영국, 프랑스, 베네룩스가 브뤼셀 조약을 체결하고, 조약의 보장성을 높이기 위해 미국과 캐나다(로카르노 조약에서는 영국과 이탈리아가 보장)를 끌어들이고, 미국은 이것을 서유럽 국가들과 공유하여 12개국이 참여한 집단 방어체제를 만들었다. 30년 전 소극적으로 방관하던 미국이 방어체제의 중심적 역할을 수행하여 체제의 생명력을 부여한 것이 큰 차이점이다. 나토는 공산 진영을 대상으로 하는 집단안보체제임을 묵시적으로 규정했다. 조약 제5조에서 '회원국 일방에 대한 무력공격을 전체 회원국에 대한 공격으로 간주하여, 피침국에 대해 모든 회원국이 군사적·정치적 원조를 제공한다'고 집단방위 의무를 명시했다. 대상을 묵시적으로 상정하고 있다는 점에서 대상을 무작위로 하는 국제연합의 집단안보 기능과 차이가 있다. 이 둘의 기능을 구별하기 위해 나토를 집단방어(collective defense)체제라는 용어도 사용한다. 나토는 냉전 시대 공산 진영을 견제하는 서방의 최전선 역할을 했다.

1991년 소련 붕괴로 나토의 존재 근거가 상실되었지만, 반대로 나토 확장을 통해 지역집단안보체제의 역할을 강화해 나갔다. 나토 확장은 푸틴이 내세운 러시아제국 부활 슬로건과 충돌하게 되었다. 회원국 확대에 대해서는 나토는 제10조에서 '1949년 워싱턴 조약의 원칙을 심화하고 북대서양 지역 안보에 이바지할 수 있는 유럽 국가'로 회원국 자격을 규정하여, 모든 유럽 국가들에 대해 열려 있는 공개주의를 채택했다. 그 후 냉전체제의 붕괴로 구공산권 국가들의 가입 희망이 폭증하자, 1995년부터 구체적인 가입 자격요건을 제시했다. 구체적인 자격요건은 '민주주의 체제, 소수민족 비차별, 분쟁의 평화적 해결 약속, 동맹에 대한 군사적 기여 및 능력 보유' 등이었다. 결과적으로 3차례(1999, 2004, 2009)에 걸쳐 구공산권 국가 12개국이 나토에 가입했다. 최근 러시아의 우크라이나 침공 여파로 2022년 스웨덴과 핀란드가 가입하여 총 32개국이 되었다. 나토가 소련의 군사력을 겨냥했지만, 유럽 국가들에 대한 공개주의 원칙을 내세우고 있어 형식적으로는 소련/러시아에게도 가입의 문이 열려 있었다. 1953년 소련은 스탈린이 죽고 니키다 흐루쇼프(Nikita Khrushchev)가 정권을 장악하기 전까지 지도부의 혼란 속에서 실제로 나토가입을 신청했고, 나토도 격론 끝에 수용하지 않은 적이 있었다. 그리고 1990년대 소련이 붕괴되면서 고르바초프와 옐친이 비공식적으로 나토 가입에 관심을 보였으나 공식적으로 논의는 되지는 못했다. 냉전 붕괴 후 러시아가 비공식적이지만 나토에 관심을 보인 것은 당시의 시대적 요구가 있었다. 냉전체제 붕괴로 새로운 형태의 안보 불안 요소인 테러리즘, 대량 파괴 무기(WMD), 인종청소 등이 대거 이슈가 되었기 때문이다. 새로운 불안 요소들은 초국가적 이슈로서 러시아도 서방과의 협력을 통해서 대응할 필요성을 느꼈기 때문이다.

그러나 나토의 확장은 러시아의 안보 불안을 불러왔다. 소련 붕괴 초기에 미국 빌 클린턴(Bill Clinton) 대통령과 유럽의 주축인 독일의 헬무트 콜(Helmut Kohl) 총리는 구 바르샤바조약기구 국가들을 향한 확장인 '나토의 동진'에 대해 반대했다. 반대 근거는 러시아의 우려였다. 고르바초프가 독일 통일을 인정하는 조건으로 나토의 불확장을 요구한 사실이 걸림돌이었다. 당시 고르바초프는 국내 재정 문제를 해결하기 위해 헬무트 콜의 재정지원을 기대하고, 미국의 나토 불확장 언질을 믿으면서 우선 독일 통일을 승인했다. 그러나 얼마 지나지 않아 나토 기능 밖에 있는 보스니아 사태가 대량학살을 동반한 인도주의 문제로 비화되고, 러시아 내정의 혼란으로 러시아의 통제력 상실로 발생한 체젠 사태는 나토국들의 안전에도 영향을 주었다. 동시에 구 바르샤바조약국들의 강력한 가입 요구도 압력으로 작용했다. 여기에 호응하여 미국 내에서도 나토 확장을 지지하는 공화당이 의회를 장악하면서 나토의 확장을 승인하는 방향으로 정책이 전환되었다. 나토가 확장정책으로 전환했을 때 당연히 러시아의 반발을 우려하는 목소리가 컸다. 조지 케넌은 나토 확장정책이 미국이 취한 가장 치명적인 실책이라 비판하면서, 러시아를 자극하여 미국이 원하지 않는 방향으로 외교를 이끌어가게 될 것이라고 예견했다. 이러한 우려는 2022년 우크라이나를 침공하면서 푸틴이 제시한 명분으로 현실화했다. 그러나 확장 지지자들은 나토 확장을 통해 러시아를 압박하여 푸틴의 충동적인 행동을 그동안 잘 통제해 왔다는 논리를 제시한다. 즈비그뉴 브레진스키도 『전략적 비전(Strategic Vision: America and the Crisis of Global Power)』(2012)에서 우크라이나가 러시아에 정치적으로 종속될 경우에 러시아의 제국주의가 부활할 수 있는 위험성을 지적했다. 그리고 러시아에서 민주화가 이루어지면 우크라이나뿐만 아니라 러시아도 EU와 나토에 가입시켜 통제해야 한다고 주장했다.

우크라이나의 나토가입 문제는 2022년 우크라이나-러시아 전쟁의 한 원인이 되었다. 2008년 부쿠레슈티 나토정상회의에서 우크라이나 가입을 지지하는 미국 부시 대통령(43대)과 반대하는 독일 메르켈 총리와 프랑스 미테

랑 대통령의 충돌이 있었지만, 결국 우크라이나와 러시아의 또 다른 안보 민감 국가인 조지아의 가입에 대해, 나토는 가입에 필요한 사전 절차(회원국 행동 계획, MAP: Membership Action Plan)를 나토가 진행하기 전에 이들 국가들이 국내 개혁을 우선 실시할 것을 권고했다.[32] 우크라이나와 조지아의 가입에 대해 보류의 입장을 결정한 것이었다. 그러나 우크라이나 가입절차조차도 진행되고 있지 않은 상황에서 푸틴이 우크라이나를 침공했다. 러시아의 우크라이나 침공이 우크라이나의 나토 가입 이외에 다른 이유도 있음을 의미한다. 일부 전문가들은 우크라이나가 러시아의 일부라는 푸틴의 역사 인식 이외에도, 러시아가 에너지(천연가스)를 통해 서구(독일)를 안정적으로 통제하기 위해 그 통로인 우크라이나를 장악할 필요성을 푸틴이 항상 느끼고 있었고, 이것이 전쟁의 한 원인이 되었다고 분석했다.[33]

나토의 확장은 회원국 확장뿐만 아니라 협력 지역 확장으로 나타나고 있다. 협력대상을 유럽지역에서 전 세계 차원으로 확장하고 있다. 세계화로 지역 간 상호의존이 심화되어 위협이 세계 차원으로 연결되어 있기 때문이다. 구체적으로 포스트냉전 초기 구 바르샤바조약국과의 협력('평화를 위한 동반자국'으로 명명)을 필두로 지중해 대화(Mediterranean Dialogue, 지중해 7개국), 이스탄불 협력 이니셔티브(중동 4개국), 한국이 포함되어 있는 아시아-태평양 파트너 4개국(AP4) 등이다.

나토도 내부 문제를 안고 있다. 회원국 간의 이해 상충으로, 튀르키예의 친러적이고 돌발적인 태도가 만장일치로 결정되는 나토 의사 결정에 영향을 주는 경우가 자주 발생했다. 특히 튀르키예는 스웨덴의 가입 문제에서 자국국익 우선 차원의 행보를 보여 나토의 단결에 상처를 주었다. 그리고 미국이 여전히 나토군 총사령관을 유지하고 있어 유럽 회원국들의 반발도 있다. 양측 간의 가장 큰 문제는 방위비 분담 문제이다. 특히 미국의 트럼프 대통령은 유럽 국가들의 대폭적인 방위비 증액(GDP의 5%)을 요구하고 있다. 현재 나토도 미국의 요구에 일단 호응하고 있지만, 이전에 합의한 회원국 GDP의

2%조차 많은 국가가 충족시키지 못한 점을 고려할 때, 방위비 증액 문제는 앞으로도 미국과 유럽 회원국 간의 갈등요인으로 잠재되어 있다. 그리고 조지 프리드먼(George Friedman) 같은 국제문제 전문가는 『다가오는 유럽의 위기와 지정학(Flash Point)』(2015)에서 미국의 나토 이탈로 독일이 군사화되면서 나토의 이완이 나타날 것이라고도 전망하기도 했다.

나토에 대항하여 공산 진영도 지역적 집단방위체제인 바르샤바조약기구(WTO)를 창설했다. WTO 창설은 1955년 서독의 나토가입에 따른 위기감으로 이루어졌다. WTO의 목적은 외견상 나토에 대한 대응이지만, 실질적으로는 소련이 위성국들을 통제하는 수단으로 사용되었다. 창설 조약에도 무력공격에 대한 공동방위(제4조)를 명시하고, 통합 사령부를 설치하고, 소련군의 회원국 영토 주둔권을 포함하고 있다. 창설 당시 소련 등 동구 8개 국가(유고슬라비아는 불참)가 참가했으나, 이후 1968년 체코슬로바키아 사태로 알바니아가 탈퇴하고, 소련의 붕괴와 함께 1991년에 해체되었다.

WTO는 냉전 기간에 나토에 대항하는 역할보다는 소련이 동구 위성국을 통제하는 데 큰 역할을 했다. WTO는 1956년 헝가리 사태를 진압하고 1968년 체코슬로바키아 자유화 운동에 개입했다. 특히 체코슬로바키아 개입에서는 체코슬로바키아의 개별 국가이익보다 공산권 전체의 이익이 앞선다는 브레즈네프 독트린(Brezhnev Doctrine)을 선포하여 공산권을 무력으로 통제했다. 브레즈네프 독트린은 위성국들이 소련과 WTO에 대한 신뢰를 철회하는 계기가 되었다. WTO 해체 후, WTO 가맹국 대부분이 1990~2000년대에 나토 회원국이 되었다.

소련 팽창정책의 변화와 과잉팽창

소련은 1948년 체코슬로바키아가 쿠데타로 마지막으로 공산 진영에 합류하게 되자, 동유럽 9개국으로 공산 진영을 완성했다. 소련은 서방에 대한 팽창 공세를 독일 문제에 집중했다. 베를린 봉쇄에서 보듯이 소련의 독일 정책 핵심은 표면적으로는 독일 통일을 내세웠지만, 서방세계로부터 공산 정권인 동독(독일 사회주의 공화국)의 정통성 확보(국가 인정)에 초점이 맞추어져 있었다. 1952년 스탈린은 서독의 나토 가입 가능성을 우려하여 소위 '평화각서(Peace Note)'를 제시했다. 내용은 자유선거에 의한 통일 독일 구성, 독일 재무장 방지, 외국군 철수 등이었다. 그 후 스탈린을 계승한 흐루쇼프는 좀 더 구체적으로 '서방국가들이 동독을 인정해 주는 조건으로 서베를린과 서독을 연결하는 통로를 확정하자'는 평화조약안을 최후통첩식으로 제시했다. 베를린 위기(1958~1963년)로 불리는 흐루쇼프의 공세였다. 스푸트니크(Sputnik) 발사 성공(1957년)에 따른 자신감의 발로였다. 흐루쇼프의 공세로 양측은 5년간 유럽에서의 핵전쟁을 우려해야 하는 상황까지 갔다. 흐루쇼프 세안에 대해 당사국인 서독은 동독 인정이 통독 문제에서 불리하게 작용할 것을 우려하여 절대 반대 입장을 취했고, 프랑스도 서독 입장을 지지했다. 반면 미국은 영국과 함께 그동안 소련에 대한 비타협 입장을 완화하여 타협책을 모색하려 하면서 서방국가 간의 균열이 노출되었다. 안보문제에 대한 균열의 여파는 이후 1970년대 서독 빌리 브란트(Billy Brant) 총리의 동방정책(Ostpolitik)과 같은 독자 외교로 나타났다. 그러나 흐루쇼프의 평화조약 공세는 쿠바 위기 해소와 함께 소련이 철회하면서 종료되었다. 베를린 위기는 베를린 장벽만 남겼다.

이후 소련 팽창은 유럽이 아니라 제3세계 국가들로 전이되었다. 결과론이지만 제3세계에서의 팽창정책은 과잉팽창(overstretch)으로 소련 붕괴의 한 원인이 되었다. 흐루쇼프의 과잉팽창은 1957년 무인 우주선 스푸트니크 발사의 성공에 따른 자신감에 기인한 바가 크다. 최초 무인 우주선 스푸트니크의 성공은 우주 경쟁에서 미국에게 승리한 것을 의미했다. 이어 1961년에는 최초의 우주인(유리 가가린) 프로젝트를 성공시켜 미국을 압도했다. 흐루쇼프는 자신감을 거침없이 표현했다. "스푸트니크 발사는 … 사회주의국가들과 자본주의 국가들 간의 힘의 균형에 있어서 사회주의국가들에 유리한 쪽으로 중대한 변화가 발생했다는 사실을 보여주고 있다." 중국의 마오쩌둥도 승리감에 도취되어 '동풍(공산 진영)이 서풍(서구 진영)을 제압한다'는 유명한 어록을 남겼다.[34] 공산주의의 우월성에 대한 환상을 갖게 되었다.

1960년대 이후 소련의 팽창은 신생 독립국들이 대거 등장한 아시아, 아프리카 그리고 중남미국가 등을 포함한 제3세계에 집중되었다. 이 지역들은 서구 제국주의의 식민지 경험과 침탈의 역사를 공유하고 있어, 소련은 제국주의를 비판하는 마르크스-레닌주의 이데올로기를 통해 접근했다. 일부 국가들에 대해서는 군사적 지원도 제공했다. 제3세계에서의 소련 팽창은 미국뿐만 아니라 같은 공산국가인 중국과도 경쟁하고 충돌했다.

소련의 제3세계 팽창 중 중요한 목표는 소련과 접경한 아프가니스탄이었다. 제정러시아 시대에서도 인도양으로 진출하기 위해 영국과 아프가니스탄에서 100년간 그레이트 게임(Great Game)을 벌렸다. 소련의 아프가니스탄에 대한 집착은 인도양으로 진출하려는 지정학적 본능 때문이었다. 1979년 아프가니스탄의 친소 공산 정권에 대항하여 반공 지역 이슬람세력들(무자헤딘)이 게릴라전을 펼치자, 친소 공산 정권을 유지하기 위해 아프가니스탄 침공을 감행했다. 소련은 공산 정권을 지원하기 위해 10만 명이 넘는 군대를 투입하면서 1989년 소련군이 철군할 때까지 10년간 아프가니스탄의 늪에 빠졌다. 소련은 막대한 군사비를 지불해야 했고, 소련 경제에 치명타가 되었다. 이 전쟁은 1970년대의 미·소 간의 긴장 완화(데탕트) 분위기를 갑자기 신냉전으로 변화시켰을 뿐만 아니라 냉전체제와 소련 붕괴의 한 원인을 제공했다. 또 미국도 반군인 무자헤딘을 군사적으로 지원함으로서 소련의 팽창을 저지했다. 미국도 지정학적으로 걸프만의 석유공급라인에 대한 이익을 가지고 있으므로 소련의 아프가니스탄 침공은 미국 이익에 심각한 도전으로 인식되었다. 지정학적으로 아프가니스탄이 미국, 소련 모두에 중요하다는 증거이다. 소련의 아프가니스탄 침공이 가지고 있는 역사적 의미는 미국과 소련 간에 데탕트가 종식되고 새로운 냉전이 시작되었고, 신냉전을 통해 소련이 치명적 패배를 당하게 되었다는 사실이다.

진영 내 갈등: 동·서 진영의 구심력 차이

냉전 기간 동안 양 진영 내에서도 특정 이슈를 두고 갈등이 노출되는 경우가 발생했다. 그러나 양 진영의 구심력 차이로 서방 진영은 갈등이 봉합된 반면, 공산 진영은 소련 리더십의 약화와 공산 진영 붕괴의 먼 원인이 되었다.

먼저 서방 진영 내에서는 미국은 영국, 서독과 갈등이 겪었고, 프랑스와의 갈등은 여러 가지 어려움을 초래했다. 미국과 서독의 이견은 흐루쇼프의 평화 공세에 대해 미국이 타협점을 모색하려는 태도에 대한 서독의 불만으로 나타났다. 그리고 미국과 영국, 프랑스의 갈등은 1956년 이집트의 나세르 대통령이 영국과 프랑스의 이권이 집중되어 있는 수에즈 운하를 국영화하면서 발생했다. 영국과 프랑스는 국영화 조치에 대응하여 군대를 파병했지만, 믿었던 미국이 지원 대신에 유엔의 평화유지 기능(UNEF)에 의뢰함으로써 성과 없이 철수하는 굴욕을 당했다. 그 결과 프랑스는 미국에 대한 실망으로 서독과 더욱 밀착했다. 영국은 미국에 대한 불만 속에서도 초강대국 반열에서 탈락한 현실을 수용하고 미국 정책을 추종했다. 이후 중동문제에서 영국의 역할을 미국이 대신 맡게 되었다.

미국과 프랑스 간 1960년대 대서양동맹을 둘러싼 갈등은 핵무기가 국제정치에서 중요 변수로 등장하면서 시작되었다. 프랑스 샤를 드골(Charles de Gaulle) 대통령은 미국의 통제하에 있는 나토가 핵전력을 통합하는 방안에 반대했다. 드골은 미국에만 의존하는 핵전략은 미국이 변심할 경우 지속성이 없으므로, 프랑스 스스로 핵무기 주도권이 필요하다고 판단했다. 결국, 드골은 나토의 핵 통제권을 거부하고 프랑스를 나토 군사통제본부에서 철수시켰다(2009년 사르코지 대통령이 복귀시켰다). 이러한 행동에 따르는 공백을 서독과의 밀착으로 해결하려 했다. 드골의 미국에 대한 저항은 기축 통화인 달러에 대해서도 나타났다. 미국이 금태환제를 무시하고 베트남전 개입과 같은 군사 활동을 지원하기 위해 달러화 발행을 남발하자 드골은 달러의 신뢰도에 대해 시비를 걸기 시작했다. 결국, 리처드 닉슨(Richard Nixon) 대통령이 금태환제 폐기를 선언하여 브레턴우즈 체제를 붕괴시키는 결과를 가져왔다. 드골의 미국에 대한 반감은 2차 대전 전시 외교에서 미국이 드골의 임시정부 정통성을 인정하지 않았고, 새로운 국제질서 형성 과정에도 프랑스를 철저히 배제한 데서 오는 구원(舊怨)에 기인하기도 했다.

미국과 서독 간의 갈등은 1970년대 서독의 독자 외교로 나타났다. 서독은 독일 내에서의 정통성을 주장하면서 1950년대부터 동독을 인정하지 않았다. 그뿐만 아니라 소련을 제외한 동유럽 공산주의 국가들을 인정하지 않는 할슈타인 원칙(Hallstein Doctrine)을 1955년부터 외교의 기초로 채택했다. 1957년 동독을 인정한 유고슬라비아와 단교하면서 할슈타인 원칙을 처음으로 엄격히 적용했다. 서독 외교는 확실히 냉전의 관점에서 이루어졌다. 그러나 미국과의 갈등 요소들이 나타나고, 동독 인정 문제가 소련과의 외교 쟁점이 되고, 정작 서독이 국제연합에 가입할 수 없어 국제무대 복귀의 한계를 느끼기 시작했다. 1969년 비교적 소련에 우호적인 사민당 출신 빌리 브란트가 총리가 되면서 '동방정책(Ostpolitik)'이라는 독자 외교로 나가게 되었다. 동방정책의 현실화는 미국의 강압에 의해 서독이 핵확산금지조약(NPT: Treaty on Non- proliferation of Nuclear Weapons)에 가입한 것이 계기가 되었다. 당시 서독 내 여론은 소련의 핵무기에 대항하기 위해서는 핵개발을 포기하는 NPT 가입에 반대하는 입장이었다. 그리고 서독이 NPT에 가입한 이상 소련과의 관계 재정립도 필요했다. 동방정책은 동독을 인정하고 소련뿐만 아니라 동유럽 국가와의 관계 개선을 목표로 했다. 동방정책의 결과, 1970년 독소 불가침조약이 이루어져 양국 간 전쟁의 불씨였던 오데르-나이세 국경선에 대해 합의가 이루어졌다. 폴란드와는 유대인 학살을 사과한 '참회의 정치'가 실천되었다. 1972년에는 서독-동독 기본협정이 체결되었다. 브란트 총리의 동방정책에 대해 애치슨 같은 미국의 외교 전문가들은 라팔로 조약을 소환하면서 서독이 중립화로 가는 것이 아닌가 하는 우려를 가지고 반대했다. 우선 지정학적으로 독일과 소련의 밀착은 우려 대상이었고, 독일 사민당의 좌파적인 정체성을 의심했다.[35] 그뿐만 아니라 당시 미국은 소련을 압박하기 위해 중국과의 관계개선도 고려하고 있던 상황에 서독이 소련의 탈출구를 만들어주는 동방정책은 세력균형 차원에서도 수용이 어려웠다. 그러나 미국은 동방정책이 당시 닉슨 정부가 추진했던 데탕트와 부합되는 측면이 있었기 때문에 처음부터 명시적으로 반대하지 않았다. 그리고 서독과의 관계가 안정적으로 관리(서독-동독 기본조약 과정에서 미국과 긴밀한 협의가 이루어짐)되었고, 동방정책이 데탕트에 기여하는 성과를 보이자 미국은 지지하는 입장으로 전환했다. 동방정책은 독일 외교의 한 축이 되었다.

서방 진영 내 미국의 주도권을 둘러싼 갈등은 미국이 제공하는 안보와 경제적 협력과 같은 공공재의 효과에 의해 상쇄되면서 진영의 단합을 붕괴시킬 수준은 되지 못했다. 미국은 나토를 포함한 다양한 동맹체제로 안보를 제공하고, 자유주의 경제질서인 브레턴우즈 체제를 통해 경제적 번영을 제공했다. 특히 미국은 동맹국들에게 자국의 시장장벽을 낮추어 미국 시장 진입을 용의하게 해주었다. 이러한 혜택을 통해 일본, 독일뿐만 아니라 한국도 경제성장의 발판을 구축할 수 있었다. 특히 1980년대에는 소련과의 군비경쟁에 따른 경제적 부담을 플라자 협정(Plaza Agreement)을 통해 서독과 일본이 분담했다.

반면 공산 진영 내에서는 소련의 주도권이 신뢰를 상실하는 심각한 사태들이 발생했다. 첫 번째 사태는 1956년 헝가리 사태에서 일어났다. 소련의 위성국들에 대한 억압적인 통제에 헝가리와 폴란드에서 반발이 일어났다. 폴란드에서는 평화적으로 수습됐지만, 헝가리가 바르샤바조약기구 탈퇴를 선언하자 소련이 무력으로 진압했다. 소련에 대한 소련 위성국들의 신뢰가 급전직하하는 계기가 되었다. 소련은 헝가리 사태에 대해 미국이 아무 경고조차도 하지 않자 위성국들에 대한 통제권 행사에 자신감을 갖게 되었다. 사실 미국 등 서방국가들은 같은 시기에 발생된 수에즈 운하 국유화 사건으로 헝가리 사태를 소홀히 할 수밖에 없는 상황이었다. 이후 소련 자신감의 결과로 1968년 체코슬로바키아 사태에서 또 다른 무력진압으로 소련에 대한 신뢰가 바닥나는 최악의 결과가 나타났다. 체코슬로바키아 정부의 자유화 조치(프라하의 봄)에 대항하여 소련(브레즈네프)은 무력사용의 정당성을 선언하고, 바르샤바조약기구의 20만 대군을 동원하여 무력으로 체코슬로바키아 정부를 전복시키고, 새로운 친소련 당서기를 임명했다. 브레즈네프가 무력사용을 정당화하기 위해 선언했던 '브레즈네프 독트린(Brezhnev Doctrine)'은 1968년 11월 폴란드 공산당 대회에서 브레즈네프가 행한 연설에서 구체화되었다. '사회주의권의 안전보장을 위해 한 국가의 이익은 종속되어야 하며, 한 국가의 주권은 사회주의 전체의 이익을 위해 제한되어야 한다'는 요지였다. 이후 브레즈네프 독트린은 '주권제한론'으로 불리면서, 공산주의 국제법 원칙에서 중요한 위치를 차지했다. 브레즈네프 독트린을 소련이 위성국을 통제하고, 영향력을 행사하는 도구로 사용했다. 이후 브레즈네프 독트린은 1981년 폴란드 노조 연대를 폴란드 정부가 스스로 강제조치하도록 하는 데 영향력을 행사했다. 브레즈네프 독트린은 1988년 고르바초프가 폐기를 언급했고, 1989년 바르샤바조약기구 외교장관 회의에서 공식적으로 폐기되었다.

주권제한론에 대해 공산주의 진영에서 엄청난 반발이 터져 나왔다. 알바니아는 바르샤바조약을 탈퇴했다. 그리고 가장 큰 반발은 중국으로부터 나타났다. 중국은 소련과 이념분쟁 중에 있었기 때문에 더욱 민감하게 대응했다. 소련을 수정주의 집단으로 정의하고, 다른 나라의 주권은 유한하고, 소련의 주권은 무한하다고 주장하는 것은 소련 제국주의의 소산이라고 맹비난했다. 결국, 1969년 소련과 중국의 갈등은 국경 지역에서 군사적 충돌로 이어졌다. 1972년 미국과 중국의 관계개선의 계기로도 작용했다. 이후 위성국들에 대한 소련의 통제력이 점점 약화되어 갔다. 브레즈네프 독트린은 공산 진영에서 소련 주도권에 대한 신뢰를 완전히 붕괴시키는 결과를 가져다주었고, 20년 후에는 공산 진영 붕괴의 원인이 되기도 했다.

주변부에서의 전쟁: 봉쇄정책의 시험대

냉전 기간에 주변부에서 발생한 (분쟁이 아닌) 전쟁은 한국전쟁과 월남전쟁이다. 둘 다 미국이 도덕적 명분을 가지고 직접 개입한 전쟁들이다. 한국전쟁은 막 시작한 미국 봉쇄정책에 대한 신뢰를 검증하는 시험대였고, 베트남 전쟁은 봉쇄정책에 대한 신뢰에서 시작되었지만, 미국이 봉쇄정책으로부터 한 발짝 물러서 데탕트로 전환하는 결과를 가져다주었다.

1950년 소련과 중국의 지원을 받은 북한의 남침으로 시작된 한국전쟁은 미국의 봉쇄정책이 아시아로 확장되는 결정적 계기가 되었다. 트루먼은 한국전쟁이 발발하자 즉각적으로 국제연합을 통해 집단안보를 가동하고 주일미군을 파병했다. 1950년 2월 미국이 아시아 방위선인 애치슨라인에서 제외했던 한국을 방위하기 위해 트루먼이 즉각 조치한 것은 한국전쟁을 유럽에 연결된 아시아의 전선으로 인식한 결과였다. 미국이 주도하여 16개국으로 구성된 유엔군은 냉전 시대 유일하게 유엔의 집단안보 기능이 작동된 사례이다. 집단안보의 최종 결정 조직인 안보리에서 소련의 거부권 행사가 없었기 때문에 가능했다. 당시 소련은 안보리 이사국인 중국의 대표권 문제로 장기간 안보리에 불참하고 있었다. 소련은 당시 중화민국(대만) 대신에 공산국가인 중화인민공화국의 대표권을 요구하고 있었다. 소련은 안보리 집단안보 발동 의결에 불참함으로써 형식적으로는 거부권을 사용하지 않았다. 이러한 소련의 태도에 대해 공산 진영에서는 불만이 많았다. 당시 스탈린의 관심은 유럽에서의 세력권 확장과 안보였고, 아시아에서 공산주의 확장은 부차적 관심이었다. 스탈린은 한국전쟁에 소련이 개입했다는 증거를 노출시키지 않기 위해 큰 노력을 했다. 한국전쟁은 한국이 분단된 상태로 정전되었지만, 이후 한미 상호방위조약(1953)이 체결되어 한반도는 냉전의 최전선이 되고, 한국이 미국과 함께 베트남전쟁에 참여하는 계기가 되었다.

베트남전쟁은 미국의 주도권에 큰 상처를 준 전쟁이었다. 베트남전쟁도 영국, 프랑스가 유산으로 남겨놓은 식민지 문제가 원인이었다. 루스벨트가 전시 외교에서 영국과 프랑스를 무시한 이유가 이들 국가의 식민지에 대한 집착 때문이었다. 결국, 영국과 프랑스가 감당할 수 없는 식민지 문제를 미국이 떠맡은 것이다. 단지 미국은 '공산주의는 하나다'라는 인식에서 북베트남의 배후에 중국과 소련이 있다고 생각했다. 그리고 아시아에서 베트남의 상실은 도미노 효과로 일본의 상실로까지 이어질 수 있다고까지 생각했다.

1964년 북베트남이 통킹만에 정박하고 있는 미국 함정을 공격(통킹만 사건)하면서 시작된 베트남전쟁은 종전을 대통령 선거의 공약으로 내세운 닉슨 대통령에 의해 1975년에 종식되었다. 베트남전쟁은 미국에게 많은 문제점과 정책 대전환을 가져다주었다. 미국 내부적으로는 반공산주의에 대한 합의가 붕괴되었고, 막대한 전비로 미국의 경제가 수렁에 빠졌다. 결국, 닉슨은 1969년에 핵전쟁을 제외한 재래식 전쟁에서 더 이상 동맹국을 지원하지 않겠다고 선언(Nixon Doctrine)하고 1971년에는 금과 달러의 교환을 폐기하는 극약처방(Nixon Shock)을 했다. 그리고 베트남의 실패를 극복하기 위해 이슈들을 연계하는 전략을 채택하여 1972년에는 중국과 관계 개선의 포문을 여는 '상하이공동성명(Shanghai Communiqué)'을 발표했다. 미국은 경제적 부담을 줄이면서 중국과의 관계 개선을 통해 소련과 중국을 동시에 견제할 수 있는 주도권을 확보했다. 유럽의 세력균형정책을 차용한 것이다.

베트남전쟁은 냉전 초기 강건했던 봉쇄정책으로부터 한 발짝 후퇴하여 데탕트로 전환하는 결과를 가져왔고, 닉슨은 위기를 새로운 기회로 극복했다.

핵 공포, 핵무기 군축 그리고 핵 확산 논쟁

원자탄이 2차 대전 종전을 위해 처음으로 1945년 일본에 대해 2차례 사용되었다. 가공할 위력은 일본의 무조건 항복을 끌어냈고, 냉전 시대에 강대국들의 핵 개발 욕구를 자극했다. 소련이 1949년에 핵 무기 개발에 성공했다. 1950~1960년대 거치면서 영국도 미국의 지원으로 핵무기 보유국이 되었고, 프랑스와 중국도 각각 미국과 소련에 대한 반발로 독자적인 핵무기 개발에 성공했다. 핵무기 5국 체제가 형성되었다. 초기에는 핵무기가 재래식보다 파괴력이 높은 신무기 정도로만 인식되어 힘의 균형에 큰 영향을 주지 못했다. 그러나 핵무기가 고도화되어 수소폭탄이 개발되면서 냉전 정치의 중요한 변수가 되었다. 특히 핵무기는 국제연합 집단안보 기능이 창설될 때에는 전혀 반영되지 않았던 변수였다.

핵 공포와 핵 군축

핵무기에 대한 핵 공포는 1950년대부터 존재했다. 핵전쟁을 우려한 흐루쇼프의 평화공존론이 등장했다. 그러나 직접으로 인류가 핵 공포를 경험한 것은 1961년 쿠바 미사일 위기 때였다. 당시 국방장관 로버트 맥나마라(Robert McNamara)의 회고에서 그 공포가 잘 나타나고 있다.

> "회의를 끝내고 백악관을 나오면서 노을이 드리운 가을 하늘을 보았다. 참으로 아름다운 저녁이었다. 그리고 우리 모두가 다음 주 토요일이 오기 전에 다 죽을 것이라는 예감으로 공포에 휩싸였다."[36]

미국이 소련과의 국경지대인 이탈리아와 터키에 중거리 미사일을 배치하자, 이에 대항하기 위해 1961년 소련(흐루쇼프)은 미국 인접 국가이며 1959년에 공산진영으로 전향한 쿠바에 미국을 겨냥한 중거리 미사일을 배치하는 계획을 추진했다. 미국이 이를 발견하면서 미국과 소련 간에 13일간의 치킨게임이 시작되었다. 인류가 핵전쟁에 가장 가까이 간 13일간이었다. 미국(케네디)이 미사일이 완전히 쿠바에 배치되기 전에 해결하는 방법으로 해상봉쇄를 선택하고, 흐루쇼프도 핵전쟁의 위험성을 감지하고 미국과 타협을 선택했다. 결국, 소련은 쿠바에서 미사일을 철수하고, 미국은 터키에서 미사일을 철수하기로 합의했다. 쿠바 미사일 위기는 13일 만에 종료되면서, 핵무기 통제의 필요성을 각인시켜 주었고, 우발적인 사태 발생을 대비해서 상호소통의 필요성도 강하게 제기되었다. 소련의 기밀문서가 해제된 이후에 밝혀진 사실에 의하면, 쿠바 미사일 위기 시 미국과 소련의 핵전력은 17:1수준으로 소련이 절대 열세인데도 불구하고, 스푸트니크의 성공에 도취되어 흐루쇼프가 모험한 것으로 드러났다. 이후 공개된 자료들을 통해 복원된 쿠바 미사일 위기는 이렇게 평가되기도 한다. 즉흥적이고 낙관적인 흐루쇼프가 미국에 대한 절대적인 핵 열세를 만회(핵 균형화)하기 위해 쿠바 미사일 기지를 추진했고,[37] 소련의 정보가 부족했던 미국은 스푸트니크, 최초의 우주인(가가린), 그리고 인류 최대 원자탄인 차르 봄바의 연속적인 성공에 현혹되어 군사력이 동등하거나 열세인 것으로 착각하여 공포에 빠졌다는 것이다.

그러나 쿠바 위기는 소련에게 자극이 되었다. 소련은 핵무기 열세를 만회하기 위해 핵 능력 증강에 박차를 가해서 1970년대에는 미국과 핵 균형을 이르는 수준이 되어, 미·소 간 데탕트와 핵 군축 협상이 이루어질 수 있게 되었다.

쿠바 위기의 교훈은 미·소 간에 핵무기 협상으로 나타났다. 핵 협상은 처음에는 핵 개발을 제한하고, 다음은 핵 확산을 방지하고, 마지막으로 핵무기를 제한하고, 폐기하는 핵 군축 방식으로 현재까지 진행되고 있다. 핵 군축도 1920~1930년대 군축협상과 같이 국제연합의 집단안보 기능을 보완하려는 노력으로 볼 수 있다. 쿠바 위기에 대한 교훈은, 1950년대부터 제기되었지만 냉전으로 지지부진했던 '핵 실험에 따른 방사선 오염물의 낙진의 위험성'에 대한 논의 재개로 나타났다. 1963년 미국, 소련, 영국이 '부분핵실험금지조약(PTBT: Partial Nuclear Text Ban Treaty)에 서명했다. 조약은 지하를 제외한 모든 공간에서의 핵 실험을 금지하여 환경오염을 방지하고, 핵 경쟁을 억제하는 목적으로 채택되었다. 핵 실험 금지는 이후 1996년에 지하를 포함한 모든 핵 실험을 금지하는 '포괄적핵실험금지조약(CTBT: Comprehensive Nuclear Text Ban Treaty)'이 국제연합 총회에서 채택되었으나, 5대 핵 강대국은 조약에 서명만 하고 비준을 하지 않아 폐기되었다.

핵 개발 제한에서 핵 확산 방지로 발전했다. 1967년 핵확산금지조약(NPT)이라는 핵무기 통제 질서가 합의되었다. 1970년 효력이 발생된 NPT는 ① 핵무기 보유국은 비보유국에 대해 핵무기 관련 기술 등의 이전을 금지하고, ② 핵무기 보유국 간에는 핵 군축을 실시하고, ③ 비보유국에게 평화적 목적의 핵에너지 이용을 보장한다는 내용을 골자로 하고 있다. NPT 체제의 핵보유국을 당시에 보유국인 미국, 소련, 중국, 영국, 프랑스에 한정하여 공평성에 한계를 가지고 있었지만, 책임 있는 강대국의 핵무기 관리라는 측면에서 수용이 되었다. 그러나 이후 NPT 질서를 파괴하려는 국가들의 핵 개발이 계속되고 있다. 인도, 파키스탄, 이스라엘, 그리고 현재 북한과 이란의 핵 개발이다. 북한은 소련의 압력에 의해 1980년에 NPT에 가입했다가 1991년 핵무기를 본격적으로 개발하면서 NPT를 탈퇴했다. 현재까지 유엔의 제재를 받으면서 핵무기와 운반수단인 미사일 기술을 고도화해 나가고 있다. 한국도 1972년에 NPT 가입했지만, 1970년대 핵 개발을 추진했다가 1980년대 국내정치 상황과 맞물려 포기한 것으로 알려졌다. NPT는 1995년에 무기한으로 연장되었고, 인도, 파키스탄, 이스라엘, 남수단을 제외한 모든 가입국이 비준했다.

NPT가 규정하고 있는 핵 군축은 미국과 소련 사이에 진행되었다. 특히 1970년대 데탕트 기간에 SALT 1(전략무기 제한협정, Strategic Arms Limitation Talks 1, 1972년)과 SALT 2(1979년)가 체결되었다. SALT 1에서는 미·소 양국이 ABM(탄도탄 요격 미사일, Anti-Ballistic Missile) 기지를 2곳에서 1곳으로 축소하고, 수량도 100기로 제한했다. 그리고 미국은 ICBM(대륙 간 탄도 미사일, Intercontinental Ballistic Missile) 1054기, SLBM(잠수함 발사 탄도 미사일, Submarine-Launched Ballistic Missile) 710기, 소련은 ICBM 1618기, SLBM 950기 보유까지로 제한하기로 했다. SALT 2에서는 양측이 보유할 수 있는 ICBM과 전략 폭격기의 총수를 각각 2250기로 제한했다. SALT 2는 새로 집권한 미국 레이건 정부의 불만과 소련의 아프가니스탄 침공으로 발효되지 못했다. SALT 회담은 핵무기 수를 제한하는 노력이었지 핵무기를 줄이는 진정한 군축은 아니었고, 소련이 교묘한 수법으로 협정을 어기는 경우도 있었다. 그러나 미국과 소련이 공동으로 핵무기를 통제하기 위해 협상을 시작했다는 데 큰 의미가 있었다.

실질적인 핵무기 감축 협상은 1982년부터 시작되었으나 1980년대 신냉전 기간에는 지지부진하다가 소련의 붕괴와 함께 타결되었다. 미국 레이건 대통령은 SALT 2의 합의가 미국에 불리하다고 판단하여 폐기한 대신, ICBM의 대폭적인 삼감을 목표로 하는 START(전략무기감축협상, Strategic Arms Reduction Talks)를 개시했다. START는 1991년에 합의되었고, 모든 전략핵무기를 거의 50% 감축하고, 현지사찰을 허용하는 내용이었다. 그러나 소련이 붕괴되면서, 소련의 핵무기 승계국인 우크라이나, 벨라루스, 카자흐스탄도 서명하여 1994년에 발효되었다. 이어 미국과 러시아 간에 START 2(1993년)가 합의되었다. 내용은 2003년 1월 1일까지 전략 핵탄두 수를 3000~3500발로, SLBM 탑재 탄두 수를 1700~1750발로 감축하는 내용을 포함하고 있다. 2000년에 발효되었다. 푸틴이 등장하면서 2010년에 양측의 ICBM, SLBM, 전략 폭격기 탑재 핵탄두 수를 총 1550기로 감축하는 것을 골자로 하는 NEW START가 합의되었다. 2022년에는 NEW START의 연장 협상이 시작되었지만, 우크라이나 침공으로 2023년 2월 푸틴은 NEW START 파기를 선언했다. 미국은 NEW START 연장 협상을 재기하면서 중국도 핵무기 감축 협상에 참여할 것을 요구한 바 있다. 핵 군축은 냉전기보다 협력이 가능했던 데탕트, 포스트냉전기에 주로 이루어졌다는 사실을 볼 때, 러시아와 중국이 미국의 패권에 이의를 제기하고 있는 상황에서는 진척되기 어려울 것으로 보인다. 그러나 핵 강대국들이 핵 공포를 공유하고 있는 만큼, 점진적으로 진척될 가능성도 있다.

핵 공포는 핵무기의 가공할 만한 위력으로부터 나온다. 그러나 핵 공포는 '공포의 균형'을 만들어내면서 국제질서에서 새로운 역할을 하게 되었다. 핵무기는 십난안보 기능을 무력화시킬 수 있는 요소였지만, 결과적으로 냉전시대에 미국과 소련 간의 '공포의 균형'을 통해 전쟁을 방지하는 기능을 수행하는 아이러니가 발생했다. '공포의 균형'은 상대국으로부터 1차 핵 공격을 받은 경우에도 보복 핵 공격으로 상대국을 무력화시킬 수 있는 상태를 의미하는 '상호확증파괴(MAD)'가 이루어진 상황을 의미한다. 핵무기가 상호확증파괴를 통해 국가들이 핵무기 사용을 자제토록 하는 억지력(deterrence)을 가진다는 것이다. 인류는 핵전쟁을 경험해 보지 못했기 때문에 핵 전략은 선험적인 영역으로 추론만 가능한 상태이다.

국제사회는 NPT 체제가 지배하고 있다. 핵무기의 파괴력을 감안하여, 핵보유국들은 전쟁을 자제하고, 핵무기에 대한 통제권을 NPT가 인정하는 기존의 핵무기 보유국에게만 부여했다. 핵 확산은 평화를 저해하는 요소이므로 엄격히 통제하고 있다. 이것이 국제정치 현실이고 많은 안보 전문가들로부터 지지를 받고 있다. 그리고 국제사회도 핵 확산 방지를 위해 노력하고 있다. 소련 붕괴로 소련의 핵무기가 테러리스트와 같은 불량세력으로 흘러들어갈 가능성이 제기되면서 중요한 문제가 되었다. 미국이 이 문제를 해결하기 위해 재정적 부담을 감수하면서 넌-루거 프로그램(Nun Lugar Program)을 통해 구소련 지역의 핵무기 유출을 봉쇄하고 폐기했다(넌-루가 프로그램은 11. 포스트냉전 체제, '자유주의 패권정책의 성과와 변화' 참고). 그러나 이라크, 이란, 북한과 같은 소위 불량국가들의 핵 개발 시도 저지에 대해서는 이라크를 제외하고는 성과를 내지 못하고 있다.

핵 확산 논쟁

저명한 국제정치 학자 중 한 명인 케네스 왈츠가 미·소 간에 신냉전이 시작된 1980년대 초반부터 점진적(slow, gradual)인 핵 확산을 지지하면서, 핵 확산에 대한 논란이 제기되었다. 엄밀히 말해서 왈츠는 핵 확산이 전혀 이루어지지 않거나, 급속히 이루어지는 것보다 점진적으로 이루어지는 것이 평화와 안정에 좋다고 주장했다. 시대적으로 1970년대에는 NPT 체제에서 기득권 세력이 된 5개국 이외에 다수의 국가들이 핵 개발을 시도하고 있었다. 성공했거나 현재까지 국제사회의 문제가 되고 있는 인도, 파키스탄, 이스라엘, 이란, 북한뿐만 아니라 중도 포기한 것으로 추측되는 브라질, 남아공, 칠레, 이집트, 리비아, 한국, 이라크 등이 대표적이다. 이들 국가의 움직임은 NPT 체제에 대한 도전이었고, 핵무기 확산이라는 이슈를 국제사회에 제시했다. 핵무기의 위험이 상존하는 무정부 상태인 국제사회에서 어떻게 안정과 평화를 유지할 수 있나가 고민거리가 되었다.

이러한 시대적 환경 속에서 1981년 왈츠는 합리성(rationality)과 상호확증파괴(MAD)를 기초로 핵 확산이 점진적으로 이루어지면 평화와 안정에 도움이 된다는 주장을 「핵무기의 확산(The Spread of Nuclear Weapons: More May Be Better)」(1981)이라는 논문[38)]을 통해 제기하여 국제정치 학계의 논란을 촉발했다. 왈츠는 '핵무기의 확산(The Spread of Nuclear Weapon)'이라는 주제로 논문, 대담, 강연 등을 통해 소위 '합리적 억지론(rational deterrence)'을 제시했다. 왈츠는 확산을 수직적, 수평적으로 구분하고 수평적 의미를 가진 spread를 수직적 의미가 강한 proliferation 대신에 사용했다. 또 핵보유국 내에서만 이루어지는 핵 능력 고도화와 같은 수직적 확산(horizontal spread)을 반대했다.[39] 핵보유국이 점진적으로 확대되는 수평적 확산(vertical spread)을 지지하면서, '더 많을수록 더 좋을 수 있다(more may be better)'라는 명제를 제시했다.

왈츠의 명제는 NPT 체제와 당시 학계의 지배적인 사고를 정면으로 반박한 것이어서 큰 논란이 되었다. 그는 2013년 사망 때까지 자신의 주장이 경험해 보지 못한 선험(先驗)적인 영역이라는 사실은 인정했지만, 자신의 논리에 대한 비판에 대해 주장을 굽히지 않았다. 그는 먼저 두 가지 기본적인 사실을 제시했다. ① 재래식 군비경쟁은 고비용일 뿐만 아니라 전쟁을 유발할 가능성이 크기 때문에 비용-이익 면에서 훨씬 유리한 핵무기가 자조 수단으로 매력적이다. ② 핵 확산은 필연적[40]이고, 2012년 시점까지 핵전쟁이 일어난 적이 없다. 즉, 핵무기 보유국 수가 1945년 이후 2개국 → 5개국(NPT 체제) → 12개국(1991년, 소련 붕괴로 일시적) → 9개국(2012년) → 15~18개국(미래)으로 증가했다.[41] 그는 이러한 사실들을 바탕으로, 자신의 구조적 현실주의에 입각하여 논리를 전개했다. ① 국제적 무정부 상태에서 모든 국가는 생존을 위해 자조(self- help)를 추구한다. ② 자조의 효과적인 수단인 핵무기는 엄청난 파괴력으로 상호확증파괴(MAD)가 형성되어 국가 간 전쟁에 억지의 효과를 가져다준다. ③ 핵 억지력에 대한 경험과 신뢰는 동조화를 거쳐 신흥 핵보유국도 수용하게 된다. 신흥 핵보유국은 대개 작은 핵무기를 보유하고 있기 때문에 더욱 더 MAD에 집착하게 된다.[42] 즉, 핵 확산은 국가의 자조 원칙과 MAD에 대한 합리적 선택, 핵보유국 간의 동조화를 통해 '핵 확산이 평화를 견인한다'는 낙관론의 근거가 되었다. 왈츠는 사례로 인도와 파키스탄의 핵 경쟁을 들었다. 양국이 모두 핵보유국이 되면서 핵전쟁뿐만 아니라 핵전쟁으로 선이될 수 있는 재래식 전쟁까지도 억지하는 효과가 나타났다고 주장했다.

그리고 2012년에는 핵 확산의 쟁점이 되고 있던 북한, 이란, 이라크의 핵 확산도 합리적 억지론의 시각에서 나쁠 것이 없고, 이를 국가의 핵 통제력을 근거로 위험하다고 보는 시각이 서구적인 편견(오리엔탈리즘)이라고 비판했다. 그리고 북한의 핵 개발이 소규모 수준이고 북한은 대량 핵무기를 보유할 능력이 없다고 평가하고, 북한 핵무기가 위협적이지 않다는 근거를 제시했다. ① 핵 개발로 핵무기가 없던 1960년대보다 덜 공세적이다. ② 북한 핵물질 이전을 쉽게 탐지, 봉쇄할 수 있다. ③ 북한 핵 능력은 낮은 수준에 불과하다. ④ 북한 핵에 대항하는 한·미·일 동맹체계가 있고, 중국의 부상도 북한 핵 통제에 도움이 될 것이다. 그러나 북한 문제에서 진정 중요한 것은 핵 개발이 아니라 북한 정권의 붕괴라고 주장했다.43)

그리고 왈츠는 1945년 이후 국제사회가 '긴 평화'를 유지할 수 있었던 근거가 바로 핵무기의 합리적 억지력 때문이라고 주장했다. 반면, 핵보유국이 제공할 것으로 기대되는 '핵우산'의 핵 억지 역할에 대해서는 부정적인 입장을 보였다. 핵우산은 핵보유국의 핵 고도화의 구실이 되는 수직적 확산에 불과하고, 핵우산에 대한 효능 확신과 상호신뢰가 구축되지 않은 한, 비핵보유국의 안전에는 도움이 되지 않고 평화 유지에도 부정적이라는 논리를 제시했다.44) 현재 우크라이나 전쟁에서 볼 때, '영국, 프랑스, 미국의 핵우산이 제대로 작동하는가' 하는 물음에 대한 대답이 부정적인 점을 생각할 때 왈츠의 '핵우산은 사기'라는 주장은 설득력이 있다. 그리고 왈츠는 핵무기가 자국 이익을 보호하는 중요한 수단이라고 주장하면서도, 핵 개발을 국가들의 선택이라고 전제하고, 개발에 따른 비용과 국제사회 제재 등을 고려하여 핵 개발을 포기한 대표적 사례로 한국을 거명하기도 했다.45)

왈츠의 결론은 핵무기로 자조를 추구하는 국가들의 핵 확산 요구가 커진 국제사회에서 핵무기의 '합리적 억지력'에 의존한 '핵무기의 점진적인 확산(slow spread)'을 통해 평화와 안정이 가장 잘 이루어질 수 있다는 것이었다. 즉, '핵 확산이 평화를 견인한다'는 논리를 제시했다.

왈츠의 논리에 대해 미국 학계에서도 많은 비판이 나타나 논쟁이 전개되었다. 왈츠는 1995년~2012년간 핵 문제 전문가인 스콧 세이건(Scott Sagan)과의 논쟁을 『핵 확산 논쟁(The Spread of Nuclear Weapon: A Debate)』이라는 제목으로 증보하여 세 차례 출판했다.46) 논쟁에서 스콧 세이건은 군사조직의 핵 통제 위험성을 통해 왈츠의 합리적 억지론을 반박했다.

세이건은 신흥 핵보유국에서 문민 통제가 이루어지지 않고 군사조직(military organizations)이 핵무기를 통제하는 상황을 우려했다. 군사조직은 공통된 편향성, 경직된 업무 매뉴얼, 편협한 이해관계에 의해 지배되기 쉽기 때문에 '예방전쟁'과 '우발적 사고'와 같은 핵무기 통제에 실패할 가능성이 크다고 주장했다.47) 그에 따르면, 냉전 초기 미·소의 경험에서 볼 때, 핵무기를 사용할 수 있는 예방전쟁은 전략체계가 재래식 무기에서 핵무기로 전이된 시점에 군사조직의 수노하에 빌생힐 기능 성이 가장 컸다 신흥 핵보유국이 바로 이 지점에 놓여 있으며, 군사조직에 의해 정책 결정이 지배되면 예방전쟁을 감행할 가능성은 훨씬 높아진다. 그리고 우발적 폭발, 잘못된 경고, 승인받지 않은 핵 무기사용 같은 '우발적 사고'도 신흥 핵보유국의 군사조직 지배하에서 발생될 가능성이 훨씬 높다. 세이건은 2012년 논쟁에서 북한 핵 개발에 대해서도 부정적인 입장을 취했다. 북한이 핵 개발을 통해 도발을 자제하고 있다는 증거가 부족하고, 당시에도 북한이 핵무기 고도화를 추진하고 있기 때문에 우려스럽다는 것이다. 그러나 더 중요한 것으로 경제 상황이 악화된 북한이 핵무기를 밀거래할 가능성이라고 지적했다.48) 그는 핵 문제 해결 방안으로, 1980~1990년대 미국과 소련 사이에 이루어졌던 핵 군축을 제시하고, 미국이 주도적으로 나서야 한다고 정책제언을 했다.49) 세이건은 왈츠와 논쟁을 시삭한 1995년 이후에도 신흥 핵보유국의 등장으로 세계는 냉전 시대보다 더 위협해 졌다고 평가하면서, 재앙적인 핵무기의 확산은 평화를 위태롭게 한다는 '더 많을수록 더 나쁘다(more will be worse)'라는 자신의 입장을 확인했다.

왈츠의 핵확산 낙관론에 대한 비판은 '핵 위기 시에 국가가 합리성

(rationality)에 기초해서 결정하는가' 하는 의문에서도 제기되었다. 그레이엄 앨리슨(Graham Allison)은 쿠바 미사일 위기를 분석한 『결정의 본질(Essence of Desision)』(1999, 개정판)에서 핵무기에 대한 왈츠의 합리성을 두 가지 측면에서 비판했다. 먼저 MAD를 기초로 하는 합리적 행위자 모델(Rational Actor Model)을 통해 쿠바 핵 위기를 분석하는 것은 불충분하여 사실을 왜곡시킬 수 있다고 주장했다. 그리고 소수가 핵무기를 보유한 국제사회는 왈츠가 전제로 한 완전경쟁시장(수많은 참가자로 구성된)이 아니라 참가자(핵 보유국)가 소수인 과점시장이기 때문에 참가자들은 합리성(MAD)에 바탕을 둔 행동을 하는 것이 아니라, 과점시장의 논리인 전략적 상호작용에 의해 행동한다고 비판했다.[50] 앨리슨의 주장대로, 핵무기에 관한 국가의 결정에서 합리성이 보장되지 않는다면, 왈츠의 핵확산 낙관론은 성립되기 어렵다.

그리고 왈츠의 핵 확산 논란에 대한 대안을 제시하려는 전문가들의 노력도 나타났다. 영국의 핵 문제 전문가인 니컬러스 휠러(Nicholas Wheeler)도 왈츠의 '핵 확산이 평화를 견인한다'는 논리에 반대하여, 핵 확산이 아닌 핵 문제에 대한 신뢰(trust)가 평화를 견인('더 많은 신뢰가 더 좋을 수 있다, more trust may be better')한다고 주장했다. 그는 1980년대 브라질과 아르헨티나가 안보 딜레마의 위험성에 대한 공감을 통해 신뢰를 구축하여 각각 개발 중이던 핵 프로그램을 포기하고, NPT에 가입한 사례를 들었다. 핵 시대의 평화 가능성을 '안보 공동체(security community)'라는 공감을 통한 신뢰 구축에서 찾았다. 신뢰 구축을 통해 핵무기의 불안정성과 안보 딜레마를 극복할 수 있으며, 특히 기존 핵보유국과 핵을 보유하려는 국가 간의 신뢰 구축이 평화 유지에 중요하다고 주장했다.[51]

그리고 핵 무정부 상태를 극복할 수 있는 세계국가에 관한 관심도 일찍부터 나타났다. 저명한 영국 사회 비평가인 버트런드 러셀(Bertrand Russell)이 핵무기 시대에 세계전쟁의 유일한 대안은 세계정부라고 선언했다. 그리고 미어샤이머에 의하면, 핵무기 시대에 여러 차례 미국에서 세계국가(정부)에 대한 관심이 고조된 적이 있고, 한스 모겐소와 라인홀드 리버 같은 현실주의자들도 핵무기의 발달이 세계국가의 필요성을 높였다고 주장했다.[52] 영국 국제정치학자 캠벨 크레이그(Campbell Craig)도 핵 공포에서 벗어날 수 있는 종착역으로 리바이어던과 같은 세계국가를 제시했다. 그리고 핵무기의 공포가 도리어 모든 핵무기를 통제하는 리바이어던의 등장을 촉진할 수 있다고 주장했다. 세계국가에 대한 희망은 결국 칸트와 알렉산더 웬트의 입장과 맥을 같이하고 있다.[53]

반면 현실주의 학자들은 왈츠와 같이 무정부 상태라는 구조 틀 속에서 핵무기도 재래식 무기와 비슷한 힘의 관점에서 보는 경향이 있다. 미어샤이머도 포스트냉전 체제에서 증대된 강대국 간 전쟁 가능성을 방지하는 방안으로 제한적인 핵 확산(limited nuclear proliferation)을 제시했다. 그는 핵 확산의 긍정적인 측면을 세력균형에서 찾았다. 소련/러시아를 견제하기 위해 우크라이나의 핵무기를 유지하여야 하고, 프랑스를 견제하기 위해서는 통일 독일이 핵무기를 가져야 한다고 주장했다.[54]

왈츠의 주장은 최근 한국 사회에서 제기되고 있는 한국의 핵 무장론을 지지하는 근거가 될 수 있다. 그리고 북한 핵 문제를 볼 때, 비확산에 대한 국제사회의 노력은 한계가 명백히 존재하는 것을 알 수 있다. 북한 핵 문제가 불거진 1993년 이후 해결 노력이 북미 간의 타협, 6자회담, UN에서의 제재 등으로 이어지고 있으나 북한 핵 문제는 아직도 진행형이다. 이론적으로는 왈츠의 합리적 억지론이 동북아 핵 확산에도 적용될 수 있다. 북한 핵 문제를 해결하기 위해 한국과 일본의 핵 보유를 묵인하게 되면 동북아는 기존 핵 보유국인 미국, 러시아, 중국, (북한)을 포함하여 핵 억지 체제가 형성될 수 있다. 그리고 한국은 왈츠가 사기라고 주장했던 핵우산에 대한 의구심으로부터도 벗어날 수 있나. 그러나 핵 확산을 통한 억지 체제는 경험해 본 적이 없는 선험적인 영역으로 적실성은 알 수 없다. 그리고 현 국제질서를 지배하는 NPT 체제의 제재와 한국이 지불해야 하는 안보, 정치, 경제적 비용을 고려할 때 현실성이 떨어지는 대안일 수 있다. 왈츠가 제재와 비용을 고려하여 핵 개발을 포기한 대표적 사례로 한국을 거명한 것을 생각할 때, 왈츠 사후(2013년)에도 여전히 매우 신중한 접근이 필요하다.

NPT 체제의 성과에 대해서 현실주의자들과 자유주의자들 간에는 인식의 간극이 있다. NPT 체제는 현재 이란과 북한의 경우를 제외하고는 성공적으로 작동되고 있다. 그 이유를 현실주의자들은 MAD뿐만 아니라 핵 보유국들이 핵우산을 다른 국가들에게 제공함으로써 핵 확산 동결이 가능했다는 주장을 펴지만, 자유주의자들은 미국과 소련의 핵 협력과 NPT, 국제원자력기구(IAEA: International Atomic Energy Agency)와 같은 핵 제도와 규범의 정착이 핵 확산을 방지했다고 주장한다. 그리고 핵 통제 가능성에 대해서도 엇갈린다. 국제사회가 핵 확산을 두려워하는 가장 큰 이유는 '핵 통제 능력'이다. 왈츠와 그를 지지하는 현실주의자들은 핵 확산이 이루어지더라도 신흥 핵보유국의 통제 능력이 충분히 있을 것이라고 전제했다. 그러나 왈츠를 반대하는 입장은 스콧 세이건처럼 신흥 핵보유국의 통제능력을 의심한다. 소위 불량국가로 낙인찍힌 국가들을 상상했을 때 왈츠의 주장에 동의가 쉽지 않다. 핵 확산은 다른 핵 확산을 유발하여 안보 딜레마로 발전될 가능성이 크다. 결국 비핵확산 체제가 붕괴될 수밖에 없고, 국가들은 핵 무정부 상태라는 더 무서운 상황에 직면하게 된다.

냉전 구조의 균열: 중·소 분열과 미·중 관계개선

중·소 분열

중국과 러시아가 공식적으로 만난 것은 러시아 표트르 1세의 팽창정책으로 시베리아 동쪽에서 체결된 네르친스크 조약(1689년)이었다. 이후 양국은 지정학적으로 남하하려는 러시아/소련과 이를 저지하려는 중국의 충돌 관계의 연속이다. 1949년 중국 공산당이 중화인민공화국을 선포하고 중국이 국제사회에서 어느 정도 제자리를 회복할 때인 1950년대까지는 양국은 이데올로기로 포장된 전략적 동맹 관계를 일시적으로 유지했지만, 기본적으로 양국 관계는 지정학적인 경쟁 관계이다. 중국 공산당은 탄생 이후 코민테른과 소련의 지원에 의지해서 중국 국민당에 대항하고 중국대륙을 장악할 수 있는 능력을 키웠다. 1949년 공산당 정권은 일본 패전 후에 국민당 정권과의 내전을 통해 대륙을 제패하면서 소련에 의존하는 '일변도 외교(一邊倒外交)'정책을 명백히 밝혔다. 당시 중국은 미국과의 관계개선 가능성도 있었다. 그러나 남아 있는 국민당 세력에 대항해야 하는 상황과 얄타 조약으로 소련이 승계한 중국에서의 일본권익 회수 필요성으로 중국은 소련의 공산진영을 선택했다. 일변도 정책의 채택은 중국이 사회주의국가의 일원으로서 냉전 속에서 소련의 입장을 추종하여 서방 진영과의 결별을 의미했다. 마오쩌둥은 1949년 6월에 발표한 「인민민주주의 독재를 논함(論人民民主主義獨裁)」이라는 문장에서 쑨원과 공산당의 경험을 볼 때 승리를 공고히 하자면 반드시 일변도 정책을 취해야 한다고 주장했다. 일변도 외교의 내용은 1949년 9월에 발표된 공산당 정권의 임시 헌법 격인 '공동강령(共同綱領)'에서도 반영되어 '소련을 필두로 하여 제국주의 침략을 반대'한다고 명시했다.

그 결과 1950년 2월 양국 간에 일본을 포함하여 일본과 연관된 국가들을 목표로 한 군사동맹인 '중소우호동맹조약'이 체결되었고, 소련이 접수한 일본 이권인 창춘(長春)철도, 뤼순(旅順) 해군기지, 다롄(大連)항 등을 1952년까지 중국에 반환하기로 합의했다. 이후 한국전쟁을 계기로 양국의 결속은 더욱 강화되어, 중국에 대한 소련의 지원은 전면적으로 확대되었다. 차관 공여, 유학생 수용, 연결철도 건설, 기술 협력뿐만 아니라 중국 핵 개발도 소련이 지원했다.

그러나 양국 간의 전면적 협력관계는 1956년 2월 니키타 흐루쇼프의 '평화공존론'이 제기되면서 균열이 시작되었다. 흐루쇼프는 소련 공산당 20차 대회에서 가공할 위력을 가진 핵무기의 등장을 국제사회 변화의 기초로 제시하고, 사회체제가 상이한 국가 간에도 평화공존은 가능하다고 주장했다. 제국주의가 존재하는 한 전쟁이 불가피하다는 종래의 전쟁불가피론(戰爭不可避論) 대신에 전쟁가피론(戰爭可避論)을 주장한 것이다. 그리고 사회주의로의 이행도 의회를 통한 평화로운 이행이 가능하다고 선언했다.

흐루쇼프의 평화공존론에 대해서 중국은 초기에는 침묵을 지켰다. 1957년 11월에 마오쩌둥은 볼셰비키 혁명 40주년 행사에 참석하여 사회주의 진영 내에서 우두머리가 소련 공산당이라 언급함으로써 소련 영도권을 계속 인정했으며, 1956년 헝가리, 폴란드 사태에 대해서도 소련 입장을 지지했다. 심지어 소련의 스푸트니크 발사 성공에 고무되어 '공산주의가 자본주의를 압도했다(東風壓倒西風)'라고 소련의 우월성을 찬양했다. 그러나 양국 관계는 흐루쇼프가 마오쩌둥을 모험주의자로 인식하면서 붕괴되기 시작했다. 1958년 중국이 대만 해협에서 군사적 시위를 통해 대만 해협 위기를 조성하여 미국을 자극하자 흐루쇼프는 마오쩌둥을 '모험주의자'로 인식하기 시작했다. 소련은 1959년 중국과 공유하기로 했던 핵기술 협력을 파기했다. 결국, 중국은 소련에 배신감을 느끼면 1964년에 독자적으로 핵 실험에 성공했다. 1950년대 말에 또 다른 중·소 간 갈등은 중국 영토에 양국이 공동으로 사용하는 군사시설(무선전신센터와 태평양연합잠수함센터) 설치를 소련이 중국에 요구(1958년)하면서 나타났다. 중국은 소련의 요구가 중국 주권침해이며 제국주의 행위라고 반발했다. 1959년 10월 흐루쇼프가 중국을 방문했으나 양국 간의 갈등 봉합에 실패했고, 마오쩌둥은 양국 간 협력사업을 모두 폐기하자는 극언까지 했다. 정상회담 실패로 사실상 양국 간 공식적인 협력관계는 끝났고, 본격적인 갈등 관계가 시작되었다. 1958년부터 마오쩌둥은 소련의 원조를 포기하고 자력갱생 노선을 채택하고, 국내적으로는 농업 집단화를 통한 '대약진운동'을 추진했다. 그 결과 참혹한 경제실패로 마오쩌둥이 정권의 2선으로 물러났다. 그러나 1965년 마오쩌둥은 다시 정권을 쟁취하기 위해 '문화대혁명'을 일으켰고, 문화대혁명을 정당화하기 위해 소련과의 갈등을 확대했다.

공산주의 정통성을 둘러싼 이념분쟁 형태의 양국 간 갈등은 이미 1960년대 초기부터 양국의 언론을 통해 전개되었다. 1960년 4월 중국 공산당 기관지인 ≪홍치(紅旗)≫의 '레닌주의 만세'라는 문장(4월 6일 자)을 통해 소련에 대한 비판을 제기함으로써 시작되었다. 이 문장은 인류의 운명을 결정하는 것은 핵무기가 아니며 인간이라 전제하고, 미국이 핵전쟁을 일으켜도 미국 자신이 멸망할 것이라고 주장하여 흐루쇼프의 평화공존론에 정면으로 도전했다. 또 수정주의를 비판함으로써 간접적으로 흐루쇼프를 공격했다. 소련도 언론을 통해 정치국원 오토 쿠시넨(Otto Kuusinen)은 핵전쟁은 미친 짓이라고 전제하고 핵전쟁을 감수하려는 중국의 교조주의(教條主義)를 비판했다. 이후 양국은 국가 언론 기관인 ≪인민일보(人民日報)≫와 ≪프라우다(Pravda)≫를 내세워 서로에 대해 반론을 제기했다. 중·소 간에 진행된 논쟁의 내용은 다음과 같이 요약할 수 있다. 소련은 핵 시대에 부합되는 수정주의 입장에서 전쟁 회피를 통한 평화공존을 주장했다. 그리고 현재 세계에는 사본주의와 사회주의 양대 진영 간의 모순만 존재하고, 사회주의 내부에는 계급투쟁이 종식되었다는 입장이있다. 반면 중국은 교조주의 입장에서 전쟁에서 무기보다 인민의 역할을 중시하고, 핵전쟁의 가능성은 열어놓고 평화공존에 대해서도 회의적인 입장을 취했다. 그리고 여전히 제국주의와 민족주의의 모순이 주된 모순이며, 인민 내부에 계급투쟁은 존재한다고 반박했다. 이러한 논거 하에 소련은 마오쩌둥 지도부를 모험주의자, 교조주의자라고 비난한 반면, 중국은 소련 지도부를 수정주의자, 제국주의자라고 비난했다.

1960년대에서는 양국 간 이념분쟁이 국가이익이 충돌한 국가분쟁으로 발전되어 갔다. 1959년 티베트 문제가 발단이 된 중국-인도 국경 분쟁에서 소련이 사회주의국가인 중국을 편들지 않고 도리어 인도에 무기를 공급하면서 인도를 지지했다. 또 1961년 쿠바 위기에서 중국의 기대와는 달리 소련이 미국과 타협해 버리자, 중국은 이러한 일련의 사건들을 통해 소련의 타협적인 태도를 더욱 의심하게 되었다. 1960년대에 진행된 미·소 간의 관계개선 움직임은 중·소 간의 국가이익을 더욱 충돌로 몰고 갔다. 미·소 간의 관계개선은 1959년 흐루쇼프와 아이젠하워 간에 캠프 데이비드(Camp David) 정상회담으로부터 시작하여, 1961년 쿠바 위기의 평화적 해결을 통해 양국 관계가 급속도로 개선되었다. 1963년 7월에는 미, 영, 소 3국 간에 부분핵실험금지조약(Partial Nuclear Test-Ban Treaty)을 체결하여 핵무기에 대해 미국과 소련이 협력하는 상황으로까지 발전되었다. 중국 지도층은 미·소 간의 관계개선은 미국과 소련에 의한 세계의 분할 시도이며, 사회주의권과 중국 이익의 희생 위에 이루어지고 있다고 생각했다. 중국 정부는 성명을 통해 미·소 간의 부분핵실험금지조약 체결은 중국의 핵 개발을 저지하려는 미국과 소련의 야합이며, 소련이 사회주의 진영에서 핵무기를 독점하려는 시도라고 맹렬히 비난했다.

소련에 실망한 중국은 독자적인 핵무기 개발(596 계획)을 추진했다. 마오쩌둥은 1958년 여름 핵 개발의 필요성을 "원자탄은 종이호랑이에 불과하다. 그러나 다른 사람이 가지고 있고 우리는 가지고 있지 않으면 그것은 진짜 호랑이다"라고 역설했다. 결국, 중국은 1964년 독자적인 핵무기를 갖게 되었다. 종이호랑이 논리에도 불구하고 핵무기에 대한 중국의 관심은 1950년대 초반으로 거슬러 올라간다. 중국은 한국전쟁과 대만 문제를 둘러싼 미국의 핵 위협에 직면하면서 핵무기 필요성을 일찍이 느꼈고, 소련의 기술지원을 통한 핵 개발을 적극적으로 추진했다. 그러나 1959년 6월(핵 개발 계획인 '596 계획'의 유래) 소련이 전면적으로 지원을 중단하자, 독자적으로 핵 개발을 추진했다.

중·소 간의 물리적인 대치상황은 1962년 신장지역을 둘러싸고 전개되었다. 신장지역의 위구르족들이 경제적 재난 때문에 소련으로 탈출하는 사태가 발생하자, 중국은 소련으로부터 신장을 보호하기 위해 카슈미르 북부의 악사이친 루트를 점령하여 소련과 군사적으로 대치했다. 1966년에는 소련이 몽골과의 동맹조약을 통해 몽골에 소련군을 주둔시켜 중국을 북방에서 포위했다. 소련은 남방에서도 중인전쟁으로 중국과 관계가 악화된 인도와 월남전 확대로 소련 의존이 심화된 월맹을 이용하여 중국을 포위했다. 중국은 군사적으로 소련의 위협을 느끼기 시작했다.

중·소 군사력의 국경 대치는 양국 간의 영토문제를 통해 무력충돌로 발전될 가능성이 항상 내재하고 있었다. 영토문제는 1962년 소련이 홍콩과 마카오가 여전히 영국과 포르투갈에 의해 점령된 상태로 있다고 중국의 무기력을 비난하자, 중국은 이에 대응하여 러시아가 청으로부터 갈취해 간 영토문제를 제기했다. 1963년 3월 18일 자 ≪인민일보(人民日報)≫에서 많은 자료를 동원하여 19세기에 제정 러시아가 3개의 불평등조약(아이훈 조약, 베이징 조약, 이리 조약)을 통해 중국의 서부(이리지방 일부), 북부(헤이룽강 이북) 및 동부(연해주) 영토를 강점했다고 비난했다. 반면에 소련은 중·소 간에 어떠한 영토문제도 존재하지 않는다는 태도를 고집했다. 양국 간 국경선 문제는 현안으로 남아 있다가, 2005년에 러시아가 전바오다오(珍寶島) 등 몇 개 섬을 중국에 넘겨주는 것으로 일단은 종결되었다. 국경문제는 중국이 치욕으로 생각하고 있는 러시아 제국주의의 중국 침략 흔적인 만큼, 중국이 언제 다시 양국 간 평등 관계의 상징인 네르친스크 조약 선으로의 회복을 러시아에 요구할지 모른다.

마오쩌둥의 정권 탈환 작전인 문화대혁명 기간에는 정적인 류사오치(劉少奇)를 소련과 연루시켜 '중국의 흐루쇼프'라고 이름 붙이면서, 흐루쇼프를 간접 비난하자 양국 관계는 갈등의 정점을 향해 달려갔다. 1968년 체코슬로바키아에서의 자유화 운동을 소련이 바르샤바조약기구(WTO)의 군대를 동원해 무력진압하고, 어떤 사회주의국가에도 무력을 사용할 수 있다는 브레즈네프 독트린(주권 제한론)을 발표하자, 중국은 브레즈네프 독트린을 사회제국주의라고 맹비난하고, 분명히 중국을 목표로 하고 있다고 우려했다.

중·소 간의 군사적 충돌의 조짐은 1960년대 말에 양국 간 긴 국경선(4400Km)에서 나타나고 있었다. 국경에는 소련군 60만 명과 중국군 80만 명이 대치하고 있었고, 소련 알렉세이 코시긴(Alexei Kosygin) 수상은 중국에 대한 대대적인 군사작전까지 계획했고, 중국도 소련의 핵 공격을 우려하고 있었다. 이러한 우려 속에서 1969년 3~8월 간 중·소 국경 지역인 아무르강에 있는 전바오다오/다만스키섬에서 수차례 양국 간 무력충돌이 발생했다. 중국은 군사적 충돌이 소련의 새로운 침략의 시작이라고 비난했다. 이로써 중소관계는 완전히 파국에 이르렀고, 소련을 제1의 적으로 상정하게 되었다. 국내적으로는 소련의 침공에 대비하여 수도를 베이징에서 충칭(重慶)으로 이전하는 방안도 검토되었다. 실제로 소련과의 접경지역인 만주의 공업시설을 청두(成都) 등 중국대륙의 내부로 이전 배치했다. 중국의 전쟁 대비는 소련에 대해 가지고 있었던 공포를 잘 표현해 주고 있다. 이러한 공포가 미국과 관계개선을 추진한 배경이 되었다.

미·중 관계개선과 대만문제

미국은 1964년 통킹만 사건으로 월남전에서 당사자가 되어 진흙탕 속에서 초강대국의 모습을 잃어 가고 있었다.[55] 특히 1968년 1월 베트콩의 구정 공세로 사이공 미국 대사관이 공격받은 모습이 미국 TV에서 중계되자 미국인들은 큰 충격을 받았고, 반전 분위기가 득세였다. 그리고 서방 진영의 리더로서 미국은 많은 공공재를 제공한 결과, 미국의 재정적 여력도 바닥이 나고 있었다. 이때 1968년 미 대통령 선거에서 베트남전 종식을 공약으로 내세운 닉슨이 대통령에 당선되었다. 닉슨은 부통령을 거치면서 외교 문제에 대해서는 어느 대통령보다도 경험과 식견이 높았다. 그리고 그는 전임 대통령들과는 달리 세력균형에 관심이 많았다. 1971년 ≪타임(Time)≫ 인터뷰(1월 3일 자)에서 "세계 역사상 장기간 평화를 누렸던 유일한 시기는 세력균형이 있었던 때임을 기억해야 합니다"[56]라고 앞으로의 외교정책 방향을 암시했다.

닉슨은 당시 미국이 처해 있던 경제적, 안보적 위기 상황을 해결할 수 있는 대책이 필요했다. 경제적으로는 1971년 '닉슨 쇼크(Nixon Shock)'라 불리는 미국 달러와 금 사이의 태환제도를 일방적으로 폐지했다. 미국 달러의 금태환 제도는 1944년 2차 대전 후 새로운 세계경제질서로 형성된 브레턴우즈 체제의 핵심이었다. 1944년 상황과 달리 당시 서독과 일본의 경제성장으로 미국이 세계 경제에서 차지하는 비중이 27%(1950년에는 35%)로 떨어졌고, 베트남전쟁으로 국가채무는 급증하고, 달러 가치도 급락하고, 금 보유량도 132억 달러어치(1966년에 다른 주요국들은 140억 달러 상당의 금을 보유)에 불과했다. 그뿐만 아니라 서독 등 주요 국가들은 자국 통화를 평가절상하는 대신 금태환제를 폐기해 버렸다. 이러한 상황에서 미국의 금태환제 폐기는 당연한 수순이었다.

안보문제에서는 닉슨은 미국의 확장정책(특히 베트남전쟁)에 대한 재평가와 중·소 분열이라는 두 가지를 감안한 새로운 정책이 필요했다. 우선 닉슨은 1969년 11월 국제질서에서 미국의 역할을 축소하는 '닉슨 독트린(Nixon Doctrine)'을 발표했다. 닉슨 독트린은 동맹국이 핵무기로 공격을 받을 경우를 제외하고(재래식 무기로 공격을 받을 경우)는 동맹국 스스로가 일차적으로 공격에 대응해야 한다는 내용이다. 닉슨 독트린은 월남전에 적용되어 1973년 파리평화협정을 통해 미군의 베트남 철수로 이어졌다. 닉슨 독트린은 미국의 동맹국인 일본과 한국에게는 안보충격으로 작용했고, 적대국이었던 중국에게는 관계개선의 신호로 작용했다.

닉슨은 중·소 갈등을 이용한 미·중 관계개선을 통해 중-미-소 삼각체제 구축을 추진했다. 닉슨은 미·중 관계개선은 대소련 정책에서 미국의 옵션이 확대되는 것을 의미하며, 소련의 팽창을 저지할 수 있는 묘수가 되었다.

미국과 중국의 접촉은 1954년 한국 및 베트남 문제 해결을 위한 제네바 회담으로 거슬러 올라간다. 저우언라이(周恩來) 총리와 존 포스트 덜레스(John Foster Dulles) 국무장관이 참석했지만, 양측 간에 실질적인 접촉 없이 끝났다. 덜레스가 저우언라이의 악수를 거부한 것으로 봐서 당시 미국은 중국과의 접촉에 부정적이었다. 그러나 미국과 중국은 중국이 억류 중인 미국인 송환 문제를 매개로 1955~1970년간 제네바와 바르샤바에서 총 136차례에 걸쳐 대만 문제를 의제로 한 대사급 접촉/회담을 진행했다.57) 회담에서 미국은 대만지역에서 중국의 무력 불사용 확인을 요구했고, 중국은 대만은 중국의 일부로 대만 문제는 중국의 내정이므로 미국이 개입할 수 없다고 주장했다. 그리고 대만지역에서 미군의 철수를 요구했다. 양측 간 틀에 박힌 주장의 반복으로 접촉/회담은 성과 없이 15년간 지속되었다.58)

닉슨의 중국 접촉시도는 파키스탄과 루마니아를 통해서 이루어졌고, 1971년 7월 키신저 안보보좌관이 파키스탄의 도움으로 베이징을 방문하고, 1972년 2월 닉슨이 베이징을 방문했다. 그 결과 '상하이 공동성명(Shanghai Communique)'이 발표되었다. 상하이 공동성명에서 소련을 견제하는 데 합의했으나, 양국 간 최대 현안인 대만 문제에 대해서는 각자의 입장을 밝히는 특별한 형식을 취했다. 먼저 양국은 아시아-태평양에서 패권을 추구하지 않고, 또, 기타 국가가 패권을 추구하는 것을 반대한다고 선언하여, 소련을 거명하지 않았지만, 명백히 소련을 겨냥했다. 마오쩌둥도 닉슨과의 정상회담에서 관심대상이 대만이 아니라 소련임을 명확히 했다.59)

키신저는 소련을 저지하기 위한 암묵적인 동맹 탄생이라며, 독일을 목표로 했던 1904년 영불 협상과 1907년 영러 협상과 같은 성격이라 평가했다.[60] 반면 대만 문제에서는 지난 15년간 대사급 회담에서 제시되었던 양국 간의 상이한 입장이 그대로 병기되었다. 그러나 미국은 '하나의 중국 원칙(一個中國原則)'을 수용하고, 중국의 국제연합 대표권에 반대하지 않는다고 선언하면서도, 중화인민공화국을 유일한 합법 정부로 승인하는 것은 유보했다. 반면, 중국 외교부 산하 출판사에서 출판한 『중국 외교사전(中國外交辭典)』에 의하면, '하나의 중국 원칙(一個中國原則)'은 "① 세계에는 하나의 중국만 존재하고, ② 대만은 중국과 분리될 수 없는 일부분이고, ③ 중국에서 중화인민공화국 정부만이 유일한 합법 정부이다"를 의미한다.[61]

미·중 관계개선으로 소련은 서쪽에서는 NATO, 동쪽에서는 중국이라는 적을 동시에 직면하는 안보 불안국이 되었다. 반면 미국은 베트남전쟁으로 상실했던 자신감을 회복할 수 있었고, 국제질서 주도권을 회복할 수 있었다. 미·중 관계 개선에 대해 소련은 반발하기보다는 미국에게 밀착하려는 외교 행보를 선택했다. 키신저에 의하면, 소련은 옵션이 미국과의 데탕트밖에 없었기 때문에, 미국과의 준동맹 결성을 통해 중국을 억지하려는 전략까지 고려했다는 것이다. 키신저에 따르면, 실제로 이와 비슷한 제안을 브레즈네프가 닉슨에게 두 차례(1973, 1974년) 시도했다.[62] 그 결과 미·소 간의 데탕트가 시작되어 '평화의 구조(structure of peace)'가 구축되었다. 중-미-소 삼각체제를 기초로 베트남전쟁이 종결되고, 유럽에서 베를린의 통행 문제가 해결되고, 중동에서 소련의 영향력이 축소되고, 이스라엘-아랍 간 평화 프로세스가 작동하기 시작했다. 그리고 미국과 소련을 포함한 유럽의 동·서 진영의 모든 국가가 참여하여 유럽의 인권보장을 추구하는 유럽안보협력회의(CSCE: Conference on Security and Cooperation in Europe)도 출범시켰다. CSCE는 1950년대에 NATO와 WTO의 대립을 완화한다는 명분으로 소련 몰로토프 외교장관이 제시한 바 있었지만, 양측 간 동상이몽으로 실현되지 않다가 미·소 간 데탕트 분위기에서 1973년부터 회의가 시작되었다. 1994

년에 유럽안보협력기구(OSCE)로 개편되었다.

닉슨이 추진한 3각 외교는 비스마르크의 세력균형을 연상케 한다. 미국과 소련의 양극체제에서 미국, 소련, 중국의 다극체제로 전환 시켜, 미국을 중심에 놓고 양쪽에 각각 중국과 소련을 배치, 연결하여 소련과 중국이 상호 견제하도록 하여 미국 주도권이 확보된 구조를 만든 것이었다. 비스마르크 체제에서 독오동맹을 중심에 놓고 한쪽에는 삼제협상과 재보장조약을, 다른 한쪽에는 삼국동맹과 지중해협정을 구축하여 러시아와 영국이 상호 견제하도록 하여 독일의 주도권이 유지되는 구조였다. 국제질서 변화의 중심에 닉슨이 있었다. 닉슨은 강대국들이 세력균형을 이룰 때 장기간의 평화가 가능하다고 확신했다. 그리고 다른 한편으로는 가장 존경한다는 의미로 자유주의 외교의 대부이며 세력균형을 경멸했던 윌슨 대통령의 사진을 대통령 집무실에 걸어두었다.[63] 키신저는 닉슨을 '가슴과 수사는 윌슨식이지만 머리와 전술은 세력균형'인 모순적인 리더십이라고 평가했다.

미국과 중국 간의 대만 문제는 현재까지도 평행선을 달리고 있다. 미국과 중국이 1972년에 관계개선하고 7년 뒤인 1979년에야 정식 수교했다. 수교까지 7년 가까운 긴 시간이 소요된 데에는 대만 문제가 있었으며, 1979년 수교 시에도 여전히 미해결 상태로 남아, 현재도 미·중 갈등의 근저로 존재하고 있다. 관계개선 이후 양국은 준 외교기관인 대표부를 설치하여 수교협상을 시작했다. 1978년 12월 수교협상이 완료되어 '외교 관계 수립에 관한 공동성명'에서 이미 인정한 하나의 중국 원칙에 더해 중화인민공화국을 중국에서 유일한 합법 정부라고 미국이 승인했다. 그러나 대만 문제에 대해서는 이번에도 예전과 동일한 내용으로 각자 성명을 발표했다. 미국은 대만 문제의 평화적 해결을 요구하고, 중국은 대만 문제는 내정이므로 미국이 개입할 수 없을 뿐만 아니라 대만에 대한 무기판매도 반대했다. 미국은 '미-대만 공동방어조약'을 폐기하고, 대만으로부터 미군을 철수하는 데 합의했다. 대만 문제에 대해 중국의 무력 불사용 확인을 받아내지 못하자, 미국은 1979

년 미국 국내법을 통해 대만 안보를 보완하기 위해 '대만관계법(Taiwan Relation Act)'을 제정했다. 대만관계법에서 미국은 대만의 방어물자와 방어에 필요한 서비스를 제공할 수 있도록 규정했다. 이는 대만에 대해 무기 지원을 계속하겠다는 의지의 표현이었다. 중국은 대만관계법이 하나의 중국 원칙에 위반된다고 맹렬히 반대했다. 대만 문제의 평화적 해결 여부는 미결 상태로 두고, 이제 대만에 대한 무기판매가 미·중 간의 중요 의제가 되었다. 1981년 레이건 행정부가 대만관계법을 적극적으로 실행하면서 양국 간 갈등이 점화되었지만, 협상을 통해 1982년 '8·17 공동성명'을 발표했다. 양국 간 합의 내용은 미국이 대만에 판매할 수 있는 '무기의 수량과 성능은 수교 이후 수년간의 수준을 넘지 못하며, 무기판매는 점점 감소하여 일정 시간을 경과하여 최후에 해결한다'는 타협안이었다. 애매한 합의 내용에 따라 미국과 중국은 아전인수격으로 대만 무기 문제를 주장해 오고 있다.

미국과 중국은 3개의 공동성명을 통해 '하나의 중국 원칙'을 합의했지만, 대만 문제의 평화적 해결에 대한 양국 간 입장은 아직도 평행선을 달리고 있다. 중국 지도자들이 '하나의 중국'을 보편적 사명으로 인식하고 있는 한, 대만 문제는 시진핑(習近平) 권력의 정당성과 직결되는 문제가 되어, 중국이 절대 양보할 수 없는 핵심 이익으로 존재한다.

데탕트, 신냉전 그리고 냉전체제 붕괴

데탕트와 신냉전

미국은 1964년 통킹만 사건을 계기로 베트남전쟁의 늪에 빠졌다. 국내에서는 반공주의에 대한 합의가 무너져 반전 시위가 일상화되었다. 1969년 종전을 공약으로 내건 닉슨은 베트남전쟁의 돌파구를 마련해야 했다. 서방 진영 내에서1960년대와 1970년대 초에 나타난 프랑스와 독일의 독자적인 외교 움직임도 해결해야 할 숙제였다.

닉슨이 안보보좌관인 키신저와 함께 제시한 정책이 1970년대의 데탕트(Détent)였다. 긴장 완화를 의미하는 프랑스어로, 키신저는 상원 외교위원회(1974)에서 '우리의 중요한 이익을 유지하면서, 평화를 유지하기 위해 잠재적인 적대국들과의 관계를 관리하는 과정'이라고 데탕트를 설명했다. 냉전의 목표는 유지하지만, 목표에 이르는 과정을 비타협적인 방식이 아닌 타협적인 방식을 사용하겠다는 전술적 전환이었다. 소련도 공산 진영 내에서 신뢰가 급격히 저하되었고, 중국과는 갈등이 격화되어 군사충돌로까지 비화되어 새로운 전략이 필요한 시점이었다. 다행히 1960년대 핵무기에 대한 투자로 미국과 핵 균형을 이룰 수 있는 상황이 되었다. 핵무기를 매개로 하는 협상이 가능해졌다. 데탕트 시기에는 미·소 간의 군축협상인 SALT 1과 SALT 2가 타결되었다. 그리고 베트남전쟁도 미국 자존심에 상처를 남겼지만 종식시킬 수 있었다. 유럽에서도 베를린 문제가 안정화되었고, '유럽안보협력회의'가 개최되어 유럽의 모든 국가가 '상호 간의 국경선을 존중'한다는 문서에 서명했다. '국경선 존중'은 소련이 줄곧 주장해 온 내용으로 2차 대전으로 확장된 소련의 국경선뿐만 아니라 공산 진영의 서부국경선(서독-동독-폴란드 국경선)을 공인받은 것을 의미하기도 했다. 그리고 독일의 동방정책으로 서독과 소련을 비롯한 동유럽 국가 간의 화해가 이루어졌다. 데탕트 시대에만 가능한 일이었다. 데탕트로 중동에서 소련의 영향력도 감소하면서 갈등의 소지가 감소했다.

그러나 1979년 소련이 돌연 아프가니스탄을 침공하자 데탕트 분위기가 종식되고, 미국과 소련이 다시 경쟁하는 신냉전이 1985년 고르바초프가 등장할 때까지 나타났다. 소련은 서구 자본주의의 취약성을 과대평가한 팽창정책을 지속해 나갔다. 또 지도부의 노쇠화는 지도체제의 경직화를 불러와 효율적인 정책 결정이 불가능해졌다. 1970년대부터 시작된 소련의 전방위적인 과잉팽창의 실패가 1980년대 중반 이후 뚜렷하게 드러나게 되었다. 앙골라, 니카라과, 아프가니스탄 등에서의 소련의 실패는 이를 입증했다. 브레즈네프 독트린은 위성국들에게 공포를 증폭시켜, 위성국들과의 관계에서 원심력이 확대되는 결과를 가져왔다.

반면 1981년 신냉전의 시작과 함께 미국은 지도력이 강한 로널드 레이건(Ronald Reagan)이 최고의 정책결정자로 등장했다. 그는 도덕주의를 바탕으로 힘을 신봉하는 정책을 채택했다. 당시 미국 정부를 장악한 신보수주의자들인 네오콘(Neo-Conservatives)은 미국이 자유민주주의를 확장시키는 십자군 역할을 맡도록 했다. 레이건 대통령은 소련을 '악의 제국(evil empire)'이라고 비난하고, 핵 군비를 확장해 나갔다. 그는 그간의 핵 군축의 성과가 미미했다고 판단하고, 핵전쟁을 사전에 억제할 수 있는 혁신적인 핵 방위체제인 '전략방위구상(SDI: Strategic Defense Initiative)'을 제안했다. SDI는 소련에서 발사된 핵무기를 대기권 밖 공간에서 요격하는 시스템으로 천문학적이 예산이 필요하고, 기술적으로도 성공 가능성에 대한 의문이 있었다. 그러나 SDI는 미·소 간의 군비경쟁을 유발했고, 결국 소련이 과잉 군비지출로 붕괴되는 한 원인이 되었다. 소련은 1985년 미하일 고르바초프(Mikhail Gorbachev)가 등장하면서 수습에 나섰다. 고르바초프는 국내 경제의 파탄, 과잉 해외 팽창의 실패, 중국과의 갈등, 그리고 동유럽 위성국의 이탈 조짐 등 총체적 난국에 직면해 있었다. 고르바초프는 '신사고(New Thinking)'를 전면에 내세우고, 공산주의 이념 외교에서 탈피한 페레스트로이카(개혁)와 글라스노스트(개방)를 추진했다. 고르바초프는 국내 경제 상황을 개선하기 위해 미국과 군축 협상을 추진했다. 그러나 소련 특유의 전체주의적 관료주의에 의해 협상이 지지부진해지자, 협상 자체가 소련에게는 압력으로 작용하게 되었다. 미국과의 군비경쟁과 미국의 SDI 추진에 대한 대응은 소련 경제에 치명적인 과부하를 가져다주었다. 동유럽 위성국들도 국내의 정치적·경제적 압박을 해소하기 위해 민주화와 민족주의에 의존하는 경향을 보이면서 소련의 통제력은 더욱 약화되었다. 소련체제가 수용할 수 있는 범위를 넘어선 고르바초프의 무리한 변화 추구는 소련 붕괴를 더욱 가속화하는 역할만 하게 되었다.

냉전 종식 선언, 독일 통일, 소련 붕괴

1989년 12월 조지 H.W. 부시(Goerge Bush) 대통령(41대)과 고르바초프 서기장이 참석한 몰타 회담에서 양국정상이 새로운 시대의 시작을 선언함으로써 공식적으로 구시대의 냉전이 종식되었다. 몰타 회담에서 군비 축소, 동유럽 국가의 자유와 미·소 간의 평화구축에 대해 의견을 같이했다. 그러나 조약과 같은 합의문을 남기지는 않았다. 몰타 회담 개최 직전에 이미 동유럽 공산체제는 붕괴하고 있었다. 베를린 장벽은 무너졌고(1989년 11월), 폴란드에서는 자유선거를 통해 자유노조가 압승(1989년 6월)했고, 여타 동유럽 국가들에게 있어서도 시위가 확대되고 있어, 동유럽 공산체제 붕괴는 시간문제였다. 다급한 쪽은 고르바초프였기 때문에 부시의 참모진들은 정상회담 개최에 회의적이기까지 했다. 그러나 몰타 회담은 냉전 종식을 공식적으로 선언하는 성과를 얻었다. 냉전의 시작인 얄타 회담과 비교가 된다. 회담에 안달하는 쪽이 미국에서 소련으로 바뀐 것이다. 양국정상은 기자회견에서 새로운 시대의 시작을 선언했다. 고르바초프는 "세계는 한 시대를 끝내고 새로운 시대로 들어서고 있습니다. … 무력을 통한 위협, 불신, 심리적 이념적 투쟁은 모두 과거의 것이 되어야 할 것입니다"라고 선언했고, 부시도 "우리는 지속가능한 평화를 현실화하고 동서 관계를 지속된 화합으로 바꿔나갈 수 있습니다. 이것이 고르바초프 서기장과 제가 이곳 몰타에서 시작한 것입니다"라고 호응했다.

냉전체제 붕괴에 독일 통일이 결정적인 역할을 했다. 베를린 장벽이 붕괴되고 소련이 흔들리고 있던 가운데 미국 조지 부시 대통령(41대)과 서독 헬무트 콜(Helmut Kohl) 총리는 독일 통일 문제를 협의하고, 통일된 독일은 나토에 잔류하는 방안에 합의했다. 독일 통일을 지지하는 미국이 고르바초프의 반대 가능성에도 불구하고 통일 독일을 나토에 묶어놓겠다는 생각을 했다. 이 방안은 고르바초프가 동의해야만 가능했다. 당시 소련은 국가 위기 상태였다. 소련의 외채 규모는 1986년 307억 달러에서 1989년 538억 달러, 그리고 1990년에는 593억 달러, 1991년에는 671억 달러로 급증했다. 반면 외환 보유고는 100억 달러를 밑돌고 있었다. 소련은 국제 금융시장에서 신규대출을 거절당하면서 파산 직전에 있었다. 서독 헬무트 콜 총리는 고르바초프에게 금융지원을 독일 통일의 승인 대가로 제시했다. 고르바초프는 독일 통일과 나토 잔류를 묵인하면서도 나토의 동진에 대해서는 강하게 거부 의사를 밝혔다. 1990년 2월 미국의 제임스 베이커(James Baker) 국무장관이 고르바초프에게 '나토가 1인치도 동진하지 않을 것이다'라는 구두 약속을 했다.64) 고르바초프는 나토가 동진하지 않는다는 조건으로 개혁개방에 필요한 재원을 서독으로부터 얻기 위해 독일 통일을 인정했다. 서독의 금융지원과 나토 불동진(不東進)에 대한 미국의 약속이 독일 통일을 우려하는 고르바초프를 안심시켰다. 그러나 독일 통일에 대해서 서방 진영 내에서 반발이 나타났다. 세력균형과 독일-소련의 밀착 가능성을 우려하는 영국과 프랑스였다. 특히 영국의 마가렛 대처 총리는 강하게 반발했다. 그러나 결국 1990년 9월 동·서독과 소련, 미국, 영국, 프랑스가 참여하는 2+4 협정을 거쳐 동일 통일이 승인되었다. 그리고 독일 내부적으로는 국민투표를 거쳐 1990년 10월 동독이 독일연방에 가입하는 형식으로 통일 독일인 '독일민주공화국'이 완성되었다.

이후 동유럽 공산국가 체제는 모두 붕괴되고, 소련연방 내부에서도 민족주의 영향으로 독립 움직임이 나타났다. 그러나 이러한 움직임에도 불구하고 고르바초프는 소련연방 체제를 유지하면서 개혁개방을 추진한다는 생각을 가지고 있었다. 1991년 조지아와 아제르바이잔의 독립 움직임에 대해 고르바초프가 강경하게 대응하자 국내 지지층이 이탈하고, 8월 쿠데타가 발생했다. 쿠데타를 좌절시킨 러시아공화국 대통령 보리스 옐친(Boris Yeltsin)이라는 경쟁자가 급부상하게 되었다. 옐친 주도로 러시아 공화국이 소련연방에서 탈퇴하고, 이어 다른 연방 구성 공화국들도 탈퇴하자 고르바초프는 연방 대통령직을 사임했다. 결국, 1991년 12월 26일 소련최고회의공화국 평의회에서 "소련이 국가로서 그리고 국제법의 주체로서 더 이상 존재하지 않음을 확인한다"라고 선언함으로 공식적으로 소련연방이 해체되었다.

소련 붕괴 원인

소련 붕괴의 원인 대해서는 많은 분석이 나왔다. 소련 붕괴는 소련과 공산 진영 내에 존재하는 내재적 모순과 냉전체제에서 미국과의 경쟁에서 오는 외적 압력이 복합적으로 작동된 결과였다.

소련은 계획경제를 기초로 했다. 계획경제는 스탈린 시대에 인적, 물적 동원을 통해 성과를 얻을 수 있었다. 그러나 이익추구와 같은 인간 본성과 배치되는 강제 배분은 노동 의욕을 저하시켜 생산력을 약화시켰다. 1980년대 말에는 소련 산업의 8% 정도만 세계적 기준으로 볼 때 경쟁력을 유지하고 있었다. 소련의 산업구조는 더 취약했다. 만성적인 곡물 부족은 달러를 필요하게 만들었다. 러시아는 달러 확보를 위해 과도하게 석유 수출에 의존하는 취약한 대외경제 체제를 구축하고 있었다. 석유 수출 자금으로 곡물은 수입하고, 위성국들을 지원하고, 아프가니스탄 침공과 같은 과잉팽창에 사용되었다. 그러나 1980년대 유가 하락은 소련 경제에 치명타가 되었다. 1985년 고르바초프가 등장했을 때는 소련 경제가 거의 빈사 상태였다.

소련 공산당 지도체제의 경직성과 노쇠화도 붕괴의 한 원인이 되었다. 스탈린의 강압통치, 흐루쇼프의 독단적인 평화공존론, 강압적인 브레즈네프 독트린 등은 경직된 지도체제의 결과물이었다. 또 브레즈네프 퇴진 이후 이어지는 단명한 서기장들의 등장은 경직된 소련체제를 혼란에 빠트렸다.

공산 진영 내의 모순도 소련 붕괴에 중요한 역할을 했다. 공산 진영 내에서 이데올로기의 접착력이 약해지고, 소련이 공공재 제공에 실패함으로서 동구 위성국들이 소련으로부터 이탈했다. 이데올로기 역할의 약화는 소련이 행한 1955년 흐루쇼프의 스탈린 비판, 1956년 헝가리 사태, 1968년 브레즈네프 독트린 등을 통해 전개되었다. 브레즈네프 독트린은 공산주의 이데올로기에 대한 신뢰를 상실케 하는 결정적 계기로 작용했다. 공산주의 이데올로기가 더 이상 공산 진영의 접착제로서 역할 할 수 없음을 의미했다. 소련의 경제 악화에 따라 진영을 결집시킬 수 있었던 공공재(public goods) 제공의 어려움이 이데올로기 역할 약화와 맞물려 동구 위성국이 이탈하는 원인이 되었다. 소련의 공공재 제공은 공산 진영에 대한 군사적 안보 제공과 경제적 지원으로 이루어졌다. 경제적 지원은 소련 경제의 한계성으로 장기적으로 소련의 부담 능력 범위를 넘어섰다. 소련은 진영 국가 간의 무역에 개입하여 보조금을 제공하는 형태로 지원했다. 체코슬로바키아의 공산품을 고가로 매입하여 저가로 우크라이나에 공급하고, 반대로 우크라이나의 농산품을 고가로 매입하여 체코슬로바키아에 저가로 공급하여, 무역에 따른 차액을 소련이 부담하는 방식이었다. 공산 진영 내 위성국들은 자유 진영 내 국가들이 미국의 어려움을 분담(플라자 협정 등)했던 것과는 달리 전적으로 소련에 의존한 점은 공산 진영의 한계를 분명히 보여주었다.

소련에 대해 더욱 치명적인 것은 미국의 봉쇄를 타파하기 위해 제3세계에 대한 과잉팽창과 끝 모를 미국과의 군비경쟁이었다. 미국의 봉쇄망을 타파하기 위해 아프리카, 남미, 중동에서 무리한 과잉팽창을 추진하게 되었다. 특히 아프가니스탄 침공은 치명적이었다. 무모한 제3세계에서의 과잉팽창은 경제적 부담을 가중시켰다. 소련 정권 말기에는 과잉팽창 외교와 공산 진영에 대한 지원에 GDP의 1/4을 지출해야 했다. 소련 말기의 국가 부채는 외환보유액을 훨씬 넘어서고 있어, 국제금융시장으로부터 더 이상 대출을 받을 수 없는 상황이 되었다. 결국, 고르바초프가 서독으로부터 지원받기 위해 독일 통일을 허용하는 상황으로 내몰렸다. 미국과의 군비경쟁은 더욱 더 소련의 재정에 압박을 가했다. 특히 소련이 아프가니스탄 침공으로 촉발된 신냉전에서 미국의 레이건 대통령이 등장하면서 악화되었다. 레이건 대통령은 재래식, 핵무기를 대폭 강화하여 소련에 대한 억지력을 강화시키는 국가안보결정명령 75호(1983년 1월)를 발령했다. 군비경쟁을 대기권 밖으로 확장하는 '전략방위구상(SDI)'을 발표함으로써 더욱 소련을 압박했다. 군비경쟁은 소련의 경제 능력 범위를 넘어섰다. 1980년대 말에 폴 케네디(Paul Kennedy)가 역사상 강대국들이 무너진 이유를 제국을 지키기 위한 과잉 군비지출에 있다고 분석한 바 있다. 소련의 경우에도 적용될 수 있다.

소련은 소련 자체와 공산 진영 내의 모순, 과잉팽창 그리고 미국과의 과잉경쟁에 따른 후유증으로 빈사 상태에 빠져, 동구 위성국들은 이탈하고 소련연방의 공화국들도 독립국가연합(CIS)으로 재편되거나 독립국가로 전환했다.

국제연합의 집단안보 기능 보완 노력

냉전 시대에 국제연합의 안전보장 기능이 안보리 상임이사국들의 거부권 남용으로 제대로 작동되지 못했지만, 아이러니하게도 루스벨트가 상상하지 못했던 핵무기에 의한 공포의 균형이 지배하는 냉전이 형성되어 강대국 간 전쟁 없이 평화가 유지되었다. 그러나 국제연합에서는 국제연맹과 달리 집단안보 기능의 미비와 마비에 대응하고 보완하기 위한 국제연합 안팎의 제도적인 노력들이 시도되고 있다. 보완 노력이 어느 정도 성과가 있어 평화유지에 일조한 것은 분명하다. 국제연합 밖에서는 보완 노력으로, 이미 살펴본 북대서양조약기구(NATO)와 바르샤바조약기구(WTO)와 같은 지역 집단방어 체제가 도입되었다. 국제연합 자체 노력은 평화유지활동(PKO) 창설, 국제연합 안전보장 이사회 개혁논의가 대표적이다.

평화유지활동

상임이사국의 거부권 남용으로 집단안보 기능이 제대로 작동할 수 없는 환경이 되자, 집단안보 기능을 보완할 수 있는 방안이 모색되었다. 헌장 상

집단안보기능은 침략행위와 같은 고수위의 평화 파괴 행위에 대해 군사력으로 제재를 행하는 것을 상정하고 있다. 고수위의 집단안보는 거부권 때문에 현실적으로 불가능한 것이 되었다. 그 보안책으로 국가 간 충돌을 군사적 기능이 아닌 경찰 기능으로 해결하려는 평화유지활동(PKO: Peace Keeping Operation)을 제시했다. 냉전 시대에는 강대국이 직접 개입되는 고수위의 충돌은 '공포의 균형'에 의해 발생할 가능성이 낮은 대신, 비강대국 간의 다양한 형태의 저수위 충돌이 지속적으로 발생하고 있었다. 이러한 냉전 상황을 반영한 보완책이었다.

평화유지활동은 국제연합이 국제평화와 안전을 유지하기 위해 전개하는 정전 감시, 무장해제, 분쟁 재발 방지, 치안 유지, 전후 복구 등의 활동을 의미한다. 경찰과 같은 역할을 의미하게 되었다. 기능이 헌장 제6장(분쟁의 평화적 해결)과 제7장(집단안보) 기능의 중간이라 해서 '헌장 6.5장'이라 불리기도 한다.[65] 평화유지활동에는 경험으로 축적된 중요한 세 가지 기본원칙이 존재한다. ① 평화유지활동은 반드시 분쟁 당사국들의 동의(consent of parties)가 필요하다. ② 분쟁 당사국들에 대해 반드시 중립(impartiality)을 지켜야 한다. ③ 자위와 보호 목적 이외에는 무력을 사용하지 않는다(Non-use of force except in self-defence and defence of mandate). 동의, 중립, 무력 불사용이 기본 원칙이다.

평화유지활동의 역사는 거의 유엔 창설과 같이한다. 1948년 팔레스타인 정전 감시활동을 위해 PKO군이 처음으로 파견되었다. 2023년까지 총 71차례 PKO군이 파견되었고, 2024년에도 14개의 PKO군이 활동하고 있다. 냉전 시대에는 대략 10개 정도의 PKO군이 결성되었지만, 포스트냉전 시대에는 냉전체제 붕괴와 함께 폭증하여 2024년까지 총 60여 개의 PKO군이 탄생했다. 특히 1989년부터 1994년까지 약 5년간에 20여 개의 신규 PKO군이 결성되어 냉전 붕괴 직후 혼란했던 시대상을 대변해 주었다. 최근에는 분쟁의 성격이 다양화되고 UN의 적극적인 개입 추세로, 기존의 소극적인 평화 유지(peace keeping) 기능에서 평화 조성(peace making)과 평화 구축(peace building)이라는 적극적인 기능으로 진화해 나가고 있다.

평화유지활동이 집단안보의 보완책으로 널리 작동되고 있지만, 헌장에 근거 규정은 없다. 평화유지활동의 법적 근거문제는 평화유지에 대한 임무를 안보리뿐만 아니라 총회와 유엔 사무총장이 공유하면서 해결되었다. 안보리가 거부권으로 마비된 현실정치를 반영한 것이다.

먼저, 총회 기능을 적극적으로 해석했다. 한국전쟁 기간 중 소련의 거부권 행사로 인해 집단안보 기능이 무력화되자, 미국 딘 에치슨(Dean Acheson) 국무장관이 제안하여 총회 결의(Resolution) 형식으로 평화유지활동 기능의 법적 근거를 마련했다.[66] 헌장 제10조에서 '총회는 헌장 범위 내에서 어떠한 사항에 대해서도 토의할 수 있다'는 규정을 활용한 것이다. 1950년 11월 총회 결의 제377호는 '평화를 위한 단결 결의(Uniting for Peace Resolution)'로 공표되었다. 결의는 '총회가 국제평화와 안전 유지, 회복을 위한 집단적 조치를 권고할 수 있고, 긴급 특별총회를 개최할 수 있다'라고 선언했다. 총회가 집단적 조치로 평화감시위원단(Peace Obervation Commission)을 파견하고 '긴급 특별총회(Emergency Special Session of the United Nations General Assembly)'를 개최할 수 있게 되었다. 이 결의안은 2024년까지 13차례 이행되었고, 긴급 특별총회는 11차례 개최되었다. 마지막 긴급 특별총회(2022년 2월 소집)는 러시아의 우크라이나 침공이 안건이었으나 2025년 현재 연기 상태이다.

두 번째 근거는 유엔 사무총장의 기능을 적극적으로 해석하여 마련했다. 이 기능은 예방 외교(preventive diplomacy)라는 명칭으로, 헌장 제99조에 근거하고 있다. 제99조는 "사무총장은 국제적 평화와 안전의 유지를 위협한다고 인정되는 사항에 대하여 안보리의 주의를 환기할 수 있다"고 사무총장의 역할을 명시하고 있다. 사무총장의 기능 확대는 사무총장들의 개인 철학과 연결되어 있었다. 역사적으로 보면, 국제연맹(LN) 시절의 총장들은 주로 중요한 행정가의 역할을 수행했으며, 조용한 역할에 충실했다. 그러나 국제연합에서는 트뤼그베 리(Trygve Lie)나 다그 함마르셸드(Dag Hammarskjold)와 같은 사무총장들이 국제적인 지도자의 역할을 수행하기 시작했다. 트뤼그베 리 총장은 한국전쟁 시에 발생한 미군 포로의 송환 문제를 성사시키면서 적극적인 역할의 발판을 만들었다. 예방 외교에 대한 처음 시도는 다그 함마르셸드 사무총장이 1956년 제2차 중동전쟁에 대응하기 위해 유엔긴급군(UNEF: United Nations Emergency Force)을 파견함으로써 시작되었다. 사무총장의 국제적 지도자로서의 역할은 1960년 콩고 사태에서 소련의 반대에도 유엔콩고활동단(ONUC: United Nations Operations in Congo)을 성사시키면서 절정에 다다랐다. 이후 소련의 반대와 재정 문제로 이후 사무총장들(우탄트 이후 사무총장들)은 함마르셸드보다 소극적인 역할에 만족해야 했다.[67] 최근인 2023년 11월에 안토니우 구테흐스(Antonio Guterres) 사무총장도 '이스라엘과 하마스 간의 전쟁'에 대해 안보리의 주의를 환기시킨 적이 있다. 안보리의 주의 환기는 사무총장의 가장 강력한 행동으로 평가되고 있다.

그러나 평화유지활동도 상임이사국이 UN 평화유지 기능의 1차적 책임기관이기 때문에 거부권을 완전히 우회할 수는 없었다. 그러나 총회의 권고와 사무총장의 주의 환기는 거부권 행사에 큰 압박으로 작용할 수 있다. 그리고 PKO군 파견 과정에 경비 문제도 나타났다. UN의 재정으로는 PKO 경비를 전적으로 부담하기 어려워 회원국의 분담 문제가 발생했다.[68] 경비문제는 UN 예산 문제 형태로 역대 사무총장의 UN 개혁안에 지속적으로 포함되어 왔으며, 현재는 매년 약 60억 달러 수준의 예산이 책정되어 제도화 되었다. 1년 유엔 총예산 550억의 11% 수준으로 유엔의 중요한 기능임을 반영하고 있다.

국제연합 안보리 개혁 노력

집단안보기능을 담당하는 안보리가 거부권 때문에 무기력에 빠지자, 안보리 개혁 문제가 지속적으로 제기되었다. 그리고 국제질서 속에서 2차 대전 패전국이었던 독일과 일본이 경제 부흥을 통해 국제적 지위를 회복하고, 다른 한편에서는 인도, 브라질 같은 신흥국들의 강대화가 이루어져 새로운 국제사회의 변화를 안보리에 반영하라는 압력이 지속적으로 나타나고 있다.

먼저, 안보리를 확대하는 방안이 제기되었다. 현재 안보리는 상임이사국 5개국과 비상임이사국 10개국으로 구성되어 있다. 안보리를 확대에는 국제사회가 대부분 동의하고 있다. 그러나 확대할 의석에 대한 분배 방식(지역 안배 형식이 유력)에 대한 합의가 필요하고, 특히 상임이사국의 확대는 거부권과 결부되어 있어, 쉽게 합의에 이를 가능성은 크지 않다.

핵심 쟁점인 상임이사국 확대안은 여러 차례 논의되었지만, 진전이 없다. 2005년 코피 아난(Cofi Annan) 사무총장이 구성한 고위 패널은 안보리 이사국을 24개국으로 늘리고, 상임이사국에 일본, 독일, 인도, 브라질을 추가하는 방안을 제시했다. 그러나 기존 상임이사국 간에도 이견이 있었으며, 이해 관계국의 반대도 심각했다. 러시아의 우크라이나 침공 이후 국제연합의 집단안보 기능 마비 문제가 도출되자 미국은 안보리 개혁을 다시 언급한 바 있지만, 안보리 개혁은 안보리 상임이사국의 동의가 필수인 만큼, 실현 가능성이 작다. 우리 외교부도 한국의 공식 입장을 언론(2023년 9월)에 확인한 바 있다. "우리는 안보리 개혁이 민주성, 책임성, 대표성, 효율성을 제고하는 방향으로 이루어져야 한다는 원칙 아래에 정기적 선거를 통해 선출되는 비상임이사국 증설을 지지하는 입장이다."

거부권 남용 자체를 해결하려는 다양한 시도도 지난 30년간 지속적으로 제기되어 왔으나, 현재까지 별 성과를 내지 못하고 있다. 먼저, 총회 결의안을 통해 거부권 남용에 심리적 제동을 거는 방안이 시도되었다. 2022년 4월 총회는 결의를 통해, '상임이사국이 거부권을 행사하는 경우, 10일 이내에 총회를 개최하여 거부권 행사 이유를 설명'하도록 했다. 이 총회 결의안 채택 직후 북한 ICBM 실험에 대한 대북한 제재안에 대해 중국과 러시아가 거부권을 행사했다(5월 26일). 이에 따라 총회가 개최(6월 8일)되어 중국과 러시아는 '북한에 대한 추가 제재가 북한의 인도주의 상황 악화와 한반도 긴장을 부추길 것이다'라는 요지로 거부권 행사의 이유로 설명한 적이 있다. 총회에서의 해명요구는 상임이사국이 거부권 사용에 심리적 부담을 느끼게 할 수 있는 것으로 보인다.

다른 시도는, 반인륜적인 범죄에 대해서는 거부권을 포기하자는 방안이다. 거부권 보유국인 영국과 프랑스가 1990년대 르완다에서 발생한 반인륜적 범죄 사태에 대한 교훈을 바탕으로 제안했다. 이 제안에 따르면, UN 사무총장이 전쟁범죄로 판명하면, 상임이사국은 거부권을 포기하는 방안이다. 그러나 러시아는 상임이사국의 특권 제한이라고 반대했고, 미국도 소극적인 입장을 취했다. 논의는 진전 없이 끝났다.

다음은 거부권을 남발하는 경우 국제연합에서 제명하거나, 헌장 개정을 통해 거부권을 폐지하는 방안도 제시되었지만, 현실성이 없는 방안이었다. 헌장 제6조에 의해 안보리 권고에 의해 상임이사국(회원국)에 대한 제명이 가능하지만, 권고 결정에도 여전히 거부권이 적용되기 때문에 불가능하다. 그러나 구속력이 없지만, 우크라이나-러시아 전쟁에서 우크라이나 부차 지역 주민 학살 책임에 대해 총회가 러시아의 유엔 인권이사회 자격을 정지시키는 결의를 채택하기도 했다. 헌장 개정을 통해 거부권을 무력화하는 방안도 헌장 제109조에 의해, 회원국의 2/3 이상의 동의와 회원국의 2/3 이상의 국내 비준이 있어야 가능하다. 그러나 상임이사국들의 영향력과 회원국 간의 다양한 이해를 감안할 때 현실성이 없다.

이상의 노력에서 보듯이, 총회 기능을 강화하여 안보리 거부권에 제동을 걸고, 상임이사국이 거부권 남용을 '비난하고 오명을 부과(name and shame)'하는 국제사회 압박을 통해 견제하는 것이 현재로서는 가장 실효성이 있는 방안으로 보인다.[69]

냉전 시대의 국제정치 이론(1): 신현실주의

국제정치 이론의 발전과 역할

냉전체제에서 소련과의 치열한 경쟁에 대응하기 위해 미국의 외교정책 개발에 대한 수요가 유례없이 폭발했다. 이러한 수요에 부응하여 미국의 국제정치학이 철학, 역사와 같은 전통적인 학문 분야로부터 독립하여 하나의 학문 분야로 확립되어 비약적으로 발전했다. 그 중심에 국제정치 이론이 존재했다. 국제정치 이론은 2차 대전 후 발전된 행태주의 방법론을 도입하여 인과관계를 통한 예측력을 높이는 과학화를 이루었고, 인접 사회과학의 이론과 접근법을 도입한 학제간(學際間) 연구(interdisciplinary research) 노력으로 국제정치 현안에 대한 설명력을 높였다.

냉전 시대에 주류 이론은 한스 모겐소와 조지 케넌 등의 고전적 현실주의(Classical Realism)를 계승한 신현실주의(Neorealism) 이론이었다. 신현실주의 이론은 고전적 현실주의가 의존했던 힘, 국가이익, 세력균형과 같은 개념을 그대로 사용하면서 국제문제를 국제구조 틀(international structural framework)에서 분석했다. 그 시발점은 케네스 왈츠가 1959년에 제시한 국제적 무정부 상태라는 개념에서 시작되었다. 냉전이 격화된 1950~1960년대는 신현실주의 이론의 전성시대로 냉전이라는 수요에 적극적으로 부응한 결과였다. 1970년대 들어서면서 핵전쟁에 대한 미국과 소련의 우려, 냉전에 따른 정치적·경제적 피로감이 겹치면서 소위 데탕트 시대가 열렸다. 1973년 제4차 중동전쟁의 여파로 중동 산유국들의 석유 무기화로 국제경제질서가 붕괴되면서, 경제가 국제정치에서 중요한 힘의 요소로 부각되기 시작했다. 1970년대는 서방 진영 내에서도 서독과 일본이 경제성장에 성공하여 경제력으로 무장한 강대국으로 등장하고 있던 시점이었다. 1970년대 데탕트의 분위기 속에 미국 특유의 자유민주주의 정신과 결합한 신자유주의(Neoliberalism) 이론이 대두되었다. 신자유주의 이론은 칸트류의 영구평화에 대한 갈망을 기초로 해서 민주주의 확장, 제도화, 경제적 상호의존의 확대와 같은 평화를 구축하는 구체적인 전략에 관심을 두었다. 신자유주의 이론의 대두는 신현실주의 이론의 독주를 저지하는 역할도 수행했다. 지금까지도 현실주의와 자유주의의 논쟁이 계속되고 있다.

국제정치 학계의 현실주의와 자유주의 간의 논쟁은 미국의 외교정책에 많은 통찰력을 주었고, 반대로 많은 외교 사례는 국제정치 이론 개발에 기초가 되었다. 왈츠는 외교 사례를 서술하고, 법칙 탐구 수준이었던 전 시대의 노력으로부터 냉전 시대에서는 외교 사례들의 인과관계를 해석하여 이론화하는 단계로 발전했다고 설명했다. 왈츠는 이론을 '특정한 행동이나 현상과 관련된 법칙의 모임 또는 집합'[70]이라고 정의한 데에서도 외교 사례와 이론의 관계가 잘 나타나고 있다. 학자들은 축적된 외교사례를 종합 분석하고, 사례들 속에 포함된 법칙과 인과관계를 발견하고, 인과관계에 대한 해석을 통해 이론을 만들었다. 이론은 외교관계자들의 정책 결정에 명시적, 묵시적으로 영향을 미쳤다. 이론과 현실의 관계를 일찍이 저명한 경제학자 케인스가 '이론이 필요 없다고 생각하는 것은 과거의 3류 글쟁이에 불과하다'는 말로 설명했다.[71] 존 미어샤이머도 복잡한 세계를 이해하는 데에 반드시 이론이 필요하다고 선언하고, 자신의 공격적 현실주의 이론이 "캄캄한 방을 비추는 강력한 플래시 라이트와 같다"고 평가했다.[72] 자유주의론자인 조지프 나이도 국제정치에서의 이론이 '외교의 길을 안내하는 지도'라고 비유했다.[73] 현실주의론자, 자유주의론자들 모두 이론과 현실의 결합 필요성에 공감하고 있다.

미국 외교에서 한스 모겐소, 키신저, 브레진스키, 수전 셔크(Susan Shirk), 조지프 나이 등 많은 학자들이 국무부와 국방부 같은 외교안보기관에서 중책을 맡거나 외교정책 결정자들의 정책 참모로서 이론과 현실 외교의 가교가 되었다. 국무부와 국방부 차관보로 재직했던 조지프 나이는 미국 외교정책을 수립할 때 자유주의, 현실주의, 구성주의와 같은 국제정치 이론들의 도움을 받았다고 실토했다.[74] 반대로 외교나 군사현장의 경험을 학계에서 이론화하는 데 노력한 학자들도 많았다. E.H.카, 조지 케넌, 존 미어샤이머, 앤드루 바세비치(Andrew J. Bacevich Jr.) 등이다. 스티븐 월트(Stephan Walt)는 포스트냉전 시대에 미국 자유주의 패권정책이 24년간 워싱턴을 중심으로 포진하고 있는 학계, 연구소 등의 '외교 관계 엘리트(blob)'에 의해 지배되었다고 분석했다. 블롭은 이론과 외교 현장 경험을 겸비한 경우가 많았다.

냉전과 데탕트를 통해 이론과 외교 현장이 밀접하게 결합되기 시작했다. 냉전체제를 이해하기 위해서는 신현실주의와 신자유주의 이론에 대한 이해가 필요하다.

케네스 왈츠의 구조적 현실주의

신현실주의는 케네스 왈츠의 이론화 작업으로부터 시작되었다고 할 수 있다. 왈츠는 주요 저서인 『인간, 국가, 전쟁(Man, the State, and War』(1959)과 『국제정치 이론(Theory of International Politics)』(1979)을 통해 현실주의가 국제정치의 주류 시각의 자리를 굳히게 해주었다. 그리고 그 후 『핵무기 확산(The Spread of Nuclear Weapons: More May Be Better)』(1981)을 통해 점진적 핵 확산을 통한 핵무기 세력균형론('핵 확산이 평화를 견인한다')을 제시하여 핵 확산 논쟁을 일으켰다.

그는 먼저 국제정치학의 이론화를 추구했다. 기존의 국제정치학이 사실을 서술하는 '법칙 탐구' 수준이었다고 전제하고, 사실에 대한 설명과 인과관계를 탐구하는 '이론'으로 발전되어야 한다고 단언했다. 그리고 그 출발점으로 '국제적 무정부 상태(international anarchy)'라는 국제구조를 제시했다. 왈츠의 이론이 구조적 현실주의(Structural Realism)라 불리는 이유이다. 그가 분석의 중심을 무정부 상태라는 국제구조에 두었기 때문에, 분석 중심을 인간과 국가 차원에 둔 고전적 현실주의와 구별하여, 그와 추종자들의 이론을 합쳐 신현실주의로 명명되었다.[75]

왈츠는 『인간, 국가 그리고 전쟁(Man, the State and War)』에서 홉스의 자연 상태를 차용하여 상위의 권위체가 없이 대등한 주권국가들로만 구성된 국제사회의 모습을 '국제적 무정부 상태'라는 개념으로 정의하여 신현실주의 이론을 전개했다. '국제적 무정부 상태'는 찰스 립슨(Charles Lipson)이 미시의 세계를 풀어나가는 열쇠가 된 '로제타스톤'이라고 명명할 정도로 혁신적 개념이었다. 왈츠는 전쟁의 원인을 자신의 장점인 정치철학(정치철학을 전공하다가 국제정치로 전향)을 사용하여 인간 본성, 국가체제, 국제적 무정부 상태 등 세 가지 이미지(차원)에서 분석했다. 첫째 이미지는 이기적이고 공격적인 인간 본성이 전쟁의 원인이라는 입장으로 홉스, 스피노자, 모겐소 등의 입장이다. 둘째로는 국가 체제가 전쟁의 원인이라는 주장으로 칸트, 윌슨, 레닌에 의해 제시되었다. 칸트와 윌슨은 민주주의 정치체제는 전쟁하지 않는다고 주장한 반면, 레닌은 자본주의 체제에게는 전쟁이 필연적이라 주장했다. 마지막으로 국가 상위에 권위체가 존재하지 않는 국제적 무정부 상태 때문에 전쟁이 발생한다는 생각으로, 투키디데스와 루소가 주장했다(구체적으로는 04. 국가 행동의 근원과 전쟁, '전쟁의 원인' 참조).

이후 왈츠는 20년이 지난 후에 『국제정치 이론(Theory of International Politics)』(1979)을 통해 과학적인 국제정치 이론을 추구했다. 그는 전쟁의 원인 이미지였던 인간 본성과 국내 정치체제는 변경될 수 없는 상수에 가까운 요소이고, 국제문제의 원인을 하위 차원인 인간 본성과 국내 정치체제에서 찾는 것은 방법론상 환원주의(Reductionism) 오류이기 때문에, 국제문제를 '국제구조'인 무정부 상태 측면에서만 분석해야 한다고 선언했다. 국제문제 분석을 인간 본성과 국가체제에 기초했던 왈츠 이전의 고전적 현실주의와의 결정적인 차이점을 제시했다.

그는 무정부 상태에서 형성된 국제정치 구조와 단위인 국가 간의 관계에서 이론을 전개한다. 그에 의하면, 무정부 상태는 단순히 상위의 권위체가 존재하지 않는 상태이고, 무정부 상태에 형성된 국제정치 구조는 '힘의 배분

(distribution of power)'에 의해 결정되고, 단위인 모든 국가는 생존을 목표로 자조(self-help)를 추구하는 안보추구자라는 동질성을 가지고 있다.

그는 국제정치 구조의 특징을 국내정치 구조와의 차이점에서 찾았다. 차이점을 질서의 원칙(ordering principle), 기능의 분화(division of function), 힘의 배분 등 세 가지 요소를 통해 검정한 결과, '힘의 배분'만이 국제정치 구조에 영향을 미친다고 결론을 얻었다. 그러므로 국제정치 구조는 '힘의 배분'에 의해서만 결정된다. '힘의 배분'은 능력에 따라 정해진 국가들의 위치 배열을 의미한다. 힘의 배분에 의해 강대국이 정해지고, 강대국 숫자도 정해진다. 강대국의 숫자에 의해 국제정치 구조인 극성(polarity)이 결정되고, 극성은 2개의 강대국인 경우 양극체제(bipolarity), 2개국이 넘는 경우 다극체제(mutipolarity)로 구분된다. 그리고 국가들은 구조(양극, 다극)에 따라 행동을 결정하기 때문에 국제정치 구조가 국가들의 행동을 지배하게 된다(A structure selects). 극성에 따른 안정성 문제에 있어서, 1945년 이후 강대국 간의 전쟁이 전혀 없었던 '긴 평화(long peace)'가 이루어진 역사적 사실을 볼 때, 양극체제(냉전체제)가 다극체제보다 안정적이라는 결론을 얻었다. 구체적인 근거로 양극체제가 상대의 의도와 목적 등에 관한 판단이 쉬워 불확실성을 감소시킬 수 있고, 진영 내부의 문제는 주도국 리더십으로 해결할 수 있다는 점을 제시했다. 그리고 동맹으로 인한 연루(entrapment)와 방기(abandonment)를 회피할 수 있어 원하지 않는 전쟁에 강대국이 휘말리거나 배신으로 권위를 상실할 위험이 낮다는 점도 제시했다. 반면 왈츠와 달리, 다극체제의 안정성을 지지하는 학자들이 제시하는 근거는, 관심이 분산되어 충돌 가능성이 작아지고, 유연한 동맹을 통한 세력균형이 작동되고, 상호작용을 통해 의존이 확대된다는 점들이다(극성에 따른 안전성 문제는 02. 세력균형, 영구평화를 향한 갈망과 집단안보, '세력균형과 패권의 안정성 논쟁' 참조).

왈츠가 제시한 국가의 행동을 보면, 강대국들은 자조 노력을 통해 필연적(자연법칙, 보이지 않는 손)으로 세력균형에 이르게 된다. 그는 세력균형의 세

가지 특성을 통해 세력균형이 필연적 현상(자연법칙)으로 되어가는 과정을 설명했다. ① 세력균형은 지속적으로 형성되며, 국가들은 성공적인 세력균형정책을 서로 모방한다. ② 국가들은 세력균형의 방법으로 균형 유지 전략과 무임승차 전략을 구사한다. ③ 국가들은 경쟁을 통해 점차 세력균형을 추구하는 동질성을 가지게 된다.76)

왈츠가 『국제정치 이론(Theory of International Politics)』을 출판하면서 국제정치 이론의 원년으로 설정한 1979년은 소련이 아프가니스탄을 침공하여 1970년대 데탕트 분위기가 종료되고, 다시 소련의 팽창주의에 대한 우려가 미국 사회를 지배하기 시작한 시점이다. 시기적으로 적실성을 얻은 왈츠의 신현실주의 이론은 미국인들로부터 환영을 받고 이후 미국의 세계관과 외교정책에 지대한 영향을 미쳤다.

왈츠는 1981년 「핵무기 확산(The Spread of Nuclear Weapons: More May Be Better)」이라는 논문을 발표하면서 핵 확산 논란의 중심에 섰다. 그는 '핵 확산이 평화를 견인한다'는 논리를 제시하여 핵 확산 위험성에 대해 공유하고 있었던 기존의 보편적 인식에 반기를 들었다. 그에 의하면, 자신의 구조적 현실주의 이론에 기반하여 국가는 생존하기 위해 자조(self-help)하고, 그 수단으로 저비용이면서 효율적인 핵무기 개발에 집착하게 된다. 그리고 핵무기가 가지고 있는 엄청난 파괴력에 의한 상호확증파괴(MAD)는 핵무기를 억지 수단으로 전환시키고, 핵무기 억지력에 의한 평화는 신흥 핵보유국에도 경험과 신뢰로 공유되어 모두가 전쟁을 자제하는 세계적인 핵 억지 체제가 형성되어 평화를 견인한다는 논리이다. 즉, 점진적(slow)인 핵 확산을 통해 더 많은 평화를 이룰 수 있다는 논리였다. 그는 '더 많을수록 더 좋을 수 있다'라는 명제를 제시했다. 왈츠의 논리는 마치 평화 달성의 조건으로 핵 확산을 주장하는 것으로까지 보여 많은 비판의 대상이 되었다. 심지어 MAD가 가지고 있는 이중적 의미(상호확증파괴/미친)로 조롱 받기도 했다(Is Kenneth Waltz still M.A.D. about Nukes?). 그리나 그도 국가의 목표가 자조이므로 핵 확산은 필연적이기 때문에, '핵 확산이 전혀 이루어지지 않는 것과 급속히 핵 확산하는 것보다 좋다'는 전제를 달았던 점도 고려해야 한다(상세는 09. 얄타 체제, '핵 공포, 핵무기 군축과 핵 확산 논쟁' 참조).

왈츠의 이론은 논리적인 명료함으로 이론화에 어느 정도 성공하고 국제정치 이론의 새로운 장을 열었다. 그러나 동질적인 국가와 무정부 상태에 집착하여 국제정치 현실을 너무 단순화하여 복잡한 현실정치를 설명하는 데에는 한계가 있다는 비판을 받았다. 그리고 현실주의 정치이론의 보편적인 한계이기도 하지만, 국제정치를 소수 강대국에 의해 이루어지는 '소수체계(small number system)'로 규정하여[77] '힘의 배분' 변화에 영향을 미칠 수 없는 비강대국을 국제정치의 주체가 아닌 강대국 정치의 종속변수로만 취급하는 한계도 보였다.

왈츠 이론에 대한 보완

왈츠가 구체화하지 않았거나, 상수로 취급했던 요소들에 대한 보완 작업들이 이루어져 신현실주의 이론이 더 큰 설명력을 갖게 되었다.[78]

먼저, 왈츠는 무정부 상태 개념을 도입했지만, 국가 상위에 존재하는 권위체가 없는 상태라는 구조적인 특징만 제시했다. 구체적으로 무정부 상태의 성격에 대해 설명하지 않았다. 국가의 제1 행동강령으로 자조를 제시한 것을 보면, 홉스적 무정부 상태를 염두에 둔 것으로 추측된다. 무정부 상태의 성격은 무정부 상태에서 협력이 가능한가 하는 문제와 결부되었다.

왈츠와 동시대 영국 국제정치학자인 헤들리 불(Hedley Bull)은 『무정부 사회(A Anarchical Society)』(1977)에서 왈츠의 무정부 상태 개념을 수용하여 세력균형의 안정성에 동의했다. 그러나 그는 무정부 상태가 아노미 상태가 아니라 국가 간의 협력이 가능한 상태이고, 강대국 간 양해, 규범과 규칙, 제도 등에 규율되는 질서가 작동되는 상태라고 설명했다. 헤들리 불은 구체적으로 무정부 상태에서 국제법과 외교를 통해 협력이 가능하다고 주장했다.[79] 그리고 케네스 오이(Kenneth Oye) 같은 학자들은 아예 무정부 상태에서의 협력을 증진시킬 수 있는 전략을 제시했다. 오이가 편집한 『무정부 상태에서의 협력(Cooperation under Anarchy)』(1986)에서 무정부 상태에서 협력은 가능하고, 협력을 증진하는 세 가지 전략을 제시했다. ① 4개의 게임 이론(죄수의 딜레마, 사슴사냥, 치킨게임, 교착상태)으로 구성되어 있는 선호체계(payoff structure)를 변화시키는 전략이다. 구체적으로 '여러 사안을 연계' 시키는 전략으로 통상협상에서 적용할 수 있다. 그리고 기술발전도 선호체계를 변화시킬 수 있는 요인이다. ② 미래에 대한 기대(shadow of future)를 증진시키는 전략이다. 단기적 이익보다 장기적 이익이 더 클 경우에 사안을 세분하여 '조금씩 협력을 반복하는 방식'을 사용한다. 군축협력에서 유용성이 크다. ③ 참여국 숫자를 적게 하는 전략이다. 참여국의 숫자가 적을수록 정보비용이 감소하여 국가 간 협력의 가능성을 증대시킬 수 있다. 무정부 상태에서의 협력 가능성 여부는 신현실주의와 신자유주의 이론의 주요 쟁점 중 하나가 되었다. 신현실주의자들은 무정부 상태에서의 국가 간의 협력은 일시적일 뿐이며 장기적 협력은 어렵다고 주장했다. 반면 신자유주의자들은 국제제도와 같은 방안을 통해 장기적인 협력(영구평화) 구축이 가능하다고 주장한다.

왈츠는 모든 국가는 안보를 추구하고, 세력균형에 의존하는 동질성을 가지고 있다고 주장했다. 그러나 로즈크런스의 주장[『The Rise of Trading State』(1986)]에서 보듯이 안보뿐만 아니라 경제를 목표로 추구하는 국가도 있다. 렌들 스웰러(Randall Schweller)도 국가는 동질이지 않으며, 국가가 추구하는 목표가 현상 유지(세력균형)인가 현상 타파인가로 구분해야 한다고 주장했다(『Deadly Balance』 1980). 그리고 국제정치 구조가 국가 행동을 지배한다는 주장에 대해서는 국내 요소(domestic factor)가 국가 행동을 결정한다는 고전주의적 비판도 나타났다. 민주주의 국가 간에는 전쟁하지 않는다는 민주주의 평화론(Bruce Russet), 국내정치와 국가 행동이 밀접히 연계되어 있다는 연계이론(Jack Snyder) 등이다. 그리고 왈츠는 국제정치 구조를 변화시키는 것은 '물리적인 힘'이라고 전제했다. 왈츠를 계승한 현실주의 학자인 스티븐 월트는 『동맹의 기원(The Origin of Alliance)』(1987)에서 국가의 행동을 힘(power)이 아니라 위협(threat)의 관점에서 보아야 하며, 국가는 세력균형이 아니라 위협 균형(balance of threat)에 의존해서 동맹을 맺는다고 주장했다. 그에 따르면, 위협의 수준은 총체적 국력뿐만 아니라 지리적 근접성, 공격 능력, 공격 의도에 의해 결정된다. 대표적 예로, 2차 대전에서 독일의 위협 수준이 높았기 때문에 국력의 총합이 더 큰데도 불구하고 연합국 진영으로 국가들이 참여했고, 냉전 시대에도 소련의 위협 때문에 서방이 소련보다 더 국력이 강함에도 불구하고 미국을 중심으로 결집했다

그리고 물리적인 힘(power)의 한계성에 대한 지적은 상호의존(interdependence), 소프트 파워 등을 주장하는 신자유주의자들과 '관념(ideas)'이라는 개념으로 힘을 대체하려는 구성주의자(Constructivism)들로부터 나타났다.

존 미어샤이머의 공격적 현실주의

2000년대에 들어서면서 존 미어샤이머는 케네스 왈츠의 이론을 계승하고 보완하여 의미 있는 현실주의 이론을 제시했다. 미어샤이머는 국가들이 자국의 안보를 보장하기 위해 '패권(hegemony)'을 추구한다는 명제를 제시하면서, 세력균형을 목표로 하는 왈츠의 방어적 현실주의(Defensive Realism)와 구별하여 자신의 이론을 공격적 현실주의(Offensive Realism)라고 이름을 붙였다.[80] 미어샤이머는 로버트 길핀의 정의를 빌려 패권국(hegemon)을 '너무나 강력해서 국제체제 속에 있는 모든 국가를 지배하는 나라'로 규정했다.[81]

그는 저서 『강대국 정치의 비극(Tragedy of Great Power Politics)』(2001)에서 왈츠와 달리 무정부 상태를 '매우 위험한 상태(hobbesian anarchy)'로

규정했다. 무정부 상태가 왈츠에게는 구조적인 특징에 불과하지만, 미어샤이머에게 무정부 상태는 공격력, 불확실성, 생존 욕구와 같은 여러 요소로부터 매우 높은 압력을 받고 있는 상태이다. 이로 인해 국가들은 자신들의 안보를 확보하기 위해 여러 행동을 취하게 되는데, 이 행동은 자조, 두려움, 그리고 힘의 극대화로 표출된다. 결과적으로 국가들은 '힘의 극대화'를 통해 가장 안전하다고 느끼는 패권국(hegemon)을 추구[82]하게 되며, 이러한 경쟁과 갈등은 종국적으로는 전쟁이라는 강대국 정치의 비극(tragedy of great power politics)으로 나타난다. 그러나 모든 국가는 안보를 위해 패권을 추구하지만, 현실적으로 세계적 차원에서의 패권국가(global hegemon)는 불가능하므로 지역패권국가(regional hegemon) 추구가 목표가 되고, 지역패권국가가 된 이후에는 다른 지역패권국가가 등장하는 것을 방지하는 데 힘을 집중하게 된다.[83] 미어샤이머는 다른 지역패권국가의 등장을 저지하는 방안으로 세력균형을 세시했다. 세력균형정책의 두 가지 옵션은 균형(balancing)과 책임 전가(buck passing)이고, 위협을 당하는 국가들은 가능한 책임 전가를 선택한다고 설명했다.[84] 균형전략은 국가가 직접 세력균형에 참여하여 도전을 저지하는 역내균형(onshore balancing)인 반면, 책임 전가는 일단 해당 지역의 다른 국가들로 하여금 도전자를 차단(책임 전가)하게 하는 대신, 간접 지원하는 역외균형(offshore balancing)을 의미했다. 그는 현실정치에서 지역 패권을 추구하고 있는 중국에 대해 미국이 역외균형 정책을 취할 것을 주문했다. 미국의 역외균형 전략은 주한 미군이 철수하고 한국과 일본이 일차적으로 중국을 방어하도록 해야 한다는 의미로 해석된다.

미어샤이머의 공격적 현실주의가 제시한 왈츠 이론과의 명백한 차이점은 무정부 상태의 본실을 '위험한 상대'로 명백히 규정하고, '위험한 무정부 상태'에서의 국가전략은 세력균형이 아니라 패권을 추구한다는 것이다. 그러나 로버트 저비스(Robert Jervis), 스티븐 월트 같은 학자들은 무정부 상태가 국가로 하여금 사국의 인보를 위해 힘을 추구하게 만들지만, 과도한 힘의 추구는 안보 딜레마를 초래할 수 있기 때문에 '절제된 힘(restraints)'을 추구해야 한다고 주장하여 왈츠를 지지했다.

미어샤이머는 극성의 안정성 문제에 대해서는 왈츠와 같이 양극체제가 더 안정적이라고 보았다. 그러나 그는 강대국은 인구 규모와 GNP로 산정되는 군사력(특히 지상군이 중요)에 의해 결정되며, 극성에 극 수(양극/다극) 이외에도 '균형 여부'를 변수로 추가하여, 안정적인 순서에 따라 ① 균형적 양극체제(가장 안정적), ② 균형적 다극체제, ③ 불균형적 다극체제(가장 불안정)로 구분했다. 그리고 그는 왈츠가 언급하지 않았던 무정부 상태에서의 협력 가능성에 대해 부정적인 입장을 취했다. 협력은 존재하더라도 일시적일 뿐 쉽게 파괴된다는 것이다. 협력에 따른 계약의 신뢰 문제와 협력에 수반되는 이익의 분배에 대한 갈등 가능성 등이 협력을 파괴한다고 주장했다.

미어샤이머는 핵 확산에 대해서도 왈츠와 같이 위험성을 인정하지 않았다. 도리어 다극체제에서 '제한적 핵 확산'을 통해 세력균형이 유지될 수 있다고 주장한다. 냉전체제 붕괴 직후, 통일 독일에게 핵 보유를 허용하여 강대국(영·프·독·러) 간 세력균형을 통해 유럽에서의 전쟁을 억제할 수 있다는 의견을 내놓았다. 그리고 러시아의 우크라이나 침공을 예견한 것처럼, 우크라이나 핵 보유 유지를 통해 적대적인 러시아를 견제하는 방안도 제시했다.[85)]

미어샤이머는 2010년대 미국의 자유민주주의 확장정책이 한계를 보이자, 저서 『미국의 거대한 환상(The Great Delusion)』(2018)을 통해 미국의 자유주의 패권정책(liberal hegemony)이 군사력에 의존해서 추진되어 중동, 러시아, 중국에서 민족주의의 도전에 직면하는 위기에 빠져 있다고 분석했다. 이를 해결하기 위해 미국 외교정책을 다시 역외균형으로 환원해야 한다고 주장했다(상세는 10. 포스트냉전 체제, '자유주의 패권정책에 대한 비판과 옹호' 참조).

신현실주의에 대한 평가

신현실주의가 현실정치를 설명하고 전략을 제시하는 능력은 뛰어나지만, 현실을 너무 흑백으로 단순화하고 강대국에 의한 안정만을 추구한다는 면에서 다분히 보수적인 시각이다. 이런 보수적인 시각 때문에 현실주의가 역사 속에서 나타난 전쟁과 같은 대재난의 주범으로 비난을 받는 경우가 많았다.

현실정치에서 현실주의 이론에 대한 이중적인 평가는 현실주의 이론을 미국 외교에 실천한 헨리 키신저 전 국무장관 개인에 대한 양극화된 평가에서도 찾아볼 수 있다. 2023년 11월 키신저의 사망 소식이 알려지자 그의 현실주의 외교를 지지하는 사람들은 미중 관계개선, 베트남전 종전, 중동평화 등 업적을 높이 평가하여 '정치 현실주의 외교의 거장'으로 칭송하였다. 반면 칠레 쿠데타 개입, 캄보디아·라오스 폭격과 같은 군사적 개입을 비판했던 사람들은 그를 '워싱턴의 도살자'라고 비판했다. 비판자들은 한 걸음 더 나가서 키신지 자신이 최대의 업적으로 생각했던 미·중관계 개선에 대해서도, 도덕적으로 하자 있는 비밀외교일 뿐만 아니라 근시안적 이익에만 도취되어 장기적으로는 미국 이익에 손상을 가져다준 외교였다고 비난했다. 키신저가 주도한 미·중관계 개선과 그의 친중적인 행보가 중국이 도전세력이 되도록 만들어준 계기가 되었고, 이를 키신저가 부추겼다는 것이다. 현대 유럽사 권위자인 영국 출신 역사학자 토니 주트(Tony Robert Judt)는 키신저가 자신의 박사학위 논문[『회복된 세계(A World Restored)』]의 주인공인 메테르니히의 개입주의를 흉내 냈고, 품격 떨어지는 합스부르크가 황제(닉슨을 암시)를 모시는 재상으로 착각하여 미국의 헌법과 여론을 무시했다고 비판했다. 그리고 미국의 진보적인 언론인인 크리스토퍼 히친스(Christopher Hitchens)는 『키신지 재판(The Trail of Henry Kissinger)』(2001)에서, 키신저를 '놀랄 만한 기억력을 가진 엄청난 거짓말쟁이(a stupendous liar with a remarkable memory)'라고 비난하면서, 그는 베트남, 캄보디아, 라오스, 칠레 등에서의 학살과 파괴에 연루된 '전쟁 범죄자(war crimes)'로서 처벌받아야 한다고 주장했다.

냉전 시대의 국제정치 이론(2): 신자유주의

2차 대전 후 국제연맹의 실패와 냉전체제의 완성으로 현실주의가 득세한 반면, 자유주의는 위축되었다. 그러나 자유주의는 1970년대 미국과 소련이 긴장을 완화하는 데탕트가 이루어지고, 중동의 석유 문제로 경제 이슈의 중요성이 부각되면서 신자유주의(Neoliberalism)로 귀환했다. 신자유주의는 주류였던 신현실주의에 대한 대항이론으로서 1970년대와 1980년대에 걸쳐 발전해 오다가, 소련 붕괴 후 미국 패권 시대에서는 미국 외교를 지배하는 주류 이론인 자유주의 패권(Liberal Hegemony)으로 발전했다. 그리고 신자유주의가 등장할 수 있었던 이론적 배경은 신현실주의의 독주에 대한 저지 필요성뿐만 아니라 신현실주의가 기초하고 있는 유일한 행위자(actor)로서의 '국가(nation state)'와 절대적인 이슈(issue)로서의 '안보(security)'를 넘어서는 행위자와 이슈의 다양화와 확장이 현실정치에서 나타나고 있었기 때문이다. 행위자로서 국가 이외에 국제기구와 같은 정부 간 기구(IGO)는 물론이고 다국적기업(MNC)과 비정부기구(NGO)와 같은 비국가 행위자(non-governmental actor)의 역할이 증대되었다. 그리고 이슈도 안보문제를 넘어서 경제, 사회문화, 환경, 테러 등으로 확장되었다.

신자유주의 이론의 3대 기둥

신자유주의는 칸트의 영구평화론에 뿌리를 두고 있다. 칸트의 이론을 현대 용어로 요약하면, 국가들이 ① 민주주의 ② (경제적) 상호 의존 ③ 국제기구(international organization) 등 세 가지 요소들을 공유하면 영구평화가 가까워질 수 있다. 세 가지 요소가 신자유주의자들의 기본 전제이다.

민주주의는 루소의 확신에서 보듯이 일찍이 공화정이란 형태로 유럽 사상계에서 평화를 창조할 수 있는 제도로 수용되고 있었다. 1980년대에 민주주의 평화론(Democratic Peace Theory)으로 이론화되었다. 민주주의 평화론은 '민주주의 국가 간에는 전쟁을 하지 않지만, 비민주주의 국가와는 전쟁한다'는 이론이다. 1983년 마이클 도일(Michael Doyle)이 논문[칸트, 자유주의 유산, 그리고 외교(Kant, Liberal Legacies, and Foreign Affairs)]에서 자유(민주)주의 국가 간에는 전쟁이 없었다는 통계자료를 제시하면서 이론화되기 시작했다. 그는 자유(민주)국가의 외교는 상대국이 자유(민주)국가 여부에 따라 달라진다고 주장했다. 자유(민주)주의 국가 간에는 전쟁이 발생하지 않는데, 그 이유는 전쟁 비용 부담을 의식하고, 국가 간에 존중을 받으려는 공동 의식이 존재하고, 무역과 세계주의적 법들이 평화적인 관계로 유도하기 때문이다. 쉽게 말해 민주주의 제도의 특성이 전쟁을 억제한다는 것이다. 반면 비자유(민주)주의 국가에 대한 외교에서는 어려움에 봉착한다. 그것은 비자유(민주)적인 상대국의 입장(비자유주의, 인권침해 등)과 싸우기 때문에 전쟁도 불사하게 된다. 미국의 경우, 서구 민주주의 국가에 대한 외교와 독재와 부패가 점철된 제3세계 국가들에 대한 외교가 다른 이유이다.[86] 도일도 차별성을 감안하여, 자유(민주)주의 국가 간에 이루어지는 평화를 '분리된 평화(separate peace)'로 명명하여 보편적 평화와 구분하였다.

브루스 러셋(Bruce Russett)은 『민주주의 평화 잡기(Grasping the Democratic Peace)』(1993)를 통해 민주주의와 평화와의 관계를 체계적으로 분석했다. 러셋의 주장은 네 가지로 요약할 수 있다. ① 민주주의 국가들은 자신의 특수한 규범과 제도 때문에 전쟁을 회피하는 경향이 있다. 전쟁 회피 경향은 경험적으로 증명되었기 때문에 하나의 경험적 법칙(empirical law)으로 인정되어야 한다. ② 민주주의 국가는 차별적 행동을 한다. 민주주의 국가에 대해선 전쟁하지 않고, 비민주주의 국가들에 대해서는 전쟁을 한다. ③ 민주주의 국가가 전쟁하지 않은 이유는 인권과 갈등을 해결하는 정치문화가 형성되어 있고, 국민이 통제할 수 있는 민주주의 정치제도가 존재하기 때문이다. 그리고 외교에서의 공개주의 관행이 확립되어 전쟁을 방지한다. ④ 세계평화를 위한 가장 좋은 전략은 민주주의를 확산시키는 것이다.

민주주의 평화론은 짧은 기간 내에 강력한 이론으로 자리 잡고 있다. 아이켄베리 같은 일부 저명한 자유주의 학자들은 민주주의 평화론이 '국제관계에서 우리가 가지고 있는 유일한 경험적 법칙'이라고 평가한다. 현실정치에서도 미국의 도덕주의와 결합되어 민주주의 확산을 향한 십자군 정신으로 나타나고 있다. 로널드 레이건과 조지 W. 부시(43대) 행정부에서는 네오콘이라는 강경외교로 반영되었고, 포스트냉전 시대에는 자유주의 패권으로 진화했다.

둘째는 상호의존론이다. 1970년대 후반 로버트 코헤인과 조지프 나이(Robert Keohane & Joseph Nye)는 4차 중동전쟁과 이에 따른 제1차 석유파동 속에서 신현실주의 이론의 무기력을 비판하기 위해 '복합적 상호의존(complex interdependence)' 개념을 공저인 『권력과 상호의존(Power and Interdependence)』(1977)을 통해서 제시했다. 이들은 ① 국제사회에서 다양한 행위자(actor)에 의한 다중채널 존재, ② 다양한 이슈와 안보를 정점으로 하는 이슈체계 붕괴, ③ 군사력이 차지한 역할 감소 등을 시대의 변화상으로 제시했다. 이러한 시대의 변화 압력에 의해 경제, 사회, 환경 등 다양한 영역에서 국가 간의 상호작용이 증가하고, 그 결과 국가들이 상호 민감하게 반응하고 영향을 주고받는 상태인 '복합적 상호의존'이 국가 관계를 지배하게 되었다. 복합적 상호의존하에서 발생하는 공동의 문제와 갈등은 국가들이 국제제도와 규범을 만들어 통제할 수 있다고 주장했다. 그리고 그들은 국가 간 권력 관계를 측정하기 위해 외부충격에 대한 반응을 뜻하는 민감성(sensitivity)과 외부충격에 대응하기 위한 비용을 의미하는 취약성(vulnerability) 개념을 도입하여, 국가관계를 대칭적 상호의존(symmetrical interdependence)과 비대칭적 상호의존(asymmetrical interdependence)으로 구분했다. 비대칭적 상호의존 관계인 경우에는 한 쪽이 권력 관계에서 우/열위에 있음을 의미한다. 복합적 상호의존은 이후 조지프 나이의 파워 개념의 실용화와 로버트 코헤인의 제도주의로 발전했다.

조지프 나이는 여러 저작[『Bound to Lead』(1990), 『Soft Power』(2004) 등]에서 소프트 파워(Soft power) 개념을 만들어 국가 간 상호의존을 더욱 용이하게 설명할 수 있는 도구를 제공했다. 나이는 강제적인 군사력(coersive military power) 중심의 하드 파워의 개념에 대비하여 비강제적이며 공동 선택(co-optive)의 성격을 가진 소프트 파워 개념을 제시했다. 이후 소프트 파워는 국제정치에서 보편적인 권력 개념이 되었고, 나이는 한 발 더 나아가 하드 파워와 소프트 파워를 합리적으로 결합하는 전략인 스마트 파워(Smart power)라는 개념까지 제시했다. 그리고 『미국 힘의 패러독스(The Paradox of American Power)』(2002)에서, 21세기 세계화와 정보혁명의 결과로 초국가적인 이슈와 비국가적 행위자의 등장으로, 포스트냉전 시대에는 미국이 전례 없는 초강대국 지위에 있음에도 불구하고 독자적으로 해결할 수 없는 초국가적인 문제에 대응하기 위해 다자주의 협력에 의존해야 한다고 제언했다.

무역이 평화를 창출한다는 생각은 계몽 시대 때부터 존재했다. 칸트도 영구평화를 정착시키는 보충요건으로 자유무역을 주장한 바 있다. 리처드 로즈크런스(Richard Rosecrance)는 『무역국가의 부상(The Rise of Trading State)』(1986)에서 군사력이 아닌 경제력(무역)으로 무장한 강대국의 부상을 설명하면서 무역이 세계평화를 촉진시킨다고 주장했다. 그에 의하면, 국가들은 비용수익 분석에 의거해서 군사력에 의존하는 정치군사세계(Political Military World)와 무역세계(Trade World)의 중 하나를 선택해 왔으며, 미국과 소련은 전통적인 정치 군사 세계를, 일본과 서독은 무역세계를 선택했다. 그리고 앞으로 무역세계의 비중이 증대될 것으로 전망했다. 스티븐 크래스너(Stephen Krasner)도 자유무역이 국제질서의 요체라는 입장에서 패권국이 자유무역 질서를 지지함으로써 평화를 창출할 수 있다고 주장했다.

경제적 상호의존 관계가 반드시 평화를 보장하는 것이 아니라는 비판도 있다. 물리력과 같이 경제력도 강제성(economic coercion)을 가질 수 있고, 비대칭적 상호의존 관계에서는 상호의존을 무기화할 수 있기 때문이다.

마지막으로, 제도주의(Institutionalism)이다. 제도주의는 국제정치에서 협력과 안정성을 중시하는 이론이다. 국제제도에서 국가 간의 규칙, 규범, 절차 등이 공유되고 있기 때문에 국가 간의 협력과 안정성이 증진될 수 있다고 본다. 신현실주의는 무정부 상태에서는 협력의 이행을 강제할 수단이 부족하기 때문에 지속적인 협력이 어렵다는 부정적인 입장을 취하고 있다. 그러나 제도주의는 무정부 상태에서도 국가들이 '공동의 이익'을 기반으로 협력을 형성할 수 있고, 그 협력은 국제제도(institution, regime)를 통해 구체화될 수 있다고 주장한다. 로버트 코헤인은 『패권 이후(After Hegemony)』(1984)에서 미국이 쇠퇴하고 있는 무정부 상태(after hegemony)에서도 국제레짐(international regime)이 국가 간의 협력을 가능하게 하여 미국의 지위를 유지시킬 수 있다고 설명한다. 국제 레짐은 '국가의 기대가 수렴하는 묵시적 또는 명시적인 원칙, 규범, 규칙 및 의사 결정 절차'를 의미한다. 코헤인에 의하면, 국제레짐은 국제협력의 주된 실패 원인인 정보 부족 문제를 해결하고, 이행을 강제하여 국가 간의 공동 이익을 촉진할 수 있다. 그리고 국제 레짐 자체도 지속성을 가지고 있다. 국제 레짐이 공동 이익을 창출해 줄 수 있기 때문에 국가들의 지지를 얻을 수 있을 뿐만 아니라 많은 구축비용으로 인해 쉽게 폐기되지 않고, 제도적 관성과 변화에 대한 유연성도 가지고 있기 때문이다.[87] 코헤인은 국제 레짐의 표본으로 세계무역기구(WTO), 국제통화기금(IMF), 유럽연합(EU) 등을 제시했다.[88] 코헤인의 이론은 경제 이슈만 다루고 있어, 무기력한 UN과 같은 군사안보 이슈를 도외시했다는 비판을 받고 있다.

또 존 아이켄베리(John Ikenberry)도 『승리 이후(After Victory)』(2001)에서 국제기구와 같은 국제제도를 통해 국가들의 행동에 대한 국제적 규율(제도의 규율과 규범)을 강화하여, 국가 간의 협력을 촉진하고 평화를 유지할 수 있다고 주장한다. 아이켄베리는 대전쟁(나폴레옹 전쟁, 1차 대전, 2차 대전) 이후 강대국인 영국과 미국이 각각 안정적인 새로운 질서를 구축할 수 있었던 조건으로 강대국(영국과 미국)의 전략적 절제(strategic restraint)와 함께 국제제도(international institution)를 제시했다. 국제제도가 국가 간의 상호작용을 통해 상호의존을 확대하여 협력을 증진하고, 규칙에 의거해서 갈등을 통제할 수 있기 때문이다. 아이켄베리는 독일과 프랑스를 묶어 양국 간의 역사적 갈등을 통제한 EU와 모든 국가들로부터 평화 기제로 지지를 받고 있는 UN의 사례를 제시했다. 코헤인은 제도주의를 경제 분야에서 찾았고, 아이켄베리는 정치·안보 분야에서 검증했다.

현실주의자들은 국제제도의 역할을 다르게 해석하면서 제도주의를 비판한다. 현실주의자들은, 협력은 국제제도에 의해 이루어지는 것이 아니라 국가 간의 이익 조화에 의해 이루어지는 것이며, 국제제도는 이러한 협력을 실행하기 위한 수단에 불과하다고 주장한다.

칸트의 귀환: 영구평화의 방정식

자유주의 이론의 3 기둥은 모두 칸트의 영구평화론에서 뿌리를 두고 있지만 시대적 요구에 따라 개별적으로 발전해 왔다. 자유주의 3개 요소를 동시에 추구하는 칸트의 영구평화론은 1983년에 마이클 도일(Michael Doyle)이 칸트의 자유주의 유산(liberal internationalism)을 재조명하는 논문[칸트, 자유주의 유산, 그리고 외교(Kant, Liberal Legacies, and Foreign Affairs)]을 발표하면서 귀환했다. 도일은 자유(민주)주의 국가 간에는 전쟁하지 않는다는 '민주주의 평화론(Democratic Peace Theory)'의 이론적 근거를 칸트의 영구평화론에서 찾았다. 도일에 의하면, 자유주의 제도(민주주의)를 가진 국가 간에는 전쟁이 없는 소위 '자유주의적 평화(liberal peace)'가 존재하고, 그것은 1816~1980년간 발생 된 국가 간 전쟁 118건 중, 자유(민주)주의 국가 간 전쟁은 한 건도 없었다는 사실을 통해 '경험적 법칙'이 되었다. 그리고 '자유주의적 평화'는 칸트가 제시한 영구평화의 세 가지 조건(민주주의, 경제적 상호의존, 국제제도)을 충족함으로서 달성될 수 있다고 주장했다.[89] 즉, 도일은 '영구평화가 달성되려면 3개 조건이 모두 충족되어야 한다'는 좀 엄격한 영구평화 방정식을 제시했다.[90]

이후 브루스 러셋(Bruce Russett)과 존 오닐(John Oneal)이 칸트의 영구평화 방정식을 더욱 구체화했다. 그들은 공저 『평화를 위한 삼각구도(Triangulating Peace: Democracy, Interdependence and International Organization)』(2000)를 통해 영구평화의 조건과 방안을 제시했다. 그들은 칸트가 사용한 세 가지 조건 변수(민주주의, 상호의존, 국제제도)를 사용하여, 3개의 변수들이 한 개 보다 두 개, 두 개보다 세 개가 합쳐지면 평화의 가능성은 점점 증가한다고 주장했다. 세 가지 변수 모두가 합쳐져야만 평화가 가능하다는 도일의 이론을 발전시킨 것이다. 그리고 평화와 3개 변수는 서로 상승적으로 상호작용하는 선순환 구조를 가지고 평화를 증대시킨다고 설명했다. 3개의 변수가 상호작용을 통해 평화를 증대시키고, 평화의 증대는 다시 3개의 변수를 자극, 발전시킨다는 것이다. 러셋과 오닐은 선순환의 사례를 2차 대전 후 서유럽의 경험에서 찾았다. 서유럽의 정치지도자들은 2차 대전의 원인으로 파시즘과 같은 권위주의의 발흥, 대공황으로 인한 무역체제 붕괴, 무정부 상태를 통제할 제도(국제연맹)의 무력화라고 인식하고, 이를 반면교사 삼아 민주주의제도를 보편화하고, 자유무역체제를 확립하고, 유럽공동체(EU) 창설하여 평화를 안착시켰다.

신자유주의는 민주주의 확산을 목표로 하는 '민주주의 평화론(DemoCratic Peace Theory)', 경제적 상호의존을 통해 평화에 대한 신뢰를 높인다는 '상호의존론(Interdependence Theory)', 국제기구 창설과 같은 제도화를 통해 평화를 구축한다는 '국제제도주의(International Institutionalism)'라는 3

개의 이론적 기둥에 기초하고 있다. 신자유주의 이론은 포스트냉전 시대에는 미국식 십자군 정신과 결합된 민주주의 평화론을 전면에 내세운 '자유주의 패권'이란 이름으로 미국 외교를 지배하게 되었다.

제4부
새로운 국제질서를 향하여

10. 포스트냉전 체제

11. 새로운 국제질서는 가능한가

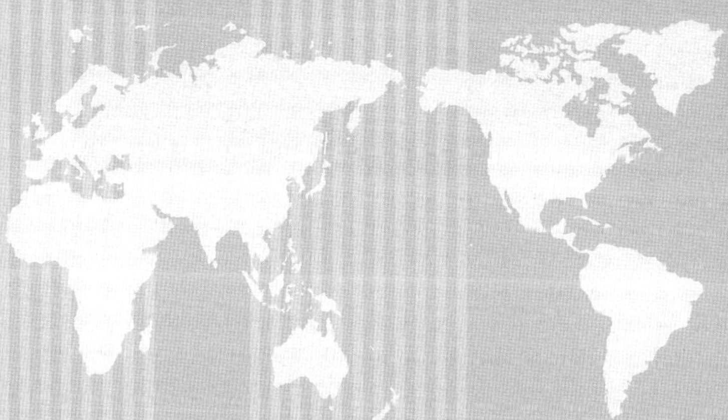

10

포스트냉전 체제*

평화를 확장하려는 선한 의도였으나 주권의 절대성을 경시한 잘못으로 수정주의자들을 양산하여 국제질서에서 무정부성만 확장시키고 있다.

몰타 정상회담, 1989년

* 한 시대에 대한 지혜는 그 시대가 끝날 무렵에 나타난다는 헤겔의 언명에 따라, 포스트냉전 시대의 외교사를 해석하기보다는 시대를 설명하는 이론들을 중심으로 정리했다.

포스트냉전 체제는 냉전체제의 연속이다. 미국이라는 주도국과 자유주의 패권론자들이 설계자로서, 안보 규범인 국제연합의 집단안보체제를 유지하면서 미국 자유민주주의를 더욱 확산시키려는 자유주의 패권정책(liberal hegemony)을 채택했다. 그들은 소련의 붕괴와 미국 자유민주주의의 승리는 필연적이라는 확신에서 터져 나온 '역사의 종언(End of History)'의 대세 속에 등장했다. 자유주의 패권은 1990년대 소련 붕괴에 따른 수습 외교에서의 성과에도 불구하고 9·11 테러를 기점으로 군사력에 대한 의존이 높아지면서 국제사회와 미국 내부로부터 신뢰를 상실하기 시작했다. 그리고 2008년 미국에서 시작된 세계금융위기를 계기로 미국이 주도하는 세계질서에 도전하는 수정주의자들을 직면하게 되었다. 2014년 '지정학의 귀환'을 선포한 월터 러셀 미드(Walter Russell Mead)는 수정주의자들(revisionist powers)로 중국, 러시아 그리고 이란을 지목했다. 중국은 남중국해에로의 팽창을 시도하고, 러시아는 크림반도를 합병했다. 그리고 이란은 시아파 초승달 벨트를 형성해 중동에서 영향력을 확장시키고 있었다. 수정주의자들의 행동은 미국이 설계한 기존 국제질서를 지정학적으로 수정하려는 시도이다. 특히 중국은 자신이 주도하는 질서(중국적 세계질서)를 구축하겠다는 의지가 분명한 만큼, 미·중 갈등은 포스트냉전 체제에서 상수가 되어버렸다. 국제정치 이론 면에서도 현실주의 계열의 지정학이 자유주의 이론에 반기를 들고 귀환하였을 뿐만 아니라, 포스트냉전 체제 초기에는 급변하는 국제사회 현실에 대한 설명력을 높이고, 현실주의 이론에 대항하기 위해 현실주의자들의 힘(power) 대신에 관념(idea)을 분석 도구로 하는 구성주의(Constructivism)가 등장했다. 포스트냉전 체제를 설명하기 위해 자유주의, 현실주의, 그리고 구성주의가 경쟁하고 있다. 포스트냉전 체제에서의 외교사와 국제정치 이론은 모두 진행형이다.

역사의 종언: 자유민주주의의 승리

소련의 붕괴는 얄타 체제의 붕괴와 포스트냉전 체제의 개막을 알렸다. 양극체제에서 미국의 패권 시대로의 전환을 의미하는 세력균형의 대변혁이었다. 이러한 상황을 적절히 설명하고, 체제 주도국인 미국이 설계하는 '자유민주주의' 규범을 1980년대 말 정치학자 프랜시스 후쿠야마(Francis Fukuyama)는 '역사의 종언(End of History)'이라는 명제로 제시했다. 후쿠야마의 '역사의 종언'은 1989년과 1992년에 각각 논문 「역사의 종언(The End of History?)」[1)]과 서적 『역사의 종언과 최후의 인간(The End of History and the Last Man)』으로 출판되었다. 그는 자유민주주의가 파시즘과 공산주의를 굴복시킨 것이 역사의 종언이고, 자유민주주의가 이데올로기와 정치체제의 최종 진화형태이며, 인류의 정치적 발전이 궁극적으로 도달할 수 있는 최종 단계라고 주장했다. 그의 주장은 냉전의 종식과 소련 붕괴 후의 세계질서 재편과정에 자유민주주의라는 새로운 규범을 제시한 것이다.

후쿠야마의 이론은 헤겔(Hegel) 철학에 기초하고 있다. 헤겔이 '역사의 종언'이라는 용어를 처음 사용했다. 헤겔은 나폴레옹 전쟁 기간인 1806년 예나(Jena) 전투에서 나폴레옹 군대에 의해 유럽 최강이라고 자부했던 프리드리히 빌헬름 3세의 프로이센군이 힘없이 무너지는 것을 목격했다. 그리고 '나는 시대정신(zeitgist)을 보았다'라고 경탄하고 '역사의 종언'을 선언했다. 헤겔이 선언한 역사의 종언은 프랑스 혁명 사상으로 무장한 국민국가 프랑스에 의해 왕조 국가체제에 머물러 있는 유럽의 기존 체제/질서가 붕괴되었음을 선언한 것이고, 이념전쟁(war of ideas)에서 프랑스 혁명 이념이 승리하여 앞으로 새로운 질서는 프랑스 혁명 이념이 이끌어 갈 것을 예측한 것이다.[2)] 헤겔의 예측대로 구시대의 대명사인 신성로마제국이 나폴레옹에 의해 해체되었고, 보수적인 빈 체제도 시대착오적이라는 것이 곧 드러났다. 그리고 헤겔은 역사가 직선적으로 발전하며, 그 발전에는 목표가 있다고 보았다.

헤겔에 따르면, 역사발전은 정·반·합의 변증법적 과정을 통해 이루어지며, 이 과정을 통해 '근본적인 모순'이 소멸된 최종단계가 바로 역사의 종언이라고 설명했다. 후쿠야마에게는 그 최종단계가 바로 자유민주주의였다.

후쿠야마는 역사발전의 원동력을 헤겔 철학에서 차용하여, '물질적 욕구의 충족'과 '개인 간 상호 인정(recognition)'이라는 두 가지 요소로 제시했다.[3] 물질적 욕구의 충족을 위해 세계가 공동시상화되어 경제적 통합이 이루어지고 상호 인정을 통해 자유와 평등이 보장됨으로써, 역사발전을 위한 더 이상의 투쟁이 없어져, 대규모 전쟁이 종식(소규모 분쟁은 여전히 존재)된 평화로운 세계가 형성된다고 주장했다. 자유민주주의의 두 가지 요소인 경제적 번영과 자유가 평화(안보)를 견인한다는 후쿠야마의 생각은 칸트와 윌슨의 사고와 맥을 같이 하고, 미국의 도덕적 자유주의 전통에 기초하고 있다.

후쿠야마의 '역사의 종언'은 소련 붕괴라는 시대적 상황을 반영한 것일 뿐만 아니라, 포스트냉전 시대를 지배할 자유민주주의라는 미국 주도의 국제규범과 자유주의 패권이라는 정책이 채택되는 데 필요한 철학적인 기반을 제공했다고도 볼 수 있다. 이후 자유주의 패권정책의 한계가 노출되고 권위주의 국가들이 소멸하기는커녕 더욱 확장되는 현상이 나타나는 속에서도 후쿠야마는 2014년 세미나와 언론에서 자신의 예측에 오류가 있었음을 인정했지만, 민주주의의 건재를 주장하며 역사의 종언은 수정하지 않았다.[4]

후쿠야마의 '역사의 종언' 선언은 자유민주주의의 승리를 의미하며, 명백히 미국의 도덕주의와 자유주의의 전통에 뿌리를 두고 있다.

미국의 도덕적 자유주의, 예외주의 그리고 자유주의 외교

미국 도덕적 자유주의와 예외주의

미국의 도덕주의는 청교도 정신에서 시작되었다. 17세기 초반 청교도들이 종교적 박해를 피해 영국을 떠나 북미에 정착했다. 이들은 성경을 중심으로 근면, 절제, 신앙심과 같은 엄격한 도덕적 생활을 강조했다. 청교도적 가치관이 초기 미국 사회의 도덕적 기준을 형성하는 데 중요한 역할을 했다. 청교도들은 유럽보다 도덕적으로 우월한 신세계를 건립하고 싶어 했다. 미국으로 떠나는 청교도들에게 존 코튼(John Cotton) 목사가 유럽의 모든 나라가 우러러보는 '언덕 위의 도시(city upon the hill)' 같은 신세계를 만들어달라고 축복했다. 마태복음 5장 14절에 언급된 '언덕 위의 도시'는 여러 차례 청교도의 이상향으로 제시되면서 도덕적인 미국의 비전이며 우월의식의 표현이 되었다.

청교도적 가치에 의해 형성된 미국의 도덕주의는 독립선언문과 헌법에 명문으로 자유민주주의로 구현되었다. 1776년 미국 독립선언에서는 그동안 유럽제국이 성취한 자유와 인권을 넘어서 "모든 사람은 평등하게 태어났으며, 생명, 자유, 행복 추구의 권리를 가진다"라고 천부인권의 원칙을 제시했다. 그리고 헌법에서도 유럽의 왕정체제에서와 다른 공화주의, 법치주의, 권력 분립, 기본권 보호와 같은 혁명적인 원칙들을 채택했다. 미국의 자유주의와 민주주의 정치제도는 유럽에 대한 우월성으로 여겨졌다. 1831년 미국에 체류하면서 직접 미국 민주주의를 체험했던 프랑스 정치철학자인 알렉시스 드 토크빌(Alexis de Tocqueville)은 저서 『미국의 민주주의(Democracy in America)』에서 미국의 역사, 사회제도, 정치제도 등이 유럽과 다르다는 점을 '미국 예외주의(American Exeptioalism)'로 표현했다. 그는 예외주의라는 용어를 통해 미국 자유민주주의를 높게 평가했다. 그는 유럽이 구시대 봉건적 국가 체제로 낙후되어 있었던 반면, 미국은 권력 분립과 같은 민주주의 체제뿐만 아니라 개인의 자유와 평등이 보장되는 자유주의를 만들어냈다고 찬양했다. 나아가 그는 유럽(특히 프랑스)이 미국의 모델을 본받아 개혁해야 한다고 주장까지 했다.

예외주의(exceptionalism)는 민족이 스스로 우월하고 생각하는 경향으로 모든 국가에서 발견할 수 있다. 그러나 미국은 다른 국가들과 달리 예외주의를 외교에 기초로 정착시켰다. 스탠리 호프만(Stanley Hoffmann)에 따르면, 미국과 프랑스만이 '자신의 가치가 보편적'이라는 굳건한 예외주의 믿음을 가지고 있고, 미국만이 이러한 예외주의를 반영한 외교정책을 수립하고 수행할 능력이 있다고 평가했다.5) 조지프 나이는 미국 예외주의를 도덕과 자유주의라는 가치뿐만 아니라 지정학적 장점에서도 찾았다. 나이에 의하면 미국 예외주의에 반영된 도덕주의, 자유주의, 지정학이라는 세 가지 배경이 각각 미국의 자유주의 외교와 현실주의 외교의 기초가 되었다. '언덕 위의 도시'로 표현되는 청교도 정신이라는 도덕주의와 미국 건국 과정에서 나타나는 자유, 인권, 민주주의와 같은 계몽주의적 자유주의라는 두 가지 배경은 미국의 도덕적 에너지가 되어 자유주의 외교의 기초가 되었다. 반면, 대서양과 태평양이라는 두 개의 대양에 의한 보호와 격리, 거대한 영토 규모, 약소국들과의 접경과 같은 미국의 독특한 지정학적 요인도 미국 외교에서 중요한 역할을 했다. 미국은 지정학적 요인 덕분에 유럽세력으로 보호받아 충분히 주변 영토를 확장할 수 있었고, 강대국이 된 후에는 유럽의 세력균형에 참가할 수 있었다. 마지막 배경인 지정학적 예외주의가 미국이 세력균형 틀을 통해 외교정책을 수행할 수 있는 현실주의 외교의 기초를 제공했다.6) 미국의 예외주의는 도덕주의, 자유주의, 지정학적 장점을 모두 포함한 미국의 우월감을 나타내는 개념이 되었다.

고립주의 vs. 개입주의, 자유주의 외교

미국의 예외주의는 미국 외교의 중요한 DNA로 자리 잡았다. 예외주의에 기반한 미국 외교는 미국적 가치인 자유민주주의를 어느 정도 국제사회에 투영하느냐에 따라 고립주의와 개입주의로 나타났다. 고립주의냐 개입주의냐 하는 선택은 미국의 국력과 정치지도자의 철학과도 연관되었다. 첫째는 미국이 자유민주주의의 등불(beacon) 역할을 해야 한다는 생각이다. 이 생각은 미국을 자유민주주의의 모델로 국제사회가 본받아 주기를 바라지만 국제문제(처음에는 유럽 문제)에 대해 불개입을 고수하는 고립주의이다. 고립주의 전통은 미국이 강대국으로 등장하기 이전에 먼로주의라는 이름으로 2차 대전 참전 때까지 미국 외교에서 중대한 역할을 했다. 둘째는 미국이 자유민주주의를 확장시키는 십자군(crusade)의 역할을 수행할 것을 요구하는 적극적인 생각이다. 이는 미국이 강대국으로 등장한 1차 대전 이후에 윌슨 대통령으로부터 구체화되었다. 미국의 가치인 자유민주주의 확대가 영구평화를 구축하는 지름길이므로 미국이 국제문제에 적극적으로 개입하여 미국의 가치를 확장해야 한다는 생각이다.7)

미국 외교에서 두 기둥인 고립주의와 개입주의는 미국 외교사에서 번갈아 가면서 나타나고 있다.

먼저 미국 외교를 지배한 것은 고립주의이다. 미국 고립주의는 보통 먼로주의로 불린다. 먼로주의의 생성은 미국 건국 시점으로 거슬러 올라간다. 1796년 미국 초대 대통령 조지 워싱턴은 고별 연설에서 유럽 문제에 개입하지 말 것을 주문했다. 통상 '건국 아버지의 경고(Founding Father's Injunction)'라고 불린다. 미국독립전쟁에서 프랑스가 미국을 지원해 주었지만, 프랑스의 혁명전쟁에 대해 미국이 지원할 수 없음을 밝혔다. 당시 독립한 지 얼마 되지 않았고 군사력도 열세인 미국이 유럽 문제에 개입하는 것은 부적절하다는 현실적 판단이었다. 이후 중남미국가들의 독립 분위기를 진압하려는 유럽의 빈 체제에 대항하여 1823년 제임스 먼로(James Monroe) 대통령이 연두교서에서 먼로 독트린을 발표하면서 미국의 정책으로 구체화되었다. 먼로 독트린은 서반구에 대한 유럽 제국의 개입을 반대한 것을 넘어서 미국이 서반구에서 영향력을 확장해 나가는 도구로 사용되었다. 미국은 먼로 독트린을 방패로 내부적으로 영토를 확장하고 서반구에 대해서는 영향력을 확장해 나갔다. 명백한 운명(Manifest Destiny)이라는 논리를 통해 서부로의 영토 확장을 정당화했고, 프랑스와 러시아로부터 루이지애나와 알래스카를 매입하고, 멕시코·스페인과의 전쟁을 통해 캘리포니아, 뉴멕시코 같은 남서부지역과 하와이를 획득하여 지금의 영토로 확장했다. 중미지역에 대해서도, 미국의 국력 증대와 발맞추어 20세기 초 시어도어 루스벨트 대통령(1901~1909년)은 중남미국가들에 대한 미국의 간섭을 정당화하는 '루스벨트의 추론'을 제시하여 중미 국가들에 대한 지배력을 확장했다. 먼로주의는 서반구에서의 미국 세력권 형성이라는 이면을 가지게 되었다. 1930년대 일본이 '대동아공영권'을 내세우면서 아시아 민로주의를 주장했던 사실과 2010년대 중국이 제시한 아시아에서 중국의 세력권을 인정해 달라는 '신형대국관계' 요구는 미국 먼로주의 이면의 복사판이라 볼 수 있다.

유럽이 1차 대전으로 완전히 무너지자, 유럽 문명이 종말에 이르렀다는 위기감 속에 미국의 윌슨 대통령은 미국 특유의 도덕적 우월성에 대한 자신감을 바탕으로 새로운 국제질서를 주도하면서, 미국의 십자군 역할을 제시했다. 도덕적 자유주의를 기반으로 국제연맹을 창설하여 미국의 주도하에 평화를 건설하겠다는 비전이었다. 그러나 미국민들의 여론은 십자군 역할보다는 등불의 역할을 선택하면서, 윌슨의 자유주의는 미국 외교에서 미완성으로 끝나버렸다. 1차 대전 후 강대국이라는 미국의 위상에 익숙하지 못한 미국민들은 다시 유럽 문제로부터 이탈하는 먼로주의를 선택한 것이다. 2차 대전으로 가는 과정에서도 유럽에서 전체주의의 발호에도 불구하고 미국 내에서는 먼로주의가 우세했다. 개입을 결심한 루스벨트 대통령은 국내 먼로주의자들과 미국이 진주만 공격을 당하기 전까지 계속 힘겨루기를 해야 했다. 마침내 일본의 진주만 공격이 미국사회를 극적으로 변화시켜 개입주의를 지지하게 했다.

2차 대전 후 냉전체제가 구축되면서 소련 공산주의와 싸우는 이데올로기로서 미국의 도덕적 자유주의가 강한 힘을 얻게 되면서, 개입주의를 요구하는 자유주의 외교의 주류가 되었다. 그러나 미국 외교에서는 과도한 개입주의에 대한 국민들의 피로감과 정책결정자의 철학에 따라 고립주의 경향도 수시로 나타나고 있다. 미국 국력의 한계성을 노출한 1970년대 이후 미국 외교는 개입과 고립 사이에 궤적을 그리고 있다. 1970년대 닉슨 대통령에 의해 닉슨 독트린이라는 고립주의 경향이 나타났지만, 1980년대 레이건 대통령의 신냉전 시대에는 개입주의가 네오콘이란 이름의 강경한 보수주의 외교로 더욱 강화되어 냉전체제 붕괴를 견인했다. 1990년대 소련의 해체로 유일한 강대국이 된 미국에서 십자군 정신이 더욱 강하게 나타났다. 자유민주주의의 확장이 미국 지도자의 사명이 되었다. 조지 H.W. 부시 대통령(41대)은 1990년 프라하 연설에서 '자유 연방'에 의한 신세계질서를 제시했고, 빌 클린턴 대통령은 1993년 유엔 총회 연설에서 미국 외교정책을 '민주주의의 확장'으로 정의했다. 그러나 9·11 테러 이후 군사력에 의존한 미국의 자유주의 외교는 세계 도처에서 민족주의의 부활이라는 새로운 도전에 직면하게 되었다. 아프가니스탄 전쟁, 이라크 전쟁, 그리고 이란과의 충돌에서 이슬람 세계와의 갈등이 표출되었고, 러시아의 부활을 외치는 푸틴과 미국의 패권에 도전하는 중국과 같은 권위주의 체제의 도전에도 직면하게 되었다. 키신저는 "케넌, 애치슨, 덜레스가 예언한 대로 공산주의는 붕괴되었지만, 그 길 끝에 기다리고 있는 것은 윌슨식 이상주의가 아니라, 윌슨주의자들이 구식이라고 폄하한 '증오심으로 가득 찬 민족주의'였다"[8)]고 이러한 상황을 적절히 설명했다.

2010년대 후반 이후 적극적인 개입을 표방한 자유주의 패권정책이 한계를 보이자 많은 현실주의 학자들도 자유주의 외교에서 벗어나 국가이익에 기초한 세력균형으로 전환할 것을 제언하고, 트럼프 대통령도 이러한 요구에 호응하여 미국 우선주의를 내세우면서 '국제경찰 역할'에서 이탈하려는 고립주의 경향을 보이고 있다.[9)]

미국 외교에서 고립주의가 개입주의로 바뀌어 자유주의 외교가 주류를 이루게 된 분기점은 윌슨 대통령이었다. 키신저에 의하면, 20세기 초 미국이 강대국으로 부상했던 시점에 정반대인 두 명의 대통령이 나타났고, 그들의 대통령 선거 결과에 의해 미국 외교의 주류가 결정되었다. 유럽식 세력균형을 주장했던 현실주의자 시어도어 루스벨트와 도덕적 자유주의자 우드로 윌슨이 그 둘이고, 1912년 대통령 선거에서 윌슨이 승리하여 이후 미국 외교뿐만 아니라 1차 대전 이후 세계질서 구축에 그의 가치를 반영했다.[10] 이후 미국 외교는 윌슨 대통령의 영향으로 도덕주의가 주류를 이루었다. 그리고 필요한 경우에는 도덕주의의 얼굴로 세력균형을 추진하는 이중성도 보였다. 키신저는 자유주의 외교의 태두인 윌슨 대통령을 평가절하한 반면, 유럽식 세력균형 외교를 추진한 시어도어 루스벨트와 닉슨 대통령을 극찬했다.

역사의 종언에 대한 반론들: 다극체제 예견

1990년대 초반 자유민주주의가 대세인 분위기 속에서도 세계질서와 미국의 외교 방향에 대해 후쿠야마와 다른 견해를 제시한 학자와 외교관계자들도 나타났다. 대표적인 인물이 정치학자 새뮤얼 헌팅턴(Samuel P. Huntington)과 헨리 키신저였다. 그들은 공통으로 미래의 국제질서가 후쿠야마가 주장하는 미국의 패권 체제가 아니라 다극체제라고 주장했다. 다가올 다극체제 상황을 미국 외교가 대비해야 한다고 주장했다.

새뮤얼 헌팅턴은 1993년 ≪포린어페어스(Foreign Affairs)≫에 기고한 「문명의 충돌(The Clash of Civilization)」에서 포스트냉전 시대에는 문명을 중심으로 한 다극체제로 세계질서가 재편될 것으로 전망했다. 그는 "문명과 문명의 충돌이 세계평화에 가장 큰 위협이 되며, 문명에 바탕을 둔 국제질서만이 세계대전을 막는 유일한 수단이다"라고 주장했다.[11] 헌팅턴은 국가와 이데올로기 중심의 전통적인 세계질서가 아닌 문명 중심의 세계질서가 형성되리라 전망하면서, 세계를 서구, 중국, 일본, 힌두, 이슬람, 정교, 라틴아메리카로 구성된 7개의 주요 문명군으로 나누었다. 헌팅턴은 포스트냉전 시대에 국제질서에 대해 구체적으로 몇 가지 전망했다. ① 다극화와 다문명화의 추세가 나타날 것이라고 보았다. 이는 세계가 단일한 패권 국가에 의해 지배되는 것이 아니라 여러 문명이 각기 중심 역할을 하며 상호작용하는 복잡한 다극체제가 될 것이라는 의미였다. 미국의 패권적 지위를 전제로 한 후쿠야마의 견해와는 거리가 있다. ② 서구 문명의 약화와 아시아의 약진, 그리고 이슬람의 세력화를 예상했다. 이슬람권의 인구 급증을 이러한 세력화의 주요 원인 중 하나로 지목했다. ③ 각 문명권은 핵심국을 중심으로 결속하는 추세가 나타날 것이라고 보았다. 예를 들어, 중국이 동아시아 문명권의 중심국이 되고, 서구 문명권은 미국과 유럽을 중심으로 결속하게 될 것이라는 전망이다. ④ 서구와 이슬람 간의 갈등, 그리고 서구와 중국 간의 갈등이 주요 국제적 긴장 요소로 등장할 것이라고 예견했다. ⑤ 서구 문명의 보편성이 도전에 직면하리라 전망했다. 이는 비서구 문명들이 서구의 가치와 제도에 도전하고, 자신들의 고유한 문명을 강화하려는 움직임을 보일 것이라는 의미이다. 그리고 그는 국제적인 갈등을 줄이고, 평화를 유지할 수 있는 처방으로, 문명 간의 이해와 조화를 제시했다. 헌팅턴은 이후의 발생한 미국과 중동 간의 전쟁, 그리고 미·중 갈등 등을 예견했지만, 주권국가 질서에서 국가가 아닌 문명이란 요소를 통한 예측의 한계는 인정했다. 그러나 국가 중심의 질서가 문명 간의 복잡한 상호작용을 충분히 설명하거나 해결하지 못한다는 사실을 제기한 것은 의미가 있었다. 결과적으로 헌팅턴의 문명충돌론은 국가라는 요소를 넘어서기보다는 문명이란 새로운 요소를 국제문제 분석에 사용하려는 시도였다는 데 의미가 있었다.

헨리 키신저도 같은 시점에 『외교(Diplomacy)』(1994)에서 포스트냉전 시대에는 국제질서가 미국의 패권체제가 아닌 다극체제로 전환될 것으로 전망했다. 구체적으로 다극체제는 5~6개의 강대국과 다수의 약소국으로 구성되며, 경제와 기술 등 다양한 요소로 인해 권력이 분산된 질서가 될 것으로 예측했다. 미국은 유일한 강대국이 아닌 '강대국들 중 최고(primus inter pares)'의 지위를 가지게 될 것으로 전망했다.[12] 이러한 다극체제에서는 미국이 강대국으로서의 역할에 대한 경험이 부족하기 때문에 키신저는 미국이 유럽 역사에서 배워야 한다고 주장했다. 미국 외교가 도덕적인 '윌슨주의' 외교뿐만 아니라, 전통적인 유럽의 '힘'과 '세력균형 외교'도 채택해야 한다고 주문했다. 상대방의 영향권을 인정하고, 사소한 세력 변화에는 개입하지 않는 세력균형을 다극체제하에서 미국이 취해야 할 외교 방향으로 제시했다. 그는 미국이 선택할 수 있는 세력균형의 방식을 두 가지로 요약했다. 세력균형이 붕괴될 만한 상황에만 개입하는 사후적인 영국식 세력균형(balancer) 방식과 사전에 적극적인 조정을 통해 세력균형을 유지하는 비스마르크식 세력균형(honest broker) 방식이다. 키신저는 미국의 도덕주의 전통을 고려해 좀 더 적극적인 비스마르크식 세력균형을 추천했다. 비스마르크식 세력균형을 통해 미국은 더 적극적으로 국제사회에서 조정자 역할을 수행하며, 과도한 개입을 피하면서도 중요한 순간에 적절히 대응할 수 있다고 주장했다. 미국은 세력균형 유지를 통해 다극체제에서의 안정성을 확보할 수 있다는 것이 그의 주장이었다.[13)]

헌팅턴과 키신저는 역사가 종언에 다다랐다는 자유주의가 만연한 시점에서, 국제질서의 미래를 단극체제가 아닌 다극체제로 전망하며, 문명이라는 프리즘을 통해 국제질서를 보고, 세력균형정책으로 외교 방향을 전환할 것을 주문한 혜안을 보여주었다. 30년이 지난 2025년 현재 후쿠야마가 예견했던 역사의 종언과 미국의 패권은 더 멀어져 있다.

포스트냉전 시대를 보는 새로운 시각: 구성주의

국제정치 이론들은 시대의 반영이다. 냉전 시대를 신현실주의가 반영했고, 데탕트 시대상은 신자유주의가 대변했다. 신현실주의와 신자유주의는 정도 차이는 있지만, 기본적으로 국제질서가 국가의 행동을 지배한다고 본다. 신현실주의는 힘, 그리고 신자유주의는 제도, 가치, 국제법 등을 통해 구성된 국제질서(구조)가 국가(행위자)의 행동(자조/협력)을 지배하는 일방적인 관계로 보고 있다. 그러나 냉전 말기부터 신현실주의와 신자유주의가 설명할 수 없는 민족, 문화, 역사와 같은 역사적, 문화적 맥락의 요인들이 국제정치에 영향을 미치기 시작했다. 그리고 냉전체제(구조)를 벗어나려는 공산 진영 국가들(행위자)의 움직임도 나타났다. 이러한 현상으로 신현실주의와 신자유주의 같은 기성 이론의 설명력에 한계가 나타나기 시작했다. 특히 국제질서와 국가와의 관계를 구조적으로 엄격한 일방적인 관계를 주장해 온 신현실주의의 주장은 냉전체제 붕괴 원인을 설명하는 지점에서 설명력의 한계를 노출했다. 신현실주의는 구조(냉전체제, 양극체제)가 행위자(소련)의 행동(소련 해체)을 결정한다고 설명한다. 그러나 소련은 생존하기 위해 신사고정책을 시행하면서 해체되었고, 그 결과 양극체제도 붕괴되었다. 즉 행위자인 소련의 변화가 구조인 냉전체제(양극체제)의 붕괴를 초래한 것이다. 구조가 행위자 행동을 지배("A structure selects")한다는 신현실주의 가정과 배치되는 현실이 나타났다.

포스트냉전 체제에서 기성 이론, 특히 주류 이론이었던 신현실주의 이론의 설명력 한계를 극복하기 위해 구성주의(Constructivism)가 도입되었다.

구성주의는 사회학 이론으로, 니컬러스 오누프(Nicholas Onuf)가 국제정치학에 도입한 이래 1980년대 후반과 1990년대 초반에 국제정치학의 한 학파가 되었다. 여러 갈래의 구성주의 이론이 제시되었지만, 알렉산더 웬트(Alexander Wendt)의 이론이 가장 많이 인용되고 있다. 웬트는 1992년에 「무정부성은 국가가 만드는 것(Anarchy is What States make of it)」이라는 논문과 1999년 『국제정치의 사회이론(Social Theory of International Politics)』이라는 저서를 통해 구성주의 이론의 대표주자가 되었다. 웬트는 신현실주의가 의존하고 있는 많은 기초(국가중심주의, 안보 우위, 무정부 상태 등)를 수용하여 이론을 전개하고 있기 때문에 급진적 구성주의와 비교하여, 스스로를 '온건한 구성주의(Thin Constructivism)'라고 선언했다.[14]

웬트는 구성주의를 '구조적 관념론'의 일종으로 간주하고, 구성주의가 기초하고 있는 두 가지 기본원칙(교리)을 제시했다. ① 인간관계의 구조들은 물질적 힘보다 주로 공유된 관념(shared ideas)에 의해 결정된다. 관념(ideas)은 이념, 문화, 역사와 같은 관념적인 요소를 포함하는 포괄적인 개념이다. ② 행위자들(agent, 국가)의 정체성과 이익은 자연적으로 주어진 것이 아니라 공유된 관념에 의해 결정(구성)된다.[15] 기본원칙에 의하면, 국가의 정체성은 공유된 관념에 의해 결정된다. 웬트는 영국과 북한의 핵무기의 위험성 비교를 통해 국가의 정체성과 공유된 관념 관계를 설명한다. 영국은 북한보다 더 많은 핵무기를 가지고 있지만, 북한보다 위험하지 않다고 인식된다. 이것은 사회적 맥락(social context)에서 이미 북한이 더 위험한 존재라는 정체성에 대한 공유된 관념이 존재하기 때문이다.[16]

웬트에 의하면 공유된 관념도 사회적 맥락에 따라 변화한다. 그리고 변하는 공유된 관념에 의해 국가의 정체성도 변화하게 된다. 국가(행위자, agent)의 변화는 국가들로 구성된 무정부 상태(구조, structure)의 변화로 이어진다. 결국, 무정부 상태는 국가가 만드는 것이다. 그뿐만 아니라 무정부 상태(구조)의 변화는 국가(행위자)의 정체성을 변화시키는 상호작용의 과정을 거치게 된다.

웬트는 무정부 상태가 가변적이며, 세 가지 문화로 지배되는 세 가지 무정부 상태를 제시했다. 홉스적 무정부 상태, 로크적 무정부 상태, 칸트적 무정부 상태이다. 홉스적 무정부 상태는 신현실주의자들이 가정하는 유일한 무정부 상태이다. 국가들은 상대를 적으로 인식하는 문화가 지배하고, 생존을 목표로 한 자조의 결과로 세력균형이 '보이지 않는 손'과 같이 자동으로 작동되는 문화이다. 칸트적 무정부 상태는 칸트의 영구평화론에 대한 갈망이 작동되는 문화이다. 국가들은 상대를 친구로 인식하여 우정이 지배하는 문화로 영구평화를 추구한다. 그 결과 절대적 권위체(리바이어던)에 의한 집단안보를 추구하게 된다. 마지막으로 로크적 무정부 상태는 홉스와 칸트의 중간 상태이다. 웬트는 로크적 무정부 상태가 베스트팔렌 조약 이후 국제사회를 지배해 온 문화라고 설명한다. 국가들은 상대를 경쟁자로 인식하는 경쟁이 지배하는 문화이다. '만인 대 만인의 투쟁' 상태도 아니고, 항구적인 협력 체제도 아닌 상태로, 협력과 갈등이 공존하는 상태이다. 생존과 이익을 위해 세력균형을 채택하고, 항구적 평화를 위해 집단안보도 동시에 추구한다.[17]

웬트는 세 가지 무정부 상태의 문화도 국가들의 정체성 변화를 통해 변화, 진화할 수 있다고 주장한다. 무정부 상태가 진화하는 종점을 영구평화가 보장되는 칸트적 무정부 상태로 설정했다. 국가들은 이익을 위해 협력하고, 협력이 반복되어 협력이 규범화하여 국가들의 정체성이 협력적으로 변화하고, 결국 무정부 상태 문화도 협력적으로 변해서 홉스적 문화에서, 로크적 문화를 거쳐 최종적으로 칸트적 문화로 불가역적으로 발전해 나갈 수 있다는 것이다.[18]

마지막으로, 웬트는 헤겔의 철학을 수용하여 칸트적 문화가 지배하는 세계국가를 이상향으로 제시했다. 그는 역사의 종언은 후쿠야마가 주장한 것처럼 미국의 자유민주주의가 승리할 때가 아니라, 세계국가가 달성될 때 가능하다고 주장했다. 그리고 세계국가를 헤겔이 역사의 종언의 조건으로 제시했던 '부(wealth)'와 '인정 성취(struggle for recognition)'가 달성된 상태라고 정의했다.[19] 세계국가에 대한 웬트의 신념은 한 발짝 더 나가 '세계국가는 바람직할 뿐만 아니라 피할 수 없는 필연적인 것이다'라고 주장했다. 그는 「왜 세계국가는 필연적인가(Why a World State is Inevitable)」(2003)에서 무정부 상태라는 국제사회의 구조적 압력과 세계화 노력 그리고 국가들의 상호 인정받으려는 노력이 결합되어 필연적으로 세계국가로 발전된다고 주장했다.[20] 그리고 이러한 현상이 유럽(EU)에서 상당이 진척되었고, 미국과 중국 같은 강대국에서도 현실로 다가올 것이라고 전망했다.[21] 세계국가를 목포로 한다는 점에서 웬트의 구성주의는 신자유주의 이론과 맥락을 같이 한다.

웬트가 "신현실주의의 틀을 빌려 신현실주의를 비판하고자 한다"라고 선

〈표 8〉 신현실주의와 웬트의 구성주의 비교

	신현실주의	구성주의
결정요소	물질적 요소	관념적 요소
국가 정체성	고정적(안보추구자)	가변적, 공유된 관념에 따라 변화
무정부 상태	고정적, 홉스적 무정부 상태	가변적, 세 가지 무정부 상태 (홉스적, 로크적, 칸트적)
국제질서(구조, 무정부 상태) -국가(행위자) 관계	일방적, 국제질서가 국가 행동 지배	쌍방적, 국제질서와 국가가 상호작용을 통해 변화 가능
안정적 질서	세력균형 체제, 패권체제	세계국가

인한 사실[22]을 생각할 때, 신현실주의와의 비교를 통해 웬트의 구성주의를 좀 더 명확히 이해할 수 있다. 사회 결정요소로 신현실주의는 힘과 같은 물질적 요소를, 구성주의는 관념(ideas)을 제시한다. 국가의 정체성은, 신현실주의자에게는 안보추구자로 고정적인 존재이다. 반면 구성주의는 공유된 관념에 따라 변하는 가변적인 존재이다. 국제질서(구조)와 국가(행위자) 관계도, 신현실주의는 국제질서가 국가의 행동을 지배한다고 본 반면, 구성주의는 상호작용을 통해 같이 변한다는 생각이다. 무정부 상태에 대해서는 신현실주의는 변하지 않고 고정적이며, 홉스적 무정부 상태를 상정하고 있지만, 구성주의는 가변적이며, 상이한 문화가 지배하는 3개의 무정부 상태를 주장한다. 안정적 국제질서도, 신현실주의는 세력균형 체제와 패권체제를 주장한다. 반면, 구성주의는 세계국가를 갈망한다. 신현실주의와 웬트의 구성주의를 비교하면 〈표 8〉과 같다.

구성주의 이론에 대해서도 많은 긍정적인 평가뿐만 아니라 비판도 뒤따랐다. 먼저 이론으로서 현실정치에서의 유용성 문제이다. 구성주의는 너무 추상적이고, 관념적이기 때문에 이론으로서는 가능하지만, 경험적으로 증명하는 데는 한계가 있다는 지적이다. 그리고 지난 사건에 대한 설명력은 있지만, 미래에 대한 예측력은 부족하다는 평가다. 예측력이 부족한 것은 국가와 국제구조가 상호작용에 의해 고정적이지 않고 변한다는 기본 가설에 따른 결과이기도 하다. 추상성 때문에 정치가들의 악용 가능성도 제기되었다. 미어샤이머는 관념(ideas)과 규범은 국제정치에서 중요도가 낮은 요소일 뿐만 아니라 추상성 때문에 정치지도자들이 악용할 가능성이 있다고 평가절하했다.[23] 그러나 현실정치에서 많이 나타나고 있으면서도 물질적 요소로 설명이 곤란한 민족주의, 테러리즘과 같은 역사적·사회적으로 구성된 관념적인 요소를 설명하는 데는 유용성이 있다는 평가에는 모두 동의한다. 조지프 나이는 미국 국무부 근무 시절에 정책 마련에 구성주의 이론을 활용했다고 언급했다.

구성주의를 신현실주의, 신자유주의와 같은 수준의 이론이라기보다는 하나의 접근법이라고 보는 시각이 우세하다. 그러나 포스트냉전 시대에서 발생하고 있는 정치 현상에 대한 기성 이론의 설명력 틈새를 메우는 역할에 대해서는 모두 인정한다. 포스트냉전 체제는 신현실주의, 신자유주의뿐만 아니라 구성주의를 통해 분석해야 한다.

집단안보 기능의 폭증

포스트냉전 시대에 또다시 체제 주도국의 역할을 맡게 된 미국은 새로운 규범과 규칙을 설계했다. 새로운 체제 설계자는 미국의 도덕적 자유주의자들이었다. 이들은 미국 패권 시대에 십자군 정신으로 무장하고, 한편으로 국제연합의 집단안보 기능을 신뢰하고, 다른 한편으로 자유주의 패권을 통해 자유민주주의를 확산하는 체제를 설계했다.

미국의 자유주의자들은 냉전 시대에 국제연합의 집단안보 기능이 거부권에 의해 무력화된 경험에도 불구하고, 국제연합의 기능을 그대로 수용했다. 국제연합이 미국이 주도적으로 만든 평화의 틀이기도 하지만, 세력균형보다는 도덕적이라는 측면에서 미국의 가치에 부합되었다. 그리고 냉전의 상흔이 있는 분단국가인 한국과 북한뿐만 아니라 독립한 많은 구소련 공화국들이 국제연합의 회원국이 되었다. 국제연합은 유례없이 많은 회원국 덕분에 정당성을 더욱 강화했다(전 세계 195개 국가 중 193개국이 가입). 또 1990년대 국제연합의 집단안보 기능은 비교적 만족스럽게 작동했다. 냉전 시대와는 달리 안보리에서 거부권의 방해 없이 많은 결의가 이루어졌다. 미국은 1991년의 제1차 걸프 전쟁에서는 1950년 이후 거의 사문화되었던 집단안보 기능을 되살려 놓았다.

안보리에서의 강대국 간의 합의가 가능했던 것은 포스트냉전 시대가 가지고 있는 국제정치 환경에 기인했다. 냉전 시대에 거부권을 남발했던 소련/러시아는 주락한 국력으로 미국과의 갈등과 대결보다는 협력이 더 필요했다. 반면, 양극체제의 붕괴로 진영 내에서의 미국과 소련의 통제력이 약화되어 주변부에서의 갈등과 분쟁이 통제되지 않은 채 분출되기 쉬웠다. 그리고 국제사회에 테러, 인종 문제, 주변부 분쟁, 핵무기 등과 같은 초국가적이거나 반인륜적인 이슈가 범람하기 시작했다. 이런 이슈도 국가 간 협력이 필수적이었다. 그 결과 국제사회에서 갈등과 분쟁은 쉽게 그리고 많이 발생했고, 협력의 필요성 때문에 미국과 러시아를 포함한 상임이사국 간에 합의가 쉽게 도출되었다. 거부권 사용은 급속히 감소하면서 안보리에서 평화를 향한 많은 결의가 이루어졌다. 1990년대는 소위 '제재의 10년'이란 집단안보 기능의 폭증 시기였다.[24]

구체적으로 보면, 평화유지활동(PKO)도 냉전기에는 10차례만 이루어졌지만, 포스트냉전기에는 폭증하여 61차례 추가되어, 2024년 현재 총 71차례 PKO군이 파견되었다. 초기 PKO 활동에 장애가 되었던 경비 문제도 국제연합의 안정적인 예산편성으로 해소되었다. 그리고 헌장 제41조에 기초한 비군사적 조치인 경제제재도 냉전 기간에는 로디지아와 남아공에 대한 단 2건만 이루어졌다. 그러나 1990년대 이후에는 이라크(1990)를 시작으로 구 유고연방, 리비아, 북한 등 대상국이 전 세계로 확대되어 400개가 넘는 제재(1992~2012년간 346개 제재 결의)가 20여 개 안보리 제재위원회(Sanction Committee)를 통해 이루어져 왔다. 2025년에도 14개 안보리 제재위원회가 활동하고 있다. 제재위원회는 1968년 로디지아 사태 때 처음으로 설치되어 안보리가 결의한 경제제재에 대한 이행을 감시하는 역할을 하고 있다. 일반적으로 제재위원회는 제재대상 국가별로 설치된다. 2025년 현재 북한 제재위원회도 활동 중이다. 북한 제재위원회는 그간 북한의 핵 개발과 같은 움직임에 대해 부가된 13개 경제제재 결의의 이행을 감시하고 있다. 최근에는 경제적 제재가 대부분 포괄적인 성격으로 대상국 일반 국민에게 피해를 야기하는 인도적인 문제를 내포하고 있다고 지적되어, 대안으로 여행금지, 해외 자산동결과 같이 책임 있는 개인이나 기관을 특정하거나 한정하여 제재를 부과하는 스마트 제재(smart sanction)로 발전하고 있다.[25] 국제연합은 제재 기능도 점점 효율적으로 진화시켜 가고 있음을 의미한다.

그러나 도리어 2000년대 이후에는 미국의 주도권에 대해 중국과 러시아가 반발하면서, 거부권 행사가 많아져 제재 결의가 줄어들고 있다. 결국, 집단안보 기능은 우크라이나-러시아 전쟁과 이스라엘-하마스 전쟁에서 국제연합이 보여준 무기력에서 보듯이 상임이사국의 국가이익을 벗어날 수 없는 한계를 가지고 있다.

자유주의 패권정책의 성과와 변화

소련이 붕괴하여 경쟁자가 없는 유일한 강대국인 미국은 자유민주주의에 대한 자부심으로 가득 차 있었다. 언론과 학계를 포함한 사회 전체가 미국식 자유민주주의의 전 세계 확산을 요구했다. 미국의 자신감과 자유민주주의에 대한 지도자들의 사명감은 대통령들의 연설에도 반영되었다. 미국의 패권 시대를 연 공화당의 조지 H. W. 부시 대통령은 1990년 UN 총회 연설에서 신세계질서(New World Order)를 제시하고, 신세계질서를 창조하기 위해 민주주의, 번영, 평화를 증진시키는 파트너십이 필요함을 강조했다.[26] 이어 대통령이 된 민주당의 빌 클린턴 대통령도 1993년 UN 총회 연설[27]에서 미국 외교정책의 개념을 '민주주의 확장'으로 정의했다. 그리고 다른 연설에서도 '민주주의 국가들로 구성된 세계공동체'를 확대하고 강화하는 것이 새 시대의 최우선적인 임무라고 강변했다. 미국의 십자군 정신이 초당적으로 발동되었다.[28]

자유주의 패권정책은 '미국의 패권적 지위를 기초로 하여 자유주의 가치(민주주의, 인권, 자유, 자유시장 등)를 확산시키는 정책'을 의미한다. 미어샤이머도 '국가가 개방적인 국제경제를 촉진하고, 국제제도를 구축하는 동시에 가능한 많은 국가들을 자유민주주의 국가로 전환시키는 것을 목표로 한 야심 찬 전략'이라고 자유주의 패권정책을 정의했다.[29] 배리 포젠(Barry Posen)도 '자유주의와 국가안보를 위해서 미국의 절대적인 우위를 목표로 하는 적극적인 대전략'이라고 규정했다. 스티븐 월트도 자유주의 패권정책을 '미국이 선한 의도를 가지고 자신의 리더십하에 자유주의적 세계질서를 확대하고 심화하는 것'이라고 정의했다.[30] 아이켄베리도 자유주의 패권을 2차 대전 후 미국 패권하에 미국과 동맹국 간에 무역과 안보를 기초로 형성된 자유주의 국제질서를 확장하려는 노력으로 보았다.[31]

경쟁국이 없었던 당시의 국제적 여건이 미국이 포스트냉전 초기에 외교적 성과를 얻을 수 있도록 도와주었다. 1990년대에는 미국이 국제문제 해결에 주도권을 행사하면서 성공적으로 자유주의 패권정책을 수행했다.

미국 외교의 성공은 1991년 사담 후세인의 이라크가 쿠웨이트를 침략하면서 점화된 1차 걸프 전쟁에서부터 시작되었다. 미국은 국제연합의 안전보장이사회를 통해 한국전쟁 이후 처음으로 거의 사문화되었던 집단안보를 발동하여 34개국으로 구성된 국제연합 다국적군을 이끌고 이라크를 격퇴시켰다. 그리고 이라크의 핵 개발과 화학무기 개발을 저지하기 위해 국제연합 감시단 파견을 성사시켰다. 쿠웨이트는 제국주의 시대에는 이라크의 일부분이었으나, 식민지 종주국이었던 영국이 이라크와 분리하여 쿠웨이트를 독립(1960년)시킴으로써 별개의 국가가 되었다. 이라크는 쿠웨이트를 미회수지로 생각하고 합병하기를 희망하고 있었다. 후세인은 8년간 이란과의 전쟁으로 국내경제가 피폐해지자 쿠웨이트 점령을 통해 경제적인 어려움으로부터 탈출을 시도했다. 그리고 후세인 개인도 자신을 과대평가하여 중동의 지도자라는 망상에 빠져 있었고, 미국이 이란의 견제 역할로 이라크를 이용하고 있어서, 후세인은 미국이 개입하지 않을 것이라는 오판에도 빠졌다. 반면 미국이 적극적으로 군사 개입한 데는 중동 석유와 이라크의 대량살상무기 개발 가능성에 대한 예방전쟁 필요성이라는 현실적 이유도 있었다.

미국은 1993년에는 이스라엘-아랍 오슬로 협정을 중재했다. 미국의 조지 H.W.부시 대통령은 1차 걸프전의 성공으로 자신감을 갖고 중동의 오랜 숙원이었던 이스라엘과 아랍 간의 갈등을 중재했다. 이스라엘이 점령 중이던 가자지역과 웨스트 뱅크로부터 철군할 것을 골자로 한 '원칙선언'에 PLO 아라파트와 이스라엘의 라빈 수상이 서명할 수 있도록 영향력을 행사했다. 그리고 추가로 1994년에는 PLO의 근거지 역할을 했던 요르단과 이스라엘이 평화협정을 체결하도록 중재했다.

미국의 외교력은 1994년 구소련 연방국들의 핵 포기를 유도한 넌-루거 프로그램(Nunn-Lugar Cooperative Threat Reduction)에서 빛났다. 미국은 소련 붕괴가 임박하자 1991년에 '구소련 국가에서 대량살상무기 및 관련 시설을 확보하고 해체'하기 위해 샘 넌과 리처드 루거 상원의원 주도로 '협력적 위협 감소(Cooperative Threat Reduction)' 프로그램을 만들었다. 소련 연방 해체 후 구소련의 핵무기가 우크라이나, 벨라루스, 카자흐스탄에 남아 있었다. 이들 국가의 혼란한 국내 사정으로 핵무기들이 과격단체로 유출될 가능성이 제기되었다. 미국은 넌-루거 계획에 따라 경제적 보상과 안전보장을 대가로 핵무기를 폐기하는 내용인 '부다페스트 안전보장 각서(Budapest Memorandum on Security Assurance)'를 미국, 영국, 러시아와 우크라이나, 벨라루스, 카자흐스탄 간에 체결했다. 이 각서는 러시아가 우크라이나를 침공하면서 다시 국제정치 무대에 소환되었다. 이 각서에 의해 러시아는 우크라이나 안전보장에 책임이 있는데도 불구하고 우크라이나를 침공하여 각서가 휴지조각이 되었다. 그리고 우크라이나가 핵무기를 포기하지 않았다면 러시아의 크림반도 점령과 침공이 가능했을까 하는 역사의 가정도 제기되었다. 그러나 당시 우크라이나는 핵무기를 포기할 수밖에 없는 상황이었다. 우선 경제적으로 너무 피폐한 상황이어서 미국의 지원이 절실했다. 그리고 러시아의 폐기 압력을 견뎌낼 수 없었고, 기술적·경제적으로 핵무기를 운용할 수 없다는 기능적인 한계도 있었다. 미국은 구소련 연방 국가들의 핵무기를 폐기시키기 위해 러시아, 우크라이나, 벨라루스, 카자흐스탄에 총 87.9억 달러를 보상했다. 그리나 조지 케넌, 존 미어샤이머 등 많은 전문가들이 러시아와의 세력균형 차원에서 우크라이나 핵무기 유지를 지지하였다. 그리고 후일 우크라이나 핵무기 폐기를 주도했던 빌 클린턴 대통령도 이 결정을 후회한 바 있다.

1994년 미국은 '북미 제네바 합의'를 통해 북한의 핵무기 개발을 저지하는 노력을 했다. 공산권 국가들이 붕괴되고 북한이 최악의 경제 상황에 빠져 있었던 1993년에 돌연 NPT 탈퇴를 선언하면서 북한 핵 문제가 불거졌다. 1992년에 국제원자력기구(IAEA)가 북한 핵시설을 사찰한 결과, 북한이 신고한 플루토늄 양과 국제원자력기구가 추정한 양 간에 차이가 발생하여 추가 특별사찰문제가 IAEA의 현안이 되었다. 북한이 반발하면서 이를 구실로 NPT를 탈퇴했다. 북한의 NPT 탈퇴는 한반도에서 긴장을 극대화시켰다. 지미 카터(Jimmy Carter) 전 대통령이 개인 자격으로 북한을 방문하여 협상 테이블을 마련했지만, 미국과 북한 사이에 제네바 협상은 1년간 전개되었다.

합의 내용은 북한은 핵 개발을 포기하고 미국과 동맹국들은 대가로 경수로 2기를 건설해 준다는 것이었다. 경수로 건설 기간에 중유도 50만 톤 제공하기로 했다. 미국이 리더십을 발휘하여 일단 북한 핵 문제를 해결한 것으로 보였으나, 이후 상호 불신으로 제네바 합의는 결실 없이 끝났다. 이후 북한 핵 문제는 관련 6개국이 참여한 6자 회담, 그리고 국제연합으로 넘어갔다. 현재 북한 핵 개발 활동은 안보리 제재위원회의 제재대상이 되었다. 그러나 당시 북미 제네바 합의는 북한 핵 문제를 해결한 미국 외교의 성과로 평가되었다.

그리고 1990년대에 나토를 통해 유고슬라비아 내전을 종식시켰다. 구 유고슬라비아연방이 붕괴되면서 독립하려는 연방 국가들과 이를 저지하려는 세르비아 간의 갈등이 민족, 종교문제와 결합되어 내전으로 발전했다. 국제연합은 모든 공화국에 대해 금수 조치를 취했다. 그리고 인종과 종교문제가 가장 복잡한 보스니아에서 세르비아와 추종세력들에 의한 인종청소와 같은 인도적인 문제까지 발생하자, 나토가 개입하여 평화협정을 체결하고 평화유지군을 파견했다. 1999년에는 독립을 요구하는 코소보주를 세르비아가 강압하자 나토는 세르비아를 78일간 공습하고 세르비아 대통령 밀로셰비치를 유엔특별재판소에 전범으로 기소했다. 구 유고슬라비아 내전은 일단락되었다.

1990년대에는 미국의 리더십이 국제분쟁들을 성공적으로 관리했고, 이러한 성과는 정치적·경제적 세계화에 대한 미국의 확신을 강화해 주었다. 그러나 2001년 9·11 테러는 자유주의 패권정책이 더욱 더 군사력에 의존하는 계기가 되었다. 이에 앞장선 강경파들이 네오콘이었다. 네오콘은 1980년대 레이건 정부하에서 등장했다. 네오콘은 1930년대 시카고 대학교수인 정치철학자 레오 스트라우스(Leo Strauss)의 철학에 기반한다. 레오 스트라우스는 '야만인들로부터 민주주의를 지키는 것은 자연의 권리이자 책임'이라는 명제를 제시했다. 이들은 불량국가에 대한 선제공격을 주장하며, 적극적으로 국제문제에 개입하고, 군사력을 바탕으로 미국이 세계패권국으로 국제질서를 확립해야 한다는 목표를 설정했다. 현실정치에서 네오콘은 소련 붕괴에서 한 축을 담당했고, 이후 2000년대에 조지 부시(43대) 행정부에서는 권력의 핵심으로 부상하여 네오콘의 정치철학을 외교에서 적극적으로 실천했다. 9·11 테러 이후 이라크 침공(2차 걸프 전쟁)과 같은 강경외교를 주도한 딕 체니 부통령, 럼즈펠드 국방장관 등이 그들이다. 반면, 앤드루 바세비치(Andrew Bacevichi)는 자유주의 패권정책을 과도한 군사적 개입으로 변화시킨 원인은 네오콘이라는 소수집단이라기보다는 십자군 정신과 막강한 군사력에 대한 믿음으로 결합된 '워싱턴 룰(Washington Rules)'에 의해 지배되고 있는 미국 정부 시스템[32] 자체라고 주장했다. 미국 정부 시스템이 9·11 테러 이후 과도한 군사적 개입을 통해 미국을 영구전쟁으로 몰아넣었다는 것이다.

자유주의 패권정책은 1990년대의 성공 신화를 발판으로 2000년대부터 나타나기 시작한 중동, 러시아, 중국 같은 수정주의자들의 도전에도 불구하고, 2017년 오바마 행정부 때까지 생명력을 유지했다. 구체적으로 도널드 트럼프 대통령이 '세계경찰 역할 포기'를 선언할 때까지, 냉전을 종식시킨 조지 H.W. 부시 행정부(1989~1993년), 포스트냉전 체제와 함께 시작한 클린턴 행정부(1993~2001년)로부터 조지 부시 행정부(2001~2009년), 오바마 행정부(2009~2017년)까지 24년간 미국 외교의 중심에 있었다. 자유주의 패권정책이 초당적으로 긴 생명력을 가질 수 있었던 데 대하여 바세비치는 '워싱턴 룰(Washington Rules)'이 지배하고 있는 미국 정부 최상부 시스템을, 스티븐 월트는 워싱턴에서 소재하는 외교정책 기득권층(blob)을 지목했다. 월트와 바세비치의 견해를 종합해 볼 때, 자유주의 패권정책은 미국 예외주의를 신봉하는 외교정책 엘리트들의 가치와 이익과 직결되어 긴 생명력을 유지하고 있다.

자유주의 패권정책에 대한 도전자들

2000년대 들어서면서 미국의 자유주의 패권정책이 1990년대의 성공과는 달리 다면적인 도전에 직면했다. 도전자들(Revisionist Powers)은 민족주의를 무기로 했다. 마이클 하워드는 이들 도전자(특히 중동)를 국지적이고, 산발적으로 미국에 도전하는 구식 칼라시니코프(Kalashnikovs) 소총에 비유했다. 반면 미국은 최첨단의 강력한 토마호크(Tomahawks) 미사일이지만, 일방적인 행동 때문에 평화를 가져오지 못하고 전쟁만 재발명하게 되었다고 비판했다.33)

중동의 저항

첫 번째 도전은 중동으로부터 나타났다. 그 도화선이 2001년 9·11 테러였다. 오사마 빈 라덴(Osama Bin Laden)이 이끄는 알카에다가 미국 본토를 공격했다. 알카에다는 1980년대 소련의 아프가니스탄 침공을 저지하기 위해 미국의 지원으로 성장한 무장단체였다. 그러나 1989년 소련의 아프가니스탄 철수로 활동 목표를 상실한 오사마 빈 라덴은 탈냉전으로 패권 국가 지위에 오른 미국으로 목표를 전환했다. 아프리카 등에서 미국에 대해 산발적으로 공격해 오다가 9·11 테러에서 미국의 심장부인 뉴욕과 국방부 건물을 공격했다. 9·11 테러 공격에 대해 미국은 격분했고, 국제사회도 미국의 편에 섰다. 미국의 중동에 대한 군사력 사용이 정당화되었다. 2001년 10월 미국은 오사마 빈라덴 인도와 알카에다 추방 요구를 거절한 아프가니스탄 탈레반 정권을 공격하여 20년간 군사적으로 아프가니스탄을 지배하고, 한편으로는 탈레반과의 전쟁을 수행했다. 미국-아프가니스탄 전쟁은 미국이 막강한 군사력을 사용하여 자유민주주의 가치를 확산시키려는 시도였다. 미국은 나토동맹국 함께 아프가니스탄을 침공함으로써 전쟁의 정당성도 확보했다. 나토 헌장 제5조의 집단안보 기능을 지금까지 유일무이하게 발동한 사례였다. 제5조는 가맹국이 공격받을 경우 모든 나토동맹국이 집단, 혹은 개별적으로 군사 대응한다고 규정하고 있다. 미국의 아프가니스탄 침공 목표는 명확했다. 탈레반 정권을 축출하고 새로운 민주주의 정권을 구축한다는 것이다. 미국의 행동은 민주주의 평화론에 의한 행동이었다. 결과적으로 미국은 20년이라는 긴 시간을 아프가니스탄의 늪에 빠지게 되고, 결국 미국이 추구한 민주주의 국가로의 전환은 실패한 채 트럼프 대통령 결정으로 2021년 8월에 미군이 철수함으로써 끝났다.

미국의 아프가니스탄 공격에 이어 또 다른 군사력 사용은 제2차 걸프 전쟁이라 명명되는 이라크에 대한 공격이었다. 이라크는 제1차 걸프 전쟁 이후에도 사담 후세인의 쿠르드족에 대한 화학무기 사용 가능성과 같은 비인도적 행동 때문에 2002년 조지 부시 대통령으로부터 이란, 북한과 함께 '악의 축(axis of evil)'으로 낙인찍혔다. 그리고 핵무기와 화학무기 개발도 계속 의심받고 있었다. 9·11 테러 사태와 아프가니스탄 전쟁으로 중동에 대한 개입을 강화시키던 조지 부시 행정부는 이라크에 대한 예방전쟁의 필요성을 느끼기 시작했다. 그때가 네오콘이 미국 외교정책을 장악하고 있을 때이기도 했다. 미국은 먼저 국제연합 안보리 결의안으로 이라크를 압박했다. 결의안은 핵무기와 생화학 무기 개발 프로그램을 포기하기로 한 이라크의 약속을 확인하는 국제원자력기구의 시찰을 실시하는 것을 내용으로 했다. 시찰단의 조사가 이라크의 비협조로 이루어지지 못하자 미국은 국제연합에서 추가 결의안을 추진했으나 실패했다. 그러나 미국은 국내적으로는 의회에서 무력사용을 승인받고, 2003년 3월 미국은 영국 등 30개국과 연합하여 이라크 공격했다. 미국이 내세운 명분은 대량살상무기(WMD) 제거, 후세인의 9·11 테러 연루 그리고 이라크에서의 민주주의 국가건설이었다. 그러나 전쟁 후 대량살상무기와 후세인 연루설은 가짜 정보였음이 판명되어 국제사회에서 미국의 신뢰가 손상되었다. 2011년 12월 미군이 이라크로부터 철수했으니, 미국이 희망했던 민주주의 국가 구축은 요원하고 이라크는 내란 상태로 빠졌다. 이라크는 이후 시리아 내전으로 ISIS 같은 테러집단의 숙주가 되었다.

9·11 테러 이후 미국은 중동에서 군사력에 의존해서 민주주의 확장을 시도했지만, 중동의 반미 민족주의에 직면하여 아무런 성과 없이 빈손으로 2021년 아프가니스탄을 떠나면서 끝났다.

러시아 민족주의의 부활

포스트냉전 시대에 러시아도 강대국으로의 복귀를 통해 미국의 패권에 도전하기 시작했다. 러시아 도전의 중심에 러시아 민족주의가 있고, 민족주의 뒤에는 블라디미르 푸틴(Vladimir Putin) 대통령이 있다. 푸틴이 우크라이나 전쟁이라는 수렁에 빠져 있음에도 불구하고 2024년 6월 대통령 선거에서 90%에 가까운 지지율로 5선에 성공할 수 있었던 것은 손상된 강대국의 자존심인 러시아 민족주의 때문이다. 고르바초프의 무기력한 소연방 해체와 보리스 옐친 러시아 대통령의 무능으로 인한 극도의 경제적 혼란 끝에 2000년 푸틴이 러시아 대통령으로 취임했다. 푸틴은 소련이 무너지는 시점에 동독의 KGB 사무소에서 여느 소련인과 같은 무력감과 치욕을 느꼈을 것이다. 푸틴은 2005년 대국민 담화에서, 그때를 '20세기에 벌어진 최대의 지정학적 재앙'이라고 회고했다. 2000년 선거에서 푸틴은 '강한 러시아의 부활'을 슬로건으로 내세우고 승리했다. 푸틴은 취임 직후 '러시아의 새 외교정책 개념'을 통해 국제문제에 적극적으로 개입하여 강대국의 지위를 계속 유지하겠다고 선언했다. 한편으로는 미국의 패권정책과 나토의 동진에 대해 우려를 표했다. 푸틴에게 행운이 따라 2000년대에는 러시아의 주 수출품인 석유 등 원자재 가격의 상승으로 경제가 급성장했고, 러시아 국민들의 지지를 받아, 쉽게 2선 대통령이 되었다. 2000년 취임 직후 옐친 시대에 진압 실패로 반독립 상태에 있던 체첸공화국이 러시아 본토에 대해 테러 공격을 가하자 무력으로 체젠공화국을 진압하여 러시아의 분열을 막고 러시아 국민들의 폭발적인 지지를 받았다. 2008년에는 남오세티야 전쟁에서 친서방으로 기울고 있는 조지아를 군사력으로 굴복시키면서 러시아 국민에게 강한 러시아가 가까워졌다는 희망을 심어 주었다. 여기서 푸틴이 군사력 사용을 통한 러시아 부활에 자신감을 얻었다고 평가되고 있다. 푸틴의 자신감은 이후 우크라이나 침공의 전조가 되었다. 러시아에 대한 서방의 견제도 시작되었다. 조지아와의 전쟁에 미국이 개입을 선언하고 프랑스도 중재안을 제시했다. 그러나 2000년대는 러시아가 경제회복을 바탕으로 서방과의 직접 충돌 없이 G8의 일원으로 비교적 협조적인 외교를 추진했다. 그러나 다른 한편에서는 미국의 자유주의 패권정책의 일환인 나토 동진은 푸틴에게 위기감을 심어주었고 러시아 국민들의 민족주의를 자극했다. 러시아는 구 동유럽 공산 국가들이 나토에 가입하는 나토 동진을 러시아 안보위협으로 받아들였다. 그러나 푸틴 집권 1, 2기(2000~2008년)까지는 서방과 협력을 통해 나토의 동진을 억지하려는 분위기였다. 1997년 파리 나토정상회의에서 '나토-러시아 안보조약'을 체결하여 신규 나토 회원국의 영토에 나토의 군사력이나 핵무기를 배치하지 않겠다는 나토의 약속을 확보했다. 그리고 2002년 로마 나토정상회의에서는 나토와 러시아 간 안보협력을 제도화한 '나토-러시아 이사회(NRC)'를 창설했다. 이런 협조적인 분위기 속에 2차례의 나토 동진(1999년, 2004년)이 이루어졌다. 그러나 러시아의 불만과 우려는 여전했다. 나토와 우호적인 분위기는 2008년 부시 대통령의 우크라이나 가입 제안으로 종료되었다. 2008년 부쿠레슈티 나토정상회의에서 부시 대통령이 조지아와 우크라이나의 나토와 EU 가입을 제안하자 푸틴은 선을 넘었다고 강력히 반발했다. 결국, 독일과 프랑스도 반대하여 나토에서 2개국의 가입 문제는 보류되었다.

2012년 시작된 집권 3기 이후에는 푸틴은 지도자로서의 자신감으로 안보 불안에 대해 점점 공세적 정책을 취했고, 러시아 국민도 보수화되어 민족주의가 강화되기 시작했다. 2013년 11월 우크라이나에서 친러시아 대통령을 축출하고 친서방으로 정책 방향으로 바꾼 '유로 마이단(Euromaidan)' 사건/혁명이 발생하자 러시아는 큰 충격을 받았다. 우크라이나에서의 실패 경험은 이미 2004년 재투표로 친러 대통령에서 친서방 대통령으로 바뀐 '오렌지 혁명'에 이어 두 번째였다. 푸틴이 오렌지 혁명을 경험하면서 우크라이나에 대한 깊은 우려를 갖게 되었다. 유로 마이단 사건/혁명은 부쿠레슈티 나토 정상회담 때의 경험을 생각할 때, 우크라이나 문제는 푸틴에게 시급한 현안이 되었다. 푸틴은 바로 우크라이나에 대해 공세를 취했다. 2014년 2월 크림반도에 위치하여 러시아의 흑해 진출 창구 기능을 하는 세바스토폴항의 안전 확보 필요성과 크림반도가 역사적으로 러시아의 영토였다는 역사 인식을 바탕으로 크림반도를 침공하여 합병했다. 미국을 포함한 서방의 반발이 강력했으나, 크림반도의 러시아 합병은 기정사실(*fait accompli*)이 되었다. 그리고 같은 해 4월에는 우크라이나 동부지역인 돈바스 지역의 친 러시아 민병대를 지원하여 우크라이나 정부군과 돈바스 전쟁을 일으키도록 했다. 러시아는 공세 대가로 G8에서 추방되고 서방의 강력한 제재에 직면하여, 국제사회로부터 격리당하기 시작했다. 경제적으로도 원자재 가격도 하락하여 러시아는 정치적·경제적으로 어려움에 빠졌다. 러시아의 고립과 경제적 어려움은 역설적으로 러시아 민족주의를 더욱 강하게 만들었고, 2022년 우크라이나 침공으로 나타났다. 러시아 국민들은 우크라이나 침공을 절대적으로 지지하고, 대통령 선거에서도 푸틴을 전폭적으로 지지하는 일종의 '전쟁 프리미엄'까지 나타났다. 많은 유럽 전문가들은 푸틴의 팽창주의가 체첸 진압, 조지아 침공, 시리아 지원, 크림반도 침공에서 서구의 효과적인 저지를 경험하지 못했기 때문에 더욱 강화되어 왔다고 평가했다. 그리고 푸틴이 러시아 민족주의를 등에 업고 우크라이나를 넘어 '제국의 부활'을 시도할 가능성도 우려하고 있다. 유럽 전문가들은 우크라이나 다음 목표가 러시아와 국경을 맞대고 있는 취약한 몰도바, 그리고 그다음이 발트 3국이 될 거라고 우려하고 있다. 푸틴을 내세운 러시아 민족주의가 미국의 자유주의 패권정책의 도전자가 되었다.

중국의 부상과 도전

중국에서도 2012년 중국 민족주의를 등에 업은 시진핑 체제가 등장하여 권위주의 체제가 강화되고 미국과 패권을 경쟁하는 상황이 되었다. 미국의 자유주의 패권정책은 중국에서도 민족주의라는 강력한 도전자를 만났다. 중국의 도전은 10. 포스트냉전 체제, '중국 부상, 민족주의와 시진핑 체제의 등장' 이후에서 상세히 다룰 예정이다.

자유주의 패권정책에 대한 비판과 옹호

2010년대 중반 이후 미국 자유주의 패권 외교가 실패했다는 인식이 신현실주의자들로부터 형성되기 시작했다. 신자유주의자들도 군사력에 의존한 자유주의 패권의 문제점을 인정했다. 그러나 그들의 해법은 달랐다. 미국 외교의 대안으로 신현실주의자들은 미국 힘의 절제와 역외균형자로의 복귀를 요구했고, 신자유주의자들은 동맹과 다자제도 틀에서의 협력을 주장했다. 반면, 자유주의 패권이 미국민의 정서와 이익에 부합될 뿐만 아니라 자유주의 패권의 부작용도 부수적이며 일시적이라는 옹호론도 제기 되었다.

신현실주의자들의 비판

신자유주의자들의 비판을 요약하면, 자유주의 패권정책이 '불필요하고, 역효과가 있고, 비용이 많이 들어 낭비'라는 것이다. 미국 외교가 중동에서의 군사적 실패, 푸틴 러시아의 부활, 시진핑 중국의 도전에 직면하고 있었다. 자유주의 패권정책에 대한 비판과 대안 제안은 현실주의 계열의 학자들로부터 구체화되었다. 배리 포젠의 『절제(Restraint: A New Foundation for US Grand Strategy)』(2014), 존 미어샤이머의 『위대한 환상(The Great

Delusion: Liberal Dreams And International Realities)』(2018) 그리고 스티븐 월트의 『미국 외교의 대전략(The Hell of Good Intentions)』(2019) 등이 대표적이다.

이들에 의하면, ① 소련 붕괴 후 트럼프 등장 전까지 미국 외교는 공화당, 민주당 구별 없이 초당적으로 자유주의 패권정책을 취했다. ② 자유주의 패권정책은 암울하게 실패했다. ③ 미국 외교정책 기관의 이념과 문화로 인해 오류를 시정하는 데 실패하고 24년간 지속되었다. ④ 미국이 절제(restraint)되고 현실주의적인 역외균형자(offshore balancer) 정책으로 전환하는 것이 미국의 이익과 세계안보에 더욱 부합한다는 주장을 담고 있다.

배리 포젠은 『절제(Restraint)』(2014)에서 자유주의 패권정책을 '불필요하고, 역효과가 있고, 비용이 많이 들어 낭비'라고 규정하고, 미국의 자유주의 제도주의자(아이켄베리 등)와 네오콘과 같은 보수주의자들도 자유주의 패권정책으로 수렴(공유)하고 있다고 비판했다. 그는 자유주의 패권정책을 비판하고 미국 외교에서 절제(restraint)가 필요한 근거를 제시했다. ① 이라크 개입은 엄청난 비용으로 낭비적이었고, ② 패배자로 인식되었던 중국과 러시아의 반격(balancing)이 일어났고, ③ 동맹국들에 대한 안전보장은 동아시아 국가들의 도덕적 해이(moral hazard)를 야기해 '싸구려 승차(cheap ride)'와 '무모한 운전(reckless driving)' 현상이 나타났다는 것이다.[34] 그러므로 미국은 다분히 무력적이고, 팽창적이며, 수정주의적인 자유주의 패권정책으로부터 보수주의의 대명사인 에드먼드 버크(Edmund Burke)가 외교정책으로 추천할 법한 절제(restraint)로 전환되어야 한다고 주장했다.

자유주의 패권정책에 대한 비판에 가장 앞장선 학자가 미어샤이머였다. 그는 『미국 외교의 거대한 환상(The Great Delusion)』(2011)에서 냉전 붕괴 후 유일 초강대국인 미국이 만연된 자유주의 환상에 빠져 자유주의 패권정책을 채택하고, 자유주의 패권정책은 군사력에 의존한 결과 중국, 러시아, 중동에서 민족주의라는 암초를 만나 실패했다고 평가한다. 그에 의하면 개인의 자유를 중시하는 자유주의는 개인의 인권과 자유를 보호하기 위해 다른 국가의 내정에 간섭하게 되고, 타국에 대한 내정간섭은 집단(국민국가)의 이익을 앞세워 국가 주권을 지키려는 타국의 민족주의와 충돌하게 되었다. 그러나 이 충돌에서 필연적으로 민족주의가 승리해 왔다.[35] 그 결과 자유주의 패권정책은 민족주의의 벽을 넘지 못하고 중동에서의 전쟁, 중국의 도전, 푸틴의 러시아제국 부활 추구와 같은 민족주의 확장을 야기하여 미국 외교를 위기로 몰아넣었다. 결론적으로 그는 미국 외교가 절제되어야 하고 세력균형정책으로 돌아가야 한다고 주장했다.

미어샤이머는 자유주의 패권이 실패했다는 다음 근거들을 제시했다. ① 과도한 군사력 의존과 비용 지불이다. 자유주의 패권정책이 군사력에 의존했기 때문에 미국은 1989년 이후 7번의 전쟁을 수행하여 매 3년 중 2년 동안 전쟁상태에 있었다. 군사력 사용에 따른 부작용도 엄청난 것이었다. 브라운 대학교의 전쟁비용 프로젝트에 의하면, 9·11 테러 이후 미국은 약 5조 7000억 달러를 투입했고, 약 37만 명의 민간인과 전투원이 사망했다. ② 자유주의 패권정책의 이론적인 측면에서도 적실성이 떨어진다. 민주주의 확산도 실패했다. 2017년 프리덤 하우스(Freedom House)의 분석에 의하면, 2006~2016년간에 세계 전체에서 민주주의 국가가 차지하는 비중이 도리어 더 축소되었다.[36] 그리고 경제적 상호의존론과 자유주의적 제도주의 성과도 미진하다. 상호의존의 효과가 경제 분야에 집중되었고, 국제기구의 역할도 IMF, IBRD와 같은 경제기구에 집중되고, 가장 중요한 UN은 무기력에 빠져 있다.

스티븐 월트도 최근 저작인 『미국 외교의 대전략(The Hell of Good Intentions)』(2021)에서 자유주의 패권정책이 실패했다고 평가하고 원인을 분석했다. 그의 분석에 따르면 미국의 자유주의 패권정책이 민주주의 확장이라는 목표 이외에도 미국의 군사력 우위 유지와 미국의 영향력을 확장하려는 현실주의적인 목표도 있기 때문에 군사력에 의존했다. 그 결과, 자유주의 패권정책이 민주주의 확장이 아니라 실패한 국가와 값비싼 점령의 결과만 가져왔다. 미국 자체에서도 트럼프 등장과 같은 민주주의가 후퇴하는 현상이 나타났고,[37] 특히 2008년 국제금융위기는 미국의 리더십에 큰 상처를 주었을 뿐만 아니라 세계 경제에도 악영향을 주어, 많은 국가에서 포퓰리즘을 유발하여 헝가리, 튀르키예 등에서 권위주의 정권들을 탄생시켰다. 그리고 그는 중국의 WTO 가입과 나토의 동진을 자유주의 패권정책 실패의 표본으로 제시했다. 2001년 중국을 WTO에 가입시켜 주는 정책적 실패로 중국이라는 새로운 도전자를 만들었고, 소련과의 약속을 깨고 나토를 동진시켜, 러시아제국의 부활을 꿈꾸는 푸틴의 팽창주의가 등장할 수 있는 토양을 제공했다는 것이다. 또 페르시아만에 대한 지나친 봉쇄는 9·11 테러와 같은 테러리즘의 부활과 미국의 값비싼 군사적 점령과 같은 결과로 이어졌다고 주장했다.

월트도 자유주의 패권의 실패 원인을 분석했다. ① 현실정치를 너무 경시한 민주주의 평화론과 같은 이론들의 적실성에 한계가 있고, ② 군사력의 유효성을 너무 과신하고, 힘에 압도된 경직되고 강압적인 외교 행태도 문제였고, ③ 주권국가 질서가 유지되고 있는 현실정치에서 주요 행위자인 주권국가를 개조하는 것은 본질적으로 불가능하기 때문에 민족주의 저항에 직면했다. 즉 자유주의 패권정책은 주권국가 질서에 정면으로 반하는 정책이기 때문에 주권국가 질서에서는 성공할 수 없다는 결론이다.

그리고 월트는 자유주의 패권정책이 지속성을 가질 수 있었던 원인을 의미 있게 많은 지면을 할애해서 설명했다. 자유주의 패권이 문제점에도 불구하고 시정되지 않고 클린턴 행정부부터 오바마 행정부까지 24년간 지속되었는데, 그 이유가 워싱턴 외교정책 기득권층(Blob)의 관성과 이기주의에 있다고 주장했다. 심지어 자유주의 패권이 블롭에 대한 완전고용정책이라고까지 극언했다.[38] 블롭은 오바마 대통령의 보좌관이었던 벤 로저가 제시한 용어로, 주로 자유주의 패권정책을 지지하면서 미국 외교정책에 영향을 미쳐온 학계, 정치계의 외교 엘리트로 구성된 워싱턴 소재 외교정책기관들을 의미한다.[39] 반면 바세비치는 미국 정부 시스템이 자유주의 패권정책 지속성의 원인이라고 지적한 바 있다.

이들 신현실주의자들은 자유주의 패권정책의 대안으로 미국 외교의 현실주의로의 복귀를 주장한다. 미어샤이머는 자유주의가 DNA화된 미국 민족주의를 설득하는 것이 필요하며, '절제(restraint)된 외교'로 복귀할 것을 주장했다. 월트도 미국의 외교가 이전 시대의 '역외균형자(offshore balancer)'로 복귀할 것을 주장했다.[40] 역외균형자는 영국의 균형자 개념과 비슷한 소극적인 균형자 역할로 미국의 개입주의와 세계경찰의 역할로부터 이탈을 의미한다.

신자유주의자들의 비판

자유주의 패권 정책이 과도하게 군사력에 의존하자 신자유주의자들로 부터도 비판이 나타났다. 이들은 한결같이 미국 외교가 일방적인 자유주의 패권에서 타국과의 협력 외교로 전환할 것을 요구했다. 권력 분산 시대에 대응하는 미국 외교의 방향을 제시한 조지프 나이 『미국 힘의 패러독스(The Paradox of American Power)』(2002), 미국의 군사력 집착으로 인한 영구전쟁을 우려하는 앤드루 바세비치의 『워싱턴 룰(Washington Rules)』(2010), 그리고 군사력에 의존한 자유주의 패권정책이 미국의 도덕적 자유주의 전통에 부합되지 않는다는 데이비드 헨드릭슨(David Hendrickson)의 『위험에 빠진 공화국(Republic in Peril: American Empire and Liberal Tradition)』(2017) 등을 들 수 있다.

조지프 나이는 『미국 힘의 패러독스(The Paradox of American Power)』(2002)에서, 9·11 테러 이후의 일방적이고 군사력에 의존하는 자유주의 패권정책이 다자주의에 의존하는 자유주의 정책으로 전환되어야 한다고 주장했다. 미국은 로마제국 이후 모든 면에서 전례 없는 초강대국이 되었지만,

세계화와 정보혁명을 거치면서 미국 혼자서 해결할 수 없는 테러, 환경과 같은 새로운 문제들에 직면했다. 미국은 이를 해결하기 위해 군사력과 일방적 외교 대신에 다자주의 협력으로 전환해야 한다고 주장했다.

앤드루 바세비치도 『워싱턴 룰(Washington Rules)』(2010)을 비롯한 여러 저서[41]를 통해 미국 예외주의에 기초한 자유주의 패권을 비판한다. 그는 열렬한 네오콘 지지자에서 9·11 테러 이후 미국의 군사력 집착에 실망하면서 자유주의 패권을 비판하고 나섰다.[42] 그에 따르면, 20세기 이후 미국의 외교사는 개입정책의 역사이고, 1945년 이후에는 군사적 개입주의가 나타났다. 특히 9·11 테러를 계기로 군사력에 의존하는 강압적인 개입주의는 미국을 영구전쟁 속에 빠지도록 했다. 군사력에 의존한 개입주의는 '워싱턴 룰(Washington Rules)'이라는 신념에 의해 이루어지고 있다. 워싱턴 룰은 ① 미국만이 국제질서를 지배하는 규범을 창출하고 규정할 수 있는 권한과 책임을 가지고 있다는 신조(credo)와 ② 이를 위해 미국은 강력한 군사력을 보유, 사용해야 한다는 생각 등 두 가지 요소로 이루어졌다.[43] 워싱턴 룰은 1945년 이래 미국의 안보외교 정책에 관련된 인사와 기관들이 공유한 신념으로, 미국의 역대 대통령도 모두 '워싱턴 룰'을 성실히 수행했다. 군사적 개입주의의 결과, 미국 내 민주주의를 약화되었고, 국제사회로부터 신뢰를 상실하게 되었다고 진단했다. 그리고 미국 외교는 동맹국과의 협력을 강화하고 군사개입을 최소화해야 한다고 주장했다.

데이비드 헨드릭슨도 『위험에 빠진 공화국(Republic in Peril: American Empire and Liberal Tradition)』(2017)에서 클린턴 행정부부터 시작된 포스트냉전 시대의 미국 외교는 미국 건국이념인 '다원적 자유주의'로부터 이탈했다고 평가했다. 미국은 그동안 자유주의 이념으로 국가 주권, 국제법, 자유주의 사상을 옹호하고 자유주의 국제질서를 만들기 위해 노력해 왔다. 그러나 포스트냉전 시대에 군사적 우월성에 의존하여 다른 국가에 대한 군사적 개입을 자행하여 무질서를 야기했을 뿐만 아니라 국내에서도 국가안보라는 명분으로 민주주의 제도를 훼손시키는 결과를 가져왔다. 특히 국가안보라는 명분은 군산복합체에 의해 더욱 강화되었다고 주장했다. 그는 개입주의와 무차별적인 세계화를 반대하지만, 과도한 고립주의도 반대했다. 대안으로 그는 건국이념이 잘 반영된, 다른 국가들과 협력하는 국제주의로 돌아갈 것을 주장했다.

자유주의 패권 옹호

자유주의 패권을 옹호하고 있는 대표적인 학자는 G. 존 아이켄베리(G. John Ikenberry)이다. 아이켄베리는 2010년대 이후 여러 논문과 저작(『민주주의가 안전한 세상(A World Safer for Democracy』)(2020)을 통해 '자유주의 국제질서(Liberal International Order/ Liberal Internationalism)'을 주장하여 학계와 외교계의 관심을 끌고 있다. 아이켄베리의 자유주의 국제질서는 2차 대전 이후 미국이 자유주의 패권(Liberal Hegemony)으로 구축한 질서를 의미한다. 자유주의 국제질서는, ① UN, NATO, WTO 등과 같은 다자주의에 기초한 제도화, ② 미국이 국제질서 유지비용을 부담하는 비대칭적 혜택 관계, ③ 글로벌 공급망 구축, 신흥국 경제성장 지원과 같은 자유무역주의 규범 정착 등을 특징으로 가지고 있다. 자유주의 패권에 대한 반발로 세계 도처에서 민족주의가 부흥하고, 미국 내에서도 기존의 다자주의와 자유무역체제를 거부하는 트럼프 대통령이 등장함에 따라, '자유주의 국제질서'의 위기가 논쟁거리가 되었다. 그러나 자유주의 패권정책을 폐기할 것을 요구하는 신현실주의자들에 맞서 아이켄베리는 자유주의가 가장 미국적일 뿐만 아니라 주권 원칙을 지지하고 있어 베스트팔렌 질서에서 적합성을 가지고 있다고 옹호하고 있다. 그리고 그는 '자유주의 국제질서'가 복원력을 가지고 있기 때문에, 위기를 ① 미국의 리더십을 패권에서 협력으로의 재정립하고, ② 동맹 강화, 국제기구 개혁 등을 통해 다자주의를 회복, 강화하고, ③ 공정한 방위비, 기후 비용 분담을 통해 비대칭적 혜택을 조정하고, ④ 규범에 의한 무역과 협상이 이루지고, 인권과 민주주의 가치가 존중될 수 있도록 국제 규범을 강화함으로써 극복할 수 있다고 주장했다.

아이켄베리의 주장에서 보듯이, 옹호론자들은 자유주의 패권정책이 미국의 도덕적 자유주의뿐만 아니라 미국의 국가이익에도 가장 부합되어 여전히 미국민들의 지지를 받고 있다고 주장한다. 옹호론자들은 신현실주의자의 비판에 대한 반박을 통해 자유주의 패권의 적실성을 다음과 같이 주장하고 있다. ① 신현실주의자는 너무 사실을 단순화하고 부분적인 결과만을 비판하고 있다. 민주주의 확장, 세계화 등과 같은 자유주의 패권의 성과도 평가해야 한다. ② 신현실주의자는 약소국들의 이익을 무시하는 입장에서 나토의 동진을 비판한다. 소련의 위성국에서 풀려난 동유럽 국가들이 안보 불안을 해결하기 위해 스스로 적극적으로 나토 가입을 희망했고, 이것이 미국의 도덕주의에 부합되었기 때문에 수용되었다. ③ 신현실주의자는 도덕주의를 경시하는 오류를 범하고 있다. 도덕주의가 미국의 건국 정신에도 부합되고, 도덕주의가 미국외교에서도 큰 역할을 해오고 있다는 사실을 평가해야 한다. ④ 신현실주의자의 정책 대안인 절제된 외교와 역외균형자 외교는 국제질서에서 미국의 이탈로 힘의 진공상태를 유발하여 도리어 미국안보를 위기에 빠지게 할 수 있다. ⑤ 신현실주의자가 비난하고 있는 외교 엘리트(blob)는 자유주의 가치 옹호에 대한 신념과 동기를 명확히 가지고 있어, 이들의 역할에 대한 왜곡은 부적절하다. 종합적으로, 옹호론자는 신현실주의자의 비판은 사실을 왜곡, 과장하여 허상(허수아비)를 만든 다음, 허상을 공격하는 '허수아비 때리기 오류(straw man fallacy)'에 불과하다고 반박한다. 그러나, 옹호론자는 무엇보다 중요한 것으로, 자유주의 패권과 같은 도덕주의는 미국 역사에서 긴 생명력을 가지고 있다는 점을 강조한다. 도덕주의는 불멸은 아니지만, 미국 역사 속에서 초자연적인 재탄생의 힘(incanny power of rebirth)을 가지고 지속적으로 나타나고 있다는 사실을 지적한다.

지정학의 귀환

지정학 쇠퇴, 지정학의 귀환과 반론

자유주의 패권정책의 적실성에 대한 의문이 증폭되고 있었던 2014년[44]에 월터 러셀 미드가 ≪포린어페어스(Foreign Affairs)≫에 「지정학의 귀환(The Return of Geopolitics: the Revenge of Revisionist Powers)」이라는 논문을 발표하면서, 자유주의 패권의 대안으로 현실주의 계열인 지정학(Geopolitics)의 귀환을 선언했다. 미드는 중국과 러시아와 같은 수정주의자들이 영토 확장, 해상 교통로 통제, 세력권 형성 등과 같은 지정학적 논리에 따라 행동하고 있다고 지적하면서 국제정치를 다시 지정학의 시각에서 볼 것을 주장했다. 저널리스트이면서 지정학자인 로버트 카플란(Robert Kaplan)도 포스트냉전기를 인도주의적 개입(자유주의 패권정책)이 이루어진 시기를 첫 번째 지적 주기로, 이후 나타난 두 번째 지적 주기를 '지리의 복수(revenge of geography)'로 구분하여, 지정학을 실패한 자유주의 패권정책의 대안으로 제시했다.[45]

지정학은 19세기 후반부터 등장하여 국가정책에 영향을 주었지만, 독일과 일본의 팽창주의에 이용된 부작용으로 2차 대전 후에는 영향력이 쇠퇴했다.[46] 또 2차 대전 후 국경선의 절대성에 대한 합의가 형성되었고, 대륙간미사일의 발전과 같이 지리적 중요성을 약화시키는 요소들이 나타난 것도 지정학의 영향력을 약화시킨 원인이 되었다. 그러나 냉전 기간에도 북대서양조약기구(NATO) 창설, 조지 케넌의 봉쇄정책과 같은 지정학에 기초한 정책들이 여전히 작동했다. 소련 붕괴 후 미국의 자유주의가 대세인 속에서도 민주당 카터 대통령 국가안보보좌관을 지낸 즈비그뉴 브레진스키는 지정학 관점에서 러시아와 독일의 부활을 경계하고 유라시아 지역에 대한 미국의 지배력을 유지해야 한다고 주장했다. 그러나 그 주장은 역사의 종언이라는 대세 속에 묻혀 버렸다. 심지어 지정학이 역사의 종언으로 사라졌다는 주장도 나왔다. 그러나 브레진스키는 자유주의 패권정책이 힘을 얻고 있었던 1997년에 출판된 『거대한 체스판(Grand Chessboard)』에서 미국의 세계경찰 역할에 대한 부작용으로 나타난 유럽의 탈미국화(EU의 발전), 중국의 부상, 그리고 세계 각지의 반미 움직임에 대항하는 미국의 지정학적 전략(Geo-strategy) 방향을 제시했다. 그는 심장부-주변부 이론은 수용하여 유라시아의 통합을 막고 러시아와 중국이 유라시아를 장악하는 것을 막아야 한다고 전제했다. 미국이 유라시아 체스판에 참여하기 위해 유라시아에 민주적 교두보(democratic bridgehead)를 확보할 것을 주장했다. 이미 민주적 교두보인 유라시아 서부의 유럽지역과 동부지역인 일본, 한국 이외에 자원이 풍부한 유라시아 남부지역을 다음 민주적 교두보 대상으로 제시했다. 그리고 유럽지역 내에서도 발트국가들과 우크라이나를 포함시킬 것도 주장했다. 그는 2008년 세계금융위기로 인해 미국이 쇠퇴하고 있다는 위기감 속에서, 『전략적 비전(Strategic Vision)』(2012)이라는 저서를 통해 미국의 리더십을 회복할 수 있는 방안을 지정학적 측면에서 재검토했다. 그는 미국의 아시아 중심 외교를 반대하고 유럽의 중요성을 다시 확인하고, 러시아와 튀르키예를 포용하여 자유주의 질서를 확장시킬 것을 주장했다. 그리고 아시아에 대한 정책으로 미국은 해양강국이라는 장점을 기초로 18세기, 19세기 영국처럼 세력 균형자 역할을 목표에 두어야 한다고 제언했다.

브레진스키의 전략은 전통적 지정학에 민주주의 가치연대를 중시하는 자유주의 패권을 결합시켰다는 느낌이 든다. 25년 후 발생한 러시아의 우크라이나 침공 원인을 지정학적으로 이미 설명해 주고 있다. 그리고 아시아에 대한 정책제언으로 그가 헨리 키신저의 민주당 버전임에도 불구하고 현실주의자들과 같이 역외세력균형을 제시했다.

2차 대전의 이후 지정학이 다시 관심을 끌게 된 것은 2008년 발생한 세계금융위기로 미국의 리더십이 대한 의문이 생기면서부터였다. 상호의존이라는 세계경제의 메커니즘에서 보면, 세계금융위기로 미국과 중국 간의 경제

동반자 관계가 붕괴되고 다방면의 갈등이 표면화되었다.[47] 그리고 세계금융위기는 미국의 리더십과 신뢰에 큰 상처를 주고 세계가 각자 자조(自助)의 방안을 모색하는 계기가 되었고, 특히 민주주의가 취약한 강대국인 중국과 러시아에서 민족주의를 등에 업은 권위주의 체제가 강화되면서 지정학적인 위기가 가중되었다.

월터 러셀 미드가 지정학의 귀환을 선언한 2014년 시점은 푸틴이 크림반도를 병합하고, 중동이 혼란 속에 있고, 아시아에서는 동·남중국해에서 긴장이 고조되고 있던 때였다. 미드는 후쿠야마의 '역사의 종언'과는 달리 구식인 지정학이 사장되지 않은 채[48] 귀환했다고 주장했다. 그는 지정학이 귀환한 원인을 ① 서구에서 동아시아로 경제적 중심 이동이 발생하여 중국과 같은 새로운 강대국이 등장했고, ② 지역 분쟁이 지속적으로 발생하여 군사적 긴장이 고조되고 있고, ③ 에너지 자원을 둘러싼 경쟁이 심화되었기 때문이라고 지적했다. 그리고 미드는 현 지정학적 질서를 강압적으로 변경하려는 수정주의자(revisionist powers)들로 중국, 러시아, 이란을 지목했다. 중국은 경제적 부상과 함께 아태지역뿐만 아니라 세계적 차원에서도 군사적·지정학적 영향력을 확대하고 있다.[49] 남중국해에서 영유권을 주장하며 인공섬 건설과 군사기지화로 지역 긴장을 고조시키고, 일대일로(一帶一路, One Belt and One Road Initiative)라는 인프라 프로젝트를 통해 유라시아 대륙 전반에 걸쳐 영향력을 확대하려고 노력하고 있다. 러시아도 포스트냉전 시기에도 여전히 중요한 지정학적 플레이어로 남아 있다. 2014년 러시아의 크림반도 합병은 서방과의 긴장을 고조시켰고, 우크라이나와 시리아 등 중동 지역에서 군사적 개입을 통해 동유럽과 중동에서의 영향력을 확대하고 있다. 또한, 천연가스 공급을 지렛대로 하여 유럽에 대한 영향력 확대를 모색하고 있다. 중동 지역에서 중요한 지정학적 플레이어인 이란은 서방의 경제제재에도 불구하고 핵 프로그램 가동을 통해 중동 지역의 긴장을 고조시키고 있으며, 이슬람 시아파 초승달 벨트의 맹주로서 시리아, 이라크, 레바논, 예멘 등지에서 군사적 및 정치적 영향력을 확대하고 있다. 미드는 지정학의 귀환은 국제정치의 불확실성을 증가시키고 있으며, 각국은 이에 대비해 군사력 증강, 동맹 강화 등의 전략을 추진하게 될 것으로 전망했다.

미드의 '지정학의 귀환' 주장을 존 아이켄베리가 자유주의 입장에서 반박하는 논문을 ≪포린어페어스≫의 동일 판(May/June 2014)에 동시에 게재했다. 아이켄베리는 「지정학의 환상(The Illusion of Geopolitics: The Enduring Power of Liberal Order)」에서, 소위 수정주의자들이라고 주장하는 국가들의 능력을 미드가 과대평가하여 현 국제 상황을 잘못 이해하고 있다고 전제하고, 중국과 러시아는 완전한 수정주의자라기보다는 일시적인 방해물(spoilers)에 불과하다고 평가절하했다. 중국과 러시아가 미국에 도전하고 있지만, 미국이 설치한 규범과 개방성 덕분에 자국의 주권과 이익을 보호받고, 무역과 기술로 일어설 수 있었기 때문에 현 국제질서를 바꾸려는 진정한 수정주의자는 아니라고 주장했다. 그리고 미국 외교 정책이 지정학적 현상을 무시한 채 낙관적으로 자유민주주의 '글로벌 질서(global order) 구축에만 몰두'했다는 미드의 비판에 대해서도, 미국은 지정학적으로도 여전히 우위에 있고, 글로벌 질서도 강대국 간의 경쟁을 관리하기 위해서 필요하다고 응수했다.[50] 결국, 중국과 소련의 지정학적 도전은 미국이 구축한 자유주의 국제질서에 충격을 줄 수 없다고 주장했다. 그러나 아이켄베리도 2021년 국내 초청 강연에서 자신이 제시한 세 가지 글로벌 위기 중에 첫 번째로 중국의 부상으로 인한 지정학적 위기를 지목했다.[51] 2014년 이후 7년간 도전자들의 힘이 더욱 강력해졌다고 판단할 수 있다.

강대국들의 지정학

지정학에 대한 관심은 개별 국가에 대한 지정학적 분석으로 확장되었다. 지정학을 통해 개별 국가들의 행동과 외교정책을 이해하려는 노력으로 일환으로 나타났다. 팀 마셜(Tim Marshall)의 『지리의 죄인(Prisoners of Geography: Ten Maps That Tell You Everything You Need to Know About Global Politics)』(2016), 피터 자이한(Peter Zeihan)의 『21세기 미국의 패권과 지정학(Accidental Superpower)』과 『각자도생의 세계와 지정학(Disunited Nations: The Scramble for Power in a Ungoverned World)』, 로버트 카플란의 『지리의 복수(The Revenge of Geography)』, 조지 프리드먼의 『다가오는 유럽의 위기와 지정학(Flash Point)』 등이다. 이들은 국제질서에서 중요한 역할을 하는 미국, 러시아, 중국, 유럽 등 주요 강대국들의 행동 근원(source of conducts)을 지정학으로 분석했다.

미국은 지정학적으로 천혜를 받았다. 양쪽으로 대서양과 태평양이 위치해 있어 자연 방어선을 이루고 있으며, 중앙에는 비옥한 평야가 있어 농업과 산업 발전에 유리한 여건을 가지고 있었다. 그리고 내부를 관통하는 수로(미시시피강과 지류 등)는 전 대륙을 하나로 연결해 주는 천연 운송망 역할을 수행하여 신속한 국토통합과 산업화의 확산이 가능했다. 안보문제 전문가인 피터 자이한은 『21세기 미국의 패권과 지정학』(2015)에서 미국의 지리적 요소가 너무나 유리하게 작용했기 때문에 미국이 우연한 강대국(accidental superpower)이 되었다는 표현까지 사용했다. 그는 미국은 강대국이 되는 데 필요한 조건인 ① 국경 내 운송이 발달한 반면 국경 밖과의 연계 운송은 어려운 상태인 운송의 균형(balance of transport), ② 원양 항해를 가능케 하는 항구 존재(deepwater navigation), ③ 산업화(industrialization) 등 세 가지 요소를 모두 갖추었다고 분석했다.52) 미국은 지리적 혜택에 더해 영토 확장을 통해 자원을 확보하면서 해양 패권세력으로 등장했다. 루이지애나와 알래스카를 매입하고, 멕시코와의 전쟁을 통해 남부와 서부의 영토를 획득했다. 그리고 스페인과의 전쟁에서 카리브 지역에 대한 지배권을 확보하고, 워싱턴 체제를 통해 태평양과 극동으로 진출했다. 2차 대전 이후에는 초강대국으로서 냉전체제와 브레턴우즈 체제를 통해 팍스 아메리카 시대를 가져왔다. 그리고 미국은 냉전체제 이후 ① 미국 시장에 대한 접근권을 부여하고, ② 해양운송을 보호해 주고, ③ 전략적·군사적 우산[53]과 같은 공공재(public goods)를 공급함으로써, 세계경찰 역할을 자임해 오고 있다. 그러나 자유주의 시장경제 체제를 유지하기 위한 비용을 감당하기 어려워지자 트럼프 대통령은 명시적으로 세계경찰 역할로부터 이탈을 선언했다. 특히 미국의 셰일오일 개발은 중동에 대한 미국의 의존도를 낮추고, 해양운송 보호 필요성을 감소시켜 세계경찰 역할로부터 미국의 이탈을 가속할 수 있는 여건을 조성했다. 자이한은 미국의 고립주의로의 복귀로 나타날 수 있는 '미국이 없는 무질서' 상황을 경고했다.[54] 미국의 고립주의도 미국이 대서양과 태평양에 의해 다른 대륙과 격리된 지정학의 결과이기 때문에 격세 유전처럼 미국 외교에서 나타나고 있다.

러시아는 거대한 영토와 혹독한 기후는 풍부한 지하자원이라는 장점과 농업에 적합하지 않은 땅과 환경이라는 단점을 동시에 가지고 있다. 동쪽으로부터는 13세기 몽골의 침략으로 200여 년간 킵차크한국의 지배를 받았다. 서쪽으로 북유럽 평원의 넓은 평야로 연결되어 있어 서방으로부터의 침략(폴란드, 스웨덴, 나폴레옹, 히틀러)을 경험한 결과, 러시아가 생존하기 위해서는 팽창해야 한다는 역사적 교훈을 얻게 되었다. 그리고 서쪽을 방어하기 위해서는 동유럽의 완충지대가 항상 필요했다. 러시아/소련이 동유럽의 위성국과 현재의 우크라이나에 집착하는 이유이다. 러시아의 다른 지정학적 목표는 해외로 팽창하기 위해서 부동항을 획득하는 것이다. 이는 제정 러시아 이후 러시아 팽창정책의 목표였다. 서쪽으로는 발트해, 동쪽으로는 동해와 태평양, 남쪽으로는 흑해와 지중해로의 접근을 통해 해양권을 확보하는 것이었다. 러시아가 일찍 흑해와 지중해로 나아가기 위해 발칸으로 진출하고 크림반도를 획득하려는 시도는 이러한 지정학적 목표로 설명된다. 제정 러시아 때 '그레이트 게임(Great Game)'으로 알려진 아프가니스탄과 동북아시아의 진출도 같은 맥락에서 시도되었다. 그 시도는 영국과 그 협력국인 일본의 저지(러일전쟁)에 막혀 실패로 끝났지만, 소련 시대에 중국과의 충돌(1969년)과 아프가니스탄 침공(1979년)으로 다시 나타났다.

중국은 광활한 영토와 많은 인구를 포함하고 있다. 지형적으로 북쪽은 산맥, 서쪽은 사막과 티베트고원, 남쪽은 열대 정글, 그리고 서쪽은 바다로 둘러싸여 있어, 외부로부터 고립되었지만, 독자적인 문명을 발전시킬 수 있는 좋은 여건을 가지고 있었다. 중국은 많은 국가와 육지와 해상 국경을 접하고 있어서 최대의 안보 취약국이기도 하다. 외침이 항상 북쪽과 서쪽으로부터 나타났던 역사를 볼 때, 냉전 시대에 소련과 북쪽 국경을 공유하고 있었다는 사실은 중국에 큰 안보 불안의 요소가 되었다. 현재는 러시아에서 분리된 카자흐스탄, 우즈베키스탄 등과 같은 완충국이 존재하고 있어 다행이지만, 러시아와 국경문제가 완결되지 않은 상황에서는 항상 안보 불안이 존재한다. 현재도 중국이 러시아와 지정학적으로는 긴밀해질 수 없는 이유이기도 하다. 그리고 서쪽의 티베트도 강대국인 인도와의 갈등 소지가 있다. 남중국해는 포위된 중국의 지정학에서 훌륭한 출구이다. 중국도 일찍부터 출구를 남중국해 진출에서 찾고 있다. 중국이 강대국 역할을 수행하고 미국과 경쟁하기 위해서는 남쪽 해양으로 해양력 확장이 필요하다. 남중국해 대부분을 영해 범위라고 주장하는 구단선(九段線) 설정, 인공섬 건설뿐만 아니라 국제해양법 중재재판 판결 무시와 같은 무리한 영유권 주장으로 주변 해역국들과 갈등을 일으켜 국제사회의 주목을 받고 있다. 중국의 진출을 저지할 만한 능력을 가진 해역국이 없지만 남중국해에 이익을 가지고 있는 미국과 일본 같은 강대국들이 해역국들의 역할을 대신하고 있기 때문이다. 그리고 비판적인 국제여론도 중국을 대륙 내에 가두어두려는 힘으로 작용하고 있다.

그러나 카플란은 2012년에 출판한 『지리의 복수(The Revenge of Geography)』에서 매킨더와 스파이크먼을 소환하여 중국의 포위된 지리적 조건을 중국 패권의 원천(geography of Chinese power)으로 해석했다. 카플란에 의하면, 중국 주변에서 안보를 위협할 수 있는 지역이 러시아, 인도, 한

반도 정도이고, 중국의 군사력과 인구뿐만 아니라 급성장하고 있는 경제력을 생각할 때, 매킨더가 100년 전에 우려했던 중국의 유라시아대륙 지배가 현실화될 수도 있다고 전망했다. 중국이 유라시아대륙의 끝자락에 위치하고 있고 항구가 많은 긴 해안선을 가지고 있어, 연약한 주변국가들을 통과해서 매킨더의 심장부뿐만 아니라 아프리카까지 포함한 세계 섬으로까지 영향력을 확장할 수 있고, 스파이크먼의 주변지도 장악할 수 있는 패권적 지리를 보유하고 있다고 보았다.[55] 중국은 2014년 마치 매킨더와 카플란으로부터 조언을 받은듯이 지정학을 활용한 듯한 일대일로(一帶一路) 프로젝트를 제시했다.

서유럽에는 산맥과 다뉴브강을 따라 도시가 형성되어 작은 영토의 다양한 국가들이 밀집해 있다. 지리적 위치와 기후 조건이 경제 발전에 유리하며, 특히 해상 무역을 통해 경제적 번영을 이루었다. 그러나 유럽은 분열되고 밀집된 지리적 환경 때문에 내부 갈등과 전쟁이 빈번했다. 2차 대전 후 분열과 갈등을 극복하기 위해 유럽연합(EU)을 통해 통합해 나가고 있다. 그러나 EU는 남·북유럽의 경제력 차이, 북아프리카 난민 문제, 영국의 탈퇴 등으로 분열상을 경험하고 있다. 러시아의 우크라이나 침공을 계기로 안보적으로는 어느 정도 단일대오를 회복했다. 유럽의 중요 국가는 프랑스, 독일, 영국이다. 프랑스는 북동쪽 국경을 제외하고는 산맥과 대서양으로 보호받는 좋은 지리적 위치에 있다. 북유럽평원에 위치한 통일된 독일이 프랑스의 최대 안보 위협국으로, 독일을 EU와 나토 속에 묶어놓음으로써 일단 안전을 확보했다. 그러나 역사적 경험에서 보았듯이, 매킨더 이론에 따라 독일과 러시아의 밀착을 항상 악몽으로 인식하고 있다. 반면 독일은 북유럽 평원이란 안보상 취약한 지역에 위치하여, 항상 프랑스와 러시아로부터 취약한 방어선에 의존해 있다. 그러나 독일은 반대로 러시아와의 밀착이라는 옵션으로 영국과 프랑스를 긴장하게 할 수 있었다. 우크라이나 전쟁 전까지는 에너지 공급을 매개로 독일과 러시아가 긴밀하게 연결되어 있었다. 프랑스와 독일은 상호 우려 속에서도 EU와 나토에서 상호 묶여 있는 것이 안전하다고 확신하고 있다. 영국은 항상 유럽대륙과 거리를 두면서 균형자 역할을 해왔다. 이는 도버 해협을 통해 대륙과 격리되어 있었던 지리적 효과였다. 그러나 영국에 접근하기 쉬운 항구를 보유한 저지대 지역(베네룩스 3국)의 안보에 대해서는 극도로 민감한 반응을 보였다. 2차 대전 참전은 독일의 벨기에 침략을 기점으로 본격적으로 이루어졌다. 2022년 영국은 EU를 탈퇴했다. 영국의 주권을 제약한다는 우려가 원인이 되었다. 표면적으로는 EU 분담금과 이민자 문제를 들고 나왔지만, 주권침해 문제는 역사적으로 유럽대륙 문제에 대해 역외균형자 지위를 가지려는 영국의 입장과 같은 맥락이다. 영국의 탈퇴를 계기로 EU의 미래에 대해 많은 논의가 진행되고 있지만, 프랑스와 독일의 안전에 대한 합의(EU, 나토) 유지 여부와 미국의 안보지원 여부가 변수가 될 전망이다. 미국의 안보지원 철회는 독일의 군사화를 야기해 독일과 프랑스 간에 미묘한 안보 문제가 발생될 가능성이 있다. 특히 조지프 프리드먼은 독일의 군사화가 유럽 특유의 지정학을 작동시켜 분쟁과 전쟁의 원인이 될 수도 있다고 경고했다.

현재의 지정학은 국제정치에 영향을 미치는 '지리적 조건'을 확장적으로 해석하여, 지리적 조건의 결과로 형성된 경제, 환경 등 다양한 요소들도 포함하면서 지정학의 설명력을 확장하고 있다. 로버트 카플란이 지정학을 '각 국가가 전략을 세울 때 마주하게 되는 전체적 맥락에 관한 연구'라고 정의한 것과 같은 맥락이다. 지정학이 포함하는 범위를 확장해, 지정학이란 용어는 이제는 언론적, 외교적 수사로도 사용되고 있다. 지정학을 국제정치와 동의어로 사용되고 있는 추세이다. 이제 언론 등에서 사용되고 있는 '지정학적 리스크'라는 용어는 '국제정치상의 리스크'라는 의미로 사용되고 인식되고 있다.

지리적 요소가 시간의 흐름과 무관한 거의 항구적인 상수라는 점에서 지정학은 생존력이 매우 강할 수밖에 없다. 실제 역사 속에서 많은 국가의 외교정책이 지정학 이론에 영향을 받아왔고, 지금도 여전히 지정학의 영향권에 있다. 그러나 지정학이 지리결정론에 빠질 우려가 있음을 주의해야 한다. 모겐소도 지정학의 이런 문제점을 '사이비 과학'이란 비판을 통해 지적했다. 외교정책도 지리적 조건에 영향을 받지만, 최종적인 결정은 정책 결정자와 국민이라는 인간의 몫이기 때문이다.

중국의 부상, 민족주의와 시진핑 체제의 등장

중국의 부상과 한계

소련 붕괴 후 미국이 유일한 초강대국 지위를 누리고 있던 국제질서에서 2008년 세계금융위기가 변곡점이 되었다. 새로운 도전자 중국이 나타났다. 당시 학계와 언론계는 중국을 20세기 초 급부상한 독일에 비유하기도 하고, 펠로폰네소스 전쟁의 한 도화선이 되었던 아테네의 부상(rise)에 비유하여 '투키디데스 함정(Thucydides Trap)'이란 용어를 유행시켰다. 투키디데스 함정은 도전자인 중국의 부상이 패권국인 미국의 우려(fear)와 결합되어 전쟁이 일어날 가능성이 크다는 가설로 제시되었다. 20세기 초 독일과의 비유와 투키디데스 함정이 공통으로 포함하고 있는 요소는 중국의 부상이었다.

1990년대 초반 소련과 동유럽 공산주의 국가들의 붕괴는 중국 공산당에는 악몽이었다. 천안문 사태를 무력 진압하면서 위기를 넘겼지만, 새로운 정책이 필요한 시점이었다. 먼저 중국 공산당은 소련 붕괴 원인에 대해 면밀히 분석했다. 소련 붕괴의 원인을 소련 공산당이 국제사회의 변화와 소련 내부의 변화에 대해 적절하게 대응하지 못한 결과라는 결론을 얻었다. 중국 공산당은 소련 공산당의 교훈을 바탕으로 공산당의 역할을 강화하고, 국민들에 대해 애국심(민족주의)을 고취시키기로 결정했다.

중국은 공산당이 주도하는 사회주의 시장경제를 더욱 강하게 추진하여,

경제 발전에 중국의 미래를 걸었다. 1992년 덩샤오핑의 '남순강화(南巡講話)'로 알려진 경제발전 진작 노력은 천안문 사태로 봉쇄당했던 중국 경제를 기적적으로 소생시키는 역할을 했다. 중국은 미국과의 관계개선을 통해 2000년에 미국으로부터 시장경제 지위를 인정받고, WTO에 가입하여 고도 경제성장의 날개를 달았다. WTO 가입이 중국 경제의 가장 중요한 변곡점이 되었다. 이후 중국과의 대결을 주장하는 미국 내 강경파들과 현실주의 이론가들은 중국에 대한 시장경제 지위 부여와 WTO 가입 허용을 중대한 미국의 실책으로 간주하고 있다. 중국은 고도 경제성장을 바탕으로 2008년 미국 등 선진 경제질서가 세계금융위기로 신뢰를 상실하자, 미국식 성장 모델을 대체하는 중국식 경제성장 모델의 우월성을 제시하려는 경제 강국으로 부상했다. 그러나 2010년대 말부터 중국 경제성장도 한계를 나타내고 있어, 2030년 내 중국이 미국을 앞지를 것이라는 섣부른 2000년대 전망들은 사라져 버렸다.

광활한 면적과 거대한 인구, 그리고 유구한 역사와 문화를 바탕으로, 중국은 항상 국제사회의 관심 대상이 되었고, 국제정치에서도 중요한 행위자 역할을 해왔다. 국제사회(서구사회)에서는 시기에 따라 중국에 대해 상이한 인식(perception)이 형성되어 왔다. 인식의 변화는 중국 부상의 궤적과 현재의 위기 상황을 잘 설명해 준다.

중국의 거대함과 문명적인 역사에 대한 서구사회의 기본인식은 중국 위협론(Threat of China)이다. 위협론은 17, 18세기부터 유럽 사회에 퍼져 있었다. 나폴레옹의 '잠자는 중국을 깨우지 말라'는 언명이 대표적이다. 20세기 초 영국의 지정학자 매킨더도 지정학적 측면에서 세계의 중심인 유라시아대륙으로 접근 가능한 중국이 유라시아의 자원과 긴 해안선을 무기로 '세계 자유의 황화(黃禍)'가 될 수 있다고 우려했다.[56] 중국이 1990년대 경제성장에 시동을 걸면서 중국 위협론이 실체화되었다. 로스 먼로와 리처드 번스타인(Ross Munro & Richard Bernstein)의 『다가오는 중국과의 충돌(The Coming Conflicts with China)』(1997)이 대표적이다. 저자들은 중국 공산당과 정부 내에 존재하는 미국에 대한 적대감을 근거로, 중국이 경제성장을 통해 지속적으로 추구해 오고 있는 '중국의 시대'의 위험성을 경고했다. 중국 관영 신화사(新華社) 통신도 서구사회의 이런 분위기를 반영하여 중국위협론이 서구사회에서 1990년대에 3차례 주기적으로 나타났다고 분석했다. 1992~1993년, 1995~1996년, 그리고 1998~1999년이다.[57] 위협론은 실제 중국이 위협적이기보다는 거대한 중국에서 오는 단순한 공포감과 중국의 급속한 성장 가능성에 대한 우려와 시기하는 심리적 요인이 결합한 결과로도 볼 수 있었다. 중국도 서구의 '중국위협론에 대해 적극 대응하고 나섰다. 먼저 중국 학계에서 그동안 사용을 주저했던 국가이익이라는 개념을 서구가 넘지 말아야 할 선이라는 의미로 채택했다. 중국의 발전은 중국의 국가이익이므로 중국 위협론의 근거가 될 수 없다는 논리였다. 중국의 현실주의 학자로 알려진 옌쉐퉁(閻學通)의 『중국 국가이익의 분석(中國國家利益分析)』(1996)이 대표적이다. 실제 1989년 덩샤오핑이 닉슨 전 대통령과의 대담에서 '각자 자국의 국가이익을 최고의 준칙으로 삼아 협의하자'라고 하며 방어적 용도로 사용된 적이 있었다.[58] 그리고 중국 정부도 발 빠르게 중국위협론에 대응했다. 2002년에 '평화적 부상(和平崛起)'이라는 슬로건을 제시했다. 후진타오(胡錦濤) 주석의 책사였던 정비젠(鄭必堅)이 만든 논리로, 중국의 지속적인 성장이 세계평화에 기여한다는 논리였다.[59] 정비젠은 화평굴기의 궁극적인 목표는 공동의 발전과 번영이며, 여기에 가장 필수적인 전제조건은 평화공존이라고 주장[60]했다.

2000년대 초반에는 일시적이지만 중국 붕괴론(Collapse of China)이 나타났다. 중국 붕괴론은 중국 경제가 고속 성장을 거듭하는 과정에서 나타나는 부정적인 요소들이 결국은 중국을 붕괴시켜 버릴 것이라는 산업 현장의 관측에 기초하고 있었다. 중국계 미국인인 고든 창(Gordon Chang)이 중국 현장 경험을 바탕으로 중국의 WTO 가입 직전인 2001년에 출판한 『중국의 붕괴(The Coming Collapse of China)』에서 중국 경제 붕괴 가능성을 처음으로 제기하여 많은 지지를 받았다. 그는 중국 국유기업(State-Owned Enterprise)의 부실이 중국 붕괴의 단초가 되리라 생각했다. 그는 조만간 예상되는 중국의 WTO 가입을 계기로 낡은 설비와 부패로 경쟁력을 갖추지 못한 국유기업의 붕괴는 국유기업에 많은 채권을 가지고 있는 금융기관의 부실과 붕괴로 이어진다는 것이다. 이러한 경제의 붕괴는 경제성장의 부작용이 만연된 관료의 부패, 양극화로 인한 사회갈등 심화, 티베트와 신장의 분리주의 대두 등과 같은 정치사회적인 불안정과 결합되어 중국을 5년 이내 붕괴시킬 것이라는 극단적인 예측까지 내놓았다.

고든 창의 예측과는 정반대로 중국은 WTO 가입을 기점으로 세계 공장으로서 폭발적인 경제성장에 성공했다. 이를 반영하여 중국 불확정론(Uncertainty of China)이 2000년대 후반부터는 주류를 이루었다. 2008년 초에 미국의 국제안보연구소(World Security Institute)가 발간하는 ≪중국안보(China Security)≫에서 22명의 중국 전문가들이 '중국불확정론'을 토론했다. 토론 내용에 의하면, 중국의 물질적인 경제성장은 기정사실(fait accompli)이지만 가치적인 요소인 사법제도, 언론의 자유, 소수민족 문제, 인권문제 등 내부 문제가 산재해 있다고 평가했다. 이러한 물질과 가치 간 간극 해소를 위해 중국은 민족주의를 동원하여 국내 문제를 해결하는 국민단결효과에 의존하게 될 것이다. 그 결과 중국의 굴기를 의심의 눈으로 보고 있는 다른 나라(특히 미국)와 외교에서도 마찰이 발생할 수밖에 없어 중국의 미래는 더욱 불확실하다는 것이다. 당시 조지프 나이도 「불확정성의 굴기(The Rise of Uncertainty)」라는 제목으로 다음과 같이 평가했다.

"중국은 20세기의 독일과 같이 경제력으로는 강대해 졌고 군사력과 소프트 파워도 커졌으나 미국이 우려할 수준은 되지 못한다. 그리고 경제성장을 따라가지 못하는 정치발전으로, 4억 명 이상인 빈곤층, 급속히 확대되어 가는 빈부격차, 환경문제, 부정부패 등의 국내 문제로 불확정성만 확대되고 있다."

그는 나아가 국내 문제는 공산당 정권에 대한 도전으로 나타나고, 공산당은 이를 민족주의에 호소하는 방법으로 해결하기 때문에 중국 외교정책에 많은 문제를 일으킬 것으로 예측했다. 다른 중국 전문가들도 나이가 지적한 것과 같이 중국 미래가 불확실한 것은 중국 내부의 불확정성 때문이고, 더욱 중국을 곤란하게 만들 가능성이 있는 것은 중국과 미국을 중심으로 한 서구 사회와의 대결 구도라고 정확하게 예견했다. 불확정론을 요약하면, 서방의 중국 전문가들은 중국의 미래는 경제성장의 부작용으로 발생하는 중국 내부의 문제를 해결할 수 있느냐에 달려 있다고 보고 있다. 문제 해결 과정에 민족주의를 이용할 가능성이 크며, 중국 외교가 민족주의에 휘둘려 어려움을 겪게 될 가능성이 크다고 전망했다. 이러한 분석은 2025년 시점에서도 유효하다.

그러나 2010년대 들어서면서 중국식 성장 모델인 '베이징 컨센서스(Beijing Consensus)'를 통해 '중국 대세론'이 등장했다. 이는 미국식 경제성장 모델인 워싱턴 컨센서스(Washington Consensus)보다 중국식 경제성장 모델인 사회주의 시장경제가 개도국 경제에 더 설득력이 있다는 주장이다. 베이징 컨센서스는 2008년 세계금융위기로 시장을 보이지 않는 손(invisible hand)의 기능에 맡기는 자유주의 시장경제를 주장하는 워싱턴 컨센서스에 대한 신뢰가 무너진 반면, 중국은 고도 경제성장을 이루고 있다는 사실에 기초한 주장이었다. '베이징 컨센서스'라는 용어는 2004년 중국 칭화대학 겸임교수였던 조수아 라모(Joshua Cooper Ramo)가 사용한 이래 중국뿐만 아니라 세계적으로 많은 논쟁의 대상이 되었다. 케임브리지대학 국제연구소의 스테판 할퍼(Stefan Halper)는 『베이징 컨센서스(The Beijing Consensus)』(2010)에서, 시장경제와 민주주의 연관성에 기초한 워싱턴 컨센서스의 신화를 부정하면서 이론을 전개했다. 중국은 권위주의 체제하에서도 점진적이고 단계적인 시장화 개혁을 통해 고도의 경제성장이 가능했다고 분석했다. 그리고 중국은 고도의 경제성장을 통해서 국내 안정을 유지해 왔던 사실을 근거로, 중국은 지속적인 경제성장을 통해 민주주의, 인권, 정치개혁 등과 같은 민주화와 도덕적 문제를 경시할 수 있었다고 분석했다. 지속적인 경제성장을 통해 중국이 직면할 수 있는 민주화와 도덕적 문제를 성공적으로 해결할 수 있다고 주장한 것이다. 이러한 중국식 개발독재가 개도국에 매력적이고, 중국식 개발모델이 개도국에서 지지를 받고 있다고 주장했다. 그러나 베이징 컨센서스에 대한 반론도 만만치 않게 등장했다. 천즈우(陳志武) 같은 중국계 미국 학자는 『중국식 모델은 없다(China Model Never Exists)』(2011)에서 베이징 컨센서스는 존재한 적도 없다고 단정했다. 중국의 경제성장은 서구사회가 지난 200년간 구축해 놓은 자유 시장경제 시스템에 중국이 뛰어든 결과이지 권위주의 정부의 역할이 가져다준 결과는 아니라고 주장했다. 아이켄베리도 2014년에 중국은 미국이 구축해 놓은 자유주의 국제질서의 무임승차자에 불과하다고 평가절하했다.[61] 둘 다 WTO 위반행위(보조금, 환율 조작, 지재권 무시 등)를 통해 중국의 경제성장이 가능했다는 미국 정부의 공식 비판과 맥을 같이 한다.

중국의 옌쉐퉁도 『역사의 관성(歷史的慣性: 未來十年的中國與世界)』(2013)을 통해 중국 대세론에 합세했다. 옌쉐퉁은 10년 후인 2023년에 중국이 종합국력에서 미국을 따라 잡아 미국과 안정적인 양극체제를 형성할 것으로 예견하고, 종국에는 중국이 새로운 질서를 창조하는 패권국이 될 것이라고 암시했다. 러시아, EU, 일본은 2류 강대국으로 전락할 것으로 전망했다. 그리고 중국은 부상(굴기)하는 과정에 국제사회로부터 받게 되는 '중국책임론'을 극복하기 위해 정치지도자의 도덕적 리더십에 의존하는 도덕적 현실주의(Moral Realism)에 기초한 외교를 추진해야 한다고 주장했다.[62] 그러나 그의 예견은 빗나간 것으로 보인다. 그가 2023년 시점에 군사력과 문화에서는 미국에 열세이지만 경제력에서는 미국을 추월할 것으로 예견했으나, GDP에서 미국이 27조 달러였으나 중국이 18조 달러에도 못 미쳤다. 그리고 10년간 중국은 옌쉐퉁이 제시한 왕도(王道)와 같은 도덕적 리더십을 보여주기보다는 주변국의 불편한 이웃이 되었다. 옌쉐퉁이 제시한 10년간(2014~2023년)이 시진핑의 통치 기간과 일치한다는 점에서 시진핑의 리더십을 도덕적 리더십으로 부각시키려는 정치적인 의도가 내재되어 있다는 의심도 생긴다.[63]

옌쉐퉁이 중국을 대표하는 학자인 만큼, 그가 주장하는 소위 도덕적 현실주의를 이해할 필요가 있다. 도덕적 현실주의 이론의 본질은 중국이 미국을 대신하여 패권국이 되는 전략을 제공하는 일종의 '힘의 전이 이론(Theory of Power Transition)'이다. 이론의 구조는, 국력에 의해 국가이익이 결정[64]되고, 국가이익을 실행하는 것은 정치지도자의 도덕적 리더십이라는 이중적 구조이다. 그는 도덕적 리더십을 중국 고대 순자(荀子)의 정치철학에서 찾았다.[65] 유가의 일파이지만 비주류인 순자[66]는 지도자의 국제관계 리더십을 3종류로 구분했다. ① 덕(德, Political Morality)에 의한 왕권으로, 천하를 지배하는 리더십이고, ② 하드 파워와 전략적 신뢰에 의존하는 패권으로, 천하의 일부를 지배하는 리더십인 반면, ③ 군사력과 책략에만 의존하는 강권(强權)은, 작은 일부 지역만을 지배할 수 있는 리더십이다. 순자는 지도자가 왕권을 택하는 왕도의 정치를 펴야 하지만, 전국시대의 혼란상을 고려하여 패권과 패도도 수용해야 한다는 왕패론(王霸論)을 제시했다.[67] 마치 왕권과 왕도는 존 미어사이머의 세계적 패권국(global hegemony)이고, 패권과 패도는 지역 패권국(regional hegemony)과 비슷한 개념으로 보인다. 옌쉐퉁은 순자의 왕도이론을 빌려 중국의 최종 목표가 세계적 패권국임을 명확히 한 것이다.

옌쉐퉁은 중국 지도자의 바람직한 도덕적 리더십으로 초기에는 안정과 혼란이 혼존하는 시기에 적합한 패도를 암시한 반면,[68] 중국의 부상과 함께 왕도에 무게를 두고 있다. 왕도는 국제질서의 규범과 원칙을 창조하고 공공재를 제공할 수 있는 리더십을 의미한다. 그는 국가의 부상은 군사력이나 경제력이 아닌 지도자의 도덕적 리더십에 의해 달성되고, 그렇지 못한 패권국은 지위를 잃게 되는 힘의 전이가 발생된다고 주장한다. 마치 도덕적 리더십에 의존하는 중국이 무력에 의존하여 신뢰를 상실하고 있는 미국을 대체할 것이라는 예견을 이론을 통해 제시하고 있는 듯하다.

2010년대 후반부터 '중국 한계론(Limits of China)'이 제기되었다. 2014년도 들어서면서 중국 경제의 둔화세가 급격히 나타났다. 베이징 컨센서스 이론의 핵심이 중국의 고성장 유지이다. 그러나 중국의 연평균 경제성장률이 8% 이상에서 7%, 5%로 하락했다. 중국 정부도 뉴노멀(new normal)이라는 중속(中速) 성장을 수용하여 경제성장 목표치를 계속 하향 설정했고, 코로나 사태 이후에는 5%가 경제성장 목표가 되고 있다.[69] 중국 경제의 한계에 대해 재무장관을 지낸 로런스 서머스(Lawrence H. Summers)가 제시한 2014년 분석을 주목할 만하다. 그는 중국의 GDP 규모가 미국을 추월할 가능성은 비현실적이라고 단언했다. 그는 역사적 경험을 통해 볼 때, 중국도 경제성장률이 세계평균 수준인 약 2%까지 하락할 것으로 예측했다. 그리고 경제성장의 한계는 중국의 낮은 민주주의 수준이 그 원인으로 작용할 것으로 전망했다.

코로나 사태로 중국 한계론이 더욱 구체화되어, 중국 경제가 이미 정점을 지나고 있다는 학자들도 나타나고 있다. 할 브렌즈와 마이클 베클리(Hal Brands & Michael Beckley)는 『중국은 어떻게 실패하는가(Danger Zone)』(2022)을 통해 중국에서 고도 경제성장을 가능하게 했던 여건들이 악화되어 이제는 정반대로 부정적으로 작용하고 있다고 분석했다. 중국은 중국에 대한 우호적인 세계 분위기, 개혁과 개방 정책의 시기적 적실성, 집단지도체세로 포장된 세련된 전제정치체제, 풍부한 노동력과 자원을 통해 부상할 수 있었다. 그러나 현재 중국은 자원과 인구 자원의 고갈, 제도적 붕괴(1인 지배체제 강화, 정치 개혁 포기), 적대적인 지정학적 환경으로 인해 국력이 하락을 향한 분기점에 도달했다고 분석했다.70)

중국의 미래에 대해 긍정적인 견해와 부정적인 견해가 개혁개방 이후 중국 경제성장의 모든 과정에서 충돌해 왔다. 두 입장의 차이는 중국 정부/공산당의 역할에 대한 기대의 차이에서 연유한다. 즉, 경제성장 과정에서 발생하고 있는 양극화, 부패, 사회 불안 등과 같은 부작용을 권위주의적인 중국 정부가 관리, 통제할 수 있냐는 문제이다. 이는 중국의 권위주의 체제의 적실성에 대한 상이한 판단과 같은 맥락이다. 긍정론자들은 중국 정부가 권위주의 체제의 장점인 신속함과 단일 결정성을 통해 부작용들을 충분히 관리, 통제할 수 있다고 보는 반면, 부정론자들은 중국 정부의 통제력에 한계가 존재하고, 그 한계는 바로 권위주의 체제로부터 기인한다고 주장하고 있다. 권위주의 체제가 중국 미래의 한계가 되고 있다는 것이다. 최근 권위주의가 더욱 강화되고 있는 시진핑 체제에서는 점점 부정론자들의 논리가 설득력을 얻어가고 있다.

공산당 권력의 정당성 문제, 민족주의와 시진핑 체제의 등장

권력의 정당성(legitimacy)은 권력이 유지되는 데 반드시 필요한 요소이다. 권력의 정당성은 다양한 형태로 진화해 왔다. 중세 때는 신의 대리인인 교황을 통해 군주 권력의 정당성이 인정되었고, 절대 왕정 시대에는 군주가 직접 신으로부터 권력을 부여받았다는 '왕권신수설'이 지배했다. 그러나 루소 이후 국민주권론 시대에 들어와서 대부분 국가에서는 국민들이 선거라는 방법을 통해 권력자에게 정당성을 부여하고 있다. 선거가 권력의 정당성을 부여하는 보편적인 방법이 된 것이다. 그러나 국민의 의사를 묻는 선거라는 방법을 채택하지 않고 있는 권위주의 체제의 국가들은 다른 방법을 통해서 정당성을 확보해야 하는 어려움에 직면하게 되었다. 중국도 선거가 없는 권위주의 체제가 지배하는 대표적인 국가이다.

중국의 권위주의 체제의 한계에 대해서는 중국 경제성장의 시동과 함께 지속적으로 제기되었다. 경제성장과 정치발전(민주화)이 긴밀히 연계되어 있다는 가정은 '근대화이론(Modernization Theory)', '워싱턴 컨센서스'와 같은 서구시각의 기초이다. 그러나 중국의 고도 경제성장 기간에는 서구적인 가정을 중국에 적용하는 것이 보류되었지만, 경제성장이 정체되면서 정치개혁 부재가 경제성장을 저해하고 있다는 여러 가지 사실들이 현재 중국에서 표면화되고 있다. 미국 국무부 차관보를 지낸 학자 수전 셔크(Susan L. Shirk)는 일찍이 『취약한 강대국 중국(China: fragile superpower)』(2008)에서 권위주의라는 중국 정치체제의 약점 때문에 중국을 '취약한 강대국(fragile superpower)'이라 불렀다. 수전 셔크는 중국이 강대국이지만 언제 붕괴할지 모르는 취약한 강대국이 된 중요한 원인을 공산당 권력의 정당성 위기에서 찾았다. 그동안 공산당 권력을 지탱해 오던 사회주의 이데올로기가 중국인들에게 설득력을 상실하고 있는 상황인데도 국민의 선거가 아닌 공산당 내의 조정과 타협으로 최고의 정치지도자를 선출하는 공산주의 정치제도를 그대로 유지하고 있어서 권력의 정당성 문제가 발생했다고 지적했다. 그녀는 '(Tail) wags the dog(개 꼬리가 개를 흔든다)'는 재미있는 표현을 사용하여 중국 지도부가 공산당 권력의 정당성 문제와 같은 국내 문제를 해결하기 위해 중국 민족주의를 이용한 강경외교를 추진할 가능성을 우려했다.[71] 책의 부제인 '어떻게 중국의 국내정치가 중국의 평화로운 굴기를 탈선시키는가(How China's Internal Politics Could Derail its Peaceful Rise)'가 함축적으로 이를 설명해 주고 있다. 그리고 중국의 민족주의 외교는 대만 문제를 둘러싸고 미국, 일본과 갈등을 겪을 것이라고 일찍이 전망했다.

평등사회를 대변하는 공산주의 이데올로기와 침략자 일본에 대한 승리가 권력 정당성의 원천으로 작동되었던 마오쩌둥 시대가 지나고, 개혁개방을 내세운 덩샤오핑(鄧小平) 시대에서는 경제성장이라는 중국인들의 절대적 열망을 정당성의 기반으로 삼았다. 경제성장의 마법은 장쩌민(江澤民), 후진타오(胡錦濤)에게까지는 그런대로 작동되었다. 장쩌민과 후진타오는 덩샤오핑에서 시작된 경제성장을 '중국대세론'으로 격상시켜 놓았다. 사실 그 시대는 경제성장이 너무 급선무였기 때문에 국민들이 권력의 정당성 문제에 관심을 가질 여력이 없었다.

그러나 고도성장 시기에도 중국 지도자들은 경제성장이 권력의 정당성 문제를 완전히 해결해 줄 것으로 생각하지 않았다. 정치지도자들은 보완책으로 경제성장과 함께 정치개혁을 모색했다. 중국 지도자들의 유연성이 돋보이는 대목이다. 정치개혁의 시동은 덩샤오핑으로부터 시작되었고, 이후 정치개혁은 중국 국내정치의 중요한 의제가 되었다. 마오쩌둥 시절의 1인이 당(黨), 군(軍), 정(政)을 모두 장악하는 1인 지배체제의 해악을 몸소 체험한 덩샤오핑은 당, 군, 정의 권력을 복수의 정치지도자에게 분산하는 집단지도체제를 구축했다. 집단지도체제는 후진타오 때까지 유지되었다. 2010년대부터는 경제성장만으로 만족하지 못하는 국민들의 정치개혁 요구가 커졌다. 이를 반영하여 2010년 원자바오(溫家寶) 총리가 정치개혁의 필요성을 제기하면서 공산당 내에서 정치개혁에 대한 논의가 본격적으로 진행되었다. 모든 공산당 회의와 정부 회의에서 경제성장과 함께 정치개혁이 양대 의제로 논의되었다. 정치개혁 논의에서는 공산당 내 서구식 자유민주주의를 지향점으로 하자는 진보적 주장으로부터 공산당 일당체제 고수를 전제로 하는 중국식 민주주의를 주장하는 보수적 주장까지 다양하게 제기되었다. 결국, 정치개혁의 방향은 우선 말단의 지방 선거제 도입과 같은 점진적인 정치 민주화에 초점이 맞추어졌다. 그러나 정치개혁에 대한 논의만 있고 성과가 없는 가운데 2012년 시진핑이 공산당 총서기가 되면서 정치개혁 논의마저도 완전히 중단되었다. 도리어 시진핑은 정치개혁 논의 과정에서 제기되었던 부정부패 척결이라는 정치개혁의 전제조건을 채택하여 정적(政敵) 제거 수단으로 이용했다는 의심을 받고 있다. 그리고 시진핑은 두 번째 국가주석 임기 중에 덩샤오핑보다는 마오쩌둥을 따르기로 결정했다. 2018년 3월에 중국 헌법에 규정되어 있는 국가주석 2연임 초과 금지 조항을 삭제하여 종신 집권의 길을 열었다. 2022년 시진핑은 마오쩌둥 이후 처음으로 국가주석 3연임을 시작하면서 당, 군, 정 권력을 모두 장악한 1인 지배체제를 강화했다. 그리고 시진핑 사상을 마오쩌둥 반열에 올려놓으면서, 시진핑 사상 교육에 열을 올리고 있다.72) 중국에서 정치퇴보가 가속되고 있다.

시진핑은 경제성장을 더 이상 권력 정당성의 카드로 사용할 수 없었다. 새로운 정당성의 근거가 필요한 '정당성의 위기'에 직면했다. 시진핑은 중국 민족주의를 권력 정당성의 기반으로 설정했다. 시진핑이 제시한 것이 '중화민족의 위대한 부흥'을 목표로 한 '중국몽(中國夢)'이 그것이다. 당시 유럽의 최강국이었던 영국을 조공국과 같이 하대(下待)한 청 건륭제 시대로 돌아가려는 '중화민족의 위대한 부흥'과 같은 구호는 당연히 중국 국민들의 지지를 받았다.

민족주의는 시진핑 이전에도 중국정치에서 중요한 역할을 해왔다. 중국 근대민족주의는 서구의 침략이라는 역사 속에서 저항적·배외적인 성격과 정권에 의해 관리되는 관제적(官制的)인 성격을 동시에 띠고 나타났다. 1900년에 서태후는 서구 세력에 대항하기 위해 의화단의 민족주의를 이용했고, 장제스도 일본과의 전쟁과 중국 공산당과의 정당성 싸움에서도 민족주의를 내세웠다. 공산주의가 찬란한 중국문화에 반(反)하는 외래 사상이라고 국민들에게 선전했다. 마오쩌둥도 자신의 권력을 되찾기 위해 홍위병의 왜곡된 민족주의 열정을 이용했다. 1990년대 소련 공산당의 붕괴로부터 충격을 받은 중국 공산당은 공산당 보존을 위해 중국 민족주의를 다시 소환했다. 당시 소련 붕괴에 힘입어 미국을 위시한 서방국가들이 중국의 체제 변화를 통해 공산당을 붕괴시키려는 화평연변(和平演變) 전략을 구사하고 있다고 중국 지도층은 우려하고 있었다. 이에 대항하여 중국 공산당은 애국주의 교육을 강화하여 국민들의 민족주의를 고취시켜 공산당을 보호하고 서구 세력에 대항하기로 했다. 애국주의는 중국에서 민족주의를 대체하는 표현으로, 중국이 한족뿐만 아니라 55개 소수민족으로 이루어진 다민족국가라는 정체성 문제를 고려한 표현이다. 1991년 7월 장쩌민(江澤民) 국가주석이 중국 공산당 창당 70주년 기념사에서 애국주의를 제시했다. 그리고 1994년 애국주의교육실시강요(愛國主義教育實施講要)를 발표하여 중국에 대한 자긍심을 고취시키는 조치를 시행했다. 그리고 그 중심에는 공산당이 있음을 선전하면서, 정권의 정당성을 확보하려고 노력했다. 1990년대 중국 정부의 민족주의 자극은 중국 민족주의가 관제를 벗어날 수 있는 계기도 되었다. 1996년 출판된 『NO라고 말할 수 있는 중국(中國可以說不)』이 당시 민족주의가 득세하는 분위기를 설명해 준다. 청년 언론인이 출판한 일종의 선언문으로 미국과 일본에 대해 비판하고, 중국 사회에 범람하고 있는 지식계층의 친미 성향을 강하게 비판했다.

공산당의 애국주의 교육의 효과는 2000년대 후반부터 나타나기 시작했다. 2008년 세계금융 위기를 계기로 서구에 대한 열등감이 극복되었고, 같은 해 개최된 베이징 올림픽으로 중국의 높아진 위상이 확인되었다. 동시에 애국주의 교육을 받은 '1980년대 이후 출생한 세대(八零後)'들의 사회 유입과 맞물려 중국의 민족주의는 중국 국내정치뿐만 아니라 중국 외교에서도 무서운 힘을 발휘하게 되었다. 주중 일본 대사를 역임했던 미아모토 유지(宮本雄二)도 외교 현장 경험을 바탕으로 2008년 세계금융위기 후 민족주의가 중국 외교 특유의 품위를 잃게 하고 거친 강경외교로 탈바꿈시켰다고 우려했다.73)

중국 국내적으로는 중국 민족주의 냄새가 잘 묻어나는 책 두 권이 베스트셀러가 되었다. 2009년에 출판된 『중국은 불쾌해(中國不高興)』와 2010년의 『중국몽(中國夢)』이다. 『중국은 불쾌해』는 5명의 국제문제 비전문가가 쓴 글로, 중국이 서방으로부터 저가 공산품 공급국으로만 취급받고 있는 것이 불쾌하고, 중국은 반드시 강대국 지위로 복귀해야 한다고 주장했다. 『중국몽』은 강경파 학자로 알려진 류밍푸(劉明福)의 베스트셀러로서, 세계 제일의 부

강한 국가가 되는 것이 근대 중화민족의 꿈이라고 정의하고, 꿈을 달성하기 위해서 반드시 미국을 넘어서야 한다고 주장했다. 두 책 모두 민족주의 연장선에서 미국과 서구에 대한 적대감과 중국의 부상에 대한 자신감을 표출하고 나아가 세계를 제패하는 것이 중국의 목표이며 중국의 꿈이라고 주장했다.

이런 민족주의의 열기를 등에 업고 시진핑이 2012년에 공산당 총서기, 2013년에는 국가주석으로 취임했다. 그는 국가주석 취임 일성으로 '중화민족의 위대한 부흥'을 외치며 '중국몽(中國夢)'을 제시했다. 중국 공산당이 대륙을 통일한 지 100년 되는 해인 2049년까지 미국을 대체하는 패권 국가 되겠다고 선언한 것이다. 2023년에 시작된 시진핑 체제 3기에서는 자신을 마오쩌둥, 덩샤오핑의 반열에 올려놓고, 당·군·정의 모든 권력을 장악하여 다시 마오쩌둥 시대의 1인 지배체제로 환원시켰다. 권력의 기반인 민족주의에 더욱 의존하여 애국주의 교육은 더욱 강화하고, 시진핑 개인에 대한 우상화도 추진하고 있다. 시진핑의 1인 지배체제의 강화를 두고 서구에서는 '시진핑 리스크'라는 용어로 우려를 표하고 있다.

시진핑이 민족주의에 의존하는 모습은 서방세계가 우려한 현실이다. 시진핑이 정권을 잡으면서 수전 셔크의 우려가 점점 현실이 되어 가고 있다. 시진핑 체제의 등장과 함께 전랑외교(戰狼外交)라는 이름으로 국제사회의 규칙과 규범을 무시하는 호전적인 외교 행태로 다른 국가들과 마찰을 일으키고 있다.* 이전에도 중국의 왜곡된 민족주의가 강경외교로 반영되어 국제사회와 충돌한 적이 있었다. 1960년대 후반 문화대혁명기에 홍위병의 애국주의가 외국 정부를 비난하고 외국에서 쿠데타를 지원하는 모험적 외교 행

* 2013년 8월 하순. 주몽골 대사였던 필자는 시진핑 중국 국가주석의 몽골 국빈방문 환영식에 잠석하여 시진핑 주석 일행과 악수를 나누었다. 그동안 외교부 업무 덕분에 중국 지도자들(장쩌민, 주룽지, 후진타오, 원자바오)을 지근거리에서 보아와 그들의 (외형상일지라도) 온화한 모습에 익숙해져 있었던 필자에게 이번 악수는 작은 충격이었다. 차갑고, 고압적이다 못해 오만하다는 느낌을 받았다. 놀랐지만 강대국들이 가끔 약소국에게 보여주는 전략적 심술 정도로만 생각했다. 그러나 그것이 그들의 본 모습이었다.

태를 보였다. 중국은 문화대혁명 외교(文革外交) 여파로 많은 국가들로부터 단교 당하는 외교의 붕괴를 경험했다.

민족주의는 양날의 칼이라는 언명이 중국에도 적용된다. 민족주의는 대외적으로 중국외교를 폭주로 몰고 갈 수 있다. 그뿐만 아니라 국내적으로 공산당(시진핑) 정권에 대한 도전세력이 될 수도 있다. 일례로 2023년에 시진핑의 퇴진을 요구하는 현수막이 베이징 대로에 나타난 적도 있다. 중국 민족주의가 관제적 성격을 벗어나면서 정부에 대항하는 힘으로도 작용할 수 있게 되었기 때문이다. 여기에 더해 공산당 내부의 권력투쟁 가능성도 시진핑 1인 체제를 위협하는 요소이다. 시진핑 1인 체제에 대한 중국 내 반발은 중국 정부의 언론 통제로 블랙박스 속에 있지만, 분명한 것은 현재 확장적 진행형이라는 사실이다.

중국의 수정주의, 미·중 갈등과 미국의 정책

미·중 충돌과 중국의 수정주의

2014년 미·중 충돌의 위험성을 적절히 설명한 서적 한 권이 출판되었다. 하버드대학교 교수인 그레이엄 엘리슨(Graham Allison)의 『예정된 전쟁(Destined for War)』이다. 이미 중국의 부상을 조지프 나이가 1871년 독일의 통일에 비견할 만큼 세계질서와 강대국 세력균형에 큰 영향을 주고 있다고 평가했다. 2010년대부터 중국을 비스마르크의 통일된 독일에 비유하고, 투키디데스의 함정이라는 용어로 미·중 간의 충돌 가능성을 언급하는 것은 일반적인 일이 되었다. 엘리슨은 투키디데스가 펠레폰네소스 전쟁사에서 언명한 전쟁의 원인인 '아테네의 부상(rise)과 이에 대한 스파르타의 우려(fear)'를 '투키디데스의 함정(Thucydides Trap)'이라는 용어로 설명했다. 그는 지난 500년간 패권국과 도전국 간에 나타난 부상(rise) - 우려(fear)의 상황이 16차례 발생했으며, 그중 12차례나 전쟁으로 발전했다고 분석했다.[74)]

중국의 부상(rise)과 미국의 우려(fear)가 결합하여 전쟁으로 발전할 가능성이 있지만 피할 수 있다고 진단하고, 전쟁을 피하기 위해, 상호 부단한 접촉을 통해 국가이익이 무엇인지에 대한 상호이해를 높여야 한다고 제언했다. 그리고 할 브렌즈와 마이클 베클리(Hal Brands & Michael Beckley)도 『중국은 어떻게 실패하는가(Danger Zone)』(2022)를 통해 충돌 가능성을 설명했다. 이들은 충돌의 원인이 투키디데스의 '부상 - 우려' 간의 상호작용이 아니라, 중국의 패권 야욕(ambition)과 중국의 절박함(desperation)이 교차할 때 최악의 지정학적 재앙이 나타난다고 전망했다.[75] 중국의 절박함은 중국의 국력이 이미 정점을 지나 하락국면으로 접어들고 있다는 스스로의 진단에 의해 발생된다.

미·중 충돌 가능성은 점점 설득력을 얻어가고 있다. 그리고 그 배경에는 중국의 수정주의가 있다. 2013년 시진핑 국가주석이 취임하면서 중국의 비전을 '중국몽(中國夢)'으로 함축하고 '위대한 중화민족의 부흥'을 슬로건으로 내세웠다. 취임 직후 발간된 ≪이코노미스트(Economist)≫(2013년 5월)도 청 건륭제의 황제 복장을 한 시진핑 주석의 합성사진을 표지 모델로 사용했다. 이코노미스트는 시진핑 주석이 영국을 야만인 취급했던 청 건륭제로 상징되는 중화제국의 부활을 꿈꾸고 있으며, 중화제국의 꿈은 중국 민족주의의 부활과 공산당의 권력독점이라는 위험요소를 안고 있다고 지적했다. 시진핑의 광폭외교를 볼 때, 외교의 목표를 '동아시아 지역 패권'을 넘어서 '세계패권'으로 설정한 것이 분명해 진다. 구체적으로, 미국과의 '신형대국관계'를 제시하고, 패권 국가의 필수요소인 대양해양국이 되기 위해 남중국해에 대한 팽창정책을, 그리고 유라시아에서의 패권을 목표로 한 일대일로 정책을 추진하고 있다.

먼저, 2013년 시진핑이 국가주석 취임 후 미국을 공식 방문한 자리에서 오바마 대통령에게 '신형대국관계'를 제시했다. 주요 내용은 ① 상호 충돌과 대결을 회피하고, ② 상호 간 핵심이익과 관심 사항을 존중하고, ③ 협력을 통해 상호 윈-윈하자는 것이다. 이후 내용에 변화가 있고 명칭도 '신형국제관계(新型國際關係)'와 혼용되고 있지만, 핵심은 중국의 핵심이익인 중국의 세력권(sphere of influence)을 인정해 달라는 것이다. 미국과 태평양을 반분하자는 요구이며, 동아시아의 지역 패권 지위를 요구한 것이다. 이 요구는 지금까지도 유효하다. 2023년 토니 블링컨(Tony Blinken) 국무장관 접견에서도 시진핑은 같은 내용을 언급했다. 그러나 '신형대국관계'에 대한 미국의 반응은, 상호 충돌 방지에는 동의하지만, 상이한 가치체제를 가진 중국과의 상호이익 존중은 수용 불가능하다는 입장이다. 미국 도덕주의에 세력권 개념이 부합되지 않은 것은 당연하다. 초기 오바마 정부에서는 중국 측이 38차례 언급한 데 대해 8차례만 반응을 보였다. 그러나 트럼프와 바이든 행정부에서는 신형대국관계에 대해 거의 반응을 보이지 않고 있다. 미국은 신형대국관계를 수용할 수 없다는 입장을 분명히 하고 있다.

반면, 중국에 대한 미국의 초기 요구는 2005년 국무부 부장관이었던 로버트 졸릭(Robert Zoellick)이 제시한 '책임 있는 이해당사자(responsible stakeholder)'였다. 중국이 경제 강국으로 부상한 만큼, 국제사회에서 책임 있는 일원으로서 역할해 줄 것을 요구한 것이다. 미국은 중국에 대해 시장경제 지위와 WTO 가입을 인정한 2001년부터 공식적으로 중국을 자본주의 국제질서로 편입시켜, 그 연장선에서 '책임 있는 이해당사자' 역할을 요구한 것이다. 그러나 중국은 WTO가 요구하는 규범들을 우회하거나 무시하는 방법으로 경제성장을 추구했다. 미국은 이를 제지하기 위해 2000년대부터 중국과 경제 장관급 이상의 수석대표가 참석하는 전략경제대화(Strategic Economic Dialogue)를 개최하여, 중국의 정부 보조금 지급, 환율 조작, 그리고 지재권 보호 회피 문제를 직접 추궁했다. 그러나 수년간 전략경제대화의 노력은 성과 없이 끝나, '책임 있는 이해당사자' 요구는 제 기능을 하지 못했다.

남중국해에서 중국의 대양해양국 추구는 더욱 노골적이다. 동남아 해역 국가들과 갈등의 원인이 되어, 중국의 지역 패권 욕심에 대한 경각심을 일깨워 주고 있다. 중국은 패권국이 되기 위한 필수 조건으로 인접 해양을 지배해야 할 필요성을 느끼고 있다. 특히 경제성장의 기초가 되는 중동 에너지 수입통로인 남중국해를 확보하지 않고는 항상 경제안보 불안에 시달릴 수밖에 없는 처지이다. 중국은 1980년대부터 해상전략 개념을 확립했으나 근해 방어 개념 수준이었다. 그러나 2000년대를 넘어서면서 선제공격을 포함한 적극적 방어전략으로 전환하여 근해의 범위를 일본 본토 - 오키나와 - 대만 - 필리핀해역으로 확장했다. 2015년에는 '해군 강국'을 전략 목표로 설정하고 대양해군 양성을 통해 미국의 해양 패권에 도전했다. 중국은 역사적 연관성을 근거로 남중국해 대부분을 중국의 영해로 설정하는 '남해 구단선(九段線)'을 주장하고 있다. 또 해양법상 영토로 인정되지 않은 암초를 매립하여 인공섬을 조성하여 영토로 주장할 뿐만 아니라, 군사기지로 사용하고 있다. 이러한 노골적인 팽창정책은 필리핀, 베트남, 인도네시아 등 해안 국가들과 마찰을 야기했다. 결국, 필리핀이 유엔해양법협약에서 규정하고 있는 중재재판에 제기했다. 2016년 중재재판은 중국이 주장하는 구단선에 대한 역사적 권원(historic title)을 인정하지 않았을 뿐만 아니라, 중국이 설치한 인공섬도 불법임을 판결했다. 그러나 중국은 중재재판 자체를 부정하고 자국에 불리한 판결을 무시하고 있다. 재판 결과를 무시하는 중국의 태도를 두고 앙겔라 메르켈(Angela Merkel) 전 독일 총리는 자서전 『자유(Feiheit)』에서, '중국 지도자들이 입에 달고 있는 다자주의 원칙이 구두선(口頭禪)에 불과했다'고 비판했다.[76] 또 중국은 해양영토 확장뿐만 아니라 해양 군사력을 급속도로 증강하고 있다. 해군 전력도 대양 전략에 맞게 핵 추진 항공모함을 2035년까지 6척으로 확장을 계획하고, 핵 잠수함, 다중 전투함 등도 증강해 나가고 있다.

미국은 중국의 남중국해에서의 팽창에 대해 중국의 구단선을 인정하지 않고 '항행의 자유(Freedom of Navigation)'를 주장하고 있다. 그리고 필리핀, 베트남 등과 협력하여 남중국해에서의 미국 해군력을 강화하고 있다.

매킨더와 스파이크먼의 지정학 이론을 소환한 듯한 유라시아 지역에 대한 일대일로 정책은 다면적인 성격을 포함하고 있다. 2014년 시진핑 주석이 베이징에서 개최된 APEC(아시아 태평양 경제협력체) 정상회의에서 제시하였다. 일대(一帶)는 육상 벨트(육상 실크로드)로, 중국 서부 - 중앙아시아 - 유럽(지중해, 발트해)을 연결하는 길을 대상으로 하고 있다. 반면, 일로(一路)는 바닷길(해상 실크로드)로, 중국 남동해안 - 동남아시아·남아시아 - 인도양 - 아프리카 동해안 - 지중해로 연결되는 해안과 항구를 대상으로 포함시켰다. 중국은 일대일로 프로젝트에 1조 달러를 투입한 것으로 알려지고 있다.

일대일로는 유라시아 지역에 대한 패권추구와 같은 공격적인 이미지와 미국의 봉쇄 탈피라는 안보 전략적 의미를 동시에 내포하고 있다.77) 그리고 동시에 중국 국내 정치용 전략일 가능성도 있다. 시진핑의 권력 정당성을 '중화민족의 위대한 부흥'으로 제시한 만큼, 역사 속에서 중국의 문명이 가장 높이 평가된 당나라의 실크로드가 중화민족의 부흥을 설명할 수 있는 훌륭한 도구였다. 또 2008년 세계금융위기로 중국 경제가 미국과의 탈동조 현상에 대응하기 위해 추진한 국내 인프라 산업이 한계에 도달하자 국내 인프라 산업의 과잉 설비와 인력을 해소하는 탈출구로 일대일로를 구상했다. 일대일로 사업의 대부분이 도로 건설, 항만 건설과 같은 인프라 건설 분야인 이유이다. 그리고 도로와 항만들이 중국의 에너지 도입선과 밀접한 관계가 있어 안보 전략적인 측면도 있다.

일대일로 사업도 많은 갈등을 일으키고 있다. 일대일로 사업 접수국에서는 과잉 부담 문제로 반중국 정서가 나타나 중국 외교에 부담이 되기도 하고, 사업 미수금 증대와 과도한 해외 차관 제공은 중국 재정의 부담이 되기도 했다. 일대일로의 성과는 현재까지 긍정적이지 못하다. 정권 정당성 확보를 위해 중국이 감당할 수 없는 무리한 과잉팽창 정책을 추구하고 있다는 평가가 그것이다. 2023년 유럽의 유일한 가입국이었던 이탈리아가 탈퇴하고, 가입국 내 발생하고 있는 민족주의의 반발을 볼 때, 일대일로가 중국 장래와 외교에 변수가 될 가능성도 있다.

미국의 인식과 대중국 봉쇄정책

2023년 6월 시진핑 국가주석이 중국을 방문한 토니 블링컨 국무장관을 만나 '중국은 미국에 도전하거나 미국을 대체하지 않을 것'이라고 언급한 것으로 알려졌다. 그러나 미국 정치계와 사회는 중국 지도자들의 입버릇이 된 공언(空言)을 전혀 신뢰하지 않는 분위기이다. 이러한 미국의 분위기 속에 중국이 아주 장기적으로 치밀하게 중국 공산당이 중국 대륙을 제패한 지 100년이 되는 2049년까지 미국의 질서를 대체하려는 음모를 진행 중이라고 고발하는 서적들이 2010년대 중반 이후 미국 외교안보 기관에서 오랫동안 근무한 중국 문제 전문가들에 의해 소개되었다. 이들의 주장이 미국의 인식과 위기감을 대편하고 있다. 마이클 필스버리(Michael Pillsbury)의 『100년간의 대여정(The Hundred-Year Marathon)』(2015), 러쉬 도시(Rush Doshi)의 『롱 게임(The Long Game)』(2021) 등이 대표적이다. 필스버리에 의하면, 중국이 미국을 대체한 패권국으로 등장하기 위해 손자병법의 교훈에 따라 지난 50년간 미국이 전혀 눈치채지 못한 방법으로 음모를 진행해 오고 있다. 그 방법은 ① 미국 엘리트를 기만하여 중국을 지지하게 만들고, ② 철저히 비밀 상태에서 군사기술을 발전시키고 ③ 미국의 개방주의를 악용하여 경제를 발전시키고, 기술을 탈취하고 ④ 그리고 국제제도와 규범을 중국에 유리하도록 조작하는 것이었다. 그 결과 중국은 2049년을 목표로 하는 강력한 수정주의자로 등장했다고 주장했다.[78] 러쉬 도시도 2010년대 후반 중국 지도자들이 제시한 '대변동(大變動)'이라는 용어에 큰 의미를 부여하고 중국의 음모를 미국 사회에 소개했다. 시진핑 주석은 2017년 말부터 여러 내부 행사 계기에 중화인민공화국 건국 100주년이 되는 2049년까지의 목표를 기존의 '중화민족의 위대한 부흥'에 더해 '100년 만의 대변동'을 추가 제시했다. 대변동의 의미는 세계질서의 변화이며, 중국이 미국을 대체하여 새로운 세계질서를 만든다는 것이다.[79] 많은 중국 자료를 인용한 러시 도시의 주장은 다음과 같다. 중국이 미국을 대체하기 위해 1949년 이후 3차례의 대전략 변화(미국 약화, 지역패권 구축, 글로벌 팽창)를 통해 미국과 긴 게임(long game)을 진행하고 있다. ① 첫째로, 천안문 사태(1989) 이후 2007년까지는, '미국식 질서를 약화시키는 전략'으로, 미국의 포용정책을 이용하여 자본주의 국제경제질서에 진입하여 고도 경제성장의 발판을 마련했다. 이 기간은 덩샤오핑이 언급했던 능력을 감추고 때를 기다린다는 의미의 도광양회(韜光養晦)의 시기였다. ② 둘째로, 2008년 글로벌 금융위기도 중국의 대전략을 변화시켰다. 중국이 '아시아지역 패권 기반을 구축'이라는 전략을 추구하여, 경제뿐만 아니라 정치, 군사 등 모든 면에서 강대국의 자리를 차지하기 위해 분투했다. 국제기구를 통한 다자 외교로 국제사회 영향력을 확대하고, 해양대국으로 나아가기 위해 남중국해에서 해역국과의 갈등도 불사했다. 이 기간의 전략은 적극적으로 역할을 다하겠다는 유소작위(有所作爲)로 알려져 있다. ③ 셋째로, 2016년에 발생한 영국의 EU 탈퇴와 세계 경찰로부터 이탈을 선언한 트럼프 대통령의 당선은 중국에게 서구의 쇠퇴와 '역사적 기회의 시기'의 시작으로 인식되었다. 2017년 공산당 19차 당 대회에서 시진핑 주석이 '신시대'를 선언하고, '글로벌 확장' 전략을 추구하면서 '100년 만의 대변동'의 시기가 시작되었다. 여기에서 중국은 미국의 패권이 약화되고 있는 상황에서 첨단기술 중심의 4차 산업혁명에서 우위를 확보하여 긴 게임의 목표를 달성하려 하고 있다. 시진핑 시대의 외교가 이 시기에 포함된다. 러시 도시는 이러한 중국의 장기적인 대전략에 대한 미국의 각성이 우선되어야 한다고 주장했다. 그리고 중국과의 대립과 타협을 지양하고, 중국이 구사했던 대전략을 모방하여 '중국질서 약화시키기'와 '미국식 질서 유지하기'를 미국의 전략으로 제시했다.[80]

미국이 만들어놓은 질서를 자신의 질서로 교체하려는 수정주의자 중국에 대한 미국의 반격은 봉쇄정책(containment policy)으로 나타났다. 중국에 대한 미국 사회의 인식 변화와 함께 중국에 대한 포용정책이 오바마 행정부에서부터 변화하기 시작했다. 2011년 오바마 대통령은 전략적 중심을 중동에서 아시아로 이동시키는 '재균형 정책(아시아 회귀, Pivot to Asia)'을 선언하면서, 중국의 수정주의에 본격적으로 대응하기 시작했다. 당시 미국 사회뿐만 아니라 정계에서도 민주당과 공화당 구별 없이 초당적인 반중국 정서가 팽배했다. 중국에 대해 봉쇄정책을 추진하라는 요구가 높아졌다. 중국은 정치적으로 인권을 유린하고 민주주의를 말살하는 전체주의 국가이며, 경제적으로도 불공정행위로 일관하고, 미국의 첨단기술을 불법적으로 탈취하고 있는 비도덕적인 국가로 인식되고 있었다. 미국은 이제 중국을 단순한 전략적 경쟁자가 아닌 미국이 만든 세계질서를 자신의 것으로 대체하려는 수정주의 세력(revisionist power)으로 인식하기 시작했다. 이것이 대중국 봉쇄정책이 힘을 받게 된 배경이었다. 반면, 이런 반중국 분위기 속에서도 키신저 전 국무장관은 『중국(On China)』(2012)에서 미·중 간에도 상호 세력권을 인정하고 사소한 세력 변화에 불개입하는 유럽식 세력균형을 적용할 것을 제안하고, 중국의 이익을 인정하고 중국과 같이 이익을 공유하는 공진화(共進化, co-evolution)를 정책으로 제시했다.[81] 키신저가 친중 인사라는 비판을 받고 있었다는 사실을 감안할 때, 키신저의 제안이 미국 사회에서 설득력을 얻지 못했다는 사실은 너무나 당연하다.

봉쇄정책은 냉전 시대에 소련과의 대결에서 미국이 승리할 수 있도록 도와준 마법의 도구였다. 미국 사회가 요구하고 있는 봉쇄정책은 냉전 시대 경험에서 볼 때, 내부에 내재하고 있는 전체주의체제의 한계성에 의해 중국이 붕괴될 때까지 타협하지 않고 봉쇄하고 기다리는 전략으로 이해된다. 많은 현실주의 학자들도 봉쇄정책 요구에 동참했다. 할 브랜즈와 마이클 베클리는 중국의 국력이 절정을 지나가는 2020년대 10년간을 봉쇄정책으로 넘기면, 이후에는 냉전에서처럼 미국이 승리할 것으로 전망했다. 그리고 러시 도

시도 중국과 충돌하거나 타협하지 말고, 미국의 지위를 대체하려고 중국이 사용하고 있는 전략을 그대로 카피하여 사용(눈에는 눈 전략)하라고 제안했다. 그리고 봉쇄 방법으로 다양한 방안들이 제시되고 있다. 뉴트 깅그리치(Newt Gingrich) 하원의장과 같은 강경한 보수파는 시진핑 국가주석 개인에 대해 봉쇄하자는 의견도 제시했다. 그리고 현실주의 학자들은 한결같이 세력균형을 통한 봉쇄정책을 제안하고 있다. 존 미어샤이머는 현재의 국제사회는 미국, 중국, 러시아의 3극 체제라는 사실을 받아들이고, 미국은 절제하면서 역외균형자로 전환할 것을 주장했다.[82] 동북아에서 1차적으로 한국과 일본이 중국에 대항하여 세력균형을 이루도록 미국이 역외균형자 역할을 할 것을 제안했다. 한국은 일본과의 역사 문제, 그리고 중국과의 경제적 이익보다 자신의 안보가 더욱 중요하기 때문에 일본과 협력하여 중국에 대항할 수밖에 없다고 예측했다. 스티븐 월트도 중국 주변국들이 중국에 대해 균형 연합(balancing coalition)을 형성하도록 유도하고, 미국은 역외균형자로 복귀해야 한다고 주장한다. 중국이 20여 개 국가와 육·해상 국경을 공유하고 있어 주변국과 많은 갈등을 일으키고 있기 때문에 주변국들의 균형 연합이 쉽게 이루어질 수 있다고 예상했다. 반면 아이켄베리 같은 자유주의자들은 중국의 비민주성을 비판하고, 미국의 자유주의 정책을 부분적인 수정(방위비 공정 분담 등)을 거쳐 동맹과 다자주의를 유지할 것을 제안하고 있다.

미국의 현실 외교에서도, 봉쇄정책에서 기존의 동맹국들과의 협력 정도를 두고 민주당의 조 바이든(Jeo Biden) 행정부와 공화당의 도널드 트럼프(Donald Trump) 행정부 간에는 이견이 존재한다. 먼저 바이든 행정부에서는 기존 국제질서 속에서 동맹국과 협력하는 봉쇄정책을 선호했다. 바이든 행정부는 동맹을 결집시키기 위해 동맹국들과 공유하고 있는 인권, 민주주의, 보편적 규범과 같은 '가치(value)'를 적극 활용했다. 중국 위구르족 인권 문제를 통해 유럽 동맹국을 결집시켰고, 대만 문제를 건드리면서 일본을 끌어들여 중국을 압박할 수 있었다. '항행의 자유'라는 국제법 원칙으로 필리핀, 태국, 인도네시아와 같은 남중국해 해역국들을 결집시켰다. 한 발 나아가 국제법적 근거가 없는 '하나의 중국원칙'도 합의된 원칙에서 논쟁 대상으로 전락할 수도 있다고 중국을 위협했다. 그리고 중국을 무역과 금융의 공급망에서 배제하려는 노력 속에서도 동맹국의 이익을 고려하여 중국에 대한 경제의존도를 낮추어 위험을 방지하려는 디리스킹(de-risking) 전략을 선택했다. 바이든 행정부는 동맹과 함께였다. 반면 트럼프 대통령은 2015년부터 시작된 1기 임기부터 '다시 미국을 위대하게(MAGA: Make America Great Again)'라는 구호하에 미국의 패권 회복을 목표로 하여 동맹보다는 미국의 힘('힘에 의한 평화')에 의존하는 일방주의 정책을 추진하고 있다. 트럼프 행정부는 미국 우선(America First)정책으로 중국뿐만 아니라 동맹국에도 일률적으로 관세외교로 압박하고, 동맹국에 대해서는 획기적인 방위비 확대를 요구하고 있다. 그리고 중국을 공급망 체인에서 배제하는 디커플링(decoupling) 정책에 동맹국들이 동참하도록 압박하고 있다. 미국의 부담을 줄이면서 미국의 패권을 회복하고, 중국을 효과적으로 봉쇄하려는 전략으로 보인다.

중국에 대한 미국의 봉쇄정책은 현재 진행형이고, 결과는 예측할 수 없다. 그러나 분명한 것은 미어샤이머가 제시한 논리대로 지역 패권국인 미국이 중국이라는 새로운 지역 패권국의 등장을 필사적으로 저지할 것이라는 예측이다. 중국에 대한 미국 사회의 인식이 변하지 않는 한, 중국에 대한 봉쇄정책의 기조는 미국에서 집권당이 어느 당이 되더라도 변화는 없을 것으로 보인다. 중국도 미국과의 대결이 시진핑 정권의 정당성과 결부되어 있는 만큼, 쉽게 양보할 수 있는 처지가 못 된다. 이제 미·중 갈등은 국제질서에서 하나의 상수(常數)가 되었다. 하버드대학교 노아 펠드먼(Noah Feldman) 교수는 미·중 관계를 냉전(cold war)과 전쟁(hot war)의 전 단계인 '싸늘한 전쟁(cool war)'라 명명했다.83)

11

새로운 국제질서는 가능한가

칸트가 꿈꾸었던 세계국가는 아직 요원할지라도
미래 평화를 갈망하는 이들이 계속 추구해야 하는 영구평화의 종착역이다.

칸트 동상(쾨니히스베르크,
현 러시아 칼리닌그라드)

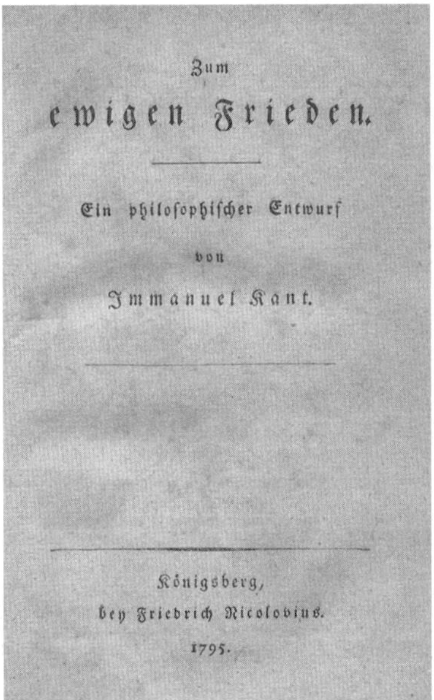

Zum
ewigen Frieden.

Ein philosophischer Entwurf
von
Immanuel Kant.

Königsberg,
bey Friedrich Nicolovius.
1795.

『영구 평화론』의 초판본 표지

새로운 국제질서의 종착역은 세계국가

인류의 역사는 전쟁의 역사와 같다. 인류와 전쟁은 쌍생아이기도 하다. 인간이 권력의지(will to power)라는 본성에 의존하는 한 전쟁은 인간사회에서 상수이다. 특히 1648년 이후 주권국가 질서가 국제사회의 보편적인 질서가 된 이후 무정부 상태에서 전쟁은 주권국가들이 생존을 위해 거쳐야 하는 통과의례 같은 것이 되었다. 여기에 국가에 대해 충성심을 부여하는 민족주의가 촉매제 역할을 했다. 베스트팔렌 조약 이후 약 350년간 총 119번의 전쟁이 발생했으며, 그중 10번은 강대국 간의 전쟁이었다. 3년에 1번씩 전쟁이 일상적으로 발생했다. 전쟁은 일상화되고, 전쟁의 피해가 커지자 인류는 전쟁을 방지하고 평화를 유지하기 위한 메커니즘을 만들었다. 19세기 영국 법률가인 헨리 메인(Henry Main) 경이 '평화는 근대 발명품이다(Peace is a modern invention)'라고 선언한 이유이다. 발명품인 평화 메커니즘은 국가들의 합리성에 기초한 자연법칙과 '보이지 않는 손'과 같은 세력균형과 '리바이어던'이라는 제도와 규범에 기반한 인위적인 집단안보였다. 그러나 평화 메커니즘도 모두 영구평화를 향한 인간의 갈망에서는 차선책에 불과했다. 현실주의자들은 세력균형이라는 틀 속에서 국가들의 균형파괴 의지와 힘이 자연적으로 통제되고 안정을 이루어 평화를 유지할 수 있다고 주장했다. 칸트는 일시적인 평화가 아닌 영구평화를 위해서 세계국가를 갈망했지만, 주권국가 질서 속에서 실현 가능한 국가연합체를 차선으로 제시했다. 칸트의 갈망은 자유주의자들에 의해 이론화되어 제도주의로 나타났다. 제도주의는 위대한 설계자를 통해 현실정치에 적용되어 국제연맹, 국제연합과 같은 국제기구를 탄생시켰다. 그러나 현재의 제도주의와 국제기구는 대부분 특정 목적을 표방하고 주권국가의 동의를 전제로 하고 있어 칸트의 보편적 세계국가와는 거리가 있었다. 국제연맹과 국제연합은 침략행위가 있을 때 국가 간의 합의를 전제로만 작동되었다. 그리고 경제 분야의 WTO, IMF

도 무역과 금융이라는 특정 목적에 한정되어 있고, 회원국 간의 합의를 필요로 한다. 현재까지 발명된 국제기구들은 절대적인 리바이어던과 같은 세계국가와는 분명히 차이가 있다.

400년 가까운 외교사는 '보이지 않는 손'이 만든 세력균형과 '리바이어던'이 만든 집단안보 사이를 맴돌고 있다. 주권국가 질서 속에서 이상향과 같은 세계국가에 대한 갈망은 현재 진행형이다. 칸트뿐만 아니라 구성주의자인 알렉산더 웬트도 세계국가를 인류의 역사의 마지막 종착역으로 제시했다.[1] 그뿐만 아니라 현실주의 거두인 케네스 왈츠도 현실적으로는 불가능할 따름이지 무정부 상태에서 전쟁에 대한 해결책은 세계정부(국가)라고 인정했다.[2] 세계국가는 영구평화를 갈망하는 인간과 국가에게는 '최후의 리바이어던(The Last Leviathan)'인 것이다.

그러나 세계국가라는 영구평화의 종착역은 너무 멀리 있다. 인간의 이성은 현실적으로 실현 가능한 구상을 만들어냈다. 그 구상은 주권국가 질서에서 세계국가로 발전하는 중간 단계인 지역 차원에서의 세계국가를 구축하는 것이었다. 유럽 차원의 세계국가 구상은 이미 17세기 초 생피에르의 영구평화론에서 유럽국가연합이란 이름으로 제시되었고, 이것이 300년이나 지나 실현된 것이 하나의 유럽국가를 표방한 현재의 유럽연합(EU)이다. 구성주의자 알렉산더 웬트도 EU가 세계국가를 향한 하나의 발전으로 평가했다.[3]

EU를 냉전 시대 세력균형의 부산물이며, 단순한 정치·경제통합체로 보는 경우가 많다. 그러나 영구평화를 향한 갈망이란 관점에서 보면, EU는 주권국가 질서의 대안으로서 세계국가라는 종착역을 향하고 있는 국제질서의 발전 방향을 안내하고 있는 길잡이이다. 그리고 새로운 국제질서를 향한 인류의 시도이기도 하다.

새로운 국제질서를 향한 시도: 유럽연합(EU)

EU의 의미와 형성과정

2차 대전 후 유럽의 강대국들은 몰락하고 미국과 소련이 주도하는 냉전체제의 전략 대상으로 전락했다. 유럽 국가들은 추락한 유럽의 지위를 회복하고 미국과 소련의 영향력에 대응하는 방법을 유럽의 통합에서 찾았다. 특히 유럽 국가들은 냉전체제 구축 과정에서 형성된 미국의 압도적인 경제적 영향력에 대항하여 자체적인 경제력을 키우고, 지역적 연대를 통해 미국에 대한 의존도를 줄일 필요성이 제기되었다. 이러한 필요성은 냉전 시기 유럽 국가들이 평화와 안정을 도모하고, 미·소 양 초강대국의 영향력 속에서 자주성을 확보하기 위한 유럽 통합으로 나타났다.

그러나 전쟁이 일상사였던 유럽 국가들에게 유럽의 통합은 더 큰 의미를 가지고 있다. 2차 세계 대전의 참혹한 결과는 전쟁을 방지하기 위한 유럽 차원의 안보 메커니즘 필요성을 제기했다. 역사적으로 유럽에서 전쟁 원인이 된 하나의 큰 기둥은 독일과 프랑스의 갈등이었다. 그러므로 2차 대전 이후 유럽의 안정을 위해서 가장 중요한 것은 프랑스와 독일 간의 안정적인 관계 구축이었다. 양국의 안정적 관계 구축은 유럽의 평화와 안정의 기초로 인식되었다. 1차 대전 이후의 징벌주의 실패의 경험에서 볼 때, 독일 경제 재건과 독일로부터의 유럽 안보보장 확보는 유럽 안정과 평화에 필수적인 것으로 인식되었다. 전후 독일의 경제성장은 유럽 경제의 회복과 발전에 중요한 요소였지만, 동시에 독일의 위협이 다시 현실화하지 않도록 견제할 필요성을 제기하였다. 프랑스는 독일을 유럽공동체에 끌어들여 독일을 통제하는 방안을 시도했다. 이런 전략적 사고에서 탄생한 것이 유럽공동체였다. 유럽공동체는 유럽에서의 전쟁을 방지하고 경제를 통합시킬 목적으로 출발했으나, 통합의 성과에 따라 정치적 통합으로 확장되어 EU라는 하나의 유럽 국가를 목전에 두게 되었다. EU는 주권국가 질서가 세계국가로 발전해 나가는 과정에 있는 중간 단계의 모델이 되었다. 18세기 생피에르 신부가 유럽의 항구적인 평화를 구축하는 방안으로 제시했던 유럽공동체가 현실화된 것이다.

전후 유럽을 하나로 묶으려는 시도는 1950년대 세 가지 노력으로 나타났다. 먼저 1952년에 유럽석탄철강공동체(ECSC: European Coal and Steel Community)가 탄생했다. 유럽석탄철강공동체는 평화를 유지하기 위해 무기 제조의 주요 원료인 석탄과 철강을 공동으로 관리할 필요가 있다는 전략적 구상에서 출발했다. 이 구상은 프랑스 경제계획위원회 위원장인 장 모네(Jean Monet)에 의해 제시되었다. 장 모네는 당시 유행하던 지역적 기능주의 접근법에 따라 독일과 프랑스를 한데 묶을 수 있으면 유럽에서 전쟁을 방지할 수 있다고 생각했다. 장 모네의 구상을 바탕으로 1950년 프랑스 외교장관 로베르 슈망(Robert Schuman)이 초국가적 기구를 통해 석탄과 철강 산업을 통제하는 슈망 플렌(Schuman Plan)을 제시했다. 그는 초국가적 기구의 목표를 "전쟁을 생각조차 할 수 없는 것뿐만 아니라 실제로도 불가능하게 만드는 것"이라고 제시하고, '유럽연방(European Federation)'을 향한 첫걸음이라고 의미를 부여했다. 이 제안에 대해 서독의 콘라트 아데나워(Konrad Adenauer) 총리가 호응하면서 프랑스, 서독, 벨기에, 이탈리아, 룩셈부르크, 네덜란드 등 6개국이 참여하게 되었다. 이 공동체는 회원국 간의 긴밀한 경제 협력을 통해 전쟁을 방지하고 지속적인 평화를 유지하려는 목적을 가지고 있었다. 역사적으로 독일과 프랑스 간 갈등의 대상이 되었던 루르와 자르 지방의 자원들에 대한 양국 간 쟁탈전을 통제할 수 있는 메커니즘이 마련되었다. 그러나 각국 정치 지도자들은 유럽석탄철강공동체 구상 때부터 초국가적 공동체에 얼마나 많이 주권을 양보해야 하는가 하는 딜레마에 빠졌다. 1960년 드골, 1980년대 마거릿 대처(Margaret Thatcher)도 고민했다. 그뿐만 아니라 통합이 강화된 1990년대에는 다른 EU 정상들도 같은 어려움에 직면했다.

다음은 1957년에 로마 조약에 의해 설립된 유럽경제공동체(EEC: European Economic Community)이다. 유럽경제공동체는 ECSC를 기반으로 유럽 국가 간의 경제 협력을 확대하기 위한 노력을 통해 형성되었다. 참여국은 ECSC와 동일한 프랑스, 서독, 벨기에, 이탈리아, 룩셈부르크, 네덜란드 등 6개국이었다. EEC의 주요 목표는 관세 동맹을 형성하고 자본과 노동의 자유로운 이동을 보장함으로써 단일 시장(single market)을 구축하는 것이었다. 이를 통해 회원국 간의 경제적 통합을 심화시키고, 경제적 번영을 촉진하여, 궁극적으로는 정치적 통합의 기초를 마련하고자 했다.

마지막으로 유럽경제공동체와 함께 1957년 로마 조약에 따라 유럽원자력공동체(EURATOM: European Atomic Energy Community)가 설립되었다. EURATOM의 주요 목표는 공동 에너지 시장을 창설하고, 핵 원료의 균형 공급을 보장하며, 핵 안전을 유지하는 것이었다. 이를 통해 회원국 간에 원자력 에너지의 효율적이고 안전한 사용을 촉진하고, 원자력 에너지 분야에서의 연구와 개발을 지원하고자 했다. EURATOM은 또한 핵 비확산을 지지하며, 원자력의 평화적 이용을 보장하는 데 중요한 역할을 했다.

이후 1967년에 유럽석탄철강공동체(ECSC), 유럽경제공동체(EEC), 유럽원자력공동체(EURATOM)가 하나로 통합되어 유럽공동체(EC)가 탄생했다. 이 통합을 통해 단일 공동체가 구성되었으며, 유럽 이사회, 집행위원회, 유럽의회와 같은 조직이 정비되어 공동체의 운영과 의사 결정을 담당했다. 유럽공동체는 관세 동맹을 형성하고, 공동시장을 구축하며, 공동 농업 정책을 추진하는 등 경제적 통합을 심화시키는 데 주력했다. 이러한 통합 노력은 회원국 간의 경제적 협력을 증진시키고, 경제적 번영을 가져왔으며, 궁극적으로 정치적 통합을 이루기 위한 기초를 마련했다. 영국은 유럽경제공동체(EEC) 발족 시 참가를 거부했으나, 이후 참가를 희망했지만, 프랑스의 반대로 인해 가입이 좌절되기도 했다. 결국, 1973년에 영국이 EC에 가입하면서 유럽 통합과정에서 중요한 전환점이 되어, 더 많은 유럽 국가들이 경제적·정치적 협력에 동참하게 되는 계기가 되었다. 1986년까지 회원국 수가 12개국으로 늘어났다.

경제·정치 통합에 집중되었던 유럽공동체가 안정적인 궤도에 안착하자 정치적 통합을 강화하기 위해 협력의 범위를 외교안보와 사법 분야로 확대할 필요성이 제기되었다. 이러한 필요성은 룩셈부르크에 의해 공식적으로 제안되었고, 1991년에 체결된 마스트리흐트(Maastricht) 조약[4]이 1993년에 발효함에 따라 유럽공동체(EC)에서 유럽연합(EU)으로 발전했다. 마스트리흐트 조약은 유럽 통합을 위한 정책 분야를 세 개 기둥으로 제시했다. 제1기둥은 경제 및 화폐 동맹으로, 기존의 유럽공동체(EC)의 역할을 의미한다. 유럽연합 내에서 경제 및 화폐 동맹을 추진하여, 회원국 간의 경제적 통합을 심화시키고, 단일 통화인 유로(EURO) 도입의 기초를 마련키로 했다. 이를 통해 EU 회원국들은 경제정책을 조율하고, 재정 규율을 강화하여, 1999년에 유로를 도입했다. 제2 기둥은 공동 외교안보정책(CFSP) 추진이다. 외교안보 분야에서 회원국 간의 협력을 강화하고, 통일된 대외정책을 추진하는 것을 목표로 했다. 이를 통해 EU는 국제무대에서 더욱 일관된 목소리를 낼 수 있게 되었으며, 공동의 안보 이슈에 대해 협력하여 대응할 수 있게 되었다. 제3 기둥은 내무사법 협력이다. EU 회원국 간의 사법제도와 법집행기관 간의 협력을 강화하여, 국경을 넘는 범죄와 테러리즘에 효과적으로 대응할 수 있게 되었다.[5] 마스트리흐트 조약을 통해 유럽연합은 단순한 경제공동체를 넘어 정치적·외교적·사법적 통합까지 포괄하는 진정한 하나의 유럽 국가로 한 걸음 전진했다. 그리고 통합에 대한 자신감을 바탕으로 2009년에 리스본 조약을 체결하여 정치동맹의 가속화를 추진했다. 리스본 조약은 정치 통합을 가속하고 EU의 운영을 효율적으로 개선하기 위한 개혁 조치를 포함했다. 리스본 조약으로 하나의 유럽 국가를 목표로 하는 EU의 정치적 비전이 명확해졌다. 그리고 하나의 유럽 국가로 가는 EU의 노력은 1990년대 이후 중·동유럽 국가들의 대거 가입으로 더욱 정당성과 동력을 확보하게 되었다. 서유럽 12개국에서 시작하여 2004년에는 25개국으로, 2007년에는 27개국으로, 2013년에는 28개국으로 확대되었다. 그러나 2020년부터는 영국의 탈퇴로 인해 회원국 수는 다시 27개국으로 줄어들었다.

유럽연합의 통합과정에서 국경을 허무는 단일 통화 도입과 역내 자유 이동 보장은 주권국가 질서를 넘어서 새로운 질서로 향하는 중요한 징표가 되었다. 1999년 단일 통화인 유로(EURO)가 출범했다. 유로는 영국 등 몇몇 회원국이 참여하지 않아 제한적인 성과에도 불구하고 유럽연합의 경제적 통합을 상징하는 중요한 성과였다. EU인들의 자유 이동을 보장하는 솅겐 협정(Schengen Agreement)도 EU의 테두리 속으로 들어왔다. 솅겐 조약은 솅겐 지역에서는 상호 비자, 관세 없이 국경을 통과할 수 있는 제도이다. 솅겐 협정은 상호 국경개방조약 형태로 1980년대 EC 체제하에서 단일 시장 구축의 필요성으로 서독과 프랑스 등이 주도적으로 제시했으나, 당시에는 상호 국경개방에 대한 거부감이 존재하여 일단 찬성했던 서독, 프랑스, 베네룩스 3국 등 5개국 간에만 체결되었다. 그러나 이후 유럽 통합이 가속화되어 EU가 발족되자 1997년 솅겐 협정이 EU의 법률로 추가되어 모든 EU 회원국들에게 솅겐 조약을 서명하도록 강제했다. 상호 국경개방이 EU의 일부가 되었다. 2024년 현재 30개국이 가입국이 되었다. 비EU국 중 스위스 등 3개국이 지리적인 인접성 때문에 포함되어 있다. 솅겐 조약은 영토를 기반으로 한 주권국가 질서를 허무는 신호탄이 되었다.

EU 통합을 설명하는 이론: 신기능주의 통합이론

유럽의 통합은 유럽에서 주권국가 질서의 수정을 의미한다. 평화 정착을 목표로 하는 유럽 통합 움직임이 성공적으로 진행되자 국제정치학자들은 통합현상을 설명하고 통합을 적극적으로 확장할 수 있는 전략적 이론들을 제시했다. 이론들을 통합이론(Integration Theory)이라 하고 데이비드 미트라니(David Mitrany), 에른스트 하스(Ernst Haas), 카를 도이치(Karl Deutsch),

아미타이 에치오니(Amitai Etzioni) 등이 대표적인 학자였다. 이들은 기본적으로 평화와 번영 추구는 제도와 체제 형성을 통해 가능하다는 일종의 제도주의 입장을 공유하고 있다. 이 이론들은 세 가지 주요 유형으로 분류할 수 있다.

첫째는 연방주의(Federalism)로, 비교적 오랜 역사를 가진 방식으로 18세기 미국의 13개 주가 연합했던 방식을 연상케 한다. 헌법적 조치를 통해 국가들이 개별적인 주권을 일정 부분 포기하고 연방적인 형태의 초국가적 기구에 권한을 이양하는 방식이다. 이를 통해 정치적 통합을 이루고, 궁극적으로는 하나의 연방 국가를 형성하는 것을 목표로 한다. 연방주의는 국가 간의 전쟁을 방지할 목적에 적합하다. 일찍이 피에르와 칸트가 제시했던 국가연합체를 계승한 접근법이다.

다음은 기능주의(Functionalism)로, 비정치적 분야에서의 통합이 정치적 분야 통합으로 발전하고, 나아가 하나의 정치적 공동체를 형성할 수 있다는 이론이다. 비정치적 분야란 경제적, 기술적, 사회적 분야 등을 의미하며, 이러한 분야에서의 협력이 정치적 통합으로 자연스럽게 파급효과(spillover effect)가 나타나는 것을 기대한다. 기능주의는 영국 학자 미트라니가 제시하고 1940년대부터 관심의 대상이 된 이론으로 비교적 쉬운 비정치적 분야에서의 공동체 형성을 통해 주권국가를 제한하는 더 높은 통합으로 나아간다는 구상으로 세계보건기구(WHO), 세계식량농업기구(FAO)의 이론적 배경이 되었다. 기능주의를 좀 더 전략적 측면에서 접근한 신기능주의(Neofunctioalism)가 있다. 신기능주의는 정치적 통합을 촉발할 수 있는 전략적 분야를 선택하여 통합을 추진한다. 기능주의보다 좀 더 정치적 통합의 속도와 성과를 높일 수 있는 접근법이다. 신기능주의는 유럽의 통합과정을 가장 잘 설명해 주는 이론으로 인정받고 있으며, 1958년에 정치학자 에른스트 하스가 유럽석탄철강공동체 분석을 통해 유럽 통합이 이루어지는 과정과 국가들이 초국가공동체를 수용하는 이유를 설명하면서 처음으로 제시했다. 그러나 신기능주의는 정치적 개입에 취약한 한계를 보였다. 하스는 신기능주의가 드골 프랑스 대통령의 정치적 개입으로 마비되어 현실 적실성을 상실했다고 평가하기도 했다.⑥

마지막으로 커뮤니케이션 이론(Communication Theory)이다. 커뮤니케이션 이론은 국가나 집단 간의 커뮤니케이션 확대를 통해 유대감을 형성하고, 이를 통해 통합을 이루는 과정에 중점을 둔다. 카를 도이치에 의해 제안된 이 이론은 의사소통의 빈도와 질이 국가 간의 신뢰와 유대감을 강화시켜 궁극적으로 통합을 끌어낸다고 주장한다.

EU 내 갈등

EU가 경제적 통합을 바탕으로 유럽이라는 하나의 국가를 목표로 정치적 통합까지 추구하고 있어 질적인 발전뿐만 아니라, 회원국 수에서도 급속도로 확장되는 양적인 발전도 이루었다. 그러나 EU 내부에서 회원국 간의 경제력과 지정학적 차이에 따른 갈등의 요소들은 상존해 있었다.

첫 번째 파열음이 그리스 금융위기로부터 나타났다. 2008년 글로벌 금융위기는 유럽 여러 국가에 큰 영향을 미쳤으며, 특히 그리스는 심각한 경제적 타격을 입었다. 그리스의 경제는 이미 높은 수준의 국가 부채와 재정 적자로 인해 취약한 상태였고, 금융위기로 인해 상황이 더욱 악화되었다. 그리스 정부는 채무를 상환할 수 없는 상황에 직면하게 되었고, 결국 2010년에는 국제통화기금(IMF)과 유럽연합(EU)으로부터 구제금융을 받게 되었고, 반대로 강도 높은 긴축 정책과 구조개혁을 시행을 요구받았다. 구조개혁 조치는 경제회복을 위한 필수적인 단계로 여겨졌지만, 동시에 그리스의 사회적 불안과 정치적 갈등을 초래했다. 구조개혁을 요구하는 EU에 대해 그리스는 책임 공유를 주장하면서 EU와 대립각을 세웠다. 회원국 간의 갈등이 노출되었다. 그뿐만 아니라 그리스 위기는 유럽 전체의 경제 안정성에 큰 위협이 되었고, 유럽 금융 시스템의 취약성을 드러내는 계기가 되었다.

두 번째 갈등은 중동 난민 문제에서 시작되었다. 2015년 이후 시리아 내전 등으로 인해 대규모 난민이 유럽으로 유입되면서, 서유럽과 중·동유럽 간의 갈등이 심화되었다. 부유한 서유럽 국가들은 인도적 차원에서 난민 수용에 더 개방적인 입장을 취한 반면, 경제적으로 취약한 중·동유럽 국가들은 역사적 경험과 문화적 차이로 인해 난민 수용에 소극적이거나 반대하는 입장을 보였다. 중·동유럽 국가들은 역사적으로 동쪽으로부터의 침략에 대한 방파제 역할을 해왔기 때문에, 외부로부터의 유입에 대한 두려움과 거부감이 강했다. 이러한 역사적 트라우마는 난민 문제에 대한 중·동유럽 국가들의 입장을 더욱 강화시켰다. 난민 문제에 대한 이견은 EU 내에서 난민 분담 문제를 둘러싼 갈등으로 발전되었고, 난민 문제에 대한 회원국 간의 연대와 협력에 어려움을 초래했다.

셋째는 EU 기금(EU Fund, 할당금)을 둘러싼 갈등이다. 영국이 EU를 탈퇴한 표면적인 원인 중 하나이기도 하다. 각 회원국은 통상 경제력에 비례하여 EU에 기여금을 납부하며, 기여금은 유럽 통합이라는 공동의 목표를 위한 다양한 프로그램과 프로젝트를 추진하기 위해 각 회원국에 EU 기금 형태로 지원된다. 그 결과 각 회원국이 납부하는 기여금과 할당금 사이에 불일치가 발생하여, 영국, 독일, 프랑스같이 기여금이 많은 국가가 상대적으로 적은 할당금을 받거나, 반대로 중·동유럽 국가들과 같이 기여금이 적은 국가가 더 많은 할당금을 받게 되었다. 이러한 불일치는 EU 내에서 재정적 갈등을 유발하여 회원국 간의 불만을 초래했다. 기여금을 많이 부담하는 국가들뿐만 아니라 경제적으로 어려운 국가들도 자신들이 필요로 하는 지원을 충분히 받지 못한다고 느끼고 있기 때문이다. 이러한 문제를 해결하기 위해 EU는 기금의 배분과 사용에 대한 투명성을 높이고, 회원국 간의 협력을 강화하는 노력을 지속하고 있지만, 여전히 갈등의 요소로 남아 있다.

브렉시트, 주권 제한 문제 그리고 EU의 장래

영국은 국민투표를 통해 2020년 1월 EU를 탈퇴(Brexit)했다. 영국은 유럽 통합에 대해 소극적인 입장을 견지해 왔다. 역사적으로 영국은 유럽대륙에 대해 균형자 역할을 해왔으며, 이는 유럽대륙의 정치적·경제적 통합에 대해 신중한 태도로 나타났다. 영국은 경제 관계를 유럽보다 영연방 경제권에, 정치는 미국에 더 큰 비중을 두고 있었기 때문에 초기 유럽공동체(EC) 참여에도 신중한 태도를 보였다. 결국, 영국은 유럽공동체에 참가하게 되었지만, 유럽연합(EU)의 깊은 통합에 대해 지속적으로 회의적인 시각을 유지했다. 영국 경제가 어려워지면서 영국 국민은 특히 두 가지 주요 이유로 EU에 대한 불만을 표출했다. 첫째는 이민문제로, 영국인들은 외국 노동자들의 대규모 유입에 대한 우려였다. 이민문제는 국내 노동 시장에 대한 압박과 사회적·경제적 부담으로 이어질 수 있다고 판단했다. 특히 동유럽 국가들이 EU에 가입하면서 영국으로의 이민이 급증하자, 이러한 우려가 더욱 커졌다. 둘째는 기여금과 할당금 불일치였다. 영국은 EU에 납부하는 기여금이 자신들이 받는 할당금보다 훨씬 많다는 점에 불만을 가지고 있었다. 영국은 경제적으로 부유한 국가로서 더 많은 기여금을 납부했지만, EU로부터 받는 혜택이 이에 상응하지 않는다고 느꼈다. 이러한 표면적인 불만들로 인해 영국은 결국 2016년 국민투표를 통해 EU 탈퇴를 결정했고, 2020년에 공식적으로 EU를 이탈했다. 그러나 영국이 EU에서 탈퇴한 근본 원인은 그동안 EU 통합에 소극적인 모습을 보여왔던 것처럼, EU에 의한 주권 제한을 영국이 더 이상 수용할 수 없었기 때문이다. 영국은 역사적으로 '영광스러운 고립'이라는 이름으로 유럽대륙과 거리를 두면서 유럽 문제에 얽매이지 않고 자유를 누리기를 희망해 왔다. EU로 인해 주권이 제한되는 것을 수용하기는 쉽지 않았다. 그리고 주권을 제한당하지 않으면서 경제적 협력을 추진할 수 있는 영연방과 북유럽 국가들이 유럽과의 경제 관계 감소에서 오는 손실을 보전해 줄 것으로 기대했을 것이다. 그리고 안보적, 경제적으로 든든한 후원사인 미국이 있기 때문이다.

영국의 탈퇴를 계기로 EU의 장래에 대한 예측들이 난무했다. EU가 개별 국가 주권이라는 장애물을 극복할 수 있는 방향으로 진화·적응해 나갈 것이라는 낙관적인 기대와 국가 주권이란 늪에 빠져 완전히 분열될 것이라는 부정적인 전망으로 나누어졌다. 이제 독일과 프랑스가 EU의 장래에 대해 중요한 역할을 맡게 되었다. EU의 장래에는 독일과 프랑스의 균형 유지와 EU 통합 확대 속도에 대한 합의가 중요한 변수가 되었다. EU의 태동 역사에서 보듯이 EU는 유럽대륙에서의 경쟁자인 독일과 프랑스를 EU라는 틀 속에 묶어서 서로를 통제하도록 하는 기능을 가지고 있다. 이러한 상호 견제의 기능을 EU가 수행할 수 있는 한, 독일과 프랑스는 EU를 지지할 것으로 예상된다. 그리고 영국의 탈퇴가 국가 주권 문제와 연관되는 만큼, 회원국의 주권을 제한하는 통합 속도를 효율적으로 조절할 가능성이 크다.

반면, 지정학자 조지 프리드먼(George Friedman)은 『다가오는 유럽의 위기와 지정학(Flash Points)』(2015)에서 의미 있는 분석을 제시했다. 그는 결론적으로 모순덩어리인 EU[7]는 분열의 길을 걸을 것으로 전망했다. 그가 주장하는 요지는 이렇다. 유럽은 지리적으로 통합되기 어려운 산과 강 등 자연지형으로 분리되어 있고, EU는 2차 대전 후 경제적·정치적 목적으로 인위적으로 통합된 데 불과하여 한계가 존재한다. EU는 2008년 세계금융위기로 표출된 회원국 간(독일-남유럽)의 갈등과 러시아의 조지아 침공, 크림반도 합병(2014년)으로 나타난 러시아 팽창주의의 부활이 EU 분열의 시발점이 되었다. EU의 중추국인 독일은 EU 내부에서의 갈등뿐만 아니라 러시아의 서진 압력과 유럽 안보를 보장해 주던 미국이 유럽에서 철수하는 위기에 직면하게 될 수 있다. 이러한 위기 상황에서 경제력을 갖춘 독일이 선택할 수밖에 없는 옵션은 군사화이다. 독일의 군사화는 다시 유럽뿐만 아니라 세계를 긴장시키고, 그 결과 유럽에서 EU라는 협력체는 분열되고 유럽은 다시 지정학으로 빨려 들어갈 수밖에 없다. 종합하면, 유럽의 지정학 때문에 유럽 통합은 본질적으로 불가능하고, 지금의 EU도 독일에 의해 와해될 가능성이 크다는 것이다.[8] 독일은 2차 대전 패전으로 1938년 영토의 24%를 상실하고, 근대 독일의 뿌리였던 프로이센의 대부분을 상실하여 크리스토퍼 클라크(Christopher Clark)의 말대로 프로이센의 유산에서 '결국 브란덴부르크(베를린)만 남았다'.[9] 독일의 잠재된 분노를 생각하면 프리드먼의 주장이 설득력을 가진다.

EU의 장래는 독일의 이탈과 같은 극단적인 경우를 제외하면 본질적으로 유럽 국가들이 어느 정도 주권 제한을 수용할 수 있나 하는 주권침해에 대한 관용성의 문제로 귀결된다. EU로 통합과정에 이미 국가별 정책결정자들은 주권제한 문제를 고민했지만, 안보적, 경제적으로 통합이 가져다주는 이익이 컸기 때문에 EU 체제를 수용했다. 그러나 EU가 제공하는 이익의 매력이 체감하게 되면 영국의 경우에서 보듯이 주권으로의 회귀로 나타날 가능성이 크다.

EU가 유럽의 평화와 번영뿐만 아니라 '무정부 상태의 주권국가 질서 속에서 좀 더 안전이 보장되는 새로운 국제질서를 향한 하나의 시도'라는 점에서 EU의 장래에 대한 관심은 더 크다.

주권국가 질서 속 변이들과 주권국가의 반격

17세기 중엽 베스트팔렌 조약으로 공식적으로 주권국가 질서(sovereign state order)가 등장했다. 주권국가 질서 속에서 주권의 절대성이라는 대전제하에 주권국가가 유일한 행위자이고, 주권국가를 지배하는 이슈(issue)도 안보에 한정되었다. 그리고 국가의 주권은 절대적이지만, 영토라는 물리적 범위 내로 한정되었다. 주권국가 질서를 지배한 요소들은 주권의 절대성, 주권 국가, 안보, 영토 등이다.

주권국가 질서는 400년 가까이 지난 현재까지도 유지되고 있다. 그러나 주권국가 질서를 구성하고 있던 요소들에서 변이들(deviants)이 나타나고 있다. 국가뿐만 아니라 다양한 비국가행위자(non governmental actor)도 나타났고, 이슈도 안보와 정치뿐만 아니라 경제, 환경, 보건, 테러리즘 등과 같은 요소들이 등장하여 국가 외교를 장악했다. 특히 새로운 이슈들은 안보와 같은 전통적인 이슈와 달리 여러 국가가 공동으로 대응해야 하는 초국가적 성격을 띠고 있다. 행위자와 이슈에서의 확산은 다양한 비국가 행위자를 양산하여 주권의 절대성을 약화시켰다. 그리고 다양한 초국가적 이슈도 국가 간 국경을 무력화시켜 영토 국가라는 전제를 약화시켰다. 이러한 변이들은 주권국가 질서를 약화시키고 새로운 국제질서를 향한 압력으로 작용하고 있다. 리처드 포크(Richard Falk)는 '주권국가를 넘어서려는 초국가적인 힘이 400년 가까이 유지되어 온 주권국가 질서를 와해시키고 새로운 질서로 나아가게 하고 있다'고 낙관적인 주장을 했다.[10)]

국가 이외의 비국가 행위자로는, 정부 간 국제기구(IGO), 다국적기업(MNC), 비정부기구(NGO) 등이 대표적이다. 정부 간 국제기구(IGO)는 오랜 역사를 가지고 있다. 19세기 만국우편연합을 시작으로 국제연맹, 국제연합뿐만 아니라 경제, 금융, 환경, 핵무기 등 이슈의 다양화에 대응하기 위해 전문적인 국제기구인 IBRD(국제개발은행), IMF(국제통화기금), IAEA(국제원자력기구) 등이 나타났다. 국제연합 체제하에서 UN의 산하 기구로 등장한 UNESCO, WHO 같은 국제기구들도 정부 간 기구에 속한다. 이들 정부 간 기구는 규약 등이 정해 놓은 범위 내에서 국가와 동일한 행위자 역할을 수행하고 있다. 또 1973년 제4차 중동전쟁의 여파로 중동 산유국의 석유 통제로 야기된 1차 석유 위기는 국제정치에서 경제 이슈의 중요성을 부각시켰을 뿐만 아니라, 석유수출국기구(OPEC)라는 정부 간 기구도 만들었다. 새로운 이슈의 등장에 대응하기 위해 정부 간 국제기구가 설립되는 것이 보편화되었다.

초국가적인 다국적기업(MNG)은 경제 세계화가 추진되면서 등장했다. 데탕트 시기인 1970년대 경제 이슈의 중요성이 부각되면서 다국적기업이 행위자로서의 입지가 강화되었다. 다국적기업의 규모와 영향력은 작은 주권국가를 훨씬 능가하고 있다. 매출액 기준으로 2023년 세계 1위인 월마트는 6001억 달러를 기록하여 국가 GDP로 비교하면 세계 25위 수준의 아르헨티나(2024년, 6043억 달러)와 비슷한 수준이다. 국제사회에 200개의 국가 속에 상위 25번째 국가와 같은 규모라는 것은 월마트의 비중과 영향력을 잘 설명해 주고 있다. 다국적기업의 등장은 행위자의 범위가 국가가 아닌 기업 차원으로 확대된 것을 의미했다.

비정부기구(NGO)들은 범정부적인 이슈인 환경과 인권과 같은 이슈에 대응하기 위해 본격적으로 등장했다. 비정부기구는 일찍부터 노예제 반대, 적십자사, 사회주의인터네셔널, 여성참정권운동 등의 형태로 존재했지만, 행위자로서 주권국가 질서에 충격을 줄 만한 영향력은 가지지 못했다. 그러나 포스트냉전 시대에는 이슈의 다양화와 함께 영향력이 확대되어 중요한 행위자로 자리 매김하고 있다. 현재 수천 개의 비정부기구가 활동하고 있는 것으로 추정되고 있다. 비정부기구 중에는 국제적십자위원회(International Committee of the Red Cross), 국제엠네스티(Amnesty International), 국경없는의사회(Doctors without Borders) 같은 귀에 익숙한 영향력이 큰 단체들도 포함되어 있다.

포스트냉전 시대를 주도했던 세계화(globalization)와 정보 혁명(information revolution)은 '권력의 분산'을 통해 행위자와 이슈에서의 변이를 더욱 확대시켰다. 세계화로 세계가 하나의 시장으로 연결되고, 문화적으로도 동질성이 확장되어 주권과 영토 개념에 충격을 주고 있다. 정보혁명은 정보비용(information cost)을 거의 제로로 만드는 혁명으로, 손쉬운 정보공유를 통해 주권국가의 권력이 비국가 행위자에게로 분산되는 결과를 가져왔다. 세계화 움직임은 주권 침해를 반대하는 저항에 직면하여 주춤하고 있지만, 정보혁명은 국가의 통제범위를 넘어설 수 있는 특성 때문에 영향력은 계속 확장되고 있다. 권력의 분산은 기정사실이고 더욱 확산될 가능성이 크다.

행위자와 이슈의 확산이라는 변이들은 1990년대 중반에 '글로벌 거버넌스(Global Governance)'라는 새로운 개념을 등장시켰다. 일반적으로 글로벌 거버넌스는 '정부 이외의 다양한 국제적 기구와 이해관계자들이 협력하여 글로벌 문제에 대응할 수 있는 구조'를 의미한다. 글로벌 거버넌스에 대한 요구를 반영하여 1995년에 유엔 글로벌 거버넌스 위원회도 창설되었다. 이 위원회는 보고서에서 "기존의 정부 간 관계뿐만 아니라 비정부기구, 다국적기업, 세계 자본시장 등의 다양한 세력들을 포함하는 개념으로 글로벌 거버넌스가 제정되어야 한다"라고 제시하여, 범국가적 문제에 대응하기 위해 다양한 행위자들이 글로벌 거버넌스의 중추 역할을 수행할 것을 제안하고 있다.

반면 주권국가 질서의 주체인 주권국가의 반격도 나타났다. 주권국가 질서에 도전하는 변이의 축적이 주권국가의 반격을 불러왔다. 대표적인 현상이 민족주의의 부흥이다. 민족주의는 주권국가의 이익을 최대화하려는 동력이면서 이데올로기라는 측면에서 주권국가 질서에서 본질적인 요소이다. 민족주의는 중동, 러시아, 중국에서는 미국의 세계질서를 변경시키려는 수정주의로 나타났고, 유럽과 같은 자유주의 진영에서는 자유민주주의의 위기를 유발시켰다.

자유민주주의의 위기는 서유럽에서는 반세계화 요구를 시작으로 하여 유럽 정치계의 우경화로 확장되었다. 유럽의 주요 강대국인 독일, 프랑스, 이탈리아에서 극우파가 집권하거나 집권에 가까운 국민들의 지지를 확보하고 있는 상태이다. 이들 극우파들은 공통으로 국가 주권의 침해에 반발하고 주권 절대성에 대한 강력한 신념을 갖고 EU의 통합에는 소극적이다. 그리고 영국에서는 EU 탈퇴로 나타났다. 탈퇴의 이유를 경제적인 요인에서 찾는 표면적 분석도 있지만, 본질적으로 EU의 주권 제한에 대한 반발이 원인이다. 그리고 민주주의가 취약한 튀르키예나 헝가리 같은 나라에서는 권위주의 체제로 변모를 시작하면서 EU와 불협화음을 종종 내고 있다. 영국의 EU 탈퇴, 정치의 우경화, 권위주의 체제의 등장 등은 모두 주권국가의 반격이라는 신호이다.

자유민주주의의 위기와 주권국가의 반격은 미국에서도 일어나고 있다. 미국 민주주의 기준을 수시로 넘어서는 트럼프 대통령이 등장하면서 명확해졌다. 트럼프 행정부는 주권국가 반격의 선봉에 서 있다. 트럼프는 오바마 행정부까지의 자유주의 맥락의 정책과는 전혀 다른 미국 우선주의(America First)라는 고립주의를 선언했다. 미국 우선주의는 아이러니하게 국제주의 대명사인 우드로 윌슨이 1차 대전 참전을 거부하는 명분으로 사용한 이래, 미국 고립주의의 대명사이며 미국 민족주의의 표현이 되었다.[11] 트럼프는 America First를 외치면서 1, 2기 행정부에 걸쳐 '세계 경찰 역할로부터 이탈'을 목표로, 그동안 미국 외교의 한 축이었던 국제제도를 통한 국제주의로부터 이탈하려 하고 있다. 미국의 현실주의자들도 국제주의로부터 이탈하여 세력균형으로 복귀할 것을 촉구하고 있다. 설계자인 미국이 없는 포스트 냉전 체제가 도래할지도 모른다.

국제사회는 주권국가 질서로부터 이탈하려는 변이와 민족주의라는 주권국가 반격 간의 충돌 속에 있다.

새로운 국제질서는 가능한가?

국제사회는 400년 가까이 주권국가 질서를 유지해 오고 있다. 그리고 주권국가 질서가 가지고 있는 무정부 상태라는 환경에서 필연적으로 발생하는 전쟁을 방지하고 평화를 구축하기 위해 노력하고 있다. 평화구축을 자연법칙과 '보이지 않는 손'과 같은 세력균형에 의존했다가, 국가들이 주권을 양도하는 절대적인 최후의 리바이어던인 세계국가라는 꿈을 꾸었지만, 결국 현실적으로 가능한 국제연맹과 국제연합이라는 작은 리바이어던의 집단안보 기능에 의존하고 있다. 그러나 이상향인 세계국가를 향한 꿈은 지속되고 있다. 그 꿈을 향한 시도가 유럽대륙에 한정되었지만, EU라는 유럽 국가로 구현되었다. EU는 세계화와 정보혁명이 가져다 준 변이들을 모두 수용하고 있다. 세계화와 정보화 혁명은 국경, 국가, 국민과의 관계를 복합적인 관계로 형성시켜, 한 국가의 국민이 다른 국가와 관계를 설정할 수 있고, 상이한 국가 국민들 간에도 관계가 설정되고 있다. 프랑스 국민은 프랑스의 지배도 받으면서 EU의 지배도 받는다. 그리고 독일 국민과는 EU 시민이라는 관계를 공유한다. 그리고 영토 개념이 약화되어 EU 내에서 국경과 관계없이 이동할 수 있다. 이러한 다중적인 관계(지배)와 초영토적인 관계가 EU의 특징이 되고 있다. 조지프 나이는 이런 국제질서를 역사상 중세에 존재했던 봉건질서와 유사하다고 암시한다. 조지프 나이는 역사상 존재한 질서(나이는 system으로 표현)를 세 가지로 분류했다. 먼저, 세계제국 질서(world imperial system)로, 중앙집중적인 권력이 하나의 제국이나 국가에 집중된 질서이다. 로마제국, 몽골제국, 중국적 세계질서(Chinese World Order)와 같은 질서를 예로 들 수 있다. 구시대 지리적 한계성 때문에 세계국가라기보다는 지역적 제국에 불과했지만, 이들이 규칙과 규범을 통해 제국을 일체화했다. 둘째로, 봉건질서(feudal system)로, 여러 권력 중심이 존재하며, 이들 간의 상호의존적인 관계가 형성되어 있는 질서다. 중세 유럽의 봉건제국 시스템이 여기에 해당한다. 봉건질서 속의 신민은 바로 상위 지배자인 지방 영주뿐만 아니라 제후, 왕, 황제에게까지도 중복된 충성을 바치며 지배를 받았다. 이러한 중복된 충성과 지배(관할권)는 영토의 범위를 넘어서는 특징을 가지고 있다. 즉 다중적인 지배관계와 초영토적 지배관계가 특징이다. 마지막으로, 무정부 국가 질서(anarchic system of states)로, 국가들이 주권을 가지고 있으며, 중앙 집중적인 권력이 없는 체제로, 베스트팔렌 조약 이후 형성된 현대 주권국가 질서의 모습이다.12)

국제사회가 현실적으로 지향하고 있는 EU 같은 미래의 질서가 이미 경험했던 중세의 봉건질서, 그리고 영구평화의 종착역인 세계국가가 세계제국

질서와 유사하다는 사실은 역사발전에서 일종의 아이러니이다. 그러나 봉건질서가 주권국가의 문제점인 상위의 권위체 부재로 인한 무정부 상태를 완화시켜 줄 수 있는 현실적인 질서라는 데 만족해야 한다. 그러나 주권국가의 반격에서 보듯이 주권국가 질서는 아직도 절대적인 지배력을 가지고 있다. 주권국가의 존재를 적극적으로 지지하는 현실주의자뿐만 아니라 국제제도를 지지하는 자유주의자들도 주권국가 질서의 지속성에는 대해서는 의심하고 있지 않다. 국제사회가 봉건질서를 향하고 있다고 주장하는 자유주의자 조지프 나이조차도 세계정부를 뒷받침할 충분한 공동체 의식이 없기 때문에 주권국가 질서가 몇 백 년은 지속될 것으로 전망한다.13)

그러나 주권국가 질서에 도전하는 변이들은 계속적으로 압력을 강화하고 있다. 이러한 변이들의 압력은 주권국가 질서의 질적 변화를 유도하고 있다. 조지프 나이는 국제질서 구조가 복합적인 구조로 질적 변화를 하고 있다고 주장했다. 그에 의하면, 21세기 주권국가 질서를 3차원의 체스판으로, 상층의 체스판은 군사력에 의존한 유일한 초강대국인 미국이 지속적으로 위치한 단극체제이고, 다음 중간 체스판에는 경제력으로 무장하여 미국, 유럽, 중국, 일본과 같은 강대국이 10년 이상 지배하고 있는 다극체제이다. 그리고 하층 체스판에는 정부의 통제를 벗어난 초국가적 영역으로 다국적기업, 초국가적 테러, 사이버 테러 등 다양한 비국가적 행위자들로 구성된 세계로 구성되어 있다.14) 현재의 국제사회는 주권국가 질서가 지배하는 미국의 단극체제와 강대국 공동의 다극체제뿐만 아니라 주권국가 질서로부터 이탈하려는 비국가 행위자들이 지배하는 국제질서로 복합 구성되어 있다는 것이다. 주권국가 질서와 이로부터 이탈하려는 동력이 지배하는 새로운 국제질서가 공존하고 있는 자체가 주권국가 질서에서는 질적 변화를 의미하고 있다.

국제질서는 주권국가 질서가 내포하고 있던 위험성을 해소하기 위해 새로운 국제질서를 모색하는 다양한 시도를 계속해 오고 있지만, 사회계약론자들이 희망했던 주권 양도와 이전은 이루어지지 않았다. 그뿐만 아니라 주권의 절대성이 지배하는 주권국가 질서는 질적 변화에도 불구하고 여전히 위력을 과시하고 있다. 그러나 칸트가 제시했던 세계국가(world state)라는 최후의 리바이어던은 미래의 평화를 갈망하는 이들이 계속 추구해야 하는 영구평화의 종착역이다.

주

한 외교관이 외교사와 국제정치를 해석하다

1) Michael Howard, *The Invention of Peace* (New Haven: Yale University Press,2000), p.1.
2) '보이지 않는 손'은 애덤 스미스가 『국부론』(1776)에서 시장경제의 자율적인 기능을 설명하면서 사용했고, 케네스 왈츠에게는 ('보이지 않는 손'이라는 용어는 직접 사용하지 않았지만) 국가가 무정부 상태에서 자조를 목표로 합리적으로 행동하는 경우에 자동적으로 형성되는 세력균형을 의미했다. 그리고 '리바이어던'은 토머스 홉스가 『리바이어던』(1651)에서 무서운 자연 상태를 벗어나기 위해 인간이 자연권을 양도한 상위의 권위체(절대적인 국가)를 의미하고, 18세기 이후 영구평화를 갈망하는 사상가와 정치인들에 의해 국가연합체, 국제제도(LN, UN) 등과 같은 집단안보로 구현되었다. 그리고 많은 자유주의론자들은 최후의 리바이어던으로 세계국가를 제시하고 있다. 이 책에서는 '보이지 않는 손'과 '리바이어던'을 각각 세력균형과 집단안보를 표현한 용어로 사용한다.
3) "이론은 우리가 모르는 영역을 이해할 수 있게 해주는 지도이다. 지도가 없으면 우리는 길을 잃기 쉽다. … 우리를 인도하는 이론을 더 잘 인식할수록 우리는 그것의 장점과 약점을 더 잘 이해하고 잘 활용할 것이다." 조지프 나이, 『국제분쟁의 이해(Understanding International Conflicts)』, 양준희·이종삼 옮김(한울엠플러스, 2022), 35쪽.
4) John J. Mearsheimer & Sebastian Rosato, 2024. *How States Think: The Reality of Foreign Policy*(New Haven: Yale University Press, 2024), pp.23~25, 41~44.
5) 존 미어샤이머, 『강대국 정치의 비극(The Tragedy of Great Power Politics)』, 이춘근 옮김 (김앤김북스, 2017), 43~48쪽.
6) 케네스 왈츠, 『국제정치 이론(Theory of International Politics)』, 박건영 옮김(사회평론, 1979), 116쪽.
7) 한스 모겐소, 『국가 간의 정치(Politics among Nations)』, 이호재·엄태암 옮김(김영사, 2014),

462~463쪽.

8) 니컬러스 스파이크먼, 『강대국 지정학(America's Strategy in World Politics)』, 김연지 외 옮김(글항아리, 2023), 43~44쪽.

9) Joseph Nye, *Do Morals Matter?*(New York: Oxford University Press, 2020), p.190; Stanley Hoffmann, Gulliver's Troubles, Or the Setting of American Foreign Policy(New York: McGraw Hill,1968). 스탠리 호프만은 조너선 스위프트(Jonathan Swift)의 소설 『걸리버 여행기』에서 걸리버가 소인국 Lilliput에서 소인들에게 쇠사슬로 묶인 거인이 된 장면에 빗대어, 강대국 미국이 양극체제를 넘어서는 국제기구와 같은 새로운 다자주의 국제정치 현상(setting)에 잘 대응하지 못하여 곤경에 처해 있다고 주장했다. 국제기구와 같은 다자주의는 강대국을 견제할 수 있는 쇠사슬(Gulliver in the chain gang)이 될 수 있다.

10) 니컬러스 스파이크먼, 『강대국 지정학(America's Strategy in World Politics)』, 102쪽.

제1부 국제질서의 등장과 평화를 향한 갈망

01. 국제질서의 등장: 주권국가 질서와 특징

1) 헨리 키신저, 『헨리 키신저의 외교(Diplomacy)』, 김성훈 옮김(김앤김북스, 2023), 56쪽.

2) 조지프 나이, 『국제분쟁의 이해(Understanding International Conflicts)』, 25~28쪽.

3) 김준석, 「위기의 국제정치사상: 휴고 그로티우스의 정전론」, 서울대학교 국제문제연구소, ≪세계정치≫, 25권(2016년 12월), 72~73쪽.

4) 1950년대부터 권위 있는 외교사학자로 알려진 르네 알브레히트 카리에(René Albrecht-Carrié)도 *A Diplomatic History of Europe Since the Congress of Vienna*(1958), p.4에서 베스트팔렌 조약의 혁명성을 인정했다. "이 조약은 흔히 유럽 근대국가 제도의 탄생의 계기로 간주하거나 아니면 최소한 공식기구의 효시로 인정된다."

5) 김준석, 「위기의 국제정치사상: 휴고 그로티우스의 정전론」, 70~71쪽; Hedley N. Bull,, *Hugo Grotius and International Relations*(Oxford: Clarendon Press, 1990), p.75.

6) 헨리 키신저, 『헨리 키신저의 외교(Diplomacy)』, 61쪽.

7) Henry A. Kissiger, *Diplomacy*(New York, Simon& Schuster, 1994), p.58; 헨리 키신저, 같은 책, 51~52쪽.

8) 헨리 키신저, 같은 책, 59쪽.

9) 헨리 키신저는 훌륭한 정치인일지라도 국가이성을 확장적으로 사용하여 자멸할 가능성이 있다면서, 그 대표적인 예로 루이 14세를 들었다. 같은 책, 60쪽.

10) 가토 요코(加藤陽子), 『그래도 일본은 전쟁을 선택했다: 청일전쟁부터 태평양전쟁까지(それでも 日本人は戦争を選んだ)』, 윤현명·이승혁 옮김(서해문집, 2018), 149쪽

11) Charles Lipson, "International Cooperation in Economic and Security Affairs," *World Politics*, 1(37)(1984), p22.; 이근욱, 『왈츠 이후』(한울 엠플러스, 2009), 12쪽에서 재인용.

12) 이마누엘 칸트, 『영구 평화론』, 박환덕·박열 옮김(범우사, 2022), 34쪽. “자연 상태(status naturalis)는 오히려 전쟁상태이다. 적대행위가 언제라도 발생하는 상태가 아니라 하더라도 적대행위에 의한 위협을 받고 있는 상태이다.”

13) 알렉산더 웬트, 『국제정치의 사회적 이론: 구성주의(Social Theory of International Politics)』, 박건영 외 옮김(사회평론, 2015), 368~438쪽.

02. 세력균형, 영구평화를 향한 갈망과 집단안보

1) 7년전쟁 당시 오스트리아 재상 벤첼 안톤 폰 카우니츠는 전쟁의 목표를 ‘브란덴부르크가가 원래대로 보잘것없는 2등 국가로 돌아가는 것이다’라고 공언했다. 크리스토퍼 클라크, 『강철왕국 프로이센(Iron Kingdom: The Rise and Downfall of Prussia 1600~1947)』, 박병화 옮김(마티, 2020), 285쪽.

2) 이후 영국에서 균형자는 ‘영광스러운 고립(splendid isolation)’으로 미화되어, 영국인들이 ‘유럽 균형의 조타수(balance wheel of Europe)’라는 자부심을 갖도록 했다. Henry Kissinger, *Diplomacy*, pp.176~177.

3) 니컬러스 스파이크먼, 『강대국 지정학(America's Strategy in World Politics)』, 44쪽. 스파이크먼은 세력균형이 평화와 행복으로 가는 길이라고 주장했다 “평형은 균형 잡힌 힘이고, 균형 잡힌 힘은 상쇄된 힘이다. 정치적 평형에 있는 사회는 무력이 필요 없는 사회이고, 그 사회에서 사람들은 법에 의해 행복하게 살면서 예술과 품위에 전념할 수 있다.”

4) 안두환, 「홉스를 넘어서 홉스로: 생피에르 신부의 사중 영구 평화론」, 한국국제정치학회, 『국제정치논총』, 3(56)(2016), 12쪽

5) 케네스 왈츠, 『국제정치 이론(Theory of International Politics)』, 박건영 옮김(사회평론, 2013), 187쪽

6) “베네치아가 카를 5세와 프랑수아 1세의 힘을 얼마나 두려워하는지, 그리고 두 군주 사이에서 얼마나 균형을 유지하기를 원하는지 잘 알고 있으리라 믿습니다.” 한스 모겐소, 『국가 간의 정치(Politics among Nations : The Struggle for Power and Peace)』, 464~465쪽.

7) 같은 책, 477~513쪽

8) 케네스 왈츠, 『국제정치 이론(Theory of International Politics)』, 184쪽.

9) “세력균형 이론은 경제학적 의미에서 미시이론에 해당한다. 체계는 경제학의 시장과 같이 단위들의 행위와 상호작용으로 이루어지며, 세력균형 이론은 그들 행위에 관한 전제에 근거하고 있다.” 같은 책, 185쪽; “세력균형 이론은 국가가 원하든 원하지 않든 균형을 이루려 한다. … 균형은 깨질 수 있고, 그리고 균형은 다시 회복된다고 주장한다.” 같은 책, 200쪽.

10) 세력균형에 대한 왈츠의 주장은, 같은 책, 183~192쪽 참조.

11) 헨리 키신저, 『헨리 키신저의 외교(Diplomacy)』, 868쪽.

12) 키신저는 “영국이 영예로운 고립정책에 의해 동맹을 통해 얻는 것보다 잃는 것이 더 많다는 것을 확신했고, 집단안보에 대해서도 모두 거부했다”고 평가했다. 같은 책, 93~94쪽.

13) 한스 모겐소, 『국가 간의 정치(Politics among Nations: The Struggle for Power and Peac

e)』, 463쪽.

14) 다극체제 옹호론의 대표적 논리는 Karl W. Deutsch and David Singer, "Multipolar Power system and International Stability," *World Politics* 3(16)(April 1964), pp.390~406.

15) Richard Rosecrance, "Bipolarity, Multipolarity, and Future," *Journal of Conflict Resolution* 10(1966); James N. Rosenau (ed.), *International Politics and Foreign Poilcy* (New York: Free Press, 1969), p.330.

16) Robert Gilpin, *The Political Economy of International Relations* (Prinston: Princeton University Press, 1987), p.86.

17) Charles Kindleberger, *The World in Depression 1929-1939* (LA.: University of California Press, 1973).

18) Robert Gilpin, *War and Change in World Politics* (Cambridge: Cambridge University Press, 1983).

19) Stephen Krasner, *State Power and the Structure of International Trade* (Cambridge: Cambridge University Press, 1976).

20) 집단안보가 지향하는 평화도 반드시 정의(Justice)와 일치하지 않는다. 집단안보는 평화 교란의 원인에는 무관심하고 교란자에 대한 제재에만 관심을 갖고 있기 때문이다. 정의로운 평화를 지향하지만, 정의보다 평화가 앞설 수 있다. Inis Claude Jr., *Sword into Plowshares*(New York: Random House, 1965), p.354.

21) Michael Howard, *Invention of Peace* (New Haven: Yale University Press, 2000), pp.1~6.

22) 생피에르의 주장은 안두환, 「홉스를 넘어서 홉스로: 생피에르 신부의 사중 영구 평화론」, 18~19쪽.

23) 같은 글, 19쪽.

24) 볼테르는 이렇게 말했다. "생피에르 신부가 생각한 평화는 망상에 불과하다. 코끼리와 코뿔소, 늑대와 개 사이에 평화가 결코 있을 수 없듯이 군주 사이에도 평화가 있을 수 없다. 육식 동물은 서로 마주하는 순간 서로 물어뜯으려 달려들 것이다." 같은 글, 11쪽

25) 칸트는 이유를 이렇게 말하고 있다. "이들 국가들은 이들이 가진 국제법 사고에 따라, 이 방법을 전혀 선호하지 않으며, 명제적으로 옳을지라도 구체적으로는 적용을 꺼려하기 때문에 하나의 세계공화국이라는 적극적인 이념 대신에 전쟁을 방지하고 지속적으로 확대되는 연합이라는 소극적인 대체물만이 법을 기피하는 호전적인 경향을 저지할 수 있다." 임마누엘 칸트, 『영구 평화론』, 57~58쪽

26) 칸트의 주장은 다음과 같다. "무역을 통해 그들은 처음으로 다른 민족과도 평화로운 관계를 맺게 되었으며, 멀리 떨어져 있는 민족과도 서로 협조하고 교류하여 평화로운 관계를 갖게 된 것이다." 같은 책, 77쪽.

03. 또 다른 국제질서: 중국적 세계질서

1) 앙겔라 메르켈, 『자유(Freiheit)』, 박종대 옮김(한길사, 2024), 611쪽

2) Henry Kissinger, *World Order* (New York, Penguin Random House, 2014), pp.1~10.

3) 대표적인 저서들은, Fairbank의 *The Chinese World Order* (1968), *The United States and China* (1971), Kissinger의 *On China* (2012) 등이다.

4) John K. Fairbank(ed.), *The Chinese World Order: Traditional China's Foreign relations* (Boston: Harvard University Press, 1974)

5) John K. Fairbank(ed.), *The United States and China* (Boston: Harvard University Press, 1971), p89.

6) J.L. Granmer-Byng, "Lord Macartney's Embassy to Peking in 1793, from Official Documents," *Journal of Oriental Studies*, 4(1957~1958), pp.134~137.

7) Dean Rusk, *As I Saw It* (New York: Norton and Company, 1990), p291.

8) 학자들은 다양한 분류를 제시했다. 청조(淸朝)를 기준으로 보면, 페어벵크는 Middle Kingdom - Sinic Zone - Inner Asia Zone - Outer Zone, 진스버그(Norton Ginsberg)는 China Proper - Inner Zone - Outer Asian Zone - Foreign Zone으로, 그리고 중국학자 梁佰華는 Middle Kingdom - Front Zone - Sinic Zone - Inner Asia Zone- Outer Asia Zone로 분류했다.

9) 자료 소실로 정화의 남해원정의 동기가 분명하지 않다. 영락 대제가 자신이 폐위한 조카 선문제의 행방을 찾기 위해 정화를 파견했다는 설은 설득력 있는 견해 중 하나이다.

10) 마오쩌둥의 인식이 대표적이다. "故人을 배우는 것은 현재 살아 있는 우리를 위하는 것이다." 『毛澤東著作選讀』(北京: 人民出版社, 1986), 下冊, p.752.

11) Henry Kissinger, *On China* (New York: the Penguin Group, 2012) pp.22~32.

12) 대만 문제에 대한 중국 외교의 기본 입장은 '하나의 중국(一個中國) 원칙' 이다.

13) 중국은 역사 속에서 복수의 왕조가 정립하는 경우에는 정통성을 가진 왕조가 어디인가에 대한 논쟁이 일어났다. 대표적인 예로, 오(吳), 위(魏), 촉(蜀)이 정립한 3국시대에 대해 『삼국지』(진수)는 위를, 『자치통감』(사마광)은 불분명, 그 주석서인 『자치통감강목』(주희)은 촉을 정통왕조로 인정하는 각기 다른 입장을 취했다.

제2부 국가, 전쟁과 국제체제의 변화

04. 국가 행동의 근원과 전쟁

1) 강철구, "프랑스 혁명과 근대적 민족주의의 시작", 《프레시안》 https://www.pressian.com(검색일: 2025년 4월 20일)

2) 존 미어샤이머, 『미국 외교의 거대한 환상(The Great Delusion)』, 이춘근 옮김(김앤김북스, 2020), 156~170쪽.

3) 당시 경쟁 이데올로기였던 사회주의를 민족주의가 무력화시켰다. 마이클 하워드는 이렇게 요약했다. "1918년 진군의 나팔소리가 울리자 국경선을 초월하여 모든 노동자계급이 단결하자

는 호소는 마치 바람에 흩어지듯 날아가 버렸다." Michael Howard, *War in European History*(New York: Oxford University Press, 1979), p.110; 존 미어샤이머, 같은 책, 159쪽에서 재인용.

4) 미국 내 이런 분위기는 새뮤얼 헌팅턴이 『Who are We?』(2005)에서 예견하고 있다. 미국의 민족적 정체성은 앵글로-개신교 문화에 기반해 있으며, 미국의 미래는 자유주의가 주장하는 범세계주의나 제국주의가 아닌 국가주의(민족주의)라고 주장했다. Samuel P. Huntington, *Who are We?*(New York: Simon & Schuster, 2005), pp. 362~366.

5) 소프트 파워(soft power) 개념은 조지프 나이의 *Bound to Lead: The Changing Nature of American Power*(London: Basic Books, 1990)를 통해 대중화되었다.

6) Joseph Nye, *Soft Power*(New York: Public Affairs, 2004), p.32. 조지프 나이는 스마트 파워(smart power)를 '강력한 군대의 필요성을 강조하면서도, 영향력 확대와 행동의 정당성을 확립하기 위해 각계각층의 동맹, 파트너십, 제도에도 크게 투자하는 접근법'이라고도 설명했다.

7) 조지프 나이는 권력 자원(power resouces)으로도 표현했다. Joseph Nye, *The Paradox of American Power*(New York: Oxford University Press, 2002), p.13; 조지프 나이, 『국제분쟁의 이해(Understanding International Conflicts)』, 115쪽.

8) 조지프 나이는 권력(power) 개념을 여러 저작을 통해 발전시켰다. *Bound to Lead*(1990), *Soft Power*(2004), *The Future of Power*(2012)

9) 조지프 나이, 『권력의 미래(the Future of Power)』, 윤영호 옮김(세종, 2023), 67~71쪽.

10) 케네스 왈츠, 『국제정치 이론(Theory of International Politics)』, 116쪽.

11) Jack S. Levy, *War in the Modern Great Power System 1495-1975* (Kentucky: University of Kentucky Press, 1983), pp.10~19.

12) 강대국 리스트는 왈츠가 마틴 라이트(Martin Wright)의 *Diplomatic Investigations*(1966)의 도표를 인용한 것이다. 케네스 왈츠, 『국제정치 이론(Theory of International Politics)』, 251쪽.

13) 2024년 시점에는 독일, 프랑스, 이탈리아는 EU에 포함, 일본은 경제 규모뿐만 아니라 G7 회원국으로 국제규범 형성에 참여하고 있어서 준 강대국의 범주에 넣을 수 있다. 존 미어샤이머는 1991년 이후 미국, 중국, 러시아를 강대국으로 분류했다. John Mearsheimer, *The Tragedy of Great Power Politics*(New York: W.W. Norton & Company, 2001), p.404.

14) 대표적인 저서는, *In Defence of The National Interest: A critical Exemination of American Foreign Policy*(New York: Alfred a. Knopf,1951)이다.

15) Hans Morgenthau, *In Defense of National Interest*(New York:1951)

16) 閻學通(Yan Xuetong), 『中國國家利益分析』(天津: 天津人民出版社, 1996); 문정인, 『중국의 내일을 묻다』(삼성경제연구소, 2010), 45~48쪽; 옌쉐퉁의 국가이익론은 1990년대 나타난 '중국 위협론'에 대한 대응이론으로, 서구가 존중해 주기를 바라는 것을 국가이익으로 규정하여 광범위하고 애매모호하게 되었다. 이를 중국 국제정치학계 거두인 왕지쓰(王緝思) 북경대 교수는 이론(理論)이 아니라 책론(策論)이라고 비판하였다. 가와시마 신(川島眞)·모리 가즈코(毛

里和子), 『글로벌 중국에로의 도정(グローバル 中國えの道程: 外交 150年)』, 이용빈 옮김(한울엠플러스, 2012), 227~232쪽.

17) 마르크스는 국가를 소멸해야 하는 존재로 보았고, 레닌은 국가가 소멸될 때까지 프롤레타리아 독재를 주장했다. 그리고 스탈린은 프롤레타리아 독재를 공산당 독재로 바꾸어, 완전히 소멸되지 않고 있는 국가 역할을 공산당이 수행하는 국가와 공산당의 일체 이론인 '당-국가 체제'를 제시했다. 중국에서 당-국가체제 이론에는 중국적 요소도 있다. 당-국가체제이론은 1924년 당시 새로운 중국을 소련에서 찾던 쑨원이 중국 국민당을 소련 공산당과 같이 개조하면서 중국정치에 정착되었다. 중국에서 공산당과 국가가 일체인 증거는 인민해방군이 국가군대가 아니라 공산당 군대라는 사실에서 쉽게 찾을 수 있다. 중국의 입인 인민일보도 공산당 기관지이다.

18) 공산당 정권이익은 공산 정권의 안보(regime security)이다. 중국 역사상 정권 안보를 위해 국가이익을 희생한 사례가 많다. 청 말기 때는 태평천국의 난을 진압하기 위해 서양의 군사력에 의존해서 청의 멸망을 앞당겼고, 1930년대에는 장제스 정권이 도전세력이었던 공산당 타도를 위해 일본과 타협하는 정책을 채택하여 민심이 이반되는 결과를 가져왔다. 그리고 1960년대 마오쩌둥은 류사오치로부터 정부 권력을 탈환하기 위해 문화대혁명을 일으켜 중국을 위기에 빠트렸다.

19) 미야모토 유지(宮本雄二), 『강경한 외교를 반성하는 중국(强硬外交を 反省する中國)』, 이용빈 옮김(한울엠플러스, 2019), 208쪽. "(핵심이익)이 홀로 중국 외교를 점령해 버렸다. 핵심이익을 전쟁도 불사하는 국가이익으로 격상시키고 그 범위를 확대하여 도처에서 부딪쳐 대외정책이 파탄난 것이다. 핵심이익이 중국 외교의 상대를 좌우할 지경에 이르렀다."

20) 크리스토퍼 클라크, 『몽유병자들(Sleep Walker)』, 이재만 옮김(책과함께, 2019), 859쪽. 클라크는 핵심 결정자들은 자국의 국가이익에 매몰되어 자신들이 세상에 불러올 공포의 실체를 깨닫지 못한 몽유병자라고 평가했다.

21) John J. Mearsheimer & Sebastian Rosato, *How States Think: The Reality of Foreign Policy* (New Haven: Yale University Press, 2024), pp.180~210.

22) 그레엄 앨리슨·필립 젤리코, 『결정의 본질(Essence of Decision)』, 김태현 역(모던아카이브, 2018), 25~28쪽.

23) 투키디데스의 유명한 언명은 다음과 같다. "It was the rise of Athens and the fear that this instilled in Sparta that made war inevitable." Graham Allison, *Destined for War* (New York: First Mariner Books, 2017), p. xiv; 그레이엄, 앨리슨, 『예정된 전쟁(Destined for War)』, 정혜윤 옮김(세종서적, 2018), 16쪽.

24) Richard N. Rosecrance, *Action and Reaction in world Politics*(Boston: Little Brown Company, 1963), p304.

25) Jonathan Wilkenfeld (ed.), *Conflict Behavior and Linkage Politics*(New York: David Mckay Co.,1973) pp.107~123. 윌켄펠트는 중국을 전체주의체제로 분류했다.

26) 중국의 공식 자료(中國共産黨的七十年)에서도 당시 외교 관계에 있던 40여개 국가 중 30개 국가와 외교분쟁을 일으켰다고 기술하고 있다. 인도네시아 공산당의 쿠테타를 지원한 혐의로 인도네시아로부터는 단교 당했다.

27) 케네스 왈츠, 『인간 국가 전쟁』, 정성훈 옮김(아카넷, 2018), 232쪽.

05. 국제체제, 설계자들과 변화

1) 헨리 키신저, 『헨리 키신저의 외교(Diplomacy)』, 9쪽.
2) 시대정신(zeitgeist)는 헤겔의 관념 철학의 용어로 '그 시대를 관통하는 절대적인 정신'을 의미하며, 1806년 헤겔이 프랑스 혁명의 이념으로 무장한 나폴레옹군이 프로이센군을 대파하는 모습을 보고 '나는 시대정신을 보았다'고 외쳤다.

제3부 세력균형 체제들

06. 빈 체제

1) 나폴레옹의 황제 자리를 유지시키려는 메테르니히의 제안은 나폴레옹의 제거는 혼란만 가중시켜 그가 추구하던 세력균형에 도움이 되지 않을 것이라는 판단 때문이었다. 그리고 나폴레옹도 폴란드 전체를 포기할 생각은 없었고, 단지 일부만 러시아에게 할양하려 했다. 안문석, 『외교의 거장들』(인물과 사상사, 2017), 25쪽.
2) 탈레랑의 제안으로 치즈 경연대회도 개최되었고, '자허토르테'라는 빈의 명물이 된 초코케이크도 메테르니히 지시로 만들어졌다. 음식 외교가 빈 회의를 거치면서 정형화되었다. 같은 책, 32~33쪽
3) 탈레랑의 정통주의 주장은 프랑스에 대한 연합국의 보복이 두려워 제시한 것이지만, 메테르니히가 반동 정치의 이데올로기로 수용했다. 김장수, 『메테르니히』(푸른사상사, 2019), 103~104쪽.
4) 신성로마제국 프란츠 2세는 나폴레옹의 강요에 못 이겨 신성로마제국 황제직을 포기하고, 1806년 12월에 오스트리아제국 세습 황제로 등극했다. 같은 책, 56쪽.
5) 안문석, 『외교의 거장들』, 63쪽.
6) 메테르니히를 퇴진시키는 데 황제 페르디난트 1세의 동생인 카를 대공 부부가 큰 역할을 했다. 그러나 퇴진 접견에서 페르디난트 1세는 빈 시민들의 요구를 들어 자신이 결정했다고 말했다. 김장수, 『메테르니히』, 188~189쪽
7) 같은 책, 245~252쪽
8) 안문석, 『외교의 거장들』, 68쪽.
9) 같은 책, 74쪽. 당시 유명한 시인인 퍼시 셸리(Percy Shelly)가 쓴 풍자 시에서는 캐슬레이를 무시무시한 죽음의 상징으로 묘사했다.
10) 같은 책, 73쪽.
11) Metternich, Nachgelassenen Papieren, vol.1, pp.316ff. 헨리 키신저, 『헨리 키신저의 외교(Diplomacy)』, 82쪽 재인용.

12) 유럽의 대부분 국가들이 나폴레옹의 재기(엘바섬 탈출)에 놀라 신속히 신성동맹에 가입했다. 김장수, 『메테르니히』, 118쪽

13) 안문석, 『외교의 거장들』, 71~72쪽.

14) 메테르니히는 러시아가 대국으로 등장하는 것을 막고 세력균형을 유지하기 위해 프랑스의 역할과 협조가 필요하다고 판단하여, 프랑스에 대해 관대한 입장을 취했다. 김장수, 『메테르니히』, 105쪽.

15) 헨리 키신저, 『헨리 키신저의 외교(Diplomacy)』, 104쪽.

16) 같은 책, 103쪽. 나폴레옹 3세는 생전에 '튀릴리의 스핑크스(Sphinx of the Tuileries)'라고 불렸다. 그가 원대하고 훌륭한 구상을 품고 있었지만, 아무도 그 구상이 서서히 펼쳐질 때까지 깨닫지 못할 것이라고 생각했기 때문이다.

07. 비스마르크 체제

1) 안문석, 『외교의 거장들』, 94쪽. 비스마르크는 1865년 10월 휴양도시 비아리츠까지 나폴레옹 3세를 찾아가, 프랑스가 벨기에와 룩셈부르크 지역으로 영토를 확장하는 것을 반대하지 않는다고 제안했다.

2) 같은 책, 98~101쪽

3) 같은 책, 101쪽

4) 김장수, 『비스마르크』, 28쪽

5) 윌리엄 글래드스턴(William Gladstone) 영국 수상은 비스마르크를 '악의 화신'이라고 비난했다. 비스마르크의 세력균형정책과 비도덕성을 문제 삼았다. 글래드스턴은 세력균형보다 유럽 강대국 간의 단결을 신뢰했다. 반면, 비스마르크도 글래드스턴이 유럽을 이해 못하는 무능한 정치인이라고 평가했다. 헨리 키신저는 둘 관계를 시어도어 루스벨트와 윌슨 관계에 비유했다. 헨리 키신저, 『헨리 키신저의 외교(Diplomacy)』, 166쪽.

6) 박지향, 『제국주의: 신화와 현실』(서울대학교출판문화원, 2018), 31쪽

7) 조지프 나이, 『국제분쟁의 이해』, 125쪽

8) 헨리 키신저, 『헨리 키신저의 외교(Diplomacy)』, 183쪽.

9) 키신저는 '러시아는 베를린 회의에서 자신의 지나친 야심 때문이 아니라 유럽 국가들의 방해 때문에 좌절되었다고 생각했고, 연합체를 구성하여 전쟁을 위협한 디즈레일리 보다 전쟁을 막으려고 회의를 주재한 비스마르크를 비판했다'고 평가했다. 그리고 비스마르크가 실패한 러시아 야심의 희생양이 되었다고도 평가했다. 헨리 키신저, 같은 책, 160쪽.

10) 빌헬름 2세에 대한 비스마르크의 평가는, 김장수, 『비스마르크』, 94쪽 참조.

11) Richard Ned Lebow, *Between Peace and War: The Nature of International Crisis* (Baltimore: Jonhns Hopkins University Press, 1981), p.144; 조지프 나이, 『국제분쟁의 이해(Understanding International Conflicts)』, 134쪽에서 재인 용.

12) Winston S. Churchill, *Great Contemporaries*(Chicago:University of Chicago Press, 1973), pp.37ff. 『헨리 키신저의 외교(Diplomacy)』, 174쪽에서 재인용.

13) 빌헬름 2세가 오스트리아 프란츠 요제프 1세에게 보낸 편지(1890년 4월 3일 자) 내용. 김장수, 『비스마르크』, 93쪽.

14) 같은 책, 74쪽.

15) 같은 책, 73쪽.

16) 비스마르크는 은퇴 후에도 독러재보장조약을 옹호하는 기사를 언론(1896년 10월 24일 자 함부르크 신문)에 발표하여 빌헬름 2세를 분노시켰다. 같은 책, 83쪽.

17) 헨리 키신저, 『헨리 키신저의 외교(Diplomacy)』, 183쪽.

18) 그레이의 회고록 *Twenty-Five Years 1892-1916* (1925)

19) 헨리 키신저, 『헨리 키신저의 외교(Diplomacy)』, 190쪽.

20) 박지향, 『제국주의: 신화와 현실』, 31쪽

21) George Kennan, *The Fateful Alliance*(New York: Pantheon Books, 1984); 헨리 키신저, 『헨리 키신저의 외교(Diplomacy)』, 185쪽; *Diplomacy*, p.181.

22) 글래스턴 수상이 Granville 경에게 보낸 편지 내용(1873년 8월 22일 자), 헨리 키신저, 같은 책, 166쪽에서 재인용.

23) 공식 명칭은 "Memorandum on the Present State of British Relation with France and Germany"로 외교장관 Edward Grey에게 보낸 비공식 문서이다. 그레이는 매우 훌륭(most valuable)하다고 평가했지만, 수상과 같은 더 윗선의 반응은 없었다.

24) 이런 상황을 두고 니컬러이 폰 기어스 러시아 외교장관은 "재보장 조약이 폐기되면서 현명하고 호의적이었지만 엄격했던 비스마르크 통제로부터 오스트리아가 벗어났다"고 평가했다. 헨리 키신저, 『헨리 키신저의 외교(Diplomacy)』, 183쪽.

25) 빌헬름 2세는 오스트리아에게 백지수표를 주고는 노르웨이 피오르로 여름휴가를 떠나 버렸다. 백지수표의 무게감을 전혀 인지하지 못하고, 러시아와의 전쟁은 멀리 있다고 생각한 전형적인 몽유병자(sleep walker)였다.

26) A. J. P. Taylor, *The Struggle for Mastery in Europe, 1848-1918* (Oxford: Oxford University Press, 1954), p.510; 헨리 키신저, 『헨리 키신저의 외교(Diplomacy)』, 216쪽에서 재인용.

27) A. J. P. Taylor, 같은 책(1954), pp.521~522, 헨리 키신저, 같은 책, 205쪽에서 재인용.

28) 헨리 키신저, 같은 책, 220쪽.

29) Bethmann-Hollweg, Fritz Stern, *The Failure of Illiberalism*(New York:Columbia University Press,1992), p.93; 헨리 키신저, 같은 책, 215쪽에서 재인용.

30) 같은 책, 228쪽.

31) 크리스토프 클라크, 『몽유병자들(Sleep Walkers)』, 이재만 옮김(책과 함께, 2019), 859쪽.

32) E. H. 카, 『20년의 위기(Twenty Years' Crisis)』, 김태현 옮김(녹문당, 2017), 97쪽.

33) 로버트 카플란, 『지리의 복수(The Revenge of Geography)』, 이순호 옮김(미지북스, 2012). 68쪽에서 재인용.

34) E. H. 카, 『20년의 위기(Twenty Years' Crisis)』, 97쪽.

35) 고전 지정학에 대해서는, 로버트 카플란, 『지리의 복수(The Revenge of Geography)』, 80~182쪽; 고동우, 「지정학 귀환에 대한 소고」, 국립외교원 외교안보연구소, 『2014 외교연구소 정책연구자료』, 1~38쪽 참조

36) 로버트 카플란, 같은 책, 173쪽.

37) 논문은 *The Geographical Journal* 1904년 4월호에 실렸다. 한스 모겐소는 매킨더의 지정학을 경멸했다. 같은 책, 112쪽.

38) 1940년대 지정학자였던 로버트 슈트라우스-휴페(Robert Strausz-Hupé)는 독일 지정학을 '이데올로기의 그네를 타고 재주를 부리지만, 결말은 진부하기 짝이 없는 곡예의 세계'라고 비판했다. 같은 책, 141~142쪽.

39) 카를 하우스호퍼와 히틀러의 접점은 카를 하우스호퍼의 군대 부관이었으며 뮌헨대학교 제자인 루돌프 헤스가 히틀러의 측근이 되면서 이루어졌다.

40) 로버트 카플란은 카를 하우스호퍼가 매킨더 이론을 왜곡하여 '비합리적 지리'에 평생 집착했다고 비판했다. 로버트 카플란, 『지리의 복수(The Revenge of Geography)』, 138쪽.

41) "지정학이란 지리적 요소를 국력, 나아가서 국가의 운명을 결정짓는 절대적인 것으로 파악하는 '사이비 과학(pseudo science)'이다." 한스 모겐소가 지정학을 사이비 과학이라고 비판한 것은 '지리적 요소를 절대적인 존재'로 격상시켰기 때문이다. 한스 모겐소의 잔인한 평가는 매킨더의 심장부 이론이 2차 대전 중에 나치에 의해 되살아나 나치의 레벤스라움을 정당화하는 도구로 사용되었다는 사실에도 기인했다. 로버트 카플란, 같은 책, 110~111쪽; 한스 모겐소, 『국가 간의 정치(Politics among Nations: The Struggle for Power and Peace)』, 399~401쪽.

42) 케네스 왈츠는 자신 이전의 기성 이론은 설명과 예측이 가능한 이론이 아니었다고 평가했다. 케네스 왈츠, 『국제정치 이론(Theory of International Politics)』, 325쪽.

43) 고전지정학 이론은, 로버트 카플란, 『지리의 복수(The Revenge of Geography)』, 110~182쪽.

제4부 집단안보체제들

08. 베르사유 체제

1) 멕시코는 현실성이 없다고 거절했고, 독일 최초의 비귀족 출신 외교장관이었던 치머만은 책임지고 사임했다.

2) 조지프 나이, 『미국 외교는 도덕적인가?(Do Morals Matters?)』, 황재호 옮김(명인문화사, 2020), 10쪽.

3) 같은 책, 10쪽. 1991년에 조지 케넌은 "나는 이 시점에서 내가 과거 윌슨에 대해 내렸던 많은 평가를 바로 잡거나 수정해야 한다. 국제사회가 필요로 하는 미래 요구에 대한 그의 비전을 볼 때, 나는 이제 윌슨이 그 시대 어떤 정치가 보다 앞서 있다고 생각한다"라고 자신의 이전 견해를 수정했다.

4) 헨리 키신저, 『헨리 키신저의 외교(Diplomacy)』, 43쪽. 그리고 같은 책에서 헨리 키신저는 1912년 미국 선거에서 맞붙었던 시어도어 루스벨트와 윌슨의 외교를 비교하여, 투사인 루스벨트는 업적을 넘겼지만, 성직자인 윌슨은 미국의 정신세계를 지배했다고 평가했다. 만약 보기 드문 현실주의자인 루스벨트가 대통령에 당선되었다면, 미국은 유럽식 세력균형정치를 정착시켜 영국식 외교를 지향했을 것이라는 의견도 암묵적으로 제시했다(21~48쪽).

5) 조지프 나이, 『국제분쟁의 이해(Understanding International Conflicts)』, 150쪽.

6) 키신저에 의하면, 국제연맹 구상은 1915년 영국 그레이 외교장관이 하우스 대령에게 보낸 편지에서 처음으로 언급되었다. 이때 그레이 장관은 새로운 질서 구축을 위한 것이 아니라 미국을 참전시키기 위한 구실로 제시했다. 헨리 키신저, 『헨리 키신저의 외교(Diplomacy)』, 230쪽.

7) 전쟁책임조항에 대해 상반된 입장이었던 윌슨과 클레망소 사이에서 로이드 조지는 언제든지 시정될 수 있다는 구실을 들어 찬성했다. 그러나 전쟁책임조항에 대한 독일인의 반발이 너무 커 '전쟁 책임 거짓말(war guilt lie)'로 통했다. 키신저는 클레망소가 전쟁책임조항을 밀어붙인 것은 비스마르크 질서를 리슐리외 질서로 되돌려 놓으려는 과욕을 부린 결과라고 평가했다. 같은 책, 238쪽, 254쪽.

8) 헨리 키신저, 같은 책, 273쪽 참조. 발터 라테나우가 라팔로 협정 체결을 강행하면서 프랑스 속담을 인용하여 외교가의 유명한 명언을 남겼다. "Le vin est tiré: il faut le boire(와인이 따라졌으니, 마실 수밖에)". 라팔로 조약이 체결될 당시(1922년 4월)에는 국명이 러시아 소비에트 연방 사회주의 공화국이었지만 소련으로 통칭한다. 1922년 12월 30일에 소련(소비에트 사회주의 공화국 연방)이 성립되었다.

9) Harold Nicolson, *Peacemaking 1919* (London: Constable & Co., 1939), p187; 헨리 키신저, 『헨리 키신저의 외교(Diplomacy)』, 254쪽에서 재인용.

10) 윌슨의 국제연맹을 반대하는 미국 내 3개 그룹에 대해서는 존 아이켄베리, 『승리 이후(After Victory)』, 강승훈 옮김(한울엠플러스, 2008), 237~238쪽 참조.

11) 연맹 규약 10조와 헨리 로지(Henry Lodge)와의 갈등은, 안문석, 『외교의 거장들』, 173~177쪽; 존 아이켄베리, 같은 책, 235~244쪽 참조.

12) 존 아이켄베리, 같은 책, 239쪽.

13) 헨리 키신저, 『헨리 키신저의 외교(Diplomacy)』, 280쪽.

14) 같은 책, 263~264쪽.

15) 같은 책, 293~294쪽.

16) 로카르노 조약 체결로 프랑스의 브리앙, 영국의 오스틴 체임벌린, 독일의 슈트레제만 등 3명의 외교장관이 노벨 평화상을 수상했다.

17) 헨리 키신저, 『헨리 키신저의 외교(Diplomacy)』, 284쪽.

18) 같은 책, 308쪽.

19) 많은 영국 학자들이 공유하고 있는 평가이다. 대표적으로 A.J.P. 테일러는 이렇게 적었다. "국제문제에 관해 히틀러에게 잘못된 점이란 없다. 그가 독일인이었다는 사실을 제외하면 말이다." A.J.P. 테일러, 『제2차 세계대전의 기원(The Origin of The Second World War)』, 유영수 옮김(페이퍼로드, 2021), 44쪽

20) 박건영, 『국제관계사: 사라예보에서 몰타까지』(사회평론 아카데미, 2022), 193쪽.

21) 헨리 키신저, 『헨리 키신저의 외교(Diplomacy)』, 390쪽에서 재인용.

22) Graham Allison, *Destined for War* (New York: Houghton Mifflin Harcourt Publishing Company, 2017), pp.194~200.

23) 가토 요코(加藤陽子), 『그래도 일본은 전쟁을 선택했다: 청일전쟁부터 태평양전쟁까지(それでも 日本人は戦争を選んだ)』, 331~337쪽. 가토는 당시 일본인들이 가지고 있었던 국제연맹에 대한 감정을 '국제연맹, 국가 모두의 적!'이라고 표현했다.

24) A J.P. 테일러, 『제2차 세계대전의 기원(The Origin of The Second World War)』, 24쪽

25) 같은 책, 197쪽.

26) 같은 책, 34~44쪽. 뉘른베르크 재판에서 괴링 등 나치 수뇌부는 메모의 신빙성을 부정했다.

27) 체코슬로바키아 대표들은 뮌헨에는 갔지만, 회담은 물론 방청도 거부당한 채 대기실에서 기다려야만 했다. 그리고 회담 직후 체임벌린과 달라디에가 제시한 협정문을 수용할 수밖에 없었다. 달라디에는 '이것은 이의를 호소할 권리나 변경의 가능성이 없는 결정'이라고 못 박았다. 같은 책, 342~343쪽.

28) 뮌헨협정이 서명된 후 체임벌린은 단독으로 히틀러를 만나 서로 전쟁하지 않겠다는 내용이 포함된 부전 합의문을 제시했다. 히틀러는 계획에 없었던 합의문이지만 두말없이 서명했다. 이후 리벤트로프가 사실을 알고 우려하자 히틀러는 걱정 말라며, '종잇조각은 아무 의미가 없다'고 답한 일화가 있다.

29) 처칠은 10월 5일 의회연설에서 '뮌헨협정은 매일 마셔야 하는 독의 시작'이라고 혹평했다.

30) E. H. 카의 정치적 견해의 궤적에 대해 비판이 있다. 대표적으로 동물농장을 쓴 조지 오웰이다. 조지 오웰은 카가 친독주의자에서 2차 대전이 시작되자 친소주의자로 변신했다고 비판했다. 카가 소련을 옹호한 것은 전시에 소련을 연합국 내에 붙잡아두려는 의도였다는 주장도 있다. 그러나 2차 대전 후에도 소련과 공산주의를 옹호하는 발언으로 공산주의자라는 의혹을 받았다.

31) 네빌 체임벌린의 1938년 7월 연설에서 느낄 수 있다. "(1차 대전에서) 인생 절정기에 사망한 700만 명, 부상자 1300만 명을 생각하면 전쟁에서 승자는 없고 우리 모두 패자이다. … 나는 유럽에서 세계대전이 재현되지 않도록 최선을 다하는 것이 가장 중요한 의무라고 생각한다." Neville Chamberlain, *In Search of Peace: Speeches 1937~1938* (London: Hutchlnson, n.d.); 조지프 나이, 『국제분쟁의 이해(Understanding International Conflicts)』, 181쪽에서 재인용.

32) A.J.P. 테일러, 『제2차 세계대전의 기원(The Origin of The Second World War)』, 348쪽.

33) Gordon Graig, *Germany 1866~1945* (New York:Oxford University Press, 1978), p.712; 조지프 나이, 『국제분쟁의 이해(Understanding International Conflicts)』, 167쪽에서 재인용.

34) 헨리 키신저, 『헨리 키신저의 외교(Diplomacy)』, 330~331쪽.

35) 독일의 동구 팽창정책(레벤스라움)이 매킨더의 심장부 이론에 자극받은 바가 크다. 이점을 한스 모겐소가 비판했다.

36) A.J.P. 테일러, 『제2차 세계대전의 기원(The Origin of The Second World War)』, 196쪽.

37) 같은 책, 22쪽.

38) 헨리 키신저, 『헨리 키신저의 외교(Diplomacy)』, 392쪽. 당시에 미국의 1차 대전 참전을 미국 기업과 금융의 음모로 보는 많은 서적들이 베스트셀러가 되었다. Walter Millis의 *The Road to War*, H. C. Engelbrecht의 *The Merchant of Death* 등이다. 1939년 3~4월의 Gallup 조사에도 전쟁 불개입에 대한 지지도가 83~84%를 기록했다.

39) 같은 책, 403~404쪽.

40) 조지프 나이, 『국제분쟁의 이해(Understanding International Conflicts)』, 177쪽.

41) 유럽에서의 자유민주의 확산에 대한 윌슨의 기대와 실패는, 존 아이켄베리, 『승리 이후(After Victory)』, 244~251쪽. 참조.

42) 이상주의 발전과정을 설명하고 있다. E.H. 카, 『20년의 위기(Twenty Years' Crisis)』, 45~60쪽.

43) 카는 윌슨의 이상주의를 비판했지만, 엄밀히 따져볼 때 현실주의를 주장한 것은 아니다. 이상주의와 현실주의의 융합을 주장하고 현실주의를 이상주의라는 독을 해독하는 '해독제' 정도로 생각했던 것으로 보인다. 그러나 2차 대전 후 현실주의 시각이 주류 이론이 되는 데 일조한 것은 사실이다. 같은 책, 8쪽(역자의 서문).

44) 스파이크먼은 미국 고립주의의 뿌리는 유럽대륙을 탈출하여 미국에 정착한 이민자들의 심리적, 정서적 요인에 의해 발생되었다고 분석을 했다. 그리고 미국 개입주의에도 이상주의의 영감이 큰 역할을 하고 있다고 지적했다. 니컬러스 스파이크먼, 『강대국 지정학(America's Strategy in World Politics)』, 20쪽.

45) 미국의 저명한 국제정치학자인 스탠리 호프만은 "우리가 다루는 국제관계 학문의 창시자가 있다면 바로 한스 모겐소이다"라고 평가했다. Stanley Hoffmann, *Janus and Minerva: Essays in the Theory and Practice of International Politics* (Boulder, Co: Westview Press, 1987), p.6.

46) 한스 모겐소, 『국가 간의 정치(Politics among Nations: The Struggle for Power and Peace)』, 83~108쪽.

47) 같은 책, 463쪽. "균형자는 가장 중요하고 가장 강력한 존재이다."

48) 케넌은 NATO의 동진에 대해 반대했다. "나는 이것이 신냉전의 시발점이라 생각한다. 러시아가 상당히 적대적으로 나올 것이고, 러시아의 정책에도 영향을 줄 것이다. 이는 비극적인 실수라고 생각한다. (동진)할 이유가 전혀 없었다. 어떤 국가도 다른 국가를 위협하고 있지 않기 때문이다." John J. Mearsheimer & Sebastian Rosato, How States Think: The Reality of Foreign Policy, p43에서 재인용

09. 얄타 체제

1) 이주천, 『루즈벨트의 친소정책 1933~1945』(신서원,1998), 378쪽.

2) 같은 책, 29~41쪽. 소련 승인에 대해 국무부 소련 전문가들은 소련의 부채 상환, 소련의 미국 전복 활동 선동과 같은 장애 요소가 제거된 이후에 승인할 것을 건의했고, 당시 교황도 소련 승인에 대해 부정적인 입장이었다.

3) 미국 국무부 소련 전문가 그룹은 동유럽국 R.Kelly국장, George Kennan, Charles Bohlen 같은 관료들이었다. 반면 소련을 지지하면서 루스벨트의 소련관에 영향을 준 William Bullitt 대사(뒤에는 반소련 입장으로 전환)와 Joseph Davis 대사는 직업 외교관이 아니라 임명직(political appointee)이였다. 이들 간에는 갈등이 상존했다. 키신저는 은행가 출신인 Davis 대사 같은 부류를 '소련의 대변인'으로 평가했다. 헨리 키신저, 『헨리 키신저의 외교(Diplomacy)』, 447쪽.

4) 이주천, 『루즈벨트의 친소정책 1933~1945』, 369~370쪽.

5) 조지프 나이, 『국제분쟁의 이해(Understanding International Conflicts)』, 194쪽.

6) 갑자기 국제질서 구축이라는 큰 임무를 맡게 된 트루먼 대통령도 혼돈의 세계에서 전 세계 차원의 집단안보 이외에 다른 대안이 없다는 자신의 인식을 대통령 취임 직후 연설과 국제연합 창설 회의에서 밝혔다. 헨리 키신저, 『헨리 키신저의 외교(Diplomacy)』, 444쪽.

7) Anthony Eden, *The Reckoning* (Boston:Houghton Mifflin, 1965), p593; 이주천, 『루즈벨트의 친소정책 1933~1945』, 341쪽에서 재인용.

8) 퍼센트 협정은 소련이 동유럽에서 승기를 잡자 불안해진 처칠이 모스크바를 방문하여 스탈린과 합의한 세력권 구획 협정이다. 처칠이 회담 즉석에서 메모지에 퍼센트를 적어 주자, 스탈린이 즉석에서 동의했다. 루마니아(소: 90%, 영: 10%), 그리스(소: 10%, 영: 90%), 불가리아(소: 75%, 영: 25%), 헝가리, 유고슬라비아(소: 50%, 영: 50%)이 내용이다. 키신저도 처칠의 행동을 '돈키호테 같은 모험(quixotic enterprise)'이라고 표현했다. 헨리 키신저, 『헨리 키신저의 외교(Diplomacy)』, 429~430쪽; *Diplomacy*, p.413.

9) 루스벨트를 대신해서 회담에 참석했던 주소련 대사 애버럴 해리먼(Averell Harriman)은 급히 루스벨트에게 '세력권'이라는 용어가 사용되었음을 보고했다. 이후 영국은 여러 해명과 함께 미국이 이해하고 승인해 줄 것을 요청했다. 이주천, 『루즈벨트의 친소정책 1933~1945』, 304~305쪽.

10) UN 안보리 의결 방식에 대한 합의 과정은, 세르히 플로히, 『얄타: 8일간의 외교전쟁』, 허승철 옮김(역사 비평사, 2021), 347~369쪽 참조.

11) 헨리 키신저는 루스벨트가 도저히 이해할 수 없는 결정을 내렸다고 비판했다. 소련은 비밀협정을 통해 러일전쟁 후 상실한 만주에서의 우월적 지위를 회복하고, 중국 공산당의 대륙 석권을 도왔다고 분석했다. 헨리 키신저, 『헨리 키신저의 외교(Diplomacy)』, 432쪽.

12) 이주천, 『루즈벨트의 친소정책 1933~1945』, 344쪽에서 재인용.

13) 같은 책, 376쪽.

14) 같은 책, 361쪽.

15) Jack C. Plano and Robert E. Riggs *Forging World Order* (N.Y.: the Macmillian Press, 1967), pp.251~252.

16) 신동익, 「유엔 안보리 무용론과 거부권 문제」, 한국외교협회, 『주요 문제와 한국 외교 전략』(한국외교협회, 2022), 70쪽.

17) 조지 케넌은 The Long Telegram 때문에 미국 국무부의 정책기획국 국장직(Policy Planning Staff)에 오를 수 있었다. 이후에는 봉쇄정책을 비판하는 오락가락하는 모습을 보였다. 그리고

당시 저명한 언론인이었던 월터 리프먼은 케넌의 논문에 대해 사활적 이익과 주변적 이익을 구별하지 못했다고 혹평했다. 박건영, 『국제관계사: 사라예보에서 몰타까지』(사회평론 아카데미, 2022), 371쪽

18) 이근욱, 『냉전』(서강대학교 출판부, 2012), 31~33쪽.

19) 클리퍼드는 "미국을 향한 소련의 공격이나 전 세계에서 우리의 안보에 필수적인 지역을 향한 공격을 막을 수 있는 주된 억제수단은 미국의 군사력이 될 것이다"라고 보고했다. 헨리 키신저, 『헨리 키신저의 외교(Diplomacy)』, 469쪽.

20) 박건영, 『국제관계사: 사라예보에서 몰타까지』, 358~359쪽.

21) 스탈린의 1946년 2월 연설과 주보크의 수정주의 평가는, 같은 책, 358~361쪽.

22) 이근욱, 『냉전』, 33~34쪽.

23) 조지프 나이, 『국제분쟁의 이해(Understanding International Conflicts)』, 189~193쪽.

24) 존 루이스 개디스, 『미국의 봉쇄전략(Strategies of Containment)』, 홍지수·강규형 옮김(비봉출판사, 2021), 21쪽.

25) 봉쇄정책에 대한 비판은 헨리 키신저, 『헨리 키신저의 외교(Diplomacy)』, 483~492쪽.

26) 이주천, 『루즈벨트의 친소정책 1933~1945』, 376쪽.

27) "I felt like the Moon, the Stars, and all the Planets had fallen on me."

28) 존 루이스 개디스, 『미국의 봉쇄전략(Strategies of Containment)』, 23~24쪽.

29) 연설 제목은 'The Sinews of Peace'이다.

30) Wikipedia, "해리 S. 트루먼", https://ko.wikipedia.org (검색일: 2025년 4월 19일)

31) 트루먼 대통령은 국제연맹 가입 좌절의 경험을 감안하여, NATO가 미국민이 혐오하는 세력균형(동맹)과 다르다는 점을 부각시키려고 노력했다. 미 국무부에서 '북태평양 조약과 전통적인 군사동맹의 차이점'이라는 문서를 정치권에 배포하기도 했다. 워런 오스틴(Warren Austin) 주UN 대사는 "나이 많은 참전용사인 세력균형은 UN이 결성되자 전역 통보를 받았습니다. … 세력균형이라는 노인은 떠나갔습니다"라는 상원 외교위원회 증언으로 NATO와 세력균형의 차별성을 강조했다. 헨리 키신저, 『헨리 키신저의 외교(Diplomacy)』, 477쪽.

32) 앙겔라 메르켈, 『자유(Freiheit)』, 473~489쪽.

33) 마리옹 반 렌테르켐, 『노르트스트림의 덫』, 권지현 옮김(롤러코스트 프레스, 2024), 142~144쪽. "러시아가 매년 유럽에 수출하는 1500억~1800억㎥ 천연가스 중 60~80%가 우크라이나를 거친다. … 러시아에서 유럽으로 천연가스를 공급하는데 꼭 필요한 나라이다. 러시아 정부는 이 부분을 참을 수 없었다."(143쪽)

34) 흐루쇼프 언급은 1958년 1월 덴마크 기자와의 인터뷰 내용이다. 헨리 키신저, 『헨리 키신저의 외교(Diplomacy)』, 594쪽에서 재인용. 마오쩌둥의 발언은 1957년 1월 모스크바 연설을 인민일보에서 1957년 1월 19일 자로 보도('新世界的力量過了舊世界')했다. 마오쩌둥은 공산주의가 자본주의보다 우월하다는 확신으로 급속히 공산주의를 성취하기 위해 급진적 공산주의를 목표로 한 '대약진운동'을 추진했다가, 대재앙만 남기고 정부 권력을 류사오치에게 이양했다. 그러나 다시 권력을 탈환하기 위해 '문화대혁명'을 일으켰다.

35) 국무장관을 역임했던 딘 애치슨은 이렇게 동방정책을 비판했다. "빌리 브란트가 러시아인과

순진하게 장난하고 있다. 동방정책은 전통적 독일 민족주의와 다름없다. 브란트의 라팔로 정책인 동방정책에서는 새로운 것을 발견할 수 없다." 박건영, 『국제관계사: 사라예보에서 몰타까지』, 1004쪽에서 재인용.

36) PBS, ⟨War and Peace in the Nuclear Age⟩.

37) 흐루쇼프는 1962년 소련 간부회(정치국) 연설에서 밝혔다. "쿠바를 보호하는 것 이외에 우리 미사일은 서방이 '힘의 균형'이라 부르기 좋아하는 것을 대등하게 만들 것입니다."

38) Kennneth N. Waltz, "The Spread of Nuclear Weapons: More May Be Better," *Adelphi Papers*, No.171(London: International Institute for Strategic Studies,1981).

39) Scott D. Sagan and Kennneth N. Waltz, *The Spread of Nuclear Weapons: A Debate Renewed*(New York: W.W. Norton & Company, 2003), p.3.

40) 왈츠는 덴마크의 전설적인 해양왕 크누트 대왕을 빌려와 핵 확산의 필연성을 이렇게 말했다. "우리도 크누트 대왕과 마찬가지로 (핵무기 확산이라는) 파도를 항구에 잡아둘 수 없을 것이다. 핵무기는 천천히 확산될 것이다." 스콧 세이건· 케네스 왈츠, 『핵무기 전파, 그 끝없는 논쟁(*The Spread of Nuclear Weapons: An Enduring Debate*)』, 임상순 옮김(박영사, 2022), 134쪽.

41) 같은 책, 3~4쪽.

42) 같은 책, 46~47쪽.

43) 같은 책, 230쪽.

44) Scott D. Sagan and Kennneth N. Waltz, *The Spread of Nuclear Weapons: A Debate Renewed*(New York: W.W. Norton & Company, 2003), p.3.

45) Scott D. Sagan and Kennneth N. Waltz, *The Spread of Nuclear Weapons: A Debate Renewed*, p.43.

46) 2판인 *The Spread of Nuclear Weapons: A Debate Renewed*(2003)에는 각자의 주장에 대한 반박이 추가되었고, 3판인 *The Spread of Nuclear Weapons: An Enduring Debate* (2012)에는 북한, 이란, 이라크의 핵 문제가 포함되었다.

47) 스콧 세이건·케네스 왈츠, 『핵무기 전파, 그 끝없는 논쟁(*The Spread of Nuclear Weapons: An Enduring Debate*)』, 58~91쪽.

48) 같은 책, 251~254쪽.

49) 세이건은 핵 군축뿐만 아니라 핵탄두를 민간이 지배하는 조직이 관리하도록 해야 한다고 이중잠금장치를 제시했다. 같은 책, 95~96쪽.

50) 그레엄 앨리슨 ·필립 젤리코, 『결정의 본질(Essence of Decision)』, 김태현 역(모던아카이브, 2018), 166쪽

51) N. J Wheeler, "Beyond Waltz's Nuclear World:More Trust May be Better," *International Relations*, 29(2009), pp.428~445.

52) 존 미어샤이머, 『미국 외교의 거대한 환상(The Great Delusion)』, 433쪽.

53) Campbell Craig, *Glimmer of a New Leviathan: Total War in the Realism of Niebuhr, Morgenthau and Waltz* (New York: Columbia University Press,2003)

54) John J. Mearsheimer, "The Case for the Ukrainian Nuclear Deterrent," *Foreign Affairs*,

3(72)(1993), pp.50~60; 이근욱, 『왈츠 이후』, 92~93쪽 재인용.

55) 현실주의 이론의 태두였던 한스 모겐소도 베트남 전쟁에서 미국이 부도덕하다고 평가했다. 헨리 키신저, 『헨리 키신저의 외교(Diplomacy)』, 697쪽.

56) 같은 책, 734쪽에서 재인용.

57) 중국 측 수석대표였던 왕빙난(王炳南) 대사는 회고록에서, 중국은 진심으로 회담에 임했지만, 미국은 접촉 자체가 목적이었던 것 같았다고 평가했다. Wang bingnan(王炳南), 『中美會談九年回顧』(北京:世界知識出版社, 1985).

58) Wang bingnan(王炳南), 같은 책.

59) 헨리 키신저, 『헨리 키신저의 외교(Diplomacy)』, 757쪽.

60) 같은 책, 758쪽.

61) 世界知識出版社, 『中國外交辭典』(北京: 世界知識出版社, 1999), p.397. '하나의 중국원칙(一個中國原則)'은 1950년대 미국에서 2개의 중국 가능성이 제시될 때 이를 반박하기 위해 나타나 중국 외교의 기초가 되었다. '하나의 중국 원칙'은 중국 외교의 기초이면서, 공산당 정권의 정통성 기반이기도 하다.

62) 헨리 키신저, 『헨리 키신저의 외교(Diplomacy)』, 760쪽에서 재인용.

63) 닉슨에 대한 평가는, 헨리 키신저 같은 책, 734~735쪽 참조. 닉슨은 1973년 1월 3일 자 ≪타임≫지와의 인터뷰에서 이렇게 말했다. "미국, 유럽, 소련, 중국, 일본이 서로 균형을 유지할 때 더 안전하고 더 나은 세계가 될 것이라고 생각합니다."

64) 베이크 국무장관은 고르바초프 서기장에게 이렇게 확약했다. "우리가 NATO의 일원인 독일에 미군을 배치하더라도 NATO군의 관할권은 동쪽으로 1 인치도 확장하지 않겠습니다." 박건영, 『국제관계사: 사라예보에서 몰타까지』, 1089쪽에서 재인용

65) 한국 외교부, 『2019 유엔 개황』, 외교부 국제기구국(2019), 84쪽.

66) 소련은 중국 대표권 문제로 안보리에 궐석하고 있다가 한국전쟁의 여파로 1950년 8월에 복귀하면서 거부권을 행사하기 시작했다. 총회에서 미국의 제안에 대해 찬성 52, 반대 5, 기권 2로 의결되었으며, 반대 논리는 '안보리만이 군대를 운용할 수 있다'였다. 소련은 반대했으며, 그 후 1956년 UNEF 창설에는 묵인함으로서 사실상 결의를 인정했다. Lincon P. Bloomfield, *The United Nations and U.S. foreign Policy* (Boston: Little & Brown Company, 1967), p.174.

67) 흐루쇼프는 UN 총회 연설에서 함마르셸드 면직과 사무총장제도 개혁을 요구했다. John G. Stoessinger, *The United Nations and the Superpowers* (N.Y.: Random House, 1965), pp.51~54.

68) 1956년 UNEF와 1960 ONUC 활동에 따라 경비 적자가 1억 달러에 달해 경비부담 문제는 국제사법재판소에 권고적 의견까지 구했으나 소련과 프랑스의 반대로 정규경비로 처리될 수 없어, 2억 달러의 공채를 발행하여 해결했다. 경비문제는 함마르셸드의 적극적인 활동에 제동을 거는 결과를 가져왔다.

69) 안보리 개혁 방안과 동향은, 신동익, 「유엔 안보리 무용론과 거부권 문제」, 69~75쪽 참조.

70) 케네스 왈츠, 『국제정치 이론(Theory of International Politics), 10쪽.

71) John Maynard Keynes, *The General Theory of Employment, Interest and Money* (London: Macmillan,1936), p.383; 조지프 나이, 『국제분쟁의 이해(Understanding International Conflicts)』, 35쪽에서 재인용

72) 존 미어샤이머, 『강대국 정치의 비극(The Tragedy of Great Power Politics)』, 이춘근 옮김(김앤김북스, 2017), 43~48쪽.

73) "이론은 우리가 모르는 영역을 이해할 수 있게 해주는 지도이다. 지도가 없으면 우리는 길을 잃기 쉽다. … 우리를 인도하는 이론을 더 잘 인식할수록 우리는 그것의 장점과 약점을 더 잘 이해하고 잘 활용할 것이다." 조지프 나이, 『국제분쟁의 이해(Understanding International Conflicts)』, 35쪽.

74) 같은 책, 35쪽.

75) 현실주의 이론을 3 세대로 분류하기도 한다. 제1세대는 한스 모겐소, 제2세대는 케네스 왈츠, 제3세대는 존 미어샤이머가 대표적이다. 이춘근, 『전쟁과 국제정치』(북앤피플, 2020), 79쪽.

76) "세력균형 이론은 국제정치가 경쟁적인 체계이기 때문에 국가들이 서로 모방하여 유사한 속성을 갖게 되는 체계의 사회화가 이루어질 것으로 예측한다." 케네스 왈츠, 『국제정치 이론(Theory of International Politics)』, 200쪽.

77) "강자의 정치로 요약될 수 있는 국제정치는 소수체계의 논리라는 관점에서 연구될 수 있다." 같은 책, 205쪽.

78) 이근욱의 『왈츠 이후』가 학사들의 논쟁을 잘 정리하고 있다.

79) 헤들리 불이 세력균형과 세도주의(국제기구, 국제법)의 중요성을 동시에 인정하고 있다는 점에서 스탠리 호프만은 헤들리 불을 "마키아벨리적 또는 홉스적 견해를 가신 사림들이 보기에는 그로티우스적이고, 칸트적 또는 세계시민적 견해를 가진 사람이 보기에는 국가중심적이다"라고 평가했다. 헤들리 불, 『무정부 사회(The Anarchical Society)』, 진석용 옮김(나남, 2012), 43쪽.

80) 존 미어샤이머, 『강대국 정치의 비극(The Tragedy of Great Power Politics)』, 39쪽.

81) 같은 책, 86~87쪽.

82) 같은 책, 35~36쪽.

83) 세계 차원의 패권국이 역사상 나타나지 않았고 당분간 나타날 수 없는 가장 큰 원인으로 미국, 유럽, 아시아를 가로막는 대양을 제시했다. 같은 책, 87~88쪽.

84) 같은 책, 207~208쪽.

85) John J. Mearsheimer, "The Case for a Ukrainian Nuclear Deterrent," *Foreign Policy*, 3(72)(1993); 이근욱, 『왈츠 이후』, 92~93쪽

86) Michael W. Doyle, "Kant, Liberal Legacies, and Foreign Affairs", *Philosophy and Public Affairs* 3(12)(1983),pp.205~235; 4(12)(1983), pp.323~353.

87) 이근욱, 『왈츠 이후』, 203~207쪽.

88) 미어샤이머는 기능이 제대로 작동하지 못하고 있는 UN을 언급하지 않는 것을 비판했다. 존 미어샤이머, 『미국 외교의 거대한 환상(The Great Delusion)』, 349쪽.

89) Michael W. Doyle, "Kant, Liberal Legacies, and Foreign Affairs", *Philosophy and Public*

Affairs 3(12)(1983), pp.205-235. & 4(12), pp.323~353. 칸트 용어로 3개 조건은 공화국, 평화적 연합(pacific union, 싸우지 않는 국가들의 조합), 무역과 같은 세계주의 법(cosmopolitan law) 등이다.

90) Michael W. Doyle, "Three Pillars of the Liberal Peace", *American Political Science Review* 3(99)(2005), p463.

제5부 새로운 국제질서를 향하여

10. 포스트냉전 체제

1) Francis Fukuyama, "The End of History?" *The National Intrest* 16(Summer 1989), pp.3~18.
2) Walter Russell Mead, "The Return of Geopolitics: The Revenge of the Revisionist Powers," *Foreign Affairs* 3(93)(2014), p.78.
3) 프랜시스 후쿠야마, 『역사의 종말(The End of History and The Last Man)』, 이상훈 옮김(한마음사, 1995), 9쪽.
4) 프랜시스 후쿠야마는 워싱턴 싱크탱크 CATO에서 열린 'The End of History? 25 Years Later'라는 주제의 세미나(2014년 6월 6일)와 동일 자 언론에서 역사의 종언 25년 후 민주주의가 후퇴하고 시장경제가 침체하는 등 자신의 예견과 다른 현실이 나타났다고 인정했다. 미국과 유럽은 2008년 국제금융위기로 어려움에 빠져 있는 반면에 러시아는 소련보다 더 강력한 독재국가가 되었고, 중국은 경제력을 바탕으로 아시아를 조금씩 잠식해 가고 있다고 현실을 평가했다. 그러나 민주주의는 여전히 건재하다고 주장하고 역사의 종언은 수정하지 않았다. 고동우, 「지정학 귀환에 대한 소고」, 34쪽; *The Wall Street Journal* (2014.6.6), "At the End of History Still Stands Democracy."
5) Joseph Nye, *Do Morals Matter?* (New York: Oxford University Press, 2020), p.2; 조지프 나이, 『미국 외교는 도덕적인가?(Do Morals Matter?)』, 4쪽.
6) Joseph Nye, 같은 책, pp.3~4; 조지프 나이, 같은 책, 5~7쪽.
7) 미국의 자유의 등불(beacon of liberty)와 십자군(crusade) 역할에 대해서는, 헨리 키신저, 『헨리 키신저의 외교(Diplomacy)』, 10~11쪽 참조,
8) 같은 책, 645쪽.
9) 2018년도 여론조사에서 미국민 70%가 여전히 개입주의를 지지하고 있는 것으로 나타났다. 조지프 나이는 이 결과를 볼 때, 트럼프 당선(2016)은 트럼프가 내세운 고립주의를 지지했다기보다는 1960년대 이후 미국 사회가 겪고 있는 인종적, 문화적, 이념적 분열의 결과가 반영된 포퓰리즘 때문이라고 평가했다. 조지프 나이, 『미국 외교는 도덕적인가?(*Do Morals Matter?*)』, 14~15쪽.
10) 헨리 키신저, 『헨리 키신저의 외교(Diplomacy)』, 21~48쪽.

11) 새뮤얼 헌팅턴, 『문명의 충돌(The Clash of Civilizations)』, 이희재 옮김(김영사, 1997), 7쪽(서문).

12) 헨리 키신저, 『헨리 키신저의 외교(Diplomacy)』, 843쪽.

13) 같은 책, 868~869쪽.

14) 알렉산더 웬트, 『국제정치의 사회적 이론: 구성주의(Social Theory of International Politics)』, 15쪽. 웬트는 '신현실주의 틀을 빌려 신현실주의를 비판'한다고 선언했다. 같은 책(2015), 7쪽.

15) 같은 책(2015), 14쪽.

16) Alexander Wendt, "Anarchy is What States make of it: the Social Construction of State Politics," *International Organization*, 2(46)(1992), pp.391~425.

17) 알렉산더 웬트, 『국제정치의 사회적 이론: 구성주의(Social Theory of International Politics)』, 350~438쪽.

18) 같은 책, 437~438쪽. "일단 로크적 문화가 한번 내면화되면, 홉스적 문화로 퇴보할 가능성은 거의 없다. 그리고 유사하게 칸트적 문화가 로크적 문화로 퇴보할 가능성도 거의 없다"(437쪽). 그리고 웬트는 변화의 불가역성을 민주주의 사회에서의 참정권의 확대 역사에서 근거를 찾고 있다. "사람들이 한번 투표권의 특권을 내면화하면, 역행의 비용을 높게 만들어서 투표권을 지키기 위해 열심히 싸울 것이다"(437쪽).

19) 알렉산더 웬트, 같은 책, 11쪽.

20) Alexander Wendt, "Why a World State is Inevitable", *European Journal of International Relations*, 9(2003) pp.491~542. 웬트는 좀 더 쉽게 설명했다. "전쟁의 파괴력 증대와 군사적 기술의 전파로 인해 전쟁 비용을 감당하기 부담스러워졌을 뿐만 아니라 이제는 강대국조차도 타국에 대한 인정을 보장하는 글로벌 차원의 헌법적 규제를 거부하면 엄청난 대가를 치러야 하기 때문이다." 알렉산더 웬트, 『국제정치의 사회적 이론: 구성주의(Social Theory of International Politics)』, 11~12쪽.

21) 알렉산더 웬트, 『국제정치의 사회적 이론: 구성주의(Social Theory of International Politics)』, 11~12쪽.

22) 같은 책, 7쪽.

23) John J. Mearsheimer, "The False Promise of International Institutions," *International Security*, 3(19)(1994), pp.5~49.

24) 임갑수·문덕호, 『유엔 안보리 제재의 국제정치학』(한울엠플러스, 2013), 16쪽.

25) 같은 책, 20쪽.

26) 부시 대통령이 윌슨식 어법으로 다자협력을 통해 신세계질서를 창설할 것을 주장했다. "우리는 냉전을 초월하는 새로운 파트너십에 관한 비전을 갖고 있습니다. … 특히 국제기구와 지역기구를 통한 파트너십입니다." 헨리 키신저, 『헨리 키신저의 외교(Diplomacy)』, 837~838쪽.

27) "새 시대에 우리의 최우선적인 목적은 시장에 기초한 민주주의 국가들로 구성된 세계 공동체를 확대하고 강화하는 것이어야 합니다."

28) 존 미어샤이머는 민주주의 확산은 20세기 미국의 전통이며, 1989년 이전까지는 민주주의 확

산과 독재자들의 공존이 같이 나타났기 때문에, 자유주의 패권은 1989년부터 시작되었다고 주장했다. 존 미어샤이머, 『미국 외교의 거대한 환상(The Great Delusion)』, 380쪽.

29) 같은 책, 28쪽.

30) 스티븐 월트, 『미국 외교의 대전략(The Hell of Good Intention)』, 김성훈 옮김(김앤김북스, 2018), 88쪽, 372쪽.

31) G. John Ikenberry. 「민주주의가 안전한 세상(A World Safe for Democracy)」, 홍지수 옮김(경희대학교 출판문화원, 2021), 272~318쪽.

32) 미국 정부 최상층 시스템에는 입법부, 사법부, 국방부, 국무부, 정보기관 등 행정부뿐만 아니라 국회, 사법부, 로비스트, 방위 산업체, 싱크 탱크, 방위 산업체, 퇴역 장성, 언론, 학계 등이 포함된다. 앤드루 바세비치, 『워싱턴 룰(Washington Rules)』, 박인규 옮김(오월의 봄, 2013), 30쪽.

33) Michael Howard, *Invention of Peace,* pp.91~113.

34) 동북아에 대한 외교정책으로 역외균형자를 주장하는 현실주의자들의 근거(도덕적 해이, 싸구려 무임승차 등)를 잘 표현하고 있다.

35) 미어샤이머는 국제정치에서 자유주의는 필연적으로 실패한다고 단언했다. "때로는 압도적으로 유리한 세력균형 상태는 특정 국가로 하여금 자유주의 패권을 추구할 수 있도록 하는데, 그 경우 실패할 가능성이 크다. 정치체제로서의 자유주의는 여러 가지 장점을 가지고 있지만 자유주의가 국제정치에 적용될 때, 자유주의 정책은 성공하지 못할 것이다." 존 미어사이머, 『미국 외교의 거대한 환상(The Great Delusion)』, 257쪽.

36) 조지프 나이는 반대 자료를 제시했다. 조지프 나이에 따르면, 냉전 종식 후 민주주의 국가 수가 76개국에서 123개국으로 늘었으며, 자유민주주의 국가의 수도 53개국에서 90개국으로 증가했다. 조지프 나이, 『국제분쟁의 이해(Understanding International Conflicts)』, 93~94쪽.

37) 스티븐 월트는 트럼프 대통령이 수사적 발언이나 관점으로는 자유주의 패권과 상충되게 들릴지 모르지만, 자유주의 패권을 답습하고 있다고 평가했다. 특히 적국뿐만 아니라 동맹국, 언론, 미국 정부 기관 전체와 싸우는 어리석음은 미국 외교 정책에서 반면교사로 삼아야 한다고 비판했다. 그리고 월트는 모든 나라에게 피해를 입힐 세계적 보호주의 물결을 촉발할 가능성을 2021년에 우려했다. 스티븐 월트, 『미국 외교의 대전략(The Hell of Good Intention)』, 318~320쪽.

38) 같은 책, 43쪽.

39) 스티븐 월트는 블롭으로 별칭되는 미국 외교정책 커뮤니티(Foreign Policy Community)를 자유주의 패권의 보루로 규정하고, 동질성이 강한 회원제로 운영되고 있는 이익단체들로, 행동주의적 편향성을 공통적 특징으로 가지고 있다고 주장했다. 같은 책, 47쪽, 132~182쪽.

40) 스티븐 월트는 역외균형을 이렇게 규정한다. '역외균형은 고립주의를 배격하고 다른 나라와의 정치적·경제적 관계 유지를 촉구하지만, 지역적(유럽, 동아시아, 페르시아만)인 세력균형 유지를 주로 역내 행위자들에게 의존하고, 지역 균형이 붕괴할 위험이 있을 때만 무력을 동원해 개입하는 것'. 같은 책, 47쪽.

41) 바세비치는 여러 저작을 통해 자신의 논리를 전개하고 있다. *American Empire*(2002), T*he New American Militarism* (2005), *Washington Rules* (2010)이 대표적이다.

42) 앤드루 바세비치는 자유주의론자라기보다는 보수주의자 논객이다.

43) 앤드루 바세비치, 『워싱턴 룰(Washington Rules)』, 25~30쪽. 바세비치는 워싱턴 룰의 두 가지 요소가 '미국인의 집단의식 속에 너무도 깊이 박혀 있어 겉으로는 보이지 않을 정도'라고 주장했다.

44) 월터 러셀 미드는 2014년을 매우 의미 깊게 보았다. 그가 주장하는 수정주의자가 현재의 국제질서에 도전하는 시도를 명확히 드러낸 시점으로 보았다. 중국은 남중국에서 팽창을 시도하고 러시아는 크림반도를 합병하고, 이란은 동맹인 시리아와 헤즈볼라를 이용하여 중동에서 영향력을 확장하고 있었다. Walter Russell Mead, "The Return of Geopolitics: The Revenge of the Revisionist Powers," *Foreign Affairs* 3(93)(2014), p.69.

45) 로버트 카플란, 『지리의 복수(The Revenge of Geography)』, 67쪽.

46) 국제정치학자들이 지정학을 포기한 것은 나치의 지정학과의 연관성을 부인하기 위한 전략적 선택이라는 일부 학자들의 주장도 있다. 고동우, 「지정학 귀환에 대한 소고」, 10쪽.

47) 세계금융위기 이전에 미국과 중국 관계는 갈등이 존재하지만, 중국의 공산품을 미국이 소비해 주고, 중국은 달러 수입으로 미국 국채를 사는 소위 '달러 리사이클링(Dollar Recycling)'을 통해 양국은 황금시대를 누렸다. 그러나 세계금융위기에 미국이 미국 국채의 가치를 하락시키는 양적 완화 조치를 취하자 중국은 더 이상 미국 시장과 달러 가치를 신뢰할 수 없다고 판단하고 독자적인 경제정책으로 전환하면서 미·중 간에 갈등이 심화되기 시작했다.

48) 지정학의 침체기로 알려진 2차 대전 이후부터 2000년대까지의 지정학 발전에 대해서는, 고동우의 「지정학 귀환에 대한 소고」 참조.

49) 미드는 2020년 ≪월스트리트저널≫(2020,2월)에 중국을 비판하는 "중국은 아시아의 진정한 병자(China is the Real Sick Man of Aisa)"라는 제목의 기사에 기고문을 실어 중국 정부와 논쟁을 일으킨 적도 있다.

50) G. John Ikenberry, "The Illusion of Geopolitics: The Enduring Power of Liberal Order," *Foreign Affairs* 3(93)(2014), pp.80~88; 고동우, 「지정학 귀환에 대한 소고」, 3쪽, 35~36쪽에서 재인용.

51) "바이든 시대 글로벌 지형이 달라진다", ≪월간중앙≫, 2021년 2월, 100쪽. 아이켄베리는 세 가지 위기로 중국에 의한 지정학적 위기, 팬데믹과 같은 근대성 위기, 그리고 자유민주주의 위기를 제시했다.

52) 피터 자이한, 『21세기 미국의 패권과 지정학(The Accidental Superpower)』, 홍지수·정훈 옮김(김앤김북스, 2018), 85~124쪽.

53) 피터 자이한에 의하면, 미국은 공공재를 '자유무역(Free Trade)'이라고 스스로 이름을 지었다. 같은 책, 132~133쪽.

54) 같은 책, 176~203쪽; Peter Zeihan, *The Absent Superpower*(New York: Zeihan on Geopolitics, 2017); 피터 자이한, 『셰일혁명과 미국없는 세계』, 홍지수 옮김(김앤김북스, 2019) 참조.

55) 로버트 카플란, 『지리의 복수(The Revenge of Geography)』, 281~331쪽.

56) 같은 책, 281쪽.

57) 미야모토 유지, 『강경한 외교를 반성하는 중국』, 62쪽에서 재인용.

58) 가와시마 신(川島眞)·모리 가즈코(毛里和子), 『글로벌 중국에로의 도정(グローバル 中國えの道程: 外交 150年)』, 227~228쪽.

59) 미야모토 유지, 『강경한 외교를 반성하는 중국』, 65쪽. 저자는 '평화적 부상'이라는 용어가 정비젠이 2012년(후진타오 당서기 취임)에 미국 방문시 접했던 미국의 반중 정서를 무마하기 위해 제시한 구호라고 설명했다.

60) 문정인, 『중국의 내일을 묻다』(삼성경제연구소, 2010), 30쪽.

61) G. John Ikenberry, "The Illusion of Geopolitics: The Enduring Power of Liberal Order," *Foreign Affairs* 3(93)(2014), PP.80 88.

62) 옌쉐퉁은 2017년 미국의 트럼프 대통령 등장하자마자 자신의 도덕적 리더십 분석 틀이 유용하다는 것을 다시 증명했다고 주장했다. Yan Xuetong, Leadership and the rise of Great Powers(Princeton:Princeton University Press, 2019), p.viii.

63) 중국 학자들이 빠지기 쉬운 함정은 고대 중국의 우월성에 도취된 국수주의와 관변(官邊)적인 경향이다. 옌쉐퉁도 예외가 아니다. 그가 주창한 도덕적 현실주의(Moral Realism)에서의 키워드가 중국 고대사상(왕도)과 (도덕적) 정치적 리더십이라는 점이 이를 뒷받침해 준다. Yan Xuetong, *Ancient Chinese Thoughts, Modern Chinese Power*(Princeton:Princeton University Press, 2011), *Leadership and the rise of Great Powers*(Princeton:Princeton University Press, 2019) 등이 대표적이다.

64) 옌쉐퉁은 『중국 국가이익의 분석(中國國家利益分析)』(1996)에서 중국 국력 상승에 따라 국가이익이 국가 생존 → 정치 승인 → 경제 번영 → 국제사회에서의 주도적 지위 → 세계 공헌'으로 발전한다고 주장했다. 국가이익으로서 '국제사회에서의 주도적 지위'는 지역적 패권국가 단계의 국가이익이고, '세계 공헌'은 미국을 대체한 세계차원의 패권국가 단계의 국가이익을 상정하고 있는 것으로 보인다.

65) 옌쉐퉁은 현실주의에 중국 고대사상을 접목시키는 학문적 시도가 "중국이 강대국이 되면 외교정책이 공산주의나 서구 자유주의가 아닌 중국 전통철학에 기초해서 이루어질 것이다"라는 헨리 키신저의 예측(2008년)에 자극이 된 것으로 보인다. Yan Xuetong, *Ancient Chinese Thoughts, Modern Chinese Power*, pp.vi.

66) 공자에 의해 시작된 유가 사상의 주류는 맹자이다. 맹자는 인간 본성이 선하다는 성선설과 리더십으로 왕도만을 고집했다. 반면 순자는 인간 본성이 악하다는 성악설과 왕도뿐만 아니라 패도까지도 수용하는 리더십을 주장했다. 그런 의미에서 맹자는 이상주의, 순자는 현실주의적 성향을 가지고 있다고 볼 수 있다.

67) Yan Xuetong, *Ancient Chinese Thoughts, Modern Chinese Power*, pp.70~106.

68) 옌쉐퉁은 2009년 국내 문정인과의 인터뷰에서는 중국이 국제질서의 규범과 원칙을 제공할 수 있지 못하기 때문에 왕도는 어렵다고 언급했다. 그리고 패도가 중국의 선택이냐는 질문에 대해 즉답을 회피하면서, 패도를 거처 왕도로 갈 수 있다는 주장을 했다. 문정인은 옌쉐퉁을 패도론자로 소개했다. 문정인, 『중국의 내일을 묻다』, 57~64쪽.

69) 서방 전문가들은 중국 정부가 발표하는 통계자료를 신뢰하지 않는 경향이 있다. 경제성장률

의 경우에는 대체로 중국이 발표한 수치에서 2% 정도 삭감해서 보기도 한다.

70) 마이클 베클리·할 브랜즈, 『중국은 어떻게 실패하는가(Danger Zone)』, 김종수 옮김(부·키, 2023), 63~100쪽.

71) Susan L. Shirk, *China: Fragile Superpower* (New York: Oxford University Press, 2007), p.255.

72) 2024. 8월에 중국중앙TV(CCTV) 등 언론은 "시진핑 신시대의 중국 특색 사회주의 사상(시진핑 사상)을 전면적이고 체계적으로 초, 중학교 교과서에 도입하기로 했다"고 보도했다. 그리고 3년 이내에 고등학교와 대학에서도 교육할 예정인 것으로 알려졌다.

73) 2008년 세계금융 위기가 중국을 폭주의 길로 안내했다는 주장은 정설로 받아들여지고 있다. 2010년 1월 ≪인민일보≫에서 "2009년 세계는 금세기 들어서 최대의 위기를 맞이했는데, 중국은 세계 경제를 반전시키는 엔진이 되어 훌륭한 답안을 제시했다. … 세계를 구해내는 것이 중국인이다"라는 사설을 게재했다. 야마모토 유지, 『강경한 외교를 반성하는 중국』, 52~53쪽.

74) 같은 책, 363쪽에서 사례 파일 등재.

75) 마이클 베클리·할 브랜즈, 『중국은 어떻게 실패하는가(Danger Zone)』, 31쪽. 저자들은 "시진핑의 중국은 조만간 이 두 요인이 넘쳐나면서 그에 휘둘릴 것이다"라고 예견까지 했다.

76) 앙겔라 메르켈, 『자유(Freiheit)』, 612~613쪽.

77) 일대일로 전략은 머핸의 해양력 이론과 맥킨더의 심장부 이론을 결합한 것이라는 평가도 있다. 마이클 베클리·할 브랜즈, 『중국은 어떻게 실패하는가(Danger Zone)』, 47~48쪽에서 재인용.

78) Machael Pillsbury, *The Hundred-Year Marathon* (New York: Henry Holt and Co.,2022)

79) '100년 만의 대변동'이란 용어는 2017년 12월 중국 외교부의 대사 회의에서 시진핑이 공식적으로 사용한 이후 중국 언론에서 급격하게 많이 사용됐다. 러시 도시, 『롱 게임(The Long Game)』, 박민희·황준범 옮김(생각의 힘, 2022), 420~422쪽.

80) 러시 도시는 두 가지 전략이 비용대비 효과가 큰 전략이라고 평가하고, 아울러 미국은 중국이 약화시키려는 미국식 세계질서의 기초를 재창조해야 한다고 주장했다. 같은 책, 37쪽.

81) Henry Kissiger, *On China*(New York: The Penguin Press, 2011), p.526. 키신저는 공진화를 이렇게 설명했다. "두 나라 모두가 국내 긴급한 사항에 집중하고, 가능하면 협력하여, 갈등을 최소화하기 위해 상호관계를 조정한다는 의미이다."

82) 미어샤이머는 현실주의론자뿐만 아니라 자유주의론자들도 절제의 외교를 제언하고 있다고 주장했다. 존 미어샤이머, 『미국 외교의 거대한 환상(The Great Delusion)』, 472쪽.

83) Michael Pillsbury, *The Hundred-Year Marathon*, p.243.

11 새로운 국제질서는 가능한가

1) 현실주의자의 대표 격인 존 미어샤이머는 세계국가는 자유주의자들의 꿈에 불과하다고 평가한다. '우선 어떤 민족도 자신의 국가를 포기할 가능성이 없고, 세계국가를 이룰 수 있는 방법은 현재로서는 정복밖에 없는데, 이것은 초강대국인 미국에게도 불가능한 일이다. 그리고 세

계국가는 역사에서 보듯이 자유주의 국가가 아닐 가능성이 크며, 항상 내부 반란에 시달리는 허약한 존재일 것'이라고 추측했다. 존 미어샤이머, 같은 책, 254~256쪽.

2) 케네스 왈츠, 『인간, 국가, 전쟁(Man, The State and War)』, 325쪽.

3) 알렉산드 웬트, 『국제정치의 사회적 이론: 구성주의(Social Theory of International Politics)』, 12쪽.

4) 마스트리흐트 조약은 새로운 조약이 아니라 기존의 조약들을 수정, 보완, 추가하는 방식으로 마련되었다.

5) EU의 Three Pillar System은 외교부, EU 개황(2018년 9월) 참조.

6) Ernst B. Hass, "The Obsolscence of Regional Integration Theory", *Berkeley:Institute of International Studies*(1975).

7) "그들(EU국가)은 아무 대가도 치르지 않고 모든 것을 소유하고 싶어 한다. 그들은 하나의 공동체가 되기를 원하면서도 서로의 운명을 공유하려 하지 않는다. 그들은 승리하고 싶지만 위험을 감수하기 싫어한다" 조지 프리드먼, 『다가오는 유럽의 위기와 지정학(Flash Point)』, 홍지수 옮김(김앤김북스, 2020), 404~405쪽.

8) 프리드먼에 의하면, 유럽의 갈등은 끝난 것이 아니라 진행형이고, 1945~1991년까지의 유럽 평화는 미국과 소련에 의해 강제된 평화였고, 순수 유럽이 이룬 평화는 1991년에 시작하여 2008년에 러시아의 조지아 침공으로 종료되었다. 그리고 유럽이 진정한 평화를 누릴 수 있었던 것은 독일이 분단되어 있었던 기간이고, 러시아의 완충지대를 확보하려는 팽창주의는 독일을 자극하고 있다고 분석했다. 조지 프리드먼, 같은 책, 396~406쪽.

9) 2차 대전 종전 과정에서 미국을 포함한 연합국들은 프로이센의 군국주의가 전쟁의 원인으로 인식했다. 그리고 히틀러를 '최악의 프로이센인'이라고 평가했다. 그러나 1944년 발퀴레(walküre) 작전으로 알려진 히틀러 암살을 주도한 세력은 프로이센 군부였다. 프로이센은 오명/누명을 쓰고 정치적으로는 1947년 독일 행정 구역에서 완전히 사라졌다. 舊 프로이센 공국의 수도였던 쾨니히스베르크는 칼리닌그라드로 개명되어 소련의 영토가 되었고, 동·서 프로이센은 폴란드 등 인접 국가의 영토가 되었다. 프로이센 왕국의 새로운 수도인 브란덴부르크(베를린)만 겨우 살아남았다. 크리스토퍼 클라크, 『강철왕국 프로이센(Iron Kingdom: The Rise and Downfall of Prussia 1600~1947)』, 827~913쪽.

10) 조지프 나이, 『국제분쟁의 이해(Understanding International Conflicts)』, 30쪽

11) 조지프 나이는, 미래의 미국 외교는 다른 강대국의 도전보다 국내 민족주의의 부상으로 나타나는 도덕적 관점과 선택이 도전받을 때가 더 위험하다고 전망했다. Joseph Nye, *Do Morals Matter?*, p.218; 조지프 나이, 『미국 외교는 도덕적인가(Do Morals Matter?)』, 347쪽.

12) 조지프 나이, 『국제분쟁의 이해(Understanding International Conflicts)』, 25~28쪽.

13) 조지프 나이는 "현존하는 정치적·사회적 다양성으로 인해 세계정부를 뒷받침할 충분한 공동체 의식이 없기 때문에 자유주의자들도 베스트팔렌 질서를 넘어서는 신세계질서로의 진화는 몇십 년, 몇백 년 걸리는 문제임을 깨달아야 한다"고 주장했다. 같은 책, 418쪽.

14) 조지프 나이, 『권력의 미래(The Future of Power)』, 21쪽.

참고문헌

가와시마 신(川島真)·모리 가즈코(毛里和子). 2012.『글로벌 중국에로의 도정(グローバル 中國への道程: 外交 150年)』, 이용빈 옮김. 한울엠플러스.

가토 요코(加藤陽子). 2018.『그래도 일본은 전쟁을 선택했다: 청일전쟁부터 태평양전쟁까지(それでも 日本人は戰爭を選んだ)』. 윤현명·이승혁 옮김. 서해문집.

개디스, 루이스(John Louis Gadis). 2021.『미국의 봉쇄 전략(Strategies of Containment)』. 홍지수·강규형 옮김. 비봉출판사.

고동우. 2014.「지정학 귀환에 대한 소고」. 국립외교원 외교안보연구소.『2014 외교연구소 정책연구자료』. 1~38쪽.

김장수. 2013.『비스마르크』. 살림.

______. 2019.『메테르니히』. 푸른사상사.

김준석. 2016.「위기의 국제정치사상: 휴고 그로티우스의 정전론」. 서울대학교국제문제연구소.『국제정치사상 다원적 접근과 보편적 교훈 〈세계정치 25권〉』. 66~111쪽.

나이, 조지프(Joseph M. Nye). 2021.『미국 외교는 도덕적인가?(Do Morals Matter?)』. 황재호 옮김. 명인문화사.

______. 2022.『국제분쟁의 이해(Understanding International Conflicts)』. 양준희·이종삼 옮김. 한울엠플러스.

. 2023.『권력의 미래(The Future of Power)』. 윤영호 옮김. 세종.

도시, 러시(Rush Doshi). 2021.『롱게임(The Long Game: China's Grand Strategy to Replace American Order)』. 박민희·황준범 옮김. 생각의 힘.

마이클, 베클리·할 브랜즈(Michael Beckley & Hal Brands). 2023.『중국은 어떻게 실패하는가(Danger Zone)』. 김종수 옮김. 부키.

메르켈, 엥겔라(Angela Merkel with Beate Baumann). 2024. 『자유(Feiheit: Erinnerungen 1954-2021)』. 박종대 옮김. 한길사.

모겐소, 한스(Hans J. Morgenthau). 2014. 『국가 간의 정치(Politics among Nations : The Struggle for Power and Peace)』. 이호재·엄태암 옮김. 김영사.

문정인. 2010. 『중국의 내일을 묻다』. 삼성경제연구소.

미야모토 유지(宮本雄二). 2019. 『강경한 외교를 반성하는 중국(強硬外交を 反省する中國)』. 이용빈 옮김. 한울엠플러스.

미어샤이머, 존(John J. Mearsheimer). 2017. 『강대국 정치의 비극(The Tragedy of Great Power Politics)』. 이춘근 옮김. 김앤김북스.

______. 2018. 『미국 외교의 거대한 환상(The Great delusion)』. 이춘근 옮김. 김앤김북스.

바세비치, 앤드류(Andrew J. Baccvich). 2013. 『워싱턴 룰(Washington Rules)』. 박인규 옮김. 오월의 봄.

박건영. 2022. 『국제관계사: 사라예보에서 몰타까지』. 사회평론 아카데미.

박지향. 2018. 『제국주의: 신화와 현실』. 서울대학교출판문화원.

반 렌테르켐, 마리옹(Marion Van Renterghem). 2024. 『노르트스트림의 덫(Le piege Nord-Stream)』. 권지현 옮김. 롤러코스트 프레스.

불, 해들리. 2012. 『무정부 사회(A anarchical Society)』. 진석용 옮김. 나남.

세이건, 스콧·케네스 왈츠. 2022. 『핵 무기 전파, 그 끝없는 논쟁(The Spread of Nuclear Weapons: An Enduring Debate)』. 임상순 옮김. 박영사.

스파이크먼, 니컬러스(Nicholas Spykman). 2023. 『강대국 지정학: 세력균형을 통한 미국의 세계 전략(America's Strategy in World Politics)』. 김연지 외 옮김. 글항아리.

신동익. 2022. 「유엔 안보리 무용론과 거부권 문제」. 한국외교협회. 『주요 문제와 한국외교 전략』. 69~75쪽.

아이켄베리, G. 존(G. John Ikenberry). 2008. 『승리 이후(After Victory)』. 강승훈 옮김. 한울엠플러스.

______. 2021. 『민주주의가 안전한 세상(A World Safe for Democracy)』. 홍지수 옮김. 경희대학교 출판문화원.

앨리슨, 그레엄·필립 젤리코. 2018. 『결정의 본질(Essence of Decision)』. 김태현 옮김. 모던아카이브.

안문석. 2017. 『외교의 거장들』. 인물과 사상사.

안두환. 2016. 「홉스를 넘어서 홉스로: 생피에르 신부의 사중 영구평화론」. 한국국제정치학회. 『국제정치논총』 3, 56. 7~49쪽.

앨리슨, 그레이엄. 2018. 『예정된 전쟁』. 정혜윤 옮김. 세종서적.

앨리슨, 그레이엄·젤리코, 필립(Graham Allison & Philip Zeliko). 2018. 『결정의 본질』. 김태현 옮

김. 모던아카이브.
왈츠, 케네스(Kenneth N. Waltz). 2007. 『인간, 국가, 전쟁(Man, The State and War)』. 정성훈 옮김. 아카넷.
______. 2013. 『국제정치 이론(Theory of International Politics)』. 박건영 옮김. 사회평론.
월트, 스티븐(Stephen M. Walt). 2021. 『미국 외교의 대전략』. 김성훈 옮김. 김앤김북스.
웬트, 알렉산더(Alexander Wendt). 2015. 『국제정치의 사회적 이론: 구성주의(Social theory of International Politics)』. 박건영 등 옮김. 사회평론.
이근욱. 2009. 『왈츠 이후: 국제정치 이론의 변화와 발전』. 한울엠플러스.
______. 2012. 『냉전』. 서강대학교 출판부.
이주천. 1998. 『루즈벨트의 친소정책(1933-1945)』. 신서원.
이춘근. 2020. 『전쟁과 국제정치』. 북앤피플.
임갑수·문덕호. 2013. 『유엔 안보리 제재의 국제정치학』. 한울엠플러스.
자이한, 피터(Peter Zeihan). 2018. 『21세기 미국의 패권과 지정학(The Accidental Superpower)』. 홍지수·정훈 옮김. 김앤김북스.
______. 2019 『셰일 혁명과 미국 없는 세계(The Absent Superpower)』. 홍지수 옮김. 김앤김북스.
______. 2021. 『각자도생의 세계와 지정학(Disunited Nations: The Scramble for Power in a Ungoverned World)』. 홍지수 옮김. 김앤김북스.
카, 에드워드 H.(Edward Hallett Carr). 2017. 『20년의 위기(The Twenty Years' Crisis 1919-1939)』. 김태현 옮김. 녹문당.
카플란, 로버트(Robert D. Kaplan). 2017. 『지리의 복수(The Revenge of Geography)』. 이순호 옮김. 미지북스.
칸트, 임마누엘(Immanuel Kant). 2022. 『영구평화론』. 박덕환·박열 옮김. 범우사.
클라크, 크리스토퍼(Christopher Clark). 2019. 『몽유병자들(Sleep Walkers: How Europe Went to War in 1914)』. 이재만 옮김. 책과함께.
______. 2020. 『강철왕국 프로이센(Iron Kingdom: The Rise and Downfall of Prussia 1600~1947)』, 박병화 옮김. 마티.
키신저, 헨리(Henry A. Kissinger). 2023. 『헨리 키신저의 외교』. 김성훈 옮김. 김앤김북스.
테일러, A.J.P.(Alan John Percivale Taylor). 2020. 『제2차 세계대전의 기원: 준비되지 않은 전쟁(The Origins of The Second World War)』. 유영수 옮김. 페이퍼로드.
프리드만, 조지(George Friedman). 2020. 『다가오는 유럽의 위기와 지정학(Flash Points)』. 홍지수 옮김. 김앤김북스.
플로히, 세르히(Serhii M. Plokhy). 2020. 『얄타: 8일간의 외교전쟁(Yalta)』. 허승철 옮김. 역사비평사.
한국 외교부. 2018. 『EU 개황』.

______. 2019. 『2019 유엔개황』.

헌팅턴, 새뮤얼(Samuel Huntington). 1997. 『문명의 충돌(The Crash of Civilizations)』. 이희재 옮김. 김영사.

후쿠야마, 프랜시스. 1995. 『역사의 종말(The End of History and the Last Man)』. 이상훈 옮김. 한마음사.

世界知識出版社. 1999. 『中國外交辭典』. 北京: 世界知識出版社.

閻學通(Yan Xuetong). 1996. 『中國國家利益分析』. 天津: 天津人民出版社.

______. 2013. 『歷史的慣性: 未來十年的中國與世界』. 北京: 中國 CITIC出版社.

王炳南(Wang Bingnan). 1985. 『中美會談九年回顧』. 北京: 世界知識出版社.

Albrecht, Carrie, Rene. 1973. *Diplomatic history Europe-Since the congress of Vienna*. New York: Haper & Row.

Allison, Graham. 2010. *Destined for War*. New York: First Mariner Books.

Bernstein, Richard & Ross H. Munro. 1997. *The Coming Conflicts with China*. New York: Alfred A. Knopf.

Bloomfield, Lincon P. 1967. *The United Nations and U.S. foreign Policy*. Boston: Little & Brown Company.

Bull, Hedley. 1990. *Hugo Grotius and International Relations*. Oxford: Clarendon Press.

Brzezinski, Zbigniew. 1977. *Grand Chessboard*. New York: Basic Books.

______. 2013. *Strategic Vision*. New York: Basic Books.

Chang, Gordon G.. 2001. *The Coming Collapse of China*. New York: Random House.

Claude, Inis Jr. 1965. *Sword into Plowshares*. New York: Random House.

Craig, Campbell. 2003. *Glimmer of a New Leviathan: Total War in the Realism of Niebuhr, Morgenthau and Waltz*. New York: Columbia University Press.

Deutsch, Karl W. and David Singer. 1964. "Multipolar Power system and International Stability," *World Politics* 3(16)(April 1964), pp.390~406.

Doyle, Michael W.. 2005. "Three Pillars of the Liberal Peace". *American Political Science Review* 3(99).

Fairbank, John K.(ed.). 1968. *The Chinese World Order*. Boston: Harvard University Press.

Fairbank, John K.(ed.). 1971. *The United States and China*. Boston: Harvard University Press.

Fukuyama, Fransis. 1992. *The End of History And The Last Man*. NY: Free Press.

______. 1989. "The End of History?" . *The National Intrest* 16(Summer)

Gilpin, Robert. 1983. *War and Change in World Politics*. Cambridge: Cambridge University

Press.

______. 1987. *The Political Economy of International Relations.* Princeton. NJ: Princeton University Press.

Granmer-Byng, J.L. 1957-1958. "Lord Macartney's Embassy to Peking in 1793, from Official Documents," *Journal of Oriental Studies*, 4.

Halper, Stefan. 2010. *The Beijing Consensus.* New York: Basic Books.

Hass, Ernst B. 1975. "The Obsolscence of Regional Integration Theory." Berkeley: Institute of International Studies.

Hendrickson, David C.. 2017. *Republic in Peril: American Empire and Liberal Tradition.* New York: Oxford University Press.

Hoffmann, Stanley. 1968. *Gulliver's Troubles, Or the Setting of American Foreign Policy.* New York: McGraw Hill.

______. 1987. *Janus and Minerva: Essays in the Theory and Practice of International Politics* .Boulder, Co: Westview Press.

Howard, Michael Eliot. 1979. *War in European History.* New York: Oxford University Press.

______. 2000. *The Invention of Peace: reflections on war and international order.* New Haven: Yale University Press.

Huntington, Samuel P. 2005. *Who are We?.* New York: Simon & Schuster.

Ikenberry, G. John. 2014. "The Illusion of Geopolitics: The Enduring Power of Liberal Order." *Foreign Affairs*, 3(93).

Kennan, George. 1984. *The Fateful Alliance.* New York: Patheon Books.

______. 2012. *American Diplomacy, 1900-1950.* (60 anniversary expened edition). Chicago: Chicago University Press.

Kennedy, Paul. 1987. *The Rise and Fall of the Great Powers.* New York: Random House, Inc..

Kindleberger, Charles. 1973. *The World in Depression 1929-1939.* LA: University of California Press.

Kissinger, Henry A.. 1973. *A World Restored: Metternich, Castlereagh and the Problem of Peace 1812-1822.* New York: Houghton Mifflin Company.

______. 1994. *Diplomacy.* New York: Simon & Schuster.

______. 2012. *On China.* New York: The Penguin Press.

____. 2015. *World Order.* New York: Penguin Random House LLC.

Koehane, Robert. 1984. *After Hegemony.* NJ: Princeton University Press.

Koehane, Robert & Joseph Nye. 1977. *Power and Interdependence.* New York: Pearson.

Krasner, Stephen. 1976. *State Power and the Structure of International Trade.* Cambridge:

Cambridge University Press.

Levy, Jack S. 1983. *War in the Modern Great Power System 1495-1975.* Kentucky: University of Kentucky Press.

Marshall, Tim. 2015. *Prisoner of Geography.* New York: Simon & Schuster.

Mearsheimer, John J. 1993. "The Case for the Ukrainian Nuclear Deterrent," *Foreign Affairs* 3(72)

______. 1994. "The False Promise of International Institutions." *International Security* 3(19)

______. 2001. *The Tragedy of The Great Power Politics.* New York: Norton & Company.

Mearsheimer, John J. & Sebastian Rosato. 2024. *How States Think: The Reality of Foreign Policy* (New Haven: Yale University Press).

Morgenthau, Hans. 1951. *In Defence of The National Interest: A critical Exemination of American Foreign Policy.* New York: Alfred a. Knopf,

Mearsheimer, John J. & Rosato Sebastian. 2024. *How States Think: The Reality of Foreign Policy.* New Heaven: Yale University Press.

Mead, Walter Russell. 2014. "The Return of Geopolitics: the Revenge of Revisionist Powers." *Foreign Affairs,* 3(93).

Nye, Joseph M. 2002. *The Paradox of American Power.* New York: Oxford University Press.

______. 2005. *Soft Power.* NY: Public Affairs.

______. 2012. *The Future of Power.* NY: Public Affairs.

______. 2020. *Do Morals Matter? : President and Foreign Policy from FDR to Trump.* New York: Oxford University Press.

Organski, A.F.K. 1968. *World Politics.* New York: Alfred A. Knof.

Oye, Kenneth A. 1985. "Explaining Cooperation Under Anarchy: Hypotheses and Strategies". *World Politics,* 1(38).

Oye, Kenneth A.(ed.). 1986. *Cooperation under Anarchy.* NJ: Princeton University Press.

Pillsbury, Machael. 2015. *The Hundred-Year Marathon: China's Secret Strategy to replace America as the Global Power.* New York:Henry Holt and Co.

Plano, Jack C. and Robert E. Riggs. 1967. *Forging World Order.* N.Y.: the Macmillian Press.

Posen, Barry. 2014. *Restraint: A New Foundation for US Grand Strategy.* NY: Cornell University Press.

Rosecrance, Richard N. 1963. *Action and Reaction in world Politics.* Boston: Little Brown Company.

______. 1966. "Bipolarity, Multipolarity, and Future." *Journal of Conflict Resolution* 10.

______. 1986. The Rise of Trading State. New York: Basic Books.

Rosenau, James N.(ed.). 1969. *International Politics and Foreign Poilcy.* New York: Free Press.

Rusk, Dean. 1990. *As I Saw It.* New York: W.W. Norton and Company.

Russet, Bruce. 1993. *Grasping the Democratic Peace.* NJ: Princeton University Press.

Russet, Bruce & John Oneal. 2001. *Triangulating Peace : Democracy, Interdependence and International Organization.* NY: Norton & Company.

Sagan, Scott D. & Kenneth N. Waltz. 2003. *The Spread of Nuclear Weapons: A Debate Renewed.* NY: Norton & Company.

Shirk, Susan L. 2008. *China: Fragile Superpower.* New York: Oxford University Press.

Walt, Stephan M. 1987. *The Origin of Alliance.* NY: Cornell University Press.

______. 2019. *The Hell of Good Intentions.* NY: Picador.

Waltz, Kenneth N. 1981. "The Spread of Nuclear Weapons: More May Be Better." *Adelphi Papers* (No.171).

Wendt, Alexander. 1992. "Anarchy is What States make of it: The Social Construction of Power Politics." *International Organization* 46, pp.391~425.

______. 2003. "Why a World State is Inevitable." *European Journal of International Relations*, 9(2003).

Wheeler, Nicholas J. 2009. "Beyond Waltz's Nuclear World: More Trust May be Better". *International Organization*, 23(2009).

Wilkenfeld, Jonathan(ed). 1973. *Conflict Behavior and Linkage Politics.* New York: David Mckay Co..

Yan Xuetong. 2011. *Ancient Chinese Thoughts, Modern Chinese Power.* Princeton: Princeton University Press.

______. 2019. *Leadership and the rise of Great Powers.* Princeton: Princeton University Press.

찾아보기

ㅁ

ㅂ

ㅅ

ㅇ

ㅌ

ㅍ

ㅎ

기타

이태로

1982년 한국외국어대학교를 졸업하고 중국 베이징 대학과 미국 스탠퍼드 대학에서 수학한 후 1994년 한국외국어대학교에서 『청말 이후 중국의 정권위기와 대외정책』으로 정치학 박사학위를 받았다. 1988년 외무고시를 거쳐 외교부에 입부하여 주로 중국, 일본 등 동북아시아 외교 전선에서 경력을 쌓았고, 주몽골 대사와 주슬로바키아 대사를 역임했다. 한국외국어대학교에서 수년간 외교사와 국제정치를 강의했다.

한울아카데미 2619
강대국 외교사와 논리
무정부 상태, 보이지 않는 손 그리고 리바이어던

지은이 | 이태로
펴낸이 | 김종수
펴낸곳 | 한울엠플러스(주)
편집책임 | 조수임

초판 1쇄 | 인쇄 2025년 11월 28일
초판 1쇄 | 발행 2026년 1월 5일

주소 | 10881 경기도 파주시 광인사길 153 한울시소빌딩 3층
전화 | 031-955-0655
팩스 | 031-955-0656
홈페이지 | www.hanulmplus.kr
등록번호 | 제406-2015-000143호

Printed in Korea.
ISBN 978-89-460-7619-8 93340(양장)
978-89-460-8413-1 93340(무선)

* 책값은 겉표지에 표시되어 있습니다.
* 무선 제본 책을 교재로 사용하시려면 본사로 연락해 주시기 바랍니다.